"三农"热点问题真问实答

朱四光◎著

SNRDWTZWSD

SNRD WTZWSD

辽宁大学出版社

图书在版编目（CIP）数据

“三农”热点问题真问实答/朱四光著. --沈阳：辽宁大学出版社，2011.5

ISBN 978-7-5610-6348-4

Ⅰ.①三… Ⅱ.①朱… Ⅲ.①农业问题—中国—问题解答②农村问题—中国—问题解答③农民问题—中国—问题解答 Ⅳ.①F32-44②D422.64-44

中国版本图书馆CIP数据核字（2011）第097385号

出 版 者：辽宁大学出版社有限责任公司
（地址：沈阳市皇姑区崇山中路66号　　邮政编码：110036）
印 刷 者：辽宁彩色图文印刷有限公司
发 行 者：辽宁大学出版社有限责任公司
幅面尺寸：148mm×210mm
印　　张：16.25
字　　数：470千字
出版时间：2011年5月第1版
印刷时间：2011年6月第1次印刷
责任编辑：贾海英
封面设计：邹本忠　徐澄玥
责任校对：众　悦

书　　号：ISBN 978-7-5610-6348-4
定　　价：36.00元

联系电话：024—86864613
邮购热线：024—86830665
网　　址：http：//www.lnupshop.com
电子邮件：lnupress@vip.163.com

前　言

20年来我国农村发生了什么？“三农”的核心是农民，农民提出的问题就是“三农”急需解决的问题。农民在生产、生活中遇到技术、知识和市场等问题写信给《新农业》杂志编辑部，编辑部有专人给予及时具体地解答，多年积累就形成了《“三农”热点问题真问实答》，一本针对农民提出的问题有科学答案的书。

《“三农”热点问题真问实答》是农民的真名实姓、真地址、真问题的真实解答，没有虚构和拟设，一切都实实在在地发生过。这完全是来自生产第一线的原始信息，是农民长满老茧的手写在信纸上的语言，是从农村田间地头传来的心声，具有很强的现场感，让人感觉到农民渴求解决所遇难题急切的心情，企盼的眼神，焦急的等待，丰收的寄托；更能感觉到农民质朴的情怀和语言，不很流畅的文字和叙述，略带泥土芳香的纸墨和信封。看到那么多发皱的信件，可以觉察到农民犹豫再三：信发出后人家能理会解答吗？在兜里揣了很长时间才下决心将其投到邮箱里……广大的农村，科技信息不畅、农业服务体系不健全以及科学技术知识贫乏是困扰其发展的顽疾，农民在生产、生活中遇到问题很难找到人解决，只能靠信件、电话或直接来人询问。我们有责任和义务将新技术、新知识和新信息快递给农民，以解燃眉之急。

作者在《新农业》杂志社当编辑，编辑部每天收到大量的农民来信，询问生产、生活中遇到的各种各样急需解决的问题，这些问题怎么处理？1990年，应读者的强烈要求，杂志开办了

〔编读对话〕栏目，作者以“边为农”的笔名，每期用2个版面集中解答读者来信、来电、来访提出的大量疑难问题。20年来，几万人次的农民提问，集中展现出我国“三农”发展过程中不同时期的热点和焦点问题以及农民需求；真实记录了我国“三农”发展的变化历程，农业科技进步成果更新转化的光辉成就，农民思想意识和收入提高的经历。农民提出的疑难问题，有技术、知识方面的，也有政策、市场行情方面的，共性的问题集中起来解答，及时在杂志上刊登出来，会使千百万农民读者获知受益。

《“三农”热点问题真问实答》，全书共40万字，汇集了农民提出的1900多个热点问题的具体答案，内容博大，涉及广泛，热点突出，技术先进，知识点新，包括种植业、养殖业、农业生产资料、贮藏加工、市场行情及农村政策生活等，包罗万象。从玉米、水稻、甘薯、马铃薯、大豆、花生、向日葵，到棉花、甜菜、亚麻、烟草；从西甜瓜、苹果、梨、桃、板栗、火龙果，到茄子、黄瓜、韭菜、白菜、萝卜、豇豆、空心菜；从人参、细辛、桔梗、甘草、五味子、龙胆草，到冬虫夏草、天麻、灵芝、黄芪、薏米、罗汉果；从平菇、香菇、木耳、白灵菇，到杨树、柳树、松树、柏树、沙棘、红豆杉；从鸡、鸭、鹅、鸟、猪、牛、羊、驴、麝、兔、貂、狍、鼠，到泥鳅、牛蛙、甲鱼、水蛭、蜗牛、蝎子、蚯蚓、黄粉虫；从种子、农药、肥料、农机、农膜，到食品加工、环保气象、设施水利、市场行情；从政策法规、生产生活，到报刊订阅、人员培训，书中无所不含，无所不及。这是20年中我国农村发生的事和农民提出的诸多热点问题，也是作者解答的全部内容，通过本书可以全面、详尽地了解我国现代农村、农民和农业生产现状的方方面面。

本书观点鲜明，论述清晰，语言朴实，文笔精练，一问一答，有学有术，学与术结合紧密，实用性强，适合农民、技术人员、农业干部、农业院校师生以及涉农工作者参考阅读。热爱“三农”的人们：我国农业、农村、农民的发展状况如何？农民在生产、生活中急需解决的问题有哪些？农民关注的热点和焦点问题是什么？《“三农”热点问题真问实答》一书，详细记录了这些动人场景，全面解答了技术知识难题，奋力推动热点焦点的科学转化。本书在问题的排列上打乱了原来《新农业》杂志登载时的解答顺序，对全部问题进行了重新归类整理，以方便读者阅读和比对同一问题前后给出答案的差别，体会农业科技进步和知识更新的飞快发展。

由于各种问题的解答多是作者本人的观点、分析、论证和判断，水平所限，加之形成的时间跨度较大，许多答案难免有失时宜；虽然进行了较大幅度增删，努力与时俱进地修改，还可能有错误和不当之处，恳望广大读者批评指正。

朱四光

2011年5月

于沈阳农业大学

目　录

前　言 ………………………………………………………… 1
一、种植篇 ………………………………………………… 1
（一）粮油作物 ………………………………………… 1
1. 玉米(1) 2. 水稻(28) 3. 高粱(44) 4. 小麦(48) 5. 大麦(52) 6. 谷子 (52) 7. 绿豆(54) 8. 红小豆(55) 9. 马铃薯(55) 10. 甘薯 (60) 11. 大豆(65) 12. 花生(75) 13. 芝麻(81) 14. 向日葵 (83) 15. 油莎豆(84) 16. 蓖麻(85)
（二）特用作物 ………………………………………… 86
1. 棉花(86) 2. 苎麻(90) 3. 烟草(90) 4. 甜菜(92) 5. 甘蔗 (92) 6. 芦笋(93) 7. 香草(95) 8. 月见草(96) 9. 芦荟(99) 10. 青蒿(100) 11. 啤酒花(101) 12. 甜叶菊(101) 13. 除虫菊(102) 14. 籽粒苋(103) 15. 苜蓿草(104) 16. 美洲狼尾草(105) 17. 细绿萍 (106) 18. 聚合草(106) 19. 酸模(107) 20. 三叶草(108) 21. 串叶松香草 (108)
（三）瓜果 ……………………………………………… 109
1. 西瓜(109) 2. 甜瓜(113) 3. 哈密瓜(117) 4. 草莓(117) 5. 树莓 (119) 6. 蓝莓(121) 7. 香艳梨(122) 8. 苹果(125) 9. 梨 (133) 10. 南果梨(137) 11. 李子(139) 12. 山楂(143) 13. 桃 (146) 14. 樱桃(150) 15. 葡萄(151) 16. 欧李(159) 17. 山丁子 (160) 18. 猕猴桃(160) 19. 杏 (161) 20. 扁桃(163) 21. 板栗 (163) 22. 核桃(165) 23. 榛子(166) 24. 枣(169) 25. 柿子 (169) 26. 柑橘(169) 27. 越瓜(170) 28. 火龙果(170) 29. 石榴(170)

（四）蔬菜 …………………………………………………… 171

1. 番茄(171) 2. 茄子(176) 3. 青椒(178) 4. 芸豆(180) 5. 黄瓜 (181) 6. 南瓜 (183) 7. 葫芦(184) 8. 佛手瓜(184) 9. 黄花菜 (185) 10. 韭菜 (185) 11. 圆葱(188) 12. 葱(189) 13. 姜(191) 14. 蒜(192) 15. 海蒜(193) 16. 芹菜(194) 17. 生菜 (195) 18. 香菜(196) 19. 白菜(196) 20. 甘蓝(199) 21. 萝卜 (200) 22. 胡萝卜 (201) 23. 莲藕 (201) 24. 木耳菜 (202) 25. 补肾菜(202) 26. 芽苗菜(202) 27. 空心菜(203) 28. 救心菜(203) 29. 节股草(204) 30. 刺嫩芽(204) 31. 香椿(205) 32. 食用仙人掌(206) 33. 蒲公英(207) 34. 苦荬菜(207) 35. 菊芋 (208) 36. 猫爪子菜(209) 37. 蕨菜(209)

（五）中草药 …………………………………………………… 210

1. 人参(210) 2. 西洋参(214) 3. 三七(216) 4. 党参(216) 5. 桔梗 (219) 6. 地黄(221) 7. 元参(221) 8. 板蓝根(222) 9. 葛根 (222) 10. 紫草(223) 11. 龙胆草(224) 12. 细辛(227) 13. 黄芪 (230) 14. 黄芩 (231) 15. 防风(231) 16. 穿山龙(232) 17. 山药(233) 18. 甘草 (233) 19. 红景天(234) 20. 何首乌(234) 21. 西红花(235) 22. 红花(240) 23. 金银花(241) 24. 雪莲花(242) 25. 栝楼(242) 26. 薏苡(243) 27. 草决明(244) 28. 牛蒡子(246) 29. 水飞蓟 (247) 30. 红姑娘 (247) 31. 王不留行(248) 32. 五味子 (248) 33. 枸杞(252) 34. 灵芝(254) 35. 天麻(255) 36. 猪苓(260) 37. 冬虫夏草(260) 38. 蛹虫草(264) 39. 黄柏(264) 40. 杜仲(265) 41. 干枝梅(265) 42. 山茱萸(266) 43. 吴茱萸(267) 44. 五倍子(268) 45. 罗汉果(269) 46. 相思豆(270)

（六）食用菌 …………………………………………………… 271

1. 平菇(271) 2. 滑菇(273) 3. 凤尾菇(274) 4. 金针菇(274) 5. 香菇 (275) 6. 黄金菇(277) 7. 鸡腿菇(278) 8. 白灵菇(278) 9. 网兜蘑 (279) 10. 竹荪(279) 11. 黑木耳(279) 12. 银耳(280) 13. 松蘑(281) 14. 红茶菌(281)

（七）林木花卉 ………………………………………………… 281

1. 刺槐(281) 2. 沙棘子(282) 3. 酸枣(283) 4. 银杏(283) 5. 红豆杉 (284) 6. 麻风树(285) 7. 浩浩巴(285) 8. 红叶椿(286)

9. 杨树(286) 10. 柳树(289) 11. 红松(290) 12. 樟子松(290)
13. 落叶松 (291) 14. 油松(292) 15. 桧柏(292) 16. 牡丹(293)
17. 玫瑰 (293) 18. 唐菖蒲(294) 19. 蜀葵(294) 20. 百合(294)

二、养殖篇………………………………………………… 295

(一) 禽类 ……………………………………………… 295

1. 鸡(295) 2. 乌鸡(300) 3. 火鸡(303) 4. 珍珠鸡(304)
5. 山鸡 (304) 6. 鹧鸪(306) 7. 鹌鹑(306) 8. 鸵鸟 (306)
9. 鸭 (307) 10. 鸳鸯(309) 11. 鹅 (309) 12. 肉鸽 (313)
13. 大雁 (313)

(二) 畜类 ……………………………………………… 314

1. 猪(314) 2. 野猪(324) 3. 香猪(325) 4. 牛(326)
5. 马 (329) 6. 驴(329) 7. 羊(330) 8. 驼羊(337) 9. 狗(338)

(三) 特用动物…………………………………………… 341

1. 兔(341) 2. 野兔(343) 3. 梅花鹿(344) 4. 马鹿(345)
5. 麝 (346) 6. 熊(346) 7. 狐狸(347) 8. 貉子(349) 9. 狍子(349)
10. 水貂 (349) 11. 猫(350) 12. 褐家鼠(351) 13. 大白鼠(351)
14. 麝鼠(351) 15. 草狸獭 (352) 16. 荷兰鼠(353) 17. 毛丝鼠(354)
18. 鼢鼠(355) 19. 珍珠熊(355) 20. 蚕(356) 21. 蜜蜂(358)
22. 蝴蝶 (359) 23. 蝇蛆(359) 24. 黄粉虫(360) 25. 土鳖虫(361)
26. 蜈蚣 (362) 27. 蛇 (363) 28. 蛤蚧 (364) 29. 蝎子(364)
30. 蚯蚓 (366) 31. 蚂蚁(367)

(四) 水产两栖类 ………………………………………… 368

1. 鲢鱼(368) 2. 泥鳅(368) 3. 鲶鱼(370) 4. 黄鳝(370)
5. 河蟹 (371) 6. 甲鱼 (373) 7. 对虾 (374) 8. 林蛙 (375)
9. 青蛙 (379) 10. 牛蛙(379) 11. 蟾蜍(381) 12. 水蛭(383)
13. 蜗牛(385)

三、农资篇………………………………………………… 387

(一) 农药 ……………………………………………… 387

1. 敌百虫(387) 2. 辛硫磷(387) 3. 乐果(388) 4. 对硫磷(389)
5. 甲拌磷(390) 6. 溴氰菊酯(390) 7. 氰戊菊酯(391) 8. 甲醛(391)
9. 乙磷铝 (392) 10. 波尔多液 (392) 11. 生石灰 (393)
12. 代森锌 (393) 13. 托布津 (393) 14. 多菌灵 (394)

15. 霜霉威（394） 16. 甲霜灵（395） 17. 立枯灵（395）
18. 植病灵（396） 19. 扑海因（396） 20. 抗菌剂 402（397）
21. 梧宁霉素（397） 22. 福美胂（397） 23. 氯化苦（398）
24. 垄鑫（398） 25. 二甲四氯（398） 26. 2，4-D 丁酯（399）
27. 虎威（400） 28. 二甲戊乐灵（401） 29. 乙氧氟草醚（401）
30. 拿捕净（402） 31. 盖草能（402） 32. 草甘膦（403）
33. 二氯喹啉酸（404） 34. 丁草胺（404） 35. 嗪草酮（405）
36. 阿特拉津（406） 37. 氟乙酰胺（407） 38. 多效唑（408）
39. 赤霉素（409） 40. 生长素（410） 41. 抑芽敏（411）
42. 保鲜剂（412） 43. 秋水仙素（413） 44. 洗衣粉（413）
（二）肥料 …………………………………………… 414
1. 尿素（414） 2. 磷酸二铵（415） 3. 磷酸二氢钾（415）
4. 硫酸钾（416） 5. 硝酸钾（416） 6. 氯化钾（416） 7. 硫酸锌（417）
8. 硫酸钙（417） 9. 钼酸铵（417） 10. 复合肥（418） 11. 人粪尿（419）
12. 鸡粪（419） 13. 喷施宝（421） 14. 甲壳素（421） 15. 木酢液（422）
16. 二氧化碳气肥（422） 17. EM 菌（422） 18. 秸秆发酵剂（423）
19. 保水剂（423）
（三）农机 …………………………………………… 425
1. 旋耕机（425） 2. 播种机（425） 3. 插秧机（426）
4. 田园管理机（427） 5. 起苗机（429） 6. 收获机（429）
7. 拖拉机（430） 8. 喷雾机（430） 9. 铡草机（431） 10. 粉碎机（431）
11. 榨油机（433） 12. 草袋机（433） 13. 抽水机（434）
14. 磁化器（434） 15. 豆腐机（435） 16. 土壤速测仪（435）
17. 模具（436） 18. 地膜（436）
（四）能源 …………………………………………… 438
1. 沼气池（438） 2. 秸秆气化炉（439） 3. 沼气发酵罐（440）
4. 太阳灶（441） 5. 吊炕（442） 6. 蜂窝煤（442） 7. 原油（442）
四、农村生活篇 ……………………………………… 443
（一）农民 …………………………………………… 443
1. 承包田（443） 2. 宅基地（446） 3. 承包合同（447）
4. 征地补偿费（449） 5. 户口（451） 6. 五保户（452） 7. 村民（452）
8. 村民小组（455） 9. 村委会（455） 10. 农民专业合作社（456）

11. 农民负担（456）12. 义务工(458) 13. 农业税(460)
（二）生产 …………………………………………… 461
1. 产业结构调整(461) 2. 西部大开发(462) 3. 水利(463)
4. 积温（465）5. 温室(465) 6. 节气(466) 7. 林木管护(467)
8. 作物（468）9. 植物检疫(468) 10. 经营(469) 11. 地址(471)
（三）食品 …………………………………………… 473
1. 转基因食品(473) 2. 绿色食品(474) 3. 五香花生米(475)
4. 豆腐（475）5. 玉米面(475) 6. 玉米皮(476) 7. 淀粉(476)
8. 血红素（477）9. 胆红素(478) 10. SOD (478) 11. 肝素钠(479)
12. 核苷酸(479) 13. 胱氨酸(479) 14. 叶绿素(480) 15. 琼脂(480)
16. 白酒(481) 17. 红糖(481) 18. 木糖醇(481) 19. 肌醇(482)
20. 海蜇皮（482）21. 人造鸡蛋(482) 22. 苏丹红(484)
（四）生活 …………………………………………… 485
1. 小康(485) 2. 保险(487) 3. 学校(487) 4. 培训(489)
5. 电视（491）6. 自行车(492) 7. 收藏(492) 8. 邮票(493)
9. 地图（493）10. 8080 (493) 11. 环境(494)
（五）书刊 …………………………………………… 495
1.《新农业》(495) 2.《多种经营报》(499) 3.《中药科技报》(499)
4.《辽宁农民报》(500) 5.《农业知识》(500) 6. 投稿(500)
7. 广告（501）8. 书籍(502) 9. 竞赛活动(503) 10. 条形码(504)
后记 …………………………………………… 505

注：“（ ）”中的数字为本书页码。

一、种植篇

（一）粮油作物

1. 玉米

【001】铁岭调兵山市铁法镇读者高欣问：玉米种植遍及我国南北，我们这儿就更多了。这种作物到底啥时候开始在我们这儿种植的？

答：玉米也叫玉蜀黍、包谷、苞米、棒子、粟米、番麦，为禾本科玉米属单子叶草本植物，原产于中美洲的墨西哥一带，1492 年哥伦布发现新大陆以后才传到各国的，约 16 世纪明朝万历年间才传入我国。至于我国东北何时种植的，可能要比这稍晚些吧。

【002】沈阳市新城子区尹家乡读者尹忠元问：我们农民在生产中发现玉米棒子上的籽粒都是双行数的，任意拿一棒都是这样。能说说玉米棒子上的粒行为什么都是双数的吗？

答：据为农所知，这主要与玉米的遗传及穗分化有关。很有意思，玉米穗分化时棒上的小穗小花都是成对出现分化的。每个小穗中有两朵小花，大的位于上方继续发育为结实花，小的位于下方退化为不育花。两个小穗的两朵小花各发育 1 个，最后棒子上结出的籽粒便是个偶数粒行了。

【003】大连市奶牛场英歌石分场谭仁圣问：我场一直种植旅丰 1 号玉米品种，后来引种了部分辽原 1 号品种。我想把这两个品种种在一块地中，将辽原 1 号去雄与旅丰 1 号杂交，留作翌年种用，但不知杂交的后代是增产还是减产？能否保持这两个杂交种的原来产量？

答：实际上，您是在利用两个单交种来配制一个双交种。实践证明：双交种的籽实产量及生物产量是不会高于单交种的。玉米单交种是由两个玉米自交系制得的，杂交的优势较强，产量高；双交种则由两个单交种（4个自交系）繁制而成，其杂交优势没有单交种强。因此，生产上已经淘汰了双交种。可见，您这两个玉米单交种杂交后，很难保持两个杂交种原来的产量。

【004】灯塔市张台子乡张雨、台安县黄沙坨镇陈玉忠等读者问：介绍一下丹玉13号玉米，秀优57水稻的父、母本及选育单位好吗？

答：多抗性玉米杂交种丹玉13号的母本为Mo17Ht、父本为E28，是丹东农业科学院选育的，曾在1989年获国家科技进步一等奖；秀优57水稻品种也叫秀杂、秋杂，其母本为秀岭A、父本为C57，是辽宁省农业科学院稻作研究所育成的。目前这些作物品种均已光荣“退休”。

【005】凌海市板石沟乡读者刘忠良问：丹玉13号玉米品种的种植密度多少合适？

答：丹玉13号在肥力中等的地块每亩适宜密度2900株；在土质好、施肥水平高的地块密度可增大10%左右，否则减少10%左右。该品种现已“退役”。

【006】黑龙江省哈尔滨市香坊区幸福乡读者王庆伟问：我想大垄双行覆膜种植玉米，需要比本地生育期长一些的丹玉系列、海禾系列品种，怎样与丹东农业科学院和辽宁海禾种业有限公司联系？

答：丹玉系列和海禾系列玉米品种都很好，在辽宁正常成熟的到您处种植生育期会延长或晚熟，但还是要进行引种试验才能确定。丹东农业科学院在凤城市东郊，邮编为118100；辽宁海禾种业有限公司在海城市郊，邮编为114200。

【007】喀左县卧虎沟乡全伟、北镇市沟帮子镇罗小文等读者问：我家种植的玉米品种今年长得好，产量很高，想明年再做种子再种一年不知行不行？

答：目前各地生产上种植的玉米品种均为杂交种，第一代有杂种优势，第二代则发生遗传分离使得杂种优势迅速降低。因此只能种一年，第二年应该再买新繁育的种子，否则会严重减产的。

【008】开原市中固镇邮局读者苏长波问：今年玉米种子繁育情况如何，前景怎样？

答：1994 年自然灾害较重，造成 1995 年春季玉米种子涨价，每公斤在 8～10 元，高者达 14 元；好景不长，春季临近播种时价格又急剧回落，每公斤低者 1.4～2 元，令贩种者悲喜交加，可见玉米种子并不像人们所预测的那样紧缺。因春季种子的高价刺激繁育种面积增大，自交系也开始紧俏。据权威人士讲，因玉米繁育种的面积过大，正常年景的话 1996 年将出现种子过剩，应引起有关繁育种者的注意。

【009】康平县郝官乡顾屯村读者任景森问：我想采用 4∶1 的形式间种玉米和大豆，不知这样种植是否有好处，能增产吗？

答：生产上玉米和大豆间种经常应用，各种比例都有，好处是充分发挥了玉米的边行优势增产。但相对于大豆有点委屈了，玉米遮光会影响其生长及产量。这种间作应是特殊情况下所采取的种植形式，如茬口倒不开、产品需求等。有专家认为，要想使某种作物大幅度增产，还是清种好。

【010】朝阳县瓦房子镇三官村读者邴志远问：高赖氨酸玉米与普通玉米垄挨垄种植在一块地上，互相串粉对各自的质量和产量是否有影响？啥道理？

答：高赖氨酸玉米植株雌穗花丝接受普通玉米的花粉会产生胚乳直感（也叫花粉直感）现象，籽粒由原来的不透明或半透明胚乳变为普通玉米的透明胚乳，其赖氨酸含量也会明显下降，但产量不受影响。故种植高赖氨酸玉米要尽量连片，以避免普通玉米对其大量串粉；而高赖氨酸玉米的花粉传给普通玉米后，对当代的籽粒品质及产量均无影响。这是由于控制玉米高赖氨酸含量的基因相对控制低赖氨酸含量的有关基因是隐性，当隐性基因和显性基因组合在一起时则表现显性基因决定的性状。上述两种玉米串粉后植株上结的种子在该基因位点都呈杂合状态，即表现低赖氨酸含量。

【011】开原市李家乡崔家子村读者崔志国问：用高赖氨酸玉

米饲喂育肥猪技术很好，我想大规模种植这种玉米，能行吗？

答：高赖氨酸玉米也叫高蛋白玉米，是猪鸡的好饲料，种植是很有前途的。但由于当前高赖氨酸玉米品种的产量不太高，人们种植的较少，这需要一个认识过程。

【012】吉林省洮南市幸福乡读者马德海、四川省成都市邛崃县拱辰乡叶开先、沈阳市苏家屯区十里河镇前黄村高学良、法库县秀水河镇秀水河村周凤永、凌源市五家子乡楼上村徐万年等读者问：我们想种植高赖氨酸玉米，什么品种好，每亩用多少种子？

答：沈阳农业大学农学院20世纪90年代曾经选育出高玉系列高赖氨酸玉米新品种，种植效果较好，每亩用种量约2.5公斤。目前各地选育出的高赖氨酸玉米新品种很多，您可根据本地气候条件选择适宜当地种植的品种。

【013】彰武县西六家子乡四家子村陈恒志问：我地区种植的玉米普遍发生病害，症状是叶片枯死。发病约在吐穗之前，从最下部的叶开始逐渐向上部发展，一直到顶端，起初叶上有斑块坏死，进而发展到全叶，这是一种啥病害？

答：可以确认，您说的这种病害是玉米大斑病或小斑病，由半知菌亚门长蠕孢菌属的两个不同种病菌所致。7～8月份连续阴雨寡照、高温多湿，病害易大发生。病菌一般在玉米衰弱期侵染，故病害多从植株底部叶片向上部叶片发展，后期脱肥时病害加重。防治方法：最好是改换较抗病的品种，清除田间病残叶，增施粪肥，适时早播，改善田间通风透光条件。防治药剂可用50%敌菌灵、40%克瘟散或50%多菌灵500倍液喷雾。

【014】桓仁县八里甸子镇于家堡子村读者于维全问：玉米免中耕栽培通常用什么除草剂除草？用过的除草剂对次年种植大豆是否有危害？

答：玉米田免中耕常用的除草剂有莠去津、西玛津或配以草净津、都尔等药剂。前两种药剂在土壤中的残效期较长，会使下茬大豆产生一定的药害，因此免耕后的玉米田下茬种植大豆要慎重。

【015】西丰县房木乡房木村读者王奎武问：我想搞玉米“头

顶火”施肥法，不知所用的肥料有哪几种？混合的配比是多少？高、平、洼地都一样吗？

答：玉米“头顶火”施肥法是20世纪80年代沈阳市苏家屯区大沟公社推广的氮磷化肥混合做玉米种肥的方法。先将碳酸氢氨和过磷酸钙分别粉碎过筛，按1∶5的比例混拌均匀。每穴播3～4粒种子后撒一小捏肥在种子上面（约15克）；也可先撒肥后播种，效果相同，被称之为“坐火盆”。此法曾在辽宁省大面积推广，高、平、洼地都有搞的，现在还在应用。

【016】黑龙江省尚志市苇河镇兆林村读者刘少波问：我们这玉米白苗及叶片黄绿相间的条纹病很重，这是什么原因引起的？

答：专家认为，玉米产生白苗和叶片黄绿相间条纹大多数是遗传、生理或营养原因所致，不是病害。影响玉米叶绿素形成的因子很多，早春低温及其他环境变化均可发生上述现象。最近研究表明，玉米缺锌也可产生白苗，而在自交系群体中产生上述现象的频率也很高。您可根据实际情况更换玉米种子或抓好苗期田间管理，及时追施锌肥，以避免白苗和黄绿相间苗的出现。

【017】昌图县鴜鹭镇林场读者李长英问：玉米生长期间在啥时候追肥，每亩追多少适宜？

答：关于玉米追肥的时期有句俗语：头遍追肥1尺高，二遍追肥正齐腰，三遍追肥出毛毛（穗），这三遍追肥即是苗肥、拔节肥和穗肥。追肥总量一般每亩用尿素25～30公斤，其中穗肥占60%～70%，拔节肥20%～30%，苗肥视苗情而定。关键是穗肥要重施。

【018】建昌县喇嘛洞镇农技站刘秀华问：我们镇种植玉米多年，产量较高。今年却普遍出现棒子顶尖及根部缺粒，查资料找不到答案。这到底是什么原因造成的？

答：专家认为，玉米秃尖缺粒乃雌雄植株花期不遇所致。玉米在穗分化期遇干旱，对雌穗的生殖生长影响比雄穗大，发育延后。这样，当以后雄穗抽出散粉时，雌穗花丝尚未全部抽出，仅穗中部花丝先抽出并接受花粉受精结实；待雌穗根部的花丝抽出时，雄穗花粉已经散得所剩无几，只零星授粉结几个粒；而当穗尖部花丝最后抽出时，雄穗花粉早已散失一空，故产生果穗秃尖缺粒症状。此外，玉米产区连续高温会使花粉活力下降，也是授粉率降低的重要原因。个别品种有秃尖的遗传特性。

【019】西丰县明德乡横街村任立国问：在调整土地时我分到了别人家种过辣根的一块地，我想在此地上种植玉米，用啥农药能除掉地里的辣根？

答：防除辣根的化学药剂很多：播种后出苗前每亩可用40%莠去津200毫升或5%扑草净150～200克处理土壤；也可在玉米4～5叶期用72%2，4-D丁酯50～75毫升喷雾除杂草。此外，玉米出苗后进行茎叶处理杂草的药剂还有2甲4氯、使它隆、苯达松等除草剂。

【020】昌图县老城镇大台村读者张军问：请您分析一下这几年玉米市场如何，价格是升还是降？

答：依为农所见，这几年玉米市场价格还是看好的。因为玉米首先是城乡人民生活离不开的，改革开放后人们的主食趋向细粮化，以大米、白面为多；而近几年形势有变，玉米食品又悄悄回到百姓家，据说有防癌祛病之功效，沈阳城内玉米饼、菜包子销售格外兴隆即可说明。其次玉米是畜禽的主饲料，养猪、养鸡业发展不可缺少，需求定会增加。再就是玉米是重要的化工原料，尤其是乙醇燃料的开发使得用量大增。可见，随着工农业生产的发展对玉米需求量的增加，其价格只能升不能降。

【021】庄河市鞍子山乡华炉村读者姜田珍来信说请回答下列问题：①害虫为害玉米幼苗惨重怎么办？②赛克津除草剂用在什么作物田上？③保护地和露地是什么意思？④种植西红花能致富吗？

答：为农按您提问的序号进行解答：①主要是地下害虫，除了用甲基异柳磷、辛硫磷拌种防治外，还可用敌百虫、甲基异柳磷对水灌根；对于黏虫等食叶性害虫可用敌百虫粉、溴氰菊酯防治。②主要用在大豆等双子叶作物田上。③保护地系指温室、塑料大棚、冷棚等被设施进行保护的土地；露地则指没有任何保护设施的土地，即自然露天土地。④很难致富。

【022】新宾县城郊乡下坎村读者徐祥问：我村去年种植玉米减产严重，不出绒吐丝，棒小结粒少，长势越好的植株越严重。

这是啥原因？是种子不好还是肥太大了？

答：根据您信中所述的情况，很可能是气候原因所致。雨水较多的年份，会使玉米植株生长不均衡，尤以较肥沃地块徒长严重。雄穗发育较快，雌穗发育迟缓，造成花期不遇，授粉不良。又因阴雨多湿，雄穗开花后花粉粒发黏，散不出去，致使雌穗得不到足量的花粉，就不能受精结粒，因此结粒少，造成减产。

【023】昌图县昌图站乡三台子村读者许俊良问：今寄去3片玉米叶片和高粱叶片，请鉴定一下这是些什么病害？

答：通过寄来的病叶标本可以初步判断，玉米叶片上具灰褐色或黄褐色长梭形斑，应是玉米大斑病，严重影响产量，此病防治方法首先要选用抗病品种，再实行轮作倒茬，增施磷钾肥等，也可用多菌灵、克瘟散等药剂在发病时喷洒。高粱叶片上的淡褐色至褐色长梭形斑，可能是高粱大斑病，与玉米大斑病病原菌相同，为不同的生理小种，常温多雨年份发病重，防治方法是选用抗病品种，注意生育后期不可缺肥。

【024】黑山县小东镇南窑村读者周越问：1996年春季玉米种子供应数量咋样？其价格情况如何？

答：辽宁省1995年玉米制种的数量约占全国总量的一半，具有举足轻重的位置。据权威部门预测，因全省春播制种玉米面积过大，再加上上年的剩种，大量积压已成定局。玉米种子的总体销售价格将有所下降。部分小品种因制种量少，需求旺，价格略有上升。

【025】开原市中固镇沙河堡村读者杨雨实问：玉米一次深施肥免中耕技术都说好，可我看到玉米苗比上口肥的发黄不壮，而分期施肥的黑绿粗壮，这对最后产量有没有影响？

答：玉米一次深施肥技术，是科技人员经过多年试验研究得出的结果，是有科学依据的。此技术省工省力，主要解决劳力不足及下地施肥次数多的问题。一次性施肥因施肥较深，苗期根浅往往用不上劲，故比施口肥的小苗发黄发瘦，但到中后期肥力不衰，后劲很足，产量并不会减少。

【026】沈阳市于洪区解放乡大尚义村读者于春茂问：我得到一个“中华玉米高效栽培模式”信息，说采用此模式种植玉米每

亩可产 2000 公斤以上，您说是真还是假？

答：此“模式”可能有，但目前品种及密度下每亩产量 2000 公斤无论如何也生产不出来。我国正在集中科研力量选育耐密高产玉米品种，理论上每亩产量突破 2000 公斤的可能性是有的，在美国玉米带已有先例，而我国还需要很长一段技术创新之路要走。

【027】葫芦岛市寺儿堡乡碾盘沟村读者张东升问：用什么除草剂杀灭玉米田里的鸭趾草效果好？

答：鸭趾草，也叫兰花草、鸭跖草、竹叶草等，玉米田除草剂阿特拉津（莠去津）在通常用量下的效果较差，生产上多采用瑞士先正达的耕杰、河北宣化的玉宝等防除鸭趾草有特效，您可选用。

【028】盘山县石新镇大金村读者卞金良问：我买了 2 公斤玉米种子，售种者说此种子可连年种植，他说的是否可靠？

答：纯属骗人！目前生产上使用的玉米种子大多是杂交种，种植 1 年后再用则遗传分离严重，产量下降十分明显。玉米杂交种绝不可连年种植，必须年年换种，否则丰收的希望就将彻底破灭啦。

【029】喀左县平房子乡九佛堂中学曹子民问：1996 年新玉米上市后，国家的收购价格是多少？

答：1996 年新粮上市后玉米的国家定购粮收购价格，每公斤玉米 1.04 元。

【030】铁岭县熊官屯乡土台子村读者杨海民问：我们这儿去年给某种子公司繁育的玉米种子售出后，到现在种子款只兑现不到 50%，此事谁管？

答：此事好像是“打白条”现象的复活，应找制种企业按合同办事，或依法解决。农民一个汗珠落地摔八瓣儿挣点辛苦钱，有关制种企业应该将种子款早点返回，以不失信于民。

【031】彰武县大冷乡大庙村读者李太问：玉米药剂免中耕的地块下年种植大豆行不？新品种高产大豆能否连年种植？

答：药剂除草免中耕的玉米田大多用莠去津进行除草，该药剂残效期较长，最好隔年再种植大豆，否则会影响生长，甚至产生药害。大豆一般不宜重茬连续种植，俗语讲“油见油三年愁”嘛！

【032】铁岭县腰堡镇范家屯村读者柴宇问：玉米田用阿特拉津、都尔、拉索、乙草胺、2，4-D丁酯等药剂进行化学除草，翌年种植香瓜行不行？能不能产生药害？

答：阿特拉津的残效期较长，香瓜对此除草药剂较敏感，易产生药害，危险性很大，因此不宜种植香瓜，最好隔2～3年再种。

【033】沈阳市东陵区古城子乡南岭村读者张基德问：玉米田用了化学药剂除草，对下年种植菜类是否有影响？

答：一般说来，用过阿特拉津除草剂进行化学除草的玉米田，尤其是砂壤土地块上第二年不宜种植菜类。菜类对阿特拉津等药剂较为敏感，容易产生药害。

【034】法库县双台子乡团山子村读者吴恒华问：上年玉米田打过阿特拉津，今年想种植西瓜、芝麻、黄烟等是否能行？

答：种植西瓜的危险性最大，因为阿特拉津在土壤中的残效期长达17个月，且瓜类对其敏感，要隔一两年为好。后两种作物也会有些生长不良反应。

【035】庄河市明阳镇读者乔荣胜问：我准备在上茬种玉米的地块上覆膜种植土豆或栽种大葱，但上茬用过阿特拉津和拉索除草，是否对下茬土豆、大葱有药害？土豆上用多效唑和矮壮素是否能行？

答：上茬玉米田用阿特拉津除草，在正常用量情况下，下茬种植马铃薯或大葱会有影响，但不同土壤类型以及使用该除草剂年限多少差别很大。马铃薯田可以使用多效唑和矮壮素，但必须在土壤过于肥沃植株徒长的情况下喷洒，控制营养生长。

【036】黑山县半拉门镇小鄢家村读者张希俊、西丰县振兴镇白石村迟海、抚顺县拉左乡拉左村肖友志问：去年玉米田用阿特拉津和2，4-D丁酯除草。今年想在此地块上种植甜菜、大蒜、大葱等双子叶植物行不？

答：在这两种除草剂中，2，4-D丁酯因残效期短而对下茬没有影响。只是阿特拉津除草剂残效期长对下茬种植甜菜、大蒜等双子叶作物很危险，有时气候、土壤干湿情况会影响药害发生，最好隔年再种植，但再种植玉米、高粱、谷子等是可以的。

【037】本溪市明山区政府审计律师事务所读者杨宝民问：玉米田、大豆田都用哪些除草剂除草？

答：玉米田常用的除草剂有：阿特拉津、乙草胺、2，4-D丁酯、拉索、百草敌、伴地农、玉农乐、除草通、利谷隆、绿麦隆、草净津等；大豆田常用的除草剂有：氟乐灵、地乐胺、灭草蜢、恶草灵、拿捕净、扑草净、克阔乐、虎威、禾草克、拉索、排草丹、都尔、稳杀得等。上述除草剂在使用时要认真按说明书要求去做。

【038】铁岭县大甸子镇长寨子村读者张玉石问：玉米田用阿特拉津除草效果好。有人说下茬只能种玉米，种别的会有药害，是真的吗？

答：当阿特拉津每亩地用量超过200克及连年用药的情况下，会对下茬敏感作物生长产生一定影响甚至药害。

【039】法库县双台子乡前大房申村读者李大武问：上年用阿特拉津除草的地块，今年种香瓜、西瓜等能行不，是否有药害？

答：近些年，玉米田除草使用阿特拉津很普遍，但出现的问题也很普遍，就是下茬种植作物已受到明显的限制，给编辑来信、来人询问者增多，已造成一种“阿特拉津”现象。由于连年种植玉米和连年使用阿特拉津，下茬种植瓜类、豆类、花生、油菜、向日葵等作物出现药害的可能性加大。为农认为，玉米田除草剂阿特拉津必须尽早取代，使其退役为是。有关部门和专家也应加强科研力度，早日推出残效期短的替代农药品种，以解决目前生产中存在的普遍和严重的问题，别让农民在作物的轮作倒茬上闹心或发愁。

【040】建昌县新开岭乡红旗村读者刘昌文问：玉米大垄双行或二比空栽培，每亩保苗数是按实际种植面积计算还是连空行都计入面积之内？

答：玉米大垄双行或二比空栽培是一种种植方式的变化，每亩保苗数是包括空行面积算出来的，因为这种种植方式主要靠增加行上苗数及密度来弥补空行，通过增加通风透光来增产。

【041】昌图县付家镇友好村读者张旭冬问：有介绍玉米套圆葱和贮藏甜玉米技术的，我觉得是个赚钱方法，在辽北能不能搞？

答：此技术在您处是可以搞的，因为玉米套圆葱栽培已经是成功的增收经验，在您处效果也一定能很好；甜玉米贮藏需要投资很大的设备和较多的技术，应慎重为好。

【042】凤城市红旗镇政府团委读者李霞问：听说玉米煮熟后可以保鲜贮藏到冬季再出售，利润可观，一般农户能搞吗？

答：据专家介绍，甜玉米、糯玉米果穗在自然条件下贮藏其籽粒会逐渐老化和硬化，品质下降。目前保鲜贮藏有熟化杀菌真空包装和冷冻两种方法，前者一般采用罐头厂的生产设备和流程便可以进行，后者利用冷库冷冻贮藏即可，您可根据本地设施条件选择最佳方案。保鲜贮藏的玉米有一定增值空间，市场销售也不错。

【043】灯塔市铧子乡北孤家子村读者薛恩东问：听说种植玉米一次性深施肥好，我处可行不？

答：玉米一次性深施肥省工省力，在许多地方是成功的。但此事应因地制宜，不同的土壤条件应采取不同的施肥方式，对于砂性大、漏水漏肥严重的地块来说，一次性深施肥则可能是浪费，后期容易脱肥，不宜采用。而对于耕层深厚、中壤以上的地块，一次性深施肥是可以的。不过，对于劳力较充足的地方，分期施肥确有灵活机动、及时有效的优点，有好肥用在刀刃上的作用。您还是根据本地的实际情况，来决定采取哪种施肥方式吧。

【044】岫岩县汤沟乡计生办读者王民多问：我处每年春季播种玉米种子后被老鼠扒埯吃掉，造成缺苗断条，就连拌过辛硫磷的种子也被吃掉了，乡亲们很气愤，有什么好办法治住老鼠吗？

答：近几年，各地农田鼠害越来越重，已给生产造成巨大损失，疾呼声四起，在读者来信中反映尤为强烈。沈阳东陵区一位农民来编辑部说，播种后由于田鼠为害几亩地，玉米不得不毁种。然而，农田灭鼠并不是几家几户就能办到的，需要有关部门重视和有组织、大范围地进行，才能收到好的效果。田鼠多年失防已使田间鼠群巨大，也由于害鼠天敌锐减而使之迅速繁殖成为优势种群。为农认为，如果再不采取果断措施花大力气打一场灭鼠的人民战争，农业生产将面临重大威胁，因为在一些地区，目前的鼠害已超过所有作物病、虫害造成的损失。有关部门应引起高度重视，及早组织，把农田灭鼠当作一件大事来抓，方可奏效。目前生产上使用的灭鼠药剂有两类：一类是抗凝血型药剂，如杀鼠灵、杀鼠迷、大隆、敌鼠、氯敌鼠等；另一类是急性药剂如毒鼠磷、灭鼠优、灭鼠安、甘氟等，均可制成毒饵用于农田灭鼠。

【045】铁岭县鸡冠山乡长寨子村读者张玉石问：玉米追肥，我想用碳酸氢铵与尿素混合追施，能行不？

答：尿素属中性肥料，碳酸氢铵属微碱性肥料，两者现用现混做追肥是可以的。注意，追施的肥料要覆土盖严，以免挥发。

【046】黑山县半拉门镇小鄢家村读者王宝军、台安县达牛镇岳家村未署名读者问：我们这里有一种传言，说玉米价格有可能下跌，真有此事吗？能否预测一下明年的玉米价格？

答：据权威人士透露，国家为了保护农民利益、调动种粮积极性，对粮食价格尤其是玉米价格一直采取保护措施，其结果是多年来国内市场的玉米价格一直略高于国际市场价格 0.1 元左右。在加入世贸组织（WTO）后，国内的玉米价格不会有大的变动，国家将会继续实行收购保护价格。

【047】法库县三面船镇新三家子村读者任秀田问：1996 年新粮上市玉米价格下跌，还出现了卖粮难。农民种粮以后会怎样？

答：据农业部统计，1996 年全国粮食总产 4800 亿公斤，比 1995 年增产 135 亿公斤。对于这个数字为农觉得并不算大，按中国 12 亿人口来说人均毛粮 400 公斤充其量是个温饱水平，若去掉工业用粮、养殖用粮等也只能是填饱肚皮。那为什么出现粮价下跌、卖粮难呢？原因很多，如在上年国内玉米价格较高时进出口失调，国内纳粮缓冲承受能力较差等。不过，这只是暂时现象。从长远看，粮食生产将成为中国 13 亿人口之大国重中之重，吃饭是第一件大事。因此，农民种粮定会有前途，而目前的低潮过去将不会再现，历史已告诉了人们粮食与稳定的关系。自从国家对种粮实行补贴后，农民积极性明显提高。

【048】大连市金州区向应乡小关屯村读者吴殿君、庄河市城山镇王官村刘喜胜等读者问：我们分别从吉林省农安县烧锅镇作物研究会、黑龙江省阿城市哈尔滨明丰农科所购买了紫香玉黑玉米种子和极早熟甜玉米种子，播后出苗率极低，这事找谁去算账索赔？

答：为农觉得，“打油应找拿瓶子的要钱”，谁售出的种子应由谁负责。这里有两种方式：一种是找售种单位协商解决；另一种是通过消费者协会及法律诉讼来解决。值得注意的是，购种票据和证据的存留很重要，如播后的种子留一把以备查验。单靠田间出苗率只能说明一部分问题，因为出苗率受许多因素影响，种子本身只是一个方面。

【049】瓦房店市、新民市、台安县、铁岭县等许多读者来信来电反映：近几年玉米田化学除草用的是阿特拉津＋乙草胺＋2，4-D丁酯，效果很不好，造成草荒，这是咋回事？

答：除草剂阿特拉津的除草效果受许多因素影响，一般应先考虑药剂是否有假，其次考虑干旱等其他因素。为农参加了省里组成的专家调查组，对全省范围内的玉米田除草效果差问题亲眼所见。之后，电话咨询了国家农药质量监督检验中心，结果是各地农民送检除草剂样品检验结果，几大厂家生产的产品均符合国家标准。专家认为，春季用药后降水量不足、土壤表层干旱是药效差的主要原因。调查中发现，凡玉米播种用药后耙压混土过的田块除草效果均好，原因是耙压能保墒提墒，使阿特拉津发挥作用。同时发现，在目前用量下阿特拉津对于鸭跖草已无能为力，造成鸭跖草发生严重。因此建议有关技术部门尽快改革当前玉米田化学除草的用药配方，解决鸭跖草问题。否则，鸭跖草将成为玉米田中的一只“草老虎”，给玉米生产造成更大损失。

【050】内蒙古自治区后旗双胜镇新街基村读者沈军问：我们这里在玉米田喷2，4-D丁酯除草剂时经常会使玉米出现药害，怎样才能防止出现药害呢？

答：首先每亩用药量要准确，用量不能过大；其次是喷雾要均匀。关键是有些农户使用方法不当，用2，4-D丁酯一定药剂喷到杂草上，对准杂草喷雾，尽量少喷到玉米植株上，因为喷到玉米上的除草剂不但浪费，而且是产生药害的祸根。目前生产上多采用2，4-D丁酯混乙草胺等作土壤封闭处理，药害相对减少了许多。

【051】辽阳县首山镇向阳寺村读者张清问：我种植黏玉米，头天晚上果穗掰下来第二天早上吃味道就变了，这是怎么回事呢？

答：专家说，黏玉米果穗掰下来马上剥皮蒸煮与放置一夜后再剥皮蒸煮吃起来味道差异不会太大。但对于味觉敏感者来说还是有点区别的，毕竟放置一夜后黏玉米籽粒中的乳浆物质又有了一些变化和转移。

【052】新民市柳河沟乡胜利村读者曹彦问：春天我地区玉米小苗成片萎蔫，根须变成褐色，最后枯死，造成缺苗，这是什么毛病，如何防治？

答：专家根据您寄来的标本初步鉴定认为，这是一种由镰刀菌侵染引起的病害，叫玉米苗枯病。此病多在5月中下旬发生，造成缺苗断条，甚至毁种。发病的原因主要是玉米播种出苗后长期低温高湿、多雨寡照，玉米苗抗性下降受到病菌侵染。防治方法是选用抗病品种、使用包衣种子或药剂浸种拌种、出苗后及时铲趟降湿增温等；对于缺苗断条处，可采用快速高温催芽、坐水补种或移栽补苗。

【053】昌图县老城镇大台村读者张军问：海单系列、海禾系列玉米新品种有何区别，是哪个单位育成的？

答：海单系列是海城市种子公司选育的玉米系列品种。海城市种子公司2002年经股份制改造重新组建成辽宁海禾种业有限公司，所选育的玉米品种为海禾系列，而海单系列玉米品种选育至此终结。

【054】铁岭县大甸子镇大甸子村读者康庆文问：有人说玉米连作重茬种植会造成减产，请问水稻连作重茬是否也减产呢？

答：玉米和水稻是较耐重茬的作物，不像大豆、花生及瓜类作物重茬减产那样严重，甚至绝收。有水稻专家说，水稻是不怕重茬的，很多稻区年年在同一块地上种植水稻，根本就没有轮作倒茬的土地，南方个别稻田地块甚至连续种植水稻几百年，亩产量还在逐年提高。可见，水稻田通过水层和干湿交替有自身调节能力，重茬对产量没啥影响。

【055】黑山县小东镇南窑村读者周越问：最近到种子商店购买玉米种子，发现有的种子包装袋上标注有“不育化育种技术”字样，这是什么意思，是高科技吗？

答：育种专家说，“不育化育种技术”通常是指玉米制种过程中所采用的母本雄性花粉不育，不用田间人工去雄了，而制出的玉米杂交种子在生产田雄穗会正常散粉。一般说来，采用此法制出的玉米种子比田间人工去雄的种子纯度要好，因为人工去雄很难去干净。但要注意，包装袋上印有“不育化育种”字样的玉米种子只表明种子的繁育方法，而与品种的适应性及增产性能没啥关系。此技术早在高粱杂种优势利用的三系配套中就采用过，现在玉米也采用此三系配套来繁育种子，将其称作高科技确实有点牵强。

【056】宁夏回族自治区贺兰县常信乡丁北林场读者李全问：我是一名种植爱好者，订阅《新农业》多年，2007 年第 4 期介绍的鲜食玉米新品种是哪个单位选育的，到哪里能买到种子？

答：此期介绍的紫玉糯、天紫糯、品糯 28、六月雪、中糯 1 号、品甜 8 号及绿色超人等鲜食玉米新品种均是中国农业科学院作科所选育的，种子由北京中品开元种子有限公司经销，地址在北京市海淀区中关村南大街 12 号。

【057】东港市农业局读者张学儒问：到哪里能买到甜玉米新种子？

答：沈阳农业大学特种玉米研究所选育出多个甜玉米新品种，每年都繁育一定数量的生产用种子，您可与之联系。

【058】新民市梁山镇建设村读者吉洪玉问：我地区玉米红蜘蛛发生十分严重，用什么好药剂能防治住呢？

答：近几年，各地玉米的红蜘蛛为害有加重趋势，应引起有关部门重视。红蜘蛛在玉米幼苗出土即可进行为害，最适宜繁殖温度为 26℃～30℃，7～8 月份是为害盛期。干旱少雨条件下虫量剧增，为害加重。防治药剂可用 40％乐果乳油、20％三氯杀螨醇乳油或50%马拉硫磷乳油1000～1500倍液喷雾；也可用75%克螨特3000倍液、1.8%虫螨克乳油1500～2000倍液喷雾。

【059】清原县湾甸子镇辽宁省实验林场杨春林问：我处重茬种植的玉米黑穗病很严重，用什么药剂能防治住此病？

答：防治玉米黑穗病除选用抗病品种、轮作倒茬外，药剂拌种是很有效的。目前生产上常用的拌种药剂是立克秀、粉锈宁、羟锈宁，能治住此病。

【060】兴城市曹庄乡安相村读者赵建林问：2001年我乡号召种植掖单13号玉米，预订种子。广大村民犹豫不决，因都没见过这个品种，又听说这么好那么好。您说说这个品种咋样？

答：掖单13号是山东省莱州市农科院育成的晚熟紧凑大穗型玉米杂交品种。1998年通过全国农作物品种审定委员会审定，株型紧凑，适合密植，每亩密度4500株，亩产600公斤左右。“八五”和“九五”期间被农业部确定为重点推广品种，遍及除西藏、青海、台湾以外的所有省、市、自治区，并于2004年获国家科技进步一等奖。该品种现已退役。

【061】开原市黄旗寨乡龙砬沟村李振海问：2006年末玉米涨价俏销，可外地商贩来我地收购新玉米时却不同品种价格不一样，如新铁10号、12号价格最好，奥玉3号、三北6号较好，而富友系列玉米品种如1号、7号等商贩不爱收购，含水过高、籽粒发白、光泽度差，籽粒度浆不实成，能解释一下这是什么原因吗？

答：不同的玉米品种在不同地区种植适应性不一样，可能富友系列的某些品种不太适宜您地区的气候条件生长才会出现如此情况的。建议您首选本地农业科研机构选育的优良玉米杂交种，再考虑引进种植外地良种。

【062】清原县南口前镇白草甸村读者吴伟问：中国加入WTO以来，农业生产受到冲击了吗，这些冲击是全方位的还是某些方面；我们这里玉米、大豆价格下降是否与此有关？

答：中国加入世界贸易组织对农业有冲击，但实践证明还是有益得多。在某些品种上，中国对玉米、大米、棉花、糖、食用油等品种实行“专营权”，这与日本、法国在农产品方面的保护战略相似。从目前看，国内某些农产品价格高于国际市场价格的现象仍然存在；从长远看，农产品贸易自由化将是大势所趋，中国农产品参与国际市场竞争高于国外价格的产品将逐步消失，这就是冲击。国外的农产品要进来，国内的农产品要出去，关键在于质量，优胜劣汰是基本原则，农民朋友已经具有这种意识了。国内玉米、大豆价格的升降受国际市场影响较大，但也不完全跟着走，因为政府会及时采取措施调节国内主要农产品市场价格，以满足需求。

【063】黑山县励家镇励家村读者张丽问：我们这里玉米价格比以前高了许多，新玉米都卖上了好价钱，听说玉米价格还要上涨，这是真的吗？

答：2007 年的时候，我国出口 430 万吨玉米，年初尚未交货，市场价格波动不大，1 月中旬商贩在昌图产地收购玉米每公斤 1.2 元，且含水 20％以上，农民惜售心理减弱；大连港玉米平仓价 1530 元/吨，厦门港成交价 1650～1680 元/吨，沈阳厂家收购到厂价 1430 元/吨，美国港口价 200～210 美元/吨。看来，自 2005 年玉米涨价以来所引起的肉、蛋、奶及其他农产品涨价已经使农民得到了一点实惠，这是我国融入国际大市场经济循环的结果。虽然国际市场玉米供应依然偏紧，但从国内市场玉米价格来看，仍在稳中有升。2011 年初吉林省玉米价格三等 1800 元/吨、二等 1840 元/吨、一等 1880 元/吨、收购费 50 元/吨；黑龙江省比吉林省同等级低 20 元/吨，辽宁省比吉林省同等级高 20 元/吨。

【064】黑山县小东镇南窑村读者周越问：市场上经常看到玉米种子的包装袋上标注紧凑型、半紧凑型、马齿型、半马齿型玉米等字样，这些都是什么含义？

答：玉米专家解释说，玉米叶片特别上冲的为紧凑型，叶片一般上冲的为半紧凑型，茎秆与叶片夹角 90 度以上的为披散型；玉米籽粒顶部坑深而大的为马齿型，籽粒坑较浅而小的为半马齿型，籽粒小圆没坑而发亮的为硬粒型。上述划分主要是育种家们通过植株茎叶形态和籽粒形态来直观方便地区别不同玉米品种，多是依据经验和感觉来进行的，国家目前还没有具体的分型标准。国内已经有提出紧凑型玉米育种的专家及单位，好像也没有具体的指标来量化规定这些分类的概念。为农建议玉米育种家们尽快研究厘定这些概念，使其更科学化、数据化。

【065】台安县西佛镇石家村读者张立国问：黑玉米、甜玉米、黏玉米等在玉米田里种植与其他玉米会不会混杂，就是发生串花，这些籽粒能不能留种？

答：黑玉米、黏玉米、甜玉米最好单独种植，不可与别的玉米混种。因为玉米属于异花授粉作物，“串粉”严重，更为突出的是籽粒具有胚乳直感现象，一旦“串粉”，果穗上的籽粒颜色当代就乱套。如果黑玉米的花粉传到白玉米的柱头上，当代就会表现出黑棕色的籽粒，影响品质。至于留种，就更不行了。

【066】东港市黑沟乡王店村读者关长春问：甜玉米在我们家乡很少有种植的，我想引种，其用途和销路如何？

答：甜玉米的胚乳中可溶性糖含量比普通玉米高，一般在12%～16%，高者在20%以上，多用于整粒加工制作罐头、速冻或鲜果穗上市；茎秆可做牛羊的青储饲料。甜玉米的市场销售较好，沈阳农业大学特种玉米研究所有甜单系列甜玉米种子。

【067】西丰县柏榆乡鹿鸣村高连福、昌图县马仲河乡西大营村常青、岫岩县大营供销社荣洪禄、瓦房店市松树镇松树村宋家祥等读者问：我们想购买沈农甜单1号甜玉米种子，何处有售？

答：沈农甜单1号是沈阳农业大学特种玉米研究所选育、1990年通过辽宁省品种审定委员会审定的普通甜玉米单交种，生育期95～97天，鲜穗采收期75～77天，亩产玉米笋4000支、茎叶饲料2500公斤。研究所现已育成沈甜5号、沈甜6号、沈甜7号等新品种，可更新选用。

【068】北镇市廖屯乡廖屯村读者赵利问：我想对黑、甜玉米进行人工授粉，早期对玉米胡子用2，4-D丁酯处理一下能行不？

答：黑玉米、甜玉米进行人工授粉是可以的，此法可在田间花粉量不足或留种时采用，一般成片种植的玉米田间花粉量较充足，没有必要采用此法。至于用2，4-D丁酯处理花丝（玉米胡子）更无必要，还有可能造成药害，影响产量。

【069】黑山县四家子镇十七户村读者李兴成问：我种植的玉

米在秋季成熟期大斑病较重，怎样防治？

答：此病主要在玉米植株生长衰弱时由病菌浸染发生，即抽丝期营养生长向生殖生长转化、大部分营养供给果穗时发生，故病害多从底叶向上发展，后期脱肥是发病的一个重要原因。防治方法，可选用抗病品种，适时早播，秋季清除田间落叶，增施粪肥，与矮秆作物间种；发病初期可用药剂防治，多菌灵、百菌清、克瘟散、代森锰锌、敌菌灵等喷雾均可收到效果。

【070】新民市周坨子乡东炮台子村读者王连信问：我处玉米田有两大虫害很严重，蛴螬从春到秋都有，1株玉米根下最多5～6只害虫；玉米螟造成植株倒伏，每亩产量不足125公斤，请您帮助解决一下。

答：蛴螬是玉米田常见的一种地下害虫，您可用种子包衣剂进行种子包衣，也可用40％甲基硫环磷乳油按药、水、种子1∶30∶400的比例进行拌种，或用50％辛硫磷乳油按药、水、种子1∶40∶500的比例进行拌种。防治玉米螟可在田间放赤眼蜂。

【071】凌海市板石沟乡上板村读者何广才问：黑玉米、紫玉米地膜覆盖种植卖青穗有无问题，是否可以留种？马铃薯脱毒是什么意思？

答：黑玉米、紫玉米若是糯性的可以通过地膜覆盖栽培提早成熟上市卖青穗，否则不好吃；如果不与浅颜色的玉米混种或相临种植留种是可以的。若混种或相临种植，因深色为显性基因控制，下代虽为深色，以后再种则颜色混杂乱套了。马铃薯脱毒实际上是防治马铃薯病毒病的方法。马铃薯病毒病也叫病毒性退化，减产严重，通过高山留种、茎尖培养、种子繁殖实生苗等方法均可达到脱毒目的，能防止退化，增加产量。

【072】葫芦岛市连山区寺儿堡镇碾盘沟村读者王连震问：我从吉林某地买的黑玉米种子，种植后棒子小不好卖，这是什么原因？

答：为农认为，您种植的黑玉米棒小有可能是品种生育特性所致，一般说来，吉林以北的玉米品种引到辽宁种植由于温光变化往往发生早花早熟，果穗变小；还有就是栽培水平未满足其要求，也会出现棒小现象。

【073】绥中县永安堡乡花户庄村读者曹德旺问：我在2005年种植了墨西哥玉米，没有开花结实，请问在我们地区能繁殖种子吗？

答：牧草专家认为，墨西哥玉米也叫大刍草，是现代玉米的原始祖先。生育期为200～260天，在辽宁自然条件下生长是不能开花结实的，不能繁殖种子，需要年年从墨西哥、巴西等国以及我国南方热带地区繁种后引进种子种植，很麻烦。看来，本地能否繁殖种子是发展生产的关键，辽宁以前曾种植过红麻、甘蔗等作物，大多是因为种子材料未能在当地解决需年年外引而销声匿迹。值得注意的是，墨西哥玉米在辽宁地区推广种植好像有点问题，实践证明，此物每年最多能收获2茬，通常也就是1茬，亩产青草约3000公斤，效果效益不很理想。至于年收7～8茬、亩产1万～1.5万公斤青草的事，还是到南方生育期较长的地方去种植吧。

【074】抚顺县哈达乡阿及村读者张继承问：最近听说，高油玉米是玉米的换代产品，能否替代大豆榨油成为专业油料作物？

答：高油玉米是一种新兴的粮油兼用品种，在我国生产应用较晚，而在欧美一些发达国家，玉米油是普遍食用的植物油，中国人只对传统的大豆油感兴趣的观念需要改变。发展高油玉米会增加食用油的多样性，是很有意义的事情，但玉米油不会替代大豆油，因为其营养作用不同，人们食用习惯也不同。目前我国市场高油玉米每公斤价格比普通玉米贵2角多钱。

【075】西丰县房木镇志学村读者王奎武问：由于春季高温干旱，土壤墒情不好，我于6月初坐水生芽种植的玉米出苗后有一些是白苗，这是一种什么病？

答：为农认为，这是高温干旱造成的玉米白苗，春季高温干旱年份许多地区会发生这种现象。出苗后持续干旱，土壤水分供应不足，加之干热风袭击，小苗便干尖发白了，最后枯死。防治的最好药剂是“水”。此外，遗传变异也是玉米白苗的重要成因。

【076】昌图县下二台乡南山村读者张学文问：面对“入世”，昌图这个玉米生产大县正在搞产业结构调整。我想种植特种玉米

如高油玉米、高赖氨酸玉米等，市场销路咋样，有前途吗?

答：近几年，常规玉米品种的种植及其面积趋于稳定同时，特种玉米种植有上升之势。特种玉米品种较多，有高油玉米、高赖氨酸玉米、爆裂玉米、甜玉米、糯玉米等，可供榨油、饲料、爆花、装罐头、鲜食等，其用途各有不同。如此看来，某一特种玉米都有一定的消费市场，具有一定的发展前景。但在目前您选定种植某一特用玉米品种之前，还应做一下市场调查，算一算哪项挣钱多，近几年好像种植黏玉米的较多。

【077】阜新县建设镇杨家店小学读者王太超问：我对种植高油玉米很感兴趣，经济效益怎样?

答：高油玉米是一种特用玉米，含油量较高。但目前看来一方面，国内对其认识还很不够，提油加工还很少有人去搞；另一方面，通过各地种植来看，价格和普通玉米差别不大，因此许多种植者种 1 年就不想再种了。可见，我国高油玉米生产的发展，还需要一段时间和一个充分认识开发的过程。

【078】宽甸县八河川乡读者姜永生问：听说多油玉米很有发展前途，我想引种多油玉米种植能行吗，哪里能买到种子?

答：多油玉米也叫高油玉米，普通玉米籽粒含油量 4%～5%，高油玉米籽粒含油量在 8%～10%，高者达 20%。玉米油分主要集中在种胚部分，因而高油玉米的种胚较大。美国是最大的玉米油生产国，占世界总产量 50%以上，我国是世界第二大玉米生产国，玉米油开发潜力巨大。中国农业大学及国家玉米改良中心选育的高油玉米 115、农大高油 4515、中农大高油 5580 等品种可用于生产种植，黑龙江、山东有试验种植的。注意，种植高油玉米要有提胚加工企业参与，否则种出来的高油玉米只能当作普通玉米用途来销售。

【079】本溪市石桥镇种子管理站读者张德武问：春夏之际，我地区种植的玉米粗缩病发生严重，农民很着急。这种病是怎么发生的?怎么防治?

答：玉米粗缩病是植物呼肠孤病毒组双链 RNA 球状病毒侵染所致，由灰飞虱进行传播，只侵染高粱、玉米、谷子、水稻、大麦、小黑麦等单子叶植物，也可侵染马唐、稗草、金狗尾草、画眉草等。主要症状表现为植株严重矮化，节间缩短，叶片对生，叶色浓绿，叶背有蜡白条线状突起，是一种毁灭性病害。此病最早在以色列发现，之后在法国、意大利、西班牙等国有不同程度发生，我国河北、北京、天津、山西、山东、河南、陕西、云南等省市发病面积扩大，以制种田发生较重。东北玉米田有零星病株，条件适宜便流行成灾。近几年一些地区的农民因此病向种子部门要求索赔甚至打官司的情况时有发生，因此，加速玉米粗缩病的防治研究刻不容缓。目前玉米一旦得此病还无法治疗。预防的方法主要是用药剂早期彻底防治灰飞虱，加强田间管理，调整播期和作物布局，控制灰飞虱发生高峰在玉米11片叶以上，发现病株要及时拔除。

【080】鞍山市千山区宁远镇孙周新村石利民、黑山县小东镇南阳村周越等读者问：当前玉米田常用的除草剂都有哪些？用过阿特拉津的玉米田下茬种植西甜瓜能行吗？

答：玉米田常用的除草剂有阿特拉津、乙草胺、异丙草胺、玉农乐、宝成、伴地农、保收、2，4-D丁酯等，其中多数除草剂是混合使用的，以增效降残留。上茬用过阿特拉津的玉米田下茬不宜种植西甜瓜，因为通常阿特拉津每亩用量200克对下茬作物虽然看不出明显药害症状，但可能对生长有一定的抑制作用。

【081】西丰县松树乡永兴村读者郑炳田问：玉米田打完除草剂，不知是药的问题还是天气的问题，经常草和苗一样生长，在有苗的情况下用什么除草剂能杀死杂草？

答：近几年辽宁各地玉米田化学除草出的问题较多，与气候干旱、高温及整地粗糙、施药方法不当有一定关系，阿特拉津一般在降雨后药效可发挥。用在玉米田苗后除草的药剂有2，4-D丁酯、玉农乐、克无踪等，您可在技术人员的指导下应用。

【082】沈阳市苏家屯区大沟乡读者宋丽问：看中央电视台2频道9月21日“中秋家宴”节目，男主持人出问答题，有一答案说“玉米原产西班牙和中美洲”，这个答案对吗？

答：此答案错了。玉米原产中美洲是对的，应去掉“西班牙”三个字才行。虽然西班牙国王派哥伦布最先将玉米从中美洲引入并传播到世界各地，但不能说西班牙是原产地。

【083】新宾县木奇镇北沟村读者韩有问：我处玉米丝黑穗病发生严重，怎么治？玉米种子拌包衣剂后，秋季的秸秆喂牲畜能否中毒？

答：选抗病品种、轮作倒茬、调整播期及药剂拌种等均可防治玉米丝黑穗病。玉米种子拌包衣剂后秋季收获的秸秆喂牲畜是不会中毒的，因为包衣药剂的残效期早就过矣。

【084】桓仁县铧尖子镇新农村读者辛志海问：几年来我地区的玉米、大豆、高粱等播种后发生严重的种子被咬食现象，损失很大，是什么家伙吃掉了播下的种子，怎样防治？

答：依为农判定，播后的种子被吃掉多为田间鼠类所为。近几年，各地鼠类为害农田造成减产愈发严重，甚至有绝收的事例发生。看来灭鼠已成为农业生产的急迫大事。药剂灭鼠应选择无二次中毒的杀它仗、灭鼠优等，制成毒饵撒入洞口、田间即可。由于目前鼠类天敌黄鼬、鹰、蛇等数量锐减，鼠患大发也就不足为奇了。灭鼠一定要避免造成这些天敌“光荣牺牲”。最好的办法是种子拌异味较大的杀虫剂再播种，驱避鼠害。留下这美味之鼠给鹰、蛇等天敌食用。

【085】普兰店市城子坦镇潮河村读者林涛问：黑龙江富拉尔基的富系黑香稻和玉米优良品种，在我处能否种植？

答：黑龙江富拉尔基的富系黑香稻和玉米优良品种在辽南地区处种植需要进行引种试验。因黑龙江的无霜期短，此两种作物的生育期也短，引到您处种植有可能会早熟减产，浪费生育期积温资源。建议您最好种植适合本地生育期的水稻、玉米品种，产量有把握。

【086】法库县叶茂台镇头台子村读者侯广岩问：现在有相当一部分玉米种子同一组合却有很多名称，如博丰 109、隆迪 109 等都是一个组合品种，使农民购买种子时雾里看花分别不清摸不着头脑。恳请您代表我们农民向种子管理部门呼吁一下：规范种子名称，同时在外包装上注明组合或用研制者来命名，以减少农民买种时的麻烦好吗？

答：您反映的情况在国内种子行业是普遍存在的现象，尤其某些育种单位选育出的玉米新亲本或新组合流失或销售采取多家转让，是造成此现象发生的主要原因。玉米亲本或组合“一女多嫁”后，不同的“婆家”则给品种起出了不同的名称，这给农民购种辨名添了很多麻烦，也使种子市场出现混乱。在此，为农替农民强烈呼吁种子管理部门加强品种资源管理，规范新品种命名制度及方法，规范种子市场包装标识说明，真正让农民们明明白白地购买玉米种子。

【087】凤城市沙里寨镇洋河村读者宋志祥问：我买了两个玉米新品种的种子，不慎将两个种子混在了一起，这样的种子还能不能做种用，互相传花减产吗？

答：目前生产上应用的玉米种子都是利用 F_1 代杂交种的杂种优势而增加产量，因此您的两个品种的杂交种子混合播种没有问题，互相传花授粉不会降低产量。生产上经常有故意将几个玉米品种的种子混合在一起播种的。注意，这种混合群体在田间管理上可能有些问题，所产生的后代再做种子是不行的，肯定会减产。

【088】朝阳县瓦房子镇读者邴志远问：高粱植株上的黑穗病能传给玉米吗？上年种辽单 24 号或沈单 10 号玉米，下年种辽单 35、36 算不算更换品种，能否减轻病害？

答：①一般说来，高粱丝黑穗病的病菌是可以传给玉米的，引发玉米黑穗病，因这两种病害是同一种菌所致。②此种更换应算是从概念上更换了品种，但并未从根本上解决病害问题，应该算作连作。连作种植玉米肯定会累积病菌引发病害，可结合土壤消毒、用药拌种等方法进行防治病害。

【089】海城市望台镇西望台村读者未庆伟问：玉米植株在生长期间追施第二遍尿素时，不进行趟垄盖土与盖土的肥效一样吗？肥料能损失多少？

答：专家认为，把尿素撒施在田间地表后不盖土，4～5 天大部分氮素便氨化挥发掉，其利用率仅 30%左右；尤其在石灰性和碱性土壤的表面，其氮素的挥发损失更为严重。因此，尿素最好刨坑或开沟深施在 10 厘米以下，使之处于潮湿土壤中有利于转化及作物根系的吸收利用。

【090】凤城市弟兄山镇草河岭村读者夏本武问：玉米种子包

衣有无口肥的作用?

答:玉米种子包衣的主要目的是防治病虫害，并无口肥作用。有在包衣剂中加入微量元素和生长调节剂的也不能当作口肥来看，因此采用包衣种子应正常施肥管理才对。

【091】铁岭县凡河镇边家窝棚村读者边仲生问:青储玉米秸秆以及青饲玉米有没有保鲜技术，哪里能有这类技术?

答:用玉米青绿秸秆制作青储饲料是解决牛、羊等牲畜冬春季饲料不足的好方法，技术性是很强的，关键点在建青储窖、收割玉米青秆切碎装窖、压实密封、开窖饲喂等环节。青储玉米饲料具有长期保存及营养损失小、质地柔软、气味芳香、适口性好、消化率高等优点，应大力提倡。沈阳辉山奶牛场等处，每年大量制作玉米秸秆青储饲料，可学之。简单的青绿玉米保鲜多采用 SDA 即双乙酸钠防腐防霉保鲜剂处理即可。

【092】朝阳县瓦房子镇三官村读者邴志远问:立克秀是一种具有内吸性的拌种剂，用其喷雾玉米、高粱叶面能否达到防治黑穗病的作用?玉米自交系和单交种有啥区别，在购买玉米种子时种子袋上未标明是自交系，怎样鉴别自交系呢?

答:玉米、高粱等禾谷类作物黑穗病往往是种子、粪肥、土壤带菌，病菌是系统侵染的，就是说种子出现幼芽时病菌就开始侵入了。因此用立克秀拌种来防治黑穗病是科学正确的，若改用叶面喷雾是没啥道理的，也是不能防病的。玉米自交系与单交种在种子、幼苗及成株的外形上差异非常明显，自交系弱小，单交种强大。不过，种子市场基本上没有出售自交系的，因为自交系是用来繁衍制种的，要经过一定程序的，商家也不会将自交系当种子卖的，因为价格上自交系要比杂交种贵很多。所以，您不必担心在种子市场上买到玉米自交系种子。至于种子混杂有自交系或您买单交种误种了玉米自交系，卖种者不但要赔偿经济损失，而且要受到有关部门的责任追究和处罚。

【093】阜新县旧庙镇旧庙村读者崔福田问:我种植的玉米得了“多穗病”，秋天每株长1个果穗的有250～300克，而多个果穗的植株仅上面1个穗150～200克，下面其他穗根本就没有籽粒，雨水好时多穗玉米占50%，减产严重，这是怎么回事，怎

么防治?

答：玉米出现多穗，主要是由玉米品种本身的遗传特性决定的，许多品种具有多穗的特性。此外，肥水过旺、种植密度过稀、种子陈旧老化及播种后自然环境影响等，长出的植株都可能出现多穗现象。

【094】朝阳县瓦房子镇三官村读者邴志远问：每年春季玉米、高粱、大豆等播种后，及时压一遍磙子会使土壤紧实保墒，可有的年份播种后未等压磙子就下雨了，甚至下好几天；没等土表发干小苗已顶土快出来了。在这种情况下压不上磙子就不压了，是否能行?

答：不压也能行。

【095】瓦房店市泡崖乡邮局读者衡巨和问：玉米出苗期，有的小苗在根部两侧发出像水杈一样的侧苗，有的农民说必须掰掉，有的说不用掰，争论很大，您说哪个对呢?

答：专家认为，玉米小苗的根部长出的分杈也叫分蘖，应该彻底掰掉，以给主株集中供给营养，减少消耗。

【096】庄河市太平岭乡帽盔村读者刘长久问：我们地区卖玉米种子的有很多家，不知哪家的好，而且价格比去年高了，国家有没有规定种子的最高限价?《新农业》是1971年创刊的，到2009年第1期共38年457期才对，可总期数却写的是688期，这是怎么回事?

答：为农按您问序解答如下：①目前全国玉米种子市场价格已经放开，辽宁省有关种子管理部门不会对玉米种子销售价格统一制定最高限价，因此各地及品种间价格略有差异。据权威人士讲，个别玉米种子出现高价格原因很多，而多数优良种子的价格是正常居中的，种植后的产量很高而稳定，建议您买市场中价位的玉米品种种子。②原因是：1987年以前的《新农业》杂志是半月刊。

【097】新宾县新宾镇岭前村林子头王礼明问：听说“水果玉米”能像水果一样鲜食，发展种植的前景怎样?

答：所谓水果玉米实际上就是一种适合生吃的甜玉米，如中国农业大学培育的超甜1号等，是可以种植开发的，但发展前途多大很难说。

【098】内蒙古通辽市科尔沁左翼后旗双盛镇新街基村沈均问：我在玉米田用阿特拉津进行苗后喷雾除草，每亩用药150～200克，效果不太理想，这是为什么？

答：阿特拉津是三氮苯类选择性、内吸传导型除草剂，作物主要通过根系吸收药剂，茎叶吸收较少，因此常规用药以土壤处理为好。采用叶面喷雾，杂草吸收药剂很少就起不到传导杀草作用，除草效果就不会好。建议您改用阿特拉津喷雾为土壤处理，除草效果定会很好。

【099】清原县大苏河乡三十道河村读者陈启贵问：我地区在玉米田生产上大量使用化学除草剂，常常发生效果不理想的情况，这是什么原因造成的？

答：影响化学除草效果的因素较多。首先要了解田中的主要杂草种类、分布规律、危害程度、生物学特性及防除临界期；同时掌握环境条件、防治手段及方法，科学用药杀灭杂草。造成防效不理想的主要原因，除药剂质量原因外，土壤湿度影响较大，用药后土壤干旱则药效发挥不出来，杀草效果差；再就是农田整地粗糙，除草剂施用后不能在土壤表面形成封闭膜，使杂草安然出土，因此要仔细整地使土面无坷垃，杀草效果会明显提高。还要注意除草剂混用，单一除草剂防除杂草的种类有限，而将几种药剂混用后，既能杀阔叶草，又能杀单子叶草，没有遗漏，效果自然就好了。

【100】朝阳县瓦房子镇三官村读者邴志远问：山西有报道，玉米苗期出现疯长是受蓟马为害所致，这种害虫怎样防治？

答：蓟马主要以成虫或若虫在幼苗的心叶嫩叶内刺吸汁液而破坏生长点，受害玉米叶片呈黄白条斑，心叶卷曲呈马鞭状。实际上，蓟马的为害是不会造成植株疯长的，反而分泌毒素会抑制生长。防治蓟马的方法是每亩用10％吡虫啉可湿性粉剂20克、4.5％高效氯氰菊酯乳油30～45毫升对水30公斤喷雾，或用40％氧化乐果乳油1500倍液喷雾。

【101】新民市梁山镇建设村读者吉红玉问：我地区近几年玉米螟为害加重，用什么药剂在什么时候防治这种害虫效果好？

答：在辽宁地区越冬代玉米螟成虫6月中旬至7月中旬出现，成虫产卵后4～5天孵化出幼虫开始为害，此期便是防治适期。投药防治通常在玉米植株大喇叭口期进行，药剂可用呋喃丹颗粒剂投入喇叭口中，此药剧毒对天敌有害。此外，利用赤眼蜂卡、春季用白僵菌封垛等也可以有效控制玉米螟的发生。

【101】昌图县宝力镇小城子村读者刘洪军问：有报道说种植玉米笋可获高效益，是真的吗？玉米笋生长对环境条件有啥要求，我地区能种植吗？

答：玉米笋实际上是一种特种玉米的幼嫩果穗，与普通玉米的幼穗相似。其生长环境条件及栽培方法与种植普通玉米差不多，辽宁省各地均可种植。其效益好坏主要取决于市场销路和价格，目前主要是制成罐头出口，内销量不大。您若种植此物需先找好销路，以免赔钱。

2. 水稻

【001】辽中县茨榆坨镇读者钱玉强问：辽粳5号水稻品种是谁育出的，哪个单位，亲本如何？

答：辽粳5号水稻品种的选育者是杨胜东，单位是辽宁沈阳市浑河农场；该品种以丰锦为母本，以越路早生、矮脚南特、Bada、藤坂5号、铁路稻、巴利拉多元复合杂交后代为父本，1976年杂交选育而成，曾获国家技术发明二等奖。

【002】盘山县坝墙子镇刘达生、开原市上肥地乡王庆海等读者问：水稻钵盘育秧效果好，怎样才能购买到质量较好的育苗钵盘？

答：水稻钵盘育苗技术的迅速推广普及，使得生产育苗钵盘的厂家增多。有的厂家设备简陋，且原料不畅，产品质次价高。购买水稻育秧钵盘一定要注意质量，选用钙塑纸质量好的钵盘，韧性强，使用年限较长，就是要到正规的钵盘生产企业去购买。

【003】铁岭县双井子乡黑鱼汀村读者商万皆问：我想引种沈农418，不知在我地区种植能不能行？和辽开79-3比咋样？

答：辽开79-3是辽宁省农科院稻作所以（76-73）×矢租的复合杂交后代材料系统选育而成的中熟水稻品种，生育期158天比秋光晚3～5天，适宜在辽宁开原以南稻区种植；凡是能种植辽开 79-3 水稻品种的地区种植沈农 418 品种没啥问题。这两个品种现已基本退役。

【004】法库县大孤家子镇读者赵欣问：水稻青系 96 与沈农 129 有关系吗，有何特点？

答：沈农 129 是沈阳农业大学农学院从日本引进的水稻品种青系 96 的变异株中通过系统选育而成的，1991 年 10 月通过辽宁省农作物品种审定委员会审定命名推广。该品种属中熟粳稻，生育期 150 天左右，要求积温 3100℃，与秋光相似，适于东北、西北、华北能种植秋光品种的地区种植。

【005】凌海市建业乡中心村读者宋质茹问：我很想种植水稻新品种沈农 129，到哪里买种？是否给邮购？

答：沈农 129 是沈阳农业大学农学院选育的，现已无种可供，本地区生产上种植的很少，您可考虑更换其他适宜的水稻新品种。新疆地区 2010 年还有种植沈农 129 的，并列入区良种补贴。

【006】辽阳县唐马寨镇蚂蜂泡村读者马克利问：我们地区从黎优 57 开始每年都种植杂交水稻，现在又种植辽优 5273、筐优 418 等品种。有人说这种水稻收获后第二年一样可以做种子使用，是这样吗？

答：水稻黎优 57、辽优 5273、筐优 418 等杂交稻品种，通过恢复系制种过程利用杂交一代的杂种优势增加产量，因此生产上必须年年制种，农民必须每年更换新种子。杂交稻收后第二年是不能做种的，因其分离严重，高矮不齐，减产 15%以上。

【007】开原市莲花乡水泉村张国祥、新宾县上夹河镇大堡村衣启仁等读者问：水稻高产良种沈农 91 在我们地区是否可以栽培？

答：沈农 91 是沈阳农业大学农学院以辽粳 5 号为母本、外引系 150 为父本杂交选育而成的水稻新品种，1990 年通过辽宁省农作物品种审定委员会审定，生育期 160～162 天，适宜在沈阳以南地区种植，在开原、新宾地区种植怕上不来，影响产量。开原、新宾地区最好选择生育期短一点儿的良种（系）为好。沈农 91 在 2006 年被列入辽宁省主要农作物拟退出品种名单。

【008】四川省三台县龙树乡幸福村读者邓小毅问：听说凌海市闫家镇川条村有人培育出一个90天收获的早熟高产水稻新品种，此事是否属实？

答：据为农调查核实，辽宁种子管理部门从未审定过90天收获的水稻品种，此类品种纯属谎造，引种者要注意，切勿上当受骗。

【009】普兰店市双塔镇按子村读者吴铁永问：去年我种植的水稻发生恶苗病达2/3，损失很大。水稻种子是自家留种，用石灰水浸过杀菌都不好使，能提供一个最理想的根治恶苗病的方法吗？

答：水稻恶苗病主要借带菌的种子传病，再就是田间的病残株体带菌所致。建议您引种更换新稻种，彻底清理稻田；选无病田育苗，苗床土壤进行药剂处理可防止发病。药剂浸种能防止发病，常用的药剂有多菌灵、甲基托布津等。

【010】凌海市西八千乡春风村读者孙序元问：今年的8月下旬，我的稻田出现猝死稻株和稻丛，绿油油的叶片和稻穗突然变成青褐色，甚至全穗死亡，并未发现啥虫子咬食，这是一种什么病害？

答：专家分析认为，您的水稻是得了稻瘟病，由半知菌亚门梨形孢属的病菌侵染所致的一种病害。该病病菌主要以菌丝体和分生孢子在稻草和稻种上越冬，分生孢子由空气传播。在水稻抽穗期气温降至20℃以下、持续1周且湿度较大时易发生此病。防治方法主要是选用抗病品种，切忌氮肥施用过多过晚。可用1％石灰水在15℃～20℃浸种3天，或用10％的401抗菌剂1000倍液浸种48小时进行种子消毒。发病前或初期可选用克瘟散、稻瘟净、异稻瘟净、三环唑、甲基托布津、春雷霉素等药剂喷雾或喷粉防治。

【011】河北省抚宁县双岭乡马场村读者马林问：辽宁的黑米稻、香稻等品种在我处能否正常成熟？是否有亩产800～900公斤的水稻新品种？

答：辽宁的黑米稻、香稻在您处种植成熟问题不大，但要做一下引种试验为好。至于亩产800～900公斤的水稻新品种生产上个别地块虽有出现，但目前在品种审定目录上还没有发现达到这个产量数字的品种，说明此种宣传肯定“水分”较高。

【012】大洼县高家乡高家村读者张旗问：听说国家对农民有粮肥挂钩的政策，即按交售粮的多少给平价化肥。我们这里每亩地向国家交售450斤平价水稻只给20斤尿素，这够数吗？省里的具体政策是怎样的？

答：1995年的时候，农民每向国家交售100公斤定购粮返给平价化肥10公斤（尿素），粮肥挂钩政策全省的标准是基本一致的，如果数量有出入，您可向本县、市农业行政部门反映以求解决；1996年的粮肥挂钩政策尚未定。这只是一项临时政策，现在国家已经取消粮食定购及粮肥挂钩，基本进入市场化并给以种粮补贴等。

【013】大洼县高家乡庞家村读者范景文问：去年我们交足公粮之后，当地政府却要农民以亩为单位捐粮，每亩捐15公斤水稻，不捐不行。这是不是违反国家的有关规定，变相增加农民负担？

答：依据国务院《农民承担费用和劳务管理条例》，“向国家交纳税金，完成国家农产品定购任务，承担前款规定的各项费用和劳务，是农民应尽的义务。除此以外要求农民无偿提供任何财力、物力和劳务的，均为非法行为，农民有权拒绝。”捐，是自愿的，不捐不行则对此字理解上“跑偏”了。在农民的“义务”完成后再强调“捐”，则是“正宗”地增加农民负担！

【014】昌图县大四家子乡红石村佟云久、法库县大孤家镇小二房村陈铁岩、开原市松山乡梁地村姜相楼等读者问：有媒体介绍凌海市闫家镇川条村水稻种植大户试种了一种“奇丰一号”也叫“黄稻”的新品种，亩产突破900公斤，我们很想引种点儿，此事是否属实？

答：为农询问了辽宁省有关种子管理部门，答案是从未听说，也未审定过这个品种。至于水稻亩产突破900公斤，这个数字目前有点过高，只有将来才会出现。

【015】鞍山市旧堡区东鞍山镇后中所屯村读者石春峰问：听说水稻施钾肥好，我在其生长中后期喷施草木灰浸出液，却引起

植株茎秆发黄早衰，减了产，这是咋回事？

答：是您的用法差矣。草木灰的浸出液呈碱性，浓度过高喷到水稻叶片上会造成肥害。专家认为，稻田施用草木灰，应将其加水堆闷后直接撒在株间，效果较好。没有必要用浸出液喷施，费事费力，还会发生肥害。

【016】新宾县汤图乡鲍家村读者林春兴问：听说在水稻生产上有一种长效除草复合肥叫“一次灵”，是谁搞的？到哪能买到？

答：此物系中国科学院沈阳分院所属的沈阳市兴农生物技术研究所 20 世纪末研制的专利产品，并通过试产阶段。现在这种药肥已经消失了，原因是在目前农业生产上除草剂和肥料很难同时在一起混合应用。

【017】内蒙古自治区临河市小召乡读者郝占林问：我地区的无霜期 120 天、年降水 276.7 毫米、年日照 3207.9 小时，砂壤土，想种植旱稻，您看行不行，哪个品种好？

答：俗语讲：“有收无收在于水，收多收少在于肥。”据您处的气象条件和水资源状况，大面积种植水稻肯定有问题。种植旱稻没水也不行，因旱稻生长期间也需要灌几次关键水，才能有一定的产量。您处如果没有水源、灌溉条件，在降水量 276.7 毫米的条件下种植旱稻是不合适的。

【018】凤城市四门子乡陈小岭村读者王选荣问：水稻种子可不可以用于旱种？

答：水稻种子用于旱种是可以的，生产上经常采用。但应注意，旱种水稻应选用特定的旱稻品种为宜，因为一般的水稻品种用于旱种减产非常严重。

【019】抚顺县章党乡解家村读者徐连弟问：我想在新开的洼地、草甸沼泽地上旱种直播水稻，选用哪个品种较为适宜？

答：目前辽宁地区旱种水稻较为理想的品种是沈阳农业大学农学院选育的旱丰 8 号以及辽宁省农科院稻作研究所早年选育的旱 72 较为适宜。

【020】大洼县王家乡水电所读者张瑞琪问：我处水稻生长期间食心虫发生严重，在去年收割时大部分稻株是白色穗，有啥办法能治住此害虫？

答：专家认为，您说的为害水稻的食心虫应该是鳞翅目害虫水稻二化螟或三化螟。成虫为黄褐色小蛾子，幼虫淡黄色，背有5条纵线。在辽宁1年发生两代，以幼虫在根茎或杂草中越冬；4月下旬化蛹。1代幼虫6月下旬开始为害，蛀食植株心叶使稻苗出现枯心；2代幼虫8月上旬发生为害，咬断穗茎或蛀秆造成白穗。防治方法是秋收时矮割茬并挖稻根消灭越冬幼虫；药剂防治以分蘖期或蚁螟盛孵期施药为好，常用的药剂有丁烯氟虫腈、氯虫苯甲酰胺（康宽）、敌百虫、杀螟松等，对水喷雾即可。

【021】凌海市阎家镇马家村读者白雪峰问：听说印度科学家育成65天成熟的水稻新品种，我想引种是否能行，到哪联系购种？

答：成熟期短的水稻品种产量不会很高，因为生物产量与经济产量有一定关系。建议您还是选用国内科学家选育的适合您本地种植的优良水稻品种为宜。水稻的温光反应较为敏感，在印度65天成熟而到凌海地区则会发生明显生理、形态变化，生育期延长后产量也不会很理想，因为您处是北方粳稻区。

【022】内蒙古自治区赤峰市翁牛特旗玉田皋乡那吉来学校读者颜洪臣问：我处水稻田中的恶性杂草水上漂（也叫眼子菜）十分严重，用了些除草剂都不好使。听说西草净能行，哪里生产，到哪里能买到？

答：西草净对眼子菜确有独特防效。辽宁营口三征农药厂生产西草净原药，吉林市松润农药厂也生产西草净可湿性粉剂。您到当地农药商店是可以买到西草净的。

【023】彰武县双庙乡二台子村读者赵奎问：我想打听一下，辽宁省稻作研究所在什么地方？

答：辽宁省稻作研究所在沈阳市苏家屯区枫杨路，邮政编码是110101。

【024】抚顺市顺城区李石镇李石鲜村金岩、丹东市江沿街张悦耀、庄河市栗子房镇地音河村戚传洪等读者问：看到《新农业》杂志刊登的水稻抛秧移栽技术，很受启发，我们都想试种一下，能不能再详细介绍一下育苗、移栽等技术环节？

答：《新农业》发表的《谈谈水稻抛秧移栽》是一组稿件中

的一篇，在以后各期中即有关于水稻抛秧移栽的育苗、移栽方法的文章，请您关注查阅。

【025】新宾县苇子峪镇大堡村读者邓连丰、肖成斌问：我地区稻田里的蝼蛄为害猖獗，每天都发现有被咬伤的秧苗，怎样才能治住这种害虫？

答：用药剂防治蝼蛄，关键是方法要对路。可在水稻插秧后，用5%丁烯氟虫腈乳油10～20毫升（先用少许水稀释成母液），对水6公斤，在傍晚排净田中水后喷雾，效果良好；或用90%晶体敌百虫500克，混拌过筛细干土施入田中；或用呋喃丹颗粒剂、甲基异柳磷等防治，定有效果。

【026】黑山县常兴镇唐家村读者王明全问：我今春从沈阳农业大学水稻作研究所购进水稻及旱稻等3个新品种，产量明显超过其他品种，旱稻也试种成功。该研究所今年又为我们农民培育了什么优良新品种？

答：沈阳农业大学水稻研究所是全国重点学科著名的水稻研究基地，理论研究及实践研究硕果累累，每年都会有新进展的。目前，该所田间表现及产量看好的有很多新品系和新品种，您可联系购买。

【027】灯塔市农业局读者刘景庚问：哪里能买到黑稻种子，产量效益咋样？

答：黑稻的产量比一般水稻的产量略低，极易落粒，要适时收获，运输要轻拿轻放，一般亩产在400公斤左右。沈阳农业大学农学院水稻基地每年都有少量种源。

【028】凤城市白旗乡吴家村陈贵东问：我种的水稻得了一种怪病，出土时心叶卷着，有的稻株长得很高才放出一点小叶，这是咋回事？

答：这种现象发生在水稻出苗期，很可能是药害所致。水稻育苗床常使用化学药剂进行除草，某些除草剂当施用的药量超过安全量时，则会抑制小苗出土和正常生长，甚至造成局部药害死苗的现象。如果发生这种情况，可在每天早晚用喷壶喷施清水洗苗，能减轻药害。

【029】庄河市太平岭乡帽盔村刘长久问：我想从齐齐哈尔地

区引进水稻品种种植，能否可以？还想从吉林桦甸引种油莎豆，前景咋样？

答：一般说来，齐齐哈尔地区种植的水稻品种，引到辽宁种植开花成熟问题不大，但由于温光反应，生育期有可能缩短或早熟而减产，您还是先试验一下为好。油莎豆是个很有发展前途的作物，但目前形势尚不很乐观。前不久为农到本溪地区专门了解油莎豆的种植情况，发现“放种者”高价下发种苗，到秋后回收时便压价耍赖，使种植者扫兴。另外，此物深加工及综合利用目前尚不成熟，还处于研究试验阶段。

【030】清原县甘井子乡胜利村读者宋崇祥问：我想从湖南省攸县市坪望良种场引进几个稻种稀插种植，能行不？

答：我国湖南省种植的水稻大多是籼稻，喜温多湿，弄到辽宁省种植是不行的，产量没保证，甚至不抽穗，颗粒无收。再说，东北人喜食本地产的粳米，即使你产出南方的籼米来，也没人爱吃，卖不出去岂不更“上火”？您还是引种一些东北地区的粳稻良种为宜。

【031】盘山县沙岭镇马家村读者武国利问：我种植了从黑龙江、吉林引进的早熟水稻品种，因成熟早而遭鸟害，采用晚育苗、晚插秧的办法推迟熟期是否可以？

答：完全可以。不过，好像生育期稍长点的品种产量略高些。您还可以通过更换适合本地区种植生育期长的品种来调节其正常熟期。过早成熟不仅浪费了自然的光、热资源，水稻产量也不会很理想。

【032】绥中县小庄子乡张安村宋学儒问：我看到一本《民间秘方》书，其中有几个问题心里没底，如辣椒水防治水稻病虫害、汽油治鸡霍乱、花生套圈增产等，您看这些方法是否能行？

答：为农仔细看了您抄录的这些所谓秘方，看后可谓贻笑大方，大多属于无稽之谈，有的则是费工费力老掉牙的舍近求远之举，如今的科学技术已使这些“秘方”休矣！

【033】兴城市拣金乡读者潘玉文问：去年我们地区的水稻发生了大面积的黑穗病，重的黑粒达90%。这是什么病，什么原因造成的，怎么防治？

答：根据您信中的描述，专家认为是真菌引起的水稻稻曲病。病害以菌核在土壤或病粒上越冬，次年夏秋之间产生分生孢子或子囊孢子。偏施氮肥、深水灌溉落干迟的发病重，因此也叫“富贵病”。水稻生长后期遇多雨、高温气候条件易诱发稻曲病。防治方法，因此病多为种子带菌，要注意选用抗病品种，不在病田留种，种子经过精选后要进行药剂消毒杀菌，加强肥水管理，增施磷钾肥，氮肥要适量。药剂防治要根据天气预报如扬花期多雨易发病及时用药，防治时期很关键，一定要在孕穗期至始穗期用药，否则效果不好；可用井冈霉素、多菌酮、粉锈宁、DT等杀菌剂对水进行喷雾，对于上年发病重的地块，最好连喷3次。

【034】盘山县沙岭镇马家村读者武国利问：水稻育苗时喷除草剂是否要等床土全部返湿时进行？喷药后隔一段时间再盖塑料布行不？

答：水稻育苗时用除草剂一般在播种覆土后即进行床面喷雾封闭，不用等到土壤全部返湿时再用。喷药后应立即盖好塑料布，不宜隔段时间。及时盖塑料布可防止水分散失、土壤干燥，还可保证除草剂药效，提高苗床地温，以充分发挥塑料布保温增湿的作用，促进壮苗。

【035】营口市老边区老边乡前进村读者滕雨富问：6～7月期间我处水稻叶片中部或边缘出现了黄色或淡黄色的病斑，稻株长得慢，叶片僵直，叶尖干枯。这是一种啥病，怎样防治？

答：根据您寄来的水稻叶片标本及信中描述的症状，专家认为您的水稻可能是得了白叶枯病，这种病害是全国和辽宁省植物检疫对象。此病主要发生在水稻叶片及叶鞘上，初期在叶缘产生黄色小斑，以后沿叶缘一侧或两侧发展呈黄绿色病斑；数日后转为灰白色斑叶片向内卷曲，远望一片枯槁色。防治方法主要是选用抗病品种，用402浸种，在3叶1心期用25%叶枯宁或叶枯净可湿性粉剂每亩100克对水喷雾预防；水稻拔节后发现发病中心病株应及时用药防治。

【036】大洼县榆树乡拉拉屯村读者孙静一问：我们防治稻曲病每亩用DT100克对水喷雾，几年来看效果并不理想。听说每亩用此药200克效果十分显著，我们防治不理想是不是药量偏少

所致？

答：用DT防治稻曲病，每亩100克用量是可以的。用药量只是一个方面，而用药时期也很关键，应掌握在孕穗中期和孕穗末期各施1次为好，在抽穗期用药易产生药害且效果不甚理想。每亩用药200克有点多，可能是两次药量合一了，在保证药剂质量的前提下，您应在用药时期上多找原因。

【037】瓦房店市杨家乡黄旗村读者付会良问：看到介绍有种水稻新品种的株高100～150厘米，其高度差距是否大了些？大豆主茎节数有75.5节的吗？水稻亩施纯氮达17.6公斤是否多了？

答：为农只能按您的提问顺序解答：①水稻是自花授粉作物，若称作品种植株的高度就应基本一致，即在同等肥水条件下株高差异不应达到50厘米，否则只能说此“品种”尚未稳定或处于F_2分离阶段。②目前生产上种植的大豆品种多为有限结荚型或亚有限结荚型，主茎节数一般在25节左右，主茎达70多节的只能在野生无限结荚型的大豆中去寻找了。③专家认为，目前水稻生产尚没有超过每亩25公斤纯氮的，而每亩施纯氮17.6公斤在生产上有实施的，如营口地区的稻田多为此数字。但从经济效益或投入与产出比来看，每亩施纯氮10～15公斤为宜，施用过多则发生“报酬递减”现象。

【038】大石桥市旗口镇孔家屯村读者谢东贵问：我们这里水稻育苗的床土很难弄到，今年想用玉米田的土壤作水稻育苗床土，可听说该土壤上年打了乙阿合剂进行化学除草，用该土育稻苗能出药害不？

答：打过除草剂的玉米田土壤要慎重使用，因为土中的阿特拉津也叫莠去津除草剂的残效期较长，尤其连续多年用此药的土壤中残药累积，会抑制下茬敏感作物根系发育及生长，甚至产生药害。按您所说，选用的玉米田土壤若每亩用莠去津200克以下且仅用1次，用其作育稻苗的床土问题不大。

【039】铁岭县凡河镇药王庙村隋兴英问：我种了几十年水稻，总想到沈阳农业大学学习水稻栽培、育种技术，那里有学习班吗？学费多少？

答：沈阳农业大学目前还没有此种学习班，但水稻专家较多，您可以在生产中收集疑难问题，再找专家教授咨询解答，也可买书自学成才。

【040】盘山县吴家镇读者徐力厚问：我家种植的水稻发生了一种病害，叶片褪绿斑驳卷曲，有黄绿相间的条纹，最后枯死，几乎没有产量。这是一种什么病害，是什么原因引起的，怎样进行防治？

答：经植病专家分析确诊认为，您的水稻患上了条纹叶枯病，是由一种叫水稻条纹病毒（Ricestripevirus，RSV）的病原感染而发病的，近几年在辽宁稻区发病呈上升趋势。该病主要由稻飞虱在为害健康水稻时传播病毒并使之发病，病害一旦流行，难以控制，被称为水稻的“癌症”。小麦田飞虱的大发生往往造成水稻条纹叶枯病爆发流行。目前生产上对此病还没有十分有效的防治方法，通常采取选择抗病品种、种子消毒、调整播期、用吡虫啉等杀虫剂彻底消灭稻飞虱以切断病毒来源等方法进行防治。

【041】开原市上肥地乡付庄子村读者刘忠良问：我想用黑龙江五常稻种和白香稻杂交育成巨大粒王牌香稻，怎样杂交，需几年时间能成功？麻油是什么作物榨的油，到哪里能买到？

答：水稻是自花传粉作物，杂交的方法不复杂，但要选出高产的王牌稻却不那么容易，希望您先从基本杂交操作开始苦心研究十年八年，能否选出理想品种就得看眼力和能力了。麻油在北方通常是指用亚麻的种子压榨出的油，在内蒙古地区较多种植油用亚麻并有麻油出售，您可前去寻购。

【042】岫岩县雅河乡巴家堡村读者曹传海问：我处有30多亩荒地，以前是大苇塘，油砂土质，这样的冷水荒地种植水稻能行不？

答：生荒地种稻是成功的经验，先在适宜的季节将其深翻晒垡，翌年春季耙碎精细整地即可移栽种稻。管理上要注意栽后晒田，防除杂草，产量定会很高。值得注意的是，若是漏水田则应先施以客土进行改造后才能种植水稻。

【043】黑山县四家子镇十七户村读者李兴成问：我种的水稻

得了一种病，前期叶片上部干巴尖，然后转移到下部，秧苗发红，最后枯死。这是一种什么病，怎么防治？

答：根据您描述的水稻发病症状，专家认为是水稻赤枯病。今年许多地区发生此病，多是由于土壤缺钾、缺磷或是施用未腐熟的有机肥所致。酸性土壤、常年积水、深水泡田有利于病害的发生，插秧后10天即可发病；连续干旱、气温高也有利于发病。防治方法，主要是施足充分腐熟的有机肥，撒施草木灰或氯化钾、过磷酸钙，补充土壤中的钾和磷即可。

【044】台安县洪家乡贾台村于长伟问：听说齐稻一号水稻穗长25～28厘米，平均每穗420粒左右，每亩能产1200公斤，是真的吗？我处能否种植该品种？

答：据为农所知，穗粒数达420粒的水稻品种实在少见，因为目前生产上的水稻穗粒数多在100粒左右。专家认为，穗大不一定高产，粒多也不一定高产，因为水稻产量的构成因素是：每亩穗数×穗粒数×千粒重，只有这三个数字都大才能达到均衡增产。一般说来，单株穗大粒多，每亩穗数肯定要下降，均衡增产就存在问题。这样的品种虽不能说假，但建议您不要引种为好，因为目前亩产1200公的水稻品种根本就没有。

【045】凤城市边门镇卜家村卜凤春问：听说水稻施用氯化铵能致癌，这是真的吗？

答：氯化铵是生产纯碱（碳酸钠）的副产物，含氮量23%～25%，可做水稻基肥和追肥，至于氯化铵致癌并无实例和证据可考。但氯化铵对稻田土壤，尤其是盐碱地确有不良影响，使之土质变劣加重。

【046】铁岭县凡河镇二台子村读者李斌问：农民收获的季节到来，看到别人家的水稻丰收，而自己家因买假种子造成减产而上火发愁。我想知道在外地买的假种子怎样去找售种单位索赔？证据方面都需要哪些东西？

答：假种子坑害的是老百姓一年的劳作和希望，性质堪称十分恶劣。国家《种子法》第46条规定：“禁止生产、经营假、劣种子。”“下列种子为假种子：①以非种子冒充种子或者以此种品种种子冒充他种品种种子的。②种子种类、品种、产地与标签标注的内容不符的。”“下列种子为劣种子：①质量低于国家规定的种用标准的。②质量低于标签标注指标的。③因变质不能作种子使用的。④杂草种子的比率超过规定的。⑤带有国家规定检疫对象的有害生物的。”第59条还规定：“违反本法规定，生产、经营假、劣种子的，由县级以上人民政府农业、林业行政主管部门或者工商行政管理机关责令停止生产经营，没收种子和违法所得，吊销种子生产许可证、种子经营许可证或者营业执照，并处以罚款，有违法所得的处以违法所得5倍以上10倍以下罚款；没有违法所得的，处以2000元以上5万元以下罚款；构成犯罪的依法追究刑事责任。”您可按上述条款认定种子假劣，并及时到主管部门申述请求赔偿。值得注意的是，证据不可缺少，首先要保留购种的收据；播种时要留存少量种子备查；出苗后田间发现问题找专家鉴定，并拍下照片或录像；再就是报案要及时，不能拖到秋后去算账。

【047】黑山县姜屯镇三家子村读者高庆雨问：我处有的稻农将两个不同品种的稻种混在一起育苗、插秧，说是能高产，此法有无科学依据？

答：据为农所知，将几个玉米单交种混合在一起播种种植，生产上多有采用且有增产效果，而水稻采用此法者却是少见。因为玉米属异花授粉作物，多些异花授粉会有杂交优势产生，增加产量。水稻属自花授粉作物，异株、异粒花粉很少传入授粉，就是说很难异花授粉，自然条件下不会产生杂交优势，因此几个品种混合种植可定义为“胡闹”，不但不能增产，反而会影响生长及大米的纯度和质量。

【048】黑山县姜屯镇三家子学校读者高超问：听说超级稻在辽宁诞生，亩产800公斤以上，此事是真的吗？哪里有稻种？

答：超级稻育种是沈阳农业大学水稻作研究所率先选立的课题并取得成果，已选育出多个超级稻品种（系）并在生产上推广应用。至于亩产800公斤，是要在一定的土壤、技术和环境条件下才能达到的。不过，超级稻和超高产是存在的，您可与上述单位联系稻种，邮编是110161。

【049】开原市庆云镇西孤家子村读者代宇问：在报刊上看到

辽宁省盐碱地利用研究所水稻育种室选育的粳型香糯稻新品系辽香糯2号，我想种植，能告知一下地址吗？

答：辽宁省盐碱地利用研究所地址在盘锦市大洼县，邮政编码124200。

【050】内蒙古敖汉旗敖吉乡东罗城学校刘广忠问：听说巴西陆稻亩产能达400公斤，这是真的吗？

答：在我国每亩能产400公斤的陆稻并不稀奇。稻，原产于中国，传入巴西后如今又传将回来，其产量定不会超过祖籍稻的，且中国水稻育种、栽培技术成果乃世界领先，建议您还是种植本地选育的陆稻品种为好。

【051】黑山县姜屯镇三家子村读者高尚问：去年辽宁有的地方压缩水田面积及部分稻区受病害影响使水稻减产，今年省内大米的价格是否有上涨趋势？

答：不会的。因为从辽宁水稻面积和生产水平上看，总体是稳中有升的势头，面积基本稳定在1000万亩左右，单产还是逐年升高的，个别小面积水稻遭灾不会使大米的价格发生大的变化。

【052】灯塔市农业技术推广中心读者姜志强问：看到《富硒米成为农民增收“银米”》的文章很受启发，我们想在水稻及其他作物上试用一下，到哪能买到这种生物富硒肥？

答：硒肥在多种作物上的应用取得成效，生产的厂家也较多。沈阳富硒生物有限责任公司生产的硒肥品种较多，地址在沈阳市大东区东站，您可联系购买。

【053】灯塔市大河南镇五里台村张良问：我们村4000多亩水稻在灌浆期出现许多黑粒，抽穗晚的较重，黑粒上出现黑灰粉，打了两遍稻丰灵不好使，这是什么病，是什么原因造成的？

答：根据你描述的情况，水稻得的是稻曲病。此病近几年危害日趋严重，偏施氮肥较多的地块发病重，故也叫水稻“富贵病”，由子囊菌亚门绿核菌属的一种真菌侵染所致，病菌在土壤或种子上越冬，随气流传播，在水稻开花期侵入造成谷粒发病。控制此病的关键是施药的时期要掌握准确，即药剂浸种或在水稻开花期施药可治住，在抽穗期施药则晚了治不住。常用药剂有稻丰灵、多菌灵、井冈霉素、波尔多液等，用于浸种的有抗菌剂402。

【054】辽阳县职业中专综合班读者崔兰兰问：我家种植的水稻在育苗田中出现了白色小苗，这是什么原因造成的？

答：在育苗期水稻出现白色小苗，可能是由下列3种原因造成的：①遗传基因发生突变所形成的白化苗，随着小苗的长大便逐渐死亡。②水稻白叶枯病，主要在苗床秧苗生长后期及本田移栽后出现，特征是失水、青枯、卷曲、凋萎及形似螟虫为害的白色枯心，可通过药剂浸种和喷施叶枯宁等药剂来防治。③土壤缺少锌元素，缺锌的稻苗先在下部叶片的中脉区出现褪绿黄白叶，可通过补施硫酸锌等锌元素来解决。

【055】新民市大喇嘛乡三喇嘛村读者王志东问：经常有富硒大米的宣传和报道，能说说富硒大米到底是怎么产生的吗？

答：所谓富硒大米并不是水稻遗传上的原因促成的，而是水稻通过追施含硒的专用肥料使得大米中硒含量增加而产生的。

【056】海城市东四方台镇读者梁丽丽问：秋天经常听到给农作物测产估产的说法，到底怎样进行测产估产才算科学和准确呢？

答：给水稻、玉米、大豆等农作物测产估产是秋季经常进行的一件事，通常采用的有“经验法”和“要素测产法”两种。经验法，就是在作物接近成熟期通过几个有经验的人深入地块观察，四边转、中间穿、看种植稀密和穗头大小等逐块地估测产量。要素测产法，就是在作物接近成熟穗粒定型后，在地块中选出有代表性的几个样本，每个样本1平方米，查出株数和平均穗数，测定平均每穗籽粒数目和每穗平均重量，再计算单产：单产（公斤/亩）＝平均每平方米株（穗）数×平均每株（穗）粒数×千（百）粒重×667÷1000；计算时要注意按统一标准扣除多余水分。

【057】沈阳市于洪区老边乡后集体村读者那丽杰问：听说超级稻高产优质，什么是超级稻，哪里有种子？

答：所谓超级稻是指目前亩产超过800公斤、主要米质指标和食味达到部颁一级米标准的高产优质水稻品种。2005年国家农业部根据中央1号文件“设立超级稻推广项目”的精神，制定并起动了“6236”工程，即用6年时间、到2010年底培育出20个超级稻主导品种、推广面积占全国水稻总面积30%（约1.2亿亩)、每亩平均增产水稻60公斤；同时公布了18个示范推广的品种，其中适合辽宁种植的有沈阳农业大学选育的粳型常规稻沈农265、沈农606、沈农016以及辽宁省农科院稻作所选育的粳型三系杂交稻辽优5218、辽优1052等品种，您可与上述单位联系种源。

【058】瓦房店市炮崖镇邮局读者衡巨和问：据介绍，旱稻新品种旱403挺好，到哪里能买到正宗的种子？怎样联系？

答：旱403是辽宁省农业科学院旱稻研究室张燕之研究员选育出的旱稻新品种，您可与之联系购买种子。

【059】沈阳市苏家屯区红菱镇黑林台村读者文化龙问：在报纸上看到辽北某研究所培育的天赐七星1号水稻新品种产量高、米质好，种植面积很大，到哪里能买到种子？

答：业内专家认为，此种水稻目前还不能称为品种，只能称品系，因为该水稻没有通过辽宁省或国家品种审定委员会审定通过，据说是在参加辽宁省区域试验过程中因其产量米质不佳而惨遭淘汰的。按照国家有关法规规定，未经审定的农作物“新品种”不得做媒体宣传、不得推广种植，更不得向农民销售种子，否则违法，属于制、售假种子。建议您还是种植通过审定的、靠得住的、适合本地条件的高产优质水稻新品种为好。

【060】吉林省梨树县喇嘛甸镇牛家村读者郝明强问：我想把当年的水稻田改成旱田，是否能行？种植瓜、果、蔬菜、小麦，哪个好？

答：俗语讲：“水改旱，减一半。”说明水改旱要付出点儿代价的，因水田长期有水层，地温低，冷浆，有机质含量低，改种旱田要深翻晒茬以提高地温，多施农家肥以增加土壤肥力和通透性。当年茬口以种植玉米、马铃薯、小麦、蔬菜为好，种植瓜、果不太适宜。水改旱在干旱年份和水资源逐年紧缺的情况下全国各地均在提倡和实施，将成为一种必然趋势。

【061】铁岭县双井子乡黑鱼汀村读者商万清问：我们地区前

几年由于缺水将水稻田改成旱田，种植玉米时除草使用过阿特拉津等农药，再改种水稻能行不，是否会产生药害？

答：专家认为，玉米田除草剂中的乙草胺、2，4-D丁酯残效期较短会很快降解，不会对下茬种植的水稻产生药害。您信中说每亩玉米田用阿特拉津在300克以上，因其残效期较长且连续几年应用，土壤中会有些药剂残留积累，对下茬水稻会有影响，最好的办法是从田中取土样播稻种测试一下，看其生长是否有药害表现。一般说来，在正常用药量情况下隔年种植水稻基本是安全的，因为阿特拉津的淋溶性较强，在水田条件下很快渗入土壤深层，即使有药害也不会很重。

3. 高粱

【001】东港市前阳镇山城村读者韩德振问：我想种植黏高粱，到哪里能购买到矮秆高产的黏高粱新品种的种子？

答：为农电话了解到：辽宁省农业科学院作物所高粱研究室选育的国审和省审新品种辽黏2号、辽黏3号黏高粱新品种比传统的黏高粱品种秆矮、高产，育有少量种子，您可以联系购买，地址在沈阳市东陵路84号，邮编110161。

【002】盖州市什字街乡高台子村读者李春刚问：哪些除草剂适用于高粱田、谷子田和糜子田除草，使用方法如何？

答：适用于高粱田的除草剂及用法，20%二甲四氯水剂每亩400毫升或72%的2，4-D丁酯乳油75毫升或40%莠去津胶悬剂150毫升，在高粱5～6叶期对水喷雾杂草茎叶。适用于谷子田的除草剂及用法，72%的2，4-D丁酯乳油每亩15～45毫升在谷子4～6叶期对水喷雾杂草，或50%稗草烯乳油每亩600～800毫升在稗草2～3叶期对水喷雾。适用糜子田的除草剂及用法，50%莠去津可湿性粉剂每亩250克，在播种前或播种后出苗前或糜子1～2叶期对水喷雾杂草。

【003】盖州市归州乡蓝西村读者高枝茂问：高粱田、番茄田化学除草用什么除草剂？

答：高粱田化学除草播后苗前及苗后常用的药剂有2甲4氯、2，4-D丁酯及灭草松、莠去津、绿麦隆、都尔（异丙甲草胺）、扑灭津等。番茄田移栽前常用的有氟乐灵、地乐胺；播后苗前用的有都尔、利谷隆；缓苗后用的有拉索、稗草烯、杀草丹、毒草胺等。

【004】阜新县招束沟乡前兴学校读者李宏江问：我们这里的高粱黑穗病严重，减产很厉害，怎样进行防治？

答：高粱黑穗病包括丝黑穗、散黑穗、坚黑穗、长粒黑穗病等，除选用抗病品种、深翻、轮作及在病穗未开裂前打“乌米”等措施防治外，药剂拌种防治是最有效的方法，常用的药剂有立克秀、粉锈宁、萎锈灵、拌种双、多菌灵等。

【005】阜新县大固本乡和睦屯中学读者吴起明问：高粱用拌种双等杀菌剂拌种防治黑穗病，再拌上增产菌，药剂是否杀死了增产菌？

答：此问正中要害，不过问题不大。防治黑穗病的拌种双等拌种剂虽能杀菌，但主要对真菌效果好，对细菌的杀伤效果较差。而增产菌属于细菌，且此菌遇不良环境条件能产生芽苞以增强抗逆性，故此类药剂是杀不死增产菌的，您只管放心地用其拌种好了。

【006】凌海市翠岩镇下苏家沟村读者张维华问：我们这里种植的高粱、玉米长了许多“乌米”，据说这病能遗传，是真的吗？因为地里今年有，明年还有，用啥办法能治住这种病？

答：高粱、玉米长乌米是老百姓的俗称，其实科学点讲包括高粱丝黑穗病、散黑穗病、坚黑穗病、玉米丝黑穗病等，通称为黑穗病，是由真菌侵染引起的病害，并不是遗传造成的。若讲遗传，只能认为某些品种抗病性弱是遗传。土壤带菌、种子带菌及自然传播是这些黑穗病发病的主要原因，尤其种子带菌发病往往给人一种“遗传”的假象。在黑穗病严重发生的田块，第二年最好轮作倒茬，换种其他作物，因为土壤、残茬上所带病菌量相当大，用药也防不胜防，使地里发生今年有乌米、明年还有乌米的假遗传现象。若黑穗病不太严重，可选用立克秀、萎锈灵、粉锈宁、速保利等药剂进行拌种，能保护种子杀死病菌。

【007】建昌县汤神庙乡大三家子村读者周贵问：在6月份，我处农民的高粱制种田植株心叶变红，向下发展4～6片叶枯萎死了，每亩死株达30％，这是一种啥病，怎么能治住？

答：专家认为，除了药害以外，高粱叶片变红往往是一种病害，叫红条病，系一种病毒侵染所致，在高温高湿情况下易发生，全生育期均可感病，以苗期和生长后期发生严重。前期容易死株，后期感染导致穗部发病，影响产量。此病的发生与品种的关系较大，如辽杂1号发病较重，甚至在40%以上。此病种子本身并不带菌带毒，主要靠蚜虫传播发病。目前生产上对此病尚无有效的防治办法，通常采取发现病株即拔除的办法。此外，选用抗病毒品种与组合，可防治或减轻发病。

【008】建昌县新开岭乡梓椤树村邢玉谦、喇嘛洞镇南大杖子村王宪廷等读者问：近两年我处种植的高粱红叶子现象严重，今年又很厉害，多的达80%，少的也在50%，继而干枯死亡，大大减产。寄给您标本，请问这是一种什么病？

答：通过对您寄来的高粱茎叶标本的观察鉴定，专家认为是高粱炭疽病，一种由真菌引起的病害，主要侵染叶片、叶鞘及籽粒。叶片上病斑为紫红色，严重时叶面布满病斑，变成火红色，并迅速干枯死亡。病菌病种子或病株残体越冬。田间发病后，病斑上产生的分生孢子通过气流传播，进行重复侵染。气温低、降雨多时易发生大流行。您处上年此病较重，今年再次发生与病菌的积累越冬有关系。防治的方法，首先选用抗病品种，实行大面积的3年轮作；及时秋翻地，将病株残体深埋于土中以减少侵染来源。在您处上年高粱发病较重的情况下，可用种子重量的0.5%多菌灵、福美双或甲基托布津拌种，进行种子消毒，防止苗期发病。此病一旦发生，可用多菌灵等杀菌剂喷雾进行防治，但效果并不十分理想。因此建议您改种其他作物，以轮作防病为好。

【009】盖州市旺兴仁乡汪家街村读者王振武问：我从种子公司购进高粱种子，当年播种长出来的植株高矮不齐，大小不一，最少减产六成以上。家里老婆孩子都没分着地，只靠我这点地吃饭，这事找谁说理去？

答：近几年，伪劣种子坑农害农的事各地屡有发生，实在让人气愤。此事国家有法律，亦有说理之处，您可按章索赔。依据《中华人民共和国种子法》第六章第三十八条之规定：“种子使用者因种子质量问题遭受损失的，出售种子的经营者应当予以赔偿，赔偿额包括购种价款、有关费用和可得利益损失；经营者赔偿后，属于种子生产者或者其他经营者责任的，经营者有权向生产者或者其他经营者追偿……种子使用者因种子质量问题遭受损失的，赔偿额中的有关费用包括购买和使用种子过程中实际支出的交通费、食宿费、误工费、保管费、鉴定费、种植费等费用。”您的损失应由卖劣种子的企业赔偿。对方如若不服，还可进一步向人民法院起诉。

【010】灯塔市大河南镇韭菜台村读者李浩问：我在报刊上看到甜高粱种植技术，很感兴趣，一看就会了，我想知道甜高粱的销路如何打开，卖给谁，价格如何？

答：甜高粱可谓全身都是宝，茎叶可作青贮饲料喂牛、羊，籽粒可食用，这种利用转化过程也可叫做销路，养大的牛、羊可卖钱；再一个就是茎秆直接拿到市场上卖甜秆，因其茎秆中的含糖量较高，大人、小孩可嚼食其美味，沈阳市场每根甜高粱秆可卖1～2元。河北省有位读者给编辑部写信，大言其种甜高粱卖甜秆暴富之事，为农虽半信半疑，转而一想亦可能有这事。不过，种植甜高粱卖甜秆也要先搞好市场调查，看看当地的销路是否很畅。

【011】岫岩县三家子镇刘家限子村读者纪明问：我很爱吃高粱秆上的乌米，将其摆在盘中蒸熟更好吃。乌米是否对人体有害？怎样能使高粱多产或全部产乌米？

答：高粱乌米实际是丝黑穗病病穗膨大苞叶内的白色棒状物，就像菰的嫩茎被病菌寄生后膨大产生茭白一样，肯定有营养还好吃，并不会对人体有啥害处。要使全田都长高粱乌米很好办，选感病品种在播种前用老乌米粉拌种，便可全田染病，要想高产则选分蘖多的品种并密植。问题是，高粱乌米一直是育种家和植保人士全力消灭之物，一旦发展起来在市场上销售，又增加了传播机会，因为人吃了高粱乌米经消化道并不能将其全部杀死，会通过粪便肥田来传播，岂不出了大事！玉米乌米与高粱乌米是同一种菌，那时玉米田中也会大长乌米，损失更惨。然而，目前法律上是否规定不许发展高粱乌米好像还是个空白，将来打起官司来可能是个麻烦事。不过，辽宁北镇市有一家公司专门发展高粱乌米及其制品，每年种植千亩以上，效益还不错。

【012】绥中县宽邦镇观音沟村读者王守宝问：听说种植大米小麦旱高粱既高产又好吃，是真的吗？

答：大米小麦旱高粱是一种穗子较长的新型高粱而已，作为特殊品种种植是可以的，但在生产上大面积推广，实践已经证明其产量并不像所说的那样高，因此一直未推广开来。

【013】庄河市太平岭乡崔家村读者陈置田问：听说有一种珍稀作物叫大米小麦旱高粱，真有这种杂合作物吗，产量怎样？

答：大米小麦旱高粱也叫珍珠高粱，为禾本科高粱族高粱属高粱的一个品种，而与大米、小麦没有关系。此高粱是中国农科院从西欧引进的粮草兼用型品种，据说有大米食味、小麦营养成分、高粱生理特性，故获得大米小麦旱高粱的称谓；亩产在300～400公斤。

4. 小麦

【001】喀左县南公营子镇魏家庄村读者王静问：小麦品种铁春1号和7802是一回事吗？

答：是一回事。新品种在审定之前都有个品比试验编号，7802是铁春1号之前的一个编号，也叫乳名。

【002】铁岭县阿吉镇石砬子村读者潘铁安问：我爱好选择优良品种，1986年至今已选出了3个优质高产新品种，需要哪个部门能帮助鉴定，哪些程序？

答：新品种的审查鉴定由辽宁省农村经济委员会种子管理局负责，辽宁省农作物品种审定委员会进行审定。新品种审定需要一定的程序，首先您选出的品系要参加辽宁省区域网点品种比较试验以及生产试验，表现较好的才能通过最终的品种审定。《种子管理法》规定未经过这个程序审定的品种均不得在生产上推广应用。民间通常在生产田中进行常规选种，并未对其遗传基础进行改变或驯化，多被认为是对原品种的提纯复壮过程，选出的东西不能算作自己育出的新品种，一般没有参加品比审定的必要。

【003】陕西省铜川市新川水泥厂读者李述中问：有广告说山东省有中大A01麦、巨穗麦、超早熟高蛋白麦等，我想引种是

否能行？是否有亩产750公斤的高产麦？

答：在外省高产的小麦，引到本省种植不一定高产，因为气候、土壤等条件不尽相同，要慎重。最好种植本省自己培育的优良小麦品种，适应性好，把握性大。若是要引种的话，最好先少种点试试，面积不要太大。据为农所知，目前一季亩产750公斤的高产小麦还未出现。

【004】昌图县金家镇二小屯村读者刘喜问：我连续几年种植小麦，今年收1000多公斤，想继续做种子用，还想出售一部分，不知麦种是否存在退化问题，请予解答。

答：小麦为禾本科小麦，属自花授粉作物，连续种用1～2年是可以的。但连续多年种植也有种性退化问题，留种要防止机械混杂，还要注意选择优良株行，提纯复壮。否则产量也会明显下降的，种子必须更换，至于卖种子就更谈不上了。

【005】新民市大柳屯乡谢家村读者杜景奎问：小麦田植株苗期喷洒二甲四氯或2，4-D丁酯进行药剂除草，对下茬复种快黄豆等是否有药害？

答：不会有药害。因为二甲四氯、2，4-D丁酯这两种除草剂残效期较短，且通过土壤耕翻及吸附已经降解已失去效力，故请您放心种豆好了。

【006】盘山县棠树林子乡唐家洼子村读者运德龙问：听说有一种亩产900～1000公斤的德国小麦品种及亩产1060公斤的80-133水稻品种，这事是真的吗？

答：就目前的育种手段和栽培技术水平来看，任何麦、稻新品种都不可能达到这个产量。如果真的出现了，那只能是虚假的。

【007】普兰店市大刘家镇读者孙晓清问：今年我地区的小麦长得没有往年旺盛，这是咋回事？

答：专家认为，倒春寒频繁会使各地春小麦出现晚发现象，与往年同期相比就显得不“旺”了，但不会影响产量。不过，专家分析提醒，受春寒影响，春小麦的收获期会比往年延后至少10天，其时恰逢雨季，要提前做好麦收准备和脱粒机械准备，以免出事儿。

【008】新宾县城郊乡网户东沟村读者靳贤亮问：央视新闻联播报道黑龙江省种植冬小麦成功是真的吗？

答：通常认为冬小麦北方临界线在辽宁海城以南，再往北不宜种植冬小麦品种，越冬死苗率极高，只能种植春小麦品种。在黑龙江省种植冬小麦越冬恐怕只能算是试验"成功"，大面积推广恐有难度，还需进一步验证。东北农业大学育出的东农冬麦1号2009～2010年试验示范通过鉴评，好像有点希望。

【009】新民市三道岗子乡红花岗子村读者马丹旭问：在我地区能否种植冬小麦？

答：传统的经验认为：辽宁种植冬小麦的临界安全线通常在海城市以南。但近几年国家投重金进行科学研究，专家的研究使冬小麦种植区域北移将成为可能，如东北农业大学已有试种成功的品种，您可少量引种点儿试试。

【010】建昌县巴什罕乡天增隆村读者常占问：有信息说中麦184亩产700公斤以上，我想引种能不能行？

答：中麦系列小麦品种均为中国农业科学院作物所选育的冬小麦品种，东北地区除大连地区外基本不适宜冬小麦种植；目前亩产达到700公斤的冬小麦品种还没出现。

【011】天津市蓟县桑梓乡河村读者李迹贤问：我想在小麦上应用植物光呼吸抑制剂亚硫酸氢钠，能增产吗？

答：叶面喷施亚硫酸氢钠，可有效地防止小麦早衰和防治病虫害，使籽粒饱满，增进品质。此药在一般的农药商店及化学试剂商店均有销售，您可前去购买。

【012】河北省沧县杜生镇读者陈著邦问：目前用于小麦田的化学除草药剂很多，哪种药剂除草效果最好？

答：为农觉得，这个问题要具体分析，因各地麦田主要杂草分布不同，效果最好的药剂亦不同。如以野燕麦为主的麦田，可单用燕麦威、燕麦敌、禾草灵、新燕灵及野燕枯等除草剂；以双子叶杂草为主的麦田可用2，4-D丁酯、2甲4氯等除草剂；以单子叶杂草与1年生禾本科杂草混生的麦田，可选用绿麦隆、异丙隆、利谷隆等除草剂。

【013】凌海市新庄子乡姜丰村张玉堂问：我处麦根蝽象为害

相当严重，有啥药剂能治住？

答：麦根蝽象主要为害小麦、玉米、高粱等禾本科作物。成虫、若虫均生活于土中，4～5月份为害重，很难对付。以前生产上用的“六六六”药剂已停产禁用，必须用其他药剂代替。目前较常用的防治药剂有甲基异柳磷、甲基硫环磷、3911等，也可防治地下害虫；再就是用氧化乐果灌根及害虫雨后晴天出土活动时喷药剂防治，有一定效果。

【014】宁夏回族自治区银川市黄河东路丽园小区读者刘育灿问：有报刊介绍优质强筋小麦铁麦1号很好，该品种有些性状基本与我处引黄灌区生态条件相适应，我们想引种试试，找谁联系呢？

答：铁麦1号、2号品种的选育单位是铁岭农业职业技术学院，因其是2000年审定通过的，现在基本退出生产了。

【015】喀左县老爷庙乡果木树营子村读者郭政城问：我想利用小麦地栽植葡萄，有人说小麦地打过2，4-D丁酯对葡萄有害，能行不？若在地外栽多远合适？

答：小麦田用过2，4-D丁酯除草，对下茬影响不大，因其经过一个生长季及冬春土壤降解药效已基本丧失，故您可放心栽植葡萄。若在小麦地外边栽，因葡萄对2，4-D丁酯敏感，风险较大，以300米以上为宜；小麦田施药时只要选无风天喷药，防止药雾飘移到葡萄树上，一旦产生药害，就没啥好办法挽救了。

【016】青海省贵德县粮油公司读者沈钧问：明年种植春小麦准备用磷酸二铵、尿素和种子在同一垄沟一起播种，能否烧伤麦苗？怎样避免尿素烧苗？

答：施用尿素不能离种子、幼苗太近，因为尿素在土壤中水解会有氨气生成，伤害种子和幼苗。生产上，尿素一般不做种肥与种子一起施入，也不在秧田使用，否则就会烧种烧苗。可采用作垄时与磷酸二铵一起做底肥的方式施用，即尿素深施，效果较好。如果做种肥，必须将肥料混合10倍干细土，施在距种子5厘米远的沟里，尤其小麦更应注意烧种烧苗问题。

【017】吉林省白城市东风乡青山村读者高玉生问：我想引种辽春10号小麦，又怕该长日照作物南种北引生长期会缩短，早

衰减产，我的顾虑是否正确？

答：据育种专家说，辽春10号春小麦品种对温、光反应均不很敏感，在辽宁种植与在黑龙江、吉林种植生育期差不多少。但北引后感温性强的春小麦生育期会延长，感光性强的春小麦生育期则缩短。该品种在吉林梨树及黑龙江等地引种过，表现还可以。

【018】台安县桑林镇南高家村读者高凤昌问：我想种植小麦，目前什么品种适合我地区栽培？

答：目前辽宁种植较多的小麦品种是辽春10号、辽春22号（辽宁省农科院选育），铁春8号（铁岭农科院选育），沈麦112（沈阳农业大学选育），您可与之联系种子。

【019】瓦房店市胜利乡钦店村读者姜付轩问：我准备在水库边上种植10亩地春小麦，辽宁省有好的品种吗？

答：小麦对温光反应较为敏感，应选适合当地气候条件的品种。辽宁省农业科学院选育的辽春系列、铁岭农业科学院选育的铁春系列以及沈阳农业大学选育的沈免和沈麦系列春小麦品种均适合您地区栽培，产量还不错。

5. 大麦

【001】凤城市青城子镇林家村读者苏德美问：我想种植大麦，哪里有种植的以及种子？

答：据为农所知，辽宁省种植大麦的很少，以前黑山县小东种畜场以及辽宁省农科院都种植过啤酒大麦，由于气候原因，其产量和质量都不很理想，现在已很少种植。引种大麦，建议您先找好销路，慎重为好。

6. 谷子

【001】东港市前阳镇山城村读者韩德振问：辽宁省有哪些选育谷子品种的正宗单位，到哪里能买到纯正的谷子新品种的种子？

答：目前生产上常用的谷子品种有辽宁省水土保持研究所（在朝阳市）选育的朝谷16号等朝谷系列新品种；铁岭市农业科学院选育的铁谷13号等铁谷系列新品种；锦州市农业科学院选育的锦谷11号等锦谷系列新品种；朝阳市农业高新技术研究所

选育的朝新谷8号等朝新谷系列新品种。您可与上述育种单位联系购种。

【002】阜新县大固本乡和睦屯小学读者吴志明问：我最近引进了日本谷子新品种种植成功，所产的谷粒能否留作种子用？

答：谷子为自花授粉（因自然异交率有时超过5%，也有说是常异花）作物，目前生产上采用的多为常规品种。据专家介绍，目前谷子育种的三系配套尚未完成，杂交种还没有。这样，可以肯定您的谷子品种为常规品种，引种成功后留作种用1～2年是可以的。如果每年进行田间选穗（提纯）留种，利用的年限还可以更长。

【003】兴城市华山镇下长茂村读者曹春成问：我处谷子田草荒严重，用啥除草剂能治住？

答：谷子田化学除草可用除草剂：72%2，4-D丁酯乳油、50%扑灭津可湿性粉剂、50%稗草烯乳油，10%单嘧磺隆可湿性粉剂等。

【004】清原县土口子中学读者李长福问：我处许多农户种植谷子，因雨水较多草荒严重，用什么样的除草剂能治住谷子田里的杂草？

答：谷子田化学除草的药剂较多。防除田里的双子叶杂草，可用72%2，4-D丁酯乳油在谷子4～6叶期对杂草进行茎叶处理，每亩用药量35～45毫升，对水20公斤喷雾，要严格用量以免产生药害；防除稗草、狗尾草、马唐、早熟禾等单子叶杂草及部分双子叶杂草，可用50%捕灭津可湿性粉剂在谷子出苗前处理土表，每亩用药量300～400克，对水喷雾。此外，50%稗草烯乳油在整个谷子生育期间均可施用，以稗草2～3叶期用药为好，否则杀草不彻底，每亩用药量600～800毫升，对水喷雾。

【005】朝阳县瓦房子镇三官营子村读者邴志远问：早春播种后镇压有保墒、紧实土壤等好处。可有时种完地下大雨不镇压谷子也出苗，但土壤不一定紧密，在这种情况下是压磙子好还是不压磙子好？

答：依为农所见，播后镇压好处多，不仅对谷子、小麦、高粱等小粒作物有益，对玉米等大粒作物也有好处，尤其在施用化学除草剂之前压磙子能提高除草效果。可见，还是待雨后天晴土壤略干时压一次磙子为好，但对于用过除草剂的地块则不能再压磙子了。

【006】内蒙古宁城县农业技术推广中心读者郝天民问：我们搞了不少地膜栽培谷子，为防止后期倒伏想喷施矮壮素，查了许多资料没查着，能否使用？

答：防止谷子后期倒伏的常用方法是早期压青苗，即在第1片叶展开时用小磙子压1遍，第2片叶展开时压1遍，第3片叶展开时再压1遍，作用是使基节增粗防止倒伏。目前生产上用矮壮素的较少，一般在拔节初期每亩用5%矮壮素150克对水喷雾谷子苗，也可用0.3%的溶液浸种，效果较理想，注意浓度不可过大。

【007】阜新县大固本乡大干敖村读者吴志明问：有报纸刊登照片说“朝谷三千”亩产可达1500公斤左右，这是真的吗？稗草和谷草喂驴，哪个爱吃？

答：不管啥报纸、照片怎么登什么品种，目前水平每亩谷子产量肯定达不到1500公斤，如果连谷草都算上还差不多。目前辽宁谷子单产最高在650～700公斤，还得采用最好品种和科学的管理方法，报纸说法过也。喂驴，干谷草比稗草要好，因成熟稗草的茎秆较坚硬，驴嚼起来费劲。

7. 绿豆

【001】阜新县大五家子镇库力土村二组陈占军问：去年我在谷子田、糜子田喷用了2，4-D丁酯除草剂，今年打算在这用过药的田里种植绿豆，会不会产生药害？

答：绿豆是不会产生药害的。因为2，4-D丁酯在土壤中的半衰期仅有7天便失去活性。您不必担心其对下茬作物产生药害，就是在当年当茬的作物在后期也没啥药劲儿了。

【002】庄河市城山镇农业站读者于同仁问：在糜子田用2，4-D、扑草净进行化学除草能行不？

答：2，4-D、扑草净这两种药剂在糜子田除草能行。一般扑草净在糜子播种后出苗前使用；2，4-D在糜子4～5叶期使用。

【003】抚顺县哈达乡长岭村金秀丰、庄河市栗子房乡郑锡山等读者问：我们地区打算发展绿豆种植，选什么品种较好？产量如何？

答：适宜东北地区种植的绿豆品种很多，辽宁省经济作物研究所选育的辽绿 27 号、辽绿 6 号、辽引绿豆 1 号，中国农业科学院作物所选育的中绿 1 号、中绿 2 号、中绿 3 号、中绿 4 号、中绿 5 号、黑珍珠绿豆，吉林省农业科学院作物所选育的吉绿 3 号，黑龙江省农科院嫩江农科所选育的嫩绿 1 号等品种较好，亩产在 150～200 公斤，可引进种植。

8. 红小豆

【001】康平县北三家子乡兴隆道班读者陈启源问：我想种植红小豆等，技术复杂吗？市场行情、价格咋样？

答：红小豆也叫赤豆、赤小豆、红豆、红赤豆、小豆，为豆科菜豆族豇豆属一年生半攀援草本植物，有健脾利湿、解毒排脓的功效，主治水肿胀满、脚气浮肿、黄疸尿赤、风湿热痹、痈肿疮毒、肠痈腹痛等症。红小豆喜温喜光、抗涝耐瘠，对土壤要求不高，黏土、砂土都能生长，以疏松腐殖质多土壤好，种植技术简单，垄作每亩密度 0.8 万～1 万株，一般亩产 200 公斤以上。国内市场小豆较为紧俏，2011 年春季每公斤价格 8～10 元；红小豆的出口数量也在增加，国际市场价格有上涨趋势。发展红小豆生产空间大，前景看好。

9. 马铃薯

【001】辽阳县首山镇读者许成问：评书《岳飞传》中说岳飞之子岳云小的时候在深山中炼双锤，常用筷子插个土豆（马铃薯）当锤学招法；宋朝时中国有土豆吗？

答：马铃薯也叫土豆、洋芋，为茄科茄属一年生草本植物，块茎可食，原产南美洲安第斯山脉及附近温带和亚热带地区，明末清初才传入中国。宋朝的时候我国肯定没有马铃薯，不过，小说是允许“虚构”的。

【002】锦州市太和区兴隆街道办事处读者杨丽问：电视剧《上官婉儿》有一街头正在卖马铃薯的画面，是否真实？

答：电视剧《上官婉儿》写的是中国唐代武则天时期的事

情，马铃薯是明清时期才传入中国的，唐代的街头卖马铃薯肯定有假，因为那时的马铃薯还沉睡在南美洲深山老林里未传播出来，中国人做梦也不会想到他。为农建议，编剧导演们先应学点作物传播史，否则此类笑话还会出现。文艺作品是允许夸张虚构的，但科学事实的东西是不宜虚构的。

【003】辽宁省畜牧兽医研究院读者孙国范问：我种植的马铃薯有大量的分枝和水杈，产量很低。有人说马铃薯打水杈可增产，是否有科学道理？

答：种植马铃薯和其他作物一样要有合理的密度，以每亩4000～5000株、叶面积系数在3～4为宜。生长前期是促上带下，地上部枝叶要长好；中后期是促下控上，使植株地下茎多结薯。如果这时秧子旺长、水杈过多，就会影响地下块茎的形成，要适当控制地上部枝叶生长，如掐尖、打水杈、喷矮壮素等。俗语讲“鸡肥不下蛋”，马铃薯则是“秧肥不结薯”了。

【004】盖州市徐屯乡罗甸村读者任芳强问：听说在马铃薯生长期间摘去花蕾及打尖打杈能增产，这种说法对吗？

答：完全正确。马铃薯的地上部生长与地下部生长所需营养需要协调平衡，如果蕾期去蕾或打尖打杈，就会有效地控制地上部的疯长，使茎秆粗壮、叶片肥厚，从而促进地下块茎生长增产。但对于地上部植株长势弱的再打尖打杈则要慎重从事，以免造成减产。

【005】海城市验军街道办事处小河村读者王述福问：前几天我听到朋友的一个悄悄话，还保密，说马铃薯打杈能增产，这是真的吗？

答：马铃薯打杈能增产是真的，高产经验应该共享才对，不应“保密”。马铃薯打杈一般在现蕾前进行。但应注意，此法并非在什么时候都增产，对于土质肥沃、长势过旺的马铃薯植株打尖打杈会增产，而对于土质瘠薄、长势较弱的马铃薯植株，打尖打杈会严重减产。

【006】内蒙古临河市小召乡读者郝占林问：我种植了两亩马铃薯并覆盖地膜，还留了几分地做对照，结果大失所望。覆膜的出苗率低，还不如露地的，这是怎么回事？我不甘心，明年还想

搞行不？

答：马铃薯具有喜冷凉的生长特性。苗期10℃～12℃幼芽生长健壮而迅速，18℃为最适宜，超过36℃幼芽不萌发而大量烂种。您的地块出苗率低可能是因覆膜使地温过高造成的。在马铃薯块茎形成（结薯）期，以16℃～18℃对块茎形成最有利，18℃～21℃对茎叶生长最有利。超过25℃块茎停止生长，匍匐茎穿出地面成为枝条。当土温超过29℃时地上部茎叶生长受阻，光合作用减弱，大幅度减产。可见马铃薯覆膜栽培在早春增温促长有效，赶农时提早上市，能卖上好价钱，关键是覆膜时间和揭膜时间要掌握好。请您注意：马铃薯要想高产除了多施农肥外，中后期通过灌水来降低土温是一项重要的增产技术措施。

【007】内蒙古阿荣旗复兴乡靠山村魏生平、庄河市光明山乡王屯读者张继国问：听说本溪市马铃薯研究所育成早熟脱毒马铃薯新品种早大白，该所地址在什么地方？

答：在本溪市紫金路，邮政编码117000。

【008】庄河市横道河乡农电管理站读者李如初问：我想在新栽小苹果树的空隙里栽上马铃薯，是否对果树有害处？

答：在苹果小树的行间空地上栽培马铃薯是可以的，对果树不会有影响和损害。这种在小果树行间上茬种植马铃薯、下茬种植白菜的方法，在辽南果区是一种成功的种植形式。

【009】康平县二牛所口乡二牛所口村读者李伟敬问：一般市场上的商品马铃薯能做种薯来栽培吗？

答：生产上马铃薯是采用块茎无性繁殖的作物，一般市场上的商品马铃薯均可做种薯栽培，并有产量，只是产量的高低不一样。马铃薯换种如上粪，要想高产必须在种薯上做文章，防止其种性退化及病毒病多采用异地调种的方式来解决，如平原地区从高寒山区购种栽植增产效果显著，再就是选用无病毒的高产品种等。

【010】庄河市横道河乡大阳沟村读者李其芳问：听说新栽苹果树空地上不能栽植马铃薯，对果树有害，这是真的吗？

答：据专家说，新栽苹果树的空地上不宜栽培高秆或生育期较长的作物，如玉米等，不利于小树的生长，而栽培马铃薯等矮棵作物是没有问题的，不会对果树生长产生影响。但春季马铃薯播种时间较早，有可能成为果园早期蚜虫等病虫害的寄主，只要注意防治就行了。

【011】庄河市高岭乡吴山嘴村读者孙廷友问：地膜覆盖栽培马铃薯用什么化肥较好，下茬种植花生行吗？

答：一般说来，地膜覆盖栽培马铃薯以施用农家肥最为理想，若用化肥以磷酸二铵混入农肥做基肥施入较好；马铃薯的下茬种植花生没有问题。

【012】昌图县四面城镇支援村读者高贵问：马铃薯田用什么除草剂适宜，用法如何？拖拉机秋翻地，翻耙起垄每亩地应收多少钱，省里有规定吗？

答：用于马铃薯田化学除草的药剂较多，有10％禾草克每亩用50～100毫升、35％稳杀得30毫升、20％拿捕净100～150毫升、48％氟乐灵乳油100毫升、40％莠去津200～250毫升、50％利谷隆150克、50％杀草丹400～500毫升。上述药剂较适宜马铃薯田除草，用法请参照说明书。关于拖拉机翻地等统称为代耕费，省里好像没有统一规定，各地只是根据当地实际情况议价进行，如大连郊区每亩代耕费在22元左右，沈阳郊区每亩25元左右，现在价格有所上涨。

【013】西丰县振兴镇白石村读者周长城问：脱毒马铃薯的含意是什么？上茬玉米田用了除草剂，下茬能否种植花生？

答：在辽宁地区，马铃薯病毒病是影响产量的重要病害，使植株卷叶、皱叶和花叶，生长受阻，尤其在高温干旱情况下发病几乎无产量。薯块呈网状坏死，种薯退化。科学家通过种子繁殖、茎尖组织培养等方法选育出不含有病毒的马铃薯种苗，被称之为脱毒马铃薯。脱毒马铃薯生长健壮，产量显著提高。无病种薯可通过夏播留种、二季作留种、高山留种等方法繁种，用于下年生产田的种薯。上茬玉米田用除草剂如果是阿特拉津，其残效期较长，对下茬花生（双子叶）会有轻微的影响。最好隔1年，待药剂的残效期过了再种植花生等作物。

【014】庄河市明阳镇肖泊村读者荣胜问：我栽种的马铃薯加了地膜覆盖，想采用化学除草，用什么除草剂，咋用？

答：马铃薯田常用的除草剂有都尔、扑草净、拉索、禾草克、稳杀得、拿捕净等，可用于露地土壤处理或生长期喷雾。地膜覆盖的则在移栽前每亩用48%氟乐灵乳油 100～150 毫升或48%地乐胺乳油 250～300 毫升，整地后喷雾，施药后立即混土，盖好地膜打孔栽苗。

【015】庄河市徐岭镇杨树房村读者邱文华问：听说多效唑在马铃薯上应用能增产，而用过药的土地再种别的作物就不长了，是这样吗？

答：此言差矣！多效唑是一种植物生长调节剂，残效期非常短，对下茬作物肯定没有影响，您只管放宽心种植下茬作物好了。

【016】铁岭市 81921 部队读者冷学勤问：有没有卖马铃薯微型种薯的？

答：微型种薯是直径较小的种薯。马铃薯小整薯栽培技术早年鞍山市农林局搞过试验，并通过专家鉴定。小整薯的来源是通过二季作留种或其他栽培技术生产的，而市场上很少有专门出售的。另一种是经过脱毒组织培养的实生苗生产的小薯，可用于生产，本溪市马铃薯研究所搞过此研究和种薯繁育。

【017】辽阳县寒岭镇孤家子村读者王士春问：辽宁省内有脱毒马铃薯种薯种苗吗？怎样才能买到？

答：马铃薯病毒病对产量影响巨大，脱毒能明显提高产量。脱毒的方法很多，最好的是脱毒苗，但由于价格较贵在生产上尚未推开。常用的是种薯，即通过脱毒苗繁殖、寒地高山留种等措施脱去马铃薯病毒后的种薯，您可与本溪市马铃薯研究所联系脱毒种薯。

【018】营口市老边区柳村镇小桥子村顾成军、清原县夏家堡镇卜屯村孙天才等读者问：我想大批购买早大白等品种的马铃薯种栽，到哪里能买到纯正的？

答：早大白是辽宁本溪市马铃薯研究所（原本溪市农业科学研究所）著名育种家曲仁山选育出来的优质高产马铃薯新品种，已在我国北起黑龙江，南到云南、贵州，西到甘肃、陕西大范围区域种植，您到本溪市便可买到正宗的薯种。

【019】新宾县木奇镇水手村读者韩有问：我栽种的马铃薯收获时有虫眼、疤痕，食用、销售价劣麻烦，我栽种时用喷雾器打了敌百虫防治也不好使，用甲拌磷防治能行不？

答：马铃薯的虫眼、疤痕主要是地下害虫蛴螬、蝼蛄、金针虫等地下害虫咬食所致。用敌百虫防治是可以的，以用液体灌根的方法较好。播种马铃薯时用10%辛硫磷每亩1.5公斤混入土壤或在封垄前对水8公斤稀释拌40公斤毒土，撒在行间，然后培土浇水。防治马铃薯地下害虫最好不用甲拌磷。

10. 甘薯

【001】朝阳市龙城区七道泉子镇北三家村读者林玉玲问：看到电视连续剧《射雕英雄传》中洪七公在田里黑夜偷挖吃甘薯的镜头很是疑惑，宋朝时中国有种植甘薯的吗？

答：为农认为，宋朝人能吃到甘薯，应算是“秦始皇穿西服，早了点儿”！甘薯也叫红薯、白薯、地瓜、山芋、红芋、番薯、白芋、红苕，为旋花科甘薯属一年生或多年生蔓生草本植物，原产于南美洲，在1492年哥伦布发现新大陆之前此物并不为外界所知。据陈世元《金薯传习录》记载，甘薯传入中国是在明朝的万历年间，多认为是福建商人陈振龙从菲律宾群岛中的吕宋岛携带进入，由福建巡抚金学鲁大力教民种植。《射雕英雄传》说的是宋朝的事情，那时中国肯定没有甘薯，洪七公黑夜偷挖吃甘薯之事也就属于编造穿帮了。

【002】昌图县头道镇二龙村读者李常青问：我想种植食用甘薯新品种，能不能直接搞杂交育种？

答：我国生产上种植的甘薯主要是采用营养繁殖，不做杂交选种和育种。因为气候原因，甘薯在北方大多不开花或开花后不结实。若想要进行杂交育种，则需要对其进行特殊的温度光照处理，杂交后选育，技术复杂，时间很长。一般说来，生产者直接引用种栽、种苗种植就可以了，没有必要去搞杂交育种。

【003】辽阳县隆昌运输站读者王庆余问：甘薯、胡萝卜、桔梗田都用什么化学药剂进行除草？

答：甘薯田化学除草可用稳杀得、禾草克、大惠利等药剂；胡萝卜田可用氟乐灵、地乐胺、恶草灵、杀草丹、捕草净等进行栽前土壤处理；桔梗田化学除草研究较少，您可参照葱、蒜田所用除草剂做点试验后再大面积应用。

【004】东港市十字街镇十字街村读者毛庆恩问：我地区沙岗地较多，适宜栽甘薯。可近几年甘薯黑皮较多，有的味苦，影响了产量、质量和经济收入。这是一种啥病，咋防治？

答：很明显，您种植的甘薯是得了黑斑病，也叫黑膏药、黑疮、黑疔等，由甘薯长喙壳菌侵染引起的一种病害。此病是1937年日本侵略中国时首先传入辽宁省盖县的，现已蔓延全国各地，给我国甘薯生产带来巨大损失。病害形成干腐性的凹陷病斑。幼苗受害后出土前烂死，轻的苗基部出现黑色病斑。薯块上病斑多发生在伤口处，呈圆形或不规则形膏药状，黑色略凹陷，边缘清晰，组织坚硬。病部薯肉呈黑绿色深入薯内2～3厘米，有苦味。种薯带菌生出的病苗是生产田病害的初次侵染源。育苗床土、未腐熟粪肥等都可带菌侵染。防治方法，首先要繁育无病种苗，药剂浸种，高温育苗。种薯上床后床温在35℃～38℃保持3～5天杀菌，出芽后25℃～28℃为宜。因病菌不侵染绿色部位，可在离床面3～6厘米高处剪取薯苗，再用药剂蘸苗杀菌。甘薯收获后贮窖用生石灰或药剂熏蒸，入窖前用多菌灵侵蘸消毒，在13℃左右贮存，并保持通风。一旦种植过程中甘薯发生病害则很难治愈，用甲基托布津虽可控制，但效果不理想。

【005】辽中县茨榆坨开发区偏卜村读者李铁问：甘薯是否也能覆膜栽培，怕不怕重茬，用啥肥料最好？

答：甘薯地膜覆盖栽培已有成功的经验，20世纪80年代初辽宁、北京、浙江、江苏等地试验覆膜甘薯平均每亩增产30%以上。甘薯覆膜的方法有两种：先覆膜后栽插和先栽插后覆膜。甘薯怕重茬，不宜连作种植。甘薯吸肥力强，常用的农家肥有厩肥、堆肥、绿肥、土杂肥、河塘泥、草木灰等，每生产500公斤鲜薯，需氮2公斤、磷1公斤、钾3.1公斤，因此在前期氮、磷肥保证的前提下，中后期要多补施钾肥。

【006】大连市奶牛场英歌石分场读者谭仁圣问：我处地下害虫很重，甘薯、马铃薯收获时满身是虫咬的伤，卖不上好价钱；花生被咬得只剩空壳，用啥药剂能治住这些害虫？

答：地下害虫主要指蝼蛄、蛴螬、金针虫、地老虎等，防治的方法主要有种子包衣、拌种、毒土、毒饵等。常用的药剂有辛硫磷、甲基异柳磷、氧化乐果、敌百虫等，防治效果较好。

【007】开原市中固镇新屯村读者谢谢问：我想在四面环山的地里种植地瓜，可这块地鼠害严重，用什么办法能治住鼠害？

答：防治甘薯田鼠害的方法较多，最速效的是用化学药剂，如杀鼠迷、杀鼠灵、敌鼠钠盐、溴敌隆、大隆、杀它仗等，可制成毒饵撒于田间，定能奏效。

【008】瓦房店市西杨乡柏屯村读者汪发春问：我处许多农民种植甘薯在起垄时每亩施入硫酸钾 30 公斤做口肥、甘薯专用肥 50 公斤，收获甘薯时发现很多肥料没溶化被吸收，还是原来的颗粒状，这肥料是不是假的？

答：为农拿着你寄来的颗粒肥料请教了有关教授，认为此颗粒肥料肯定不是硫酸钾。因为硫酸钾在土壤中是能被完全溶解的，不会不变样的。你寄来的颗粒肥可能是一种磷肥，施入后土壤吸收较慢，作物利用率也很有限，不过好磷肥早晚会被作物完全利用的。因您寄来的只有几粒肥料，含量尚无法确定。

【009】绥中县大王庙镇东双山村读者刘景林问：有报道说河南省许昌县尚春生种植“868”红薯亩产 15887 公斤，单株最高产 111.25 公斤，副市长亲自过秤验收，此事是否可信？并售每箱 5 公斤种薯 100 元，可繁 1 亩苗。

答：我国目前甘薯亩产最高产纪录在 8300 公斤左右，亩产 1.58 万公斤甘薯的肯定有假，而单株产 111.25 公斤甘薯的更假。这么大重量的许多甘薯在田间土壤里 1 株上产出，应是怎么个结薯法呢，除非采用常年结薯技术。看来，醉翁之意并不在产多少红薯，而在于以此“高产”为诱饵劝你购买种栽，因为 5 公斤种薯卖 100 元之事，为农无论如何不会相信狐狸没有尾巴。

【010】沈阳市皇姑区连水街道办事处读者邓如玉问：听说吊蔓无土栽培新技术能周年生产甘薯，我也想搞此项目，到哪里能学到这种新技术并能实地参观？

答：沈阳市农业科学院马文宏研究员正在承担国家课题研究空中结薯无土栽培新技术，已经取得一定进展，1 棵甘薯植株能产几百公斤块根，实现周年生产。您可到沈阳市农业科学院的科学研究基地参观学习此项新技术，地址在沈阳市黄河北大街96号，邮编110034。

【011】新宾县平顶山镇泉源沟村读者刘忠厚问：我想用条编的花筐立体栽培甘薯，您看能行不？

答：用条编的花筐立体栽培甘薯是可以的，只要配制好营养土，保障土壤湿度就会有产量，因甘薯的适应性很强。但一定要注意，甘薯的产出效益与花筐的投资是否合算，切莫入不敷出。

【012】桓仁县沙尖子镇政府读者宋维国问：我对美国黑杂甘薯很感兴趣，此种甘薯有啥特点和特殊价值？

答：美国黑杂甘薯被认为是广东省科研人员用引进的美国黑薯品种与豫薯13号甘薯杂交选育而成的新品种。块根纺锤形，薯肉紫黑色、鲜红色或紫红色等多种颜色；单株结薯4～6个，单薯重300～500克，亩产3000公斤左右，种植方法与普通甘薯相似。此种甘薯富含锰、钾、锌、碘、硒等元素，被誉为高档保健食品，还可用来提取食用色素。目前种植较热，辽宁的普兰店、黑山等地均有栽培，您可前去考察引种。

【013】瓦房店市杨家乡佟山村读者付杨问：我家每年栽种10几亩甘薯，每亩施复合肥7.5公斤、钾肥15公斤，亩产在700～1000公斤，单产太低，这到底是什么原因造成的？

答：充足的肥料是甘薯高产的关键。实践证明，亩产在3000公斤左右的甘薯，除要求土层深厚、土壤富含有机质外，每亩要施优质有机肥3～5立方米、磷酸二铵20公斤、硫酸钾20～25公斤，氮、磷、钾肥的施用比例为2∶1∶3。从施肥量来看，您种植甘薯每亩产量过低的原因应该是测土后的施肥量不足所致。

【015】山东省济宁市王因镇陈家庄村读者陈龙问：看到贵刊《冷棚甘薯效益高》文章很好，此技术在我地区是否可以应用？

答：该冷棚种植技术实际是扣地膜小拱棚生产甘薯以提早上市，增加产量和效益。此技术在您处及其他地区均可应用，只是扣棚时间不同罢了。

【016】黑山县饶阳河镇腰韩家村读者王长河问：我种了甘

薯、马铃薯、棉花等作物，看了大连地区的《包天才和他的地瓜经济》文章很受启发，想与他进行联系，能提供电话号码吗？

答：包天才是大连市薯类协会会长，联系电话是13609855178。

【017】庄河市大营镇大营村读者孙洪福问：脱毒甘薯能不能留种，做下年播种用薯？

答：甘薯脱毒主要解决的是种性退化问题。甘薯种性退化是由病毒侵染造成的，目前在我国侵染甘薯的病毒有甘薯羽状斑驳病毒和甘薯潜隐病毒两种，使植株变小、分枝减少、叶片皱缩、生长势衰退、块根变小、产量品质明显下降。一般说来，脱毒甘薯可以留做种薯用1～2年，因为甘薯主要是以营养繁殖，理论上留种是可以的。但如果管理不当，原来田间病虫害较重而传毒，留作种用就不行了。

【018】西丰县乐善乡茂林村读者陈宝山问：我栽植的甘薯不知啥原因长满虫眼，表面有裂纹深沟，这是一种什么病，怎样防治？

答：专家认为，您种植的甘薯是得了茎线虫病，此病是由一种腐烂茎线虫所致，近几年在东北地区发生较严重。防治方法：轮作倒茬改种小麦、棉花、谷子等作物3年以上；栽插时薯苗消毒或拌施药土，严格选苗后用50%辛硫磷乳油200倍液或50%甲基异柳磷500倍液浸泡秧苗下半部10分钟；用40%甲基异柳磷乳油每亩250～500毫升拌细土在栽秧前条施或铺施，或用15%铁灭克颗粒剂每亩0.5公斤，或每亩用3%克百威颗粒剂7.5公斤与细土混匀，先浇水栽秧后再施药覆土，效果较好。

【019】岫岩县汤沟镇畜牧站读者李明问：我种植的甘薯田间杂草长得旺，实在令人头痛，用什么化学药剂能除掉这些杂草？

答：甘薯田杂草人工是较难除掉的，用除草剂是较理想的方法。常用的除草剂有12.5%盖草能乳油、35%稳杀得乳油、15%精稳杀得乳油、6.9%威霸或骠马浓乳剂以及50%沙扑隆可湿性粉剂。具体使用方法您可在购买药剂时详细阅读说明书。

【020】丹东市振安区蛤蟆塘镇金山村读者于连春问：听说有一种“川山紫”甘薯，哪里有售？紫甘薯食用及销路如何？

答：川山紫甘薯有宣传销售的，辽宁境内的黑山县段家乡白家屯振兴特种经济动物养殖示范场有售。关于黑甘薯、紫甘薯，目前在辽南地区种植较多，瓦房店市农业技术推广中心曾推广种植过。其经济用途有两种，一是供常规食用，二是用其提取食用色素。此物通过示范开发，在提取食用色素方面较有前途，而在普通食用方面还需要一个认识过程。

【021】开原市中固镇长波果站读者苏长波问：听说水果型超甜甘薯鄂薯3号挺好，谁选育的？在我处种植能行不？

答：鄂薯3号甘薯是湖北省农业科学院粮作所选育的，在辽宁尚少有种植，您可引种少许试试，看咋样。

【022】桓仁县机关托儿所读者白立娜转白津铭问：我建了一个用淀粉深加工做食品的小厂，每月用薯类淀粉量很大，哪里货源丰富？

答：目前薯类淀粉加工者在辽宁省内较少，以河北、河南及山东等地薯类种植及加工淀粉较多，可前往寻购或网络搜索信息购得。

11. 大豆

【001】吉林省乾安县乾安镇东北村读者吕文彬问：有广告说有一种超早熟黄大豆在北方一年三季种植亩产可达8000斤，折垧产60吨是真的吗？

答：这个产量是不可能有的。

【002】新宾县上夹河镇读者吴葆冬问：经常见到出售美国大豆王、塔豆、棵八两、日本特大粒、柳叶黄豆等大豆种子的广告，不知可信否？这些大豆品种既然高产，为什么不大面积推广呢？

答：为农认为，别国之大豆虽均系“华裔后代”，但都有经过选育适应本地气候的特性，在一地高产并不意味着种到哪里都高产。这些品种如果引到辽宁省真高产的话，是会“不推自广”的。之所以推不开，还是产量、品质方面有问题！

【003】新宾县永陵镇头道砬子村读者黄桂文问：锦州地区有销售日本特大粒黄豆种子的，说亩产达400公斤，种子每公斤12元；销售奇丰1号水稻亩产达912.5公斤，种子每公斤20

元，这两个品种咋样？

答：为农电话核实，这两个大豆、水稻品种均未经有关种子部门审定，属民间流传品种，在当前的栽培水平下其产量均达不到所说的水平，切勿轻信。

【004】彰武县两家子乡倒廷村读者赵发福问：我想利用春小麦的下茬种植大豆，哪个品种高产？下茬种植芝麻行不？

答：据为农所知，以前适宜小麦下茬夏播的大豆品种有合丰26号、九丰3号、北丰5号、黑河8号和铁丰21号等，产量一般。随着菜用大豆的市场俏销，麦茬夏播生育期较长，大豆品种采收青绿毛豆被看好。利用春麦下茬夏种芝麻，在辽宁尚无先例，因生产上还没有生育期较短的芝麻品种，后期很难正常结果成熟。近几年秋菜价格高涨，利用麦茬生产蔬菜的较多而种豆的较少，因麦茬菜比麦茬豆效益好。

【005】兴城市闻家乡旧四台村读者常景恩问：我以每粒2分钱的价格从吉林引进200粒军选一号黄豆种子，经过试种产量确实很高，但有半数豆粒长了土褐色花斑，影响商品价值。有啥办法能使明年大豆没褐色斑呢？我还想出售种子，行吗？

答：经专家鉴定您寄来的黄豆粒，确认是大豆褐斑病。病菌可在种皮内越冬，通常播种带病的种子引起幼苗发病，产生分生孢子并随风雨传播引起再侵染，多雨、高温有利于发病。防治方法是选用抗病品种；用种子重量的0.5%～0.8%福美双或0.3%敌克松拌种；田间发病用代森锌、多菌灵、苯来特等在花荚期喷雾。您的大豆褐斑病籽粒多而重，已不宜做种用，千万别当种子销售了。

【006】清原县南山城镇三道沟村读者徐志刚问：我想自己培育适应本地区种植的大豆种子，但不知杂交选育的程序和技术，您能帮助提供吗？

答：您的这种想法很好，应大力提倡。大豆属于自花授粉作物，首先要在大豆开花期进行人工去雄授粉杂交。杂交成功后种植进行选种，以前多采用系谱法或混合选择法以及混合个体选择法选种；现在常用一粒传选择法进行选种，即在杂交后种植的第2～4代每株上摘取1～2个优良豆荚，按组合混合种植，第5代选优良单株，第6代为株系并进行决选。在没有冬繁加代的情况下，正常选育成一个新品种得需7～9年时间或更长。这是大豆杂交育种的一般过程，其中育种目标要提前确定。此外，您还可按照传统方法在当地的高产品种中选择优良单株种植，进行提纯复壮。注意，生产上推广应用的大豆品种要经过品种区试和审定才行。

【007】绥中县荒地镇西台屯村读者王宝林问：安徽省临泉县有推荐九州密荚大豆、极早熟花生辐C-1、白糯一号玉米、早熟盖芝一号芝麻以及红薯、水稻王等品种的，在我们地区种植能行不？

答：这些品种在辽宁种植需要进行引种试验才行。农作物生长的地域性较强，不同地区选育出的品种有其特定的适宜区域范围。安徽之种在辽宁表现如何是个未知数，您若有兴趣可引人少许种之。引种是一种省钱省力、见效快的育种手段。

【008】抚顺县章党乡邱家堡子村读者邱吉林问：有资料说其有水稻最大穗700粒、玉米最大穗750克、大豆亩产可达400公斤品种，并提供原种，此信息真实不？

答：此类信息有点言过其实，会影响其可信性的，如果购其种子，上当受骗概率是很大的。

【009】黑龙江省方正县高楞木材加工厂读者王淑君问：我单位在采伐区开垦6垧多地准备栽人参，因贷款没下来，撂荒1年。为了以后能种人参，我们想种植黄豆，是否能行？

答：这样的生荒地种植大豆没啥问题，对以后种植人参还有好处。但要注意除草，防止花期干旱。

【010】普兰店市莲山镇安家村读者沈万春问：去年我用敌敌畏乳油防治大豆食心虫，打场脱粒时一个虫子也没有，当时认为此法有奇效。可后来发现别人没搞防治的大豆也没有虫子，这是怎么回事？请给以解释，以免浪费药物和人力。

答：据为农所知，不同年份及气候条件虫害的发生情况不同，轮作倒茬、秋翻秋耙及选用抗虫品种均有防治大豆食心虫作用，别人田里无虫可能与此有关。用敌敌畏乳油防治大豆食心虫的指标是8月份田间群蛾打团时进行，如果此期蛾量少或无蛾可不防，无蛾用药就有可能白扔药费和人力了。

【011】瓦房店市胜利乡信用社读者王世凯问：听说本溪有个地方从日本引进大豆良种，亩产可达千斤，不知是否属实。就是说，亩产千斤的大豆种现在是否有？

答：纯属吹牛。目前我国生产上大豆亩产达到400公斤就是“天儿”了，而且还是小面积折算出来的。

【012】法库县冯贝堡乡北甸子村读者卜荣山问：我们的大豆地里起了黄丝，围得植株不能生长。有啥办法能治住它？

答：您说的这种黄丝叫大豆菟丝子，是一种寄生性种子植物，其本身不能制造营养，全靠吸收大豆体内的营养才能生存，造成大豆减产。防治方法：采用深翻深耙；药剂防治一般用40%地乐胺乳油在播种后出苗前或播种前施药，每亩用药剂200～250毫升，对水喷雾；也可在生长期间发生大豆菟丝子时用100倍液进行茎叶喷雾。

【013】清原县北三家乡牛肺沟村读者颜丙玉问：我们这儿种植大豆从来不追肥，可今年干旱植株没长起来想追点儿肥，不知咋追，追多少？

答：较肥沃的大豆田一般只施基肥，不追氮肥，因氮肥多了会抑制根瘤生长及固氮，且增产不显著。对于您说的这种大豆生长情况可以适当追施氮肥，以花荚期追施为宜，每亩追施硫酸铵5～7.5公斤，施于大豆植株距根3～5厘米处，施后中耕盖土以免流失。要注意配合磷肥一起施入，每亩用过磷酸钙8～10公斤或磷酸二铵5公斤。此外，在花期每亩用20～25克钼酸铵加30克磷酸铵对水50公斤进行喷洒也可增产。

【014】辽阳县黄泥洼镇黄泥洼村读者王铁志问：我们种植了几百亩大豆，稗草成灾，用什么除草剂杀灭稗草既安全又有效？

答：用于大豆田除草的化学药剂较多，但目前播种前土壤处理及播后苗前处理的在您处已错过时机，只能选用苗后茎叶处理的药剂。每亩可用35%稳杀得乳油30～50毫升或12.5%盖草能乳油65毫升、10%禾草克乳油65毫升、28%禾草灵乳油170～200毫升、20%拿捕净乳油70毫升，在稗草3～5叶期对水40～50公斤喷雾。

【015】法库县五台子乡下洼子村读者郭振久问：我在大豆田中选了5年，有两个变异株挺好，以后能否继续种下去，有意义吗？

答：大豆属于自花授粉作物，选出好的变异株是可以继续种下去的。用个专业点儿的词儿说，您的选择过程应是个大豆提纯复壮的育种过程，生产上是很有意义的。

【016】凌海市新庄子乡向阳村读者李纪文问：哪里能买到种植大豆不怕重茬的药剂？是否有效？

答：大豆怕重茬是肯定的，用药剂是很难防止大豆重茬减产的，不会有啥大的作用，且经济上不一定合算。最好的办法是轮作倒茬，换种其他作物，既经济又有效。

【017】兴城市闻家乡旧四台村读者常景恩问：我要大面积种植新品种大豆，用什么药剂能治住地下害虫不去为害大豆幼苗？

答：防治地下害虫的药剂和方法很多，播种前可用50％辛硫磷乳油或40％甲基异柳磷乳油、40％、50％乐果乳油；播种时每亩用40％甲基异柳磷100克加500克水混过筛细干土20公斤，条施在播种沟内种子下面；幼苗期可用50％敌敌畏乳油对水喷雾或浇根，或用90％敌百虫制成毒土、毒饵顺垄撒在苗根附近，形成毒土、毒饵带。

【018】彰武县大冷乡大庙村读者李太问：大豆苗期如何防治地下害虫？

答：生产上防治大豆地下害虫多采用药剂拌种或随种撒毒土的方法。苗期防治一般用乐果或敌百虫制成毒饵撒在田间，也可用甲基异柳磷稀释液进行灌根。

【019】宽甸县步达远乡新华村读者隋福有问：我种植的大豆草荒严重，想用除草剂进行化学除草，都用啥除草剂？

答：大豆田化学除草的药剂较多。播种前土壤处理的药剂有48％氟乐灵乳油、88％灭草猛乳油及48％地乐胺乳油等；播种后出苗前处理的药剂有72％和96％都尔乳油、48％拉索乳油、70％赛克津可湿性粉剂、50％利谷隆可湿性粉剂、80％茅毒可湿性粉剂、21％豆科威水剂等；出苗后茎叶处理的有48％苯达松水剂、25％虎威水剂、21.4％杂草焚乳剂、35％稳杀得乳油、

10％禾草克乳油、12.5％盖草能乳油、36％禾草灵乳油及20％拿捕净乳油。您可酌情选用。

【020】大石桥市周家乡政府读者周余华问：有出售下列高产品种的是否真实：日本巨丰珍稀大粒黄豆亩产500～600公斤；高产棉、美国千斤棉亩产500公斤。

答：这些品种是有的，但产量说得太高就有骗人的嫌疑了。目前在辽宁气候条件下选用最佳品种最好技术大豆亩产300公斤、棉花亩产150公斤就顶天了。您说的那两个“吹牛”品种“含水量”太高，还应认真地烘干一下为好。

【021】大石桥市周家乡大沟村读者潘玉林问：听说有一种大豆株高有1米多高，跟种高粱一样，亩产能达1000公斤，您说真假？

答：株高1米多高乃至1人多高的大豆植株是有的；但到目前每亩能产1000公斤的大豆品种还没有。可见，此事是半真半假。

【022】阜新市细河区长营子镇阿金歹村读者宋明玉问：我想种植亩产能达到千斤的大豆，就是买不到这样的种子，您能帮忙吗？

答：这样的忙恐怕为农难以帮上，因为目前亩产千斤的大豆品种还未研究选育出来。生产上常见的品种每亩产量在200～300公斤。

【023】辽阳市弓长岭区汤河乡小岭子村读者邱喜宏问：我地区的大豆田有一种杂草严重，用许多药都杀不死。他到底是啥杂草，用啥药剂能治住？

答：根据您寄来的杂草标本可以断定，您处大豆田的顽固性杂草就是常见的鸭跖草。该杂草用氟乐灵除草剂是杀不死的，可用苯达松、赛克津、茅毒等除草剂，防除效果较好。

【024】新宾县上夹河乡徐家村李静波问：我去年的大豆田用豆磺隆进行化学除草，效果较好；今年想在此地上种植尖辣椒，上茬药剂是否会有影响？

答：豆磺隆也叫乙磺隆、氯嘧磺隆，是磺酰脲类除草剂，据沈阳化工研究院测定药剂的残效期为9个月，就是说，药剂施用后超过9个月则对下茬作物影响不大。在9个月以内，药剂对下茬作物如水稻、小麦、烟草、甜菜、甜玉米、黄瓜、西瓜等有一定影响。看来，您的用药时间虽然超过9个月，在正常用药量的情况下后茬种植尖辣椒要慎重。注意，由于豆磺隆残效期较长，在黑龙江地区已出现问题，有些厂家已停产此药了。

【025】凌海市巧鸟乡高家村读者李福新问：我村种植的大豆上面长了许多黄丝，说是一种寄生植物，农民拿它没有办法，有什么药剂能治住它？

答：您说的大豆植株上长的这种黄丝是一种寄生性种子植物大豆菟丝子，主要靠种子繁殖。目前生产上防除比较有效的除草剂是地乐胺，可在大豆开花期用40%地乐胺乳油100倍液进行喷雾，效果较理想。

【026】清原县南山城镇三道沟村读者徐志刚问：我发现了1株大豆顶部有个5粒角，第2年种植有3株结在不同部位有5粒角。有什么方法能使全株或一半以上结5粒角来增产？

答：大豆荚角粒数的多少是多基因控制的数量性状，您发现的5粒角如果是可遗传的自然突变，就有选择出稳定5粒角的可能，这需要好多年，因为大豆这种自花作物性状稳定慢；如果是偶然出现的5粒角，最后能否选出来则是个未知数了。看来，想要大豆全株一半以上结5粒角，需要多年选择和耐心才行。因此，这个5粒角问题还是请育种专家们去研究解决吧。

【027】凤城市沙里寨镇蔡家村读者宋志祥问：这两年我处大豆卷叶虫为害严重，3天就把叶肉给吃光了，近年还三天两头下雨，都有哪些药剂能治住该虫？

答：防治大豆卷叶螟应抓住害虫卵孵始盛期的低龄幼虫期进行，雨后用药，连防2次即可奏效。常用的杀虫剂有毒死蜱、阿维菌素、功夫菊酯、高效氯氰菊酯、杀灭菊酯、安打、丁烯氟虫腈、敌百虫、杀螟松等。

【028】宽甸县步达远镇四林村读者任玉清问：听说有一种攀吨大豆，亩产籽粒500多公斤，我想从山东引进种子来种植，是否能行？

答：目前全国大豆亩产籽粒的最高记录是中国工程院院士、

南京农业大学盖钧镒教授1999年在新疆组织验收的亩产397公斤，一直到现在国内各地研究大豆育种和栽培的科学家还无法突破此记录。所以您听说的大豆亩产500公斤只能是传说，不能是事实。建议您提高警惕，科学引种大豆种子，谨防受骗。

【029】河北省内丘县内丘镇四里铺村读者郭炼钢问：在一本杂志上看到有一种抗重茬大豆新品种叫88-MF60，说是辽宁的中国大豆资源协作所搞的，是真的吗？

答：为农电话询问了有关大豆专家，辽宁并无此大豆品种，更没有中国大豆资源协作所这个单位，倒是辽宁省农业科学院新选育的辽豆13号大豆新品种具有耐重茬的特性，是科研人员经过8年试验选育出的，生育期较长，您可引种点儿试试。但无论如何，大豆重茬种植还是很难高产的。

【030】瓦房店市复州城镇古井村读者张志明问：豆类、瓜类怕重茬，施用药剂可解决重茬种植问题，如果是迎茬用什么方法解决呢？

答：重茬也叫连作，是指在一块田地上连续栽种同一种作物，迎茬则是同一块地里隔一茬再种相同作物，重茬和迎茬使土壤的有害生物积累、个别营养元素缺乏等影响下茬作物生长，解决处理方法是相同的。对于豆类、瓜类等作物，用药剂处理土壤可减弱重茬、迎茬所带来的危害。但药剂处理不能彻底解决重茬和迎茬问题，只是缓解不良影响，大面积用药成本费用、环境都存在问题。依为农所见，重茬和迎茬用药处理实乃应急之举，轮作倒茬才是上策。

【031】昌图县前双井子乡永志村读者刘海林问：我家种植的大豆、小豆、绿豆从出苗就开始发黄，长得慢，结荚后枯萎，是否是邻家花生地块喷施的除草剂造成的药害，现在已到秋季能否进行化验分析？

答：根据您寄来的“受害作物”标本及种植情况综合分析，专家认为您的大豆田是连续多年种植豆类作物重茬使病害积累严重发生所致，唯一的办法是轮作倒茬换种其他非豆科作物。至于是否是除草剂药害应在春季邻家用药后小苗出现症状时及时请专家现场分析鉴定，当时没有照片及资料而“秋后算账”，很难得出正确的结论，尤其是大豆和花生田使用的除草剂基本相同，很难找到邻家导致药害的理由。

【032】开原市中固镇读者苏长波问：我处掀起了种植大豆热，黄豆种子价格上涨，面积扩大，这是咋回事？种植大豆的前景怎样？

答：东北各地的种植业结构调整确实很有力度，动作不小，这与国家对东北大豆基地建设投资的重视有关，许多地区减少玉米种大豆。从长远看，大豆和玉米的比价将决定种植面积的大小的作用，通常是1∶3的关系，即1公斤大豆相当于3公斤玉米价值，每亩产量收益也是这样。从东北被列为全国大豆生产基地来看，大豆的发展前景应该是乐观的。

【033】北镇市廖屯乡廖屯村读者赵利问：黑龙江省有售华佗1号黑色大豆种子的，产量如何？

答：一般说来，黑色大豆的蛋白质含量比普通黄豆要高，生长抗逆性强，但产量较低。

【034】义县瓦子峪乡富有台村读者陈宝安问：听说黑豆营养价值很高，有没有发展前途？

答：黑豆有利水补肾、清热解毒的作用，保健之效高于黄豆。目前我国黑豆出口量不大，销售平缓，国内市场销售价格每公斤价在5～6元。主要问题是单位面积产量比黄豆低，经济效益不如黄豆。随着国内外市场黑豆产品的开发，大面积发展种植是有可能的。因此，种植黑豆应该算是一个有前途的项目，只是目前市场销售平缓而已。

【035】岫岩县石庙子镇青阳堡村读者李甲才问：我是个生黄豆芽专业户，每年雨季一过，大豆的发芽率很快降低，仅在50％～60％，怎样贮存才能使大豆的发芽率在80％～90％呢？

答：专家认为，越夏贮藏大豆保证发芽率的关键是控制好籽粒的含水量。含水量在13.4％的大豆在25℃下贮藏3天出现红眼豆0.7％，10天为2.6％，20天后达21.8％，俗称浸油。可见，即使大豆籽粒未发生霉变，发芽率也会下降。因此，大豆含水量必须保持在12％以下，仓温在25℃以下才能保证您所说的发芽率，可通过通风、晾晒等措施来解决。

【036】建昌县喇嘛洞镇南大杖子村读者王宪廷问：我们这里种植的大豆得了一种病，叶背面出现褐色霉点，不知是啥病。取一片病叶寄给您请鉴定一下，是啥病，怎样防治？

答：有关专家看了您寄来的大豆病叶片，很明显是大豆霜霉病。叶面产生褪绿斑，叶背面有灰褐色霉层斑块。此病是由种子带菌系统侵染造成的，即经由其他发病大豆田传过来的。播种后低温、多湿气候条件利于孢子萌发侵染而使大豆发病。防治方法是选用抗病的不带病菌的种子播种；或用经过处理的种子播种。种子处理，用35％瑞毒霉拌种有特效，或用40％克霉灵或70％敌克松粉剂拌种，每100公斤种子用药剂0.3公斤。田间发现病株应及时拔除，并用75％百菌清可湿性粉剂每亩100克对水60～75公斤在发病初期喷雾。

【037】辽阳县下八会镇金厂村读者马骥问：经常看到大豆有限结荚习性、无限结荚习性、亚有限结荚习性的提法，很不理解，能解释一下吗？

答：有限结荚习性是指大豆开花后生长量较小或基本停止营养生长，成熟时主茎和分枝顶端有一簇荚的品种；无限结荚习性是指大豆开花后仍继续生长，荚分散于主茎和分枝上，至顶端只有一个荚；而亚有限结荚习性介于有限和无限结荚习性之间，主茎顶端可结数个荚。结荚习性与种植区域有关，一般干旱少雨及土壤瘠薄、无霜期短的地区适宜种植无限结荚习性的大豆；降水多、土壤肥沃的地区适宜种植有限结荚习性的大豆；亚有限结荚习性的品种介于两者之间。

【038】铁岭市清河区聂家乡罗家堡村读者周玉章问：我想种植摘青荚的大豆，也就是毛豆，下茬种植大白菜，有这样的豆种吗？

答：沈阳农业大学农学院、辽宁省农科院作物所均有研究菜用大豆的，并育成菜用1号、辽鲜1号等新品种，生育期较短，您可与之联系。另一种办法是，大豆属短日照作物，北种南引有缩短光周期的作用，生育期缩短，尤以夏播效果好，如从黑龙江、吉林引种到辽宁可缩短1个月，春播也可缩短，但不如夏播显著。专家建议，您可从黑龙江、吉林引进试种生育期短的豆种春季播种，能提前采收毛豆，卖上好价钱；若夏季播种，也能提前采收毛豆。

【039】东港市孤山镇政府读者刘寅秀问：我有个朋友说要种植黑豆，此物究竟有何用处？效益如何？

答：以往消费市场曾经兴起黑色食品风潮，据说能防癌治病，有益健康，吃芝麻要黑色的，大米要黑色的，大豆也要黑色的，等等，凡事发热好像有道理。目前市场黑豆价格虽然比黄豆略高，但销售平缓，其含油高而产量低的，因此种植黑豆要慎重。

12. 花生

【001】新民市芦家屯乡白马村读者梁庆凯问：我连续几年种植花生，每年在开花结果时地老虎都咬死4～5成苗，有啥办法治住这种害虫？

答：防治地老虎常用50％敌敌畏乳油1000倍液或90％晶体敌百虫1500倍液灌根；或2.5％敌百虫粉剂2～2.5公斤混拌5～10公斤细干土撒于植株心叶中；50％辛硫磷乳油0.5公斤加水1公斤制成毒土顺垄撒在苗根附近；此外，敌百虫毒饵也可以治住这种虫子。

【002】开原市靠山屯乡黄家屯村读者张英武问：我覆膜种植了3亩花生，想不刨坑追肥，采用叶面喷肥是否可以？每亩用量多少？

答：花生叶面追肥很好，常用尿素、过磷酸钙、磷酸二氢钾及铁、锰、钼等微肥。但花生吸肥主要还是靠根系，故在薄地上种植时叶面喷肥不能代替根际追肥，可在苗期、下针期和结果期适当追肥，放弃根际追肥产量是会受影响的。

【003】辽中县六间房乡新立屯村郭兴福、铁岭县镇西堡乡卢家窝棚村张景广等读者问：我想大面积种植花生，市场销路如何？到哪购买质纯的连花2号、连花4号种子？

答：为农很关心花生米的价格，目前沈阳农贸市场每公斤已超过10元，且还有上涨趋势，近来市场销路看好。连花2号、连花4号是大连市农业科学研究院选育的花生品种，到那里引种应当是纯正的。

【004】河北省乐亭县陶庄乡周学海、抚顺县李家乡哈塘村梁振刚等读者问：我想种植连花 2 号花生品种，是哪个单位选育的，到哪能买到纯种子？

答：连花二号是大连市农业科学院以白沙 1016 为母本、徐州 68-6 为父本杂交选育而成，1990 年通过辽宁省农作物品种审定委员会审定，为普通型中早熟直立大花生，生育期 130～138 天，平均亩产 299 公斤。大连市农业科学院现已选育出连花 6 号、连花 7 号新品种了，可考虑更新换代。

【005】岫岩县岭沟乡岭沟村读者赵玉轩问：我处近几年种植的花生在结果期得病落叶，连年减产，有啥办法能治住此病？

答：您说的这种病是生产上常见的花生褐斑病和黑斑病。如果发生较轻的话，可采用深翻地及喷药来防治，播前用硫酸铜浸种或生长期间用多菌灵、代森锌、百菌清等农药在早期对水喷雾，连喷 2～4 次。若是连年较重发生，就应忍痛割爱，轮作倒茬另种其他物了。

【006】义县瓦子峪乡甘家沟村读者张福元问：目前花生田除草都用哪些除草剂？

答：目前花生田常用的播前或播后苗前进行土壤处理的药剂有灭草蜢、氟乐灵、地乐胺、除草通、恶草灵、扑草净、拉索、杜尔、乙草胺、利谷隆、克阔乐、杜秀混剂等；用于生长期茎叶处理的药剂有盖草能、稳杀得、拿捕净等；用于地膜覆盖田在播后盖膜前土壤处理的药剂有恶草灵、拉索、杜尔等。

【007】凌海市大中乡唐屯村读者曹红刚问：我种植的 10 亩地花生，茎叶长得过于旺盛，用啥方法能控制住旺长而促进地下果实的发育？

答：您可用多效唑或矮壮素对水进行全株喷洒，要特别注意施用浓度要准确，定能奏效。

【008】大石桥市百寨镇张官村侯锡刚问：我种植的花生得了斑腐病，多年使用多菌灵已产生抗药性，用啥农药能治住这种病？到哪能买到药剂？

答：防治花生斑腐病首先要注意轮作倒茬，因重茬会使该病害加重，实行 2 年以上轮作则病害变轻。药剂防治除了多菌灵以外，还可选用甲基托布津、粉锈宁、百菌清、代森锰锌、乙磷铝、胶体硫等药剂，交替用药。这些药剂一般的农药商店都有销售。您信中提到的“卫福”是美国有利来路化学有限公司生产的农药品种，我国进口量较少，购买有困难。

【009】兴城市闻家乡旧四台村读者常景恩问：花生是自花授粉还是异花授粉作物？我想把四个品种种在同一块地里繁种能行不？花期喷药防治害虫对花生授粉有影响吗？

答：花生常常是闭花授粉，异花授粉率几乎为零，故被认为是典型的自花授粉作物，您把几个品种种在同一块地上分别进行繁种是可以的，通常不会出现混杂现象，但要防止机械混杂。如果植株在花期发生病虫害，应积极进行防治，不会影响花生授粉或出现药害。

【010】阜新县老河土乡梅力板村读者丛广军问：双苯三唑醇是哪里生产的，防治花生叶斑病都有哪些药剂？

答：双苯三唑醇是一种广谱杀菌剂，也叫百科、双苯唑菌醇，对花生叶斑病有较好的防效，由德国拜耳公司生产并注册登记，我国有一定量药剂进口。防治花生叶斑病的药剂较多，常用的有多菌灵、百菌清、代森锰锌、甲基托布津、苯醚甲环唑、灭病威等，都有较好的防治效果，您可选择并交替用药。

【011】北镇市高力板中学生物组读者王延安问：花生田、玉米田化学除草一般在啥时候进行？出苗后用除草剂是否要躲开幼苗？

答：花生田、玉米田化学除草的用药时间，多是在播种前或播种后出苗前进行土壤喷雾，效果较为理想；出苗后使用的除草剂一般对作物安全，而对杂草有杀灭作用，如花生田使用的稳杀得、拿捕净、盖草能等以及玉米田使用的阿特拉津、2，4-D丁酯等。因为除草剂主要是杀灭杂草，所以苗后喷雾时应尽量避开作物幼苗，将药剂喷向杂草以充分发挥药效。若将大量药剂喷向作物而不喷杂草，则是浪费，在做无效劳动或是危险之举。因安全是相对的，如2，4-D丁酯在玉米植株上喷多了就会产生药害，这就是定向喷雾的基本意思。

【012】兴城市南大山乡陈胖村读者薛忠秋问：我省花生的市

场价格每年变化较大。1997 年每公斤 2.3 元，有人想等再涨高些出售，结果价格却下来了，每斤少卖 5 角多钱，1998 年的市场价格如何？

答：辽宁花生的市场价格受国际市场影响较大。前两年因出口数量加大，致使花生市场价格上涨，货源偏紧；而当出口数量满足以后，价格又会降下来。但从总的市场形势来看，花生价格随着出口量的增加，可能会出现上涨。

【013】抚顺县章党乡营盘村读者朱连升问：我处有这样一种生产“经验”，花生地要连年种花生才好，不怕重茬迎茬。但我的地块连种了 3 年花生，就觉得产量明显下降。是“经验”错了，还是种植不当？

答：是经验错了。俗语讲“油见油三年愁”，花生是豆科油料作物，不宜重茬或迎茬，否则减产严重。您的花生减产原因就是连年种植，使土壤中的养分失调及病害积累增多造成的。建议您立即进行轮作倒茬，换种其他作物。

【014】庄河市第四高级中学读者李学超问：我家种植的地膜覆盖花生得了一种病，出苗时膜内的苗都蔫了，有的甚至死了，可根和心叶却好好地没损伤，这是一种什么病？

答：此病通常是除草剂药害所致。地膜下面的土壤表面喷了除草剂，在花生出苗时一定要注意及时破膜放苗，否则高温灼伤小苗的同时，挥发出的除草剂会使小苗萎蔫，甚至药害致死。

【015】彰武县四合城乡王家窝堡村读者祁小会问：近两年我处种植花生的较多，以后的价格及市场发展前景如何？

答：辽宁省花生的出口量较大，尤其是气候原因使得辽宁花生黄曲霉毒素少，在国际市场一直看好。近两年其国内市场花生价格略有上升，很有发展潜力，发展前景普遍看好。

【016】康平县海州窝堡乡王全窝堡村王宪辉问：听说花育 16、17、18 花生及鲁花 15 等花生品种很好，是哪里选育的，怎样联系购买？我省有好的花生品种吗？

答：您说的花育系列、鲁花系列花生新品种均由山东省花生研究所选育，该所的地址在山东省青岛市李沧区九水路 126 号。目前辽宁省选育出的花生新品种不多，在此呼吁有关部门尽快加大花生育种的科研资金投入力度，因为辽宁是花生出口大省，每年种植面积400余万亩，种子用量约6000万公斤，种子款得花费几亿元。花生虽说是自花传粉作物，每年可部分自留种子，但仍有很大部分需从山东等外地调入新品种种子，劳民不算，资金花费巨大，更何况作物引种适应性尚需试验。可见，辽宁花生新品种选育的研究工作急需扶持和增加投入，省钱省事、利民长远。

【017】黑山县饶阳河镇读者王玲问：我们这里种植花生的较多，可在野外为什么找不到野生的呢？

答：花生也叫落花生、金果、长寿果、长果、番豆，为豆科落花生，属油料作物，原产地在南美洲的巴西、秘鲁等地区，当地有十几种野生型的花生生长。1492年哥伦布发现新大陆后将花生带回西班牙，并迅速传遍欧洲。大约在公元15～16世纪花生才从南洋群岛传入我国。可见，有考古者在中国汉代古遗址中发现炭化花生籽粒，肯定有假，至于没有野生的花生就不足为奇了。

【018】岫岩县新甸镇大山村读者陆月问：花生开花后期、结荚期杂草丛生，喷施哪些除草剂效果好？

答：为农实说，化学除草宜在花生播种前后用药为宜，待到花荚期喷啥除草剂都不太管用了。因为花生到了花荚期，杂草生长旺盛，植株高大与花生齐头并长，用除草剂是很难除掉的。

【019】沈阳市正阳大街古董城读者马云龙问：有报道说，花生种子用富硒肥浸泡后，基因会发生改变，果实个头大，出油率高，产量增加是真的吗？硒到底有什么好处？

答：农学专家说，目前还没发现硒有改变花生基因、增果重、增出油率及增产的作用。营养专家研究证实，克山病、癌症、高血压、糖尿病及肝炎等病症与人体缺硒有关，正常人体血液中硒含量标准值为0.1微克/克，低于此值为缺硒；国家标准是成人每日硒摄入量为50～250微克，北京人均日摄入硒量为60克，东北人大部分地区日均摄硒仅为10克而成为上述病症高发区。主要原因是我国土壤从东北到西南形成缺硒地带，种植的作物缺硒而导致人体缺硒。农产品富硒热在各地兴起，肉、蛋、奶、粮、油、菜、麻、丝、茶、果、药、杂都富硒化，可谓硒声一片。值得注意的是，国家规定农产品中硒含量上限标准：粮食、豆类中应低于 0.3 毫克/公斤，硒多了也会引起人体中毒，1961 年湖北恩施地区人出现脱发、脱甲等病症就与当地出产的玉米等作物含硒量过高有关。为农觉得，不一定通过给动植物增硒再转移给人体，最好的办法应像碘盐那样生产硒盐，直接补入人体那有多好啊。

【020】吉林省扶余县万花镇龙凤村读者常洪涛问：我种植了 70 多亩白沙 1016 花生，很想结交辽宁同行并学习种植新技术，能提供信息吗？

答：目前花生价格上涨较快，沈阳市场每公斤花生米已达 11～12 元，看来农民种植花生有账算，效益看好。辽宁种植花生面积较大的地区有大连市的金州、普兰店，锦州市的黑山、北镇，沈阳市的康平及铁岭的昌图等地，您可以前去参观学习和交流。

【021】昌图县傅家镇友爱村读者张少杰问：到哪里能买到誉宇一号、誉宇二号、誉宇三号、誉宇四号花生的种子？

答：这 4 个花生品种均是山东省平度市花生科研开发中心选育的，目前辽宁还没有种植和售种的，您可与该育种单位联系，地址在山东省平度市。

【022】彰武县大德乡福聚昌村赵海丰、昌图县傅家镇张家窝堡村李凤春、沈阳市皇姑区黑山路侯振江等读者问：我想种植适合本地生长的高产优质花生新品种，辽宁有自己选育的高产优质花生新品种吗？到山东省哪里能买到花育 20、鲁花 14 号等花生种子，路费贵吗？

答：大连农科院选育的连花系列、锦州农科院选育的锦花系列、铁岭农科院选育的铁花系列、阜新辽宁省风沙改良利用研究所选育的阜花系列等花生新品种，均是辽宁省自己选育的花生新品种，您可联系购种。花育 20、鲁花 14 号是山东省花生研究所选育的，地址在山东省青岛市李沧区九小路 126 号，前去购种运费路费是很贵的。为农认为，品种问题一直是制约辽宁花生生产的严重问题。辽宁花生用种量巨大，大约占亩产量的 8%～

10%，若2009年全省花生种植面积按500万亩计算，小粒种子每亩平均需要用种量16公斤，则播种到地里的花生种子需要8000万公斤；若按每公斤种子10元计算，则总金额为8亿元人民币，数字惊人。值得注意的是，辽宁每年种植的花生90%以上品种来源于外省，自己选育的花生新品种很少成为主栽品种，5%份额都不到，就是说外省的花生品种垄断了辽宁的花生种子市场，这种现象值得深思。加上一些地区和个人每年还亲自到外省引种购种，劳民伤财，年年如此运费路费花销巨大。20世纪70年代引入广东省澄海县白沙良种场的白沙1016花生品种目前仍占辽宁花生种植面积的70%左右，一个品种能在被引种地区连续种植30多年耐人寻味。虽然花生是自花授粉常规品种，但也不能如此不变更品种，退化可想而知。可见，增加花生科研育种资金和人力投入，加快适合辽宁本地气候区花生品种选育步伐和品种更新换代速度，满足生产对高产优质花生品种的需求是辽宁的当务之急。由于花生新品种选育人员和科研经费不足，辽宁各地自己育出的品种大多在果型、产量和品质方面与生产、市场及出口需求有差距，导致推广种植面积较小。假如，在全省每年花生种子总花费的8亿元中拿出0.5%的资金作为科研育种和技术改进费，就会有400万元资金投入，同时整合力量重点攻关，适合辽宁气候特点的优质花生新品种就会很快育成。这对辽宁种植花生的农民来说，无疑是个梦寐以求、省工省力省钱又优质高产的大好事。外省的花生品种毕竟需要适应性地引种驯化种植，而辽宁自己选育出的花生新品种才是可持续、节约型、长久发展之根本。

13. 芝麻

【001】彰武县兴隆堡乡马架子村丈房屯读者刘俭问：在黄豆茬上种植芝麻行不行？目前是否有亩产300～350公斤的高产芝麻品种？

答：大豆下茬种芝麻问题不大，好像有点偏爱芝麻了，但要注意芝麻下茬不宜种植大豆。芝麻多被种在平肥及薄地上，豆茬定有大贡献。不过，目前亩产300～350公斤的芝麻品种还没有选育出来。

【002】法库县红五月乡南门村读者孙恒义问：我种植的芝麻在开花期得了一种病，叶片自下而上呈卷缩萎蔫状，黑褐色，这是啥病，咋防治？

答：专家鉴定认为，此病叫茎点枯病，由一种真菌茎点霉菌侵染所致。芝麻在开花结果期降雨多湿度大，病害会迅速侵染蔓延，主根和支根变褐、枯萎，果黑褐色，籽粒上着生许多小黑点；病株矮小，重者全株呈褐色、干枯状。防治方法，首先选用抗病品种，并与禾本科作物及棉花、甘薯轮作两年以上；其次是播种时用50%多菌灵100～300克对水100公斤拌种；加强田间管理，防止开花后田间积水，施足基肥，增施磷钾肥。药剂防治可在芝麻初花期及封顶前各喷1次药，用50%多菌灵可湿性粉剂1000倍液或25%甲霜灵可湿性粉剂700～1200倍液喷雾，每亩喷药液量75公斤。

【003】法库县慈恩寺乡读者史立新问：我种植了5亩地芝麻，花果期叶片由底向上变黄干枯，最后整株死亡。这是一种什么病，怎样防治？

答：专家认为，您的芝麻所患病害是由一种真菌引起的枯萎病，此种真菌仅侵染芝麻，成株期叶片自下而上变黄萎蔫，叶缘内卷，逐渐变干枯；严重病株茎基部红褐色，根部褐色，全株枯死。病菌在土壤、病残体和种子内外越冬，在土壤中可存活数年，连作地块病原菌积累多。播种带菌的种子可引起幼苗发病，越冬病菌多从植株根毛、根尖和伤口侵入，进入导管繁殖，阻碍水分和养分的正常运输，并产生毒素破坏维管束周围细胞及叶绿素合成，以后沿导管向上蔓延至茎、叶、蒴果和种子，使植株枯萎。防治方法，与禾本科作物轮作4年以上；收获后及时清除病残株；选用抗病品种；选无病种子或用0.5%硫酸铜浸种半小时后播种；防治地下害虫避免伤根。

【004】铁岭县平顶堡镇山头堡村读者李长贵问：我想种植芝麻，什么品种好？销路咋样？用什么除草剂进行除草？

答：目前种植芝麻较好的品种是辽芝1号、辽品芝2号等，从生产及销售情况看，每亩可产芝麻125～150公斤，每公斤价格在10元左右，单位面积的产量及效益还是较好的，销路也不错。芝麻的适应性较强，对土壤要求不严，但以中壤土及砂壤土种植为好。田间除草常用的除草剂有氟乐灵、拉索、都尔、敌草隆、精稳杀得等。购种子，您可与辽宁省经济作物科学研究所（在辽阳市）联系购买。

【005】兴城市南大山乡读者薛金明问：我们地区种植芝麻、马铃薯的面积较大，除草很费力，用哪些除草剂能较好地防除杂草？

答：芝麻田化学除草的主要药剂有氟乐灵、拉索、都尔、精稳杀得等药剂，您可选用。马铃薯田化学除草的药剂有禾草克、精稳杀得、都尔、金都尔、氟乐灵、拿捕净、地乐胺、除草通、宝成、高效盖草能、乙草胺等，使用的具体方法请您在购买农药时详细咨询或仔细阅读说明书。

【006】内蒙古开鲁县坤都岭乡振兴村读者冯宝顺问：我打算种植100亩芝麻，全部采用化学除草，用什么除草剂能行？

答：芝麻田化学除草的药剂有：48%氟乐灵乳油，播前3～5天土壤处理；48%拉索乳油，在播后苗前喷于土表；72%都尔乳油播后苗前处理土壤优于拉索且安全；15%稳杀得或精稳杀得，在禾本科杂草3～5叶期喷雾。此外，都尔与秀谷隆混剂、拉索与敌草隆混剂、都尔与莠去津混剂、拉索与绿麦隆混剂、都阿混剂加绿麦隆等均能有效地防除芝麻田杂草。

14. 向日葵

【001】建平县白家洼乡白家洼村张亚君问：辽嗑杂1号向日葵品种籽粒大、仁饱满，很受欢迎，到哪能买到种子？

答：辽嗑杂1号向日葵品种是辽宁省农业科学院作物研究所的科研人员选育出的新品种，您可按上述单位地址联系购种，邮政编码110161。

【002】瓦房店市杨家乡黄旗村读者付会良问：我想利用马铃薯下茬种植油用向日葵，哪个品种高产抗病早熟，到哪里能买到种子？

答：有专家说，很多油用向日葵品种在大连地区都可种植。辽宁省农业科学院作物所选育的油葵新品种F53、F57很适合您地区种植，只是该所繁种量较少，需提早预订才行。朝阳市各县种植的油葵也较多，品种有 KWS303、203 等，您可到种子市场寻访购买。内蒙古农牧科学院及赤峰市农牧科学院选育的油用向日葵品种较多，也可联系购种。

【003】开原市八棵树邮局读者吕军问：我去年种植 10 亩地向日葵，由于不掌握技术而减产，您能提供些关键技术吗？

答：向日葵也叫朝阳花、转日莲，为菊科向日葵属植物，原产北美洲，现世界各地均有栽培。忌重茬，耗肥量大，一般每亩需施农家肥 4000 公斤、草木灰 50 公斤以上，还要适时追肥、防病。除了选用良种外，开花期进行辅助授粉是提向日葵高结实率增产的关键措施，可用棉花、纱布、带毛的狗皮和羊皮等轻轻擦抹花盘，每隔 3～4 天擦抹 1 次，共进行 2～3 次，以上午露水刚干时进行为宜。

15. 油莎豆

【001】凌海市班吉塔镇班吉塔村读者孙世良问：有信息说油莎豆营养价值高，亩产干果 900～1600 公斤，出油率高，油能食用，并能酿酒，是真的吗？在辽宁地区种植行不？

答：油莎豆的营养价值的确不低，传说“文革”期间的名人江青“旗手”最喜烤食此物，且大加赞誉。油莎豆适应性较强，在辽宁各地均可种植，产量如上所说，不低。近两年各地种植者较多，生产量大增。但由于其产量高，生产的大量产品销售及加工出现问题，本溪地区有苦于销路者来到编辑部，发愁卖不上好价钱，其亩产量及价格高于玉米几倍，但扣除买种钱却是赔本之举。为农觉得，油沙豆是有待开发和大有前途的油料作物，目前的非正常生产状态应该改进，一旦产、供、销、加工形成一体化，其系列产品在人们生活中将占据重要位置，生产者的效益也就不言而喻了。

【002】吉林省农安县林业新楼读者王景权问：油莎豆是一种高油作物，可否在长春地区种植？

答：可以种植。

【003】葫芦岛市南票区缸窑岭镇偏台营子村张振柱、黑山县太和乡大谢村王英等读者问：油莎豆在我地区能否种植？亩产能达 1500～2000 斤吗？味道如何？

答：油莎豆是从非洲引进的一种较有发展前途的油料作物，在辽宁各地均可栽培。其每亩产量与您说的差不多少，含油率比大豆高一些，与核桃味道相似。

16. 蓖麻

【001】兴城市南大山乡后夹山村读者王强问：在电视上看到有的地方种植蓖麻挣了钱，我也想种一些，但不知去哪卖，市场销路怎样？

答：蓖麻也叫萆麻子、蓖麻仁、大麻子、红大麻子，为大戟科蓖麻属一年生或多年生草本植物，原产非洲，据说我国栽培的蓖麻是从印度传入的。由于我国大部分处在温带地区积温不够高，因此除南方部分地区外我国的栽培蓖麻均为一年生栽培作物。蓖麻的用途很广泛，但必须经过组织生产才能更好施行。2001 年的时候，昌图、开原等地种植了几万亩蓖麻，都是经过当地政府组织人员到有关公司、加工厂考察论证，签订单后组织农民集中种植的，效果还可以。如果不先找好销路，小面积种植蓖麻很容易出现卖难赔钱的问题，因此个人零星种植应慎重。蓖麻一般每亩产量 200 公斤左右，每公斤价格 10 元左右，或更高些。

【002】瓦房店市李官乡东阳台村读者于宏伟问：我想种植蓖麻能行不，发展此项目跟玉米比哪个效益较高；如果发展蓖麻蚕，跟桑蚕比哪个效益更高些？

答：种植蓖麻要有一定的面积规模，并与有关企业签订销售合同，否则会发生销售困难，这样的事已在辽宁地区发生过多次，要引起重视。在同样高产优质不愁卖以及人工费用不高的情况下，种植蓖麻的效益是种植玉米效益的 2 倍以上。现在各地养殖蓖麻蚕的较少，因为在桑蚕、柞蚕、蓖麻蚕 3 种蚕中，蓖麻蚕的质量较差排第三，效益也应该最低。

【003】庄河市高阳镇经管站读者孙洪远问：我们想种植蓖麻，经济效益如何？行情咋样？

答：蓖麻适应性强，耐瘠薄，易管理，一般亩产在 200 公斤左右，2011 年初蓖麻籽收购价每公斤 7.5～8.5 元。种植蓖麻应先找好销路，订单生产，以免产品出现销售困难。

（二）特用作物

1. 棉花

【001】朝阳县六家子镇六家子村读者李锋问：我想种植辽棉17号或辽棉19号棉花，到哪能买到种子？

答：辽棉系列棉花新品种是辽宁省经济作物研究所（在辽阳市）选育出来的，您可与该所联系棉花种子。

【002】朝阳县波罗赤乡读者陆枫、赵晓梅问：我们种植的棉花开花时为乳白色，可很快就变成了粉红色，能说说这是为什么吗？

答：棉花为锦葵科锦葵属纤维作物，植物花冠细胞中的酸度变化对花的颜色影响很大。您说的这种情况是由于棉株开花后花冠细胞内酸度增加促成的。在气温高时，开花的当天下午棉花花的颜色即可变成粉红色。

【003】兴城市闻家乡旧四台村读者常景恩问：我村距海边8公里，棉苗出土后易得根腐病，烂根死苗较重。用什么科学方法能防治棉苗病害？

答：棉苗根腐病主要由立枯病、炭疽病和红腐病菌复合侵染所致。立枯病菌在土壤中越冬，炭疽病菌和红腐病菌则在种子表面及内部越冬。棉苗出土15天以内抵抗力最弱，遇低温、高湿发病严重。排水不良、土质黏重、播种过早及种子质量差易得病。防治方法，选好种子晾晒后进行药剂消毒，用40%拌种双或拌种灵按种子重量0.3%～0.5%拌种；或用50%多菌灵或70%甲基托布津按种子重量0.5%～0.8%拌种；或用抗菌剂402的2000倍液在55℃～60℃液温下浸种30分钟；或采取温汤浸种。出苗后，可用20%稻脚青500～1000倍液、50%多菌灵800～1000倍液、50%托布津800～1000倍液喷雾幼苗防治。

【004】北票市林业局蒙古营苗圃孙玉海、朝阳县瓦房子镇邴志远等读者问：听说华中农业大学培育的棉花不用打尖打杈，自然封顶，产量高，在我地区是否能种植？到哪儿去引种？

答：专家认为，适合辽宁地区种植的外省棉花品种很少，因辽宁是北方特早熟棉区，许多低纬度的品种引进种植生长晚熟上不来，而辽宁选育的品种引到北方外省棉区却生长良好。棉花不整枝不打杈是可行的，就是根据品种特性、完全采用化控技术进行棉花生产，不费力就能得高产。但辽宁还有问题，就是棉株生长量小，产量潜力小，与玉米等作物比较效益低，建议您还是种植本地的棉花新品种为好。

【005】北镇市闾阳镇互助村读者吴连瑞问：我种植的棉花，用乙烯利促早熟后其棉籽还能不能做种用？

答：采用化学促熟棉花的棉籽是否能做种用关键看其成熟度如何，一般霜前促熟的做种是可以的。但为了把握起见，您最好先用清水少量试选一下，看漂在水面上的空瘪籽有多少，再决定能否做种用。

【006】湖北省鄂州市农科所读者朱锦华问：我很想了解辽棉九号品种的特性，能否适合我处种植？

答：辽棉九号棉花是20世纪80年代辽宁省经济作物研究所选育的棉花品种，适应性较强，耐肥水，在辽宁的生育期为138～152天，每亩种植密度7500株左右，一般亩产皮棉在53～100公斤。在您处种植没啥问题，但产量如何需经过引种试验。原种可与该所联系。

【007】凤城市石城镇荣家村苗福官问：锦棉5号在我处能否种植，其效益咋样？

答：锦棉5号是锦州市农业科学研究院20世纪90年代杂交选育而成的棉花品种，在辽宁各棉区种植是没有问题的。其特点是株型紧凑，开絮畅而集中，产量效益与辽棉系统的品种差不多少，此品种目前已被更好的棉花新品种取代。

【008】凤城市草河街道办事处保卫村读者金熙元问：我处以前种植过棉花，现在种植行不？哪里有种子？

答：近几年由于纺织品出口数量增加，国产棉花供应不足，已有进口。国家目前是鼓励农民种棉花的，且工业急需此物，您现在种棉实乃爱国之举。棉花种子可与辽宁省经济作物研究所（在辽阳市）联系，定能得到满意之种。

【009】北镇市正安镇四方村读者韩弘亮问：我想种植辽棉

12 号棉花新品种，到哪里能买到种子？

答：辽棉 12 号是辽宁省经济作物研究所 20 世纪 90 年代选育，并经辽宁省品种审定委员会定名的品种，目前已被辽棉 22 等新品种取代，您可与该所联系种源，地址在辽阳市。北镇市相邻黑山县，是辽宁省的棉花制种基地，那里也会有此品种，您可到那里寻访一下。

【010】瓦房店市东岗乡东岗村读者王广乙问：听说棉花可以用化控的方法简化生产，只在生长期打 1 次药就可以了，怎样进行化控？

答：近几年随着抗虫棉、地膜覆盖的推广，棉花栽培化学调控技术（化控）得到广泛应用。棉花化控技术主要用缩节胺药剂处理棉花植株，缩节胺也叫助壮素，其使用技术较简单，就是播前用 1 克缩节胺对水 10 公斤浸种 10～12 小时；蕾期每亩用 0.8～1克缩节胺对水 30 公斤喷雾；初花期每亩用 2～3 克对水 50 公斤喷雾；盛花期打顶每亩用 3～4 克对水 50 公斤喷雾。您若初次采用此技术，最好请技术人员帮助指导一下。

【011】昌图县双庙子镇桥口村读者李厚喜问：听说吉林省有种植棉花成功的，是真的吗？我们这个地区能否种植棉花？用什么品种好？

答：昌图及吉林地区均有种植棉花的历史，是可以种植的。据专家说，辽宁属于特早熟棉区，其棉花种植北限以北纬 42 度以南为宜。在此纬线以北种植每亩产量不会很高，只有采取特殊的技术措施方可提高产量，辽宁目前主栽棉区在朝阳县、黑山县及北镇一带。在昌图地区种植棉花，以育苗移栽、双膜覆盖、增加密度抢早为宜，每亩保苗 1 万株，靠群体增产，每株留 3～4 个花铃；品种需要选用极早熟的为好；同时宜采用促早熟技术，每亩可产皮棉 40～50 公斤。目前市场的棉花销售价格不低。

【012】河南省虞城县大侯乡赵楼高效农业研究所读者杨华问：看到辽棉 15 号的品种介绍很感兴趣，怎样与育种联系购种？

答：辽棉 15 号是辽宁省经济作物科学研究所 20 世纪 90 年代末选育的棉花品种。该所是我国特早熟棉花的育种单位，培育的新品种繁多。地址在辽阳市新兴街 1 号，邮编 111000。

【013】瓦房店市泡崖信用社读者衡巨和问：我种植了几年棉花，发现品种特别杂，很想购买优良纯正的品种，到哪里能买到？棉花种籽榨出的油是否可以食用？棉籽饼是否可以喂牲畜及家禽？

答：辽宁省经济作物研究所是专门搞棉花新品种选育的科研单位，其棉花品种纯正，您可前去联系购种。地址在辽阳市。棉籽油和棉籽饼是不宜直接食用的。普通棉籽中含有一种叫棉酚的毒素，占棉籽的0.7％～4.8％，食品中含量超过0.045％就能引起中毒。表现为恶心呕吐、便秘、腹泻、食欲下降、毛发脱落、凝血蛋白过低等，严重的可导致心肌损伤、内脏充血水肿、胸腔和腹腔液渗出出血、直至死亡。国家规定了棉酚在各类饲料中的安全限量，一般乳猪、仔猪饲料不推荐使用棉籽饼；饼中的棉酚对反刍动物没有毒性，是良好的蛋白质饲料。一般每公斤棉籽饼粕原料中游离棉酚允许含量要低于1200毫克；肉用仔鸡、生长鸡配合饲料中的含量要低于100毫克；产蛋鸡配合饲料中要低于20毫克；生长肥育猪配混合饲料中要低于60毫克。棉籽饼脱毒的方法，大多是采用添加硫酸盐或尿素与棉酚反应；或利用棉酚易溶于醇的特性进行萃取等。棉籽油的脱毒主要是在提油加工时进行萃取。

【014】东港市戴明远、营口市门效发、铁岭市孔祥武、凌海市石永良、西丰县王玉普、黑山县苏绍琴、海城市杨逢明、建平县王贵等读者问：能提供辽棉、辽品芝、辽春小麦以及辽盐糯、沈农系列和旱72水稻等系列品种的选育单位吗，到哪里能买到这些种子？

答：辽棉系列棉花、辽品芝系列芝麻品种的选育单位是辽宁省经济作物研究所（在辽阳市）；辽春系列小麦品种的选育单位是辽宁省农业科学院作物所（在沈阳市东陵区）；辽盐糯系列水稻品种的选育单位是辽宁省盐碱地利用研究所（在大洼县）；沈农91水稻是沈阳农业大学农学院选育的（在沈阳市东陵区）；旱72水稻品种是辽宁省农业科学院稻作研究所选育的（在沈阳市苏家屯区）。购买种子可与育种单位联系。

【015】朝阳县北四家子乡徐卫东、黑山县大虎山镇罗玉林等

读者问：我们这里是产棉区，棉籽饼丰富，用其做牲畜饲料是否可以？怎么用？

答：棉籽饼可用做牲畜的高蛋白精饲料。牛、羊等反刍动物能分泌某种酶可使棉籽中的棉酚解除毒性，所以棉籽及棉籽饼是牛、羊等的好饲料。猪对棉酚毒素敏感，必须做脱毒处理并控制日食量，可将棉籽饼煮沸 1～2 小时脱去或减小毒性搭配其他饲料再饲喂，具体指标 50 公斤以上的猪每日喂量 1～1.25 公斤；30～50 公斤的每日喂量 0.75 公斤；20～35 公斤的每日不应超过 0.5 公斤；20 公斤以下或怀孕及哺乳母猪最好不喂。此外，棉籽饼还可喂饲肉鸡和兔等。

【016】瓦房店市泡崖信用社读者衡巨和问：我种了 3 年棉花，棉籽均烧掉了，能否介绍一下棉籽的用途？

答：棉籽的用途很多，烧掉太可惜了。棉籽除榨油外，还可做牲畜饲料、生产食用菌的培养料，以及提取低聚木糖等。您可向这方面的从业者推售棉籽，也可自己利用所产棉籽生产食用菌等。

2. 苎麻

【001】台安县桑林镇大岗子村刘长文、清原县红透山镇赵贵等读者问：经常有报道苎麻紧缺，我想种点挣些钱，在辽宁是否可以种植？到哪去买种子？

答：苎麻也叫白叶苎麻，为蔷薇目荨麻科苎麻属多年生宿根草本纤维作物，是麻类作物中单纤维长度最长的，原产于我国热带亚热带地区，种植区域分布在北纬 19～39 度之间。看来，苎麻虽国际市场走俏，但此物生于我国南方（多年生，年收 3 次），在辽宁种植会严重水土不服，直至死亡，不宜种植，买种也没意义了。

3. 烟草

【001】新宾县永陵镇色家村读者金明山问：保管烟籽，农村常连秆带果整株割下挂在房前屋后，第二年春天再打下粒籽播种。用此法保管损失很大。许多人说，烟籽如果前一年离果保存的话，第二年就不能出苗，是这样吗？

答：不是这样的。烟草植株带果割下后，晒至蒴果全部变褐色并干燥，即可进行脱粒、风选，装入布袋中保管，没有必要等到翌春脱粒。

【002】清原县敖家堡乡敖石哈村读者官吉祥问：栽培晒烟田间用什么化学除草剂进行除草好？

答：烟田化学除草的药剂较多，生产上常用的有氟乐灵、利谷隆、都尔、扑草净、赛克津等药剂，您可试用一下。

【003】葫芦岛市连山区山神庙乡邮电局读者黄清江问：我们地区的凤凰晒烟在市场上很走俏，哪里能买到此种子？我处栽植能行否？

答：我国十大晾晒烟之一的凤凰晒烟因产于湖南省凤凰县而得名。专家认为，外省的名晾晒烟如凤凰晒、蛟河晒等红烟，在辽宁地区早有引种栽培试验者，但因气候原因，生产出来的晒烟品质、吃味、色泽等均不如原产地者，所以此名晒烟至今不能在辽宁“炮制”出来。目前辽宁种植的晒烟品种劲头、吃味、色泽均很好，可谓辽宁名晒者，如百花香（辽东新宾）、八里香（辽北开原）、密叶香和柳叶香（辽西喀左），您可选择种植。而凤凰晒只能望而兴叹了。

【004】瓦房店市复州城镇古井村读者张志明问：什么是作物的温光反应？南方烟草种子引到我地区种植是否可以？

答：作物的引种首先考虑的是其对温度高低和光照长度的反应，同一作物品种在不同纬度和不同海拔地区种植生长期长短及开花成熟早晚有所不同。一般的规律是，南种北引生育期延迟，营养生长好而生殖生长缓慢；北种南引则生育期提前，早花早育产量受影响。由此，某些作物南种北引正常营养生长没问题，但因温光变化多数结实困难，需年年从南方再引种，如红麻、黄麻等；而以收种子为主的作物应特别注意，因温光变化大很难正常成熟；因此生产上不宜盲目去南方引种，以免造成不应有的损失。但是，也有一些温光反应不很敏感的作物，如烟草南种北引可照常结实。

【005】黑龙江省宝清县七星泡镇民主村读者尹景臣问：我处烟草花叶病、气候性斑点发生很严重，一直没有找到特效药剂，怎样才能有效地进行防治？

答：烟草花叶病是一种由病毒引起的病害，对于普通花叶病可用牛奶、脱脂牛奶或奶粉混合处理烟苗，或用0.1%硫酸铜、0.1%硫酸锌加代森锌、尿素各75克对水50公斤喷雾处理；对于黄瓜花叶病，可用0.1%褐藻酸钠喷雾。因蚜虫可以传播此病，用氧化乐果、乐果、敌杀死、西维因、杀螟松等药剂对水喷雾彻底消灭蚜虫，可控制病害蔓延。烟草气候性斑点病主要危害成株，中、下部叶片重，是由气候原因造成的，大气中臭氧浓度含量在0.06～0.08毫克/公斤达24小时或雨后突然曝晒均易发病。防治可用联苯胺、噻吩嗪、1，4-萘琨、抗臭气剂及代森锰锌、波尔多液等喷雾，也可用苯菌灵喷雾。

4. 甜菜

【001】建平县白山乡嘎海吐村读者王贵问：甜菜和玉米间种是否可以？不知是否有影响，能介绍一下吗？

答：为农觉得甜菜和玉米间种的形式不可取，因为两者间种的结果是玉米通风透光良好占便宜，而甜菜却受阴暗气产量不佳。还是让两者“分家单过”清种好，互不影响，产量高。

【002】内蒙古科右前旗大石寨镇永胜村读者祁永禄问：我采用纸筒育苗新技术育甜菜苗，报纸筒用浆糊封口，但装上土一浇水就开筒，移栽时拿不成个，这是什么原因呢？

答：甜菜纸筒育苗用的是一种特制的纸筒，该纸筒最先是从日本引进的，现在我国亦能自己生产了。其形状似蜂房，压扁成册，用时打开装土即可。装土育苗时要每册紧靠放在育苗床上。自制纸筒效果差些，有用牛皮纸、薄塑料（移栽时取出塑料）替代的，但注意在营养土配制时土壤要略黏重点，这样就不易散了，建议您最好选购专用纸筒或钵盘进行甜菜育苗，效果会更好。

5. 甘蔗

【001】北票市南八家子乡木匠沟村读者王洪学问：听说有人在辽宁试种甘蔗成功，我也想种一些试一试，能行吗？

答：甘蔗为禾本科甘蔗属糖料作物，原产于热带、亚热带地区。为农认为，甘蔗不适宜在辽宁地区种植，因为其需要20℃以上年积温5000℃、年降水1500毫米以上、无霜期在8～10个月的地区生长才有良好的商品价值。辽宁的自然条件均达不到上述要求，所以种出的甘蔗生物量不足，品质较差。每年播种用的种栽也很难解决，从南方购入劳民伤财不合算，本地窖贮种栽霉烂严重。这在20世纪80年代中期辽宁引进种植甘蔗“热”时已经证明不可行的事，现在又有人在试验种植，看来“一败”不行，非得“涂地”才能记得清楚。另外，目前我国甘蔗主产区的优质产品销售市场并不乐观，每吨才155～200元，用这个价格在辽宁种植非赔本不可。因此，为农再劝想试种或发展甘蔗的辽宁热心者：停！《新农业》1986年第17期曾发过文章，详细阐述了甘蔗在辽宁种植的严重问题，您可查阅。

【002】内蒙古宁城县大城子镇东王家村读者李长发问：我们地区的甘蔗销售挺快，且价格不错。我想引种栽培甘蔗能行不？能提供些技术吗？

答：前些年的引种实践证明，甘蔗在关外种植是不行的，其产品的品质极差，不能作为正常商品出售，亦就没有经济效益。您种植和学习这种技术也就没有意思了。

【003】葫芦岛市南票区黄土坎乡周家屯村读者周作民问：我从安徽地区买种栽培甘蔗两年了，可年年去那里买种栽很费劲，我省有卖种栽的吗？

答：20世纪80年代中期，辽宁省曾掀起过一股引种甘蔗热，一些倒卖种栽者成了暴发户。实际上，辽宁地区种植甘蔗的效益是根本不行的，所以请您切莫在此事上浪费时间、精力和钱财。

6. 芦笋

【001】朝阳县大平房镇东平房村读者刘锋问：芦笋在我们辽西地区种植行不行？什么样的土壤合适？在河边种植的经洪水淹过几小时后，芦笋还能生长吗？

答：辽西可以种植芦笋，且有成功经验，砂壤土、壤土地块均可种植，以壤土为好。芦笋田要能灌水、能排水。河边土壤通透性差的不宜种植芦笋。经洪水淹过几个小时的笋田，一部分芦笋会被淹死，剩下的部分即使能够生长，也不会有高产量。

【002】黑山县人民广播电台读者赵素侠、新民市东蛇山子乡

黄金村张凤财等读者问：我们准备种植芦笋，有啥营养，发展前景以及销路如何？

答：芦笋也叫石刁柏、龙须菜、露笋，为百合科天门冬属多年生草本植物，主要食用部位是嫩茎。营养丰富，鲜美芳香，纤维柔软可口，能降低血脂、血压，防治心血管病，抑制癌症细胞生长，是一种高档绿色保健食品，可凉拌、炒食、做汤。辽宁地区种植生产的芦笋大部分供应出口，主要制成罐头出口，国内市场也销售一部分，故销路问题不大。可以认为，种植芦笋应该有发展前景。

【003】清原县北三家乡牛肺沟村读者张永财问：我很想种植芦笋，不知我地区是否适宜？哪里收购？

答：您地区可以种植芦笋。采收的新鲜芦笋大多供给罐头厂加工罐头。您处若没有收购厂家，也可拿到农贸市场上鲜销，但要注意产量与当地消费量相适应。

【004】清原县大孤家镇读者王孟村问：我对种植芦笋很感兴趣，想发展又怕上当受骗，请您给拿个主意好吗？

答：芦笋原产于地中海东岸及小亚细亚，17 世纪传入美洲，18 世纪传入日本，20 世纪初传入中国，是一种优良的蔬菜作物，在辽宁地区种植已有很多年了，主要是制作罐头出口日本及东南亚。每年 4～5 月份采下的新芦笋要立即送到罐头厂进行加工，因此发展芦笋首先要与罐头厂联系好收购问题，最好几家或几十家联合种植形成规模。另外，国内市场零售也有一定数量。

【005】沈阳市于洪区翟家乡读者王宝军问：我想发展芦笋种植，沈阳市内有无收购鲜笋的厂家？

答：发展芦笋生产，一家一户小面积种植只能去集贸市场销售，因产量过小，一般罐头厂不会收购加工。最好联户进行订单种植，鲜笋有一定面积和产量，工厂也能收购加工。

【006】盖州市太阳升镇张屯村陆顺问：能否介绍一下芦笋根腐病的防治技术？

答：芦笋根腐病发生的原因较为复杂，包括紫纹羽病菌、菌核病菌、镰刀菌单独侵染或复合侵染所造成的根腐。防治方法是发现病株及时挖出病根烧毁，并在病株穴内浇灌波尔多液进行杀菌消毒。发病初期向根部喷70%甲基托布津800倍液，或50%多菌灵600倍液，每隔7天喷1次。移栽定植时，可用1∶3∶800甲基托布津、代森锰锌和水配成的药液浸泡笋栽根部进行消毒。

【007】凌海市大业乡杨桂村读者何绍刚问：我们在生产队时期种过芦笋，后因管理不善放弃了。现在再种芦笋能行不？市场咋样？

答：种植芦笋在辽宁曾持续多年，加工的芦笋罐头等产品很受欢迎，现在市场鲜货销售较为平稳。为农觉得发展此物还是有前途的。

7. 香草

【001】黑山县罗屯乡北朱屯村赵忠明、清原县苍石乡下大堡村王俊武、沈阳市新城子区虎石台镇前台村张中天、凤城市叆阳镇施家村柳万喜、葫芦岛市连山区寺儿堡镇冯玉兰等读者问：看了有关香草的文章后很有启发，想发展此生产项目，市场状况如何，哪里有种子？

答：香草能散发出独特的香味，可调味、制作香料或萃取精油等，也具备药用价值。但目前市场销售平常，种植者要关注市场变化。您可通过网络搜索查找有关种植者寻找种源。

【002】西丰县平岗镇宝来村读者马宝义问：我从吉林省公主岭引进种子种植了3分半地香草，长势喜人，满园香气。我愁的是收获的种子和香草的销路，能卖给谁呢？

答：虽然香草含芳香性挥发油可驱蚊蝇、美化环境、净化空气、美化居室，用途较广，但为农询问了有关部门和企业，都说暂不能收购。可见，香草的产品开发利用和市场销路还有问题，大量生产您最好先找好销路，按订单生产较为稳妥。

【003】凌源市良种场读者陈树庭问：香草在辽西地区可否种植？哪里收购？

答：香草在辽西地区是可以种植的。目前其销路主要在药材市场、自由市场销售以及民间易换。据为农所知，此物尚无固定的收购部门。

8. 月见草

【001】义县七里河镇金家沟村读者魏景政问：山芝麻是否可以人工栽培，何处能有技术资料？

答：山芝麻也叫夜来香、野芝麻，为柳叶菜科月见草属多年生草本植物，在东北地区自然条件下野生生长良好，可见人工栽培是没啥问题的。据为农所知，目前还没有人对其栽培技术进行系统研究，您可搞点试验填补这个空白。为农愿意在《新农业》上刊登您的研究成果。

【002】岫岩县偏岭镇王家堡子村孟宪文、建平县朱力科镇西梁村薛继文等读者问：种植药材的信息很多，我想种植山芝麻您看能行不？

答：种植山芝麻目前来看还是可行的，因此物出口量较大，价格也不错。

【003】宽甸县牛毛坞乡读者杨悦福问：我想大面积发展山芝麻，您说以后的销路、价格会咋样？

答：目前，山芝麻主要供应外贸出口，价格及销路还不错，国内需求量不大。如果以后的销路及价格仍然主要取决于外贸出口的情况，则市场价格不会有大的变化。

【004】新宾县旺清门镇南岔村读者邹福新问：有杂志介绍的辽品芝 1 号新品种，是不是一种山芝麻品种？

答：不是。

【005】西丰县房木乡醒时村读者沙振利问：我种了几亩山芝麻，地里杂草很多，用什么除草剂能除掉这些杂草？

答：据为农所知，山芝麻田化学除草目前尚无研究报道。但您可参照芝麻田化学除草的药剂搞点小试验，翌年再大面积应用。

【006】桓仁县向阳乡林业站读者张林财问：山芝麻是二年生草本植物，有介绍说当年 4 月播种 8 月末以后收获，这是否需要催芽？

答：山芝麻是柳叶菜科月见草属二年生草本植物。春播的种子要催芽才能行，秋播也可。为农最近收到新宾县木奇镇二道村读者吴绍义的来信，介绍了栽培山芝麻的经验，是在去年 10 月末割完庄稼后作好宽垄，用镐开沟不用催芽直接播种，踩好底格子，翌年植株能够开花结果。

【007】北票市土城子乡北山村王士心、法库县秀水河镇长岗子村高洪波、凤城县弟兄山镇向前村郭显明、兴城市羊安乡辛庄村刘忠孝等读者问：听说种植山芝麻能挣钱，我想种不知每亩地用多少种子？能产多少籽粒？啥时候播种好？

答：种植山芝麻在辽宁地区曾经热过，主要供应出口，目前处于平稳发展期。种植一般每亩地需种子 0.5 公斤，亩产籽粒 100～150公斤。每公斤价格在 15～16 元。由于山芝麻种子需一定的低温处理才能出苗，故自然种子以秋季播种为好。经过人工低温处理的种子，春播也可当年开花结籽，但成熟度有点差。

【008】西丰县和隆乡九如村读者陈福昌问：有人说我国生产的月见草油质量不合格，不能出口了，是真的吗？我省哪里有生产厂家？

答：目前东北的月见草多处于野生状态，人工种植也是采集野生种子播种而得，不存在质量问题，月见草油不合格的说法纯属妖言惑众，请勿相信。据为农所知，我国的月见草油在国际上还是抢手货，供不应求。目前省内瓦房店市及沈阳市均有加工月见草油的工厂。

【009】黑山县常兴镇大刘家村孟德方、喀左县草场乡东汤村王志国等读者问：我们村新发展了 400 亩果树，想在幼树空地上种点山芝麻行不？

答：利用幼树空地种植山芝麻是可以的。山芝麻适应性强，肥地、薄地均能良好生长，果树行间也是能够长好的。

【010】盘山县喜彬乡读者张青山问：我处想推广种植月见草，增加农民收入，此物的销路咋样？

答：辽宁省月见草的种植面积主要受出口的影响，国际市场需求年际间变化较大，时常出现一些问题。有些种植者在没有找好销路的情况下就大面积种植，往往发生卖难。您处若想种植，最好先联系好销路。

【011】鞍山市旧堡区沙河镇判甲炉村赵日松、清原县大苏河乡大堡村赵霞等百多位读者问：我们种了些山芝麻，很担心卖不

出去，现在市场的行情到底咋样？

答：据近几年国际市场情况看，由于辽宁山芝麻发展“过热”，面积过大，产品已出现滞销趋势，民间收购者少而价低，国内市场以及产品开发处于起步阶段。故请农民朋友注意，切勿盲目种植山芝麻。

【012】清原县草市镇读者张学义问：我镇种植山芝麻2万多亩，占全镇农作物的40%，但由于市场价格不稳经常滞销。今年其价格上扬，明年市场情况怎样？

答：山芝麻市场价格高低主要受外贸出口情况影响，畅高滞低。为农给有关部门打电话了解，月见草油在国际市场销售看好，每公斤价格在12元以上。但是，若各地都大面积种植山芝麻，产量增加，价格将会下降。

【013】新宾县榆树乡彭家村读者李忠祥问：我地区种植山芝麻已连续两年卖上了好价钱，每公斤卖11～16元，每亩收入2000元左右。农民们看到此形势，都想种植，其发展前景如何？

答：据为农了解，山芝麻（月见草）在国际市场需求日增，其油是欧美人进补之必需品，而国内市场至今尚未形成消费规模。月见草油具有抗衰老、降低胆固醇之功效，随着社会老龄人口的增多，其需求量一定会增加。目前其产品主要靠出口，如果将国内消费市场打开，生产前景将十分广阔。

【014】大石桥市官屯镇顾山屯村读者丛锡德问：看到有介绍月见草的文章，我很感兴趣，种出的产品由谁收购？

答：目前辽宁种植月见草的产品多是商家上门收购，且以外贸出口为主。这样，稳定性较差，不把握，假如外贸出口遇阻，或是收购不到位，就会出现销售不畅积压问题。前些年已有过此类事件发生，问题的关键是如何启动国内消费市场。为农可以相信，在几年内，国内消费月见草的市场将会大增，因为老年人健身需要此物。

【015】开原市庆云堡镇高家窝棚村读者崔乃斌问：我家种植的山芝麻与买方签订了回收合同，但没去公证，现在他们以没有钱收购为由而压等压价，还要拖欠打白条，这事咋办？

答：山芝麻以出口为主，国内市场价格的高低主要看国际市场的行情，单价多少钱合适，目前尚无统一标准，但有了合同，就应按合同办才是。以前黑龙江省也出现过压价或拒收之事，还是出口数量出了问题。如果国内产品加工利用有大步进展，山芝麻就不会出现此类问题了。

【016】新宾县新宾镇刘汉村读者柏友仁问：山芝麻怎样处理播种后才能当年开花结籽？大樱桃嫁接都选用什么砧木好？

答：山芝麻是多年生的，一般播种的当年是不能开花结籽的。生产上通过冷冻（层积）处理种子可以使其当年播种当年开花结籽，有冬季将种子拌入雪中装入编织袋冷冻贮藏、将种子水泡后放冷库中贮藏、种子埋在野外土中冷冻等方法，但此项技术目前并不十分成熟，处理好的效果明显，处理不好的还是不开花结籽，前几年生产上已发生了没处理好种子造成损失而打官司至今未了结的事，看来应用此技术应慎重。嫁接大樱桃的砧木，多选用中国樱桃中的山樱桃、毛樱桃、黄樱系列、大叶草樱及大连农科院选育的11—93等品种或品系。

9. 芦荟

【001】大连市金州区杏树屯镇邹家村读者孙平问：药用植物芦荟的医疗效用如何？在我们地区栽培能行吗？哪里有种子或种苗？

答：芦荟也叫油葱，为独尾草科芦荟属多年生草本植物，原产于地中海、非洲等地，以叶中流出的汁液入药，有通便通经、清热凉肝的作用，外用可治龋齿、烫伤等。此物主产于云南、广东、广西、福建等省区，气温在0℃时即遭冻害。辽宁地区自然条件下不适宜栽培，买种也没意义了。以往有利用大棚温室较大面积栽培的，最后没有形成市场而宣告失败。

【002】本溪市溪湖区歪头山镇柳峪村读者崔成军问：现在有关芦荟的报道很多，我想用温室搞栽培，好不好销？可否作为一项产业来发展？

答：芦荟曾经形成了种植热，引起了许多人的兴趣。其实，芦荟也叫油葱，是一种常用的中药材，近年来，在美容业中有些开发利用。此物主产云南、广东、广西、福建等地，在北方自然条件下不能越冬。利用温室大棚栽培是可以的，但如果大面积搞要先进行经济核算并找好市场销路才行。

【003】义县大榆树堡镇小牵马岭村读者王欢问：我听说芦荟有许多人种植，前景如何，何处收购？

答：前些年种植芦荟“热”过了头，现在已凉了下来。本来此物是一种常用中药材，主治烧伤烫伤等病，后来又用到美容上，可现在市场销路不很畅，主要原因是发展速度太快，产品过剩了，一些生产者已经转向其他，因此您要种植需慎重为好。

【004】岫岩县黄花甸镇清河口村读者徐平义问：我在电视上看到一则信息，利用温室大棚栽培芦荟，此项目是否可行，前景如何？

答：芦荟是一种常用中药材，近来发现其汁液有美容减皱祛斑之功效，种植者大增，形成一股热潮。此物主产于云南、两广地区，自然条件下在东北不能越冬成活，便有冬季进温室、夏季到田间的栽培方法。但市场对其需求量到底有多大、美容的人群需要多少汁液，谁也估算不清。有一点可以肯定，需求量有限，从种植热潮及市场趋势来看，不需多久就会出现过剩而使之成为造肥料之物。此物栽培现已销声匿迹了。

10. 青蒿

【001】建昌县石佛乡石佛村读者沈慧娟问：听说种植青蒿很挣钱，南方市场紧缺，我想发展种植是否能行？

答：青蒿也叫苦蒿、草蒿、廪蒿、茵陈蒿、邪蒿、香蒿，为菊科蒿属一年生草本植物，其含有的青蒿素（Arteannuin）及黄花蒿素（Artemisinin，Qinghaosu）成分是抗疟新药，由瑞士诺华公司生产的成药主要销往非洲。据说1989年世界卫生组织同意中国进行青蒿素衍生物临床实验，商品复方双氢青蒿素已申请专利，并陆续在36个疟疾最严重的国家以及法国、比利时、瑞士等抗疟药生产国申请国际专利。专家预测，该药可能会替代奎宁、甲氟喹等传统抗疟药而成为未来的主流药物。青蒿素的来源有合成、组织培养和天然资源利用3条途径，因此，青蒿素的产业化必须首先建立优质青蒿栽培生产基地。目前重庆、湖北等地已经较大面积种植生产青蒿，抢购价格大战时有发生，辽宁由于没有相应收购加工厂家而没有种植者。因此，您想种植此物目前在辽宁销路还存在问题，向外地联系销路进行种植也要算好经济账。

11. 啤酒花

【001】沈阳市于洪区光辉啤酒原料加工厂读者顾艳玲问：我厂种植的啤酒花不知什么原因在与往年同样管理的条件下产量减少了30%，是栽培有问题还是所用的农药有问题，到哪能鉴别农药的真假？

答：啤酒花也叫蛇麻、忽布、蛇麻草、酵母花、酒花，为桑科葎草属多年生草本植物，因其花序用于酿造啤酒故称啤酒花。1079年德国人首先在酿制啤酒时添加酒花，此后成为啤酒酿造的原料。啤酒花喜冷凉，在我国新疆、东北、华北及山东、甘肃、陕西等地有栽培。真假农药的检测鉴定，辽宁省农药检定站是专门从事农药管理、质量监督和检查的业务部门，仪器设备先进，只要送样品检定，农药真假定会清楚。专业人士认为，您处啤酒花减产可能与气候及管理有关。

12. 甜叶菊

【001】大连市金州区四十里堡镇西三十里村读者潘兆江问：甜叶菊现在种植和市场情况咋样？我想种植能行不？

答：我国是全球最大的甜叶菊甜味剂生产基地，2009年的产量3096吨，其中80%出口。甜叶菊前些年在辽宁“热”了一阵子，并生产开发出甜菊茶、甜菊食品等产品，最后由于销路及效益问题变凉了，现在好像已无人问津了。辽宁境内原来铁岭地区种植的较多，大连地区种植者较少。目前我国安徽、江苏、黑龙江大庆等地多有种植，您可前往联系种源。

【002】内蒙古宁城县五化乡农业站读者刘景云问：听说甜叶菊是一种新兴糖源作物，其种植发展前景如何？

答：甜叶菊也叫甜菊、甜草、糖草、糖菊，为菊科甜叶菊属多年生草本植物，原产南美洲巴拉圭，在20世纪80年代中后期曾在辽宁大量栽培，且建有甜菊糖甙加工厂，同时甜菊茶、甜菊糕点、甜菊饮料等开发产品也进入市场。但由于甜叶菊的加工利润较小，市场消费者的接受程度欠佳及销售不畅，致使农民的生产积极性受挫，产量降至低谷，目前栽培者甚少。为农认为，正常情况下甜叶菊未来的发展将不会出现大红大紫的现象，在人们的生活中也不会占有较重位置，其前途只能处于适量发展水平。各地种植此物是可以的，但最终形成商品进入市场还需进一步开发研究。

【003】海城市八里镇里峪村读者张玉川问：我想购买甜叶菊种子，哪里能有？

答：辽宁省经济作物研究所曾经研究和大量栽培过甜叶菊，您可与之联系，地址在辽阳市。

【004】海城市孤山镇拉木房村读者赵祜承问：我很想发展甜叶菊生产，是否有前途？

答：甜叶菊提取的甜味剂是一种食糖的代用品，对于糖尿病患者来说用来甚好。但此物在辽宁前些年搞得“火”过头了，现在温度甚低，因为其市场销售有点问题，收购和加工厂家已销声匿迹。您少种植点试试可以，但大面积搞一定要慎重，关键是找到收购和加工厂家。

【005】庄河市石山乡解放村读者张勇问：我很想引进种植甜叶菊，哪个单位有种子及技术资料？

答：辽宁省经济作物科学研究所是东北地区最早开发研究甜叶菊的，地址在辽阳市，您可与该所联系技术和种子。

13. 除虫菊

【001】西丰县天德乡天来村读者秦有才问：听说有一种植物叫除虫菊，长在田里能驱虫灭虫，不生虫不用打药，这是真的吗？

答：此事属实。除虫菊为菊科除虫菊属多年生草本植物，原产西欧地区，现在世界各地分布以俄、中、美、日、英、巴西、克罗地亚、肯尼亚等地较多；已知除虫菊15种，其中含杀虫有效成分除虫菊素较高的有4种，用于家庭治虫的是白花除虫菊和红花除虫菊。除虫菊是可栽培的典型的神经毒杀虫植物，头状花序磨成的粉末可使昆虫和冷血脊椎动物接触性中毒，从干花和茎秆中提取的有效成分主要是除虫菊素Ⅰ及除虫菊素Ⅱ，而除虫菊素Ⅰ化学成分恰是拟除虫菊酯类杀虫剂人工合成的模板。根据除虫菊素Ⅰ的化学结构人工合成的拟除虫菊酯农药种类繁多，已经广泛用于防治各种害虫。

14. 籽粒苋

【001】清原县英额门镇长春屯村苏永杰、抚顺县安家乡邹家村孙平等读者问：听说籽粒苋是喂猪的好饲料，我们很想种植，长出的植株什么样？

答：籽粒苋也叫千穗谷、猪苋菜、苋菜、西黏谷，是苋科苋属一年生草本植物，枝叶繁茂，柔嫩多汁，含丰富的蛋白质、赖氨酸、脂肪、矿物质、维生素，可作畜禽饲料。株高2～3米，茎粗2～3厘米，叶互生宽大而，穗状圆锥花序生于枝顶；籽粒黄白色，像小米粒，繁殖系数高，千粒重0.6～1.2克，每株结籽6万～10万粒，可供2～6亩地播种。根系发达，耐旱耐瘠薄，适应性再生力强，每年可刈割2～3次，亩产鲜草3000～4500公斤，产种子150～300公斤。籽粒苋适口性好，牛、羊、猪、鸡、兔均喜食，整株切碎或打浆配合其他饲料喂养畜禽可节省精饲料30%。

【002】建平县向阳乡牌甸村读者王英民问：籽粒苋和我们在农田常见的害草西天谷是不是一种植物？

答：应该是同属形态差不多少的两种植物。目前我国生产上种植的籽粒苋原产于美国，是经过人工选育的，植株高大，叶片肥厚；而我们常见的西天谷也叫苋菜、青香苋、红苋菜、红菜、野刺苋、米苋，在我国各地多为田间野生的杂草。

【003】新民市芦家屯乡兰家村读者兰强问：听说籽粒苋是猪鸡的好饲料，是真的吗？我们这儿种植能行不？

答：据专家讲，籽粒苋营养丰富，饲用价值高，开花初期叶片蛋白质含量24%～28%、茎秆蛋白质含量12%～15%，采收的种子蛋白质含量17%以上，并含丰富的谷物中缺少的赖氨酸，确实是畜禽的好饲料。籽粒苋在各地均可种植，用此物喂猪的较多，您也可种点儿试试。

【004】桓仁县二棚甸子镇四道岭子村郝达庭、庄河市花院乡芦家村代厚斌等读者问：籽粒苋与我们常见的苋菜是不是一回事？有种植价值吗？

答：差不多少。籽粒苋与我们常见的苋菜为同科同属植物，只是植株高大，茎叶为紫色，叶片多而肥厚，营养丰富，我国各地多有种植，是猪禽的优良饲料。

【005】西丰县乐善乡和厚村读者汤大忱问：我有一定数量的美国籽粒苋种子想出售，每公斤批发价60元，零售价70元，您知道谁想购买此种子吗？

答：为农还没有找到购买此种子的，但肯定会有人种植美国籽粒苋喂猪的，因此物喂猪效果较好。您的此信息很好，会有人与您联系的。

【006】清原县枸乃甸乡筐子沟村读者雷云问：听说植物伟哥雪樱子这种蔬菜有壮阳的神奇功效，原产哪里，我处是否可以种植？

答：雪樱子为一年生苋科苋属草本植物，据说含有一种与人垂体激素相仿的植物激素，对精液的形成有益，被称为伟哥，从提供宣传材料上的株型长相及可喂猪增肉等方面看与常见美国籽粒苋十分相似，在您处可以栽培。请您注意，此物目前忽悠得较厉害且种子价格偏贵，有点儿炒种嫌疑，有可能是籽粒苋的变名推销。

【007】清原县土口子乡临清屯村读者高洪彬问：我想采用地膜覆盖大垄双行种植籽粒苋，早播早收能行不？

答：籽粒苋种植一般采用垄作，条播行距50～60厘米、株距18厘米；也可以宽行条播，行距60～70厘米。据为农所知，地膜覆盖大垄双行种植籽粒苋尚无人搞过，您可以搞点试验来添补这项技术的空白，但要注意算一下投入产出的经济账。

15. 苜蓿草

【001】庄河市花院乡卢家村读者代厚斌问：听说苜蓿草和串叶松香草喂猪营养价值优于玉米和稻谷，是否属实？哪个品种好？

答：苜蓿草也叫紫花苜蓿、蓿草、苜蓿，为豆科苜蓿属多年生草本植物，营养价值高，粗蛋白质、维生素含量丰富，动物必需的氨基酸含量高，有牧草之王美称；串叶松香草也叫法国香槟草、菊花草，为菊科松香草属多年生宿根草本植物，因对生叶片基部相连呈杯状茎从两叶中间贯穿而出得名，原产北美洲。这两种牧草的粗蛋白质含量均高于玉米和其他稻谷，可饲喂猪、牛、羊、兔、鸡等畜禽，但喂猪只能作为辅料，不能替代做主料。一般在草的生长后期刈割青贮或粉碎喂猪。适合辽宁种植的苜蓿品种有敖汉苜蓿、公农 1 号、中苜 1 号、润布勒、阿尔冈金、金皇后、费纳尔、新疆大叶、亮苜二号等。

【002】沈阳市东陵区深井子镇东靠山村读者王玉秀问：苜蓿草适合什么地方种植，到哪能买到种子？

答：苜蓿草也叫紫花苜蓿，豆科多年生草本植物，干草含蛋白质达 22%，2 公斤苜蓿干草中的粗蛋白相当于 1 公斤豆饼，饲喂奶牛可提高产奶量和质量并减少疾病。苜蓿适应性较强，对土壤要求不严，一般耕地、风沙地、轻盐碱地、优良草地以及山地、平地、路边、林边、沟塘边均可栽培。经为农电话询问，阜新县草原工作站曾经有紫花苜蓿、草木樨及沙打旺种子。

【003】西丰县和隆乡阜丰村王启兵、开原市黄旗寨乡谢家沟村罗广有、瓦房店市杨家乡黄旗村于忠深、大连市金州区向应镇关家村滕玉海等读者问：我们想种植紫花苜蓿等牧草发展畜禽养殖业，哪种牧草好，哪里有种源和种植技术资料？

答：牧草的品种较多，人工栽培常见的品种有紫花苜蓿、串叶松香草、籽粒苋、草木樨、墨西哥玉米、高丹草、苏丹草、黑麦草、三叶草、聚合草、菊苣、苦荬菜、鲁梅克斯等，养猪鸡鹅牛羊应注意选择适合的品种来种植。种源可向各地畜牧技术推广站询问，也可通过网络搜索获得信息。

【004】西丰县和隆乡双岭村读者李贵财问：我处的牛不准散放实行圈养，我想种植冬季冻不死来年还能重新生长的牧草，什么地方出售这样的牧草种子？

答：能够在辽宁冬季冻不死来年还长的二年生或多年生的牧草，常见的有紫花苜蓿、黑麦草、草地羊茅等。目前生产上用青绿玉米秸秆进行青贮发酵处理后养牛，产量高，效果好。种植多年生牧草养牛的很少。

16. 美洲狼尾草

【001】西丰县和隆乡双岭村读者李贵财问：听说种植御谷养牛很好，是这样吗？

答：种植御谷养牛是可以的。御谷也叫珍珠谷、蜡烛稗、美洲狼尾草，是禾本科黍族狼尾草属一年生草本粮食和饲料兼用作物，原产美洲。每亩籽粒产量低，约200公斤左右，产草5000公斤左右，青饲优于苏丹草，牛、羊、鹅等均可食用，但不如青贮发酵玉米秸秆效果好。

17. 细绿萍

【001】康平县东升乡陶廉窝堡村李跃、岫岩县洋河镇关家堡村付玉阁、法库县大孤家子镇拉马桥村臧红梅等读者问：听说细绿萍是一种好饲料，怎样才能学到放养细绿萍的技术？

答：细绿萍也叫满江红，为满江红科满江红属水生蕨类，原产美洲，与藻类固氮蓝藻共生能固定空气中的游离氮，萍体含蛋白质、维生素和微量元素较高，是猪、鸭、鹅、鱼的好饲料。此项技术的具体内容，请查阅《新农业》杂志1990年1、2、5、6期沈阳农业大学纪宝华教授撰写的详细介绍文章。

【002】北票市十八台乡河南小学读者宋贵问：细绿萍在温室大棚内能不能生长繁殖？

答：细绿萍在温室大棚内有水面的条件下是可以繁殖的。但若用温室大棚及水面单独繁殖此物经济上好像有点不大合算，若综合利用作为种源保存少量繁殖倒也可行。

18. 聚合草

【001】宽甸县双山子乡平坨村葛君利、西丰县营厂乡增庆村刘庆军等读者问：听说吉林、黑龙江地区推广一种俄罗斯饲料菜喂猪很好，我想引种能行不？

答：俄罗斯饲料菜也叫聚合草、俄罗斯菠菜、饲料菜、友谊草、爱国草，为管状花目紫草科聚合草属多年生宿根草本植物，原产前苏联欧洲部分及高加索，成墩成簇生长，基生带状披针形叶50～80片，最多可达200片。适应性强，对土壤要求不严，除盐碱地、瘠薄岗地、排水不良的低洼地外，一般河堤、各类滩地、荒山荒坡、果园林下、四旁地以及各类废弃土地均可种植，以切根无性繁殖为主。现蕾至开花期营养丰富产量高，为收获适期，栽植当年可割1～2次，以后每年可割4～5次，饲用部分是叶和茎枝，枝叶青嫩多汁，气味芳香，质地细软，青草经切碎或打浆后散发出清淡香味，猪、牛、羊、兔、鸡、鸭、鹅、鸵鸟、草食性鱼均喜食。具有止泻作用，喂量超过日粮25%以上时，其中生物碱对家畜有毒害作用。

【002】朝阳县羊山镇大四家子村读者姚文国问：现各报刊报道种植饲料菜可以喂猪，真的有这种替代粮食的菜草吗？哪个品种较好？

答：饲料菜也叫聚合草、俄罗斯饲料菜。专家认为，用饲料菜完全取代精料喂猪肯定是不行的。一般说来，青饲料只能代替10%～20%的精料喂猪，超过20%效果就不理想了。科学点儿讲，在仔猪50公斤以下饲喂，精饲料与青饲料的重量配比为1∶10.5；50公斤以上至出栏期精饲料与青饲料的配比为1∶1。青饲料比例过大并不节省多少精料，反而会影响猪的生长速度。用上述配比喂猪对于籽粒苋、苜蓿草、菊苣等优良饲草可以参照，而对于饲料菜、串叶松香草、鲁梅克斯等鲜嫩饲草品种要控制比例和采食量，以免猪吃后中毒。

19. 酸模

【001】凤城市弟兄山镇陈家村读者李振成问：听说有一种叫鲁梅克斯的牧草，在零下40℃能越冬生长，可连续收割25年以上，这是真的吗，辽宁地区能种植吗？

答：鲁梅克斯也叫巴天酸模、杂交酸模、酸模、营养酸模、洋铁叶子、高秆菠菜，为蓼科酸模属多年生宿根草本植物，茎直立不分枝，主根发达，叶簇生披针状长椭圆形。鲁梅克斯K-1杂交酸模是以巴天酸模为母本、天山酸模为父本杂交而成的，1995年从乌克兰引进我国，适应性强，抗旱耐涝，各地均可种植，也适于盐渍土上种植，可连续利用产鲜叶多年，能耐低温，在冬季到来前地上叶片枯死在地下形成越冬芽，翌春返青。叶簇期粗蛋白质含量30%～34%，富含维生素C、β胡萝卜素和各种氨基酸，柔软多汁，切碎后可喂猪、牛、羊、兔、鸡、鸭等畜禽。

【002】鞍山市千山区千山镇读者刘恒礼问：听河南一广告说新型饲草鲁梅克斯喂猪好，猪特别爱吃，您说种植行吗，能受益5～6年吗？

答：据专家讲，鲁梅克斯为青鲜多汁饲草，经过当年大力宣传推广，各地均有试验种植，目前好像平静了。实践证明，此物产质量、适口性以及促进畜禽生长等方面可能存在问题，不如籽粒苋受欢迎。

20. 三叶草

【001】锦州市太和区大薛乡三屯村读者张莉云问：我家承包地里长一种小草，繁殖力强，爬的蔓也能生根，嫩草鸡鸭很爱吃，这是一种什么草，采集草籽种植能行吗？

答：经过鉴定您寄来的植株样本，专家认定是豆科三叶草属多年生的三叶草，植株营养价值较高，是家畜家禽的优质饲草。三叶草可人工栽培，采集草籽也行，通常用其在果树下种植肥田及空地绿化。注意，由于此草单位面积产量不高，目前大面积种植用其作饲草的很少，多用于绿化。

21. 串叶松香草

【001】湖北省鄂州市华容区临江乡粑铺村读者陈刚问：听说串叶松香草是一种经济效益非常好的饲料用草，有啥特点？在我们地区种植能行吗？

答：串叶松香草也叫松香草、菊花草、法国香槟草，为菊科松香草属多年生宿根草本植物，原产北美洲，1979 年引入我国。株高 2～3 米，叶长 38 厘米、宽 30 厘米，花黄色，籽实褐色扁平，千粒重 23.3 克；喜温暖湿润气候，耐旱抗寒、喜水喜肥，人工栽培可直接播种，也可育苗移栽；生长快，耐刈割，一般亩产 7000～10000 公斤。可青饲、青贮、打浆、加工草粉及颗粒，鲜草可喂牛、羊、兔，青贮可喂猪、禽。根茎中含甙类，喂量过多会引起猪积累性中毒。各地均可栽培，以广西、江西、陕西、山西、吉林、黑龙江、新疆、甘肃等地栽培较多。

【002】内蒙古开鲁县东来镇公司村读者王德明问：我想种植串叶松香草养殖牛羊，每亩产量能达到 3 万公斤吗？哪里有种子？

答：串叶松香草每亩鲜草产量一般在 10000 万公斤左右，国内生产水平要想达到 3 万公斤很难。种源可向各地草原工作站咨询，也可通过网络搜索获得。

（三）瓜果

1. 西瓜

【001】沈阳市苏家屯区大沟乡读者李翠君问：看到电视连续剧《封神榜》中有商纣王吃西瓜的镜头，请问商周时期中国有西瓜吗？

答：西瓜为葫芦科西瓜属一年生草本植物，原产非洲热带沙漠，汉代时从西域引入我国，故称西瓜。商周时期中国肯定没有西瓜，电视剧《封神榜》中商纣王吃西瓜可能有点超前，不过，人家身为“神仙”，想吃点儿西瓜还是能办到的。

【002】内蒙古赤峰市翁牛特旗大兴乡兴龙村读者刘志远问：听说有一种无蔓西瓜不用整枝，这种西瓜叫什么名字？能在内蒙古种植吗？

答：您说的品种可能是从美国引进的蔓长不超过60厘米的美国无蔓西瓜黑金宝，黑皮红沙瓤，小籽少籽，很甜，较受市场欢迎。此瓜在内蒙古种植没问题。

【003】台安县桑林镇水利站张荣富问：最近我在报纸上看到西瓜上树产量翻番的信息，说是河北省农民种植吊蔓西瓜，产量提高了，质量也好，这事可信吗？

答：瓜类在生产中采取吊蔓生长的方法在民间已非新鲜事，因为在大棚里许多瓜果类蔬菜均采用此法生产。将西瓜吊蔓栽培者已有增产增质的成功经验，您也可以试一试。应注意的是，吊蔓西瓜的架线材选择得要结实耐用。

【004】兴城市华山镇下长茂村读者曹春成问：我处种植的谷子地里很荒，能否用除草剂来除杂草，用什么药剂，对下茬西瓜、甜瓜会有药害吗？

答：谷子田可用2，4-D丁酯、捕灭津、稗草烯、百草敌等药剂进行化学除草，对下茬西瓜、甜瓜不会有药害影响。

【005】盖州市太阳升镇张大寨村读者曲年绪问：西瓜花叶病毒病是种子带毒还是嫁接带毒造成的，能用什么方法防治呢？

答：西瓜花叶病毒（WMV）病主要由甜瓜花叶病毒和黄瓜

花叶病毒侵染引起的，种子表皮可以带毒，也可在蚜虫体内和某些宿根杂草上越冬，成为翌年初侵染源。蚜虫是其主要传播媒介，农事活动的嫁接等也能传播病毒。防治方法是从无病植株上留种，对有怀疑的种子播种时用70℃温水浸种干籽10分钟可杀死病毒，或用0.1%～1%高锰酸钾溶液浸种30分钟，也可用10%磷酸三钠溶液浸种20分钟，浸后用清水洗净播种。在选地时远离其他瓜类地块种植，能减轻发病机会。目前对此病尚无特效防治药物，可用40%乐果或氧化乐果1000倍液或用600倍液20%病毒A混合溶液喷雾，能控制病害蔓延。

【006】内蒙古开鲁县麦新镇前进村读者马丽新问：我们大面积种植的西瓜受蚜虫为害严重，用乐果、甲胺磷都不好使，到底用什么农药才能消灭西瓜蚜虫呢？

答：蚜虫是刺吸式口器害虫，要用内吸输导型药剂才好使，为农觉得您提到的两种农药根治蚜虫是不成问题的。您说不好使，除了假药外，可能是施药浓度及方法有问题。按规定用40%乐果800倍液对水喷雾即可，只是甲胺磷已被国家明令禁产禁用了。可用吡虫啉、啶虫脒等药剂防治。

【007】鞍山市千山区宁远屯镇周家村读者石利民问：上茬种植西瓜，下茬种植香瓜，这两种作物换茬种植算不算连作，对产量有多大影响？

答：西瓜、香瓜均属葫芦科作物，所发病害及营养吸收利用多有相同之处，因此这两种作物采取上下茬轮换种植属于连作。连作对下茬香瓜的产量和质量肯定有不良影响，通常减产20%左右。

【008】新民市大民屯镇三村读者任义问：去年我在承包地上种植了西瓜，今年想再种植甜瓜，有人说犯茬口，您说行不？

答：是有点犯茬口。西瓜怕重茬连作，下茬种植甜瓜也不好。因为西瓜、甜瓜、黄瓜、冬瓜、南瓜等瓜类均属于葫芦科瓜类，有多种共同的病虫害，连作会加重病害发生，一定要避免连茬种植。

【009】新民市柳河沟乡潘屯村读者徐敬福问：我想种植西瓜，但不知今年的形势如何，您能说说吗？

答：据专家分析，因去年辽宁各地种植西瓜的效益偏低，部分瓜农已经“洗手”不干了。今年全省西瓜种植面积会明显减少，您通过品种更新，瓜的质量会明显提高，种植西瓜的经济效益肯定会好于去年。

【010】黑山县胡家镇小谢村读者张福林问：我想承包 20 亩地种西瓜，但这块地 3 年前种玉米免耕用过拉索等除草剂，会不会产生药害？

答：拉索对西瓜安全，是不会产生药害的，且已过了 3 年时间，其残效期是不会这么长的。如果采用阿特拉津等药剂，在正常用量下过 3 年后再种植西瓜也不会产生药害，故请您放心好了。

【011】开原市上肥地乡东升村读者谭希良问：我想种植 10 亩地西瓜，但这块地去年种玉米免耕用过阿特拉津，今年对西瓜能否有药害？

答：肯定会有影响及药害的。因为阿特拉津的残效期较长，而西瓜对其还较敏感。您还是改种其他作物为好，以免减产歉收。

【012】开原市八棵树镇八棵树村读者麻沧海问：听说有一种专治西瓜重茬的药剂叫“重茬剂一号”，到哪能买到？

答：此药是北京绿野大地重茬技术开发有限公司生产的，辽宁省植保有限服务公司有少量货源，您可与之联系购买。

【013】黑龙江省尚志市苇河镇读者刘少波问：甜瓜田用 50%扑草净除草，在地膜内用药是否能行？

答，地膜覆盖田用扑草净进行化学除草是可以的。但要注意两点：一是用药的剂量要适当降低，即采用下限用量；二是在出苗时要及时破膜放苗排湿，否则易发生药害。

【014】黑龙江省尚志市苇河镇兆林村刘少波问：扑草净在西瓜、甜瓜地膜覆盖田怎样施药除草？

答：扑草净在露地西瓜、甜瓜田播后苗前施药除草已有成功经验，每亩用 50%可湿性粉剂 150～200 克处理土壤即可。覆膜田也可以施用，但要适当减少药量，且留有播种沟以避免瓜苗出土时触膜产生药害或灼伤。

【015】抚顺县马圈子乡东沟村读者马常义问：我想利用花生茬口种植几亩西瓜，可是上茬花生田用过拉索除草剂，能否对西瓜有药害？

答：在正常施药情况下，施在土壤上的拉索经过冬季土壤降解其残效期已过，对下茬作物不会产生影响或药害，您尽管放心种植西瓜。

【016】凤城市红旗镇烧锅村张日祥、台安县高力房镇马坨子村孙雅夫、李明、赵爱民、孙可敬等读者问：大棚温室栽培西瓜、甜瓜什么时候播种，在什么时候定植为好？

答：利用大棚温室栽培西瓜、甜瓜在辽宁的大连、营口等地已有丰富经验，堵其淡季缺口，效益很好。一般选用生育期短的早熟品种，12月中旬至1月中旬在温室内育苗，苗龄近1个月，然后移栽定植在覆有地膜的温室大棚内，重施鸡粪，增施复合肥、磷酸二铵、硫酸钾等。每亩保苗2500株左右。瓜长到核桃大小时追施磷钾肥。4月初即可上市销售。

【017】新宾县汤图乡新立屯村读者王喜财问：我想在西瓜地里少套种点芝麻或花生，您说能行不？

答：西瓜田里套种花生、芝麻能行，在生产上已有成功实例。要注意选择花生和芝麻生育期短的品种，千万别发生“丢了西瓜保芝麻”的事儿。

【018】葫芦岛市连山区钢屯镇读者希梦真问：露地栽培晚熟西瓜，采收后贮藏到阳历11月中下旬，市场价格会如何，能赚钱吗？

答：为农觉得，西瓜不耐贮藏，还是新采摘的口味好。辽宁市场的西瓜是从南向北逐地进货的，即从海南广东产的西瓜开始往北进行，到7月上旬才吃到本地种植的，以后再从吉林、黑龙江运入。秋冬季有利用温室大棚生产小西瓜的堵淡季补缺的，效益尚可。您的想法很好，关键是采摘时机和处理方法、贮藏窖库温湿度等，还要与外地进货新鲜西瓜价格比较，看哪个更经济合算。应注意，辽宁11月以后吃西瓜的人会减少，市场销售冷淡，贮藏有风险，要掌握好时机以免赔钱。

【019】建平县烧锅营子乡邮电局读者司义富问：建保鲜库贮

西瓜、葡萄前景如何？在我地区室内种植天麻能否成功？用马铃薯生产粉丝的效益怎样？用废旧塑料轮胎生产柴油的项目是否可行？

答：为农根据您提出问题的顺序逐一解答如下：①储藏前景并不乐观，因为西瓜耐贮性较差；葡萄贮者过多短期有点小利，缺少加工产品。②能成功。③效益一般。④不可行。

【020】康平县郝官屯乡瓦房村读者陆盛春问：我挖了个大窖贮西瓜，由于雨大七八成熟就摘下入窖了，不到10天全烂了，赔了2000多元。西瓜到底能不能贮藏？辽宁省有先例吗？

答：辽宁各地贮藏西瓜搞了很多尝试，有窖藏、堆藏、筐藏、架藏、涂抹保藏等法，其中在窖中搭支架摆放（瓜下垫个圈）或吊起来贮藏较被看好，七至八成熟收获，药剂处理后最多可贮藏30天；生瓜不宜贮藏。专家认为，西瓜夏季贮藏保鲜至淡季出售意义不大，增值小甚至赔钱，因为时令水果及新产西瓜会随时补缺，现在贮藏西瓜已没人搞了。

2. 甜瓜

【001】新民市罗家房乡山西村读者曲连江问：我在自家承包地上种植了3亩甜瓜，由于雨水大没挣着钱。明年我还想在这3亩地上种植甜瓜行不行？有人说甜瓜可重茬不可迎茬，是这回事吗？

答：甜瓜忌重茬连作，迎茬也不好。一般应实行3～5年轮作，以减少病害发生，增加产量和产品品质。

【002】法库县五台子乡五台子村读者张树学问：我有3亩地上年种过甜瓜，今年想种植西瓜、甜瓜是否能行？

答：西瓜、甜瓜忌连作，一般要实行3～5年轮作。由于甜瓜和西瓜的病害种类以及对土壤营养元素的消耗基本相同，您的地块上年种植甜瓜，下茬种植西瓜也会有影响的，应算是连作。

【003】东港市东尖山镇东尖山村读者于国祥问：我想在种过甜瓜的地里翌年种植西瓜，能行不？

答：在种过甜瓜的地里翌年种植西瓜不可取，因二者有相同的病害，影响西瓜的产量和质量。您还是换种别的作物或与别人换地种植为宜。

【004】兴城市曹庄镇安相村读者赵建林问：我种植的香瓜是种1垄空1垄，今年想在空垄上再种植香瓜是否可以？如果用杀菌剂对瓜地消毒再种瓜，是否可行？

答：利用上年的空垄再种植香瓜也是不可取的，因为香瓜最忌连作，病害多，产量低，质量差，在空垄上种植也相当于连作。对瓜地用杀菌剂进行消毒，会增加投资，经济上不一定合算，再说消毒也不一定彻底，因土壤中积累的致病菌很难杀净。您还是选种其他作物，另选地块种植香瓜为好。

【005】抚顺县上马乡下马村读者佟明成问：辽宁省西甜瓜协会地址在哪里？

答：辽宁省西甜瓜协会的地址在沈阳市皇姑区长江北街39号省果蚕管理总站，邮编110034。

【006】大石桥市周家供销社读者王广海问：我每年都种5亩地西瓜、甜瓜，因土地倒不开茬而苦恼。重茬就死秧减产，有啥办法能解决西瓜、甜瓜重茬问题？

答：西瓜、甜瓜重茬是肯定不好的，病害重，产量和质量下降。为农最近获悉，由北京市水利科学研究所研制的复合型西瓜重茬剂1号，在解决西瓜重茬连作方面开辟了一个新途径。此药物是一种复合杀菌剂，不仅能治病，还刺激生长，使用方法是在育苗移栽的田块，栽前每亩用1公斤药剂对水300～350倍液每穴浇灌；在直播田块可在瓜苗5～6片真叶时用600～700倍液灌穴灌根，每穴0.5公斤。如此处理，连作则可缓解病害发生。

【007】大连市奶牛场英歌石分场读者谭仁圣问：复合型西瓜重茬剂1号到哪能买到？

答：复合型西瓜重茬剂1号是北京水利科学研究所高级工程师丁正熙主持完成的，在解决西瓜重茬方面有所进展，该剂对防治西瓜枯萎病，缓解重茬危害有一定作用。此药剂曾由辽宁省植保服务公司总经销，您可与之联系购买。

【008】岫岩县精细化工厂读者宿群问：我想用大棚种植西瓜、甜瓜，可我们当地很少有种的。有人说土质不行，气候不行。您给参谋参谋看能行不？

答：为农看了您寄来的土壤样品，其中大砂粒确实多了点，如果再少一点种植西瓜、甜瓜没有问题，因西瓜、甜瓜适宜在砂土地上种植。辽南在大棚中种植此瓜已有成功者，赶上淡季上市，效益较好，您可以试一试。

【009】辽阳县首山镇读者杨永山问：今年我地区很多农户采用小拱棚和露地种植香瓜都取得了极好的效益，来年我们大家还想种香瓜。听说白娘子甜瓜、铁甜金龙甜瓜等新品种很好，但不知何处有售，盼望为农编辑给予指点。

答：您信中说的白娘子甜瓜、白甜宝甜瓜、铁甜金龙甜瓜等品种是20世纪90年代中期吉林省长春市一间堡蜜世界甜瓜研究所选育的，您可与吉林省园艺特产技术服务公司吴起顺联系。地址在长春市红旗街23号，邮编130021。

【010】瓦房店市西杨乡柏屯村读者汪发春问：我种植的香瓜在结果期出现许多裂果，深达瓜心，蔓上也有类似的纵裂。这是一种啥病，咋防治？

答：专家认为，您种植的香瓜可能得了果实腐斑病。此病发病初期在果实表面出现小斑点，逐渐扩大为深绿色水渍状的大斑点。叶片上的病斑起初在叶背面为水渍状斑点，后成为带有黄色晕圈的小点。低温寡照、降水过多及空气湿度过高的年份发病严重。种子带菌是主要传播途径，病原菌在土壤中只能存活1～2周，如未能侵染植株则病菌就会死亡。此病目前尚无有效的化学药剂进行防治，只能通过选用不带菌的种子播种来解决，也可用药剂处理种子；重病区要通过植物检疫控制种子外传；田间发现病株要立即拔除深埋；重病田块应改种禾本科作物，不宜继续种瓜。

【011】铁岭县腰堡镇石山子村读者柴宇问：我大面积种植的厚皮甜瓜，其产品能否留籽来年再种？

答：目前生产上种植的厚皮甜瓜大多是杂交种，不宜来年再做种用。但也有一部分是常规品种，您可询问售种者或详细阅读说明书，如果说明书上标明是杂交种，则后代会分离，产量下降，不宜留作种用。

【012】丹东市振安区同兴镇郑家堡村读者祝庆良问：我们这里是甜瓜生产基地，种了几年后枯萎病发生很严重，现在不敢种

瓜了，用土壤消毒剂进行消毒后再种瓜能行吗？

答：甜瓜重茬会使病菌积累、病害发生严重而普遍，如果有可能的话还是调换其他地块种瓜较好。在调不开地块的情况下，可采用土壤消毒剂或重茬剂进行土壤消毒，杀灭土传病菌，但效果并不很理想。

【013】海城市王石镇陈石村读者王庆红问：香瓜地下茬种西瓜，或西瓜地下茬种香瓜，哪种种植方式好，病害轻？

答：哪种种植方式都不太好。因为无论是西瓜下茬种香瓜还是香瓜下茬种西瓜，都是一样的，两者病害基本相同，积累病原菌后下茬病害都会加重，就是说，不宜重茬。施用重茬剂可缓解病害的发生程度，但费用较大。

【014】东港市合隆镇东果林村读者何厚仁问：甜瓜田除草一直是个难题，用什么除草剂效果较理想？

答：用于甜瓜田化学除草的药剂较多，如氟乐灵、扑草净、地乐胺、盖草能、稳杀得、禾草克、拿捕净、豆科威、草克死、抑草生等，您可任选一种。在施药前应认真读好说明书，按要求用药。

【015】庄河市蓉花山镇东义村读者唐瑞君问：看到甜瓜选种抗重茬试验介绍，我对大庆中育种业选育的“爽口甜”品种有极大兴趣，能否代替富尔一号甜瓜品种，到哪里能买到此种子？

答：据西丰县绿源甜瓜协会会长陈军介绍，甜瓜“爽口甜”品种适合冷棚生产，抗病性抗重茬性好，可以替代富尔一号等不耐重茬的老品种，亩产在3000公斤左右。该协会繁有少量种子，您可联系购买，地址在西丰县德兴乡。

【016】丹东市振安区同兴镇郑家堡村读者祝庆良问：甜瓜白粉病用什么农药防治好？

答：防治甜瓜白粉病要保持合理的种植密度，不偏施氮肥，增加通风，及时摘除病叶。药剂防治应在发病初期进行，可用70％甲基托布津1000倍液，或25％粉锈宁可湿性粉剂3000倍液、50％多菌灵500～800倍液喷雾，每隔5～7天喷1次，连喷3～4次。

3. 哈密瓜

【001】法库县大孤家子镇山嘴子村读者熊显涛问：我想种植新疆的哈密瓜，不知能不能行，我省以前有没有种过的？

答：辽宁省少数科研单位已有种植哈密瓜的先例，但品质与新疆哈密所产之瓜有点差别。为农觉得种植生长是没啥问题的，但重要的是质量能否过关。就辽宁省的自然气候条件，如果不采取特殊技术措施，种出的哈密瓜有可能“变样”。

【002】彰武县章古台镇新窝堡村读者张立军问：哈密瓜在辽宁种植行不行，市场行情及销售前景咋样？

答：哈密瓜香甜可口，堪称名瓜，在辽宁种植生长没有问题。但由于气候等原因，其瓜的甜度及质量不如新疆产的瓜甜。不过，前两年在辽南的普兰店、瓦房店等地有人利用大棚温室种植哈密瓜成功，效益还不错。

4. 草莓

【001】盖州市城关镇门屯村读者张延惠问：我在塑料温室大棚内栽了一些草莓，12 月初陆续开花，可开的花一个果也坐不住，这是怎么回事？

答：草莓是一种异花授粉结实率高的作物，通常采用人工辅助授粉或适当配植授粉株的方法能显著提高开花结实率。您的草莓花而不实，其原因可能是授粉不良造成的，因温室内无风传粉，也没有昆虫传粉，自然结果当然会有问题了。目前，生产上较为先进的方法是采取温室放蜂的新技术来提高授粉结实率。

【002】清原县大苏河乡陈冬、铁岭县熊官屯乡刘青等读者问：我想在自家的庭院生产草莓，但不知选择哪种栽植形式、什么品种好，能介绍一下吗？

答：草莓可露地栽培或保护地栽培。露地栽培有春栽（清明）和秋栽（立秋）两种形式，保护地栽培有温室、大棚、小棚之分。庭院可选用不加温日光温室或大棚的形式栽植草莓，品种可选择休眠期短、抗病性较强的春香、宝交早生、戈雷拉、布来顿等。请您注意，同一棚室内至少要栽 2～3 个品种，以利互相授粉，提高坐果率。

【003】灯塔市张台子镇后营城子村读者王允斌问：我想在不

加温的日光温室中生产草莓，但不知选择哪种栽植形式、什么品种好，能介绍一下吗？到哪能买到种苗？

答：在日光温室中生产草莓采用垄作或畦作均可，地面最好用地膜覆盖。畦作规格宽0.8～1米，高8厘米，畦间距15厘米左右。每畦2～4行，株距15～25厘米；垄作垄距56厘米、穴距28～30厘米，每穴栽苗5株，亩保苗10000株。较好的品种有宝交早生、戈雷拉、明晶（80-5-1）等。种苗可与沈阳农业大学园艺学院草莓园联系。

【004】瓦房店市泡崖乡张屯村读者张俊丰问：我想在温室栽培索非亚草莓品种，该品种咋样？

答：专家认为，索非亚草莓品种的产量一般，不如目前常用的春香、宝交早生、戈雷拉等品种。

【005】凤城市蓝旗中学读者艾新力问：草莓能否用种子繁殖？哪些品种适合我地区栽培？

答：草莓是可以用种子繁殖的，但目前生产上栽培的草莓多数是杂交新品种，常规品种较少，一旦采用种子繁殖会发生遗传分离现象，杂种的优良性状会减弱或丧失，影响产量和品质。杂交的草莓种采用营养繁殖会保持其杂种优势，如老秧分株法和采用定向匍匐茎小苗进行移栽等好处很多，秋季栽后翌年即可开花结果，节省土地和人工费用。而采用播种法春季播种，需占用土地生长1年后翌年才结果，浪费较大，因此还是采用营养繁殖为好。适合您地区栽培的草莓品种有宝交早生、戈雷拉、春香及沈阳农业大学新培育的明晶、明磊、长虹1号、长虹2号等品种，您可选用。

【006】东港市黄土坎镇吉盛村读者于芳问：我们村有两家利用大棚栽培草莓挣了很多钱，许多人也跟着建大棚。我也想建一个，又怕草莓多了不值钱，过剩成灾，您看此事能行不？

答：丹东的东港市是辽宁草莓的重要生产基地，相比其他地区草莓是多了一点，但其销售市场很庞大，主要在沈阳、大连、鞍山等大中城市。近年，这些大中城市的市场上，草莓销售形势较好。另外，利用大棚生产草莓主要是抓住淡季提前上市，效益大好，若所有草莓都在同一时间上市，就会出现暂时过剩不值钱的问题。

【007】兴城市北一街480号读者刘盛问：我从资料上看到红宝石、哈尼、金明星、艾塔等草莓新品种种苗很好，上哪能买到？价格是多少？

答：这些优良草莓品种是丹东市草莓研究开发中心从美、日、荷等国家引进的。您可与丹东市科学技术委员会农业处联系，每株0.3元，邮编118000。

【008】铁岭县种畜场黄金沟村读者王金成问：听说温室内栽植草莓得混栽几个品种，否则影响产量，这是真的吗？

答：然也！因为草莓是异花授粉作物，多品种混合种植在一起会增加授粉坐果率。除此之外，还应进行人工辅助授粉以提高产量。

【009】昌图县傅家镇远大村读者奚绪强问：草莓在我们昌图北部地区能否栽培？前景咋样？养细绿萍适宜不？

答：草莓在您处可以栽培，但冬季要盖草防寒以免冻死，亦可起出苗放入土窖中翌春再栽植。昌北地区目前栽植此物的较少，您可先引种试试。另外，细绿萍在您处也可以引种养殖。

5. 树莓

【001】大连市金州区向应乡苏屯村读者江志发问：我对树莓很感兴趣，这是一种什么果树，到哪能买到种苗？

答：树莓也叫覆盆子，为蔷薇科悬钩子属落叶灌木，植株高2～3米，枝干上长有倒钩刺，常生长于山区、半山区的溪旁、山坡灌丛、林缘及乱石堆中，喜温暖湿润，要求光照良好的散射光，对土壤要求不严格，适应性强，但以土壤肥沃、保水保肥力强及排水良好的微酸性土壤至中性砂壤土较好；果实为聚合果，红色、金色和黑色，果实酸甜，有补肾壮阳的作用；覆盆子油属于不饱和脂肪酸，可促进前列腺分泌荷尔蒙。在欧美作为水果，在中国大量分布，辽宁地区有栽培。沈阳地区是目前国内最大的树莓生产基地，树莓种植面积约有7万亩，您可走访购种苗。

【002】抚顺县哈达乡阿及村读者张继承问：看到很多关于美国树莓的苗木广告介绍，黑龙江的一个单位说“美国树莓属于蔷薇科木本植物”，而吉林的一个单位却说“美国树莓是一种小型

灌木有食用药用价值”。我想买苗栽植，但这两个不同说法使我产生了怀疑，您说哪个对？

答：您只要将上述两家说法的文字连在一起读就可以了。

【003】台安县城郊乡耿家村王丽问：听说种植美国一品红树莓效益非常高，在我处发展种植能行吗？

答：树莓虽很好种植，但在生产上需要有一定规模才行，因其主要是做加工果汁的原料。市场上单独以水果形态销售很少有人买，所以您个人引种少许树莓种植效益不会很好，但自家食用还是可行的。

【004】法库县丁家房镇西丁家房村读者郑国生问：我想多发展些树莓，但对其前景看不太清楚，能给参谋一下吗？

答：树莓主要用于加工饮料，兼用于食品、美容及医药，发展前景好是肯定的。由于我国在种植、加工及综合开发利用等方面刚刚起步，一切尚处于开发试验阶段，因此树莓的市场产品基本空白。专家认为，发展树莓一定要规模化、产业化，以解决采果难、易变质等问题，生产出新鲜优质产品，才会有好的经济收入。2010年，国家树莓产业园（中国树莓谷）已在沈阳地区开始建设，中国最大的树莓生产加工企业辽宁新大地集团已投入运行，看来辽宁树莓生产前景大好。

【005】辽阳市弓长岭区读者张德才问：我家有一个小树莓园，经过探索我开发出一种非常好喝的树莓酒，一滴入口，回味无穷。我想将其注册商标，到哪里办手续？

答：树莓通常是加工成树莓汁，酿成果酒还是有创意的，运用特殊方法酿造新的树莓酒品种完全可以申请专利；投入生产还可注册商标。您可到当地工商局或专利局办理相关手续。

【006】法库县依牛堡子乡祝家堡村读者黄亚南问：我家种植的200多亩树莓苗发生蒙古灰象甲，密度大，为害重，小树莓嫩苗刚出土即被咬坏，用敌敌畏等杀虫药剂都不好使，有什么好办法治住此虫吗？

答：蒙古灰象甲属鞘翅目象甲科，在辽宁2年发生1代，成虫和若虫交替越冬。4月中下旬平均气温近10℃时成虫开始出土活动；5月下旬至6月上旬为活动盛期，喜在温暖干燥无风晴天活动。成虫、幼虫均为咀嚼式口器，成虫取食幼苗嫩尖、叶片，被害部分造成缺刻和孔洞；也可为害生长点及子叶，使幼苗不能发育，严重时成片死苗，需毁种。幼虫仅取食须根，为害不重。防治方法除了春秋翻地、科学灌水施肥外，发生虫害后要及时进行药剂防治，在用敌敌畏防治效果不佳时，可用40％甲基异柳磷乳油拌细土撒在苗眼内，或用25％异柳磷微胶囊剂1000倍液喷雾，或用3％呋喃丹颗粒剂对细砂混匀后撒在苗眼内，防治效果较好。

【007】海城市温香镇读者牛晓东问：优良保健水果树莓的种苗哪里有售？

答：沈阳农业大学园艺学院曾对此树进行过深入研究和探讨，且有树苗若干，您可与之联系购买。

【008】庄河市鞍子山乡高房村董德臣问：看到有关树莓的介绍，我觉得不错，很想种植，其发展前景如何？

答：专家认为，树莓目前只是一种产品加工型果树，主要制作果汁，因此农户个人小面积种植没啥意思，果实因口感不佳直接在市场上鲜食销售难度较大。大面积种植要先联系好销路，以免白费劲。

【009】东港市合隆镇东果林村读者何厚以问：据黑龙江某单位介绍，种植树莓产量高、效益好，我想引种，能帮助参考一下吗？

答：喝果汁现在已成为一种时尚，树莓果汁应是一种上好的果汁，尤其吃西餐者果汁不可缺少。据专家介绍，果汁好喝的顺序是：蓝莓汁＞树莓汁＞山葡萄汁。因树莓果实主要用于加工果汁，生产需要有一定的面积规模，否则单纯卖果销路不佳。沈阳地区正在加紧建设树莓基地，树莓的产量定有大涨，您可联系种苗并订单销售果实产品。

6. 蓝莓

【001】凤城市白旗乡邮局读者朴日善问：听说美国蓝莓很有发展前途，是真的吗？我们地区种植蓝莓是否可以？

答：蓝莓是从美国引入我国的一种加工型木本小浆果，主要用于加工饮料，国际市场价格不错。值得注意的是，此树适宜在

pH4.0～5.5 的酸性、肥沃土壤上才能生长良好，达不到上述土壤酸度对生长及产果量会有影响。目前此物在丹东地区、法库地区已经有种植，并有蓝莓鲜果上市销售，价格颇高。但蓝莓果汁加工尚处于起步状态。

7. 香艳梨

【001】开原市八棵树镇朝阳村读者宋希望问：南美香艳梨在辽宁省能否种植？效益如何？

答：南美香艳梨是一种茄科多年生草本植物，早年由华南植物园引进后当作观赏植物种植，常见于花盆之中生长。专家认为，此物在各地均可种植，产量和效益尚难定论。

【002】东港市长山镇陶家屯村季丰成、岫岩县兴隆乡向阳村张进、阜新县杨洪波、凌源市良种场陈树庭等几十位读者问：有材料介绍香艳梨产量、效益均较好，辽宁地区种植能行不？销路咋样？

答：辽宁地区已有“好事者”从南方引进此物进行种植获得成功，投放到市场后销路并不很畅。据专家说，此物在辽宁栽植是可以的，效益好坏就得看市场销售结果了。

【003】庄河市鞍子山乡磨盘山村林春红问：我很想种植荷兰新一代 A791 香艳梨，能行不？

答：香艳梨已在辽宁吹忽了多年，到现在市场上很少有销售的。此物并不像推销者所吹嘘的那样神奇致富。如果真是个好东西，往往是不推自广的，消费者也会很快接受的。

【004】法库县红五月乡南门村读者孙恒义问：人参果是一种什么东西？是否有实用经济价值，我处能否栽培？

答：据为农所知，人参果顾名思义应该是五加科植物中国人参或西洋参开花后所结出的红色果实。若离开人参植株在别的植株上所结的果实就不应该叫人参果了，大有侵犯署名权的嫌疑。最近，大洼县新立农场从南美直接引进一种茄科草本植物，并将其结的果实称作人参果，黄色带紫色条纹，单果重 200～400 克，如香瓜一般。据称果肉清香多汁，营养丰富，可做瓜果栽培。为农觉得，此物若好、受消费者欢迎，叫什么名称倒无所谓了。

【005】新宾县大四平镇样尔沟村读者王庆久问：有报纸报道

河北有人投入2000元引种人参果，种植5分地收入12万元，这能是真的吗？

答：正常情况下，此事不可能发生。将香艳梨改名为人参果名字更诱惑人，5分地收入12万元若是真的话，则可能是卖种苗之骗也。

【006】庄河市光明山镇乔屯村读者乔均斗问：听说有一种速生水果叫香艳梨。这是一种什么植物，在辽南种植行不？

答：香艳梨学名香瓜茄，又叫香瓜梨、艳果、香艳茄、人参果、香艳芒果、金参果、长寿果、紫香茄等，为茄科茄属多年生草本植物，原产南美洲秘鲁、哥伦比亚和智利安第斯山脉温带地区，是1492年哥伦布发现新大陆后开始引入传播的。据为农了解，香艳梨前几年曾鼓噪一时，以后销声匿迹，今又重新出现，必有对其钟情者。香艳梨在辽宁种植没有问题，但市场对其接受情况尚需前去见见“公婆”，方能定论。

【007】新宾县响水河乡富江东村读者梁殿云问：我在中央电视台七套节目中看到关于人参果的报道，说1个农民1亩半地赚了50多万人民币，每公斤售价150多元，这是真的吗？发展此物真的很有前途吗？

答：所谓人参果就是前几年红极一时的香艳梨，在沉寂几年之后摇身而出变名为人参果。此物系茄科草本植物，原产南美洲，与西红柿、青椒是同科同属的“老乡”。沈阳市场有销售，每500克13元，买者较少，因为吃起来口感发涩。省内某园艺研究所所长种植此物后说，“产品销售困难，我都不爱吃，别人就可想而知了。”可见，其食用品质较差已成为市场销售的一大障碍。为农觉得，当年人类选择西红柿并将其从南美洲传入欧洲遍及全世界的主要原因是口味好，若是香艳梨的口味真好的话，早就会被人类所广泛传播利用，又何必等了几百年之后才露面呢？至于改名人参果后有个别农民发了大财，实乃炒种卖苗者的投机宣传之举，人们一旦认清了真相，就会正视此物了。此物种植开花结果没问题，但产品销路却是另有问题。

【008】黑山县八道壕镇后红村李国旭、瓦房店市杨家乡黄旗村付会良等读者问：多年来对香艳梨一直很感兴趣，多方询问都

没有结论，种植这种梨到底行不？

答：香艳梨实际上并不是什么梨，而是一种茄科草本植物，所结浆果较大而已，最近还有人称其为人参果以求兜售种子发财。此物在辽宁种植没有问题，只是在市场销售方面不是很乐观。沈阳地区有超市摆放的，销售缓慢的原因是味道不佳，口感发涩，说明当年人类选择自然果蔬食物时将其落选是有道理的，因而大量栽种西红柿而放弃香艳梨。

【009】葫芦岛市连山区钢屯镇读者希梦真问：人参果在电视上播过，说效益不错，您看前景如何？

答：此物目前已有种植的，但口味、市场、效益均较差，看来发展前途不是很好。

【010】台安县新开河镇王庄村读者李永江问：有报纸说种植人参果能致富，我处能种植不？上哪里买种苗？

答：人参果也叫香艳梨，此物已炒种了10多年，至今尚未发现有大富者。鞍山市园艺所曾试种过，结果证明此物口味较差，市场难销，前景也就较暗淡了。

【011】瓦房店市炮崖乡信用社读者衡巨和问：江西有本杂志介绍新奇水果草本苹果，在辽宁能否种植，经济价值如何？

答：所谓的草本苹果，就是前几年在辽宁热了一阵子的“香艳梨”。在辽宁种植没问题，但市场销售不太好，因其龙葵素含量较高，口感较差。

【012】海城市耿庄镇马家村读者于程森问：我接到河南卢氏县药材开发公司的一个药材广告，上面介绍有用“人参果”做盆栽盆景的介绍，是否可行？

答：据为农考证，人参果就是前几年喧闹一时的香艳梨，其在水果市场打不开销路之后，换一种方式做盆景在国内倒是一个发明创造，因为许多蔬菜从美洲传播出来首先是在植物园等地做观赏之物，如西红柿、马铃薯等都是通过这个途径最后才登上餐桌的。但香艳梨做盆景好像晚了一点，也不太值得，因为，比其美丽、贵重的花儿实在是太多了。

【013】昌图县昌图镇闻迅、海城市马风镇苏凤林、博玉珠等读者问：听说有种作物叫“草本苹果”，种下30天开花，75天

果开始成熟，亩产4000～5000公斤可收入几千元。我们想种植，但又不知它到底是什么作物，请您说说好吗？

答：据为农考证，所谓的“草本苹果”，就是大家熟知的香艳梨，变个名称而已。此物可生食，由于果实的适口性不佳，市场销售很困难。前几年“热”的时候，有个农民来信说种了1亩地，产量较高，可就是没有人买，卖不出去，最后赔了钱。而挣钱的只是那些“倒卖”种子的人。建议您先考虑市场销路，千万别做没有把握的事儿，以免上当。

【014】新宾县平顶山镇平顶山村读者孟庆春问：有资料介绍一种原产南美洲叫人参果的草本水果，大田、温室及花盆均可栽培，含钙量是西红柿的114倍。这是一种什么水果，我处能种植吗？

答：专家认为，这种产于北美洲所谓的人参果就是20多年前引入最初叫香艳梨的香瓜茄（Solanum maricatum ait），为茄科茄属的一种草本浆果。还有很多别名如香艳茄、茄瓜、人头七、开口箭、仙果、艳果、香瓜梨、香艳芒果、金参果、长寿果、紫香茄、草本苹果等，喜温热而不耐高温，10℃～35℃范围内能正常生长发育，生育适温白天20℃～25℃，夜间8℃～15℃，坐果适温20℃左右，0℃以下植株死亡；根系适宜生长地温20℃，低于10℃根毛生长缓慢或停止生长，果实成熟期喜阳光充足、光照时间长。在辽宁地区采用塑料大棚、露地栽培及盆栽都可以。由于此物引进我国时间较短，栽培技术、产品开发利用等经验积累较少，消费者对其认知度不足，目前市场销售好像有点困难，您种植此物前一定要先找好销路。

8. 苹果

【001】新民市东蛇山子乡小塔子村读者薛树尧问：我们正在试栽“东光”苹果，但不知其出于何处，有什么特性，整枝什么树形好，用不用配合栽植授粉树。能说一说吗？

答：据专家说，东光苹果是早年从国外引入的波兰七号大苹果，其主要优点是耐寒性强，耐贮性好，适合辽宁省较寒冷地区栽植；果大，脆，皮色红，风味酸，收获后稍贮藏一段时间后再食，以减轻酸味。目前，辽宁省苹果树整枝多为基部三主枝半圆形，为适应矮化密植需要现在提倡树冠为“纺锤形”。苹果是异花传粉作物，都应合理配植授粉树才能结果丰产。

【002】盖州市什字街乡高台村读者李春刚问：苹果、梨在我省的发展前景如何？到哪能买到朝阳大扁杏的苗木或接穗？

答：苹果、梨在辽南、辽西较温暖地区发展大有前途，因为这是辽宁水果的生产优势所在，产品久负盛名。朝阳大扁杏，营口市郊区老边乡已从朝阳地区引种栽培成功，并形成基地，苗木和接穗会有的。请您注意：栽植大扁杏不宜占用上好耕地，能栽水果的地也不要栽干果！

【003】建平县朱禄科镇医院读者迟海明问：有介绍一种新型植物生长调节剂——坐果剂 LH 404 在苹果上应用的文章，该药剂是哪里研制的，有何特点？

答：坐果剂 LH 404 是辽宁省化工研究院 20 世纪 90 年代研制并试产的一种植物生长调节剂，对提高苹果坐果率有很好的作用。但后来一直未投入生产，其特点也没有在生产上发挥出来。

【004】大连市金州区杏树屯镇柳家村读者徐春林问：我想在小果树的空闲地种植早春甘蓝，对果树生长有无坏处？我见到市场上有卖 0.4～0.5 公斤重的早春甘蓝，这种菜叫什么品种？啥时候育苗定植？

答：在小果树行间的空闲地栽植甘蓝对果树生长不会有啥坏处，是可以的。您在市场上看到 0.4～0.5 公斤重的早春甘蓝品种可能是大连市农业科学研究院培育的“报春甘蓝”新品种。温室育苗一般在 1 月下旬至 2 月上旬进行，移栽定植在 4 月上旬左右进行。

【005】阜新县大五家子乡中学读者姜连甫问：我们学校办有“庭院经济职教班”，准备建个苹果园。请您帮助参谋一下，选用哪个抗寒力强、适合我地区栽培的品种好？

答：有两个新的苹果品种正适合阜新地区栽培，即宁丰(78-7-96)、宁酥(78-7-43)，抗寒、丰产、品味好。这两个苹果品种是沈阳农业大学园艺学院李怀玉教授选育的。

【006】西丰县柏榆乡淑景村读者董方财问：我是个刚毕业的高中生，想办个果园，不知苹果、葡萄、桃、李子等目前是怎样

的发展趋势；现在着手建园，到结果出钱时，能不能赔？

答：据西丰地区的自然气候条件，栽植苹果树只要品种适宜、技术得当、管理得好，开花结果出钱时是不会赔的；李子的发展趋势较好，可以考虑建园，注意选择适当品种和栽植质量；葡萄近年在外省已出现过剩，辽宁持平，目前主要趋势是选高质量品种，向质量要效益；而桃树目前还没有适合西丰地区自然条件下生长的优良品种，栽植一般的“毛桃”又卖不上价钱，故发展桃要慎重。

【007】吉林省吉安市太王乡太王村读者孙福胜问：我准备建一个果园，想让苹果和桃间作，您看行不？

答：专家认为，在正常栽植苹果的株间混植桃树加密形式栽培，桃树可使新植果园提早受益。待苹果树长大受益时，再逐渐伐除桃树而不影响苹果植株密度。如果采取1行苹果1行桃树正常株行距密度间作，由于苹果树寿命较长，桃树寿命较短，二者不能成为“长久夫妻”，则将来苹果园会出现大块空地，造成浪费。

【008】东港市龙王庙镇信用社读者李延成问：我有5年生的小国光苹果，想高接换头红富士苹果。请您帮助选择一个适合我地区晚熟、着色好的品种好吗？哪里有接穗？

答：红富士苹果的品种（系）较多，目前较适合您处栽培的有：长富2号、秋富1号、岩富10号等，您可选择用其高接换头。接穗可与熊岳镇辽宁省果树研究所联系。

【009】昌图县头道乡三道村读者豫景军问：苹果树下能不能栽培细辛？能推荐几个适合我处栽培的苹果品种吗？

答：在山区利用林下空地栽培细辛较为普遍，效果良好，苹果树下栽培细辛也是可以的。适合您处栽培的苹果品种（系）有金红、龙冠、冬光、宁丰、宁酥、寒富等。

【010】西丰县和隆乡双岭村读者李俊满问：我想打听一下，宁丰（78-7-96）等苹果新品系在我们地区种植是否可以？

答：宁丰（78-7-96）品种有东光苹果的抗寒血缘，在西丰地区栽植已获成功，用其高接换头也是没问题的；在辽北和东部山区的试验点，采用高接换头的苹果树已开花结果。

【011】昌图县宝力镇读者王凤岐问：我想在果园的四周种植刺槐树围护，以防畜禽进入，不知是否有比刺槐更理想的树种，哪里有种苗？

答：在辽西的建平地区果园周围多种植沙棘子做围护，效果比刺槐好，植株稠密带刺，畜禽难入，其果实还有一定经济价值，您可试栽一下。

【012】瓦房店市赵屯乡郑屯村读者宁甲乔问：我想栽植无病毒的矮化苹果苗，哪里有售？

答：苹果无毒矮化密植栽培是世界苹果发展的趋势，实现苹果矮化栽培的最主要途径是利用好无毒矮化中间砧木。目前各地均已掌握并应用此技术并培育出了优良苹果无病毒苗木，辽宁省果树研究所有此种苗。

【013】庄河市蓉花山镇潘家村读者潘洪鹏问：请您说说苹果短枝型品种与矮化品种是不是一回事？

答：据为农所知，短枝型苹果品种是指普通苹果树的矮生变异品种，均由无性变异选育而来，矮化品种的意思与之差不多少，但好像不太确切。生产上常指的是矮化育种或栽培技术，即矮化指的是技术措施而不是品种。如果将二者合起来说应是：短枝型品种或其他品种采用矮化栽培技术促苹果丰产。

【014】黑山县无梁殿镇大杨村读者刘兴刚问：我想购买矮砧苹果苗木，省内哪个单位能有？

答：辽宁省果树研究所、绥中县前所果树农场、凌海金城原种场早前均有矮砧苹果苗木，您可与之联系。

【015】大石桥市官屯镇读者荀心田问：我想大力发展苹果，可有人说用不了几年苹果会在全国成“灾”，这是真的吗？

答：此言差矣！国内外消费者对苹果的需求呈上升趋势，尤其是一些优质品种的苹果更是走俏，几年内发展优质苹果既不会成“灾”，也不会赔钱。

【016】盖州市太平庄乡钓鱼台村赵旭波问：有资料说苹果树7月份以前是高吸氮肥期，8～9月份吸氮肥少，而我地区有的技术员常在7月份施1次氮肥，8月份再施1次，这有效果吗？

答：专家认为，苹果树前期施用氮肥可以促进营养生长和养分积累，而后期施用氮肥容易引起枝叶徒长，不利于树体积累营养和安全越冬。因此，8月份以后的苹果树不宜再施氮肥，可叶面喷施磷钾肥促进果实成熟。给苹果树进行秋施肥通常以农家肥为主，当季分解释放一部分，翌年春季才能大量供应果树营养。

【017】葫芦岛市塔山邮电局读者李树成问：我们这里有许多农户在责任田或口粮田上栽了苹果、桃、山楂等，现在1公斤水果换不来1公斤粮食，都想把果树砍掉种粮食，你看行不行？

答：一般说来，在口粮田上栽植果树是有问题的，因为果树不能挤占基本农田，最好栽在瘠薄地上，果品质量好，且与粮无争。但既然栽上了果树，投资较大，就不能轻易砍掉，如苹果可采取嫁接、换头等技术生产优质果，效益也会大增。

【018】康平县沙金台乡解永文问：红富士、乔纳金等优质苹果在我地区能种植不？

答：红富士、乔纳金等苹果品种不宜在康平地区种植，抗寒性不行。您可选择宁酥、宁丰、寒富等抗寒高产苹果栽植，果大，优质。

【019】大连市金州区向应镇土门子村读者张成顶问：听别人说新乔纳金、新红星苹果树本身能自授粉，花期不需人工授粉，是真的吗？坐果率能高吗？

答：苹果属异花授粉结实树种，在合理配置授粉树的果园，靠自然虫媒传粉结果是没问题的。但由于近年果园防治害虫用药次数的增加，许多传媒昆虫也同时死亡，造成苹果开花期间传粉媒介不足，结果率降低。若能进行人工辅助授粉，定能提高坐果率，达到优质高产稳产。

【020】新宾县上夹河镇上夹河村读者李春芳问：我这里栽植的苹果腐烂病很重，听说梧宁霉素防治此病效果好，到哪里能买到此药剂？

答：梧宁霉素是一种抗生素农药，为不吸水链霉菌梧州亚种的发酵代谢产物，对鞭毛菌、子囊菌和半知菌亚门真菌等均有杀灭作用，可防治果树腐烂病、斑点落叶病，棉花枯黄萎病，大豆根腐病，水稻纹枯病、苗期立枯病，人参黑斑病，葡萄白腐病等。辽宁省微生物科学研究院曾经研究生产此药并获得奖励，您可与之联系，地址在朝阳市，邮编是122000。

【021】庄河市长岭镇洪昌村读者李治运问：我栽植的50多棵苹果树用多菌灵防病，别人用波尔多液防病，结果我的果实水烂比别人重，咋回事？

答：按理讲，多菌灵这种农药防病效果比波尔多液好，且有既防病又治病的作用。您用药后病害比别人家的重原因较多，如用药时期、打药是否细致周到等也影响效果。因此，您还是从应用技术上找一找原因，或换用其他药剂防治。

【022】盖州市旺兴乡王屯村丁世成问：听说有一种防治苹果腐烂病的好药剂梧宁霉素，是哪里生产的？

答：梧宁霉素是辽宁省微生物科学研究院研制并生产的，地点在朝阳市。

【023】岫岩县岫岩镇西北营村徐凯杰问：我家的几千棵苹果树90%的叶片长白丝，还长黄斑块，现寄去照片和病叶，请给鉴定，咋防治？另外，我们果园里的柏树、梨树的叶片也有同样毛病，咋办？

答：专家看了您寄来的照片及病叶，初步认定苹果树得了锈病。防治方法是立即砍掉园中的柏树，消灭病菌的转主寄主。目前苹果树病成这个样子，用20%三唑酮可湿性粉剂或乳油2000～3000倍液进行喷雾，可控制病情的发展。在开花前和落花后喷药预防，可喷洒1∶2∶200～240波尔多液、代森锰锌及甲基硫菌灵等药剂。

【024】盖州市太平庄乡钓鱼台村读者陈默问：听说苹果树施用草木灰好，如何进行施用？

答：专家认为，苹果树施用草木灰可以增加果实的着红色率，提高品质。施用的方法一是根部基施，在早春树旁开沟施入。二是叶面喷施，将草木灰用水浸泡过滤，再将滤液稀释，在果实着色期喷洒。请您注意，草木灰一定要单独积攒，不要与人粪尿等混合。

【025】庄河市步云山乡崔店村读者姚学海问：我家地里新栽一片小果树苗，因怕干旱用地膜覆盖土壤，对果树根系是否有害？

答：不会有害的。早春风大，气候干旱，土壤失水快，用塑料地膜盖上可以保墒增温，促进果树根系生长。但到雨季要尽早去掉地膜接雨补水，以免影响生长。

【026】新宾县上夹河镇上夹河村读者张凤山问：我的苹果树卷叶病严重，打过3度石硫合剂、多菌灵等药剂都不见效，影响结果，这种病怎么治？

答：专家分析，引起苹果树卷叶的病害有黑星病、缩果病等，在防治上要注意早期喷药预防，常用药剂有代森锰锌、杀毒矾、福星等。此外，苹果小卷蛾、苹果黄蚜等害虫也会引起苹果树卷叶，若细心观察发现有虫，可配合杀虫剂进行防治。

【027】铁岭县凡河镇药王庙村读者隋兴英问：我栽植了5棵寒富苹果，成功结果后又扩栽了100多棵，同村的农民也跟着栽了很多，可不知道什么时间施什么肥好，能解答一下吗？

答：这些技术，请您查阅《新农业》2006年第5期李怀玉和刘国成教授撰写的《寒富苹果园田间管理》一文，能找到权威而理想答案。

【028】阜新县扎兰营子乡他木板村读者李义问：我们地区种植寒富苹果能行不，到哪里能买到正宗的寒富苹果苗木？

答：阜新地区栽植寒富苹果没有问题。此苹果是沈阳农业大学园艺学院李怀玉教授选育出来的，您与其苗木基地联系肯定有正宗苗木。

【029】铁岭县凡河镇药王庙村读者隋兴英问：我栽了寒富苹果，最大的已经结果了，可我至今不会整枝。哪里能有教苹果树整枝技术方法的学习班？

答：苹果树整枝技术较为复杂，通常这样的学习班由本地组织开办，专门对外讲授培训的单位很少。您可采取如下方法自学得技：①请临近苹果园技术员来现场剪枝并讲解。②整枝季节到临近苹果园向技术员现场学习剪枝技术和理论。③看图整枝苹果树的书籍、光盘很多，到书店里购买仔细研读掌握要领后操作。④《新农业》刊登过此类实用技术，您可查阅。

【030】铁岭县凡河镇药王庙村读者隋兴英问：我栽植了一些盆栽苹果，不知如何进行管理，能介绍一下吗？盆栽苹果市场销

路怎样，发展前途如何？

答：果树专家说，盆栽苹果管理技术并不复杂，基本要点是按盆栽花卉来管理根下部的土、肥、水，按普通苹果管理地上部枝、花、果，就能行。目前盆栽苹果的市场销路还不太理想，要想大力发展此项目尚需慎重。

【031】朝阳县黄土坎乡三家屯村读者许广臣问：我承包了一个30年的苹果园，现在的品种是国光和鸡冠，想搞一次性换头更新，用啥品种好？

答：根据您地区的气候条件，富士等苹果品种做接穗肯定有问题，目前较适合的品种应选“寒富”系列品种为宜，适应性强，品质好，产量较高。

【032】盖州市九寨镇河北坎村读者马湘兰问：我有400亩荒山，栽了400棵红富士苹果树，每年结果1.5万公斤，现准备转让出售，能协助我找几个客户吗？

答：为农暂时寻不到您所需的客户，只能将信息刊载于此，供热心读者参考购买吧。

【033】普兰店市第25中学读者顾延斌问：苹果树提倡早秋施肥，但我在8～9月份没有时间，只好等到10月份再施，是否可以？化肥是否失效？

答：苹果树可以10月份施肥，且化肥不会失效。按您说的基肥、化肥3∶1施后，要填土踏实，避免伤根和出空隙，一般没啥问题。

【034】黑山县无梁殿镇大杨村读者刘兴刚问：我家栽植的6年生金冠苹果在成熟期得了轮纹病，落果严重，怎么能治住此病？

答：苹果轮纹病的分生孢子随风雨传播，6月间侵入果实潜伏扩展致病。防治方法是增施有机肥料，干旱及时灌水，避免果面创伤；发病初期用70％代森锌可湿性粉剂500～800倍液，或50％退菌特可湿性粉剂600～800倍液、50％多菌灵可湿性粉剂500～1000倍液进行喷雾；采收前用多菌灵、甲基硫菌灵喷雾；早期清园，烧毁残枝。

【035】抚顺市顺城区会元乡会元村读者夏宝权问：我承包的

果园里有一种瞎耗子老鼠，在地里挖洞为害树根且越来越多，用啥药剂能治住？

答：活动在丘陵山区苹果园的害鼠主要有北方田鼠、岩松鼠、花鼠、中华鼢鼠、豹鼠等，啃食多汁的树根。防治可在春季用溴敌隆、氯鼠酮、敌鼠钠盐等制成毒饵投塞鼠洞。

9. 梨

【001】昌图县读者马驰问：我想发展梨树，听说吉林大梨很好，哪里有栽苗？

答：吉林大梨是吉林省农科院李梦雁高级农艺师选育出的新品系，适应性强，果大质优、丰产耐贮。辽宁已有引进吉林大梨栽植的，购此苗可与该院联系。

【002】开原市中固乡下土口子村柏凤屏、新宾县城郊乡照阳村朱云青等读者问：《新农业》介绍的早熟18号梨、大慈梨及特早熟红李在我处栽培能行不？到哪能联系种源？

答：这几个品种均为吉林省选育而成的，具有较强的抗寒性，在开原地区栽培基本没问题，但仍需先试栽后再大面积发展。种源可与吉林省长春市郊区铁北园艺试验站联系。

【003】法库县孟家乡小房申村读者王威问：尖把梨及北斗苹果在辽北栽植能行不？

答：前者可以，后者不行。

【004】营口市老边区老边乡前进村读者滕雨富问：听说刺梨很有经济价值，我想试种几株，到哪联系树种？

答：刺梨是蔷薇科落叶植物缫丝花的果实，也叫木梨子，花、叶果、籽可入药，有健胃消食、滋补止泻的功效。正常生长发育要求年平均气温15℃左右，10℃以上的有效积温在4000℃～5000℃，野生主要分布在云贵川。贵州农学院有专家研究此物，目前已引种到河南、山西等11个省区。辽宁省目前尚无栽培，据说有位专家引进点儿栽植均未出苗，说明刺梨不适宜在东北地区栽植。

【005】抚顺县章党乡营盘村读者王运常问：有报纸说梨树周围不能有松树，可我将栽梨树的近百个树坑全都挖在松树边上，粪都上完了。我该怎么办？请您给想个好办法。

答：专家认为，梨树与桧柏、龙柏是“对头冤家”，因其是梨锈病的中间寄主，梨得锈病则质量、产量大受影响。在松树旁栽梨树好像问题不大，只要注意防病，认真管理，是可以获得丰产的。上面那种说法是指柏树而不是松树。

【006】东港市龙王庙镇三道洼读者李延成问：我们这里的果园推广应用覆草技术，还要求把落叶清除干净。我想不清除落叶行不行？

答：果园覆草的主要目的是保持或增加土壤水分，改善土质，覆盖厚厚的落叶也有此功效。清除枯枝落叶的主要目的是防治病、虫害。果园中的一些致病菌及害虫多附着在枯枝落叶上，尤其病害严重的果园用此法可明显减轻翌年危害。您的果园如果没啥病害亦可以不清，但多年不清亦会累积病害。

【007】大石桥市虎庄乡三道村读者高敬编问：我想发展锦丰梨，听说梨树和苹果树不能栽在一起，有啥道理吗？

答：专家认为，梨树和苹果树有共生锈病，且互为寄主，栽在一起能加重病害的发生，故生产上不要将梨树和苹果树栽在一起。

【008】康平县海州乡海州村读者王洪飞问：听说梨和苹果是“冤家”，我想在邻居的梨园旁栽苹果树，您看行不？

答：苹果园和梨园太近大为不宜，因为两者会互相传染锈病，影响果品产量和质量，两园还是隔一定的距离好一些。

【009】盖州市团甸乡千马岭村读者周明义问：我在山坡地紧邻苹果园的上边又栽了一大批梨树，有人说苹果园附近栽梨，苹果易得锈果病等病害，这是真的吗？我该怎么办？

答：这话一点不假。不过，既然已经栽上了，就要注点意，及时打药预防也是可以减轻病害的。

【010】抚顺县哈达乡窑沟村读者周长顺问：我承包了10年的梨树园，梨食心虫（当地人叫虫子包）始终没治住，用啥药能治住？在梨树开花时打药能行不？

答：梨小食心虫和桃小食心虫都为害梨的果实，防治的时间很重要。桃小食心虫可在出土盛期约7月中下旬用75%辛硫磷200～400倍液喷树冠下地面。梨小食心虫可在早春清园并刮掉老翘树皮灭虫，要尽量避免与桃、苹果和山楂树混栽。8月中旬以后用溴氰菊酯，或氯氰菊酯、二氯苯醚菊酯、杀螟粉等药剂对水喷雾防治，并注意害虫脱果期防治。梨树属异花传粉，虫媒很重要，开花期要避免往树上喷洒对蜜蜂有剧毒的杀虫剂，以免影响传粉坐果。

【011】黑山县饶阳河镇饶阳河村读者张庆余问：我的绥中白梨在窖里贮藏期间长斑腐烂，这是什么原因，咋防治？

答：您的绥中白梨在贮藏期间得的这种病很可能是黑斑病，像起“痘子”一样。主要是摘果时果实基部撕裂的伤口或其他伤口处感染病菌造成的，果面发生凹陷、软腐。防治方法是挑出伤果。另一种是轮纹病，在贮藏20～30天发病，可在贮藏前用仲丁胺100倍药液浸泡果实3分钟后包装入窖，并保持窖温0℃～2℃为宜。

【012】西丰县平岗镇杨木村读者王野问：我家山上果园里的1000多棵大慈梨树中有3棵苹果树，阴坡150棵苹果树附近有400棵红南国树，有的果农说苹果和梨栽一起会出毛病，这是真的吗，为什么？

答：专家认为，梨树与苹果树混栽受害的主要是苹果树，如果其中仅有3棵苹果树，损失不大。因为果树锈病的病原体能长期潜伏在梨树里，很容易传播到苹果树上，使苹果树发生锈病而减产；苹果树附近栽植梨树也会发生此类问题。

【013】盖州市卧龙泉镇卧龙泉村程玉坤问：爱宕梨的发展前景如何？

答：我国爱宕梨是从日本引进的，1982年由冈山县龙井种苗株式会社选育而成。近几年生产发展较快，且较受消费者欢迎。虽然其外观不太好看，但甜脆可口的特点却十分突出。此梨目前从市场价格上看较高，还有发展的潜力，但究竟发展多大面积为好，则应由市场需求调控决定。为农觉得，其价格与其他品种的梨接近时可作为生产发展的最佳状态，或饱和点。

【014】开原市八棵树镇石柱沟村杨忠文问：我家梨园里的食心虫很严重，打几遍药都不好使，咋办？梨树下空地栽种细辛行不？

答：①防治梨食心虫用药的时间是关键，在越冬幼虫出土盛期前及盛期向土表施药或在成虫产卵盛期向树上喷药均有效果，过了这两个时期施药则效果不佳。②梨树下的空地上种植细辛能行。

【015】西丰县天德镇读者郭新文问：我处果园的梨木虱发生严重，什么时期用啥药防治好？

答：梨木虱以雌成虫在树干翘皮缝隙及杂草落叶处越冬，早春梨的花芽萌动前开始活动，鳞片露白期为出蛰盛期，此期成虫开始产卵，是防治的最佳时期。常用药剂有溴氰菊酯、速灭杀丁、敌虫菊等。

【016】开原市八棵树镇十字沟村读者杨忠文问：我家的果树梨黑星病很严重，都有哪些药剂能治住这种病害，什么时间用药？

答：防治梨黑星病的药剂很多，可用40%福星乳油、10%苯醚甲环唑水分散粒剂、30%己唑醇悬浮剂、25%戊唑醇水乳剂、40%腈菌唑悬浮剂，也可用50%多菌灵可湿性粉剂、70%甲基托布津可湿性粉剂、70%代森锰锌可湿性粉剂、10%世高水分散粒剂、2.5%烯唑醇可湿性粉剂、25%欧利思水剂及1∶2∶200倍液波尔多液，每年防治3～5次。花谢时、套袋前、果实膨大前及采收后用药。同时注意加强栽培管理，选择抗病性较强的品种种植，增施有机肥料及合理剪枝。

【017】朝阳市双塔区他拉皋乡大棚读者王彦问：我想发展金翠香梨，据说这种梨在辽宁清原、凤城、营口等地生长良好，在朝阳地区栽植能行吗？

答：为农电话询问了金翠香梨选育地庄河市的有关果树专家，说该梨是1981年以雪花梨为母本、庄河一号梨为父本杂交选育成的梨新品种，1988年冬在庄河地区零下28℃气温下无冻害，1998年在清原县南口前镇栽植至今无冻害，可见此梨在朝阳地区背风向阳的山坡地应该能栽植，最好先进行一下引种试验。

【018】抚顺县哈达乡窑沟村读者周长顺问：我承包了10年的梨树园，食心虫（当地人叫虫子包）始终没治住，用啥药能治

住？梨树开花时打药能行不？

答：桃小和梨小食心虫都为害梨果，防治的时间很重要。桃小食心虫可在出土盛期约7月中下旬用75%辛硫磷200～400倍液喷树冠下面；梨小食心虫可在早春清园并刮掉老翘树皮灭虫，并尽量避免与桃、苹果和山楂树混栽。8月中旬以后用溴氰菊酯，或氯氰菊酯、二氯苯醚菊酯、杀螟粉等药剂对水喷雾防治，并注意害虫脱果期的防治。梨树属异花传粉果树，虫媒很重要，开花期要避免往树上喷洒对蜜蜂有剧毒的杀虫剂，以免影响传粉坐果率。

【019】大石桥市博洛铺镇詹家屯村读者董洪波问：我想在苹果树底下种植白三叶草，保水调湿，防病虫还能增加有机肥，到哪里能买到这种草的种子？

答：经过电话咨询，沈阳市园林科学院草坪科学研究所有白三叶草种子，您可联系购买。地址在沈阳市青年大街199号。此外，北京克劳沃集团也销售此种子。

10. 南果梨

【001】抚顺县章党乡营盘村读者王运常问：听说南果梨的芽变大红南果梨挺好，我处栽培行不？

答：大南果梨芽变是抚顺市农业科学院1989年在辽宁清原县枸乃甸乡南果梨园发现的，果实大、红色、熟期延迟，经选育扩繁试验后1998年通过辽宁省农作物品种审定委员会审定命名为红南国梨，非常适合抚顺地区栽植。

【002】辽中县城郊乡葳子村读者陈沫问：大南果梨在我处能否栽植？

答：大南果梨是南国梨的大果型芽变，适应性较强，在辽宁各地均可以栽植，您处栽培没有问题。

【003】新宾县榆树乡彭家村读者李忠祥问：大南果梨及红南果梨在我地能否种植？

答：大南果梨及红南果梨在您处均可引种栽培。

【004】西丰县柏榆乡世品村读者党巨颖问：我家新建果园的周围有油松和落叶松，为了改良果园的土壤，在果树树坑底加了一些腐烂的松针。可有的老农说加了松针的果树结果时会得锈

病，此说法有道理吗？

答：专家认为用腐熟的松针做底肥是可以的，并不会使果树得锈病，因为此类松树并不是锈病的寄主，且腐熟后病菌已被杀死。果树锈病的转生寄主主要是侧柏等柏树种类，要注意除掉或免栽果树。

【005】内蒙古宁城县大明镇新窝铺村张绍利问：我家栽植了50多棵果树，想在果树行间套种中药材，是否可行？种植天南星、半夏行吗？

答：在果树行间套种其他作物，在辽南地区有很丰富的经验，如套马铃薯、甘薯、大白菜、萝卜、小绿豆等，均可增加收入；小树阶段还可套种谷子、大豆等。至于套种中草药也是可行的，一些耐阴药材可试种，天南星、半夏也可以。但要注意，套种作物不能影响果树生长及结果。

【006】桓仁县沙尖子镇双水洞村周尊海问：我处果树受梨小食心虫为害大，果实多失去食用价值，损失惨重。什么时候用啥药剂防治效果好？

答：梨小食心虫在辽宁每年发生多代，以防治越冬代为重点，用药效果好。在发蛾盛期可用50％杀螟硫磷乳油1500倍液及50％敌敌畏乳油与40％乐果乳油各半稀释1000倍液进行喷雾，效果甚佳。

【007】贵州省畜牧良种场读者王明华问：果树套袋是一新技术，哪里有售套袋的？

答：果树的果实套袋是一项防病虫、增产增质的好技术，全国各地运用此技术的较多，且收效显著。据为农所知，销售果袋的单位有北京市富民果袋厂、河北省天润纸业有限公司、山东省果树研究所等，您可联系或网上搜索购买果实套袋。

【008】东港市黄土坎镇李岭村翁文里问：我的果园里小根蒜很多，用过多种除草剂均无效，怎样彻底除去这种杂草？

答：果园除草首选的除草剂应是草甘膦，单、双子叶杂草及深根杂草、灌木均可被杀死。为农觉得，目前在生产中使用化学除草剂存在误区，认为除草剂喷上就应干干净净，一根草都不应有。实际上，玉米田、果园等作物田中有几棵杂草是正常的，并不会影响作物的生长及产量。杂草在田间，只有形成一定数量时才会造成危害减产。因此，人们需要研究的应是哪种作物田杂草长到什么程度才能产生危害，并及时进行防除。如果不分青红皂白，有草就用药，不仅费工费力，用药的费用也很大，损失也很大。乱用除草剂的现象应引起有关部门的重视。至于果园中有些小根蒜就应科学分析了，不一定影响果树生长，小根蒜多了采挖后到城里市场上卖野菜，或许能增加点儿收入。

【009】黑山县八道壕镇大下村读者王凤玉问：我在果园树下连年重茬种植花生、大豆，亩产才 75 公斤，想改种旱稻能行不？

答：果树行间改种旱稻能行，产量也不低，因为果树浇水时旱稻能同时得利，但要注意果树别遮光，毕竟旱稻是喜光作物。此外，适宜果树行间种植的作物很多，如甘薯、马铃薯、绿豆、小豆、糜子、白菜、萝卜、中药材等，您可因地制宜，适地适种。

【010】清原县辽宁省实验林场读者杨春林问：我建了一个果园，在其中套种了芝麻、谷子，用什么农药进行灭草保苗？

答：果园套种芝麻，可用氟乐灵、拉索、都尔、稳杀得等药剂进行化学除草；套种谷子，可用 2，4-D 丁酯、稗草烯、捕灭津等药剂除草，要严格控制用药量和施药时期，并采取定向喷雾的措施，大风天和高温天气严禁用药。因果树对上述药剂敏感，要严格避免药液飘到树上发生药害。

11. 李子

【001】义县瓦子峪乡甘家沟村张福元、新宾县城郊乡照阳村朱云青等读者问：特早红李在辽宁省有种植的吗？怎样联系购买种苗？

答：特早红李是吉林省长春市郊区铁北园艺场 1982 年以早红袍李为母本、绥棱红李为父本杂交育成的一个极早熟李新品种，生长势强，幼树直立，结果后开展，树冠呈自然开心形。目前辽宁地区种植的较少。您若引种，可与该园艺场联系。

【002】葫芦岛市台集屯镇果树站读者许忠祥问：我镇引种盖县大李子树，这两年满树花而极少结果，是不是自花不实引起的？什么品种做授粉树好？

答：您说得很对。多数李树品种的特点是自花不实或少实，因此生产上一定要配置其他品种作为授粉树，解决花而不实问题。一般授粉树可按8：1的比例配置。香蕉李、绥棱红及内蒙大紫等李树品种都可以与之搭配种植，互做授粉树。如果有了授粉树，仍有花而不实现象，应考虑是李树营养不足或生长过旺。

【003】抚顺县章党乡石门岭小学读者黄莹问：湖南有个杂志上介绍四季香李子树好，此品种在我们地区引进种植能不能行？

答：据为农所知，目前辽宁省尚无引种栽培这个李子品种的，故栽培行不行还是个未知数，还是让以后的引种试验来“求解”吧。

【004】凤城市通远堡镇林家村读者顾立新问：我的果园里有梨、桃、李子树等，均不同程度见效益了。唯有盖县大李子不结果或结果很少，啥原因？

答：专家认为，种植李子必须配栽授粉树，因李子的异花授粉结实率高，而自花授粉却很少结果。所谓配置授粉树，就是要两个以上李子品种的树相间栽植在一个果园里，互相作授粉树方能硕果累累，否则就会出现您说的那种情况。

【005】宽甸县长甸镇长甸村读者张志远问：我有一个李子园，受食心虫为害特别严重，在雨季用什么药都不好使，有啥办法能治住食心虫？

答：李小食心虫属鳞翅目小卷叶蛾科害虫，一般只为害李和杏果实，以老熟幼虫在1～5厘米深表土中越冬，每年发生2代。5月下旬羽化成虫，1～2天在果面上产卵，7天孵化成幼虫，7～8月份出现2代成虫。防治可在4月下旬树干周围培土；树冠下用辛硫磷毒杀成虫，树上喷杀螟松、溴氰菊酯、杀灭菊酯等杀虫剂。

【006】吉林省桦甸市公吉乡刘家店村读者刘书泰问：我的李子树年年发生桃小食心虫，今年特重，打了几遍“桃小灵”农药都不管用，很愁人。您说怎样用药才能治住此虫？

答：据为农分析，您应在用药的时间和方法上下点工夫。根据桃小的特性，每年在土中越冬的幼虫出土较集中，可在此时用药防治，效果大好。方法是，先锄净树冠下面的杂草，将75%

辛硫磷乳油稀释成 200～400 倍液在树冠下喷雾土壤封杀害虫，在出土盛期一次施药即可奏效。一般在 7 月中下旬，最好在下雨后进行。再就是秋季幼虫钻出果实、掉在地上的时期集中，可用药处理树下土壤；在成虫产卵盛期，可用菊酯类农药喷雾树冠。

【007】新宾县上夹河镇上夹河村张凤山问：江西省培育的芙蓉李、日本李王、黄金梨、红巴梨、金山大蜜梨等果树，在我地区能否种植和正常结果？

答：从自然气候条件来分析，江西省培育的果树拿到辽宁种植，因为两地气候差异较大，辽宁较寒冷对生长和开花结果会有影响。若有兴趣的话，您可引进几棵试种一下，或许有奇迹发生。

【008】开原市下肥地乡上汪村读者韦仁问：我承包村里荒山建果园，现在树很小，想在树的空隙间及空地种些土豆、白菜、大葱等作物，在技术上及国家政策上是否能行？

答：新建果园，栽植的果树幼小，应提倡在其空地上种植些矮秆作物，您的想法很好且很可行。在辽南果区一般都按您说的那几种作物种植，白菜、马铃薯长势较好，产量不错，这也相对减少了土地浪费。而国家对此并无明文规定，您应按自己的想法去办，早些利用增加收益。

【009】铁岭县镇西堡乡卢卜小学读者张景广问：我想发展李子，有人说绥李 3 号好，请您参谋一下到底哪些品种好并适合我地区栽植。

答：目前看来，绥李 3 号不是很好，裂果严重，生产上已属被淘汰之列。建议您选用绥棱红、内蒙大紫、吉林 17 号为宜，也可试栽一下盖县大李。

【010】兴城市曹庄乡读者张秀文问：有种新型李子也叫萘李或桃形李，外形似桃实则为李，其果个大，品质好，见效快，二年可见果，一般果重 90 克以上。请问我们地区能否种植？到哪引种？

答：萘李系蔷薇科李属中国萘李的一个变种，有青萘和花萘两个类型，主产两广、两湖等地，盖州市农牧局果树股曾经引种过，看来此李子可在兴城地区栽培，但果树生长及果品质量尚需实践来验证。

【011】西丰县和隆乡和兴村读者吴金全问：我处栽植一些盖县大李，可是坐果率较低，这是什么原因造成的？

答：专家认为，盖县大李抗寒性较差，在您处早春花芽受冻可能是造成坐果率降低的原因。再就是李树为异花授粉作物，需要配置授粉树，即不能栽植单一品种，要几个李子品种搭配间隔种植，互作授粉树，坐果率就会提高。其他原因，如李树生长过旺或过弱，也会影响坐果率。做授粉树的品种有绥棱红、内蒙大紫、法库牛心等，您可选择。

【012】清原县土口子乡石阳村读者左志问：昌金一号是盖县大李吗？为啥口味及丰产性好于盖县大李？

答：据专家讲，昌金一号是盖县大李引入昌图县金家镇后，当地人给起的一个别名，并不是新东西。若说口味好于盖县大李实为戏语。因同一品种李在不同地区的自然气候条件下生长，品味是有变化的。就是在同一株树上所结的果也有差别，如向阳面和背阴面、树内部和树外部都是不同的，所以应进行综合评定。

【013】大连市金州区石河镇东沟村读者迟福辰问：在果树开花期搞人工授粉，一朵一朵地授粉太慢，国内是否有超低量喷粉器？

答：目前国内已有专门生产小型果树授粉器的厂家，先采集花粉，再配以辅料装入喷粉器内喷之授粉。据专家讲，目前手工进行授粉虽然慢了点儿，但效果好，成功率高，亦不失为上策。

【014】凌海市右卫镇小黄村乔凤奎问：美国布朗李在我地区适宜栽植吗？还有日本二号草莓在我地区是否可引种？

答：美国布朗李进也叫美国黑李。专家认为，美国布朗李生长气候条件的要求与富士苹果差不多，就是说能够适宜富士苹果栽培的地区均可以栽培此李。至于草莓的适应性就很强了，在您地区栽培没问题。

【015】北镇市罗罗堡乡经管站张德海、葫芦岛市连山区白马乡鲍洪峰、瓦房店市杨家乡单家村马廷明及陈宝、李洪元、刘书泰等读者问：《新农业》介绍的盖州巨早李及春霞樱桃，怎样与作者隋洪林联系？

答：该文作者隋洪林的通讯地址：盖州市九寨镇骆驼岭村，邮政编码为115216。

【016】法库县丁家房乡西丁村王海军问：听说有一种黑紫大李，平均3个1斤，可有此事？

答：此事确实。去年辽南有一位读者来到本刊编辑部曾经出示过您所说的那样大的李子，使为农见后大为惊喜。

【017】葫芦岛市连山区寺儿堡镇南丰村读者王殿瑞问：我家前几年栽植的香蕉李子树，近2～3年开始出现流油现象，已有几株死亡。这究竟是一种啥病，怎样防治？

答：专家认为，您的李子树患了流胶病。一般在主枝、主干上发生，起初病部皮层膨肿隆起，随后陆续分泌出褐色透明的树胶，严重的树皮开裂，布满胶质块，干枯坏死，树势衰弱，甚至枯死。引起流胶的原因很复杂，其发病机理尚不十分清楚。瓦房店市植保站曾认定其为枝干溃疡病，由一种细菌侵染所致。多数人认为由于枝干病害、虫害、冻害、日灼及其他机械损伤引起，或者由于修剪过度、肥水管理不当使树体生理代谢失调所致。防治方法是减少树体伤害，及时防治枝干病虫害，加强田间管理；药剂防治可用石硫合剂、敌克松加代森铵等在发芽前进行喷雾。

【018】西丰县柏榆乡世昌村读者田久学问：寄给您几个李子树的枝条，请鉴定一下是病害还是虫害？

答：您寄来的李树枝条经专家鉴定，既不是病害，也不是虫害，而是冻害，花芽已部分冻坏。去年的暖冬及缓阳冻往往是李树发生冻害的主要原因。

【019】阜新市清河门区马龙坝镇老庙村读者蔡玉杰问：我建了个10亩地李子园，在四周栽上了刺槐树做围栏，可有的报纸说刺槐对李子、梨、苹果等果树有害会造成不结果和病害，这是真的吗？

答：一般说来，果园周围栽植桧柏会对苹果、梨有加重锈病等病害的作用；而栽植刺槐好像对李子生长影响不大，不会发生报纸上所说的那种情况。

12. 山楂

【001】建昌县要路沟乡吴坤杖子村赵春贵问：近几年我用

"920"喷山楂花坐果多，产量高。今年想往杏树和桃树上试一试，能行不？

答：往杏和桃树上用"920"好像没人试过。不过您可搞点儿小试验，喷施浓度、时期搞点对比，若效果好，为农愿意帮助宣传推广您的好经验。

【002】黑山县英城子乡读者崔秀富问：我有个朋友在山坡地上栽了山楂树，他想在树的空间栽种些见效快的作物，可又想不出到底栽种什么好，请您帮助参谋一下好吗？

答：生产上有栽种大葱、菠菜等蔬菜的，还有栽植甘薯、马铃薯的，也有播种小豆、绿豆及中草药材的。您可根据实际情况选定，会有一些收入的。

【003】抚顺县李家乡小王家村读者王永新问：我家有一处山楂园，5 年生树龄，去年收果 1000 多公斤，预计今年能有翻番的收成。我在春季给树施了鸡粪，每株 25 公斤左右，环状施用。但在花前有些树先是树叶枯黄、枯萎，后来有些树叶部有褐色斑点又干枯死了。我先后挖了几株，有的根须变黑色，有的根须没有坏死。我的山楂树到底得的啥病？怎么防治？

答：通过您描述的症状，有关专家认为山楂树很可能是鸡粪肥害，而不是病害。因为树龄太小，而施入 25 公斤鸡粪好像多了点；再就是鸡粪未充分发酵腐熟，从树的根部发黑这一症状就可以证实是肥烧的。建议您立即将肥取出一部分，并用水冲洗根部以减轻肥害。追施鸡粪应在充分腐熟后再掺些土粪分散施入为好。

【004】盖州市高屯镇小学读者李贵广问：有人说发展山楂的黄金时期已过，应淘汰了，也有人说以后其价格会上涨。把正在结果盛期的山楂树砍掉栽植苹果是否有点可惜？

答：专家认为，山楂的市场价格下跌，确实有树栽多了而产量过剩的原因。近几年山楂价格略有回升，目前各地正在筹建山楂深加工基地，随着加工基地的建成投产，其价格可能上涨。将盛果期的山楂树砍掉栽苹果树不可取，丢了眼前财源。您若是决心已定的话，可先在山楂树的空隙栽上小苹果树，逐渐更替看咋样。

【005】桓仁县二棚甸子镇铜锌矿机修厂读者宋世见问：我处山楂过盛，卖不出去，全在树上白扔了。我想利用其做猪饲料是否可行？

答：人能食用的果品用来喂猪是没问题的。关键是用山楂喂猪技术尚无人去研究，您可搞点小试验，如脱酸、粉碎制浆等再加入饲料中喂给。为农祝您研究成功，并欢迎您把经验总结出来撰稿寄给编辑部，定会为猪的饲料增加一新的品种。

【006】抚顺县上马乡迟家村程显峰问：我在与一位朋友交谈中得知一条消息，他说在报纸上看到有鸡蛋大小的山楂问世，我很感兴趣。可他却找不到那张报纸了，真有这个山楂品种吗？

答：希望您的朋友能尽快找到那份报纸，看到底是怎样把山楂“吹成”鸡蛋大小的，也让专家们惊奇一把。

【007】庄河市徐岭镇复兴村读者刘佳和问：我用自己种植的山楂和购买中草药配制出的兽药健胃散供不应求，现在想建厂加工这种药剂合法不？

答：您的这种健胃散作为一种民间验方自用可以，若是建厂作为商品进行规模生产，则需要通过复杂的审批标准和程序。国务院《兽药管理条例》规定，研制新兽药应当在临床试验前向省、自治区、直辖市人民政府兽医行政管理部门提出申请，并附具该新兽药实验室阶段安全性评价报告及其他临床前研究资料；研制者向国务院兽医行政管理部门提出新兽药注册申请时应当提交该新兽药的样品和下列资料：名称、主要成分、理化性质；制作方法、生产工艺、质量标准和检测方法；药理和毒理试验结果、临床试验报告和稳定性试验报告；环境影响报告和污染防治措施。如果设立兽药生产企业，应当符合国家兽药行业发展规划和产业政策，并具备下列条件：与所生产的兽药相适应的兽医学、药学或者相关专业的技术人员；与所生产的兽药相适应的厂房、设施；与所生产的兽药相适应的兽药质量管理和质量检验的机构、人员、仪器设备；符合安全、卫生要求的生产环境；兽药生产质量管理规范规定的其他生产条件。符合前款规定条件的，申请人方可向省、自治区、直辖市人民政府兽医行政管理部门提出申请，并附具符合前款规定条件的证明材料；审查合格的发给新兽药注册证书，并发布该兽药的质量标准。看来，国家对兽药生产的资金、设备、技术及人员等规定需要逐项达标才行，祝您成功。

13. 桃

【001】吉林省梅河口市湾龙乡福安村读者董贵仁问：我家温室里种了油桃和雪桃，据说春节期间能卖到50～60元钱1公斤，这是真的吗？

答：这个价格卖桃曾经有过，一点也不假，但现在好像没有那么贵了。可以肯定地说，如果您的桃正赶在春节期间上市，卖个好价钱是没有问题的。

【002】盖州市城关镇读者张延祥问：我到北京郊县定陵参观时买过一种桃，口味特好吃，我们想引种此桃又不知叫啥名，能行不？

答：京郊之桃口味极好与其气候适宜关系密切。据专家说，目前北京地区栽培的桃当地人多称之为水蜜桃，品种多是大九宝、红核蜜等，个大、味正、水气足。这些品种在您处是可以栽培的，但因气候所限，个头及味道会有所变化，还要注意防冻害。

【003】台安县富家镇北立子村读者韩百山问：听说大棚栽桃在农村有利可图，哪里有搞此项目的？

答：大棚栽培桃技术在辽宁地区已有成功经验，目前看来效益很好。在早春4～5月份即可上市，卖上好价钱。辽中县六间房乡马龙村曾搞过此项目，目前已变为常规生产了。

【004】盖州市示范农场读者唐桂利问：桃园用啥除草剂除草，阿特拉津行不？葡萄架下用克芜踪除草是否有害？

答：桃园、苹果园及葡萄园用阿特拉津来除草，容易产生药害，因该药的淋溶性较强。用克芜踪在葡萄架下除草要特别注意定向喷雾，切勿将药液溅到叶子或绿色部分，否则会产生药害。

【005】绥中县范家乡小胡村读者马来问：有介绍雪桃、冬桃、无核桃的广告，是否真有这三种桃树？

答：据记载，河北满城的雪桃及陕西的冬桃均有其物，无核桃也有其物。这几种桃在辽宁地区种植尚未出现获很高经济效益者，故要慎重。

【006】铁岭县大甸子镇南康庄村读者董德富问：我村想发展果树，但在桃的品种选择上还没看准，请您帮助参谋一下好吗？

答：目前大部分优良桃品种不适合您处栽培。但有一种桓仁大白桃采用匍匐栽培技术在您处可以一试（相当于葡萄冬季将树干埋起来），此桃在辽宁桓仁县较受青睐。

【007】建昌县巴什罕乡榆树底下村上官国、沈阳市新城子区石佛乡石佛一村仲春等读者问：有介绍原苏联45天特早熟无核桃的，我们想引种栽培，您说行不？

答：通常说来，桃果成熟期短的不如成熟期长的营养积累多、果实大。在辽宁如果引种45天成熟的桃，效益不会很好。

【008】海城市西柳镇坯厂村赵中普、开原市曾家屯乡红花甸村杜会元、阜新市农场李永秋、绥中县范家乡薛家村窦宝青等读者问：有杂志介绍一种植物叫桃仙果，150天结果，四季不断，亩产9000公斤，价值2万元，请问这是啥果？

答：有关专家说，从未听说过有这种果树，起码在辽宁还没有也不可能有一年四季都结果的果树，亩收入2万元更是子虚乌有。请您慎重，切勿急于花钱购种栽培，以免上当受骗。

【009】大洼县荣兴农场农科站读者王玉芬问：我想了解大棚栽桃技术，到哪能学到？是否有一种叫雪桃的品种？

答：利用大棚栽培桃树致富在辽宁地区已有成功经验，辽中县六间房乡马龙村李宝田曾经建有大棚桃园。至于雪桃，前两年在辽宁忽悠得很厉害，只是由于品质较差而未被市场所接受，现在便没动静了。

【010】康平县西关屯乡西关屯村读者常光溪问：在不影响桃、李、杏生长的情况下，用什么方法能除掉果树地里的辣根？

答：您首先可通过耕翻杀死一部分，然后再用草甘膦等化学除草剂定向施药试一试。

【011】阜新县王府镇西灰洞村李景宽、庄河市蓉花山镇瓦房村梁国祥等读者问：油桃在市场上销售价格及前景咋样，我地区发展能行不？

答：油桃在您地区利用温室栽培是可以的。油桃从美国引入辽宁以来，为果品界又增添一道美味。其色泽紫红，品味独特，备受消费者欢迎。冬季上市每公斤价格曾达100元，夏季7月份沈阳市场每公斤8～10元，可谓桃中贵族，发展定会有前途。目前常选用的品种是早红2号油桃，平均单果重168克，每亩可栽苗500株。

【012】凤城市边门镇卜家村读者艾鹏君问：美国油桃能不能在大棚温室里栽培？

答：完全可以，且在各地均有成功经验。

【013】普兰店市安波镇安波村读者张学令问：桃树根癌病是一种啥病，怎样防治？

答：桃树根癌病也叫根瘤病、根肿病，是一种由细菌引起的病害，在微碱性的疏松土壤上发生较重。防治方法，适量施用酸性肥料或增施绿肥；苗木在萌芽前将嫁接口以下部位用5%硫酸铜溶液浸5分钟，再放入石灰水中1分钟进行灭菌消毒；嫁接采用芽接法避免伤口接触土壤以减少感病机会。发病树应彻底刮除根瘤部分，再涂上石硫合剂残渣、波尔多液或石灰水进行灭菌，用农杆素84效果较好。

【014】朝阳县十二台乡西大杖子村读者于树洪问：我想在日光温室中栽培油桃，不知我地区能不能适合，请您给参谋一下。

答：利用温室大棚栽培油桃在各地均已获得成功，在朝阳地区也是可以搞的。

【015】黑山县四家子镇东赵家村侯守国问：我们县里提出发展棚桃产业，我村群众有顾虑，怕种多了卖不出去，其市场情况到底咋样，前景如何？

答：几年前，棚桃确实“火”了一阵子，价格不低，种植者发了一笔小财。现在，辽宁各地棚桃面积较大，但以往的毛桃、早熟桃等因口味较差已不被市场接受，卖不上好价钱了，棚桃栽植者多选用早红二号油桃品种；再就是上市时间，最晚在4月中旬上市，过晚则价格较低，如果上市时间再往前提，则效益会更好。为农认为，棚桃是可以发展的，但必须在品种、品质、口味上做文章才更有竞争力，有好的经济效益。

【016】盖州市归州镇归北村冯树喜、清原县大孤家乡大孤家

村刘丙军、绥中县黄家乡双龙沟村张大勇、新宾县上夹河镇上夹河村张凤山、绥中县万家乡杨玉堂等读者问：我想把朝阳市果树管理中心培育的抗寒新品种朝阳蜜桃引进本地种植，怎样联系购买？

答：您可与该中心联系，电话 0421－2916279。

【017】黑山县新立屯镇新西村读者刘立国问：水蜜桃在市场很受欢迎，我想利用冷库进行贮藏到淡季再进行销售，是否可行？

答：据国内专家研究结果，桃、李、杏如果贮存 30 天以上，其味道和口感明显变差，很难被消费者接受。因此，利用冷库贮存水蜜桃之事不可行。专家认为，最好利用温室大棚在淡季生产此类水果，果实新鲜味道好，随吃随采收，销售及效益均美哉！

【018】桓仁县沙尖子镇闹枝沟村双水洞读者周尊江问：我引进种植的油桃长势很好，可一到结果期桃果就裂口子，然后腐烂，这是什么原因造成的，怎么防治呢？

答：业内有经验人士认为，您说的现象是桃发生了裂果病，是由生理原因造成的，梨、苹果、枣、西红柿等也经常发生。在桃果实成熟的迅速增大期，下雨或暴雨之后果汁渗透压增高使得吸水性加强而易发生裂果，大水灌溉也易发生裂果。防止方法是选地势较高、排水良好的地块栽植桃树，成熟前 20～30 天控制水分供应；还可采用果实套袋技术；在此时期喷雾 0.08％～0.1％浓度的比久（B9）溶液，或喷雾 1.25％赤霉素、0.1％氯化钙及多效唑等，均可防止裂果。

【019】瓦房店市杨家乡佟山村读者傅明厚问：桃小食心虫的蛾卵产在喷过药的果上，喷药能否把卵药死？我地区稻水象甲为害较重，什么时间用啥药剂能有效地治住？

答：防治桃小食心虫常用药剂有毒死蜱、辛硫磷微胶囊剂、地亚农乳剂、灭幼脲 3 号、溴氰菊酯乳油、甲氰菊酯乳油等，其中以灭幼脲 3 号杀卵效果好，溴氰菊酯在成虫产卵期幼虫蛀果前施药最为理想。稻水象甲的防治适期一般在成虫产卵盛期前，即水稻插秧后 5～7 天用药为宜；常用的药剂有 40％亚胺硫磷水剂、50％倍硫磷乳油、20％三唑磷乳油、3％克百威颗粒剂等，效果都较好。

【020】庄河市步云山乡长巨村读者张凤云问：我想用大棚栽植桃、杏、李子，在春节上市，能行不？栽什么品种好？

答：利用大棚温室栽培果树在各地已有许多成功经验。目前栽培棚桃较为普遍的品种是油桃或陆地早熟桃早凤等；李子品种有牛心李、香蕉李等；利用大棚温室栽培杏尚无人搞，因杏树乔化严重，控制不住，矮化后也可进入棚室中栽培。值得注意的是，要进行投入产出的成本核算，目前蔬菜市场价格较高利用温室大棚生产有利可图，而生产桃、杏、李子好像不太合算。

【021】建昌县黑山科乡小台子村读者周丽瑛问：许多温室大棚都是种菜，我想种植果树行不？种植雪桃、香梨等在春节前后上市能挣大钱吗？

答：大棚温室中种植蔬菜、果树都是可行的项目，但要跟着市场需求走，什么值钱种什么才行。在大棚中栽植雪桃以前热了一阵子，现在搞的人少了，目前生产上在大棚中栽植的果树有油桃、葡萄、大樱桃、木本芽菜等，较为时尚。而梨果目前尚未走入大棚温室中生产，您可搞点试验看效益如何。

【022】阜新市细河区四合镇碱巴拉荒村读者张如适问：我家的棚桃落花严重，开花后没坐住几个果，损失很惨，有什么办法能增加坐果率？

答：专家认为，提高棚桃坐果率通常采取控制温湿度、配置适宜授粉树、人工授粉和放蜜蜂等方法，而以花期喷洒 20 毫克/公斤赤霉素或 40 毫克/公斤坐果灵效果较佳。管理上，花期温度控制在白天 18℃～22℃，不超过 25℃，夜间 10℃～15℃；空气相对湿度 50%～60%；土壤相对湿度 60%～70%，增加棚内光照，否则开花授粉受精不良产生落花；开花后 15 天开始叶面喷施 0.2%尿素和 0.2%磷酸二氢钾，10～15 天喷 1 次，连喷 3 次；果实膨大初期和硬核期每株追施尿素 30 克、磷酸二氢钾 30 克，这些办法均能增加棚桃坐果率。

14. 樱桃

【001】绥中县葛家乡平台村读者田玉坤问：大连市的佳红樱桃品种在我们这里能否栽培成功？

答：专家认为，此物在您处栽培没有问题，种源可与大连市农业科学研究院联系。

【002】铁岭县催阵堡乡新坟村读者尹柏庆问：有介绍大樱桃及其栽培的信息使我产生兴趣，我想在大棚中栽培能行不？

答：目前，大连地区栽培的大樱桃味美价高，但大樱桃自然条件下在铁岭地区冬季会被冻死的。采用大棚栽植，可以试一试，按您的办法冬季保温可以，但要注意成本核算及开花授粉技术。

15. 葡萄

【001】新民市周坨子乡读者阎泽仲问：我有个很大的庭院，想搞庭院经济。请您参考一下搞什么投资少见效快？如果栽葡萄的话，什么品种最好？到哪能买到种苗？

答：假如您处交通方便的话，可考虑发展蔬菜、草莓生产，向城市出售，见效较快。如果发展葡萄，可选择康拜尔、康太7602、茉莉香、紫珍香等优良品种（系），辽宁省农科院园艺所曾经有此种苗。

【002】葫芦岛市塔山邮局读者李树成问：以巨峰葡萄做砧木、用无核白做接穗嫁接能否成功？所结果实是否有核？

答：能够成功，嫁接后一般结的果实以呈现接穗的性状为主，大部分无核。

【003】瓦房店市复州城镇古井村读者张志明问：我想在温室中以栽植葡萄为主，空地种韭菜，两者互相是否有影响？

答：没啥影响。温室葡萄在各地已有成功种植经验，堵淡季上市效益很好，每公斤可卖30元左右，甚至更高。

【004】盖州市九寨镇河北坝村读者迟龙新问：据资料介绍山东省有一种叫坂田良智的葡萄品种抗寒，冬季不下架，比巨峰早熟，在我地区引种能一样吗？

答：坂田良智葡萄属于欧美品种，果穗圆柱或圆锥形，平均重550克，果粒近圆形，完熟紫黑色，含糖15.5%，质量中等，特抗病，7月中旬完熟，自根苗生长弱，应栽SO4、5BB等嫁接苗。这种葡萄引到辽宁地区种植问题不大，关键是不下架可能不行，因冬季辽宁气候不稳，极端低温会使之受冻害。若要早上市，可利用大棚温室等栽培葡萄，每公斤可卖60多元。大面积栽培可按正常季节上市，早熟几天售价会高很多。

【005】本溪县偏岭镇读者孟庆春问：去年我地区的巨丰葡萄粒上发生许多小黑点，自行落果，严重的全穗脱落。这得的是啥毛病？咋防治？

答：专家认为，根据您信中所述的症状，葡萄是得了白腐病，系由白腐病菌侵染所致。一般6月下旬开始发病，7～8月份如遇持续高温高湿或雹灾和暴风雨造成伤口则病菌从伤口侵入，必将大发生。防治方法是清扫果园，及时摘掉病果。发病前及7～8月份每隔10～15天喷1次50％福美双可湿性粉剂700～800倍液，或50％退菌特可湿性粉剂800倍液喷雾，也可用代森锰锌、杀毒矾等喷雾，或用硫磺粉加石灰处理地面。

【006】凌海市牛营子乡水泉村赵文生、彰武县五峰镇石岭子村张晓光等读者问：到哪里能买到比较纯正的藤稔、早熟87-1、甜峰葡萄苗？

答：您说的这几个葡萄品种，沈阳农业大学园艺学院曾经有这些种苗。

【007】清原县大孤家镇读者林静问：我想栽植葡萄，啥品种较好？

答：目前生产葡萄的优良品种较多，如藤稔、京亚、康太、蜜汁、巨峰、夕阳红、无核红等，均为上好品种。

【008】辽中县六间房乡读者梁维波问：我培育的葡萄苗不爱生根，成活率低，有什么药剂能提高其成活率吗？

答：在栽植时用50～100毫克/公斤的萘乙酸溶液蘸插条基部即可；还有些特制的生根粉、生根剂也可以使用，您可到农药商店购买这些药剂。

【009】盖州市陈屯乡黄哨村读者隋心田问：我在前几年随“潮流”栽植了3亩葡萄树。今年还想栽植些，可有人说全国葡萄成灾，请问是这样吗？

答：全国确实有些省份的葡萄生产过剩，但成灾之说过矣！起码辽宁尚未成灾。辽宁地区的葡萄品种多而乱，有的地方盲目发展，已引起有关部门的关注。您若栽植，要注意品种排开，避开盛季，加强管理，提高品质。同时要注意贮藏和加工。为了指导全省葡萄生产发展，省农委园艺处与省农科院园艺所等联合成立了葡萄栽培技术协作网。辽宁省葡萄生产如何发展，《新农业》曾有专家专论，您可一读。

【010】西丰县柏榆乡淑景村读者董方财问：我是个刚毕业的高中生，想建个果园，不知苹果、葡萄、桃、李子等目前是怎样发展趋势。现在着手建园，到结果出钱时，能不能赔？

答：据您处的自然气候条件，栽苹果树只要品种适宜，技术得当，管理好，结果出钱时应该是不会赔的；李子目前有发展趋势，也可以考虑建园，注意选择适当品种和栽植的质量；葡萄目前主要是提高质量，向优质要效益；而桃树好像目前没有适合您处的优良品种，栽植一般的毛桃又卖不上价钱，故发展要慎重。

【011】沈阳市沈北新区虎石台镇河南村读者臧延滨问：我对贮藏葡萄很感兴趣，从辽南运葡萄到我地贮藏是否可行？哪个品种最耐贮？在零散平原地上能否栽培葡萄？

答：长途运输葡萄再贮藏之举不可取。因受运输条件限制，葡萄受挤压后内伤较多，贮藏起来易落粒，损失较大，还是以地产地贮为宜。目前生产上较耐贮的品种有龙眼、巨丰等品种。在零散平原地上发展葡萄生产没啥问题，但勿选漏水地块。

【012】绥中县万家镇苏家村读者倪宏伟问：我家山上的果树已进入初果期，我想在其行间种植点柴胡、黄芪适合吗？

答：这两种药材均适合辽西地区种植，在果树行间种植也是可以的。但要注意切勿种得过多过密，以免影响果树生长。

【013】内蒙古敖汉旗古鲁枝蒿乡读者徐文杰问：我有几株多年生的葡萄因故要移植，又怕树太大被挪死，不知啥时挪好，成活率能高吗？

答：多年生长的大葡萄树是可以进行移栽的，最佳时间是在早春未发芽之前。移植时要尽量减少伤根，多带土坨，栽后浇透水 2～3 次。

【014】瓦房店市岭下乡读者于成福问：在温室里栽培葡萄 5 月份以前能否上市？栽什么品种好？

答：温室葡萄栽培省内已有成功经验，而在 5 月份以前上市者好像很少见，尚需进一步试验研究。针对提前上市应选择早红、莎珍珠及康拜尔等极早熟或早熟品种为宜。

【015】普兰店市大刘镇政府读者穆明明问：双季葡萄红心王品种及早产早丰早热的早艳李品种是否真实？

答：上述葡萄及李子品种均为真品种。盖州市九寨镇、大石桥市周家镇有种植的，能有种苗。

【016】盖州市芦屯镇读者李忠利问：我家的葡萄上了一些没发酵好的鸡粪，现在已扣上了大棚，但一到中午葡萄叶子、嫩枝条就发蔫，用啥办法能挽救？

答：没有腐熟的肥料会影响果树根部生长，若施用量较大应迅速扒出重新发酵充分腐熟；施用量较小可将其刨开远离根部，深松混土，以减少其火性。

【017】凌海市三台子镇读者郄晓安问：我想提高果树嫁接成活率，用药剂处理接穗促其生长是否可以？

答：嫁接如外科手术一样，是将两个活体融合在一起的过程。一般说来，嫁接芽嵌入以后关键的技术问题是保湿，即将伤口包严以防失水，并控制芽生长过快。生产上多数不用药剂处理接穗。

【018】葫芦岛市老官堡乡徐屯村读者李欢迎问：秋后栽植葡萄与开春后栽植葡萄哪一种效果好？

答：为农仔细读了您的来信，在秋季露地栽培拔掉老巨丰树立即栽上带绿叶的新品种葡萄的做法有点操之过急。因其生理及越冬等问题，成活率不会很高。较理想的办法是秋季整地待春季移栽。在辽宁一般 4 月中下旬移栽为宜，成活率较高。各地秋栽葡萄虽然可以，但采用者较少。

【019】葫芦岛市连山区老官堡乡徐屯村读者李树成问：我种植的无核白葡萄接近成熟时裂果较重，是啥原因，怎样才能治住此病？

答：葡萄裂果是生产上常见的一种生理现象，多数并非病害。其主要原因是果期长期干旱，突然加大供水。干旱使得果实僵小，而突然加大灌水，根系吸水力强促其快长，长得果实都裂缝了。解决办法是在果期杜绝长期干旱，要经常灌水，干湿交替，就不会裂果了。

【020】凤城市草河区保卫村读者程远得问：听说有一种葡萄抗寒性很强，冬天不用下架是真的吗？其产量如何？

答：这样的葡萄品种有贝达、公酿 1 号等，耐寒性强，冬季不用下架，但鲜食口感特差，极酸，通常作为嫁接砧木或酿酒之用。梁山介绍的黑香蕉葡萄，虽在当地不用下架，但其纬度相当于凌海地区，而且果实品质偏酸，首次种植应少引试栽，看其到底口味及抗寒性如何，以免造成经济损失。

【021】辽阳市太子河区徐往子村读者陈付海问：红提与黑提葡萄是否可以在温室中生产？

答：红提葡萄又名红地球，欧亚种，原产于美国加州，是由美国加利福尼亚州立大学研究人员于 20 世纪 70 年代杂交培育而成的葡萄品种，除黑龙江、吉林两省外，其余各省都可栽培，您在温室中栽培就更没问题了。

【022】辽中县养士堡乡养石村读者石桂山问：我的 10 多亩葡萄年年遭受除草剂药害，葡萄园南面邻居的玉米田一打药我的葡萄就卷叶发蔫，减产严重，这事我该怎么办？

答：农村各地此类药害每年发生的较多，受害户叫苦不迭，主要是玉米田除草剂中加入的 2，4-D 丁酯所致，对产量会有影响。如果施药者责任心强，选无风天的早晨或傍晚喷药，就能避免药雾飘移到葡萄、茄子、五味子等敏感作物上。看来，这事儿乡里乡亲的还是以友好协商调节为主，故意在有风天施药的人几乎没有，自己损失了药剂、别人的作物受药害，这不有点损人不利己“犯傻”嘛！

【023】普兰店市元台镇何屯村读者赵伟问：有报道早熟红双星葡萄新品种很好，到哪里能买到纯正的种苗？

答：红双星葡萄是山东济南党家庄镇陡沟村周建中于 1996 年从自家葡萄园中的山东早红芽变中选出的极早熟品种，浆果成熟期比母树更早，果实发育期约 45 天，2004 年通过省级鉴定。辽南地区目前已有引种栽培，购买种苗可与选育人或到辽阳等地寻找联系。

【024】铁岭县阿吉镇石砬子村读者李福荣问：我想把温室葡

萄作无核化处理，用过吡效隆等药剂都不好使，到底用什么药剂才有效呢？

答：葡萄无核化处理的常用药剂就是赤霉素，可诱导无核，使果实增大。由于葡萄的品种复杂而繁多，使用药剂时要针对不同品种的特点进行浓度和方法试验，还要配合栽培技术才行。请注意，国家规定生产AA级绿色食品是不允许使用植物生长调节剂的，因赤霉素对人体的危害性一直存有争论。

【025】庄河市光明山镇乔屯村读者徐成久问：克伦生葡萄是否适合辽宁种植，哪里有正宗的种苗，种植密度和方法怎样？

答：克伦生是美国加州继红提葡萄之后推出的一个无核葡萄新品种，1997年由农业部葡萄新品种项目课题组引进我国。经过4年在国内的试种，葡萄专家在综合考察其生长状况、果实后认为是较有发展潜力的，在辽宁南部已有种植。生产中遇到的问题是，在海城市以南种植的克伦生葡萄品味及甜度较好，而在以北种植的则甜度较差。气候不同造成的品质差异能否通过技术来解决尚需进一步研究。该品种目前还处在与其他品种对比试验阶段，市场销售好像没有大粒紫皮的巨峰葡萄好。种植密度和方法与其他葡萄基本相同，沈阳农业大学葡萄园曾经繁育过该种苗。

【026】葫芦岛市塔山邮局读者李树成问：巨峰、秦龙大穗葡萄在秋后下架修剪时，是用短、中、长梢哪种形式好？

答：巨峰等大粒葡萄应以短梢修剪为好，如果采用中梢或长梢修剪要根据架面枝条密度及时抹芽和夏剪，避免架面过分郁密，一般主蔓间距离以50厘米左右为宜，采取单蔓或双蔓整枝。

【027】锦州市太和区大薛乡三屯村读者张艳君问：①葡萄种苗哪里有售？②除草通等农药哪里能买到？③甘蔗种苗哪里有？

答：为农按序回答如下：①沈阳农业大学科技街售葡萄种苗者很多，品种较全，您可联系购买。②辽宁植保服务有限公司农药品种较全，您可联系购买。③甘蔗在辽宁气候条件下不宜种植，切勿买苗种植。

【028】庄河市栗子房镇林坨村读者孙振彬问：葡萄栽植当年利用副梢进行“快速整形”是否可以？怎样进行修整？

答：专家认为，利用葡萄当年副梢进行整形是可以的，但要注意掐尖后加强肥水管理，控制主蔓生长，以促进副梢充分成熟才行。整形的方法按常规方法进行即可。

【029】清原县南山城镇杨树崴村读者张宝英问：秋冬时候有果农来我处卖保鲜葡萄，非常新鲜，很好吃，包装里有保鲜剂，到哪能买到这种保鲜剂？

答：葡萄保鲜剂主要是焦亚硫酸钠为主要成分添加其他辅料生产的，能吸收环境中（保鲜袋）的水蒸气，缓慢地释放出二氧化硫气体，从而达到保鲜的目的。焦亚硫酸钠在我国食品添加剂标准 GB2760—2007 中允许用于葡萄保鲜。目前生产葡萄保鲜剂的厂家很多，在一般的农药商店均可买到，也可通过网络搜索寻找货源。

【030】新宾县榆树乡彭家村读者李忠祥问：我引进了 30 多个葡萄新品种，栽在一块地里。有人说这样试栽不行，因为花期各种昆虫及蜜蜂在植株间飞来飞去传粉，会使果实改变酸度、甜度和原有香味，是这样吗？

答：业内专家说，葡萄花有 3 种类型：两性花、雌性花和雄性花。大多数葡萄品种为两性花又称完全花，自花结实率为 20%～40%，而异花结实率较高；雌性花必须异花授粉；雄性花的品种不能结实；部分品种还有单性结实的习性。葡萄复杂的开花授粉特性使其异花传粉的机会并不很多，即使外来的花粉授在花柱上，对当代葡萄的品质也不会产生大的影响，不必担心其酸度、甜度及原有的香味发生变化。可见，许多葡萄品种栽在一起是可以的，但在大面积生产中要考虑田间管理、作业及采收销售的统一方便问题，以免增加生产的劳动强度和成本。

【031】大洼县榆树乡拉拉村读者李金友问：为什么说葡萄不要在有露水的时候采摘？

答：专家认为，有露水时采摘葡萄、苹果等水果，易使果实受伤并导致病菌侵入，其果外面的保护蜡质粉层也易被破坏，影响品质。露水中含有的致病菌也易随露水扩散而传播，因此还是待露水干时采摘为好，果实完整，耐贮藏运输。

【032】辽中县城郊乡肖家崴子村读者陈振普问：夏天一场风雨雹灾后，我们地区葡萄发生白腐病及炭疽病特别重，有的果园

几乎绝收，打了一些药也没啥效果。请介绍一下用什么药怎么防治好吗？

答：葡萄白腐病也叫水烂，是辽宁地区危害葡萄最重的一种病害，通常在7月上中旬开始发病，土壤、病残体带菌，靠雨水飞散传播经伤口侵入。架面郁闭、管理粗放、土质黏重、排水不良、杂草多的田块发病严重，果穗离地面近的易发病。防治方法应加强管理，清洁果园中病残体及杂草，改善通风透光条件，摘心绑蔓。重病园药剂防治要在发病前用福美双1份、硫磺粉1份、碳酸钙2份均匀混合后撒施土壤表面杀菌；发病初期可用百菌清、多菌灵、炭疽福美、施保功、福多锰锌等药剂防治。

【033】台安县农业技术推广中心读者王金标问：目前防治葡萄病害的药剂大都是可湿性粉剂，防治效果较好。但在果粒上的药痕影响销售，为什么不能多研制出水剂或乳剂更好些呢？

答：农药的剂型和制剂主要是根据原药的形态和水溶性来确定的，如某些农药的有效成分难溶于水，就很难制成水剂来使用，某些农药的有效成分是晶体或粉末，也很难制成乳剂来使用。

【034】新民市周坨子乡读者王连信问：农家的葡萄能用简易的办法做出自用的葡萄酒来吗？

答：制作葡萄酒均是专用的葡萄品种及野生山葡萄，出酒率高、品质好；农家自种的葡萄也可以用简单方法做出自用酒来，这在民间已有传统。

【035】大洼县榆树乡郑家村读者李洪庆问：我种植金星葡萄好几年没有病，可是今年采收后期果粒皮上出现红色小点，萎缩变坏，这是啥病，怎么防治？

答：经专家鉴定您寄来的标本，确认您的葡萄得了黑痘病，也叫疮痂病、鸟眼病。初期为圆形褐色小斑点，后扩大直径到2～5毫米且中央凹陷。可在初芽期用可杀得、花前花后用霉能灵、敌力脱、世高、达科宁等药剂防治。

【036】大连市金州区亮甲店镇泉水村读者刘宝义问：我有个塑料大棚，连年种菜，想改种葡萄是否可以？康太葡萄品种到哪能买到？

答：利用温室大棚生产葡萄在辽宁省有许多搞的，在掌握熟练技术的情况下其效益不比种菜低，可以搞。但近些年由于葡萄冬储数量增大、棚菜价格上升，温室大棚种植葡萄的明显减少。康太葡萄种苗可与沈阳农业大学葡萄园或辽宁省农科院园艺所葡萄园联系。

【037】葫芦岛市连山区新华市场工商所读者李树成问：我引进几十种新特葡萄品种，想投资成立一个葫芦岛市新奇特葡萄苗木繁育中心基地，需办哪些手续，到什么地方办？

答：您的中心基地如果想办成正规农场企业经营性质的，可到本市区工商行政管理部门申报批准即可；若是一般短期苗木生产，直接生产就可以了，不需办理手续。

16. 欧李

【001】抚顺市经济开发区李石寨镇李汉村读者王世洁问：听说种植钙果效益很好，到哪里能买到苗木？

答：钙果学名欧李，也叫郁李、山梅子、小李仁，为蔷薇科樱桃属落叶灌木，果肉可食，仁可入药，茎可作饲料和编织材料，主产黑龙江、吉林、辽宁、内蒙古、河北、山东。钙果果实含钙量极高，被称为补钙之星。除作果树栽培外，还可制作观果袖珍盆景。沈阳农业大学前面的科技一条街有卖钙果苗木的，也可通过网络搜索获得苗木。

【002】凤城市刘家河镇农业站读者袁玉涛问：有人说钙果就是欧李，这种说法对吗？

答：基本正确。

【003】朝阳县北四家子乡文户沟村读者庞守振问：经常听说有一种叫钙果的水果，他到底是一种什么东西？

答：钙果为蔷薇科樱桃属的一种矮小灌木，也叫欧李，可绿化美化环境，春观花、夏赏叶、秋品果，做盆景株型紧凑，赏食两宜。钙果根系庞大，密集成网状结构，是防风固沙、治理荒漠的先锋植物，在年降水量 350 毫米的地区可以正常开花结果，适应我国三北、华中以及南方广大地区种植，最适宜土壤 pH7～7.5，最高不超过 pH8。株高 0.5～1 米，果实像李子，单果重 10 克左右，有红、黄、紫等颜色，酸甜可口风味独特，还可加工成果汁、果酒、蜜饯等。

17. 山丁子

【001】铁岭市阿吉镇胜利村读者王明超问：去年春季我播种的山丁子籽没出苗，不知啥原因。请您说一说是咋回事好吗？

答：专家认为，播种山丁子籽不出苗的原因有很多，如种子陈旧霉变以及整地质量粗糙等，都会影响出苗。还有一个重要原因是山丁子种子采收后需要有一个后熟的生理过程，要在冬季进行低温层积贮藏或沙藏，使其完成后熟，打破休眠才能用于播种，否则就会发生不出芽或出芽不完全的现象。

【002】岫岩县汤沟乡汤沟村读者董国良问：我处因发展苹果，棠定子籽十分紧缺，该物的植物学名称叫什么？

答：棠定子也叫山定子、山荆子、棠李子、山丁子，都是一个东西，属于蔷薇科苹果属落叶半常绿乔木或灌木，原产东北、华北、西北及内蒙东部地区，学名好像叫山丁子。

18. 猕猴桃

【001】朝阳县波罗赤乡肖三家村读者吴文森问：我们这里能否栽植猕猴桃？能安全越冬吗？

答：猕猴桃的种类较多，常说的猕猴桃指的是中华猕猴桃，产于北京以南地区，在辽宁地区没有栽培，越冬会被冻死的。而辽宁地区东部山区的猕猴桃俗称软枣子，也叫狗枣猕猴桃，适应性较强，各地是可以栽培的。

【002】铁岭县李千户乡辅民屯村读者石连仁问：我在自家果园内栽了几棵软枣猕猴桃，想嫁接中华猕猴桃，不知在我地区能不能适应？

答：中华猕猴桃喜温暖，在河南及南方诸省较多，在您处嫁接好像不行，越冬有可能被冻死。

【003】盖州市万福镇张岭村读者张兆文问：猕猴桃在辽宁地区能否栽培？用大棚是否能行？目前市场价格咋样？

答：据为农了解，猕猴桃在辽宁尚无栽培者。此物乃南方树产果，耐寒性较差，辽宁冬季的寒冷会将其冻死。利用温室大棚栽培此物可行但也无人尝试过，您可试一试。目前，猕猴桃果在辽宁市场销售平缓，据说有抗癌祛病之功效，食之者较多。

【004】西丰县乐善乡和厚村许和才问：《新农业》答读者问中说猕猴桃系南方果树，在辽宁不能栽植。本人另有看法，因我处山上此物较多，和野生山葡萄差不多，曾建过猕猴桃酒厂，此树抗寒没有问题，为什么说辽宁不适宜栽植？

答：为农所说猕猴桃乃是目前沈阳市场销售的鸡蛋大小的猕猴桃，植物学名为 Actinidia chinensis，也叫中华猕猴桃、杨桃、羊桃；而辽东、辽北山区所产的猕猴桃学名为 Actinidia arguta，也叫软枣猕猴桃、软枣子、山枣子；还有一种叫狗枣猕猴桃。三种猕猴桃系同科、同属、不同种。因此，虽然老百姓都俗称其为猕猴桃，但种间的差异却较大，其耐寒性、果实大小、生长地理位置方面都是不一样的。

【005】新宾县木奇镇二道村读者吕财问：在我们辽东山区是否适宜种植药桃，前景如何？

答：为农查考了一下，药桃原来就是我国南方栽植的中华猕猴桃的别称。此物在辽宁自然条件下越冬会有冻害，不宜栽培；而辽东山区的软枣猕猴桃与之是两个不同的种。

19. 杏

【001】北镇市廖屯乡巴屯村读者赵清玉问：我栽了 100 多棵杏树，都是大红袍等当地名牌品种。近几年结果越来越少，我想更新一些优质高产品种，哪里有？

答：在果树研究中，杏的育种及栽培基本处于空白，尤其在育种方面，到目前还没有新品种出现，因为很少有人去研究，生产上应用的依然是一些传统的农家品种。看来，杏的市场消费量决定了其研究发展趋向，我们只能等待杏产品的开发带来的新品种的出现了。

【002】清原县北三家乡北三家村读者刘兴国问：我处山上有很多野山杏白白烂掉，看到加工杏仁的报道我很感兴趣，哪里有机器，个人搞杏仁加工是否可以？

答：利用山杏加工杏仁的设备，中国农业机械化科学研究院办的中国包装与食品机械公司有售，每台脱皮生产线全套价格 50 多万元，每小时可加工 150 公斤；您还可在网上搜索也能得到信息。看来您处的原料产量是否能满足设备加工的需求“胃口”是个大问题。至于销路，目前许多饮料及食品加工企业需要此物，您可以联系销售。

【003】东港市孤山镇政府读者董日川问：我处想购买几万株杏砧木（实生苗）做嫁接用，到哪能买到？

答：为农询问了几个地方，现在都没有。看来，您只得到网络上寻找杏苗了。

【004】山西省晋城市农牧局读者王有信问：我处山上1～3年生的果树被野兔子啃死许多，有啥办法能治住？

答：野兔子啃果树主要在早春青草未出时发生，可提前用杀虫剂（3911等）涂抹树干，产生异味驱避，待青草长出来小树就可安全无恙了。

【005】开原市松山堡乡太阳沟村读者李维芳问：听说孤山杏梅很受欢迎，到哪里能购到种苗？

答：东港市孤山地区的杏梅很有名气，您可通过当地农委帮助联系杏梅种苗。专家认为，杏梅在您处越冬及开花授粉可能会有问题，冻害、冷害较重，应引起注意。是否通过温室大棚技术促其开花结果尚需进一步研究试验，如若成功，辽北将添一高价美果也。

【006】阜新县旧庙镇中学读者杨景才问：我处的大扁杏树桑盾蚧发生严重，用石硫合剂、索利巴尔等药剂防治都不好使，还有哪些农药能治住这种害虫？

答：石硫合剂、索利巴尔是杀菌杀虫杀螨兼用之药，您的杏园蚧壳虫发生较重若再用此药好像力度小点。建议您除采取农业、生物、机械等防治措施外，选用10％吡虫啉可湿性粉剂、50％马拉硫磷乳油、90％晶体敌百虫、50％二溴磷乳油、50％亚胺硫磷乳油、80％敌敌畏乳油、40％乐果乳油、40％氧化乐果乳油、50％混灭威乳油、50％久效磷乳油、50％杀螟硫磷乳油、25％扑虱灵可湿性粉剂、95％蚧螨灵机油乳剂等杀虫剂进行防治，会有好效果的。

【007】铁岭调兵山市孤山子镇后峪村读者邵丹问：我地区山杏很多，但杏仁特苦，有什么办法能脱去山杏仁的苦味？听说板栗与柞树能嫁接，是真的吗？

答：第1个问题，根据山杏仁中含的苦杏仁甙易溶于水和水解的特性，可采用下列方法脱苦：①冷水拔苦法，把带皮的苦杏仁在40℃～50℃温水中浸泡软化数小时，再换冷水浸泡，每天换水2～3次，7～8天可脱去口感苦味。②去皮脱苦法，把苦杏仁在40℃～50℃温水中浸泡软化12小时，然后煮沸5分钟，放凉搓去外皮后在冷水中浸泡，每天换水3～4次，4～5天可完全脱去苦味。③酸处理法，将脱去外皮的苦杏仁放入0.1%盐酸溶液中加热煮沸并不断用工具抄扬促使有毒的氢氰酸挥发，然后捞入清水中；次日再重复一次热酸处理，冲洗干净即可，此法的毛病是氢氰酸易污染环境使操作人员中毒。上述3法适于家庭而不利于大规模生产，若想规模化加工就要考虑投资了。第2个问题，是真的，抚顺市林业科学研究院试验开发的“栗柞嫁接技术”，此成果已于2005年在抚顺地区推广应用。

20. 扁桃

【001】新宾县响水河乡响水河村周惠新、新民市公主屯乡王家学房村邢作岩、庄河市大营镇侯玉敏等读者问：我们对大扁桃栽培很感兴趣，我地区栽植能行不，哪里能联系到种苗？

答：扁桃是蔷薇科李属落叶乔木，坚果种子可食，原产西亚和中亚山区，栽培最多的是西亚。我国栽培主要集中在西北和西南地区，尤以新疆天山以南的阿克苏、喀什、和田种植较多。北纬30～40度范围内，包括辽东半岛、河西走廊、黄河流域均可栽植。据调查，义县大扁杏开发办公室2006年从南方引进扁桃苗木栽植，成活率仅在40%左右，露地越冬后的成活率也不高，冬后植株地上部分全部抽干或冻死。看来，扁桃在辽宁中北部地区栽植问题很大，辽南地区也需进行栽植试验才行。有专家说，扁桃植株在冬季零下24℃就会被冻死，不如发展辽宁的大扁杏来得安全可靠。

21. 板栗

【001】沈阳市于洪区造化乡读者白桂云问：在我们地区能否栽培板栗、核桃？

答：板栗也叫栗，为山毛榉科（壳斗科）栗属乔木或灌木植物。专家认为，板栗对土壤要求不严，喜肥沃、忌积水，忌土壤黏重，适宜在 pH5～6 的微酸性排水良好的砂质土壤生长，因此在低洼易涝地区不宜发展栗园，在沈阳地区很少有发展板栗的；家核桃栽培亦很困难，种植野生山核桃还可以。

【002】台安县新开河镇政府读者赵新问：板栗在我地区能否栽植？

答：近几年板栗已成为市场热销产品，价格看涨。板栗喜酸性土壤，较耐旱，耐瘠薄，宜于山地栽培。在您处可以生长，可少量引进栽植，以嫁接的树苗为佳。

【003】桓仁县普乐堡镇瓦房村读者高清香问：我家承包了几十亩荒山坡地，想发展板栗能行不，发展前景咋样？

答：板栗营养丰富，是值得发展的一个致富项目，不仅可炒食，还可制作多种营养食品，发展前景是光明的。种源您可在本地选购。

【004】凤城市鸡冠山镇薛礼村读者李金龙问：我承包了 10 多亩三面环山的低产田发展板栗，想在其中低洼处修池养殖林蛙，是否还要与村里签订合同？

答：您原来承包的土地已有发展板栗的合同，通常土地的生产品种和项目改变没有必要再签合同协议。但如果搞项目修池养殖林蛙改变地块土壤状况或状态，还要经过村里同意方可实施。

【005】河北省平泉县榆树林子镇喇嘛店村读者董春生问：我对栗树与柞树嫁接技术很感兴趣，嫁接后的丰产性如何，品质有没有变化，我地能否推广此技术？家核桃树嫁接山核桃树是否可行？辽宁省的马铃薯科研育种繁育基地在哪里，怎样联系？

答：为农根据您的提问顺序依次回答，①栗树与柞树嫁接主要目的是解决板栗早果矮化、在寒冷地区安全越冬问题。嫁接后比实生栗树提前 3～5 年结实，果实单果重及营养成分与普通板栗无显著差异，但树形变矮，高 4 米左右产量受限，而正常栗树 10 米多高；亲和力也有点问题。板栗通常在零下 25℃以内能安全越冬，极端低温不超过此温度的地区搞栗柞嫁接意义并不明确，您处运用此技术问题不大，但最好还是采用本砧嫁接。辽宁省抚顺市林业科学研究院发明并在当地推广栗柞嫁接技术很有成效，您有兴趣可以考察学习。②核桃楸也叫山核桃，为胡桃科胡桃属植物，辽宁省经济林研究所曾用家核桃树与山核桃树嫁接获得成功，并选育出核桃新品种，此技术适宜在冬季气温不太寒冷的辽南地区应用。③本溪市马铃薯研究所是辽宁省的马铃薯研究中心，选育出很多马铃薯新品种并有较大繁育基地，您可联系购种及参观学习，地址在辽宁省本溪市明山区紫金路9号。

22. 核桃

【001】凤城市蓝旗乡互助村读者陶振国问：我承包荒山想种植纸壳核桃，此物在我地区自然条件下能行不?

答：核桃也叫胡桃、羌桃，为胡桃科胡桃属落叶乔木，其球形坚果与扁桃、腰果、榛子并称为世界四大干果。纸壳核桃也叫薄皮核桃、露仁核桃，在年平均气温9℃～16℃以上、降水量800毫米以上地区均可种植。辽宁大连、绥中、葫芦岛等地有栽培。有专家认为，此物耐寒性较差，您可先少引种点试栽一下，成功后再大面积栽培。

【002】清原县夏家堡乡黄屯村李汉章、新宾县旺清门镇旺汉村戴辽西等读者问：听说种植家核桃能挣钱，很有前途，在我们地区种植能行不，哪里有种子种苗?

答：专家认为，您处栽植家核桃肯定不行，因为此物适宜在年平均气温9℃～10℃、无霜期在150天以上地区栽培，而年极端低温在零下25℃以上就会被冻死，沈阳、抚顺、铁岭及阜新等地都不行。辽宁目前在大连、营口、锦州、葫芦岛、朝阳等地有少量家核桃栽培，估计100万株左右，年产1000吨。因为过去的老观念使其多栽在贫瘠地上，造成植株营养不足而低产。辽宁省经济林研究所曾利用家核桃与山核桃杂交，但选出的后代是麻核桃，投入生产不理想。该所目前已经选育出辽宁1号、辽宁3号、辽宁5号、辽宁7号、辽宁10号、寒丰、礼品1号、礼品2号等家核桃新品种，可以在适宜地区试验种植；该所引进的美国家核桃新杂交种也正在试验之中。

【003】东港市长安镇三级台村读者邵余亭问：我地区山核桃树很多，但效益较低，我想将家核桃嫁接山核桃，是否能行?

答：专家认为，您所说的核桃是两个不同的种。据有人试验，家核桃是可以嫁接到山核桃上的，即将山核桃树做砧本，以家核桃为接穗，嫁接后可以成话，您可以一试。

【004】东港市长安镇三级台村读者邵金亭问：我地区的山核桃、野榛子较多，我想购买家核桃苗和家榛子苗等嫁接或种植能行吗，哪里能有种苗和接穗？

答：能行。此事的较权威机构是辽宁省经济林研究所，有辽核1号、辽核4号等核桃新品种；有大果榛子等榛子新品种；有辽栗10号、辽栗23号等栗子新品种，您可以前去学习或购种苗，地址在大连市甘井子区育林街252号。此外，该所在普兰店市四平乡、瓦房店市炮台镇均有示范基地，您也可前去参观。

【005】新宾县旺清门镇旺汉村读者戴辽西问：我们这里冬季气候寒冷，种植美国薄皮家核桃是否能行？

答：肯定不行。

【006】内蒙古扎兰屯市大河湾农场读者杨广林问：我很想种植干果，发展经济林，辽宁省经济林研究所在哪里，怎样联系？

答：辽宁省经济林研究所是我国唯一从事经济林树种研究的科研单位，主要开展核桃、板栗、榛子、银杏、枣树等坚（干）果树良种选育、栽培技术及生物技术的研究与开发。地址在大连市甘井子区中华西路9号，邮政编码116031。

23. 榛子

【001】盖州市罗屯乡政府读者张永坤问：我乡地处山区，丘陵多，近几年想发展榛子是否能行，我们这山上野生榛子较多，发展前景如何？

答：榛子是目前市场较俏销的干果，沈阳市场零售价每公斤60多元，价格还有上涨趋势；不若说每公斤60元，就是30元都有账算。利用荒山发展榛子好管理，大有前途的，可惜现在规模化生产的较少；技术问题主要是防虫，多打几遍药即可。

【002】西丰县德兴乡读者王玉普问：我想栽种美国大榛子，在我地能不能行？

答：美国大榛子在辽宁本溪、丹东地区已有种植出苗生长，并有结果，可谓成功，您也可种点儿试试。

【003】义县大榆树堡镇小籽粒西村读者石国青问：榛子属山货野果，近几年价格看好，我有一片林子，怎样管理好这片林地？

答：目前榛子的市场价格确实很高，但普遍存在质量不好的问题，主要是虫害严重，影响榛果质量。首要工作应是灭虫，在蛾盛期及时用药物防治，产量和质量会明显提高。

【004】抚顺县上马乡苍石村读者周多问：在我们这荒山上栽植榛子和核桃能行吗，经济效益怎样？

答：能行。目前经济效益还不错。

【005】宁夏回族自治区中宁县康滩中学西围墙巷2队读者田春云问：辽宁的大果榛子、五味子等在我处能否种植，苗木哪里有售？

答：辽宁的大果榛子、五味子在您地区种植需要进行引种试验，成功的可能性是非常大的。苗木种源可查阅近两年的《新农业》杂志，能找到有关信息的。

【006】抚顺县哈达镇小寨子村读者王新问：我承包了一片野生榛子园，效益不错，就是到秋天收获时榛子果虫口特别多，损失很大，有什么办法能防治这种害虫呢？

答：榛树上发生的害虫叫榛实象甲，在辽宁2～3年发生1代，以老熟幼虫及成虫在土中越冬，6月成虫交尾产卵于幼果上，7月幼虫蛀入果实取食榛仁，8月中下旬脱果入土化蛹。防治此虫可在成虫产卵初期的5月中旬到7月上旬，用60%敌马合剂乳油300倍液喷雾，连喷2～3次，或用50%辛硫磷乳油与50%氯丹乳油以1∶4比例混合对水400倍液喷雾；也可在幼虫脱果前后的8月份地面撒4%敌马粉剂毒杀幼虫。

【007】宽甸县下露河乡供电所陈永安、铁岭市清河区聂家乡东老谷峪村吕洪等读者问：目前市场上大榛子的价格很好，人工栽培大榛子的方法及产量怎样，哪里有种苗供应？

答：目前辽宁各地栽植的大果榛子多数是辽宁省经济林研究所利用欧洲榛子与本地平榛子有性杂交选育出的新品种。欧洲榛子果大，本地野生平榛子抗寒性好，两者杂交选育出的品种优势性状互补适应性强，已经在生产上应用。通常每亩栽植110株，3年见果，5～6年进入丰产期，每株可产干果1.5公斤，高产的3.5～4公斤，亩产在165～200公斤。辽宁省经济林研究所已选出多系列大果榛子新品种，并建有多个种苗基地，您可联系购买种苗。

【008】宽甸县虎山乡红石村读者陈景林问：我想发展榛子、板栗生产，目前行情怎样，发展的前景如何？

答：榛子被称为坚果之王，此物 2007 年在辽东有减产迹象。为农走访市场，发现目前美国大榛子熟品在沈阳每公斤价格 50 元以上，本地毛榛子每公斤 48 元左右，业内人士估计其价格还有上涨趋势；板栗脱皮生品超市价格每公斤 14 元，糖炒栗子每公斤 28 元有点偏低，但这两种坚果是应该大力发展的。与种植粮油作物相比，现在的 1 公斤榛子相当于 50 公斤玉米价格，如果略加精细管理防好虫害，产量及经济效益十分可观，是很有前途的。辽宁东部山区还缺少科学管理的榛子生产基地，更缺少配套的科研成果介入，建议有关部门高度重视并增加科技投入，大力开发建设科技含量高的榛子生产基地，以满足市场需求。

【009】铁岭市清河区清河乡孔台村读者谭文湖问：我想用吲哚乙酸处理 1 年生野生榛子苗，再用榛子苗建园，使榛子早结果，这种方法能行不？

答：吲哚乙酸属于生长素类，有促进植物细胞生长、器官性别分化、保持顶端优势、保花坐果和形成无籽果实等作用。生产上常用其诱发插条生根，能否使榛子早结果还需要进行试验才行。值得注意的是，生长素类低浓度会促进植物生长，而高浓度则会抑制植物生长，因此在处理小苗时一定要注意使用浓度和喷药次数，以免产生药害影响生长。

【010】新民市新农乡新农村读者武文学问：看到市场榛子价格很高，我地区坡地占 70%、岗地占 30%，栽植榛子是否能行？

答：能行，沈阳市沈北新区已有栽植的。

【011】陕西省宝鸡市卫冰神龙科协读者高明克问：大果榛子、辽榛 3 号和辽榛 4 号在我地区能否栽植，怎样联系种源？

答：辽宁省经济林研究所选育的这两个大果榛子新品种，适合在北纬 43 度以南地区栽植，按此条件衡量在您处可以栽植。该所地址在大连市甘井子区中华路 9 号，邮政编码 116031。

【012】西丰县郜家店镇政府读者施洋问：我现在非常想了解动植物转基因或克隆技术，如改良当地榛子和苗木花卉品种，到哪能学到此技术，前景如何？

答：转基因及克隆技术属生物工程领域的高新技术，主要工作部分需在实验室条件下进行，因此需精密技术和较大资金。基层科技人员及农户的条件很难亲自去从事这项具有研究性质的工作，只能享用其最新成果或产品。此项技术大有发展前景，就让科学家们去做吧，我们坐享其成岂不美哉。

24. 枣

【001】昌图县十八家子乡康家小学读者吴晓峰向：我想栽植红枣，在我们地区适宜不?

答：红枣也叫大枣、干枣、枣子，为鼠李科枣属植物，自古被列为桃、李、梅、杏、枣五果之一。大枣耐旱耐涝适应性强，在辽西的朝阳、绥中等地栽培较多，形成优势，其他地区有零星栽植。因其抗寒性较差，在您房前屋后较暖和的小气候条件下，可少量栽几株试一试。

【002】东港市合隆镇东果林村读者何厚红问：听说有鸡蛋大的梨枣，此枣在我地区栽植能行不?

答：梨枣又名大铃枣、脆枣，原产于山西运城龙居乡东辛庄一带，果大皮薄肉厚、清香甜脆，单果平均重 31.6 克，最大单果重 80 克。辽南地区可以试试，注意冬季严寒冻害保护，预计成功的概率会很高。祝您成功!

25. 柿子

【001】凤城市边门镇东山村读者冯占东问：我想栽植柿子树，不知辽宁气候条件适宜不，前途咋样?

答：柿子也叫朱果、猴枣，为柿树科柿树属落叶乔木，结浆果，橙黄色或黄色可食。幼树定植后 5～6 年结果，7～8 年进入盛果期，20～50 年结果到达最盛期。我国柿树水平分布大致在年平均气温 10℃等温线地区，年均气温低于 9℃的以北地区柿树难以存活，在 10℃～15℃的地方少数年份会发生冻害，高于 20℃的地方柿子果面粗糙品质差。看来，辽宁属于寒冷地区，柿树存活及结果有问题。您若有兴趣，可引栽几棵在花盆里作为观赏。至于发展前途，不会有啥奇迹发生!

26. 柑橘

【001】新宾县新宾镇民主村读者李连汇问：听说辽南有用日

光温室栽培柑橘成功的，我也想搞，能行不？

答：柑橘也叫柑桔，为芸香科柑橘属常绿小乔木或灌木，果实可鲜食又可加工成果汁，主要分布在北纬35度以南区域。为农觉得，柑橘在辽南地区温室中栽培成功的问题不大，关键是经济效益能否上来。花那么大的投资弄出的柑橘在市场上销售时与南方的柑橘价格相差无几，倒有点不实惠的感觉。既如此，何不扬长避短，发展本地优势的优质苹果呢？

27. 越瓜

【001】鞍山市千山区大阳气镇周家堡村读者石利民问：台湾地区生产的越瓜、木瓜在辽宁地区能否种植？

答：越瓜也叫生瓜、梢瓜、脆瓜，为葫芦科甜瓜属一年生蔓性草本植物，喜温耐热，可以试种一下；木瓜为番木瓜科番木瓜属落叶灌木或乔木，原产东南亚，在辽宁地区种植自然条件下越冬会发生冻害，只能在花盆中栽培以供观赏。

28. 火龙果

【001】绥中县塔山乡潘家村读者孟昭彬问：我想在温室内栽培火龙果是否适宜，前景如何？

答：火龙果也叫红龙果、青龙果、芝麻果、情人果，是仙人掌科三角柱属植物，原产墨西哥，近年引入我国，属热带水果。耐旱耐热，粗生易长，不耐霜冻，冬季气温低于10℃的地区不宜露地种植。我国广东、福建省及越南、泰国等国家盛产，在辽宁自然条件下不宜种植。在大棚中种植尚无报道，您可以试验一下。至于发展前景只待引种在温室大棚的试验结果再说，估计在辽宁不会有好的发展前景。

29. 石榴

【001】瓦房店市永宁镇全家村读者丛国锋问：沈阳地区有石榴、柿树、大枣（巨枣）等品种种源吗？

答：石榴、柿树两种果树在沈阳地区多为花盆中生长的观赏植物，在自然条件下生长冬季会遭冻害，不宜栽植。大枣在沈阳地区虽能生长良好，栽植者也不多。最近引入辽南地区有一种称之为梨枣的大枣品种，个大，20个枣有1公斤重，种源大多来自山东、山西、河南省一带。

【002】建平县小塘镇苏子沟村读者韩秀云问：在一些报刊上看到石榴的介绍，我很想引进种植，能行不，市场前景怎样？

答：石榴也叫安石榴、海榴，为石榴科石榴属落叶灌木或小乔木，属热带果木，浆果球形可食，在辽宁自然条件下栽植到冬季会受冻害。若作为花卉栽培只能通过温室大棚来越冬。因此，为农觉得石榴在辽宁地区自然露地栽培不会有啥发展前途。

（四）蔬菜

1. 番茄

【001】凌源市前进乡石沟村读者王林君问：2006年2月22日中央电视台1套播出《张骞通西域》节目，说西红柿是博望侯张骞从西域带回来的，受到汉武帝赞赏，从此传遍华夏各地，西红柿真是西汉张骞引入并开始种植的吗？

答：此事肯定有误。西红柿也叫番茄、洋柿子，为茄科茄属植物，1492年哥伦布发现新大陆时西红柿还默默生长在南美洲秘鲁的大森林里。大约16世纪英国有个叫俄罗达拉里的公爵才从南美洲带回此物献给女皇伊丽莎白，并种在花园里观赏，欧洲人称其为“爱情苹果”，后来才被食用。西红柿从欧洲传到亚洲及我国则应在此之后，约明朝万历年间。张骞通西域是公元前130年左右的事情，那时欧洲还没有西红柿，他是不可能带回此物的，汉武帝也就没有见过和没吃过西红柿。不过，从名字中的“西”、“番”二字可以看出，此物应该是从西域丝绸之路传入中国的。

【002】陕西省宁强县代家坝区读者庞友锦问：番茄L-402品种在陕南山地是否可以引种栽培？哪里有种子？

答：此番茄品种在陕南地区可以引种栽培！辽宁省农科院园艺所有种子。

【003】丹东市振安区楼房乡读者罗永德问：我们地区番茄早疫病、晚疫病发生严重，烂叶、烂秆、烂果，打许多种农药都治不住，阴雨天病害蔓延直线上升，我们束手无策了，到底用什么药、什么办法能治住这种病害？

答：看了您的来信，为农十分着急。治病害与治虫害有点不同，防治虫害见虫量一定时用药尚可，而病害防治的关键是以防为主。一旦病害发生蔓延开来，就什么药也不那么灵了，药剂的作用只能控制其蔓延，想根治是很难了。因此，您说治不住此病的主要原因可能是药打晚了，最好在发病前先把药打上，或是稍有点迹象就打药，防重于治。使用的药剂有：25%瑞毒霉可湿性粉剂800～1000倍液，96%硫酸铜1000倍液，1:1:160～200倍波尔多液，64%杀毒矾 M_8 可湿性粉剂400～500倍液，40%乙磷铝200倍液等喷雾。此外，还有甲霜灵锰锌、百菌清等药剂也可选用。

【004】东港市北井镇林家村读者林景义问：我地区番茄有种病一年比一年重，红熟不均，外皮硬，咬开看中间有黑线，重者果肉变褐色坏死，不能食用。这是啥病？咋防治？

答：专家认为，番茄此病系植物病毒所致，即烟草花叶病毒(TMV)的一个新毒株侵染引起的病害，症状明显地表现为茄果内果肉坏死。取带病毒的汁液电镜检查可见直杆状病毒粒体。防治病毒病目前尚无有效之法，只能选无病毒污染的良种，实行轮作倒茬，大棚换土或改种其他作物，并清扫田间残物以尽量减少传毒机会，整枝打杈时要避免人为传染。药剂防治可用植病灵喷雾，配合叶面喷施尿素等营养疗法。

【005】开原市下肥地乡西下肥地村读者任义问：我准备在甜瓜地里栽番茄，有人说番茄对甜瓜生长有影响，甚至相克，是真的吗？

答：不论哪两种作物种在一起都会互相影响的。番茄对甜瓜生长会有影响，甜瓜对西红柿也会有影响，争水、争肥、争阳光。但两种作物种在一起关键要看其综合经济效益如何，若高于其单独种植的，还真得研究研究，您可在加强肥水供应、合理安排种植形式的情况下少量试一试，看咋样。至于相克一说并没有根据。

【006】丹东市振安区九连城镇庙岭村读者于长义问：我去年种植的番茄发生灰霉病，减产大半。开花以后一个劲儿烂果，啥药都用了，剂量超过几倍也没治住，您有啥好办法治住这个

病害?

答：番茄灰霉病近几年猖獗地发生蔓延。可用10%速克灵800～1000倍液，或40%嘧霉胺600～800倍液，50%扑海因(异菌脲)1000～1500倍液，65%抗霉威可湿性粉剂1000～1500倍液，或50%甲基硫菌灵(甲基托布津)500倍液，或50%多菌灵500倍液叶面喷雾，7～10天喷1次，连续喷2～3次；也可用10%灭克粉尘剂、45%百菌清烟剂防治。请注意，防治时一定要抓个“早”字，做到无病先防才行。

【007】丹东市振安区九连城镇九连城村读者毕克勤问：番茄用2，4-D蘸花的浓度及方法如何，气温对其有何影响?

答：番茄开花期用2，4-D蘸花提高坐果率效果是明显的，浓度一般在15～20毫克/公斤，方法是用其涂抹花冠的基部。此外，也可用30～40毫克/公斤的番茄灵或防落素喷花，气温低时选用高浓度，气温高时选用低浓度。

【008】义县前杨乡枣茨山村读者张晓辉问：我在番茄上喷施了多效唑，喷后发现果实不生长了，叶片深绿发白，这是怎么回事?怎样解救?

答：从您描述的番茄症状上看，您使用的多效唑的浓度可能过大或用量过多而产生了药害，抑制了植株生长，应及时进行解救。常用的方法是用85%赤霉素10～20毫克/公斤水溶液进行喷洒，也可通过增施氮肥来缓解症状。

【009】普兰店市花儿山乡张店村读者何传美问：我对常规品种番茄这个概念不清楚，“常规”是啥意思?

答：常规品种的概念是与杂交品种相对应的。一般说来，通过系统选育出的品种均称为常规品种，可连续种植，种性退化较慢。而杂交品种则是通过植株定向杂交选育生产出来的种子，具有很强的杂种优势，但连续种植则会发生遗传分离而严重减产。

【010】法库县五台子乡四台子村读者王亦农问：我连续两年用2，4-D20毫升/公斤的浓度蘸番茄花，虽然进行通风透光，但还是出现僵果现象，怎样避免这种现象?

答：2，4-D蘸番茄花益处很大，配制药液浓度和操作要精准，否则问题不少。浓度高、涂抹不均都会显示出药害的威力，僵果很可能是药液配制不准确、浓度过高所致。

【011】新宾县苇子峪镇刘家村读者任福全问：番茄结果后，发现果实顶部有许多水浸状病斑，这是一种什么病？用啥药剂能防治？

答：根据您描述的症状，专家认为，很可能是番茄灰霉病，由一种真菌侵染所致。幼苗发病时子叶尖端发黄，扩大到幼茎，产生褐色或暗褐色病斑。果实受害果柄托叶凹陷处呈水浸状白色病斑，继而软腐，潮湿时表面生出浓密的灰褐色霉层，青果不论大小均可受害。此病在温室、大棚中发生较为普遍。防治方法是苗床土用福美双、扑海因等药剂处理；同时加强通风透光；蘸花时在番茄灵或2，4-D中加0.1%～5%速克灵可湿性粉剂防止花器染病；以后用50%速克灵1500～2000倍液或50%多菌灵可湿性粉剂1000倍液喷果2次，每隔7天喷1次。还可用扑海因、灰霉宁、农利灵及武夷霉素等药剂任选一种进行喷雾，每隔7天喷1次，连喷2～3次。

【012】丹东市振安区同兴乡前进村读者谢国庆问：有信息说转基因番茄每亩产量可达10吨，是真的吗？

答：为农听说过此报道，认为此数字有点过高，有可能是小面积试验推算出来的数字，且计算误差是较大的。据专家介绍，目前番茄亩产5吨就是“天”了。不过，随着新品种的选育和温室周年生产技术的应用，这种可能会有的。

【013】岫岩县黄花甸镇关门山村读者郭峰问：我地区温室大棚中的番茄几年来普遍发生叶片尖部黄边、枯斑现象，这是咋回事？怎么防治？

答：根据您寄来的叶片标本，专家认为番茄得了灰霉病，叶片受害多在叶尖或叶缘出现淡黄褐色“V”形病斑，向叶内扩展形成大小不一的枯斑，病部、健部分界明显，有的叶片萎蔫下垂；茎部受害最初出现水浸状小斑，后扩展为长椭圆形，病部表面生出灰褐色霉层。此病在温室大棚中发生较重，也危害黄瓜、茄子、甜椒、芸豆等蔬菜，是一种真菌性病害。病菌附着在病残体上，或遗留在土壤中成为第二年的初侵染源，并靠风雨、气流、灌水传播。温度低、湿度大、阴雨寡照的条件下易发病。防治方法是用福美双、扑海因进行床土消毒，通风透光，增温降湿，及时摘除病果、病叶带出销毁。生长期可用速克灵、多菌灵、扑海因、灰霉宁、农利灵、武夷霉素等药剂进行防治。

【014】岫岩县黄花甸镇关门山村读者郭峰问：现在樱桃番茄市场看好，其冬季生产如何进行管理?

答：樱桃番茄是番茄大家族中的成员，在果实大小上与普通番茄有异，而生长特性及对环境的要求并无啥差异。因此冬季温室大棚中生产樱桃番茄技术与普通番茄生产基本相似。但在搭设的架式上确实不一样，樱桃番茄架式高大结实为宜，以适应其无限生长型的特性。

【015】庄河市明阳镇花园口村读者李治平问：我种植的大棚番茄留下4个穗果，只有2穗坐住，中间的2穗都是瞎花，这是什么原因造成的?

答：专家认为，番茄瞎花坐不住果的原因很多，授粉不良、茎叶徒长、郁闭潮湿、棚温过低、肥水不当均可造成瞎果，您的番茄瞎果可能是棚室温度过低、郁闭或第1穗果乒乓球大小时未及时浇水追肥造成的。

【016】凤城市鸡冠山镇邮局转读者张立新问：番茄树是否可以在露地栽培?

答：生产上的番茄树多指人工选育的一年生草本番茄，与普通番茄基本相同，结果多而小，需搭架和简单整枝，因生长量大多采用营养液栽培，露地栽培因营养供应不足植株会变小。木本番茄树不适于北方露地栽培。

【017】东港市长安镇读者刘军问：我经常看到无土栽培番茄和蔬菜的资料，此技术措施的实用价值如何?

答：无土栽培是一项很有前途的作物生产新技术，多指营养液栽培也叫水培，日本等较发达国家广泛采用。这种工厂化的生产方式很有应用价值，我国已在番茄、黄瓜、生菜、甘蓝、莴苣、菜豆、豌豆、大豆、小麦、水稻、燕麦、甜菜、马铃薯、花卉等作物生产中有成功的经验，其产量比土壤栽培的高，投入成本费用也较高。目前无土栽培技术主要在叶菜类蔬菜生产上应用。

2. 茄子

【001】营口县虎庄乡读者孙秀华问：我种植的茄子发生了病害，头伏大雨过后叶子发黄，逐渐落叶，发生死秧，用镰刀割秧发现茎秆有黑圈，后期又出现其他病害。能告诉这是怎么回事、能治吗？

答：据此症状，专家认为可能是茄子黄萎病，也叫凋萎病、半边疯，是由一种真菌引起的病害。病菌在土壤中腐生可达10年，番茄、辣椒、马铃薯均可发生此病。防治方法是立即停种茄科作物，实行5年以上轮作；低洼黏重土壤注意及时排水。苗床土每平方米用5～6克50％多菌灵消毒后再移苗。定植前每亩用50％多菌灵2.5公斤对20～25公斤细土混匀后施入定植穴，或定植后用50％多菌灵400倍液、70％敌克松500倍液灌根。

【002】黑山县四间房乡郭牛村读者刘海昌问：我想种植茄子，绿色和紫色的哪一种质量好，受消费者欢迎？

答：绿色茄子和紫色茄子就像白皮鸡蛋和红皮鸡蛋一样，从营养成分的含量上看没有差别。至于哪一种颜色受消费者欢迎，不同地区的人们口味和习惯有点不同，如沈阳、锦州人多喜欢吃绿色茄子，鞍山、丹东人多喜欢吃紫色茄子。至于您种植啥颜色的茄子，还是根据您本地人的消费习惯来定吧。

【003】东港市马家店镇三家子村读者刘存生问：去年我在自家屋后地里种茄子收入不错，今年又种了茄子却病死苗较多，啥毛病？

答：茄子是茄科作物，最忌重茬连作。您的茄子死苗严重，可能是由于连作病害较重所致。

【004】盖州市卧龙泉镇腰堡村读者陈建刚问：冬季搞大棚蔬菜生产，对气候、温度和地理条件都有哪些要求？

答：冬季搞蔬菜大棚生产，外界自然条件虽然重要，但首要制约因素是棚室内的温度控制，即作物生长温度必须在生物学零度以上（10℃以上），这就需要保温和加温。地势应选在高燥及背风向阳的地方。棚内温湿度及光照等气候条件应注意调节，人工增加棚室中二氧化碳的浓度含量以促进光合作用，果类要注意人工授粉。

【005】大连市金州区石河镇大王村读者徐广权问：我把老果园废掉想建温室大棚，可到现在也不知道温室内种点什么好，您能给建议一下吗？

答：为农给您请一个好“向导”，就是先到各处菜市场走一走，看哪些果菜产于大棚之中，哪个果菜品种价格好。然后再到一些老大棚的村户走一走，看他们是怎么建的，怎么种的，种的都是些啥东西，问一问他们有哪些诀窍。一走一看一问之后，您的心里便有谱了。

【006】抚顺市望花区滨武街读者金宝富问：我种的茄子、辣椒田中杂草丛生，如何除掉这些杂草？

答：您除了勤铲勤趟外，还可采用化学除草剂除草。常用的农药有48％氟乐灵栽前施药，50％杀草丹或50％稗草烯、48％拉索、30％毒草胺移栽缓苗后施药，培垄后可用50％扑草净。还可用10％禾草克、35％稳杀得或20％拿捕净在杂草3～5叶期喷雾。

【007】岫岩县汤沟乡东兴村读者关丽军问：听说蔬菜育苗普遍采用电热育苗法，其中的电热线用电热毯中的是否可以？

答：从基本原理上看两者无大差异，但不可混用。应选用专门的蔬菜育苗电热线为宜。

【008】瓦房店市杨家乡黄家村读者于忠深问：听说有一种高产蔬菜“茄子树”已在各地推广，是辽阳市的一位科技人员搞的，从国外引进的并栽培成功，到哪能买到此树？

答：所说的“茄子树”着实有点形象夸张，辽阳市搞的新成果说白了就是茄子嫁接再生栽培技术，即选用刺茄品种作砧木，西安绿茄做接穗进行嫁接，成活后可产茄上市，要根据市场测算适时割掉老茄秧，从根桩上再萌发侧枝进行生产，实现周年生产、周年供应，此项新技术已有应用资料介绍，您可查阅。

【009】沈阳市东陵区高坎镇仁境村读者滕秀龙问：我家种植的10多亩茄子黄萎病发生严重，有什么办法能治住这种病害？

答：茄子黄萎病就是人们常说的半边疯、半边黄，是一种由真菌引起的病害，也危害辣椒、番茄、马铃薯、瓜类等。多在门茄坐果后开始发病，叶片发黄上卷，植株萎蔫。防治方法是选用抗病品种或实行4年以上轮作；采用多菌灵浸种或定植前土壤消毒；发病初期可用70%敌克松粉剂500～600倍液灌根，也可用DT、混杀硫悬浮剂、增效多菌灵、治萎灵水剂等药剂进行灌根。

3. 青椒

【001】凤城市白旗乡后营村读者王军问：我想知道辣椒病毒病的防治方法，能介绍一下吗？

答：辣椒病毒病和番茄病毒病一样，都是由烟草花叶病毒和黄瓜花叶病毒侵染所致，落花、落叶、落果，严重影响产量和质量。防治上除选抗病品种外，应注意调节地温，定植初期扣小棚、覆盖地膜或勤铲勤趟提高地温以促进根系发育壮秧；后期降地温小水勤灌以减轻发病。蚜虫传毒在辣椒上比番茄厉害，要狠抓苗期和定植初期的灭蚜。据试验，喷施植病灵、增产菌及尿素等可减轻病害。

【002】庄河市光明山镇乔屯村读者李万章问：我想种植辣味浓、品质好的辣椒，您能推荐几个品种吗？

答：辽宁省农业科学院园艺所培育的辽椒1号、辽椒13号等辽椒系列品种跟您的需求差不多，您可引种试试。该所地址在沈阳市东陵区马官桥，邮政编码110161。

【003】西丰县蔬菜研究会读者赵世臣问：我种了10亩露地辣椒，因草荒严重只剩下7亩，产量甚小，用啥除草剂解决草荒，既有效还安全？

答：露地辣椒田化学除草已有成功的经验。一般在移栽前用氟乐灵、地乐胺等除草剂对水均匀喷雾处理土壤，并及时进行混土即可。在移栽缓苗后可用杀草丹、稗草烯、拉索、毒草胺喷雾处理土壤，对1年生禾本科杂草防效好，且较安全。此外，在杂草3～5叶期用精禾草克、精稳杀得或拿捕净等除草剂对水均匀喷在杂草茎叶上，防效也不错。

【004】新民市柳河沟乡皮毛加工厂读者郝跃林问：我们几个村农民种的辣椒得了病害，叶片出现黑褐色环纹，变黄脱落，这是什么病？用什么药能治住？

答：专家认为，您说的这种病害是分布广、发生重的辣椒炭疽病，由刺盘孢属的黑刺盘孢菌侵染所致。防治方法是播种前用

55℃温水浸种10分钟，进行种子消毒。实行2～3年轮作，不重茬，防止过密，增施磷钾肥以防止落叶，收获后深翻土壤。发现病株及时喷药，常用药剂有65%代森锌500倍液，40%福美胂600倍液，70%甲基托布津1000倍液，75%百菌清600倍液，均匀喷雾；炭疽福美、世高、达克宁等防效也较好。

【005】建昌县新开岭乡红旗村读者刘昌文问：从辣椒植株上剪掉的枝条用“ABT”生根粉处理后，能否再生根？

答：在正常的自然条件下，剪下的辣椒枝条药剂处理后生根成活的难度很大。

【006】桓仁县向阳乡双合村读者刘方军问：我想在覆膜的辣椒、番茄田以及芹菜田采用化学药剂除草，都用哪些除草剂？

答：辣椒、番茄覆膜田化学除草，常用的是48%氟乐灵乳油，每亩用量100～150毫升，或48%地乐胺每亩250～300毫升，在整地后移栽前对水喷雾土表，施后混土盖好地膜，再打孔栽秧。芹菜田化学除草的药剂较多，播后苗前可用扑草净；移栽后可用精稳杀得、禾草克、拿捕净等药剂。

【007】铁岭县大青乡刘家窝棚村读者刘峰问：辣椒田是否可用除草剂进行化学除草？用哪种适合？

答：辣椒属于茄科作物，因此能在茄子田、番茄田、马铃薯田应用的除草剂均能在辣椒田使用。移栽或出苗后用的除草剂有杀草丹、稗草烯、拉索、毒草胺、精禾草克、精稳杀得、拿捕净等。地膜覆盖田可用氟乐灵、地乐胺等处理土壤，混土覆膜，打孔移栽。

【008】兴城市高家岭乡满井村读者李洪利问：我们利用大棚种植了几年青椒，想购进些高产、早熟的青椒种子，到哪能买到？

答：据为农了解，沈阳市种子市场是辽宁省各类作物种子最新而全的地方，您可以前去购种；网上搜索查阅也可联系购买。

【009】法库县叶茂台镇庙台山村读者杨彬问：我处有300多亩辣椒育苗后空下的冷棚地，下茬种植芹菜能行不，对明年辣椒育苗有没有不良影响？

答：辣椒下茬种植芹菜没有问题，对下年辣椒育苗影响也不大。但要注意土壤消毒或更换育苗地，因为多年在一块地上繁育辣椒苗，病菌累积后病害肯定会增加的。

4. 芸豆

【001】康平县二牛乡二牛村读者李伟问：我种植芸豆，想在6月份采收种子，7月份用其播种，播后能发芽出苗不？

答：据研究，开花后25～35天采收的芸豆种子发芽率基本达100%。如果您在6月份采收的是成熟饱满的芸豆种子，7月份播种，发芽出苗是没啥问题的。但请您注意品种的选择，不同品种的芸豆生理特性有一定差异。

【002】铁岭县大甸子乡椴木冲村读者刘文斗问：入夏以来，我家园子里种植的芸豆上发生了许多瓢虫，把叶片吃得只剩下筋皮了。我打了药过几天还有，用什么方法能治住？

答：瓢虫的抗药性较强，防治可利用其假死性震落捕捉，也可用敌敌畏、敌百虫、辛硫磷、菊马乳油等药剂进行喷雾，均有驱避触杀防治的良好效果。

【003】凌海市大中乡唐屯村读者曹江刚问：我有块地前年种植玉米时打了莠去津，今年想种植芸豆，能发生药害不？

答：莠去津在正常用量下隔2年的土壤对芸豆不会产生药害。药害的主要表现是生长不旺，有小老苗现象，重的发生卷叶。芸豆对该药不很敏感，一般不会发生药害。

【004】锦州市太和区大薛乡三屯村读者张燕君问：今年我地区蔬菜市场行情低落，1元钱能买2公斤芸豆、3～4公斤茄子、5～6公斤黄瓜等，造成农民收入大幅度减少，成本都收不回来了，这是怎么回事，能分析一下吗？

答：蔬菜专家说，2006年夏季地产蔬菜市场价格偏低的主要原因除了局部地区种植面积加大外，主要是一些品种上市时间过分集中造成的。建议菜农在进行蔬菜生产时，注意搞好市场调查和分析，适当错开播种时间种植大宗蔬菜，避开上市高峰期，可防止烂市，卖上好价钱。

【005】昌图县八面城镇读者靳春风问：我家的大棚芸豆病害较重，植株叶片发黄严重，这是什么病害？用啥方法防治？

答：植病专家看了寄来的病株认为，您的大棚芸豆得了一种由镰刀菌引起的枯萎病，是一种只侵染芸豆的土传真菌性病害，种子也可带菌远距离传播。地势低洼、平畦种植、灌水频繁、肥力不足、管理粗放的重茬地块在24℃～28℃、80%湿度条件下容易发病。防治方法是用50%多菌灵可湿性粉剂按种子重量的0.5%拌种，或40%甲醛300倍液浸种，或用50%多菌灵可湿性粉剂500倍液处理土壤后播种；发病初期可用50%速克灵可湿性粉剂1500倍液、70%代森锰锌可湿性粉剂500倍液，或50%甲基托布津可湿性粉剂500倍液、50%琥胶肥铜300倍液喷雾。此外，与非豆科作物轮作、加强管理、适量灌水、高垄栽培、施用腐熟有机肥、追施磷钾肥也能控制病害发生。

【006】东港市马家店镇三家小学读者单字元问：我地区芸豆、辣椒、葡萄价格低时卖不出去，能否运用冷藏技术进行贮藏，哪里有这种技术？

答：专家认为，芸豆、辣椒不耐贮藏，冷藏的较少，贮藏会影响其品质和新鲜度甚至会腐烂，通常采用错期播种躲过市场旺季生产或温室大棚栽培堵淡季市场为宜。葡萄冷藏的较为普遍，技术并不复杂，大致方法是选用耐贮晚熟品种在完熟时采摘、剔除病小粒装箱放入防腐剂或焦亚酸钾片，置-2℃～0℃、相对湿度90%～95%冷库中贮存。您可参观考察或向专家请教来掌握葡萄贮藏保鲜技术。

5. 黄瓜

【001】东港市小甸子镇房身村读者牛青林问：我在大棚里种植的黄瓜化瓜、冒油叶穿孔，用了很多药就是治不好，您看是啥病，到底咋治好？

答：专家认为，您的黄瓜化瓜是得了灰霉病，冒油叶穿孔是发生了黑星病。可采取棚室熏蒸消毒、土壤消毒、种子消毒、降低湿度及增施磷钾肥等方法进行预防。防治黑星病用百菌清烟剂或粉剂，或用多菌灵、扑海因、敌菌丹、苯菌灵等药剂；防治灰霉病用农利灵、速克灵、扑海因、百菌清、甲基托布津等药剂。注意早用药剂预防。

【002】吉林省梅河口市湾龙乡福岁村读者董贵仁问：听说丹东市蔬菜研究所配制的克星丹药剂比较好使，在沈阳哪个地方能

买到？

答：克星丹是丹东市蔬菜研究所复合配制的杀菌剂试验产品，主要用于防治黄瓜等瓜菜类的黑星病。目前在沈阳地区尚无销售的，因为此药并未正式投入工厂化生产。

【003】吉林省梅河口市湾龙乡福安村读者董贵仁问：用硫磺粉熏蒸对温室大棚消毒，对黄瓜小苗及其他生长的蔬菜类是否有影响？

答：硫磺粉熏蒸系温室大棚及空间杀菌消毒之术，并非治疗植物本身之病。因此要求在黄瓜小苗定植以前10天进行，就是说在空棚期或没有种菜时进行，在定植后或棚中有菜类生长时则禁止应用，否则就会出事儿。

【004】宽甸县下露河镇连江村读者王贵福问：在温室大棚里黄瓜与韭菜能不能间作？

答：黄瓜与韭菜在温室大棚中最好不要进行间作。因黄瓜属高棵蔓生作物，搭架生长起来会影响韭菜生长。韭菜的光、水、肥等得到较少，不如清种一种作物好。

【005】凤城市沙里寨乡诗雅甸村读者任广旭问：我家扣了个大棚栽培黄瓜，可是从结瓜就开始化瓜，长到1寸长左右发黄、萎蔫，最后脱落，用啥药都不好使，这是啥病？咋防治？

答：专家认为，您的黄瓜化瓜可能是授粉不良所致。黄瓜系虫媒或风媒传粉才能坐瓜的作物，大棚内无风，昆虫亦少，开花时进行人工授粉则是防止化瓜的重要措施，可在开花时用手摘下雄花将其花粉轻轻授在雌花柱头上。

【006】宽甸县大西岔乡明安村读者吕文问：我想在蔬菜大棚里同时种植黄瓜、番茄、青椒、茄子或芸豆和韭菜，能行不？是否相互间有不良影响？

答：在大棚中两种或多种蔬菜同时种植是可以的，也是生产中提倡的。单一种植容易管理，形成规模效益；多品种搭配种植效益比较稳定，但需劳动量较大，管理也要分别进行，很麻烦。不同种类的蔬菜种植在一个棚中，营养需求、生长状态、代谢产物稍有不同，但互相之间产生的不良影响是可以避免的。

【007】瓦房店市交流岛乡向阳村读者孙文纪问：我建了个

50平方米的温室，准备种些黄瓜、芹菜等，温室大棚内多样化套种蘑菇咋样？

答：生产上有菇套菜的，即生产蘑菇大棚里套种蔬菜；也有菜套菇的如黄瓜、西红柿、芸豆等高架下面间作平菇、鸡腿菇、香菇等。温室大棚内种植蔬菜多样化有一定的好处，但也不宜种得太杂，杂了哪种作物生长及产量都会受影响，不能形成产品优势，也不易管理，还会引发病害，因为蘑菇与蔬菜生长所需的湿度不一样。

【008】内蒙古海拉尔市热电厂读者李政友问：我处属于高寒地区，想建个200平方米的温室大棚，冬季利用电厂暖气及余热可使棚室内温度达30℃，这种条件发展黄瓜、西红柿、茄子等蔬菜生产能行不？

答：利用电厂余热冬季搞温室大棚蔬菜生产能行。这是较为理想的种植条件，应该充分进行开发利用。

【009】东港市马家店镇三家子村读者刘存生问：听说用硫酸与碳酸氢铵混合可产生二氧化碳气体并用于温室大棚生产黄瓜、西红柿等蔬菜，是否属实？

答：在温室大棚中增加二氧化碳的含量可提高蔬菜的产量。增加棚室内二氧化碳气体的方法很多，硫酸与碳酸氢铵混合法是用耐酸塑料桶盆容器盛水按1:3的比例将浓硫酸倒入水中，再按稀硫酸、碳酸氢铵1:1.66的比例混合，盖上塑料膜扎孔即可放出二氧化碳气体；也可通过燃烧有机物来增加二氧化碳气体，或直接施用二氧化碳颗粒气肥、干冰等。

6. 南瓜

【001】大石桥市高坎镇姚家村王振东、岫岩县兴隆镇兴隆沟村杨春清、绥中县塔山乡潘家村孟昭彬等读者问：听说有一种无藤新型基因南瓜培育成功，哪里有种源？超早熟扁豆种子到哪里能买到？

答：无藤新型基因南瓜是四川成都的科技人员用南瓜矮生基因品种与黄茎基因品种杂交培育而成的南瓜新品种，并通过了四川省科技厅组织的鉴定。这种黄茎南瓜因为没有藤蔓种起来不用搭架，亩产在2500～3000公斤，维生素含量较高。吉林省长岭县金园种苗有限责任公司曾经有此种子销售。

【002】法库县双台子乡团山子村读者邢恒华问：我村产业结构调整成为给外单位繁育角瓜种子基地，怎样才能让角瓜多产籽？桔梗田除草用乙草胺是否能行？

答：角瓜也叫茭瓜、白瓜、番瓜、美洲南瓜，为葫芦科南瓜属一年生草质藤本蔬菜。要使其多产种子，可在花期采用人工授粉的措施，配以优良的肥水管理。桔梗田化学除草可用乙草胺在出苗前土壤处理，否则会发生药害，也可用盖草能、精稳杀得、精禾草克等药剂。

【003】桓仁县铧尖子乡横道河子村读者谢文风问：有信息说"开发南瓜粉前景可观，在上海有一家药店其每公斤售价达 20 元还满足不了需求"；我有心一试，但不知详情，能通报点情况吗？

答：南瓜也叫金瓜、番瓜、倭瓜、饭瓜、倭瓜，为葫芦科南瓜属一年生蔓生草本植物，南瓜粉就是南瓜的粉末，含有丰富的碳水化合物、蛋白质、膳食纤维、维生素、果胶及微量元素，对胰岛素细胞有保护作用，可降低糖尿病患者血压及血糖。加工方法是选肉质呈橘红色的南瓜洗净、去皮去籽、切丝、晾晒烘干、粉碎过筛即成。前些年朝阳喀左地区生产的南瓜粉出口价格不错，每公斤出厂价格 17～20 元，但内销不很畅。生产者一定要找好销路，以订单生产为好，以免产品卖不出去赔钱。

7. 葫芦

【001】开原市李家台乡大三家村读者王延晨问：我种植菜葫芦因价格低未卖出去挺上火的，辽宁省什么地方有收购此物的？

答：种植菜葫芦在辽宁已有一定面积，尤以盖州市高屯镇为最，曾经种植 4500 多亩，有年加工能力近百吨的工厂，您可考察一下。

8. 佛手瓜

【001】北票市土城子乡下沟村王志全、凤城市石桥街道张永芸等读者问：佛手瓜在辽宁是否可以栽培，效益咋样？

答：佛手瓜也叫隼人瓜、安南瓜、寿瓜，为葫芦科佛手瓜属植物，瓜形如两掌合十，有佛教祝福之意因此得名。在沈阳市农贸市场上有出售的，每公斤 2.4 元左右，每个瓜重在 250 克以上。佛手瓜可以在辽宁各地栽培。

【002】朝阳县十二台乡大杖子村读者于树洪问：辽宁地区种植佛手瓜行不？哪里有种子？

答：能行。目前省内有种植此物的，种子在一般的蔬菜种子商店均有销售。

【003】北镇市罗罗堡乡朱屯村读者苏桂明问：我们地区是否能种植佛手瓜？

答：可以种植。实践证明，此瓜在北方种植以补蔬菜淡季栽培效益较好，若是在盛菜季节上市，其收入则不太理想。

9. 黄花菜

【001】凤城市白旗镇自由村读者孙宏问：我处市场上有一种花菜很畅销，许多人不知是一种什么菜，今寄给您样本请指点一二，怎样种植此物？

答：看了您寄来的样本，经鉴定就是我们经常食用的百合科金针菜属的黄花菜，多年生，可多年受益。生产上一般不用种子繁殖，而多采用分株法繁殖。在早春化冻后或晚秋结冻前挖出母株，将带新芽的根株分开进行栽植，行距 50 厘米，埯距 30 厘米，每埯 3～4 株。翌年即可抽薹开花，采收销售或食用。

10. 韭菜

【001】兴城市沙后所镇读者田良问：我想在冬闲季节搞棚菜生产，大棚里种植什么菜好？请您参谋一下。

答：冬季棚菜生产，一般是种植韭菜、菠菜、芹菜等叶菜类，较易管理。如果技术过硬的话，可考虑生产番茄、青椒、黄瓜等瓜果类细菜，收入较高。

【002】绥中县西平坡乡土头村读者禹志伟问，有广告说 791 雪韭可年割 10 刀，单株重 50 克，亩产万斤，零下 10℃照常生长，是这样吗？

答：在自然条件下年割 10 刀的韭菜，如果肥水和管理跟不上，第二年就不用再割了，因大多已被割死了，就是温室韭菜也应有休养生根的时间。至于零下 10℃照常生长的韭菜，目前还未出现，因为韭菜在零下 6℃～7℃叶片开始枯萎，进入休眠。不过，791 雪韭确实抗寒性较强。

【003】鞍山市旧堡区汤岗子镇西汤河村读者赵良问：我家的菜园长满了一种多年生阔叶杂草，当地群众称其夫子苗，我用铁锹翻地越翻越多，有什么药剂可以杀死他？

答：经专家鉴定，您寄来的杂草标本为打碗花，也叫脱毛天剑、红绸花、喇叭花，是新耕地中常见的杂草，种子繁殖量大，常密生，消耗地力强。防除方法是每年中耕除草4～5次，在种子成熟前清除田旁等处杂草。药剂防除多采用西玛津、莠去津等。但用药后年内就不能种菜了，只能改种玉米了。

【004】北镇市大屯乡车西村读者陈颖问：我购买的韭菜籽，经常不出苗或出苗率低。购买时经营者说韭菜籽有休眠期，但我观察很像陈种籽。怎样才能鉴别确认出苗好的韭菜籽？

答：韭菜籽很娇气，自然条件下贮藏寿命最长不过2年，休眠期不超过2个月。新籽可见乌黑发亮；陈籽就像您说的那样灰了巴涂的，这样的种籽发芽率肯定会降低的。做发芽试验是简便易行的好办法，先将种子放入40℃温水中，清除浮在水面上的瘪籽，浸1昼夜捞出，用湿布覆盖放在15℃～20℃的地方催芽，每日用清水淘洗，隔2～3天胚根露白便可伸出。您可根据发芽情况决定买不买种籽。

【005】新宾县榆树乡彭家村读者李忠祥问：我打算冬季在温室内的一头生产韭菜，另一头生产芹菜。有人说这两种菜种在同一个棚内会相克，我很担心，不知此说法是否有根据。

答：许多地方在冬季棚菜生产中早有此种做法，并未发现有啥坏处，产量和效益也都很好。实践证明，"相克"之说是没根据的。

【006】普兰店市泡子乡长山村丛玉德、凌海市石山镇李家卜村范立军、抚顺市顺城区李石寨镇尹大雄等读者问：贵刊今年第1期62页发的广告与第2期54页对791雪韭的解答是否矛盾？为什么？

答：791雪韭确是抗寒良种，但广告之言辞过也，第2期上简单谈及韭菜生理方面的知识，意思是再好的韭菜，自然条件下年割10刀多了点，少割几刀质量提高能卖上好价钱，且不影响翌年生长和产量；而零下10℃照常生长的韭菜不符合植物生长特性，存活和生长是两回事。但并不是说791雪韭品种是假的，关键是要看品种纯度、产量和品质。

【007】鞍山市旧堡区二台子种子商店读者刘建华问：我种了7亩地韭菜，草荒严重，都用哪些除草剂能除掉这些杂草？

答：选用禾草克、稳杀得、拿捕净、恶草灵等除草剂，可防除韭菜田杂草。

【008】凤城市宝山乡周家村读者陈明庆问：我明年打算种1亩地的韭菜，想用化学农药进行除草，用啥药？咋用？

答：韭菜田化学除草的药剂较多，而新播种田应注意选择药剂。在播后苗前可用50％扑草净可湿性粉剂每亩100克；33％除草通乳油每亩200～250毫升；15％异丙隆可湿性粉每亩250克；30％毒草胺乳油每亩500毫升；50％利谷隆可湿性粉剂每亩75～100克；48％敌乐胺乳油每亩200～250毫升。对水后喷雾处理土壤，可杀灭田间的杂草。

【009】昌图县通江口乡义兴村读者朱立杰问：我想在韭菜、小葱田采用化学除草，都用什么除草剂好？

答：葱田常用的除草剂有精稳杀得、精禾草克、拿捕净、西草净、恶草灵、扑草净以及利谷隆和拉索的混剂等，使用时可参照药剂说明书。

【010】抚顺县安家乡阁老村读者王忠问：大棚蔬菜韭菜与西红柿、黄瓜种在一起，施肥时没有硫酸钾用氯化钾代替是否可以？

答：这几种作物都不是忌氯作物，因此，可以用氯化钾代替硫酸钾施肥，以基施、根际追施为好。

【011】昌图县三台乡三台子村读者许俊良问：我种植的韭菜得了一种病，现寄给您两片病叶，请您给鉴定一下到底是啥病害？

答：收到您随信寄来的两片菜叶，经专家仔细辨别并初步认定：一片叶尖略干枯者属自然生理干尖，并非病害，可能是收割后干旱及生长过快造成的。另一片叶上长有浅色斑点，应是灰霉病，您可选用多菌灵、甲基托布津、扑海因、速克灵或武夷菌素等进行防治。

【012】辽阳县小屯镇钓水中学吴春林问：我种植的韭菜地蛆发生严重，造成根苗逐年稀少、产量降低。有什么办法能治住此虫？

答：防治韭菜地蛆可用敌百虫或敌敌畏 800～1000 倍液灌根，最好在幼虫发生期进行，过早则效果不佳。一般灌 2 次，每隔 10 天灌 1 次。防治成虫可用敌百虫粉每亩 1.6～2 公斤或晶体敌百虫 800～1000 倍液、80％敌敌畏 1500 倍液喷雾，每隔 5～7 天喷 1 次，连喷 2 次。同时注意使用腐熟的有机肥料。

【013】彰武县哈尔套镇东哈村读者周文山问：我想了解高产优质韭菜新品种冬至韭菜特征特性，怎样与该单位及作者联系？

答：冬至韭菜是河南省许通县果树蔬菜研究所选育的品种，株丛直立，生长迅速，分蘖力强，叶宽 1 厘米，最宽达 2 厘米，单棵最重 40 克，株高 60 厘米。耐寒性强，适宜东北地区露地、保护地栽培。您可直接打电话与该单位及作者联系咨询。若不知道电话号码，可通过 114 查号台查询该单位的电话号码。查询外地单位电话号码的方法是，先拨所查地区的区号，再接拨 114（查号台）即可，例如，查询河南省农业厅的电话号码，拨 0371114 询问就可以了。

11. 圆葱

【001】兴城市沙后所镇南关村读者李雨成问：许多作物都可以用除草剂，种植圆葱应用哪些除草剂好？对栽种的作物和下茬是否有影响？

答：圆葱田化学除草已有用药经验。目前应用的药剂有禾草克、拿捕净、稳杀得等在杂草 3～5 叶期使用；拉索、氟乐灵、西草净、恶草灵等在圆葱播后苗前进行土壤处理，效果较好。上述除草剂在正常用药量下，对当季圆葱及栽种下茬作物不会产生药害，但栽下茬前要注意细致耕翻整地。

【002】昌图县八面城镇读者郑守斌、郑志英问：我新引进种植熊岳 1 号圆葱，想留一部分来年做种栽培育葱籽不知行不。是否退化？能否保持品种原来的种性？

答：圆葱小花多，花两性，异花授粉，因此您留圆葱制种时要注意与别的圆葱品种隔离种植，以免串粉混杂退化，还要注意人工辅助授粉。如能搞好隔离，原品种种性一般可以保持相对稳定，退化就会轻。

【003】东港市东尖山镇尖山村读者姜厚臣问：有许多地方搞圆葱生产，我们地区栽培行不？都用啥品种？

答：圆葱在辽宁各地均可栽培，每亩产量及效益尚可。通常采用的品种是“熊岳圆葱”，先播种育苗，再进行大田移栽。

12. 葱

【001】抚顺市顺城区塔峪镇大甸村读者夏宝山问：我今年种植章丘大葱，播种出苗以后并没发现与普通大葱有啥区别。不像说明书上说的那样每棵1米多高、1斤多重，这是咋回事？

答：大葱长1米多高是由品种、气候、土壤及科学栽培方法所决定的。一般地块上进行平栽是不能长那么高的，要采取深沟栽，高培土，大葱白才能长得又高又壮。

【002】清原县大孤家镇小荒沟村读者井玉全问：我种植的小葱受杂草危害较重，用啥药剂能治住杂草且不产生药害？

答：葱田化学除草的药剂较多，如扑草净、氟乐灵、除草通等。因葱地种植比较复杂，土质、播期各不相同，有伏葱、秋播小葱、根茬小葱和沟种葱。生产上化学除草常出现药害，秋播小葱最易发生药害，沟播葱可减少药害。对于沟葱和根茬小葱可用48%氟乐灵乳油每亩100毫升对水喷雾土表，轻轻混土。秋播小葱每亩用33%除草通乳油100～150毫升对水在播种后喷雾土表。注意整地要细致，否则药效不理想也极易产生药害。药剂可到当地农资商店购买。

【003】宽甸县青椅山乡三节塘村读者王德明问：我地区很少栽培大葱，此物对气候条件要求很严吗？我处能否栽培？

答：大葱的适应性较强，对气候要求不很严格，耐寒。在宽甸地区早有栽培，只是湿度较大病害较重，应选择肥沃、疏松的中性土壤为宜，土壤耕层要深，酸性土应施以熟石灰调至中性。

【004】东港市汤池镇万宝村读者隋建华问：我家种植大葱的地里杂草丛生，人工除草费工又不能彻底解决问题，用啥除草剂能治住？

答：种植伏播葱可在播后苗前用33%除草通处理土壤；冬

前播种根茬小葱可在返青前后用除草通、扑草净、异丙隆、氟乐灵处理土壤；6月移栽的根茬小葱，可用除草通、利谷隆、伏草隆、扑草净、氟乐灵处理土壤。注意严格掌握用药量，以免产生药害。

【005】宽甸县太平哨镇太平哨村读者王勃问：我种了几亩地大葱，被蛴螬吃咬得很惨，怎样用药剂进行防治？

答：蛴螬是金龟子科昆虫幼虫的统称，身体肥胖，农田中常见的有20多种，为害大葱地下部分严重。您可用50%辛硫磷乳油或50%乐果乳油对水1000～1500倍液，顺葱株灌根，效果较为理想。

【006】康平县胜利乡胜利村闻国光问：我种了1亩地大葱，锈病严重，怎样防治？明年在此地上再栽大葱能行不？

答：大葱锈病是一种真菌性病害。发病后葱体产生橘黄色疮斑，表皮破裂，散出孢子。病菌在病残体上越冬，第二年随风雨气流传播侵染。气温低、缺肥、营养不良地块的大葱发病重。目前防治常用的杀菌剂有粉锈宁、立克秀、萎锈灵等药剂，在发病初期早用药喷洒。对于上年发病重的地快，下年不宜再种葱了，因为病原菌积累较多，大葱感病机会增大。

【007】开原市李家台乡中清河村读者孙连库问：听说章丘大葱长得又粗又高，在我处种植能行不？

答：章丘大葱在您处种植是可以的。其又粗又高的秘诀不仅在于种子，更重要的是采取深沟多次培垄土技术，才能长得又粗又高。

【008】吉林省集安市青河镇青沟村读者王守诚问：春葱和白露葱多以生吃为主，如何能降低葱的辣味？

答：据专家讲，除了葱的品种、土质等因素外，通过多施有机肥、勤浇水可降低其辣味。您可用此法试一试看效果如何。

【009】朝阳县尚志乡二东户村读者田井元问：我家种植的大葱秋季得了一种病，先是老叶上长出针眼大的红点，花梗上也有，以后越来越多遍布全株，叶干枯，心叶上没有。这是一种啥病？咋防治？

答：您的大葱所患之病是一种葱、蒜类常见病害，即锈病，由真菌侵染所致。病菌夏孢子黄色至黄褐色；冬孢子棍棒形至倒卵形，黄褐色至深褐色。病菌在病残体上越冬，第二年夏孢子随风雨气流传播侵染，气温低、缺肥、生长不良的田块发病重。防治方法是施足有机肥，增施磷、钾肥，发病初期用粉锈宁、立克秀、萎锈灵等药剂对水喷雾。

【010】开原市靠山镇靠山村读者刘成波问：听说有一种葱叫长白巨葱，种植效益高能挣到大钱，哪产的，我地区栽培能行不？

答：现在叫巨葱的品种很多，如中华巨葱、宝马巨葱、五洲巨葱、四特巨葱、河北巨葱、山东巨葱、牛群巨葱、懒汉巨葱、磐石巨葱、富尔巨葱，等等，这些巨葱在您处栽培都没有问题。长白巨葱也在其列，葱白长 90 厘米，高 2 米，株重 0.5～1 公斤，据说是沈阳市科普园艺研究所繁育的，您可联系购种。

13. 姜

【001】昌图县大洼镇可立村读者王海杰问：我们地区种植生姜能行不？此物是用种子还是块根繁殖？啥时种和收？咋种植？

答：姜也叫生姜，为姜科姜属植物根茎，丹东白姜品种很有名，目前在辽北地区还很少有种植生姜的。此物多采用根茎繁殖，春种秋收，以畦作为主。因姜的种栽贮藏越冬技术要求较高，种源多有困难，海城地区已有种植成功的经验，您可栽点试试。2010 年沈阳市场生姜较贵，每公斤价格在 12～14 元。

【002】彰武县四合城乡王家村读者孙宏伟问：我想栽培生姜，哪里有技术资料？

答：应读者要求，《新农业》杂志曾经刊发了多篇种植生姜的栽培技术文章，可查阅参考；也可网上搜索相关技术信息。

【003】宽甸县毛甸子镇向荣村读者王宪忠问：我想种植生姜，到哪能买到种栽？

答：目前辽宁市场上生姜价格较高，每 500 克已达 8～10 元，甚至更高。栽植生姜将出现小“热”，辽宁的辽阳、海城等地均有栽培此物的，您可前去寻经购种。

【004】新宾县汤图中学读者林长友问：我很想在本地种植生姜。可目前一点种植技术资料也查不到，您能帮助推荐点吗？

答：《新农业》杂志，1994 年第 1 期《鲜姜栽培技术》、1995 年第 3 期《小麦套生姜效益可观》等文章均可参考。另外，您还可到新华书店购得此方面的书籍或在互联网上搜索相关信息。

【005】开原市曾家屯乡西老谷峪村读者赵谷维问：我想搞圆葱套生姜栽培，用市场上的姜做种栽行不，怎样栽植？

答：利用市场上销售的姜做种栽培是完全可以的，经济实惠。但要注意选未经药剂处理的姜，开始不要搞太多，宜先小面积试种一下，摸索出经验后方可大干。

【006】辽中县满都户邮局张涛、昌图县泉头镇石虎子村于忠才等读者问：我地区种植生姜可以吗？哪里种植得较好？可以去参观学习吗？

答：据为农所知，海城市耿庄镇曾经种植生姜，面积大，效益较好，您可前去参观考察。

【007】海城市东四方台镇东四方台村读者魏学平问：我想利用农田生产生姜，能行不，是否有前途，哪有种栽？

答：生姜虽然原产我国热带，性喜温暖，但在辽宁地区已有栽培成功的，目前效益还不错。若按每亩产生姜 3000 公斤、每公斤 6 元批发价格计算，其效益高于马铃薯和甘薯，看来目前种植此物是有账可算的，只是种栽的投入要大些。在您附近的海城市耿庄镇种植得较多，您可前去学习技术和购买种栽。

14. 蒜

【001】盖州市双台乡孙乃臣、绥中县西平乡土头村禹志伟等读者问：我想生产蒜薹、蒜苗，但不知在什么时候、什么品种、什么条件下才能进行生产，能说说吗？

答：生产蒜薹主要是选择蒜的品种，以紫皮蒜为好，一般能抽薹，而白皮蒜一般是很少出蒜薹的，春季单瓣栽下，肥水供足即可。生产蒜苗多选用白皮小瓣蒜，不宜用紫皮蒜，在秋冬季于温室或大棚内，单瓣略密栽下，即可生产蒜苗，按时割取。

【002】建平县青峰山乡建昌沟村读者李树军问：听说有种巨型大蒜品种，单个重达 1.9 公斤，我半信半疑，到哪能买到此种子？

答：为农询问了几位专家，均未见过也未听说过有这种蒜王，也不知道此种籽何处有。

【003】凤城市红旗镇黄旗村读者李宪昌问：我处大蒜都是从外地购进的，又无种植习惯。我们想种植，哪里有优良的白皮或紫皮蒜种栽？

答：辽宁的俗语讲“铁岭的葱，开原的蒜”。建议您到开原地区走一走，引进优良的大蒜种栽是没问题的。

【004】西丰县振兴镇白石村读者迟海问：大蒜与玉米套种能否用除草剂进行化学除草？

答：玉米套种大蒜在生产上是一种成功的栽培形式，经济效益明显增加。但在应用除草剂进行化学除草方面却很少有人研究。一般说来，用阿特拉津进行除草大蒜肯定会有药害，并很快变黄死去。如果搞点尝试的话，可选用这两种作物都能“容忍”的除草剂，如拉索、利谷隆等在播种后出苗前进行喷雾土壤处理，可防除田间杂草，但单用此药玉米田中后期的杂草很难控制。您可小面积做一下试验。

【005】东港市龙王庙镇公安派出所读者王中山问：搞大蒜的深加工如蒜片、蒜粉等前景如何？人工养殖水蛭可行吗？

答：大蒜深加工要看其产品销售增值的情况，目前国内市场糖醋蒜销售较好，蒜片、蒜粉的销售不很畅，产品出口要看国际市场的需求状况。不过，从国人吃蒜传统习惯来看，大蒜的不同加工品种受欢迎程度不一样，前途还是有的。人工养殖水蛭已有许多人在搞，已有成功经验，但最终生产效益如何不可知，只发现售种者的收入很可观。

15. 海蒜

【001】朝阳市七道岭乡大马场小学读者何孝良问：“海蒜”在辽宁地区能种植吗？哪里有种子？

答：“海蒜”是韭葱的俗称，在辽宁地区可以种植，但不像传说的那么“邪乎”！此物在山西省、陕西省栽培较多。河北省邯郸市蔬菜研究所曾有种子。

【002】义县七里河镇石人沟村读者梁福纯问：听说有像韭菜那样能割的蒜薹，辽宁省有吗？

答：据为农所知，您说的这种作物可能是海蒜，叶茎似葱，薹粗嫩，是以产蒜薹为主，兼产蒜苗的多年生蔬菜。

【003】庄河市明阳镇花园口村读者李治平问：我从武汉市科普作协那里买了1份海蒜种子，可长出来的是葱。到底有没有海蒜种子，怎样投诉他们？

答：海蒜也叫韭葱、洋蒜苗、扁叶葱，是百合科葱属二年生草本植物，以产蒜薹为主，兼产蒜苗，确是一种蔬菜。其叶似葱，扁平似蒜。看来您种出的“葱”还得长一长再下结论，真的出问题了再投诉也不迟。

16. 芹菜

【001】朝阳县十二台乡大杖子村于树洪、熊岳农专90级史国君、彰武县兴隆堡乡喇嘛花村李贺成、兴城市宁远街道佟屯村王贵林、清原县大苏河乡和庆村程贵国等读者问：到哪能买到意大利冬芹、新泰密刺黄瓜及791雪韭种子？

答：您可与本市、县的蔬菜种子公司或当地种子商店联系购买，也可通过网络搜索找到种源。

【002】大连市金州区亮甲店镇泉水村读者刘宝义问：冬季温室棚菜生产，有材料说可用电灯光补充光照。灯光与太阳光对植物生长的光合作用效果一样吗？我不相信也没用过。

答：强度在补偿点以上的灯光下植物都可进行光合作用并能生长，光照强度不同，光合作用的效果或效率是不一样的。用灯光补充光照是可以的，也是生产上常用的方法，调节作物的光周期，促进光合作用。国际上完全用灯光代替太阳光进行棚菜生产的不很多，因为太阳光是不需任何投资的光源。

【003】昌图县四合镇五家村读者孙丽芹问：我在自家的庭院种了多种蔬菜，长得都挺好，只是芹菜易得叶斑病，叶片发黄有斑点，怎么防治？

答：芹菜叶片上长斑点，大多是病菌侵染所致。常见的有两种，一种是叶斑病，也叫早疫病；另一种是斑枯病，也叫晚疫病。病菌在种子或病残体及植株上越冬，借雨水、气流等传播、侵染危害，高温、高湿条件下发生重。防治方法是选无病种子，并用48℃温水浸种30分钟后移入冷水中冷却，捞出进行催芽播种。管理时注意科学灌水，注意排湿，合理密植，切勿大水漫灌。药剂防治可选用多菌灵、甲基托布津、百菌清、乙磷铝、杀毒矾 M_8 及多硫悬浮剂等对水喷雾，注意在发病前或初见零星斑点时用药。

【004】铁岭县腰堡镇沙坨子村读者孔祥武问：我想在返浆地上搞蔬菜大棚生产。有人说行有人说不行，我一时拿不定主意，请您给参谋一下。

答：在盘锦的盐碱地上都有搞棚菜生产的，您地区在返浆地搞蔬菜大棚是可以的，但棚内土壤必须进行改良，掺适量沙子以增加通透性。每亩施土粪 5000 公斤以上做基肥，并采用高畦栽培。如果土壤不进行改良，就很容易因土壤冷浆而影响蔬菜生长。

【005】岫岩县三家子镇读者纪明问：我在大棚里种植的山野菜大叶芹根全部烂了，人工栽培宣告失败，这是什么原因？

答：大叶芹也叫山芹菜、短果回芹，为伞形科大叶芹属植物，在辽宁、吉林、黑龙江等山地针阔叶混交林、杂木林下、沟谷湿地均有野生。照实说大叶芹抗病性很强，野生状态都很少发病，人工栽培则更少发病了。看来是您管理有误所致，为农分析原因有二：一是施用的农家肥未充分腐熟，烧根所致；二是灌水太多，造成根系呼吸困难窒息而死。

17. 生菜

【001】东港市新立镇西土城村读者董长辉问：我想在温室大棚中采用无土栽培方法种植生菜，到哪能学到这项技术？

答：无土栽培有水培、雾气培、基质培等方法，是人工配制营养液供应植物生长的一种新技术，已在生产上广泛应用。基本技术是选用石英砂、蛭石、泥炭、珍珠岩、岩棉、锯屑、塑料等做基质将作物根系固定，加入配制的营养液即可。沈阳市于洪区北陵乡曾经采用无土栽培技术生产蔬菜，您可参观学习。叶菜类适宜水培，如生菜、菊苣、芥蓝、菜心、油菜、小白菜、水芹、芹菜、三叶芹等。

【002】桓仁县雅河乡读者王德友问：我处正在搞“四荒”拍卖，在河岸边有几亩荒地我想买下来搞无土栽培能行不？

答：无土栽培实际上是一种先进的工厂化作物栽培形式，大都在温室内进行，需有一定的调温光装置、人工配制营养液供植物生长，用基质固定作物根系。而您处的“四荒”地虽然砂砾多土少或无土，不可直接搞无土栽培，建温室大棚尚可应用此技术。

【003】宽甸县太平哨镇政府读者崔士旦问：近日在电视中看到无土栽培方面的报道很感兴趣，此技术有没有前途？

答：无土栽培是大有前途的。此技术主要是采用人工配制作物生长所需的营养液，利用温室大棚实行工厂化生产。在日本、美国一些发达国家早已实行，辽宁沈阳、大连、营口等地郊区搞得较好。其最大特点是节省土地，可立体多层面发展，人工调节气候不受季节限制生产各类蔬菜、瓜果及花卉。随着人口增多和土地面积的减少，人类食物生产必将向立体、空间发展。为农觉得，未来作物生产中无土栽培将占重要地位。

18. 香菜

【001】黑山县小东镇南窑村读者周越问：我种植的香菜生长不太高就抽薹开花了，这是什么原因，怎样解决？

答：蔬菜育种专家认为，香菜很小就抽薹开花的主要原因是品种的耐抽薹性较强，即容易开花的品种，这一特点对制种有利，但对生产不利；另一原因是环境问题，即有的香菜品种对温度反应敏感，而对光周期并不敏感，在温度较高的环境下营养生长很快转向生殖生长而抽薹开花，影响了其商品性能。解决的办法是更换其他品种，控制香菜在适宜环境温度下生长。

19. 白菜

【001】凤城市汤山城镇龙升村读者白鹭问：我种植的几垄白菜每年上秋时不是脱帮子，就是烂心，邻近几家的菜也这样。这是啥病？咋防治？

答：据您描述的植株症状，白菜可能是得了软腐病，一种细菌侵染引起的病害。病菌随种菜在菜窖、田间残株及有烂菜未腐熟的粪肥中越冬。春季传入田中大量繁殖，秋季白菜出苗后在金龟甲、萝卜蝇等害虫咬伤处侵入白菜植株，造成烂帮烂心。防治方法是选用抗病品种，实行轮作，及时防治害虫。在发病初期用链霉素或新植霉素进行喷洒；也可用70%敌克松1000倍液、50%代森锌800倍液或401抗菌剂500倍液进行喷雾。重点是将药液喷在植株上并使之流入菜心内，防效较好。

【002】吉林省农安县三岗乡大房村读者劳剑锋问：有资料介绍秋白菜和黄瓜同时播种，在白菜“壮心”时把正在生长的大半个黄瓜插到棵内，让其在心内长大，收后黄瓜可在心内贮存3～5个月。这种作法有无道理？

答：此法纯属“幻想”。黄瓜和白菜同时生长，白菜是从心里往外生长，而不是从外往内包着长，怎能把黄瓜包住？最后的结果只能随着白菜生长把黄瓜排出心叶外。对这种异想天开的“假说”请您不要相信。

【003】清原县枸乃甸乡读者荆连才问：听说无土栽培蔬菜的新技术很好，我想试试，能说说其方法吗？

答：无土栽培也叫水培，主要是人工配制营养液供作物利用并控制温度、光照等进行工厂化生产。一般利用洗净的粗砂、炉灰渣或岩棉等做根系支持物，将作物栽种其上，定时喷浇人工配制好的全价营养液（氮、磷、钾等及微量元素），植株就能生长。这是一种工厂化的温室立体生产方式，很有前途。

【004】清原县大孤家镇小荒沟村读者井玉权问：小白菜、油菜、甘蓝、萝卜等蔬菜都用什么除草剂进行农田化学除草？

答：这些蔬菜均属十字花科作物，常用的除草药剂：播前施药的有48%氟乐灵；播后苗前施药的有50%扑草净、50%杀草丹及20%草枯醚；移栽前后施药的有拉索、氟乐灵。

【005】台安县高力房镇郁坨子村读者孙一知问：我家的菜园杂草太多，有刺菜、牵牛花、苦菜等，用什么除草剂能除掉？

答：蔬菜的种类较多，不同的菜使用除草剂不一样。白菜、油菜、芥菜、萝卜、雪里蕻田可在播种前用氟乐灵处理土壤；茄子、辣椒、番茄、菜豆可在移栽前用氟乐灵处理土壤，苗后可用拉索、精稳杀得、禾草克，拿捕净等。

【006】本溪市溪湖区东岗镇彩北村姚春国问：我种植的秋白菜烂根严重，堆帮黄叶，有臭味，多次打药都无效。这是一种什么病，怎样防治？

答：专家认为，您种的白菜患了软腐病，是一种细菌性病害。多在包心期开始发病，外层叶片萎蔫变黄腐烂；心叶开始腐烂，充满浅灰褐色黏稠状物，臭气四溢；贮藏期易造成烂窖。病菌在植株、土壤、病残体及害虫体内越冬，第二年通过雨水、灌溉水、施肥、昆虫等传播侵染。地势低洼、排水不良、土质黏重、大水漫灌及播种早、害虫多的地块发病重。防治方法，在选用抗病品种的同时，适时播种，并用甜丰宁 B1 等药剂拌种灭菌。发病初期拔除病株，病穴四周撒上少许熟石灰，并用农用链霉素或新植霉素 5000 倍液、70％敌克松 500～1000 倍液或 14％络氨铜水剂 400 倍液喷雾防治；也可用菜丰宁 B1 每亩 300 克加水 250 公斤灌根。

【007】庄河市花院乡花院村陈西屯读者司君东问：我种植的秋白菜得了一种病，菜根长疙瘩，叶片发黄后逐渐死亡。没办法采取隔一茬再种菜，或把病土移走再种植，照样得病。这是一种啥病？怎样防治？

答：专家认为，这种病叫白菜根肿病，是由一种真菌侵染所致。病菌可在病株、病土、带有病残体的肥料上越冬越夏，成为第二年的初侵染源。病菌游动孢子从幼根或伤口侵入植株，并借雨水、灌溉水、农具等传播侵染。18℃～25℃、微酸土壤、高湿条件易发病；30℃以上、微碱土壤、干旱条件发病少。防治方法，与非十字花科蔬菜实行 5 年以上轮作，清除田间病株，发病初期用 15％石灰乳灌根，每株 0.3～0.5 升；或用 40％五氯硝基苯粉剂 500 倍液灌根，也可用 50％多菌灵可湿性粉剂 500 倍液进行灌根。

【008】岫岩县前营镇读者梁永华问：我们当地的秋白菜发生了地蛆，怎样进行防治？

答：为害秋白菜的地蛆是萝卜蝇的幼虫，通常在 8 月上中旬用糖、醋、水、敌敌畏按 0.5:1:7.5:0.02 的比例诱杀成虫；或用 90％晶体敌百虫、80％敌敌畏乳油 1000 倍液喷雾，每隔 7 天喷 1 次，连喷 2～3 次；或用细砂或过筛炉灰渣 15～20 公斤拌入 2.5％敌百虫粉剂 0.5 公斤撒到白菜根的四周；发生重时可用 90％晶体敌百虫 1000 倍液、或 40％乐果乳油 1500 倍液、50％

辛硫磷乳油 2000 倍液进行灌根，每株灌 200 毫升。

【009】新宾县永陵镇杨木林子村读者邹永问：我种植的小白菜、茼蒿等蔬菜用拿捕净加除草醚除草效果较好，可是现在的除草醚买不到了，有更好的取代除草醚药剂吗？

答：除草醚水解后生成的 2，4-二氯酚对人具有明显的致癌、致畸、致突变性，我国于 1997 年已禁产禁售禁用此药。小白菜、茼蒿田化学除草的药剂很多，如氟乐灵、拉索、杜尔、果尔、扑草净、除草通、胺草磷、施田补、高效盖草能、精禾草克、精稳杀得等。应注意区别土壤封闭和苗后用药，大面积使用前要先试验，以免产生药害。

20. 甘蓝

【001】开原市曾家屯乡罗家堡村读者周玉章问：我想种植几亩早春甘蓝，用什么除草剂除草既安全又有效？

答：甘蓝田化学除草的药剂较多，生产上常用播前土壤处理的药剂有氟乐灵、拉索等；播后苗前处理的有除草通、扑草净等，茎叶处理的有拿捕净、精稳杀得、高效盖草能、精禾草克等。覆膜田可参照用药，但整地要精细无坷垃，否则易产生药害。

【002】彰武县福兴地乡星火村读者杜海艳问：紫甘蓝与普通甘蓝在栽培上有何差异？速灭杀丁对其有药害吗？

答：甘蓝也叫结球甘蓝、疙瘩白、大头菜、卷心菜、洋白菜、包菜、圆白菜、莲花白、椰菜，为十字花科芸薹属一年生或两年生草本植物。紫甘蓝与绿甘蓝只是颜色上有差别，而在栽培方法上没啥差别。正常使用速灭杀丁灭害虫，对紫甘蓝不会产生药害。

【003】黑山县太和乡耿屯村读者吕强问：我想在盐碱地上种植甘蓝、马铃薯、大葱、白菜等蔬菜，能行不？怎样才能除去地上部的盐碱性？

答：盐碱地分轻、中、重 3 种，轻盐碱地是指含盐量在 3‰以下、作物出苗率在 70%～80%；重盐碱地是指含盐量超过 6‰、出苗率低于 50%；介于中间是中度盐碱地。轻度盐碱地可种植菠菜、芹菜、西红柿、黄瓜、青椒、茄子、南瓜和甘蓝等耐盐碱蔬菜，不宜种植马铃薯、大葱等不耐盐碱作物；而对于重盐碱地连杂草生长都困难，种植蔬菜就不适宜了。减低土壤盐碱的方法很多，主要是增施有机肥和酸性化肥，畦沟深排水，耕翻不宜过深，勤松土防土壤板结，雨后或浇水后及时松土以减少水分蒸发避免盐分上升等。

21. 萝卜

【001】庄河市大营镇红丰村读者王利问：听说有一种萝卜叫德日2号，单株重在5～10公斤，最大的能达到12公斤，是真的吗?

答：此事属实。德日2号是河南省许昌市作物品种资源研究所的科研人员利用原西德青皮萝卜和日本大白皮萝卜作亲本材料进行杂交，再同京白二号进行杂交选育而成的。该品种属秋冬型中晚熟品种，生育期90～100天，适应性强，个头特大，产量高，维生素含量高，植株生长健壮，叶簇较开展，羽状叶型，叶色深绿，叶片较大，功能叶18～25片，肉质根圆柱形长50～65厘米，横径12～18厘米，露出地面约1/2，出土部分浅绿色，入土部分乳白色，表面光滑，肉质细密，色泽鲜亮，侧根细小，根肉白色，肉质根脆嫩，汁多味甜，适宜鲜食、炒食和腌渍，不易糠心，耐贮藏。一般单根重3～5公斤，最大可达10公斤，一般亩产8000～10000公斤，丰产田块可达15000公斤，全国各地种植过萝卜的地区均可种植。

【002】大连市金州区北乐镇西三十里村读者潘兆江问：有资料介绍丹青1号萝卜很好，到哪能买到其种子?

答：丹青1号萝卜系经过三元杂交选育出来的新品种，您可与丹东市振安区楼房镇技校的邵炜东联系。

【003】新民市周坨子乡东炮台村读者王连信问：1997年2月份沈阳市青萝卜、红萝卜每公斤多少钱?

答：1997年2月28日，为农到农贸市场查访，每公斤青萝卜1.2元，每公斤红萝卜是1元。此价格是零售价格。

【004】清原县大孤家镇刘家崴村读者刘景学问：我们贮藏的萝卜一过完春节就糠心了，卖不上好价钱，而市场上有的萝卜却一样鲜脆不糠心，这是用啥方法保存的?

答：萝卜糠心主要是失水过多造成的，解决的方法很简单。传统的方法是将萝卜埋入土中，并保持2℃～5℃低温和土壤湿润；冬季可将其放入窖中，用湿土埋好，也可保其鲜脆不糠心。

22. 胡萝卜

【001】凤城市汤山城镇读者刘继生问：我购买了日本胡萝卜籽种植，长势、产量都很好，留下制种能行不？能否保持其原来品种的特性？

答：胡萝卜是异花授粉作物，容易混杂。您引种的若是杂交种则不宜留下制种，会退化严重，需购新种。若引种的是常规种，则可以自己留下制种，但制种时要与其他品种的胡萝卜隔离2000米以上种植，否则易串粉混杂退化，很难保持原来品种的特性。

【002】兴城市东辛庄镇韩屯村读者王志新问：胡萝卜通常是夏种秋收，我想在早春塑料棚内种植不知行不行？

答：胡萝卜春播、夏播均可，但要注意品种的选择。早春播种时要选用抽薹晚、耐热性强、生长期短的品种，如黄胡萝卜、三寸胡萝卜及五寸胡萝卜等。

【003】抚顺市新抚区戈布新村读者毛开成问：我地区种植胡萝卜的田间杂草很多，怎样进行化学除草？

答：胡萝卜田化学除草的药剂很多，播前每亩可用48％氟乐灵100～150毫升，或48％地乐胺200毫升对水喷雾混土。播后苗前每亩用25％扑草净可湿性粉剂100克喷雾处理土壤。此外，防除禾本科杂草还可使用精禾草克、精稳杀得、拿捕净、盖草能等。值得注意的是，施用量一定要准确，整地细致，以免产生药害。

23. 莲藕

【001】新民市大民屯镇一村罗永志问：莲藕是市场上较受欢迎的蔬菜，经济价值也较好，又无需占用土地。我觉得很有发展前途，现在我想人工栽培行不，哪里有搞的？

答：莲藕在辽宁地区栽培没啥问题。新民市境内荷花较多，且有知名荷花观赏去处，因此您就地寻找种源容易得到。

24. 木耳菜

【001】义县留龙沟乡政府何占廷、庄河市鞍子山乡东北天村姜殿辉等读者问：有广告推销木耳菜种子，它是一种什么植物？在我地区种植能行不？

答：所谓木耳菜就是落葵科落葵属一年生蔓性植物落葵，也叫软浆叶、软姜子、染浆叶、胭脂豆、豆腐菜、藤菜，以幼苗或叶片供食用，是我国南方常见的一种叶类蔬菜，也是我国的古老蔬菜。因其叶片近圆形肥厚而黏滑，好像木耳的感觉，所以俗称木耳菜。嫩叶烹调后清香鲜美，口感嫩滑，深受南方居民的喜爱；近年来北方人也尝到了它的美味，还有人从日本引进新品种，使得这一常菜被宣传得热了一点儿。木耳菜在辽宁各地均可栽培。

25. 补肾菜

【001】凤城市刘家河镇火茸沟村读者曾宪品问：听说有种植植物伟哥、补肾菜等新型蔬菜的，市场销售怎样，发展前途如何？俄罗斯大樱桃是一种什么樱桃，在我们地区能种植吗？

答：现在叫植物伟哥的蔬菜很多，好像有一点儿补肾壮阳作用的蔬菜都有植物伟哥的雅号，如野生莴苣、黄秋葵、雪樱子等。目前市场上所说的植物伟哥或补肾菜多指黄秋葵，原产非洲，也叫羊角豆、咖啡黄葵、补肾草等，为秋葵科秋葵属一年生或多年生草本植物，食用部位主要是嫩果，目前市场上销量较少，作为一种新型蔬菜还是有种植前景的。俄罗斯大樱桃抗寒性较强，果大质优，口感好，果色有红、黄、紫等多个颜色，是近几年市场上热销的甜樱桃，也叫欧洲樱桃、大樱桃、西洋樱桃，比国内的一般樱桃个大，您地区可以栽培。因品种不同，此蔬菜在采收盛季每公斤销售价格30～40元。

26. 芽苗菜

【001】义县前阳乡读者李敏问：辽宁境内有没有培训种植芽苗菜的单位，芽苗菜发展前景如何？我很想养肉食鹅，到哪里能买到优良品种的鹅雏？

答：芽苗菜营养丰富，而且增加蔬菜品种来补充淡季市场，很有发展前途，目前还没有发现专门培训生产此物技术的单位，您可以购买书籍及光盘或在网络上搜索相关技术信息或到生产处参观学习。辽西地区养殖肉食鹅的品种多为长白2号、长白杂交（长白2号与辽宁白鹅杂交）品种，肉毛兼用，单鹅体重4～4.5公斤，年产蛋90枚左右，葫芦岛市立成鹅业合作社每年可产肉鹅雏50万只，您可联系购买，地址在葫芦岛市连山区大兴乡河北村。

【002】东港市马家店镇双山东村李坨组读者周军问：绿色豆芽是否就是普通豆芽，生产技术难吗？市场及发展前景好吗？

答：一般说来，绿色豆芽是相对传统豆芽的颜色生产新型蔬菜芽苗菜而言的，同时有无公害绿色食品的意思。传统的豆芽有绿豆芽、黄豆芽，而目前生产上发展较快的是绿色的芽苗菜包括芽球、嫩芽、幼芽、幼梢等，如豌豆苗、荞麦苗、香椿苗、黑豆苗、花生苗、苜蓿苗、花椒苗、刺嫩芽等几十种，已突破只吃小芽的概念，朝着规模化的苗菜方向发展。目前市场上常见的有豌豆苗、蚕豆苗等，多采用电动发芽箱或泡沫箱的方法生产，深受消费者喜爱，效益可观，发展前景十分看好。

27. 空心菜

【001】宽甸县杨木川乡东道岭子村高宝仪、大石桥市高坎镇姚家村王振东等读者问：我想种植空心菜，其市场及行情咋样？

答：空心菜也叫蕹菜、通心菜、无心菜、瓮菜、空筒菜、竹叶菜，因其茎梗中心是空的而得名。在辽宁省各地已有栽培。此物在沈阳菜市场有出售，每公斤1元左右。多数人有吃新鲜的意思。

28. 救心菜

【001】喀左县南公营子镇四道营子村读者白树林问：听说有救心菜、补肾菜等新型蔬菜，我想种植能行不，市场怎样？

答：救心菜也叫土三七、旱三七、血山草、六月淋、蝎子草、菊三七、草三七、三七草，为景天科景天属多年生草本植物，以叶或全草入药，具有止血安神、消肿定痛的功效，取汁液涂敷蜂、蝎等刺伤可消肿止痛；补肾菜则指锦葵科1年生的草本植物秋葵，这两种植物多做药用，作为蔬菜来食用需要人们有个适应过程，毕竟其味道有别于大宗蔬菜。种植前一定要调研消费市场，先少量试种，以免种多了卖不出去。

29. 节股草

【001】丹东市振安区汤山城镇河湾村读者袁长有问：有一种山野菜叫问荆，也叫节节草、节股草，栽培的前景如何？

答：此物野生生命力极强，人工栽培没有问题。但作为餐桌美菜尚需大力开发和宣传，因大多数人未食用过此菜，为农走访了许多饭店也未寻到此道菜谱，可见其前景处于迷茫状态也。

30. 刺嫩芽

【001】铁岭县鸡冠山乡前进村读者康连振问：听说刺嫩芽人工栽培效益较好，我想栽植到哪能买到种子？

答：刺嫩芽也叫刺嫩芽，产于辽东山区，人工栽培已获成功，市场价格较高。沈阳农业大学承担国家及辽宁省野菜研究开发课题，您可与课题主持人宁伟先生联系购买刺嫩芽种子。

【002】凤城市宝山镇农业站读者金刚问：听说刺嫩芽在温室里栽培产量高效益好，是真的吗？

答：利用温室生产刺嫩芽在辽东山区较为流行，且价格不菲，效益不错。一般在冬季进行，春节前后上市能卖好价钱。农村利用火炕培植的也不少，加温方便，生长快。通常先配制营养液，再将截好的刺嫩芽短枝摆入液中，用塑料布垫底及四周以防营养液流失，技术较为简单易行。您可去本溪一带参观或自行摸索，定能成功。但要注意，由于大量采割山上野生刺嫩芽枝条，已使山上的刺嫩芽资源遭到严重破坏，要提醒老百姓保护生态资源，以利再用。

【003】桓仁县铧尖子镇政府于伟、开原市金沟子镇田家村康铁成等读者问：我们很需要刺嫩芽人工栽培方面的技术资料，听说贵刊介绍过，在啥时候介绍的？

答：刺嫩芽人工栽培的技术文章，《新农业》杂志在 1992 年第 6 期曾刊载过，主要介绍播种育苗及剪根繁殖的方法。目前在大棚温室内扦插培植生产刺嫩芽技术已经成熟，产量效益都不错，您可查阅。

【004】新宾县平顶山镇中学读者蒋文平问：刺嫩芽田能用什么药剂进行除草？刺嫩芽的根段腐烂或未萌发，是用 ABT 生根

粉好还是用多菌灵处理好？

答：目前刺嫩芽田化学除草很少有人去专门研究探索，您可搞点试验。一般说来，草甘膦、茅草枯、百草枯、恶草酮等除草剂可在栽植前处理杂草；栽插后可用氟乐灵、稳杀得、盖草能、精禾草克等药剂，先小面积试验，再大面积用。至于根腐烂可在栽插时将生根粉与杀菌剂混合蘸根即可。

【005】新宾县下夹河乡马路村读者刘文龙问：我想冬天在大棚里生产刺嫩芽，技术容易学吗，生产出来的刺嫩芽到哪里出售？

答：刺嫩芽也叫刺棱芽、刺龙芽，是山野菜中的珍品。冬季利用大棚生产刺嫩芽是个好的致富项目，销路不成问题，因为许多饭店宾馆大量需求此物。刺嫩芽生产的技术方法很简单，在秋季采集直径 1.5 厘米以上刺嫩芽独生顶端树条，或采用种子繁殖、根段扦插、分根蘖苗等方法繁殖的枝条，截 50 厘米长段，每 60～100 根 1 捆直立或稍倾斜摆在 10～12 厘米深水槽中，每平方米 900～1000 根，保持棚温 15℃～20℃，每 10～15 天换 1 次水。40～50 天芽苗长到 20 厘米时采收销售，每平方米可收获 10 公斤。抚顺市联众绿色产业有限公司也生产此物，您可参观学习。

31. 香椿

【001】锦州市太和区大薛乡三屯村读者张艳君问：我想生产香椿芽，到哪能买到种子？

答：香椿树所产的幼嫩树叶叫香椿芽，此树在辽宁生长问题较多，但还是有热心引种试验者，大多失败，因越冬有问题。生产上多采用插条形式繁殖，其插条多是从山东一带引入，在辽宁省内是很少有种源的，因为自然条件下没有这种树生长。

【002】阜新县富荣镇富荣村读者王维德问：香椿在辽宁地区可否种植？市场效益咋样？

答：香椿树自然条件下在辽宁种植是不行的，因冬季的极端低温会将其冻死。抚顺地区曾经有人利用大棚温室培育香椿苗，春季移栽到室外进行生产，冬季入室，往复生产，但由于生产过程太复杂而最终失败。

【003】兴城市沙后所镇龙王村读者杜欣宇问：有资料介绍发展生产香椿有利可图，外地有函授招生的，在我地区种植行不，市场行情咋样？

答：香椿树在辽宁露地种植是不行的，据抚顺地区栽植试验，越冬期间会被冻死。如果采用每年从南方引种的方式种植，既麻烦又多花钱，与辽宁以前的“甘蔗事件”有相似之处。从消费市场看，辽宁人好像对香椿产品也很感兴趣，在食用技术和方式上正在学习“吃”的学问。从栽培的经济效益上看，采用温室大棚栽培是可行的，但所有投资和费用生产出来的产品价格，与直接从山东等地市场购买的价格相比会高出许多。可见，自己生产香椿不如长途贩运实在。为农认为，香椿生产在辽宁地区不会有啥前途。

32. 食用仙人掌

【001】锦州市太和区大薛乡三屯村读者张艳君问：最近有人在我村卖米邦塔食用仙人掌种苗，说签订回收合同，但种苗价格18元1片太贵了，1亩地投资太大，这是否有炒种之嫌？

答：食用仙人掌是仙人掌科仙人掌属多年生厚肉多浆植物，原产美洲，盛产墨西哥，是墨西哥人从300多种仙人掌品种中选育出的蔬菜专用品种，长期食用能降低血糖、血脂和胆固醇，是一种新型蔬菜。食用仙人掌只是蔬菜家族中的一员，没啥值得惊奇的。但物以稀为贵，此物刚引入我国，目前生产上肯定处于炒种阶段。当有一定数量以后其价格会急剧下降。最近已显示出跌价的势头，看来米邦塔仙人掌已从神奇走向了平常。18元1片太贵，您有栽培兴趣可到蔬菜超市买几片栽栽看，效果也会不错的。

【002】辽宁省民政学校2000级民管班读者庞维镤问：我准备种植食用仙人掌，其发展前景如何？

答：目前食用仙人掌已从炒种阶段进入普通的商品蔬菜生产阶段，其价格也骤降至老百姓可接受状态。为农在菜市场上发现，此物在消费者眼中并不太受青睐，买者不旺。其前途只能说像芸豆、莴苣之类蔬菜一样，甚至不如，蔬菜一品种而已。

【003】海城市耿庄镇西耿村读者潘小男问：栽培食用仙人掌

每亩获利 6 万元是真的吗？其市场前景咋样？猕猴桃在我地区是否可以种植。

答：现在的人们吃生、鲜欲望较强，北方人吃仙人掌是近两年的新鲜事。这种在澳洲称为百害杂草的仙人掌当地人并不觉新鲜，在辽宁每亩挣 6 万元，应该是炒卖种栽的收入，作为一般食用菜来卖是不可能这么多的。其市场前景要看人们是否吃得习惯，当年的香艳梨就是因为人们吃不习惯而出毛病的。猕猴桃在辽宁气候条件下不宜栽培，它与辽东山区产的“软枣子”是两码事。

33. 蒲公英

【001】吉林省和龙市海兰东街 16 号读者孟繁刚问：听说铭贤一号蒲公英种植效益好，这个品种是谁选育的，价格怎样？

答：种植和食用野菜现在已成为时尚，蒲公英、苣荬菜、蕨菜、刺嫩芽等野菜在餐桌上的价格高得出奇。铭贤一号是山西农业大学药用植物研究所赵晓明教授从菊科蒲公英属药蒲公英野生群体中经多年系统选育而成的多倍体鲜食蔬菜新品种。蒲公英为多年生草本，根茎部密被黑褐色残存叶基，叶狭倒披针形，植株个头大，每年可多茬采收鲜叶，叶达百片，单株每次可采 0.3 公斤。早春沈阳市场刺嫩芽每公斤 12～16 元，蒲公英芽每公斤 20～40元。

【002】绥中县荒地镇西台村读者王宝林问：听说蒲公英人工栽培很有价值，效益很好，什么时候采收好？怎样加工出售？

答：蒲公英也叫婆婆丁、黄花地丁，是菊科多年生草本植物，叶丛生，果实成熟时形似一个白色绒球，有毛的果实随风飘散。有清热解毒的功效，能治乳痈肿痛、疔毒、咽炎、急性扁桃体炎等症。蒲公英与苣荬菜被誉为现代餐桌上的“高档”蔬菜，平时或春节期间酒醉憨热之时蘸酱生食别有风味。人工种植简单易行，取野生种子或根，埋播于温室土中，浇透水即可生长。待幼苗长高 8～10 厘米时收割即可出售，不需加工。

34. 苦荬菜

【001】庄河市平山乡向阳村读者孙忠玉问：听说苣荬菜、西黏谷营养价值较高，容易栽培，到哪能买到种子？

答：苣荬菜也叫败酱草、苦苣菜、取麻菜、曲曲芽，为菊科苦苣菜属多年生草本植物，山东、东北食用多为蘸酱；西北食用多为包子、饺子馅，拌面或加工酸菜；华北食用多为凉拌、和面蒸食。西黏谷也叫籽粒苋、西番谷，为苋科苋属1年生草本植物的总称，约有40个种，我国有13个种，是粮食、蔬菜、饲料兼用作物，菜用主要栽培种为苋菜。这两种野菜目前价格较好，尤其苣荬菜市场俏销。种子在一般的菜籽商店均有销售，也可到野外田间采种取根。

【002】庄河市太平岭乡青林村读者李根升问：种植苣荬菜的效益好，市场供不应求，到哪个地方去买种子？

答：苣荬菜在淡季蔬菜市场很少见到，尤其在冬季吃完火锅再来一盘此物蘸酱，岂不爽口美哉！价格自当为青菜之首了。人工栽培有种子繁殖和根茎繁殖两种，可到野生田里采集种子或到菜籽商店选购，以挖根埋植法种植生长速度快，产量高。

【003】凌海市班吉塔镇读者孙士良问：苣荬菜在市场上的价格很好，我去年培植成功，今年准备大量培植，能否畅销？

答：2011春季苣荬菜在沈阳农贸市场每公斤价格在30～40元，且很缺货，看来此物在大中城市销路良好。若能利用温室大棚进行生产，在冬季上市，其价格有可能居时令菜之首。

【004】盖州市第二高级中学读者黄德勇问：到哪能买到苦荬菜种子？

答：苦荬菜为菊科舌状花亚科菊苣族莴苣亚族苦荬菜属多年生草本植物，野生分布于我国东北、华北、华东和华南等地区，目前人工栽培效益较好并有种子生产，还有采集野生根繁殖的。种子在一般的蔬菜种子商店均有售。

35. 菊芋

【001】庄河市大连化纤厂党委办公室读者李成顺问：听说辽宁省固沙造林研究所新引进一种植物叫菊芋，这是种什么植物？这个研究所在什么地方，邮编多少？

答：菊芋也叫菊藷、洋姜、番姜，为菊科向日葵属多年生宿根草本植物，原产北美洲，17世纪传入欧洲，后传入中国，可煮食熬粥，腌制咸菜，晒制菊芋干，或作制取淀粉和酒精。辽宁省固沙造林研究所是辽宁省林业厅下属的一个科研单位，地址在彰武县章古台，邮编是123203。

36. 猫爪子菜

【001】抚顺市东洲区阜宁南路8号楼3－203读者张奎民问：我准备在150亩的山沟地里发展山野菜生产，有一种叫猫爪子的山野菜学名叫什么，怎样繁殖？想采用密植刺槐树的办法在分界处封闭此山沟能行不？

答：发展山野菜生产要针对特定品种、特定地区及消费人群而定，如辽中某地人工栽培的刺嫩芽竟然回售到辽东，就有点返流的特征。看来一方水土一方人，消费习惯和食物习惯要适合当地习惯才行，但总的来看发展山野菜是大有前途的。辽东人说的猫爪子菜，多指的是毛茛科植物展枝唐松草的嫩苗，目前已有人工栽培，但技术研究较少，多数是采集野生种子进行播种或分根繁殖。此外，也有的地方把蕨菜叫猫爪子菜的。栽植刺槐树分界山沟能行，但要达到彻底封闭的效果很难，也有栽植沙棘树作防护隔离带的。

37. 蕨菜

【001】新宾县上夹河乡徐家村读者何天厚问：蕨菜有种子吗，人工怎样播种种植？菜用刺五加有好品种吗，哪里有卖的？

答：①蕨菜属于凤尾蕨科蕨类植物而不是种子植物，本身只产生孢子而不产生种子，因此仅能用孢子繁殖，没有生产上所说的真正“种子”。人工种植者多是刨挖野生蕨菜的根系再集中栽植到田间进行生产。有关专家研究用孢子繁殖此物，已经很有进展。②食用刺五加由于野生变家植的时间较短，还没有选育出真正意义上的品种，有关专家通过试验已筛选出短梗五加品种，较适合人工栽培，每亩地播种需种子15公斤左右，能产8～10万株苗。沈阳农业大学园艺学院野菜课题组有短梗五加种子，您可联系购买。

【002】西丰县人大常委会读者苏仲锋问：我地区的蕨菜出口量较大，收购大战一次比一次激烈，此物人工栽培能行不？有成功的吗？

答：目前蕨菜人工栽培已有成功者，但由于野生数量较大采挖方便而很少有人搞种植。不过，随着野生资源的锐减及越来越大的市场需求，相信会有更多的人发展生产蕨菜的。

【003】营口市鲅鱼圈区海东柳林底村张秉义、清原县敖家堡乡敖石哈村宫喜祥等读者问：我想种植蕨菜，哪里能买到种子？

答：蕨菜属于蕨类植物，不产种子，主要靠孢子球繁殖。因此，目前其人工栽培还存在一些问题，多数靠采集野生根繁殖。如何解决野生到家种的问题，随着研究的深入未来将成为可能。

（五）中草药

1. 人参

【001】黑山县芳山镇马春威、海城市析木镇羊角村杨思平等读者问：市场上有卖高丽参种籽的，我想种植高丽参，但苦于信息不够详实，请说说纯高丽参种子的形状、大小、颜色等特点好吗？

答：人参为五加科人参属多年生草本植物，纯高丽参种子也就是纯中国人参种子，因为朝鲜目前种植的人参大多是华裔后代。抗美援朝后，朝鲜的人参严重被毁，面临绝迹的危险。1953年火速从我国吉林省吉安县购入人参种籽1500多公斤发展生产，这便是现在所谓的高丽参籽。实际上高丽参是朝鲜人采用精细的栽培方法、特殊的加工工艺生产出来的一种人参加工的系列产品的名称，而与栽培品种、种子毫无关系。假如真有卖高丽参种籽的，请您注意，切勿上当！

【002】桓仁县桓仁镇读者冯毅、大石桥市梁玉辉等读者问：我想知道全国药材市场的行情，能告知全国十大药材市场的地址吗？

答：①河北省安国县；②陕西省西安市康复路；③河南省郑州市南大街；④河南省禹县（禹州）；⑤安徽省亳县；⑥四川省成都市荷花池；⑦广西僮族自治区玉林县；⑧广东省清平县；⑨江西省樟树市；⑩河南省百泉县。联系可找这些地方的药材公司。

【003】宽甸县下露河镇连江村读者曾玲杰问：能告知一下安

国药材市场的详细地址及主要交易方式吗？

答：安国药材市场在河北省安国县城内。其主要交易方式是自由贸易，议定价格。

【004】凤城市艾阳镇读者姜荣纯问：现在人参市场疲软，生产萧条，我们这里有 90%的参农不敢再发展下去了。以后的市场情况怎样？几年后能否走上坡路？请给个准确的答复。

答：1989 年政治风波后，由于国际市场对中国出口产品设限，农产品出口受害较重，造成人参等药材市场疲软及生产的大滑坡，给山区经济带来严重困难。为农十分着急，先后拜访了多位专家，请他们发表文章，谈谈对这个问题的看法。分析觉得，人参在 5 年之内的市场价格不会有大的变动，既不会大幅度上升，也不会再下降了。5 年之后价格有可能上升，但还因品种、质量、规格不同而增幅有大有小。

【005】大石桥市永安镇东两军村读者张洪恩问：沈阳市的中药材市场在什么地方？为啥很少见到这个市场的行情预测？

答：随着中药材生产的发展和热度升高，有关部门已在沈阳市的北行建立了一个药材交易市场，但在全国还没有产生一定的影响，其交易量和交易范围还不是很大，市场价格变动的代表性不强，因此在预测时一直未采用这个市场的价格。不过他的价格也能说明一些问题。沈阳市八马路也有个小型的中药材市场。

【006】兴城市三道沟乡三道沟村王春桥问：许多销售药材种子苗木的都说是包技术、包回收、签公证，这些是否可信？辽宁地区有无像某些那样的供种回收单位？

答：依为农拙见，某些药材种苗市场的“三包”实质上是一种诱饵。在辽宁种出的药材运到河南回收，运费就是一大笔钱，更何况回收价格还是个未知数，岂不“货到地头死”？省内售种回收者亦多数是以此为诱饵来骗卖种栽种苗。用笨理儿想一下，真正的抢手货还用去公证吗？可见，带“公证”字样的售种者均有不可告人之“隐”，购种者要小心为好。但一些较大的药材、外贸等企业的订单售种回收则是另一码事儿。

【007】海城市王石镇陈石村读者王庆红问：我想种植中药材，哪里有销售处？沈阳有几家药材交易市场？

答：春节过后，为农专程去沈阳北行药材市场逛了一趟，感觉非常冷清，一条街没几个人，且很少交易。看来，几年的药材“热”有变凉的趋势。另据有关专家预测，今后一两年药材生产将处于平缓阶段。因此，请种植者密切注意市场行情动向，慎重从事。

【008】彰武县平安乡平安村李东风、绥中县金贵友等读者问：经常见到“一帘人参”字样，这里的“一帘”到底是多少？

答：一帘是指人参的种植面积，一般是10米长、1米宽的参畦，即10平方米为一帘。

【009】宽甸县下露河镇双合村读者崔昌龙问：去年春季我从新疆鄯善县科委买了一份红参药材种子，种出来没有销路，哪有销售红参的药材市场？

答：红参是中国人参的一个加工制成品种，而不是种植上的品种，不可能从地里直接播种长出来。如果您真的买到了红参种子，小心上当受骗。

【010】岫岩县汤沟乡前边村读者周景旺问：我们这里家家都想种植红参药材，目前红参的市场销路咋样？

答：所谓红参并不是直接种出来的，而是用栽培的中国人参经过蒸制而成的一种人参加工产品，加工成红参的主要作用是好保存。近几年市场上的红参价格不算太可观，还处于低谷期，销路平平。但用培植6年以上的高档边条人参加工红参，还是较畅销的，价格也不错。

【011】桓仁县四平乡巨户沟村读者李世材问：我培育了许多移山参、老趴参、高档长脖芦参，这类人参的发展前景咋样？

答：专家认为，在人工栽培普通的大马牙、二马牙及圆膀圆芦人参销售市场不太景气的情况下，您搞的这些高档人参价格看好，每支成参都在30元以上，是很有发展前途的，在国内、国际市场都有很好的销路。

【012】桓仁县四平乡巨户沟村读者李世村问：我对“老趴参、移山参”技术有点儿研究，想介绍给广大药农朋友，怎样给《新农业》投稿？

答：您说的这两种高档人参生产技术目前很有用，参农很需要，且很有推广价值，为农也很愿意将您的特殊招法推荐给广大读者。您可将此技术的主要操作过程、方法详细写出来，邮寄或通过电子信箱发给编辑部即可。《新农业》杂志社非常欢迎在生产第一线的农民朋友撰文写稿。

【013】宽甸县杨木川镇金场村读者时景玉问：听说大缸里面可以栽培人参，哪里有此技术？

答：《新农业》杂志 2001 年 6 期刊登了《大缸里面种人参》，2003 年 9 期刊登《砖池里种人参》，技术方法介绍的详尽具体，您可以查阅仿做。

【014】岫岩县牧牛乡南马峪村读者孙有维问：种植人参能挣钱吗，我还不懂人参栽培技术，能进行种植吗？人参的市场发展前景怎样？

答：目前市场上人工栽培的大马牙或二马牙鲜人参每公斤价格 70～90 元，每公斤鲜西洋参 180～220 元，当年林下仿野山参籽趴的人参已陆续出货，每支 6～7 年生的鲜参为 40 元左右，可见，人工种植人参市场价格略有回升，能挣到钱，生产和市场发展肯定大有前途。不过，您不懂技术和相关知识是很难从事人参生产的，建议您先学习种参技术，再看准时机种参挣钱。

【015】西丰县钓鱼乡兴仁村读者付强问：我想知道长脖参是家参还是山参，大缸里面种人参是真的吗，可行吗？

答：人参可分为大马牙参、二马牙参、长脖参、圆膀圆芦参、石柱参等自然品种，长脖参通常作为家参品种人工栽培，也可林下籽趴仿野山参栽培。大缸里面种人参是宽甸县步达远镇农业站的参农发明的新的技术，基本成功，您可以试一试。

【016】黑山县八道壕乡小下村读者王林海问：有刊物说种植“高丽参”能盈利，国际市场每公斤 1000 美元，国内每公斤 4500 元人民币，并给种植户提供技术跟踪服务，真是这样吗？

答：纯属胡说！高丽参是人参加工的一个制成品种，基本制作方法是先用 20 多味中药按配伍熬制成膏浆，将精选整齐的边条参或圆膀圆芦参洗净初蒸，然后将参放入膏浆中加温浸润定型，可以说是个大补元气、生津安神的即食型配方中成药，与生产上栽培的品种是两回事。如果想种植高丽参，那就只能连机器设备一起埋在土里，是什么也长不出来的。目前生产上种植的人参品种有大马牙、二马牙、圆膀圆芦、石柱参等，您可选择，切莫去寻高丽参品种去种植。

2. 西洋参

【001】庄河市长岭镇洪昌村庄益东、黑山县小东镇谢国刚等读者问：有广告说种植两亩西洋参17个月能收入26.7万元。我们想种植西洋参，但不知此说是否真实可靠，我地区是否可以种植？

答：据为农测算，种植2亩地西洋参17个月收入26.7万元的可能性不大。西洋参一般出产品最少得5年，即播种育苗2年，再移植栽培2～3年作货收参，质量药效较好。现在中国人参销售疲软，使得西洋参价格也受点儿影响，但相比之下还是较贵重的。辽宁省目前在山区、平原及庭院均有栽培西洋参的，效益还不错。

【002】北镇市高山子镇高西村读者王清昌问：我地区种植西洋参是否可以？效益如何？

答：西洋参为五加科人参属多年生草本药用植物，原产美国北部和加拿大南部一带，在辽宁气候条件下可以栽培。据专家透漏，由于原产地1999年以来连年遭灾减产，国内市场西洋参走俏，价格上涨，货源出现不足，栽培有“热”的趋势。因其生长作货周期较长，几年内将有较大缺口。

【003】开原市八棵树镇夏家村读者张耀荣问：西洋参原产何处？在我地能否安全越冬？经济效益如何？

答：西洋参也叫花旗参，原产于美国和加拿大相邻的原始森林中，现已人工大面积栽培，经济效益较好。我国在1975年正式引种栽培西洋参并获成功，辽宁各地均可栽培。但越冬时要进行地面覆盖保温，否则冬季严寒条件下易被冻死。近两年其价格上涨，4～5年生鲜参每公斤可卖200～300元，且销路看好。

【004】黑山县康屯机械林场读者姜润问：西洋参在何地栽培较多，我想参观学习及购种。哪个部门收购？

答：目前辽宁栽培西洋参较多的地区有新宾县、桓仁县、本溪县，沈阳市新城子地区也有一定栽培数量，其他地区有零星栽培。您可联系参观学习，种子也可同时预购。收购西洋参的单位很多，各市、县药材公司及某些中药厂、中医院都收购此物，还有一些南方药贩经常到产地收购。

【005】岫岩县兴隆乡四道河学校一未署名读者问：有的书上说西洋参国家不收购，这是真的吗？此物生长期几年？产量如何？

答：目前中药材市场基本放开，购销主要靠市场调节，国家不会收购西洋参的，而主要由药材公司、药材站以及药贩收购经营。人工栽培西洋参一般需 4～5 年，先育苗 2 年，移栽后再生长 2～3 年即可收获，4 年生每平方米一般产量 2 公斤左右。

【006】岫岩县杨家堡供销社读者王玉忠问：我花了 80 元钱买了 1 克西洋参种子种在地里，可到底是不是西洋参我也不知道。现在药材已爬蔓，蔓上有许多小杈，开紫白色小花，您能帮鉴别一下吗？

答：从您描述的情况看，此物肯定不是西洋参，而是冒牌货。这种冒牌货像是党参。西洋参茎多单生，1 年生有三小叶的复叶，3 年生以上有 2～6 个掌状复叶，不爬蔓，伞形花序顶生，花绿色，果红色，您按此性状描述对照一下便知道了。

【007】黑山县四家子镇四家子村读者张树文问：我最近收到北京“××药材种植合同书”一份，称联合种植美洲人参每公斤回收价格 3800 元，100 天 100 平方米能产干品 4～6 公斤，此事可信不，这种药材为啥这么值钱？

答：为农认真研读了您寄来的信件及材料，并调查了该公司的情况，电话查验结果表明这是一个骗子公司。既然该物不是美国的西洋参，就应是另一种东西，所说的太空育种后分子技术培育的美洲人参、美国美洲 1 号人参则纯属编造。人们一眼就会看出破绽，种植此物 100 平方米 100 天能产 4～6 公斤干品，每公斤 3800 元收入就是 1.52～2.28 万元，这样的暴利致富项目是不会有的。请您提高警惕，谨防上当受骗。

【008】庄河市青堆镇团结村读者李吉勇问：西洋参在辽南地区能否种植，药用如何，生产发展及销售前景怎样？

答：西洋参也叫花旗参、洋参、美国人参，为五加科人参属多年生草本植物，具有补气养阴、清热生津功效，用于气虚阴亏、内热、咳喘痰血、虚热烦倦、口燥咽干等症，有抗疲劳、抗氧化、抗应激、抑制血小板聚集、降低血液凝固性的作用，对糖尿病患者还有调节血糖的作用。西洋参原产于加拿大南部和美国北部，最早是法国传教士拉费多按中国人参的生长环境特点在加拿大的蒙特利尔和魁北克的原始森林中找到的。西洋参适生于海拔 1000 米左右的山地阔叶林地带、年降雨量在 1000 毫米左右、年平均温度 13℃左右、无霜期 150～200 天、气候温和、雨量充沛的环境；喜阴湿，忌强光和高温，生长期最适温度 18℃～24℃，空气相对湿度 80%左右，适于土质疏松、土层深厚、含大量腐殖质、湿润疏松的微酸性森林砂质壤土生长，pH5.5～6.5，忌连作。辽宁各地均可栽培，尤以辽东山区最适宜。产品需求销售看好，发展生产前景应该不错。

3. 三七

【001】清原县苍石乡上大堡村读者黄兴国问：听说现在三七每公斤 100～110 元，我想种植行不？到哪儿去买种籽？

答：三七也叫田七、金不换、铜皮铁骨、人参三七等，为五加科人参属多年生宿根草本药用植物，以根茎入药，茎、叶、花也可入药，可止血化瘀、消肿止痛，是云南白药的主要成分。因其播种后 3～7 年采挖而且每株长 3 个叶柄，每个叶柄生 7 个叶片而得名。此物喜温暖，忌严寒，适宜在年平均气温 15.8℃～19.3℃的低纬度地区生长，主产于云南、广西等地，在辽宁地区不适宜种植，买种子也是浪费。

【002】中共本溪县委办公室李大明等读者问：三七、天麻这两项中药材项目在辽宁发展前景怎样？

答：中草药三七属南方药材，在辽宁不适宜种植和发展；天麻应是辽宁的地道药材，在本溪、丹东地区农民多有种植，发展前景应该不错。

4. 党参

【001】铁法市农林局王宝奎等读者问：现在党参的广告很多，我地区一些农民想种植又怕上当受骗，请介绍一下其栽培要点好吗？是否 7 个月就收获？

答：党参为桔梗科党参属多年生草本药用植物，以根入药，是我国常用的传统补益药，以山西上党地区出产的党参为上品，具有补中益气，健脾益肺之功效。人工栽培最少得 2 年，春季畦播或条播育苗，翌春再移栽定植，秋季收获，地瘦管理差的需定植 2 年后收获，说 7 个月就可收获的纯属骗人。

【002】岫岩县哈达碑镇双块石村王福胜、铁岭县平顶堡镇农科站李长贵等读者问：看到有关种植山胡萝卜的技术信息很感兴趣，我处能否栽培？种子、销路如何？

答：山胡萝卜也就是常见的药材轮叶党参，在辽宁各地均可栽培。种子可到野生处采集，也可到有关药材公司联系购买，目前市场销路还可以。

【003】铁岭县大甸子镇椴木冲村康秉承、岫岩县哈达碑镇马家店村张锡昌等几十位读者问：我们想种植党参、紫草、红花等中草药，现在行情销路咋样？

答：据为农了解，1992 年全国中药材市场的价格全面滑坡，党参等也未幸免。各种中药材产品过分充足，过盛则有烂市之危，故请您注意市场变化，待产品见少紧俏时再考虑种植，以巧得千金也！

【004】辽阳县八会镇下华村读者李满忠问：听说中药材市场上党参较紧缺，我想种植不知在我地区自然条件下是否能行？

答：党参在辽宁自然条件下有野生的，亦有人工栽培的，您进行种植是没有问题的。

【005】瓦房店市邓屯乡鲍家村宋俊林和三堂乡广福学校王圣君、盘山县古城子乡南岗村张德发和棠树乡孟家村史万田、开原市柴河堡乡池玉斌和莲花乡东北村刘绍忠、康平县张强乡七家子村高常清、凌海市闫家镇马家村白雪峰、昌图县朝阳乡高台村张守海、北票市南八家子乡王维新和长皋乡下窑村李宝林、清原县南山城镇平安堡村马忠仁、新宾县城郊乡下坎村徐祥、辽阳县下达河乡大牛村李兆云、庄河市栗子房乡张奎武、抚顺市顺城区塔峪镇汪良村刘洪生、桓仁县五里甸镇五里甸村程绍润、西丰县乐善乡尚德村王秀梅和柏榆乡解放村冷贵发及安民镇西山村王德民、兴城市大南乡邮局王志杰等读者问：我们想种植中药材，哪

些适合我地区哪些不适合？市场价格咋样，谁收购？哪里有种源？

答：诸位读者在来信中提到的党参、西洋参（需防寒）、桔梗、柴胡、龙胆草、天麻、黄芩等中药材在辽宁地区均可栽培，各地药材公司（站）收购，价格不一，种源也可与之联系或民间寻访。山茱萸、吴茱萸、五倍子、杜仲及三七等中药材不适合辽宁地区大量栽培，自然气候条件不适宜。

【006】清原县甘井子乡上堡村读者李学堂问：我们想种植党参和枣皮树，越冬时能被冻死不？

答：党参在辽宁自然条件下越冬是不会被冻死的因为自然野生的有很多，而“枣皮树”属南方树种在辽宁地区越冬则性命难保。

【007】岫岩县三家子镇三家子村读者周海昌问：我想种植党参，不知此物在我地区栽培能不能行？

答：能行。

【008】法库县依牛堡乡东獐草村读者孙兴林问（兼答来信购种的读者）：我们这里很多农户种植党参、桔梗和黄芪，一直销售不出去，可有卖种子的广告说供不应求，请您指点销路好吗？

答：您说的这几种中草药目前还不算滞销，但销路要寻找，不能等待。您可与各市、县药材公司、药材站联系销售，或网上寻求买主。要种植这些药材的人也很多，您也可提供些种源。

【009】新宾县北四平乡宝汤村潘德龙问：我去年种植了10亩党参约有200万株种苗，听说党参价格有变，降了许多，这是为什么？

答：市场的党参价格上升和下降都是正常的，中草药原本野生采之入药，现在人工大面积种植产量大增就会发生过剩。中草药少了不行，可多了“烧火都不爱着”，毕竟得病的人数有限，需要吃中药的人数也很有限。从目前市场形势看，党参种苗售出还是没有问题的，价格下降会吸引很多购买者。

【010】盖州市芦屯镇赵屯村读者孙洪喜问：在一本刊物上看到种植中灵草经济效益高的广告，此物是否紧缺，栽培能行吗？

答：中灵草是中药材党参的别称，辽东山区通称其山胡萝卜，药食兼用，需求增加；近几年种植党参的很多，但并未达到紧缺的程度，人工栽培没问题。

【011】庄河市南尖镇协城小学吕振新问：我校勤工俭学种植了党参，可从出苗开始就陆续枯死，最后全部枯死，损失惨重，这是啥病？

答：专家根据您寄来的标本察看确认，这是党参根腐病，由真菌中的半知菌瘤座菌科镰刀菌属菌侵染所致，早春发生，主要是地势低洼等原因造成的。5月中下旬开始发病，初期地下须根或侧根出现暗紫色病斑，后变黑腐烂扩展到主根自下而上腐烂，地上部茎叶逐渐变黄，以致枯死。防治方法是剔除病种，种子消毒，用无病虫党参植株作移栽种苗；多雨季节排水防涝；发病期用50％二硝散200倍液喷洒，或用50％退菌特可湿性粉剂1500倍液浇灌。

【012】清原县硅石矿读者李艳萍问：轮叶党参与药书中所介绍的党参有什么不同吗？

答：党参属植物全世界约有40种，中国约有39种，药用有21种。轮叶党参（Codonopsis Lanceolatae）与药书上的党参（Codonopsispilonula Franch）是同科同属不同种植物，即桔梗科党参属的两种植物。

5. 桔梗

【001】东港市十字街镇棋盘村隋德永、台安县西佛乡才文村郝见弟、凤城市汤山城镇逄东、昌图县泉头粮库齐连成、黑山县八道壕镇秦家村肖宝权、盘山县棠树乡孟家村阎世伟等读者问：有广告说桔梗、防风、黄芪、北沙参等药材市场紧缺，是否真实？在辽宁地区是否可以种植上述药材？

答：桔梗、防风、黄芪、北沙参等药材在1989年上半年确实较紧缺，且市销价格较高。这几种药材在辽宁均可栽培，但由于均为大宗短周期药材，缺了以后种植发展生产较快，故市场销售会有周期性变化，种植时要看准行情，掌握丰、缺变化规律科学种植，能卖上好价钱。

【002】庄河市高岭乡读者宫静问：药用植物桔梗俗称为何物？

答：桔梗为桔梗科桔梗属多年生药用草本植物，以根入药，味苦、辛，性微温，入肺经，能祛痰止咳，并有宣肺、排脓作用。盛产于我国东北部地区，其嫩茎叶和根可供蔬食，是朝鲜族的特色菜。桔梗俗称包袱花、铃铛花，又因其根常用来制作“狗宝咸菜”，亦有俗称之为“狗宝”的。

【003】盖州市暖泉乡土盘岭村读者张连富问：现在药材市场上卖的桔梗是不是野生的？人工春种秋收栽培的和野生的哪种效益好？预计近几年收购价格如何？

答：桔梗根入药需生长2～3年才行，春种秋收的根内皂甙含量较低，入药不行，制作咸菜还凑合。在年限相同的情况下，野生的桔梗和人工栽培的桔梗药用价值及经济效益没啥大的差异。目前市场上桔梗价格较高，今后几年不会再上涨了，将呈现回落趋势。

【004】铁岭县李千户粮库读者陈玉国问：我想种植桔梗，不知其价格如何、行情能变不？

答：近些年桔梗的种植面积确实增大，但其用途不仅入药，还可制作“狗宝”咸菜，故其价格是不会有大变动的，行情将会变好。

【005】抚顺市顺城区李石镇读者赵志文问：桔梗在我地区能否适宜种植？现在效益咋样？

答：桔梗在辽宁各地均可种植。但如果各地种植面积过大，销售市场就会有疲软趋势，故请您注意市场行情变化，科学掌控种植时机。

【006】台安县高力房镇枣木村读者王永谦问：桔梗的茎、叶可以入药吗？什么时候采收？

答：桔梗有很多药理作用，目前临床主要用作祛痰药。据吉林农业大学测定，桔梗根中总皂甙含量为1.46％，茎叶为1.92％，可见桔梗茎叶的药效生物活性物质成分含量高于根，随着浓度的增加桔梗茎叶的祛痰作用明显增强，为利用桔梗的全株资源提供了依据。但目前主要还是以肉根入药，其茎叶还没有入药的，采收意义不大。桔梗嫩茎叶可供蔬食，如小苗及嫩茎叶炒食或做汤等。

【007】岫岩县牧牛乡德合店村读者杨绍武问：我今年秋季能产不少白花桔梗籽，明年想扩大种植，不知行情咋样，有前途吗？

答：1993年末桔梗价格暴跌使许多种植户弃货耕田叫苦不迭。1994年种植面积大减，过两年市场桔梗缺了其价格自然会上来，再多了还会下去，这是药材生产和市场变化的基本规律。可见，生产桔梗的前途，少了就有前途，多了就没前途，关键是摸准市场规律及生产周期！

6. 地黄

【001】开原市庆云镇两家子村读者张建强问：怀地黄是一种什么植物？我处能否栽培？

答：地黄也叫生地，为玄参科多年生草本药用植物，主要为栽培，因其地下块根为黄白色而得名，以根入药，有清热凉血、养阴生津之功效，主产河南、河北、内蒙古及东北。地黄在辽西朝阳地区多有栽培，历史较久，在您处栽培也没有问题。

【002】昌图县通江口乡太平村周岩、庄河市步云山乡高峰村汪全波、灯塔市五星乡姜丽颖、阜新县蜘蛛山乡塔子沟村刘洪文等百多位读者来信问：我们急想了解中药材方面的信息，哪些适合辽宁地区种植？销路咋样？

答：为农特邀请中药材信息专家张植泽先生撰写一篇中药材种植、销售方面的分析文章，刊在《新农业》上，供诸位品味参考。以往的中药材收购多由各市、县的药材站、药材公司等部门进行，有的中医院（所）也收购。您最好在种植之前联系好销路，以免产后卖不出去。

7. 元参

【001】清原县甘井子乡上堡村读者李学堂问：元参是一种什么药材？在我处能否种植？

答：元参也叫玄参、黑参、浙玄参、乌元参，为玄参科多年生草本植物，以根入药，有滋阴降火、润燥生津、消肿解毒的功效。喜欢在温暖湿润性气候环境生长，较耐寒耐旱，排水良好的地方均可种植，以肥沃的腐殖质土和砂壤土为好，黏土、低洼地不宜种植，忌连作，主产于长江流域各省。辽宁省近年已有栽培，生长良好。

8. 板蓝根

【001】凤城市石城乡苗福宦、法库县卧牛石乡大屯村薄连喜等读者问：板蓝根、牛膝、党参、黄芪、防风等药材适宜辽宁种植吗？

答：适宜。

【002】新民市法哈牛乡荣胜村王胜平、台安县城郊乡西岗村孔德安、庄河市高岭乡吴山嘴村刘廷友等几十位读者来信问：板蓝根、牛膝、平贝母、党参、红花、黄芪、桔梗等药材在我地区栽培适合不？

答：您说的上述药材均适合辽宁各地栽培。

【003】清原县英额门镇湾河村读者任怀钧问：种子春化处理的原理是什么，我想对板蓝根、大力子种子进行春化处理，是否可行？

答：春化处理是为了促进花芽形成，就是对发芽种子、生长的植物给予一定时间的低温处理以促进花芽形成。因为有些2年生植物的成体不经过低温阶段就不能形成花芽。在花芽形成上，春化处理后还必须给予适当的长日照条件（光周期）和赤霉素激活处理才能收到效果。生产上，春化处理是种子植物播种前的种子处理，主要是指温度条件。有春化发育阶段的作物需要春化处理，而没有这一特性的作物则无需进行处理。如冬小麦春播不抽穗，是因为未满足其种子对低温0℃～5℃经30～50天的处理要求。最新研究表明，山芝麻也有此特性。而对于板蓝根、大力子来说，种子本身没有春化阶段，因此就没有春化处理的必要。

9. 葛根

【001】庄河市大连化纤厂党办读者李成顺问：听说安徽、河南等地推广速生葛根经济效益较好，我们想种植，在辽宁自然气候条件下是否能行？

答：葛根也叫粉葛、葛藤、甘葛，是豆科葛属多年生藤本药食两用植物，肉质块根形似红薯，有药材、粮食、饲料等多种用途。含异黄酮类化合物葛根素，有降压、降血糖、改善心脑血液循环、抑制血小板凝结等作用，对心绞痛、心肌梗塞有防治作用。凡是有野生葛根的地区均可种植，辽东、辽南的野生葛根较多，人工栽培没有问题。

10. 紫草

【001】庄河市栗子房乡读者郑锡山问：听说种植药用紫草每亩的经济效益在几千元以上，这是真的吗？紫草现在的行情到底怎样？

答：紫草也叫山紫草，主要分布在辽宁、山西、河北、河南等山坡草地，春秋挖根，除去残茎及泥土，晒干或微火烘干，生用，有凉血活血、清热解毒、滑肠通便的作用。人工栽培紫草产品质量与野生的差别不大，目前产品主要供出口，制作染料。国内药用的数量不大，价格也一般，每公斤价格不足4元，因此每亩几千元之说有点离谱，除非卖种苗。

【002】康平县东升乡农机服务站姜延飞、岫岩县黄花店镇关门山村刘吉良等读者问：听说种植紫草是一条致富门路，其销路咋样？

答：紫草也叫山紫草、紫丹、紫草根，为紫草科紫草属多年生草本植物，以根入药，具有凉血活血、解毒透疹功效。主产日本、朝鲜以及中国辽宁、山西，多生长在山坡草地，春秋挖根，除去残茎及泥土，晒干或微火烘干生用。据为农了解，紫草在辽南人工栽培已获成功，只是在医药上的用量有限，主要在工业上有用途，如提炼染料，具体需求量多少尚无人统计。有一点可以说明问题，辽阳、本溪地区有些种植户的产品经常压在手里卖不出去，可见销路并不很畅。发现此条富路上倒卖种子者发了财，而种植商品者却赔了钱，故请您注意，如欲种植，必须寻找可靠的销路，以免白费力气。

【003】岫岩县牧牛乡德合店村读者杨绍武问：我想大量种植紫草，是否能行，哪里有种子？

答：专家认为，前些年人工种植紫草“热”后，现在基本无人问津了。有专家说其原因是人工种植的紫草发生变异，根的颜色浅，市场不认可，搞颜料亦属胡闹。生产没有市场的产品是要“坐地赔”的！看来，人工栽培紫草的技术问题尚需进一步研究探讨。至于采集野生紫草入药当为正品。因此，建议您对紫草人工种植之事再行论证缓行，以免造成不必要的损失。

【004】瓦房店市三台乡政府经管办读者王立权问：我想种植中草药，前景怎样？适宜我地前景好、效益高的水果品种有哪些？

答：近两年随着农业产业结构的调整，各地纷纷在种植中草药上下工夫，形成了种植“热”。目前的市场形势已出现价格下降趋势，因此您在种植时要搞好市场调查，以免生产出的产品卖不出去。中草药是治病的，多了不行，少了也不行，每年的市场需量基本是定数。至于前景，一户两户生产很难形成规模，销售、服务的麻烦事就很多，因此，形成规模后才能去研究前景。另，适合您处的水果品种很多，从市场上看，最具优势的还是苹果，由于出口量增加供不应求，可做点文章。

11. 龙胆草

【001】吉林省通化市南花甸镇七城村读者张文俊问：当前种植药材龙胆草是否可行，以后能否滞销？到哪里买到种子？

答：龙胆草也叫龙胆、苦胆草、胆草，为龙胆科龙胆属多年生宿根草本药用植物条叶龙胆、龙胆、三花龙胆或坚龙胆的总称，以根入药，春秋采挖，洗净干燥，主治湿热黄疸、急性传染性肝炎、胆囊炎、肝火头痛、惊痫狂躁等症，是国家重点保护和发展的品种之一。龙胆草人工栽培育苗出苗率低，生产发展较慢，一度出现紧缺。辽宁清原县通过多年种植已经总结出一套播种育苗技术，生产大发展，并有种子，您种植没有问题，但目前产品在市场上好像不太热销。

【002】建昌县巴什罕乡水泉沟子村于文欣、宽甸县太平哨镇小茧村王忠龙、盖州市徐屯乡前屯村刘庆源、凤城市红旗镇四家子村王传中、喀左县兴隆庄乡海岱营子村刘志强、沈阳市于洪区杨士乡宁官村刘淑芬等读者问：我们想种植龙胆草和山芝麻，能行不？到哪联系种子？

答：龙胆草和山芝麻在辽东地区均有野生，人工栽培完全可以。种源可到辽东山区寻购。

【003】清原县大苏河乡平岭石村读者徐盛财问：我们村的25户农民让我代笔问一下，有啥好除草剂能除掉龙胆草田的杂

草，人工拔草使大家发愁，草苗一齐长，请提供点信息。

答：有科研人员试验用拉索防除龙胆草田的单子叶杂草，取得一定效果。而田内繁多的双子叶杂草目前尚没有人研究出化学防除办法，需进一步试验。您亦可在除草剂药剂筛选上搞点试验，以解决龙胆草田化学除草问题。

【004】宽甸县永甸镇红旗村读者纪焕新问：我弄了点龙胆草籽，不知怎样处理播种才能提高其发芽出苗率，您能帮忙吗？

答：龙胆草种子小而轻，千粒重约24毫克，很难播种。经试验研究，目前解决的办法是将种子加黏着剂或饭米汤，再均匀拌在细砂土中，然后播种。这样处理的种子播种时不飞散，深浅一致，落籽疏密均匀，发芽和出苗率也高。

【005】辽阳县下八岭乡西庄供销社读者王峰问：我想了解中草药龙胆草的生长习性和栽培技术，能介绍一下吗？

答：龙胆草为多年生草本，株高20～60厘米，根茎短而细长，多数为黄白色，稍有细环纹。8～9月开花，9～10月结果。野生于山坡、草丛、灌木下，喜温凉湿润气候，忌强光，以疏松肥沃、排水良好的砂壤土生长为好。人工栽培先按生长习性选好地块，深翻30厘米，耙细作垄。种子繁殖最好选阴天或雨天进行播种；根茎繁殖在秋季挖出地下部分，将根茎切成3节小段，连同须根埋入土中，覆土，保持土壤湿润，翌年即长出新株。适时除草，干旱灌水，雨季排水，及时追肥，8月份及时摘去花蕾，注意防治龙胆褐斑病、龙胆斑枯病。种植3年，秋季或春季采挖根条，阴至七成干时将根条顺直。每亩可收干货400～500公斤。

【006】彰武县兴隆堡乡马架子村刘俭、海城市西柳镇盖家村王湘虹、法库县孟家乡赵家村王连合、宽甸县下露河镇宫润平等几十位读者问：我们想种植龙胆草、贝母、党参、山芝麻等药材，到哪能买到栽培技术资料？

答：《新农业》杂志曾登载过很多药材种植方面的文章，您可查阅。此外，新华书店有售这方面的书籍，也可通过网上搜索获得技术信息。

【007】新宾县上夹河镇大堡村读者万仑、开原市李家台乡西

南沟村王彦江等读者问：听说种植龙胆草很挣钱，我想种植，不知现在种子、种栽价格如何？

答：据为农了解，产区龙胆草种子的每公斤价格在1000元左右，种栽苗每株也在0.04～0.07元。可见种植龙胆草的种苗投入也不是小数目。

【008】清原县七道河乡七道河村读者潘洪海问：我家里每人有8分口粮田，非常贫困。我听说种植中药材能致富，1992年便种植了1.2亩龙胆草，当年收入1.5万元，现在又扩大到11亩。我担心龙胆草市场会变，怎样观察和预测市场您说说好吗？

答：据药材专家预测，在几年内龙胆草的价格只有上涨，不会下跌，因此您不必担心，定能挣到钱。至于怎样观察和预测市场，您目前已经入门了，就是多订些有关的技术及信息报刊，多上网了解信息，秀才不出门，能知天下事嘛！

【009】吉林省东丰县小四平镇读者李春原问：我采收的野生龙胆草种子连续两年播种下地都未出苗，这到底是啥原因？

答：播种下去的龙胆草种子很少出苗或不出苗，大多是种子未进行处理的缘故。专家认为，野生龙胆草的种子成熟度较差，发芽率低，种子应在低温条件下保存。播种前用800～1200克/公斤浓度的赤霉素溶液处理种子6小时，然后用清水漂洗置于25℃套件下催芽3～5天，将催好芽的种子与细湿土按1:20的比例混合，再用细筛或手均匀撒在床面播种，能使种子发芽出苗率达到98%。

【010】灯塔市西大窑镇岔沟村读者田太成问：我种植了10亩龙胆草，能否得到免交征购粮的待遇？

答：在责任田上种植非粮食作物，不同地区情况有所不同，有的地方免交征购粮，有的地方则照收。因为收征购粮各地均有任务指标，完不成岂不“失职”！现在，征购粮指标已经取消，成为历史。

【011】清原县英额门镇新堡村读者赵志辉、孙天才问：我镇号称“东北药材第一镇”，主要发展龙胆草等中药材，我国加入世贸组织以后，龙胆草等价格是否会受到影响？

答：中药材，乃中国之国粹、国宝也，别国很难取而代之。

从入世的几年来看，我国的中药材生产不但没受到影响，反而促进了发展和出口。龙胆草作为辽宁的地道药材，发展前景是会很好的。只是有一点，加入世贸组织后，中药材购销会进一步市场化，参与国际供应循环竞争，价格将会逐渐提高。

12. 细辛

【001】新宾县读者王友问：我家的庭院土地肥沃，前年种植的是细辛，去年种了庄稼。我想今年再栽点细辛，是否能行？栽人参是否可以？

答：种植过细辛的田块，最好隔3～4年再栽细辛，因为土壤中残留的细辛菌核病菌还很多，栽后发病植株就会烂掉，以后栽也要进行土壤消毒的。这样的土壤改栽人参也是不利的，若要栽需要压绿肥，用山皮土进行改良，并注意排水，涝了也不行。

【002】西丰县房木乡双城村读者丛平问：我想种植细辛，但不知其生长周期及何处购种子，能介绍一下吗？

答：细辛也叫细参，为马兜铃科细辛属多年生草本药用植物，干燥全草入药，是一种带毒的中草药，常用量药剂内一般不过1钱（3克），主治风寒头痛、痰饮咳喘、风湿痹痛、牙痛鼻渊等症。细辛在辽宁东部山区多野生，为著名道地药材，习称“辽细辛”。人工育苗移栽2年生苗，3～4年收获；3年生苗2～3年收获。其种子不宜久藏，否则会降低发芽率，采后即播为宜。种子无固定经营渠道，以产区民间购销为主。您可到抚顺、新宾、桓仁、本溪等地联系种子。

【003】铁岭县大甸子镇椴木冲村读者康炳伟问：我想种植细辛，但对其不很了解，能说说其生育特性及栽培要点吗？

答：细辛喜阴凉湿润，适宜在富含腐殖质的背阴山坡或稀疏林地栽培。黏重土壤以及积水低洼地块不宜种植。生长期间忌强光直射，应适当遮阴。种子有胚后熟过程，采种后需保持湿润，干种子不易出苗。在辽宁一般7月份播种，条播、穴播均可，亩播种量4公斤左右；也可育苗移栽。直接播种的3～4年收获，移栽2年生苗的3～4年收获，3年生苗的2～3年收获。收获在8～9月份进行，采挖后抖净泥土，全草入药。

【004】西丰县和隆乡和兴村读者万德利问：我村前几年大量

种植细辛，现在有点变少了。我还想种植细辛，其前景如何？

答：前几年的细辛栽培“热”促进了生产的大发展，价格也随之翻长。目前每公斤细辛价格在18元左右，销售平缓。据专家讲，细辛已突破中医入药的局限，开始用于建筑业室内墙面等驱虫。若从医药上讲，细辛每次用量不过钱（5克），多了就会出问题；若从用于建筑上讲，销量大好，前景定会明亮！

【005】凤城市刘家河乡伙荣沟村读者张茂盛问：我种植的细辛发生叶枯病严重，叶片落光但根部还好，怎样用多抗霉素防治？

答：细辛叶枯病是由半知菌亚门刺孢属真菌侵染所致，病菌主要以分生孢子和菌丝体在病残体和芽孢上越冬，种苗可带菌传病，分生孢子借气流和雨滴飞溅传播。低温多雨有利于病害流行，最适发病温度为15℃～20℃。遮阳栽培发病轻，5～6月为病害盛发期。据您处情况，防治此病应在春季细辛苗出土后及时用药，多抗霉素常用剂量为200～250倍液喷洒，每隔10天喷1次，连喷2～3次。还可在细辛苗出土前（4月上旬）用50%多菌灵400～600倍液或硫酸铜100倍液喷雾畦面进行土壤消毒，每平方米用液量3～4公斤，药液渗透土壤深度6厘米左右。此外代森锰锌、硫酸铜、多菌灵、扑海因、速克灵、万霉灵等也可选用。

【006】大洼县清水镇林场杜艳妮、法库县大孤家子镇敖牛堡村等读者张雪松问：我想种植中草药材细辛，现在种植的情况咋样？销路如何？

答：中药材种植一直是各地农民关注的热点，也是农业生产的一个重要致富项目。现在各地种植多以地道药材为主，优势较大，如辽宁的细辛、龙胆草、人参、西洋参、五味子等，在市场上销售有竞争力，而外引药材竞争力较差。目前各类药材种植面积和产量与市场需求基本相当，很少出现某些品种奇高奇低现象。经验证明，种植中药材要形成规模气候，小量种植在生产技术、销售等方面均有问题。中药材主要靠市场价格高低来调节种植数量。

【007】铁岭县大甸子镇椴木冲村读者康秉承问：我很想种植

细辛、龙胆草、桔梗等中药材，哪里有种源及回收的？

答：近两年种植中药材热潮已波及辽宁各地，然而并不是种啥药材都能挣钱。您所说的细辛、龙胆草确是个好目标，尤其是细辛，价格看涨，从市场发展看，已从20世纪80年代的每公斤10元左右上升到100多元，且产品需求旺盛。辽宁栽培的细辛被业内称为辽细辛，属于地道药材；龙胆草、桔梗也是常用药材，尤以桔梗可制作咸菜用量大，均可看行情适当栽培。其种源可到辽东山区寻找购买。

【008】桓仁县普乐堡镇坎川沟村读者王立名问：我地收购站大量收购辽细辛，上山采挖的人很多。挖完细辛的土坑漫山遍野，像麻子脸一样。照这样挖掘下去，山上野生细辛早晚会灭绝。我打算种植细辛，但不懂技术。能否提供有关技术资料？

答：辽细辛是辽宁的地道药材，闻名海内外，需量逐年上升，货紧价扬理所当然。不过像这样上山乱挖滥采，资源减少是一方面，破坏生态则是大事，历史的教训应该吸取。有关部门应该尽快采取措施，管一管这种杀鸡取蛋之风，否则后果不堪设想。有关细辛栽培技术，《新农业》2000年第3期登有《怎样栽培细辛》一文，您可参考。另外，您本地种植细辛的能人较多，亦可登门拜访学艺。

【009】新宾县木奇镇乱碴石村韩有、凤城市大堡镇敬老院顾元德等读者问：我们种植了一定面积的细辛，田中禾本科和阔叶草混生严重，每年人工除草很多遍，费工费力。有没有适于细辛田应用的化学除草剂，以解除我们的拔草之苦？

答：中草药田化学除草技术一直是生产上的一大空白，研究的人员少。随着农业产业结构调整及中草药种植面积的增加，这一问题将会逐渐解决。据业内人士透露，有关部门对中草药田化学除草技术的科研投入少，兴趣大的科研人员又无资金来进行研究，形成了目前生产中如此巨大的技术空白地带。农民在生产中强烈的技术需求应该引起有关部门的重视。据为农了解，有的地方农民在细辛田化学除草方面也搞了点试验，如用5%精禾草克乳油每亩150毫升对水喷雾取得效果，您可以试用一下。

【010】凤城市边门镇卜家村读者卜风春问：在农村很多农户

使用化纤编织袋装粮米，这种袋子有没有毒？在板栗树下栽培细辛是否能行？

答：一般说来，用化纤编织袋盛装粮米是没有问题的，不会影响人们的身体健康，因为《塑料编织袋国家标准 GB/T8946—1998》以及修订版《复合塑料编织袋国家标准 GB/T8947—1998》对此有明确规定。细辛是喜阴作物，板栗树下栽培细辛是可以的。但在树势繁茂的情况下，光线不足细辛生长不好，产量会很低，且质量也不会很好。

【011】盖州市东城街道办事处古台村读者沈尔振问：我想在大豆田里间、套种植中药材细辛，是否能行？

答：可以试一试，但不会很理想的。野生细辛多生长于林下腐殖层深厚稍阴湿处的针阔叶混交林及阔叶林下和密集的灌木丛中，山沟底稍湿润处，林缘或山坡疏林下的湿地也有生长。生产上，栽培细辛通常采用畦作育苗，再移栽到田间清种，稍微遮阴。大豆田间过于郁闭，遮阴过重好像不利于细辛生长。

13. 黄芪

【001】桓仁县二棚甸子镇四道岭村读者李景芬问：我准备发展黄芪、桔梗、板蓝根等中药材，辽宁的中药材交易市场在什么地方？谁能签回收订单？

答：目前辽宁省尚无较具规模的中药材交易市场，所产中药材大多由外地药贩到产地去收购或销给本地药材公司、药材站、中药材加工厂及中医药店和中医院，再就是派人到外地大型药材市场坐摊位售货。至于签回收订单虽然是件好事，但签单后也有耍赖不回收的现象发生，请您注意。中药材黄芪也叫黄耆，为豆科黄芪属草本植物蒙古黄芪、膜荚黄芪的统称；以根入药，具有补气固表、利水退肿、脱毒排脓、生肌等功效；主产于内蒙古、山西、甘肃、黑龙江等地，为国家三级保护植物。

【002】盖州市卧龙泉镇西八沟村读者柳永清问：根茎类中草药如黄芪、山胡萝卜、穿山龙田是否可以化学除草？反季节蔬菜苦荬菜市场价格看好，温室大棚是否可以栽培，怎样种植？

答：您说的上述根茎类中药材是可以进行化学除草的，可用精稳杀得、盖草能、氟乐灵及精禾草克等除草剂，使用方法请参照产品说明书。温室大棚栽培苦荬菜完全可以并已有成功经验，销售价格居高不下；栽培方法是选 pH6 左右、保水保肥力强的黏土或壤土地，每亩施优质农肥 3000 公斤；播种方法是每亩用 300～400 克种子对 3 倍细河沙播种，播后覆土 0.5～1 厘米；也可采用根茎繁殖，每亩用根茎 40～50 公斤埋入土中即可。保持棚室温度苗期 15℃～20℃，生长期 25℃左右。4 叶 1 心、株高 15 厘米时割下地上株苗即可销售。

14. 黄芩

【001】新宾县平顶山镇李家村读者李至玉问：我们这里有回收黄芩种子的，每公斤 150 元，黄芩种子有药用价值吗？是否属于紧缺药材？

答：黄芩也叫山茶根、土金茶根，为唇形科黄芩属多年生草本植物，以根入药，有清热燥湿、凉血安胎、解毒功效。种子一般不做药材，入药的是根。黄芩属于大宗药材，播种后生长 2 年即可收获，生产周期短，上得快，所以很难将其纳入紧缺药材之列。

【002】盖州市双台镇破台子村读者李君问：我种植了一些黄芩，产品就近到哪里去销售，谁收购？

答：中草药的购销市场早已放开搞活了。您种植的黄芩可到本市县药材公司联系销售，也可去市里的药材采购供应站联系；也有的种植户直接与药店、药厂及中医院联系销售的，您不妨一试。

15. 防风

【001】阜新县七家子乡五家子村读者于树新问：听说种植防风、日本柴胡等药材亩产值超万元，此信息是否真实？

答：防风也叫山芹菜、白毛草，为伞形科多年生草本植物，以根入药，主产东北、四川、内蒙古等地，有祛风解表、除湿止痛止痉功效，主治外感表证、风疹瘙痒、风湿痹痛、破伤风等症。柴胡为伞形科柴胡属 40～70 厘米高小灌木植物，主产辽宁、吉林、河北、河南、山东等地，以根入药，有疏散退热、升阳舒肝功效，主治感冒发热、疟疾、肝郁气滞、胸肋胀痛、脱肛、月经不调等症。防风、柴胡两味中药材市场有时畅销有时滞销，

2010 年防风每公斤 25 元，柴胡 45 元，但无论如何每亩产值也不能超万元。此类常规大宗中药材如果大面积发展种植，当年市场就可能饱和，价格就会跌落下来，再种植就不那么值钱了。

16. 穿山龙

【001】西丰县乐善乡石湖村读者徐艳问：人工栽培地龙骨能行吗？目前市场行情怎样？栽培技术难不难？

答：地龙骨也叫穿山龙、串地龙、野山药、龙草，为薯蓣科，薯蓣属多年生缠绕草质藤本植物，产于辽、吉、黑、冀、蒙、晋等地的山坡林地、灌木林下及沟边。根状茎入药，有舒筋活血、祛风止痛、止咳化痰的作用，主治腰腿疼痛、筋骨麻木、跌打损伤、气管炎等症。人工栽培地龙骨已有成功经验，用种子或根状茎繁殖，春播春栽，搭架供缠绕。播种后 4～5 年、根状茎繁殖的第 3 年春秋两季采挖收获，去掉外皮及须根，切段、晒干即可。近年地龙骨野生资源枯竭，需求量大，市上无大货，货少，市价每公斤 7～9 元。人工栽培地龙骨技术简单，种过架芸豆的都能会种此物。

【002】盖州市龙泉镇八沟村柳永青、葫芦岛市南票区缸窑岭镇古刹村张玉峰等读者问：我想种植一些中药材，但不知目前哪些品种较好并有发展前途，请帮忙参考一下好吗？

答：目前较适合辽宁栽培的市场较好销售的中药材品种有穿山龙、白附子、党参、防风、龙胆、甘草等；较有发展前途的应是地道药材，如辽细辛、辽五味、人参、天麻等。

【003】昌图县毛家店镇杏山村读者王卓问：我们这里及吉林敦化地区的中药材地龙骨很多，我想收购并销售此物能行不？贩运时都需要哪些手续，怎样办理？

答：农产品市场已经放开，中药材地龙骨也属此类，除了甘草、杜仲、麝香和厚朴四种国控药材及麻黄、大麻等有毒药品以外，都是可以贩运经营的。业内人士认为，少量少次临时贩运点儿农副产品没有必要办理手续；如果大量收购专门从事农产品贩运业务，则一定要到当地工商部门办理经营许可证手续，即贩运证，有此证件在贩运过程中就会减少很多麻烦，因为您是在从事合法贩运。

17. 山药

【001】庄河市蓉花山镇前发村读者张广久问：我在大山里的树林中发现一片野生山药，带回家后栽到地里想大发展，山药的市场及发展前景如何？我最近买了一些红参种子，想种植能行吗？

答：山药学名薯蓣，为薯蓣科薯蓣属多年生缠绕草质藤本植物，因唐代宗叫李豫，为避讳将薯蓣改为薯药，又因宋英宗叫赵曙，为避讳而改为山药。以根入药，药食兼用，能补脾气益胃阴、补肺益肾。野生山药自然存量很少，生长速度慢个头小，药材商贩基本不收购。前些年有药材专家曾经在辽宁中南部山林中发现并采到过。一般来说，人工栽培的山药比野生的生长快个头大，产量高，所以野生山药并不被重视，主要种植的山药品种有细毛长山药、二毛山药和日本大和芋山药等品种；目前市场每公斤鲜品价格 6 元左右，药材销售平缓，但在蔬菜市场前景看好。所谓的红参种子可能是一种误会，因为红参是人参的一个加工品种，并不是个栽培品种，目前生产上常见的栽培品种有大马牙、二马牙、圆膀圆芦、石柱参等品种。

【002】绥中县荒地乡东里村于永泽问：山药是做主食还是当菜吃？目前销路咋样？哪里收购？

答：山药是一种药食兼用的补气类中药材，既可当主食，又可当菜吃，就像我们常吃的马铃薯、甘薯一样吃法。就目前人们生活水平看，此物主要还是以做菜为主。山药目前供药用的销路一般，向菜市场发展的销路和前景广阔。

18. 甘草

【001】抚顺县哈达乡关门山村张秀梅问：听说人工种植甘草前景看好，我们地区种植能行吗？目前中草药市场及形势咋样？

答：甘草也叫甜草根、红甘草、粉甘草、美草、密甘、密草、国老、粉草、甜草、甜根子、棒草，为豆科甘草属木本植物，多生长在我国干旱、半干旱的荒漠草原、沙漠边缘和黄土丘陵地带，以根及根茎入药，具有补脾益气、清热解毒、祛痰止咳、调和诸药的功效，用于脾胃虚弱、倦怠乏力、心悸气短、咳嗽痰多、痈肿疮毒等症。甘草既是一味中药材，又是防风固沙的好树种。因近几年主产区大量采挖已使野生资源锐减，有报道说如此下去新疆 7 年之内甘草将绝迹，真是可怕。所以人工栽培甘草应是当务之急，在您地区种植没有问题。关于中药材市场形势，随着全国产业结构调整及中草药种植面积增加，2001 年上半年中药材市场处于低迷状态，6 月份比 5 月份根茎类药材价格下降 0.6%，果实籽仁类下降 10.18%，全草类下降 1.9%，花类下降 1.21%，动物类上升 0.85%。到年底如没有特殊因素，市场低迷不会有大的改观。因此，种植中草药的农民应密切关注行情变化，以应时变，减少损失。

19. 红景天

【001】瓦房店市复州城镇古井村张志明、昌图县四面城乡小黑村陈明、西丰县柏榆乡解放村王天俊、彰武县后新秋镇东平村韩克龙等百多位读者问：听说高山红景天的药用和经济价值很高，我地区可否栽培？

答：高山红景天也叫红景天、高山蔷薇景天，为景天科红景天属多年生草本或灌木植物，以根和根茎入药，全株也可入药，主治周身乏力、胸闷等，还具有活血止血、清肺止咳、解热的功效，是近年新开发的一种很有前途的药用植物。根粗壮，有分枝，茎直立，叶互生无柄长椭圆形，伞房状花序顶生密集，花黄色或黄绿色，花期 6～7 月，果期 7～8 月，生于高山草地、林下及沟谷岩石附近。专家认为：此物在冷凉山地栽培较为适宜，平原地区好像差点儿。价值高是一方面，关键是销售，要先联系好销路再种才行。

【002】清原县大孤家镇韩村井玉仁、大石桥市百家寨镇东江村赵福礼等读者问：高山红景天的种子目前多少钱 1 斤？到哪能买到？

答：1998 年的时候，高山红景天又出现小“热”，每斤种子价格已过千元，因此物可滋补强身。新宾县有售此种子的。为农觉得，此物种子价格与其实际生产所产生的效益有点离谱，有点卖缺或高价倒卖种子的味道。

20. 何首乌

【001】凤城市四门乡小岭村读者王法君问：何首乌是否适合

东北种植，市场怎样？

答：何首乌也叫多花蓼、紫乌藤、野苗、交茎、夜交藤、夜合、桃柳藤、九真藤，为蓼科何首乌属多年生缠绕藤本植物，以块根入药，藤茎称夜交藤，有解毒消痈、润肠通便、补益精血、乌须发、强筋骨、补肝肾功效。正宗何首乌在东北尚没有野生的，沈阳药科大学药园的专家说引进种植何首乌30多年，都是秋季挖出来在室内越冬待春季再拿到室外栽上，否则就被冻死，即自然条件下不能安全越冬生存，不适合东北栽培，此种南方药材在东北地区是不宜种植的。

21. 西红花

【001】昌图县朝阳乡高家屯田德阳、新宾县北四平乡北旺清村吕东川、辽阳县黄泥洼镇西岔子村李宝权、开原市庆云镇孤家子村代宁、大石桥市钟雨等读者问：有信息报道，西红花这种药材市场紧缺，种植本钱少，见效快。但我们不知其特性及种植技术，能介绍一下吗？哪里收购？

答：西红花也叫藏红花、番红花，是鸢尾科草本植物，以柱头及花柱入药，与我们所说的红花是两码事儿！西红花原产西班牙等地，我国浙江、北京等地有少量引种栽培。有专家说：辽宁大连地区近年引种过，但由于产量和经济效益不理想而没发展起来。此药市场较为紧缺，价格较高。

【002】普兰店市同益乡于家村吴作林、开原市下肥地乡下汪村于德河、北镇市青堆子镇任丽飞、台安县桑树镇李桂红、沈阳市于洪区陵东乡方溪湖村关恒昌、昌图县东嘎乡力家村于艳丽等读者问：西红花适合我们地区种植吗？好不好管理？销路咋样？

答：此物原产西班牙等地，在辽宁各地虽可以种植，但其栽培技术要求较严，多为球茎繁殖，采收花器入药，亩产量极低。种植者在没掌握栽培、采收、干制等技术的情况下要慎重，弄不好易赔大钱。目前其销路没啥问题。

【003】辽阳县河栏镇刘沛州、清原县夏家堡镇邵牧、凤城市白旗乡吴家村陈桂东、新宾县木奇镇乱碴砘吴绍义等读者问：辽宁地区目前种植西红花有盈利成功的吗？我们也想种点试试。

答：目前辽宁种植西红花还没有挣到钱的，倒是有赔钱的，您还是先等一等看是否有引种成功并获益的。

【004】喀左县白塔子乡大西山村马兴东、凌海市新庄子乡新庄子村贾明等读者问：西红花、藏红花、番红花是不是一花多名？在辽宁栽培其效益如何？

答：西红花、藏红花、番红花是一个东西。此物在辽宁地区栽培还没有挣钱的，倒是有赔钱的。

【005】盖州市梁屯乡曹德明、徐屯乡罗屯村任芳强等读者问：有资料介绍室内无土栽培西红花每平方米60天创收720元的技术，此技术是否可行？

答：种植西红花如此高效益的技术并不会出现，因为按正常栽培此物每亩地只能产花0.5公斤左右，在药材市场每公斤价格按2万元计算，每平方米也就30元。在大田栽培尚且赔钱，更何况室内无土栽培了，花器很难形成，定赔钱无疑。

【006】阜新县大王家乡柳条沟村读者杜常红问：从河南等地邮购来的药材苗木及种子是否可靠？回收及经济效益咋样？

答：据辽宁各地农民反映，汇款从南方邮购来的药材种子、苗木可靠性较差，苗木经过长途运输干枯死亡的较多，种下去成活率很低；种子的发芽率也较差，甚至寄来假种子，请您慎重。回收也只是一纸空文，经济效益很难保证。

【007】辽阳县穆家镇黄青堆村读者钟淑丽问：藏红花、草红花这两种药材有什么区别？

答：藏红花和草红花均为草本，花顶生，以花入药，虽非一物，效用略有相似。但前者系鸢尾科植物，球茎，叶基生线型，花被6片，花柱3裂，雄蕊3，雌蕊1，栽培条件下不结果；后者则为菊科植物，叶无柄互生卵形，头状花序由多数管状花组成，雄蕊5，雌蕊1，瘦果卵形。藏红花虽然市场较缺少，但辽宁地区种植问题较多，应慎重为好。

【008】清原县南八家子乡双泉村读者吕霞问：西红花是紧缺药材吗？我想利用大棚来栽培此物您看能行不？

答：药材市场的西红花（也叫番红花）一直供不应求，价格上涨接近黄金价格。为农分析其主要原因：一是因其经济部位小而单位面积产量过低；二是种栽价格太贵，而产花的经济收入还不及种栽的投资，影响种植效益，生产发展缓慢；三是栽培经验不足，前两年种植的人不少，但所产的花较少甚至不开花，缺少技术。您说利用大棚栽植此物在辽宁也有搞的，虽能有点花产量，但效益还是不抵投入的多。

【009】抚顺县大南乡小南村读者付华问：我在一张报纸上看到室内栽培西红花技术，并向种植户提供种源，包回收，签法律合同，此事可行否？

答：为农觉得此事不可行也！原因是目前西红花种栽的价格过高，用其生产出来的花的价值不抵种栽投入的价值，简单一算坐地赔钱！您一定要算好这笔经济账。此物在辽宁已忽悠好几年了，具有很大的欺骗性，要提高警惕切忌上当。

【010】大石桥市周家镇政府读者周余华问：我地区曾引种过咖啡豆、西红花、药枣等河南所售药材种苗，最后都是回收单位违约借故不回收而宣告失败。近来又听说一种泊夫兰的药材，每公斤回收价格 1.6 万多元，我地区种植的把握性有多大？

答：河南某些销售药材种苗者的信誉较差！为农觉得，种植中药材应以本地传统地道名特优为主，如辽宁的细辛、人参、五味子、黄柏（低潮将过去）等为主，正宗的地道药材销售不犯愁。但药材种多了也会出问题，只有先找好销路才能有效益。专家从推广户广告上的介绍和引种户的球茎得到认证：泊夫兰就是西红花，是推广户为混淆视听而故意制造的名字，因为西红花的名字臭了所以换个名字。

【011】大连市金州区向应镇读者东方成问：有信息说“免费供种，联合种植”泊夫兰的，此药材信息是真的吗？

答：泊夫兰就是西红花，卖种者多源于河南卢氏一带，多具欺骗性，请倍加注意，切勿上当。

【012】大连市金州区向应镇城东村冷宝清、阜新市细河区长营子镇东五家子村张梅玲等读者问：在有的杂志上看到种植中草药泊夫兰，生长期 60 天，好种易管，亩收入万元，这是真的吗？

答：泊夫兰、撒复兰乃西红花变诈之名耳！西红花也叫番红花、藏红花，原产地中海一带，在辽宁地区种植肯定不行，这是众多引种失败者说的。请您切勿轻信其“效益”之说，谨防上当受骗。

【013】瓦房店市杨家乡黄旗村读者付永胜问：北京有个西红花研究所宣传说种植西红花10平方米可收干品1～2公斤，签订5年保价回收合同，每公斤2600元，我们是否可以搞？

答：西红花、藏红花、番红花、泊夫兰名字很多，都是一个东西。种植10平方米肯定收不了1～2公斤有效干品药材，或许是茎秆等杂草之类不能入药的倒有可能。此物在辽宁不宜种植，以往引种失败的、赔钱的有很多人。

【014】盖州市双台子镇柳河寨村读者吴明威问：最近看到有资料介绍，种植西红花很挣钱，我处能否栽培？效益怎样？

答：从多年西红花的引种实践来看，到目前为止辽宁尚无种植成功的纪录，主要是气候原因使其产品质量不好，或没有产量和经济效益，说明辽宁地区不宜种植西红花，建议您舍此想法而选择其他致富项目。

【015】新民市三道岗子乡分水岭村读者陈勇问：经常收到河南省卢氏县寄来一些关于种植药材的信息资料，说免费供种、包回收、签法律合同等，这事可信吗？

答：近几年为农对卢氏很有看法，假的多，真的少，骗人的多，能行的少。如泊夫兰、冬虫夏草等药材已证明在辽宁是不行的东西，还大肆向辽宁各地推销，至于回收、签合同亦是诱饵罢了。您与其打交道一定要慎重，切勿轻信。

【016】彰武县冯家镇小沙力土村读者李守军问：我每月都能收到河南卢氏的中药种植资料，说免费供种，联合种植，品种有泊夫兰、药枣、冬虫夏草等，您能帮忙确认一下该公司的可靠性吗？

答：看了您寄来的河南卢氏卖药材种苗的材料，为农气愤大矣！近些年来，辽宁百姓上当受骗者众多，到目前还没有一人受益的，卢氏这哪是在卖种苗，纯粹是在坑害人！为了不使你损失钱财，最简单的办法是见到河南卢氏字样的公司回避或免谈，就不会上当。

【017】沈阳工业学院成教院99427班读者王彤问：我想种植中草药，泊夫兰、天麻、西红花、草红花、冬虫夏草、药枣、中

灵草、瓜篓等，哪种适合辽宁搞，请说明一下。

答：您说的这些中草药名字中，天麻、草红花、瓜篓、中灵草可以在辽宁生产，以天麻效益和生产形式较适合，其他品种请勿介入，以免赔钱。

【018】阜新县旧庙镇旧庙村崔福田、新宾县下夹河乡下夹河村刘清河等读者问：我们想种植中药材，给我来的书信有武汉华大神农、河南三门峡正帮、山东菏泽帮富等公司说联合种植，这事是否能行可靠？

答：此事既不可行，也不可靠！所谓的联合种植只是个圈套而已，当你种出来产品销售给他时则百般刁难盘剥，甚至人去楼空，这样的事情已发生很多起。发展中药材生产最好选择适合本地的特有的地道品种。不宜到外省引种种植，栽培销售均无优势。

【019】大石桥市汤池镇二道岭村汪明祥问：我收到河南卢氏某作物开发部的小报和种植药材的合同单，现寄给您请详断真假。

答：为农仔细看了您寄来的宣传材料，对河南卢氏卖药材种子苗木的事多有感慨。多年来，上当受骗的人很多，合同签了，款寄去了，而寄回来的多是一些不知名称的种子以及枯死的苗木，根本无法在生产上使用，甚至有的公司根本就不寄回任何东西。有的从辽宁到卢氏去找，路费等花去很多，看到的却是空楼一座，人无踪影。依为农所言，河南卢氏卖的药材种苗，辽宁人免谈为好。

【020】内蒙古赤峰市喀喇沁旗王爷府镇大庙村读者王志中问：我在一些有影响的权威杂志上看到许多广告，说免费供种、联合种植、签合同等，我写信联系后也邮技术书，不邮种子（要钱)，而且一份种子要几百元，说 1 分地能收入 12 万多元，这事可信吗？

答：天上掉馅饼的事不会发生。用免费供种做诱饵、收入高为骗术诈取不义之财者并不少见，明眼人一看就会识破。1 分地种什么能收入 12 万元，这么好的挣钱项目谁能白送给别人，亲戚朋友岂不早抢掉脑袋了！可见，此事肯定有诈。

22. 红花

【001】昌图县朝阳乡田德阳、盘山县棠树林子乡王宝中等读者问：我们想种植红花这种药材是否能行？

答：红花为菊科红花属一年生草本药用植物，也叫草红花，以花入药，有活血通经、去瘀止痛、活血通经功效。红花的适应性很强，在辽宁是可以栽培的，建议您先与有关部门签订产销合同，以防销售困难，因为我国新疆、河南等地产量较大，有人员上门收购，而您少量栽培销售将有困难。

【002】普兰店市泡子乡杏花村姜限和白永生、瓦房店市复州城镇蔡振国、凤城市沙里寨镇周春光等许多读者问：中草药红花、西红花、西班牙西红花、番红花是不是一个东西，种植效益咋样？

答：后三者是同一种药材，此物虽然市场价格较高，但生产上试种了几年，在辽宁还没有挣着钱的，种植过程中开花、采收都有点问题，故请您慎重。红花则是另一种药材，也叫草红花，目前销路不很畅，种植效益一般，也要慎重或采取订单种植为宜。

【003】北镇市廖屯镇罗屯村读者袁宝权问：目前红花市场销售情况怎样？到哪能买到种子？

答：1997年红花的市场销路还算可以，种子的事儿，正好前些天为农收到康平县六家屯镇前所村读者冯国忠的来信，说他家有几千公斤红花籽待售，非常着急，您可与之联系。

【004】昌图县太平乡牛庄村毛艳春问：我想种植草红花、天麻、西红花、枣皮、牛膝、桔梗、板蓝根、灵芝、冬虫夏草等药材，您看哪种能行，效益较好？

答：根据最新信息及全国中药材市场状况，除了您提到的西红花、枣皮、冬虫夏草等药材外，其他几种药材均可以栽培，注意找好销路，会有效益的。

【005】河北省秦皇岛市山海关邮局经警室邹振元、黑山县白厂门镇刘铭、盖州市白果乡东老爷庙村王民安等读者问：听广告说沈阳有个中草药公司卖药材种子，有许多辽宁知名药材专家加盟，签回收合同，销售的红花、枸杞等种子都很贵，这事可

行吗？

答：据为农暗访，此中草药公司是黑龙江哈尔滨市的个体户在沈所办，以座谈的形式将一些中草药界名人请去便用此大做广告，已引起专家与此公司纠纷。据专家讲，该公司所售药材种子多为积压滞销产品，农民朋友一定要慎重从事，切勿卷入骗局。农业产业结构调整，致使许多地方种植中药材面积增大。但是中草药少了是宝、多了是草，预计全国范围内的一些大宗中药材品种将进一步积压，应引起各地种植户注意。2005 年积压的品种有元胡、黄芪、北沙参、白术、白芍、当归、川芎、三棱、生地、红花、白芷、山药、板蓝根、瓜蒌、薏米、车前子、泽泻、枸杞等，且价格一降再降，形势不容乐观。但也不是没有机遇，一些木本药材以及细辛、人参等，价格还在逐年上升，销售不成问题。

23. 金银花

【001】朝阳市龙城区七道泉子镇水泉村读者林颜德问：双花是一种什么植物？我地区是否适宜栽培？

答：金银花也叫忍冬、双花、金银藤、银藤、二色花藤、二宝，为忍冬科忍冬属多年生缠绕木质藤本植物，因其花初开为白色，后转为黄色，故名金银花。以花蕾及藤（金银藤）入药，有清热解毒功效。喜温和湿润气候、阳光充足，耐寒、耐旱、耐涝，适宜生长的温度为 20℃～30℃，对土壤要求不严，耐盐碱，以土层深厚疏松的腐殖土栽培为宜。双花在您地区栽培是可以的。

【002】内蒙古赤峰市翁牛特旗大兴乡兴龙村读者刘志远问：听说金银花适应性强，极耐寒，我想种植不知能行不？

答：金银花以花蕾及藤入药，有清热解毒的作用，也可做绿化美化庭院之用。生于山坡灌丛或疏林乱石堆路旁及村庄篱笆边，常有栽培，我国北起东三省，南到广东、海南，东从山东，西到喜马拉雅山均有分布，日本和朝鲜也有分布；在北美洲逸生成为难除的杂草。农谚讲："涝死庄稼旱死草，冻死石榴晒伤瓜，不会影响金银花。"看来在您处栽培金银花问题不大，插条繁殖或种子繁殖均可。

【003】康平县海州乡王泉村读者张尔林问：我地区种植中药材金银花是否能行，产量怎样，市场前景如何？

答：中药材金银花适应性强，在辽宁的山坡丘陵、沟边田埂、河岸及住宅周围均可栽培，只是花的产量不太理想，且质量欠佳。因为金银花主产于河南、山东等地，质量较好，从气候条件及生育期长短来看，辽宁发展药用金银花的产质量与上述两省相比明显处于劣势，经济效益及发展前景不会很理想。如果用其保持水土、绿化环境，兼顾采花药用，在辽宁发展倒也不失为好途径。

24. 雪莲花

【001】抚顺市红透山铜山硐矿冶炼厂机电车间读者张双成问：听说吉林某雪莲花基地生产的雪莲花是名贵中药材，投资少效益高，是这样吗？许多药材的价格表中为啥没有它的名字？

答：雪莲花也叫大苞雪莲、荷莲、优钵罗花，为菊科凤毛菊属多年生草本植物，是有名的藏药，主产青藏高原，以绵头雪莲花、大苞雪莲花、水母雪莲花等的带花全株入药，有除寒壮阳、调经止血功效，主治阳痿、腰膝软弱、月经不调、风湿性关节炎、外伤出血等症。雪莲花人工栽培已有成功的，产量较高，但市场需求量并不是很大，因此销售会有问题。建议您谨慎行事，还是发展东北“正宗”的中药材生产为宜。

25. 栝楼

【001】新民市大红旗镇营房村孙学龙、海城市英落乡刁靖瑜、黑山县姜屯镇戴忠、昌图县大四乡赵兴悦等读者问：我们想种植药材瓜篓，不知在我地区是否适合，有哪些关键性技术？能否挣钱？

答：栝楼也叫瓜篓、药瓜、野瓜、吊瓜，为葫芦科栝楼属多年生藤本植物，对急性心肌缺血、离体绒癌细胞的增殖、糖尿病、高血压、高血脂、高胆固醇有一定疗效，能提高肌体免疫功能。全国各地均可栽培。以往辽宁有种瓜篓的，第一年结果很少，翌年就都不结果了，其原因主要是在自然越冬时冻坏了主茎，翌春发出的侧枝条是不能结果的。若想种好瓜篓，需进行越冬防寒，盖土、盖玉米秸秆等，也可在秋季将全株挖出放入窖中，翌春再栽上，能结果。请您注意，我国山东等地气候条件适宜，发展瓜篓上得快产量高效益好，而辽宁产量效益不如人家。故种前要先看准行情，找好销路，与当地有关部门签订好药材收购合同。

【002】瓦房店市杨家乡黄旗村读者赵彬、范庆芝问：我想种植中药材瓜篓，有没有收购鲜品的，如何将其加工成干品？

答：瓜篓多以干品入药，因此收购鲜品的很少，目前农贸市场上出售的鲜果多为零食或观赏之用。瓜篓栽后 2～3 年结果，需分批次采摘，将果实从果蒂处对剖开取出内瓤和种子晒干就是瓜壳；种子和内瓤放盆内加草木灰反复搓揉后用清水淘净内瓤晒干就是瓜仁；3 年生的雄株霜降前挖取块根洗净去头刮皮切小断或剖半，晒干就是天花粉。值得注意的是，因气候原因辽宁地区生产瓜篓不如山东、河南等地速度快、产量高、效益好，因此呈逐年萎缩之势，仅有零星种植，基本退出主产区行列。

26. 薏苡

【001】新民市镇郊乡东岗村读者杨中文问：薏苡（薏米）是一种什么作物？其经济价值和效益可观吗？

答：薏苡为禾本科薏苡属一年生或多年生草本药食兼用植物，以去除外壳和种皮的种仁入药。有健脾利湿、清热排脓功能，用于治疗水肿脚气、白带、关节疼痛、肠痈肺痿等症，其煎剂还有抑制癌细胞的作用。薏苡种仁是我国传统的食品，可做成粥、饭、各种面食供食用，尤对老弱病者更为适宜。此物系大宗药材，目前向国外出口量较大，亩效益还可以。

【002】抚顺县海浪乡前楼村读者王德华问：薏米是一种什么植物，种植特性如何？

答：薏米也叫薏苡、苡米、沟子米、六谷子、菩提珠，以果实入药，喜生长在温暖潮湿的环境，怕干旱，适应性强，对土壤要求不严。以向阳肥沃的砂质壤土种植为宜，无水源的地方不宜种植。春种秋收，亩产 200～300 公斤，脱粒晒干，去掉外皮即可药用。薏米是大宗药材，市场需量较多，但种植还要先找好销路。

【003】岫岩县汤沟镇畜牧兽医站读者李明问：中药材薏米价

格怎样？我想种植但不知其具体技术，前景如何？

答：薏米属大宗常用中药材品种，药食兼用。市场销售价格每公斤在10元左右，有健脾和湿、清热排毒之功效，近人将其开发为抗癌食品。栽培以向阳肥沃的砂质壤土为宜，干旱无水源的地方不宜种植，忌连作。种子繁殖在4月份播种，条播、穴播均可，垄距0.5～0.6米，穴距15厘米，每穴3～4粒种子。亩施硫酸铵15公斤、过磷酸钙20公斤；花期人工辅助授粉提高结实率。10月初收获，亩产200～300公斤。脱粒晒干，去皮即可。

【004】葫芦岛市连山区老官堡乡椴木丛村读者赵久东问：我们引种了一植物叫草珠，是否就是中药材薏苡，现在卖不出去，都放在家里呢，咋办？

答：草珠就是中药材薏苡，农民常用其串成门帘。薏苡属大宗中药材，销售市场忽冷忽热。不过薏苡是药食兼用的，您可以在食用方面打开销路，常食薏苡粥可以保持人体皮肤光泽细腻，消除粉刺、斑雀、老年斑、妊娠斑、蝴蝶斑，对脱屑、痤疮、皲裂、皮肤粗糙等都有良好疗效，在食用市场上很有潜力。

【005】昌图县下二台乡五棵树村读者陈玉和问：我想种植中药材薏苡并加工薏米，目前市场销售情况怎样，到哪里能买到种子？

答：中药材薏苡属于国家放开的药食兼用品种，用其加工出的薏米在粮食市场零售价格每公斤10元左右，销售平缓，您要种植此物一定要事先联系好销路，以免销售困难。沈阳市天明中草药研究所曾经销售过此种子，联系电话024－88420842。

27. 草决明

【001】辽中县杨士岗镇靠山屯村夏立文、大石桥市周家乡周言华、海城市牛庄镇林园村李振东等读者问：我们从南方购进咖啡豆种子并签订了回收合同，现在产品卖不出去，辽宁地区有收购的吗？

答：草决明俗称咖啡豆，是一年生草本植物，像生产绿豆一样上得很快，在中药材市场属于大宗药材，多了就会滞销，价格跌落。这样的行情下辽宁的药材部门没有收购的，您只能另寻销路了。

【002】昌图县此鹭树镇老门村孙海龙、盖州市杨运乡汪新昌等读者问：有广告说种植咖啡豆每公斤能卖480元，这是真的吗？

答：纯属骗人。咖啡豆实际上就是常见的大宗中药材草决明，市场上经常出现积压，每公斤价格并不很高，有时1公斤几元钱都卖不出去，请您小心上当。

【003】昌图县长岭子乡长岭子村尚尔华、台安县富家中学徐海波等读者问：有广告介绍种植咖啡豆经济效益好。此物是啥东西？我地区能否种植？

答：咖啡豆就是常见的豆科药用植物决明或小决明，也叫决明子或草决明，以干燥成熟果实入药，有清肝火、祛风明目及降血脂的作用，售种者之所以称其为咖啡豆是想迷惑和吸引一下消费者的购买欲。此物属大宗药材，市场很难出现大起大落，销路不畅。

【004】岫岩县石庙子乡西堡村苏仲良问：听说种植咖啡豆亩产在450公斤以上，可获利8万元，这是真的吗？辽宁地区能种植吗？

答：咖啡豆就是草决明，在辽宁种植没有问题。只是其目前销路不太好，每公斤市场价格才2元多点儿，还卖不出去，上述每亩获利数字有点忽悠过分，为了卖种子，真是什么假话大话都敢说。

【005】瓦房店市杨家乡黄旗村读者付会良问：咖啡豆是几年生，哪部分入药？

答：此物亦叫草决明，系1年生草本植物，以种子入药。

【006】辽中县城郊乡邢冯村读者李志峰问：听说草本咖啡市场收购价30元1公斤，是真的吗？

答：草本咖啡是人们常说的草决明或决明子，1年生，外形像绿豆，价格并不像您说的那么贵。目前药材市场每公斤价格虽有所上升，但还在2.4～3.2元之间。

【007】营口市老边区柳树镇小平山村读者姚娟问：我在杂志上看到河南一公司的广告，“关于赊销半价供种联合种植中药材

互惠互利的合作公告”，很想联合种植，您看此事能行不？

答：为农对此事不太“感冒”，虽说“半价”供种，但此半价“含水量”有多少谁也不知道。辽宁、河南相隔几千里，种出的药材即便回收，路费、运费谁拿？若小面积种植，药材贵还是运费贵都说不准。商家之意不在联合种植，意在卖种，此种做法实乃诱饵也！

【008】昌图县此鹭树镇腰村郭文才问：一位朋友送我一些咖啡种子，说种了能挣大钱。咖啡在辽宁能种植吗，销路咋样？

答：据为农所知，咖啡是一种茜草科常绿灌木或小乔木，原产于热带非洲，我国广东有栽种，种子可加工咖啡粉，做饮料也可供药用。此物在辽宁是不能种植的，因为自然条件下越冬会被冻死。朋友给的并不一定是真正的咖啡种子，可能是前几年热极一时的中药材草决明种子，卖种者称其为咖啡豆以促其销售。草决明在辽宁种植能够开花结果，但作为一种大宗药材，销路并不畅，因此种植时应注意市场销路。

28. 牛蒡子

【001】清原县南山城镇二柱沟村读者杨佩勇问：我村试种的100亩大力子售种者说是当年结籽，可到秋天都没结籽。不知1994年行情咋样，我们还保留不？

答：大力子也叫牛蒡子、鼠黏子、恶实，为菊科2年生或多年生草本药用植物，播种当年只形成叶簇，翌年才能抽茎开花结籽，说大力子当年播种能结籽纯属骗人。从1993年末市场情况看每公斤14～15元，且很畅销，而1994年市价如何尚不明了，但不会一下子“臭不可闻”的，您应继续种植令其开花结果。

【002】新民市金五台子乡四台子村李长富、丹东市蛤蟆塘镇偏坎村李凤丹等读者问：能介绍一下中药材市场价格及行情吗，我们好参考种植中药材。

答：《新农业》杂志在每年的第9期或第10期刊登中药材市场的价格及行情，供读者参考。细心的读者，可将几年刊登的药材价格做一比较，就会发现一种动态变化及趋势，对种植好中药材很有帮助。

【003】盖州市安平乡安平村杨宏信、法库县登仕堡镇严千户

村孟凡连等读者问：什么地方、哪个部门收购野生中药材，都收哪些品种？

答：改革开放以前所有中药材均由各市、县药材站、药材公司收购，到基层则由土产收购站、供销社等代收。现在，由于中药材购销放开、多渠道经营，除了原来的收购渠道以外，还有些单位如外贸、林业及有关部门收购，有些个体药贩也收，中医院、中药加工厂也收购。因此您可以与上述部门多方联系，定购出售。

29. 水飞蓟

【001】盘山县坝墙子农场圈河分场读者张利生问：我在河滩地上种植中草药水飞蓟，播早了地温低，出苗不齐全，播晚了洪水来时还未成熟；种密了怕长不好，稀了又减产；收早了没成熟，收晚了果实自动裂开掉粒。能介绍一下这方面的技术吗？

答：水飞蓟为1年或2年生菊科水飞蓟属草本植物，也叫乳蓟，以种子入药，原产西欧和北非，辽宁、甘肃、黑龙江及河北有栽培，是优良的护肝植物。北京地区有采用塑料薄膜育苗移栽的解决播期早晚问题，3月初育苗，4月上中旬移入大田；移栽大田的密度株行距50厘米×25厘米，施足底肥。春季采叶，夏季采收成熟的种子，否则药效成分西利马灵含量低，影响药用质量。由于果穗成熟不一致，需分期分批采收，在总包片变黄色开张时即可采收。方法是趁早晨露水未干时用剪刀剪下黄熟的果穗。剩下的青果穗下次再采。采后晒干，打下果实，去杂即可出售。

【002】抚顺县安家乡邹家村读者孙平问：辽宁有哪些地方收购中药材，能提供些信息吗？

答：收购中药材主要是各市、县的药材公司，您可与之联系。此外，也有些中草药种植专业户直接与各中药厂、中医院等联系出售的，议定价格，您不妨试试。

30. 红姑娘

【001】灯塔市沙浒镇施官村张文柱问：有资料介绍红姑娘市场行情看好，每公斤价格12～14元，这是真的吗？

答：红姑娘也叫锦灯笼、灯笼草、挂金灯、酸浆，为茄科酸浆属多年生宿根草本植物，果实供生食，熟果甜美清香，花萼入药有清热解毒、镇咳利尿的功效，可治咳嗽、咽喉肿痛发炎、糖尿病、肝炎等病症。为农经常游走于沈阳各菜市场，2006 年这种红姑娘每公斤最高价不过 6 元钱，买者较少；据说饮料厂收购价每公斤才 2 元钱。2010 年价格略有上升。

【002】宽甸县虎山乡读者田晓文问：据说山姑娘皮可做药材用，那么根子能不能做药材卖？我今年栽培了 5 亩地山姑娘，能收根子 2000 多公斤，如果白白扔掉实在可惜，请您打听一下有没有收购山姑娘的药材站？

答：药材专家说，有人发明山姑娘减脂降糖茶，其中50%～65%用的是山姑娘皮，由于医药用量小，收购量也不大。至于山姑娘的根，目前还没有做药材用的，所以也就没有药材站来收购此物，您只能割爱使其变为肥料了。

31. 王不留行

【001】兴城市望海乡读者赵喜林问：最近听说中药材王不留行的市场行情看好，此物在东北地区种植能不能行？

答：王不留行也叫王不留、麦蓝菜，为石竹科麦蓝菜属一年生草本植物，以干燥种子入药，具有活血通经、消肿止痛、催生下乳的功效，主治月经不调、乳汁缺乏、痈肿疔毒等症，是临床常用的下乳药。主产于辽宁、河北、山东、黑龙江等地，以河北地区产量最大；在陕西低山、麦田内或农田附近生长是常见的杂草。王不留行在全国各地均有分布，辽宁也有野生，人工种植没有问题。只是研究种植的人很少，加上市场需求量有限，大量人工栽培并不被看好，销售会有问题。

32. 五味子

【001】凤城市草河镇上堡村读者姜延敏问：我想种植中草药五味子，其发展前景咋样？

答：五味子也叫山花椒，是木兰科五味子属多年生落叶藤本植物，因其有酸甜苦辣咸五种味道而得名，以果实入药，具有益气滋肾、敛肺涩精、生津止渴、益智安神等功效。五味子是辽宁的地道药材，有辽五味之称。因野生资源锐减，价格上扬，人工栽培是势在必行而有前途的，效益也会很好。

【002】喀左县铁矿读者曹国新问：我想种植五味子，到哪能找到技术资料？

答：为满足读者的需求，《新农业》特请省药材公司的专家撰写了技术文章，您可查阅参考。此外，到新华书店购书、光盘，在网络上查找均可获得技术资料。

【003】沈阳市大东区联合路7—3号4—7—2读者吴少良问：我看好了项目要发展种植五味子，但不知每亩地大概需要多少投资成本，3年后结的果能否销售得出去？

答：据专家介绍，在辽宁种植五味子每亩投资需3000～4000元，包括架材、铁线、竹竿、立柱、粪肥、土地、种苗及人工等费用。每亩栽植种苗1111棵，管理好的第2年可产鲜果150～200公斤，第3年可产鲜果1000公斤左右，每公斤鲜果按20元计算到第3年能全部收回投资成本，还有盈利。沈阳市政府曾经对种植五味子者每亩补贴1000元，本溪、葫芦岛等市也有过补贴鼓励，现在辽宁五味子稍微有点过剩，但从长远的全球市场来看，这点产量远远不能满足需求，五味子商品缺口会变大，能畅销。

【004】北票市三宝营乡三宝营村读者马雷问：我想种植五味子等中药材，哪里有种苗或供应种苗的基地？

答：本溪三济中药材开发有限公司在桓仁等地建有较大的中药材生产基地，种植较大量的五味子、地龙骨、平贝母等中药材，能够提供种子和栽苗，您可联系购买。

【005】铁岭县大甸子乡椴木冲村刘文斗问：我在秋季播种的五味子翌年春天一棵苗都没出来，这是什么原因造成的，种子需要处理吗？

答：五味子野生散落的种子都可出苗，何况家种的，出苗没问题。但值得注意，近几年因五味子生产用种量增大，很多产区百姓未等果实成熟便采摘下来，这种采青的五味子种子成熟度较差，播下后出苗肯定有问题。因此最好精选，用成熟的种子播种或购买栽苗较稳妥。

【006】宽甸县步达远乡新生村读者王成国问：我种的五味子开有很多花但没坐住果实，这是什么原因造成的？

答：五味子是雌雄同株植物，雌花数量多少是产量高低的关键，开花结果期则要求通风透光。在栽培管理上可通过修剪改善架面通风透光条件提高叶片光合效能而增加雌花数量，保证稳产丰产。五味子栽后 4～5 年大量结果，在这之前虽有少量开花，但结果较少。目前辽宁人工栽培的五味子基本是野生转家种，并没有进行品种选育，因此将野生苗移入家中栽培是能结果的，但产量高低取决于通过整枝修剪使营养集中到主蔓枝和各副梢以提高雌花的数量。此外，开花坐果期干旱或营养不足也是开花不坐果的一个原因。

【007】大洼县荣兴乡佟家村读者崔洪明问：听说五味子是辽宁的地道药材，有广阔的发展前途，是真的吗？种植技术难不，在我地区种植能行不？

答：辽宁产的五味子确实质量好，果实入药为全国医家首选。由于野生资源的锐减，五味子价格持续上涨，每公斤曾经达 40 元。看来五味子确实比葡萄贵很多。种植五味子技术并不太难，会种葡萄的就应会种五味子。五味子喜湿润环境，但不耐低洼水浸，看来在您地区种植没问题。

【008】喀左县六官镇后坟村读者杨玉林问：五味子在我地区能否种植发展，具体管理技术如何？狐狸人工养殖前景如何，哪里有卖种的？

答：五味子在朝阳地区是可以栽培的，具体技术可查阅近几年的《新农业》杂志或到书店购买专门书籍或在网上搜索相关技术。关于人工养殖狐狸，确实是个好的致富项目，皮毛高档珍贵，很有发展前途，在辽阳县、普兰店市曾有养殖狐狸的专业村，您可前去参观学习及选购良种。

【009】新宾县响水河乡响水河村读者周惠鑫问：我栽种的五味子幼苗从 5 月份开始发病，植株萎蔫枯死，损失惨重，雨后尤其严重。这是一种什么病害，怎么防治？

答：为农带着问题咨询了有关药材种植专家，根据信中的描述初步诊断五味子幼苗得了根腐病，是由镰刀菌侵染造成的，发病原因与水涝有关。种植五味子选地很关键，涝洼地、过黏重地块不好，很易得根腐病，宜选地势高燥排水良好的地块种植；发病初期可用50%多菌灵500倍液灌根或试用其他防治根腐病的药剂治疗。

【010】宽甸县永店乡趟子村读者曲学慧问：我们这里山坡地较多，人工种植五味子是选阳坡好还是阴坡好呢？

答：野生五味子喜肥沃湿润、土层疏松深厚，含腐殖质多，排水良好的暗棕壤，不耐水湿地，不耐干旱贫瘠和黏湿的土壤，多分布于溪流两岸的针阔混交林缘、林间空地、采伐迹地，以半阴坡林内生长最多，干旱阳坡很少有五味子。因此人工栽培最好选择半阴坡或阴坡微酸性或酸性、通透性好、保水力强、排水良好、腐殖质层厚的地块，5～15度的背阴缓坡地及地下水位1米以下的平地都可种植，以25度以上坡耕地还林间作为好。

【011】盖州市东城区古台子村郭连章、辽阳市宏伟区腰乐屯村孟涛等读者问：我栽种了几亩地五味子，现在有人说五味子市场饱和卖不动了，这些人说得对吗？将来五味子价格会下降吗？

答：自2007年底五味子产品价格开始下降，栽苗的价格也从每株1元左右下跌到几分钱并且销售困难，这是几年来面积大发展突然停滞造成的。专家认为，产区急需解决的是加强五味子的栽培管理，并提高产品质量，靠质量赢得市场；再就是产品深加工，如五味子酒、饮料、保健品以及食品等的研制开发生产，扩大消费领域；第三是出口国际市场潜力的开发，进一步扩大出口数量。到2011年，大多数五味子已进入盛果期而未出现产品过剩现象，价格有所上升，说明市场总需求量到底是多少还要经实践来验证。

【012】抚顺县章党乡解家村读者洪素兰问：我想种植五味子、龙胆草，哪有技术资料，发展前景如何？

答：龙胆草、五味子可谓是辽宁的地道中药材，发展前景肯定是好的。目前，在清原县已有龙胆草生产基地，可与英额门镇龙胆草种苗商品基地的徐等一同志联系有关事宜。五味子也是辽宁重点发展的地道药材，新宾县上夹河乡徐家村的李静波在省药材公司的帮助下人工栽培五味子多年取得一些经验，您可联系学习。

【013】辽阳县河栏镇政府李凡家、盖州市东城办事处古台村

沈尔振等读者问：现在发展种植五味子很热，各地面积挺大，将来能否出现过剩问题？发展五味子深加工是否有前途，哪里有好的技术？

答：近几年东北各地种植五味子热情迅速高涨，大有取代传统“三宝”之势。如果无限制地高速大面积发展五味子，肯定有过剩的时候。不过从目前中药材市场五味子需求缺口大约1/3的形势看，几年内此物还不会发生过剩。应该看到，现在五味子市场价格飙升，每公斤超过100元大关的现象，除产量不足外，很大程度是新产五味子多用于播种繁殖苗木扩大再生产造成的。发展五味子深加工在辽宁应该列入议事日程，一旦将来五味子产量大增，这是个消化产品、增加效益的途径。只是很少有人去进行研究开发和填补此项空白，目前仅有五味子酒等初级产品，看来深加工应该有前途。

【014】建昌县药王庙镇邱营子村读者魏新平问：现在五味子苗子很便宜，我想在自家的大棚里种植中药材五味子，能行不，哪里有具体技术和栽苗？

答：专家认为，近几年各地五味子新产的种子基本都用于繁殖种苗了，使得种植面积增加较快，估计辽宁有近10万亩，还有大量小苗在圃中待售。好像五味子市场需求量与生产总量差不多平衡了。因此目前没有发展五味子药材的农户应谨慎，已经种植的要加强管理，力求增产增收。五味子是多年生的，自然生长没有问题，利用大棚生产五味子从经济上考虑肯定是不合适的，繁育苗木尚可。如果是利用荒山弃地趁现在苗木降价便宜之机栽种，也是很好的选择。

33. 枸杞

【001】桓仁县沙尖子镇小围子村读者刘则礼问：我想种植枸杞，在我们地区能行不？经济效益怎样？到哪引种？

答：枸杞是茄科枸杞属多年生木本植物，国内外均有分布。枸杞全身是宝，明李时珍《本草纲目》记载：“春采枸杞叶，名天精草；夏采花，名长生草；秋采子，名枸杞子；冬采根，名地骨皮。”辽宁东部山区少有种植枸杞的，可能是气候土壤原因不太适宜，您可引种点儿试试。药材专家说，辽西前几年有人引种的大粒枸杞不好，一般中粒品种较好。种植枸杞周期较长，目前销售及效益一般，产品以宁夏的为佳。种植者多从辽西朝阳地区及山东省引进种苗。

【002】建昌县要路沟乡吴坤杖子村读者赵春贵问：我想在庭院里栽植些枸杞，此物的销路及前景咋样？

答：枸杞以果实入药，有补肾强腰、滋肝明目作用。房前屋后栽上一些是可以的，既可自用，又可销售。目前此物在自由市场上每公斤60元左右，购买者不少。随着人们强身进补意识的增强，消费枸杞的数量会大增，种植的前景也就变得很好。

【003】彰武县两家子乡两家子村读者王德问：枸杞在我们地区能否正常生长结果，前景如何？

答：可以。枸杞的栽培技术简单，不需要上好肥地栽植，一般的荒山坡地均可生长。作为大宗中药材，枸杞的需求量还是很大的，市场价格每公斤60元左右，目前市场销路还不错。

【004】瓦房店市永宁镇政府读者梁中江问：我们沿海地区栽培枸杞子是否能行，市场前景咋样？

答：您处可以栽培。枸杞适应性强，耐寒，对土壤要求不严格，耐碱、耐肥、抗旱、怕渍水。实生苗栽培2～3年结果，5～6年大量结果，40～50年后树势渐衰。繁殖可采取种子、扦插及分株等方式。药用以宁夏、甘肃、青海所产为正宗地道。辽宁主要用枸杞作为荒山庭院绿化树种，兼得经济效益，若在平肥砂质壤土上栽培产量会更好。目前枸杞的市场价格较好，供需基本平衡；大面积栽培销售会有一定问题，应在发展生产之前搞好产品开发。

【005】建昌县建昌镇南营子村读者赵永胜问：我栽植的枸杞子叶片上长了许多小包，这是啥病？怎样进行防治？

答：按您信中所述的情况，应是枸杞瘿螨为害所致，是虫害而非病害。成若螨刺吸叶片、嫩茎和果实，叶部形成直径1～7毫米紫黑色痣状虫瘿（小包），正面外缘紫色环状，中心黄绿色，周边凹陷，背面凸起，虫瘿沿叶脉分布，中脉基部和侧脉中部分布密。严重的叶片扭曲变形，顶端嫩叶卷曲膨大呈拳头状，变褐色，提前脱落，造成秃顶枝条。防治方法是，摘除虫瘿带出园外集中处理。在春季萌芽发叶时用20％三氯杀螨醇1000倍液喷雾；开花后可用5％尼索朗、20％螨死净及灭扫利、氧化乐果、杀灭菊酯等进行防治。

34. 灵芝

【001】普兰店市兴台镇小徐屯村张仁君、彰武县五峰乡焦家村刘宝春、新宾县上夹河乡吕家村李景芳等读者问：有广告说人工栽培灵芝成功，20平方米收入万元。我们也想搞，不知此信息真假，技术及市场行情到底咋样？

答：灵芝也叫赤芝、红芝、木灵芝、菌灵芝、万年蕈、灵芝草，是担子菌纲多孔菌科灵芝属真菌赤芝和紫芝的总称，具有扶正固本等功效。人工栽培灵芝早已成功，但20平方米收入万元的可能性不大，因目前市场每公斤干品才几十元钱。几月前，有位内蒙古的读者来信问到哪能卖掉灵芝，为农询问了省内几个药材收购部门都说不收购。后来听说辽南有个加工灵芝片的工厂，用量也很小。可见目前医药市场灵芝购销及价格均不很理想，故种植者要慎重。

【002】昌图县老城镇安家村读者刘斌问：灵芝是否适宜我地区栽培，市场价格及经济效益如何？

答：前几年灵芝滞销，价格偏低。1998年价格略有回升，但销路还不算太畅，效益一般。在辽北地区可以栽培，但大量栽培也要先找好销路。

【003】辽阳县唐马镇长林村读者张大广问：灵芝可以大面积栽培吗？西洋参发展前景咋样？

答：灵芝属于药用菌类，目前生产栽培多在温室或大棚内进行，先制作培养料，再接上菌种，控制好水分湿度及温度即可长出灵芝来，采取瓶栽、盆栽、袋栽、箱栽等方式生产。大面积露地栽培灵芝需要搭遮阳棚作畦，制作培养料和菌种等，这在东北地区应用的较少，因为自然温度、湿度均不太适宜。西洋参近几年销售价格略有回升，1993年辽宁省种植西洋参的农民收入很理想。从长远看，西洋参作为一种高级进补品定会备受青睐，前景看好。

【004】凌源市良种场读者邱金然问：中药材灵芝的发展前景

如何？哪里收购？

答：目前生产灵芝的大多是以销定产，以外贸部门协助发展的订单生产较多，即由国外企业出菌种在国内按要求生产。1993年末国内药材市场灵芝价格每公斤20～25元，卖得不快。看来，其发展前景只能寄希望于加工产品的开发和创新扩大需求了。

【005】凤城市弟兄山镇敖家村读者林奎盛问：有一家公司销售种灵芝，并以每公斤3000～3500元回收，此事是否可信？

答：灵芝孢子粉都达不到这种价格，何况灵芝了！此回收价格肯定有诈，不可信。

35. 天麻

【001】昌图县朝阳乡老房村读者鞠海东、开原市庆云镇两家子村张建强、兴城市碱厂乡蒋家村朱忠彦等读者问：有消息说人工种植天麻前景可观，不知是否属实？我们地区是否可以种植天麻？

答：1993年全国中药材市场天麻紧缺，价格居高不下。3月份广州清平药行每公斤一等天麻120～125元，成都荷花池药行80～100元。据有关部门市场调查，天麻已成为当时供求缺口最大的品种，货源奇缺，且近年内难以好转。辽宁各地均有栽植天麻的历史，在昌图栽培是没问题的。平栽、沟栽、坑栽、箱栽、塑料袋栽、瓶栽及温室、葡萄架下栽均可，本溪、丹东地区栽培者较多。

【002】清原县夏家堡镇大荒沟村读者谭忠仁问：天麻是不是农民所说的蓖麻？

答：天麻和蓖麻不是一回事。

【003】庄河市光明山镇金线沟小学读者陈德贵问：我手里有许多河南卢氏县等单位寄来的种植天麻的资料，免费供种，联合种植，保回收，回收价格每公斤250元，有合同及公证书，此事可信否？

答：1996年末河北安国药材市场天麻的成交价格每公斤干品80元左右，按此价推算，您提到的商人是在做赔本生意，这怎么可能呢？其中必有诈，请您提高警惕防止上当受骗。

【004】锦州市小东种畜场赵广权、兴城市郭家镇李良村李国

民、庄河市徐岭镇宫世柱、昌图县下二台乡东升村张楠及太平乡二台子村李润生、新民市高台子乡东高村刘万国、庄河市大营镇得胜村罗永义、开原市黄旗寨乡高洪明等读者问：听说目前中药材天麻在市场上紧缺，我们想种植，您能帮助买到种栽吗？

答：为农联系了几个部门都说没有此种儿。由于各地天麻多为民间串换种源，无专门经营供种单位。建议您到辽东山区的本溪、宽甸、凤城一带寻访一下，定能找到种栽。

【005】黑山县四间房乡大吴家村张晓波、昌图县朝阳乡杨树园村徐凤泽、彰武县大四家子乡东梁村吕波、建平县白山乡王贵、凌海市白台子乡王楼村王丽杰等读者问：现在卖中药材种苗的广告很多，吹得很凶，当前中药材市场的行情到底咋样？

答：为农专门组织了《中药材市场行情一览》的文章登在《新农业》上，请查阅参考。要注意其价格为药材市场的成交价。如果在产地出售，其售价还要低一些。

【006】瓦房店市赵屯乡郑屯商店宁甲乔、开原市城郊乡八里桥子村张柏忠、宽甸县杨木川乡大安平河学校孟繁臣、灯塔市沈旦堡镇鸭子村赵群东等读者问：听说药材天麻市场价格较高，我们想种植，但不知到哪里能买到种栽，能提供点儿线索吗？

答：有点线索。前些天为农收到1封读者来信，是凤城市蓝旗乡蓝旗村5组孙正林同志写来的，他说每年都种植天麻，数量不少。您可去信与他联系一下，看能否提供点儿种栽。

【007】兴城市药王庙乡杜屯村读者孙洪文问：天麻本身不能制造营养，必须靠一种密环菌供应营养，否则就会死亡。这种说法对吗？

答：是这样的。天麻生于腐殖质较多而湿润的林下，向阳灌木丛及草坡地亦有，植株无绿色叶片，全身没有制造营养的器官，全靠白蘑科真菌密环菌和紫萁小菇共生提供的营养才能生存。密环菌生长，天麻则长；密环菌生长受到抑制，天麻就停止生长。紫萁小菇为种子萌发提供营养，蜜环菌则为原球菌长成天麻块茎提供营养。

【008】凤城市大堡镇敬老院读者顾元德问：除了用手握法大致确定天麻培养料的含水量是多少外，是否还有别的更准确的

方法？

答：测定培养料中含水量更准确的方法是有的，但都需要一定的仪器设备，投资较大，对于农户的小规模生产来说意义不大。还是采用手握法测定为好，“手握成团，一触即散”，口诀易记，方法简单，经济实用，不需花1分钱，何乐而不为呢。

【009】宽甸县下露河镇田广村读者关涛问：目前中药材市场天麻的行情咋样？可否大力发展？

答：去年中药材市场天麻缺少，使得现在栽培热潮大起，很快市场产品出现缓解，缺口基本补平。您若再赶这种余热大力发展天麻生产，注意销售变慢、价格下降的风险。

【010】宽甸县青山沟乡银矿子村张登科问：中药材天麻的市场价格怎样，种植前景如何？

答：天麻在1996年末市场统货成交价是每公斤80元左右，2010年每公斤95～98元。天麻是一种重要的中药材，但种植前景很难说，前景与现实应该是一致的。因为生病吃中药的人是有限的，某种药材种植多了就会烂市，种植少了就会涨价。当某种药材的用途开发超出药用范围时，才可以谈前景问题，您看是这个理儿不？

【011】大石桥市虎庄镇双井村聂彦龙问：天麻什么时间播种好，秋天种行不？播种后多长时间能够收获？

答：天麻需要和密环菌共生才能生长。蜜环菌在6℃～8℃时开始繁殖，天麻在10℃～15℃时开始发芽生长，两者在20℃～25℃时生长最快。可见，在辽宁露天地种植天麻应以春季播种为好，秋季不好。若采用温室、大棚或室内箱栽，亦以冬、春季下栽为好，要注意保持上述温度。通常剑麻栽后1年成熟收获，天麻则2年成熟收获。

【012】岫岩县岭沟乡三河村汪作兴、抚顺县邓永安、清原县刘晓飞等读者问：种植天麻效益到底咋样，我有许多土地想种些此物，能不能出事儿？

答：目前在辽宁出现种天麻热，是由于南方加大宣传鼓动力度造成的。据为农所知，中药材市场天麻基本平衡，价格平缓，市场存量到底有多少却很难说，只能通过价格升降来判断。因为中药材市场放开，产品价格完全处于市场调节状态，限于资金问题谁也不会大量存货。您有很多土地想种植天麻也应先搞好调查，找好销路，否则种出来就可能赔钱出事儿。种植天麻多采用箱栽、大棚地栽等方式，一般土地上是很难搞天麻生产的。

【013】北镇市闾阳镇闾一村宋光辉、岫岩县三家子镇华山村赵恒联、开原市业民乡谷马圈子村杨海军等读者问：天麻、西红花、红花等药材在我处能否种植，市场情况如何？

答：这几种中药材在辽宁省可以种植，但市场价格并不像你信中所说得那么高。西红花种植可以生长，但产花甚少以致不产花，种植不成功买种者坐地赔钱；天麻、红花种植得较普遍，但销路并不很顺畅。

【014】东港市十字街镇坝子下村读者韩德军问：我地区的山上野生天麻较多。我想采集后进行人工栽培是否可以？到哪能买到密环菌？

答：采集野生天麻进行人工栽培是可以的。密环菌也很易取得，在山林里常见的榛蘑就是密环菌的子实体，新鲜者便可制取密环菌和菌棒。

【015】大连市旅顺口区光辉街1号刁福祯问：辽宁有搞天麻生产的基地吗？哪个地方有种植天麻的？我很想前去学习一下。

答：据为农所知，辽宁最有名种植天麻的地方应是本溪、宽甸、凤城等地区，可以认为是基地了。境内野生天麻丰富，人工栽培较多，您可前去寻访参观学习。

【016】新宾县下夹河乡下房子村刘清河、铁岭县凡河镇二台子村李斌等读者问：天麻在我们地区是否可以栽植？

答：可以。

【017】沈阳市于洪区大青乡后马村刘业强问：我想种植药材天麻，但这方面的知识技术一点都没有，怎么办？

答：天麻可谓辽宁的地道药材，在辽东地区自然野生的很多。人工种植天麻需两样东西，一是天麻种栽，二是密环菌；天麻靠密环菌繁殖提供营养而生长繁殖。您可先到书店买一本这方面的书读一读，再到辽东本溪一带参观一下种植现场，理论和实践一结合就会了。

【018】清原县北三家乡牛肺沟村张永财、东港市合隆镇何家岗村邱洪喜等读者问：听说中药材天麻很贵，还很畅销，每公斤180～200元，1平方米100天可收入1000元，这是真的吗？

答：天麻是一味重要中药材，也是辽宁的地道药材。2010年8月下旬河北安国药材市场每公斤干品成交价165～240元，但不像所说的那么热销。至于1平方米收入1000元却有点过高，很难达到。野生天麻每公斤价格在900元左右。

【019】东港市十字街镇瓦房村读者隋权问：我家里已经种植了一些天麻，现在想试种细辛、龙胆草，您看能行不，哪有技术资料？

答：您说的这几种中药材均是辽宁省的地道药材，尤其细辛近几年价格较好，很有发展前途。有关这三种中药材的栽培技术可查阅《新农业》杂志，均有介绍，也可到书店购买专门种植技术书籍，或网上搜索获得。

【020】庄河市观架山乡市场村赵学仁问：看到河南、湖北等地免费供种的中药材广告动心了，我很想发展天麻等种植，能行不？

答：为农觉得，发展中药材生产一定要注意选择本地优势的品种，即地道药材。免费供种的傻事谁也不会干，“免费”只是个诱饵，待你上钩后再宰你钱财。天麻种栽辽宁本地就有，没有必要舍近求远去外地引种。

【021】东港市十字街乡瓦房村隋权问：我地区种植天麻的较多，每公斤卖价不到80元，这是咋回事？

答：天麻价格基本稳定。有人说鲜品天麻每公斤卖到30元就能赚钱，这话虽过了点，但细想起来市场经济产生“暴利”的事情正在减少。您地区的天麻可加强宣传，卖“种”好像能多赚点儿钱。

【022】陕西省清涧县高杰村镇读者韩清荣问：我想种植天麻，在陕北能行不？到哪学习技术？

答：人工栽培天麻的形式较多，温室大棚、盆栽、箱栽均可，您可少引点儿种试栽一下，成功后再扩大种植。技术问题可先到书店买书或在网络搜索得到解决。

36. 猪苓

【001】庄河市高岭乡福宁村读者王述峰问：我村很多农民想种植猪苓，何处有种子？

答：猪苓是多孔菌科树花属药用真菌，以干燥菌核入药，主治小便不利、水肿泄泻、淋浊带下。人工室内培养猪苓正处在试验阶段，尚未应用于生产，也无培植者。自然条件下培植猪苓一般选择混交林或次生林中的桦、橡、槭、柞、柳等林下挖窝铺树叶，撒入菌材菌种，约3年左右（老方法栽培为5～6年）当猪苓色黑质硬（老核）时，于4～5月或7～9月采收。1995年市场价格每公斤14元左右。此菌种通常在自然生长的菌块中提取后再繁殖。

【002】丹东市振安区汤山城镇读者崔宏军问：我在一本天麻种植的书上看到用旧密环菌菌材栽培中药材猪苓，能行不？价钱如何？

答：能行。猪苓也叫枫树苓、地乌桃、黑猪粪，为担子菌亚门多孔菌科树花属猪苓真菌的菌核，天麻则为小皮伞科蜜环菌属的蜜环菌。人工栽培猪苓的菌核生长需要蜜环菌，属共生关系。过去人们一直误认为猪苓是寄生在一些树的根际吸取营养，其实猪苓的生长是靠蜜环菌提供营养而不断地生长的，可见用旧密环菌菌材栽培中药材猪苓肯定能行。2011年初猪苓市场价格每公斤165～210元。

37. 冬虫夏草

【001】开原市黄旗寨乡潘金科、盖州市卧龙泉镇李成杰、河北省卫辉市张洪元等读者问：有信息说培植冬虫夏草可挣大钱，且有办技术培训班的，我们也想搞点不知行不行？到哪学习？

答：专家认为，在辽宁搞冬虫夏草是肯定不行的！冬虫夏草这味中药材是在自然条件下，麦角菌科的一种真菌寄生在鳞翅目蝙蝠蛾科昆虫蝙蝠蛾幼虫上产生的子实体及幼虫尸体的干燥物。辽宁很难找到蝙蝠蛾昆虫，且气候条件不适，有人想搞也是无米之炊。

【002】清原县英额门镇永安堡村读者史向明问：冬虫夏草是虫还是菌，我地区能否栽培？

答：冬虫夏草既是虫又是菌，是麦角菌科真菌冬虫夏草菌寄生在鳞翅目昆虫蝙蝠蛾幼虫形成的子实体及幼虫尸体，干燥后入药。

【003】庄河市仙人洞镇付店村读者李洪升问：我的一个朋友想在日光温室里种植南方的冬虫夏草，是否能行？

答：冬虫夏草是由一种菌（麦角菌）寄生在一种虫子（蝙蝠蛾）上所形成的，很难通过“种植”进行生产，此事恐难成功。

【004】东港市长山镇杨树村读者孙世伟问：正宗南方的冬虫夏草在沈阳地区是否有售？在我们地区能否种植？效果咋样？

答：正宗南方的冬虫夏草在沈阳的中药店均有销售，价格可观。但此物在您地区目前还不能栽培，因为基本寄生母体鳞翅目昆虫蝙蝠蛾在您处自然条件下没有，需引进养殖成功后才可进行菌的寄生和生产。

【005】阜新县知足山乡刘家村读者杨家兴问：蝙蝠蛾是不是本人寄给您这个图片中的蛾子，请鉴定一下；能否提供点儿标本样品？

答：为农请有关昆虫专家仔细辨认了您寄来的彩色图片，答案肯定不是蝙蝠蛾。这个昆虫彩图是夜蛾科昆虫的成虫，而蝙蝠蛾是蝙蝠蛾科的昆虫，两者相去甚远。为农现在还不能提供给您蝙蝠蛾的标本样品，因此物远在川藏他乡，辽宁太少甚至没有。

【006】开原市中固镇邮局读者苏长波问：人工能不能生产出正宗的冬虫夏草？

答：人工培植冬虫夏草已列为国家重点攻关课题项目，有关科研人员正在攻关此项目，到目前还没有成功，不能培育出正宗的冬虫夏草。而常说的人工冬虫夏草均是麦角菌的菌丝体，虽有药效，但并非正宗产品。

【007】东港市前阳镇石桥村崔万成、瓦房店市得利寺镇崔屯村徐绍德等读者问：我想种植中药材冬虫夏草，怎样种植，市场价格咋样？

答：正宗的中药材冬虫夏草产于青藏高原，是一种叫蝙蝠蛾的昆虫幼虫在越冬时被一种叫麦角菌的真菌寄生后所长出的子实体，并不是人工种植的产物。麦角菌可在北方繁殖，而蝙蝠蛾却不能生存，所以在辽宁生产冬虫夏草乃是无米之炊。辽宁等地所产的叫北冬虫夏草，菌寄生在昆虫幼虫、蛹上，长出来的子实体叫蛹虫草。目前生产上常说的冬虫夏草多指麦角菌单独繁殖的产物，并没有昆虫寄生的过程，因此其药用价值及利用均有局限性。

【008】内蒙古宁城县416号信箱读者马玉廷问：在许多小报和资料上看到冬虫夏草的生产和供种的报道，并回收产品，此事可行吗？

答：为农觉得，此事不可行也！国家已将冬虫夏草、松蘑的人工栽培列入重点科研攻关项目，但到目前为止并没有获得成功。现在生产上搞的只是麦角菌，并没有虫。此菌销售一般，回收者也很难卖出去，因此请您谨慎为之。

【009】昌图县昌图站乡三台子村许俊良、王殿生、张慧远，沈阳市新城子区石佛寺乡大黑台子村魏洪源等读者问：有许多生产冬虫夏草的信息，我们想上马生产，真实情况怎样，销路如何？

答：冬虫夏草的确是一种名贵中药材，目前市场供不应求，价格连年暴涨。正宗的冬虫夏草原产青藏高原，系蝙蝠蛾的幼虫在土中越冬时被麦角菌侵染，春季子实体长出地面而成。辽宁并无此虫此物。通常辽宁所产的是蛹虫草，并非正宗。目前所说的冬虫夏草，多是人工培养的麦角菌的菌丝体，有一定的药用价值，但在中成药配伍处方上多数中医不采用，销路稍微有点问题。

【010】西丰县安民镇增福村读者董虎问：中药材冬虫夏草的发展前景如何？

答：冬虫夏草近几年已真正成为名贵珍稀中药材了，因野生产量在逐年减少，人工培植尚未完全成功。值得注意的是，目前生产上说的冬虫夏草，实际上只是草，而无虫，因此科学点说应称其为麦角菌，而不能叫冬虫夏草。

【011】盖州市万福镇贵子沟村读者徐世飞问：听说沈阳有培训生产冬虫夏草的，并说市场每公斤600元，我想学习并生产能行不？

答：为农走访了这家培训地点，所谓人工生产的冬虫夏草实际上是麦角菌的菌丝体，并不是真正的冬虫夏草，虽有一点治病效果，但药典中却没有记载。此产品的销路不很畅，您还是谨慎点儿为好。不过，将来一旦冬虫夏草断货，以此菌丝顶替入药的可能性很大。

【012】清原县杨树崴镇黑石村读者张宝荣问：我想用菌与蝙蝠蛾的幼虫生产冬虫夏草，能不能成功？哪里有菌源和虫源？

答：照实说，利用麦角菌寄生蝙蝠蛾的幼虫来生产冬虫夏草应该能行，因为自然条件下野生的冬虫夏草就是这么产生的。但目前人工培植冬虫夏草尚未成功，只是在大量生产麦角菌丝体，这个国家的重点攻关项目科研人员还在日夜进行，还没有成功。冬虫夏草每公斤已达现价 20000～25000 元，可见，实现您的想法有多么重要。

【013】新宾县下夹河乡下夹河村读者刘清河问：我最近收到河南三门峡市一公司发展名贵中药材的信息报，说供种联合种植后的产品全部回收，不知可靠否？

答：看了您寄来的信和报纸，为农不禁目瞪口呆，报纸上的中药材品种的亩产量及回收价格既像神话又像梦话。正宗的冬虫夏草、泊夫兰、人头参、药枣等不适合辽宁生产；草红花亩产值 1.2 万元、栝楼亩产值 1.6 万元的收入不可能达到；天麻、柴胡、连翘、金银花的回收价格比市场销售价格还高。明显看出，这是以全回收、高产值、高回收价格做诱饵来兜售中药材种子，这种事已有很多上当受骗的，请您提高警惕，切莫再上当受骗了。

【014】吉林省柳河县太平川乡窝吉沟村读者林延海、昌图县四合镇烟窝村李金山问：中药材北冬虫夏草、灵芝目前市场形势怎样，我想发展生产能行吗？

答：现在有些人把人工培养的麦角菌菌丝体也称为北冬虫夏草，并不是正宗的冬虫夏草；而灵芝则是正宗菌品。目前这两种中药材的市场销路一般，您发展此物生产还是等待时机看看再说。

【015】义县城关乡政府陈凤、昌图县头道镇宏大村杨忠等读

者问：听说北虫草栽培成功，效益怎样，前景如何？

答：北虫草就是菌丝体，目前销售较困难，其发展前景不明确。

【016】开原市中固镇读者靳宏问：听说沈阳一家公司有致富项目北虫草和白灵菇技术，是否可行？

答：此两物均可人工生产。但北虫草实际上是指繁殖的麦角菌丝而无虫；白灵菇也叫白阿魏侧耳，产于新疆；至于生产后能否致富就得看市场及销路了。

38. 蛹虫草

【001】长海县小长山乡回龙村读者马盛龙问：听说蛹虫草的药用价值很高，我想搞点您看行不？

答：蛹虫草，就是我们常说的北冬虫夏草，其医药和经济价值不如南方正宗的冬虫夏草。目前其销路一般。

【002】大连市金州区向应乡冷宝清问：有广告说北冬虫夏草药食兼用，畅销国内外，每平方米效益2000元以上。此信息是真的吗？

答：药材专家说，在我国《药典》中，北冬虫夏草是查不到的，但在制成药中可做冬虫夏草的代用品，生产出的是否是“假药”尚需专家论证。目前很少有人研究北冬虫夏草培植技术，人工培植有困难，至于所说畅销好像有点差异，而每平方米效益的多少也无从谈起。

【003】葫芦岛市连山区寺儿堡镇宋家沟村读者郑书为问：听说沈阳有培植北冬虫夏草的，是否有发展前途？

答：北冬虫夏草也叫蛹虫草、北蛹虫草，是昆虫在土中的越冬蛹被菌寄生而成的一种中药材。目前人工培植的较少，市场并不很热销，因此发展前景很难看好。

【004】清原县南口前蛭石矿读者李艳萍问：有广告说蛹虫草的药用价值是野生冬虫夏草的6.8倍，可替代其入药，这是真的吗？

答：此物虽有，但此种说法有点儿问题！

39. 黄柏

【001】岫岩县大营子道班读者黄殿伟问：我想发展种植黄

柏，但对其生活习性、栽培方法都不了解，能介绍一下吗？哪里收购？

答：黄柏也叫黄檗、黄菠萝，为芸香科黄檗属落叶乔木，以皮入药，有清热解毒、泻火燥湿等功效。树高10～20米，分川黄柏和关黄柏两类。关黄柏主要分布在辽宁、吉林、河北等地，树皮较川黄柏厚，外层灰色带有很厚的木栓层，有深沟裂，内层鲜黄色，小枝棕褐色；果实10～11月成熟，采摘后水浸10～15天后洗出种子，阴干或晒干，置于干燥、通风处备用。一般秋季播种育苗，翌春出苗，第三年春季移栽，山坡、宅旁、路边湿润地带均可栽植。定植10～15年后5～6月间剥下树皮，以韧皮部鲜黄、皮厚者为佳。各地药材公司收购，但目前价格较低，预计几年后将有回升。

40. 杜仲

【001】开原市八棵树镇东耿村读者何静岩问：杜仲是一种什么植物？在我地区能否种植？

答：杜仲是杜仲科，杜仲属落叶乔木，以树皮入药，有补肝肾、强筋骨、安胎、降压的功效。主产于云南、四川、贵州、陕西、河南等地。辽宁的大连、营口地区有零星引种，存活较少。此物在北京地区零下20℃能自然越冬，但在辽北地区处种植越冬却难保性命，不适宜种植。

【002】瓦房店市泡崖乡读者唐连盛问：杜仲是一种经济效益好的药材，在辽宁地区能否栽培？

答：杜仲在辽南地区是可以栽植的。

41. 干枝梅

【001】吉林省公主岭市海源种养场程兰英、北票市蒙古营乡蒙古营村孙玉海、沈阳市东陵区英达乡英达村刘守柱、岫岩县黄花甸镇大限子村康祥良、新宾县红庙子乡长岭子村宋昌洙、桓仁县八里甸子镇政府杜绍君、抚顺县上马乡洋湖村林雪松等读者问：我们想种植北国植物干枝梅和野生乳汁沙奶奶，能行吗？

答：干枝梅，为蓝雪科补血草属多年生灌木，野生在蒙古高原、新疆、西伯利亚地区海拔500～2000米的荒漠草地、沙丘，以花或带根全草入药，能活血止血、滋补强壮，主治月经不调、子宫出血、痔疮出血、胃溃疡、诸虚体弱等症。沙奶奶为萝藦科多年生草本植物，生长于沙地、路旁等处，在东北、内蒙古、华北、江苏、陕北、甘肃、新疆等地区都可种植，可洗净鲜食或沾酱鲜食，也可将瓜瓢用开水烫后清炒、凉拌或做沙拉。这两种植物均可在东北地区人工栽培。

42. 山茱萸

【001】开原市八棵树镇石柱沟村杨义田、宽甸县步达远乡干沟子村于世财、北票市农业局农经站高宝军及姜家窝堡乡农经站乔希廷等读者问：卖枣皮树（药枣）种子和苗木的广告说此树亩产值可达10万～12万元，在我地区栽种行不？

答：枣皮树就是常说的山茱萸，也叫药枣、萸肉、枣皮，为山茱萸科山茱萸属落叶乔木或小乔木，以果皮入药，有滋补健胃、利尿补肝肾、益气血等功效，可治血压高、腰膝酸痛、眩晕耳鸣、阳痿遗精、月经过多等症。主产于浙江，安徽、陕西、河南、山东、四川等。适宜年在平均温度8℃～17.5℃生长，可耐短暂的-18℃低温，在北京地区能安全越冬，但在辽宁地区栽培其耐寒性是肯定不行的。

【002】庄河县英那河水库灌区罗永义、铁岭县双井子乡陈家村边永泽、建平县向阳乡中官村高竣晨、普兰店市同益乡东地村吕德成等读者问：山茱萸、吴萸、五倍子、冬虫夏草等卖种苗、办学习班的广告很多，说这些药材市场紧缺，能挣大钱，我们搞是否可以？

答：这几种药材在辽宁地区栽培均系“水土不服”，有很大问题，不宜生产，看来钱还是让给适宜生产地区的人们去挣吧。

【003】普兰店市星台镇元岭村高永喜、庄河市步云山乡新开岭村徐忠福、黑山县胡家镇三合村侯智慧、铁岭县凡河镇老河湾村耿玉润等读者来信问：我们想种植药枣和枣皮树，能行不？其亩产值在辽宁能像广告说的那么高吗？

答：枣皮树、药枣种、枣皮种苗、萸肉树、山茱萸种苗实为一回事。专家认为，此物在辽宁气候条件下不适宜种植生长，想获得高效益也是不现实的。

【004】宽甸县步达远镇长岭村读者华泽利问：听说种植药枣

的经济效益很高，市场每公斤价格 200～230 元，亩产值 2 万～3 万元，这是真的吗？

答：药枣不适宜在辽宁气候条件下种植，就是在南方适宜地区种植也不可能挣那么多钱。

【005】建昌县新开岭乡白杖子村刘海亮、台安县富家镇北站村张鹏鹏、凤城市红旗乡白旗村马红军、开原市李家台乡李家台村张青山等百多位读者问：最近种植中药材能致富的广告很多，我们想搞点生产，请您参谋一下好吗？

答：对于出售药材种子苗木的广告，请诸位注意识别。有些药材是不适宜辽宁地区种植的，如山茱萸、吴茱萸、罗汉果、五倍子等；发展西红花也要慎重，辽宁已有因此而赔大钱的事情发生。您若急于引种其他品种，也最好先查考有关资料，先去信联系，切勿急于汇款。

【006】宽甸县杨木川乡小安平河村读者徐德玉问：许多广告说的枣皮、萸肉，是不是辽东大山里一种叫黑豆果的树木？

答：不是一物，两码事儿。

【007】北镇市大屯乡戈红志、阜新县富荣镇董桂芳、兴城市宁远街道张文双、凤城市红旗镇马钟政、西丰县人大常委会苏仲锋、抚顺市顺城区胡世海、彰武县哈尔套镇全平、清原县湾甸子乡李侠、灯塔市五星乡肖铁生、瓦房店市永宁镇王伟忠、宽甸县下露河镇李世满、东港市长安镇郭春城等几百位读者问：有广告介绍枣皮树、红毛果、仙人伞、冬虫夏草、桔梗等药材收入可观，请您说说这些药材到底咋样？

答：《新农业》曾经发表了辽宁省药材公司郝喜樱等同志《药材“热”中的种种骗局》的文章，说得较为实在，您可查阅参考。

【008】大连市金州区华家镇新石村王振佐、瓦房店市东一岗乡梁屯村卫广乙问：药枣在我地区栽植能行不，前景咋样？

答：药枣树在辽南栽植成活好像问题不大，只是能否开花结果以及越冬安全尚需引种试验和实践来验证。

43. 吴茱萸

【001】建昌县药王庙镇曹世福、清原县南口前镇李振武等读

者问：听说有卖吴萸、山茱萸药材种苗的，我们想大干一场。但不知这两味药材的特性，是否适合我地区？前景如何？经济效益怎样？

答：吴萸也叫吴茱萸、茶辣、辣子，为芸香科吴茱萸属落叶灌木或小乔木，喜温暖，以未成熟的干燥果实入药，有散热止痛、降逆止呕的功效，主治肝胃虚寒、阴浊上逆所致的头痛或胃脘疼痛等症，主产于四川、贵州、湖北等地，凡严寒多风和过于干旱的地区不宜栽培。山茱萸为山茱萸科落叶灌木或乔木，喜温暖湿润的气候，以除去种子的果肉入药，也叫山萸肉、枣皮、萸肉，主产于浙江、陕西、四川、山东等地。这两种药材在辽宁地区栽植均"水土不服"，地上部越冬后会被冻死。看来，在您地区只能作为室内的盆景花卉栽培了。

44. 五倍子

【001】北镇市鲍家乡二十里村周杰飞、瓦房店市泡崖乡长山村唐连盛、东港市十字街镇王茂银等读者问：五倍子在我们地区能不能栽培？效益到底咋样？

答：五倍子也叫百虫仓、百药煎、棓子，为同翅目蚜虫科的角倍蚜或倍蛋蚜虫寄生在漆树科落叶乔木植物盐肤木、青麸杨、红麸杨的叶下虫瘿，干燥入药，有敛肺止汗、涩肠固精、止血解毒的功效，可治疗多种疾病。生产五倍子必须有致瘿蚜虫、盐肤木树和苔藓三者并存才行，辽宁有野生盐肤木生长，但角倍蚜或倍蛋蚜虫及越冬寄主侧枝匍灯藓及湿地匍灯藓等需年平均温度15℃以上、平均相对湿度80%左右、日照时数1200小时、无霜期200天以上的环境条件，造成五倍子生产短板。所以，盐肤木虽然分布在辽宁以南、甘肃以东各省区，但能产结五倍子的大多在四川、贵州、云南、湖南、湖北、陕西、河南、浙江等地，产量占全国90%以上。辽宁地区人工培植五倍子很难，效益不会很好。盐肤木本身也是一味药材，根、叶、花及果均可入药，有清热解毒、舒筋活络、止血止泻的功效。

【002】海城市英落镇后英村读者柴玉胜问：五倍子和五味子是否是一种药材，我地区能否种植？

答：并非一物。五味子乃木兰科落叶木质藤本植物。五倍子则是漆树科落叶小乔木或灌木盐肤木等叶上蚜虫寄生形成的虫瘿，即老百姓常说的虫子包，不适宜在辽宁地区生产。

【003】本溪市溪湖区张其寨乡大黑贝村读者宗立普问：有广告说种植五倍子成材后每亩每年可收入2万多元，这是真的吗？辽宁省种植能行不？

答：五倍子是盐芙木树叶上长的一种虫瘿，摘取入药，主产贵州一带。此物在辽宁地区人工培育肯定不行，故“亩收入2万元”之说是不现实，也是不存在的。

【004】新民市大喇嘛乡政府读者郭井海问：五倍子在我地区栽植能行不？我们准备去河南考察一下可否？

答：五倍子是中药材名称，是盐肤木上的一种虫子包，说栽植或播种五倍子是不科学的。此树在您地区栽植可成活，但不能产生虫子包，故请您慎重，考察之事亦应放弃。

【005】法库县柏家沟镇小夏堡村陈松龄问：盐肤木（五倍子）行情如何，在我处种植能行吗？

答：五倍子1997年秋河北安国药材市场每公斤价格是5元，2011年初每公斤28元左右。在辽宁地区种植盐肤木没问题，野生也有，但树上的虫子包（五倍子）很难出现，种植意义不大。

45. 罗汉果

【001】凌源市宋杖子乡平房村李守田、清原县土口子乡陈家沟村刘忠厚等读者问：有广告说种植罗汉果每亩能收入几万元，此物在辽宁省能种植吗？

答：罗汉果是葫芦科苦瓜属多年生草质藤本药用植物，以果实入药，主治肺热咳嗽、百日咳、咽喉痛失音、大便秘结等症。主产亚热带广西、广东等地，海南全省均有种植。在辽宁地区种植肯定不行，自然气候条件不适宜，越冬会被冻死的。

【002】吉林省吉安市榆树镇治安村读者倪相德问：有广告说罗汉果每个能卖2.88～3元，此物在我地区能不能种植？

答：罗汉果是热带藤果，在辽宁省栽植都活不成，在吉林地区栽植就更不行了。最近为农的朋友从南方买回了罗汉果，每个仅0.15元左右，根本没有那么贵。

46. 相思豆

【001】吉林省集安市台上镇兴安村读者王贵问：人头参种子每粒价格多少，冬虫夏草种子每两价格多少，哪里有售，到邮局汇款邮购种子能行不？

答：人头参也叫相思子或相思豆，与参类药材没有关系，种子椭圆形，种皮3/4为红色、1/4为黑色，黑色中间有个小白点。此热带树木在东北自然条件下不能生长，不宜栽植。正宗的冬虫夏草人工繁殖尚未成功，目前人工繁殖的仅是麦角菌的菌丝而已，与真正的冬虫夏草相比还缺少虫的部分。目前利用合作种植、联合开发以及高价回收产品为幌子的骗子较活跃，要提高警惕，切莫轻易汇款邮购不明真相的种子种苗，以免上当。

【002】岫岩县三家子镇华山村读者赵恒连问：河南有中药材种植的小报介绍了一种从西班牙引进的药用豆类叫“人头参”，市场价格每公斤2.8万～4.5万元，这种高级药材是真的吗？我处能引种吗？

答：据药材专家讲，人头参就是相思豆，您说的价格目前除用黄金生产的豆子以外尚无如此贵重的中药材。至于20元1粒种子，每亩用种5000粒，仅种子一项投资就得10万元，这不是胡扯嘛！为农感曰：骗人且莫过，牛皮切莫吹太大，以免撑破脸皮露出真相。

【003】东港市黄土坎镇吉盛村读者李永泉问：最近收到有南方一些种植和养殖方面的资料，说种植人头参很挣钱，这是一种什么作物，在我地区能种植吗？

答：人头参是某些过于“智慧”的商人起的一种具有迷惑性的名称，实际上就是相思豆，大如黄豆，一半黑亮如人发，另一半红色似人脸，黑白交界处有白点似人眼故而得名。唐代王维“红豆生南国，春来发几枝。愿君多采撷，此物最相思。”即是在煽情此豆之诗。不过南方红豆树再好，再有情调，在辽宁自然条件下种植会被无情的严冬冻死，您最好是寻找其他适合本地种植的既有经济价值、又有情调的树来种植吧！

（六）食用菌

1. 平菇

【001】清原县草市镇任家街村读者周俊财问：在我地区冬季利用大棚培育平菇能否成功？棚内如不进行人工加温单靠自然温度可以吗？

答：秋冬季节是生产食用菌的好时期。在辽宁地区利用温室大棚生产食用菌的人有很多，您也可以试验搞一下。温室大棚内生产平菇已有成功经验，温度以 20℃～30℃ 为宜，湿度以 80%～90%为宜。冬季单靠自然温度，很难达到菌生长所需温度，因此还要适当地进行人工加温才行。

【002】新民市新农乡靠山屯村读者杨丽霞问：听说葡萄架下能培植食用菌，在李子树下能搞不？

答：树下栽培食用菌主要利用杨、槐、柳、梓等树种，在树荫下作圆形畦池或在行间作长方形畦池，将配置好的食用菌培养料移入畦池，保持适宜温湿度即可。李子树下也可以培植食用菌，如平菇、香菇、滑菇等，产品野生特点明显，剩下的下脚料还可为果树提供营养。

【003】凌海市大有乡南圈河学校读者高文权问：哪些部门收购食用菌，如平菇、香菇、草菇、凤尾菇等？价格如何？

答：食用菌的主要收购部门是各市、县的外贸公司、罐头厂及土产公司等，收购的品种及价格不一。此外，鲜食用菌装袋后可在城乡农贸市场及超市销售，价格视行情而定。沈阳农贸市场目前每公斤鲜凤尾菇卖 5～6 元，每公斤鲜香菇 7～9 元。

【004】台安县桑林镇柴家村读者付华问：用玉米芯、米糠和木屑混合做平菇培养料，资料和书籍到哪能买到？我们这几家栽培的蘑菇出来时就死，这是为什么？

答：您说的这种生产食用菌的配合培养料配方，多在日本采用。国内目前主要用玉米芯、棉籽皮、稻草、玉米秸、豆秸、麦麸等做培养料。技术资料及书籍一般的新华书店均能买到，您可去一趟。专家说，您的蘑菇出来就死，可能是得了幼菇萎缩干枯病，是生理性缺水和空气相对湿度过低引起的，幼菇生长瘦弱，从顶向下萎缩枯死，子实体呈皱干瘪状。防治方法是加强通风，保持好温湿度，通风与喷水结合，防止吊干，菇房内湿度要控制在85%左右。此外，培养料内拌多菌灵等杀菌剂以及出菇期喷药防病防虫也很重要。

【005】东港市东尖山镇孤家子村读者吕强问：听说生产食用菌，出菇后的废料加工成的菌糠饲料营养成分可以与麦麸媲美，这是真的吗？

答：生产食用菌的菌糠中麦麸含量一般在20%左右，肯定不如纯麦麸营养价值高，很难媲美，因其毕竟是生产食用菌的废弃料，培养出的许多食用菌已消耗很多营养物质。

【006】台安县西佛镇古家村读者毛伟问：我栽培一些食用菌平菇，其下脚料无法处理，是否可以用来喂猪？

答：用菌糠喂猪的实践证明，效果不如配方饲料好。这些废弃下脚料养蘑菇都不行，养猪好像也不行，因为栽培平菇后的菌糠主要营养已消耗转化很多。为农觉得，猪的“伙食”标准起码要比蘑菇高一点才行。

【007】本溪市溪湖区石桥子经济开发区读者刘玲问：我对用养平菇剩下的菌糠做饲料喂猪技术很感兴趣。此种菌糠是用什么材料做成的？

答：菌糠是培养食用菌后剩下的废弃料，由于配方不同可利用情况也有所不同。采用棉籽饼＋麦麸、花生壳＋麦麸配方的处理后可喂猪，而采用稻草＋米糠、单独棉籽壳以及木屑＋棉籽壳配方的不宜喂猪。利用生产食用菌废弃料中的剩余营养喂猪，是个变废为宝的过程，在目前猪饲料涨价的情况下有进一步研究探索的必要，但不会有更大意义，因为育肥猪喂此物会影响生长，只能喂经产母猪等。

【008】岫岩县苏子沟乡尖山村读者张显斌问：我村农民利用玉米秆、豆秸生产姬菇，效益很好，是否需要交税？

答：姬菇也叫小平菇、侧耳，为平菇的一个品种。对于您提出的问题，为农查阅了1995年5月2日辽宁省政府发布的《辽宁省农业特产农业税实施办法》附件税目表第七项食用菌收入中列有“银耳、黑木耳、香菇、蘑菇”。因此，生产者需按8%的税率交纳农业特产税，您可按此向农民宣传。其中第十条规定：“对在农业税计税土地上生产农业特产品的，在计算征收农业特产税时，应将农业税扣除。”这样就避免了重复计税。可喜的是，2005年12月29日，十届全国人大常委会第十九次会议决定自2006年1月1日起废止《中华人民共和国农业税条例》，自此国家不再针对农业单独征税，这个在我国存在两千多年的“千年古制”农业税宣告终结，农民再不会为交这些税闹心了。

2. 滑菇

【001】新宾县上夹河镇大堡村读者衣启仁问：我接种了600多块滑菇，菌块上生出许多像蛆样的虫子，蘑菇都被钻出孔腐烂了，有啥办法能治住这些蛆虫？

答：滑菇也叫光帽鳞伞、光帽黄伞，为球盖菇科鳞伞属菌盖黏滑的木腐菌，接种后的菌块上生蛆主要是由于培养料预处理不好或菇房门窗不严蚊蝇飞入产卵所致。防治菇蛆，可用针筒将5%锐劲特1500倍液药液从接种口注射进入，每筒注15～20毫升，药后第二天可看到菇蛆从筒内爬出挣扎并慢慢死亡；也可用80%敌敌畏1000倍液喷雾或用其蘸棉球熏蒸，或用二氯苯醚菊酯、氯氰菊酯等菊酯类农药3000倍液喷雾杀虫。

【002】广西壮族自治区灵川县公平乡四合村读者王惠诚问：栽培食用菌需要用碳素、氮素，这两种元素是指哪些东西？

答：食用菌不能进行光合作用，因此不能直接利用单质碳素及二氧化碳、碳酸盐等无机碳，食用菌需要碳素主要指纤维素、半纤维素、淀粉、果胶、有机酸、醇类等经酶解后的，常见的有秸秆、木屑、马铃薯及其他植物原料。食用菌也不能直接利用氮气，需用的氮素主要指蛋白质、氨基酸、尿素等有机氮化合物酶解后才能利用，也可利用氨、氨盐、硝酸盐等。

【003】黑山县八道壕镇黄家村读者高福德问：发展食用菌生产，经常提到琼脂，这是一种什么产品？

答：琼脂也叫洋菜、洋粉、琼胶、冻粉，是从石花菜或红藻中提取的胶质，含有丰富的膳食纤维（含量为80.9%），蛋白质含量高，热量低。其主要成分为多聚半乳糖的硫酸酯，可做食用菌一二级菌种的培养基原料，是生产菌种的重要原料。您如果栽培食用菌，可直接购买生产用的菌种就可以了，基本用不着购买琼脂去培养一二级菌种。

3. 凤尾菇

【001】建昌县新开岭乡城厂沟村读者王太祥问：我想在葡萄架下搞食用菌生产，选择哪些蘑菇品种好？

答：在葡萄架下搞食用菌生产可选用白蘑科侧耳属的平菇、凤尾菇等，适应性强，好管理。市场销售较为平稳，可以搞。

【002】兴城市沙后所镇西关村读者田良问：我想在自家的庭院里搞点栽培，但苦于没有棉籽壳原料，您能帮忙买点儿吗？

答：为农不经营此类物资，但能给您出个主意。可在轧棉花期间到植棉较多的地区走一走，尤其是朝阳地区特产棉花，棉籽壳是可以买到的。

【003】阜新县蜘蛛山乡娘及营子村刘雁东问：有许多举办食用菌栽培技术培训班的地方，请问食用菌的市场前景如何？

答：我国是食用菌生产大国，2005 年总产量 1200 万吨，居世界第一；2010 年总产量达 1900 万吨，占世界的 70%。我国虽是食用菌生产大国，但年人均消费量不足 0.5 公斤，美国年人均 1.5 公斤，日本年人均 3 公斤，差距较大。国外食用菌人均消费量每年正以 13%的速度递增，我国内地食用菌人均消费量还不到香港的 1/10，因此国内市场潜力巨大。食用菌不仅在国内受欢迎，而且在国际市场上十分畅销，可见其市场前景是好的。

【004】盖州市团山镇盖州宏源造纸厂读者李杰问：我们这流行一种说法，说养蘑菇容易得一种病，时间长了肺里也长蘑菇，如何反驳此说？

答：蘑菇是一种真菌，也算是一种低等植物，正常活人的肺里是不可能长出植物来的。至于蘑菇生长处于高温高湿条件，空气中有菌孢子倒是真的，养殖者倒应注意防止吸入过量的孢子为宜。

4. 金针菇

【001】东港市马家岗乡李家店村读者杨俊问：有资料介绍金针菇，您能说说其特征特性及产品市场销路吗？

答：金针菇学名毛柄金钱菌，也叫毛柄小火菇、构菌、朴菇、冬菇，因菌柄细长似金针菜故称金针菇，为白蘑科金针菇属腐生真菌。子实体菌盖球形或呈扁半球形，直径 1.5～7 厘米，幼时球形，逐渐平展，过分成熟时边缘皱折向上翻卷；菌柄中央呈中空圆柱状，稍弯曲，长 3.5～15 厘米，直径 0.3～1.5 厘米，基部相连。金针菇销路较好，产品内销或外销，也可制作罐头。2011 年沈阳农贸市场每公斤鲜品 8 元左右，买的人不少。

【002】岫岩县蚕业管理站读者崔德胜问：现在金针菇等食用菌很受消费者欢迎，我们想发展此项目，省内哪有技术培训班？我们想派人去学。

答：省内办此班的较多，但较为可行的是现场参观操作，再到书店买上几本技术书读读，就差不多了。据为农所知，离您处较近的庄河市农业技术推广中心生产食用菌菌种已有多年，经验丰富，您可与之联系前去参观学习，取点儿真经。另外，锦州农发食用菌培训中心曾经常年招生，地址在辽宁省凌海市双羊镇，下火车南走 200 米。

【003】盖州市太平庄中学赵旭波、兴城市高家岭乡汤上村刘凯等读者问：我对食用菌感兴趣，怎样识别，哪里能购到技术资料？菌种提供及收购部门有哪些？

答：据有关专家透露，沈阳农业大学食用菌研究所菌种较多。大连华南真菌研究所在出口贸易中获得 12 个野生食用菌的出口信息，可以提供各品种的彩色图片、采集加工方法，还供应各种优良菌种及高产栽培技术资料等，回收野生及栽培食用菌产品，地址在大连市甘井子区千山路，邮政编码 116033。

【004】建平县向阳乡牌甸村王英学问：我想发展食用菌，到哪里能买到琼脂、试管及测量 pH 值的原料及仪器？

答：农户发展食用菌，一般多选购二三级菌种直接拌培养料进行商品生产，而很少用琼脂等培养一二级菌种的原料。建议您直接购种进行商品食用菌生产为宜。上述仪器，可到化学试剂商店或玻璃仪器商店购买。

5. 香菇

【001】吉林省梅河口市小屯乡牛兴村读者高慧琴问：近几年

香菇市场行情能有啥变化?

答:1994年我国香菇外贸出口每公斤鲜品销售价格在30~60元,2010年每公斤鲜品在14~20元。目前沈阳农贸市场鲜香菇零售价格在7~10元,价格变化不大。

【002】岫岩县牧牛乡德合店村张岩和问:在报纸上看到一则消息,就是用塑料袋野外栽培香菇,8~9月份栽,11~12月份就能出菇,在我地区栽培能行不?

答:香菇也叫花蕈、冬菰、厚菇、花菇,为口蘑科香菇属食用真菌,是低温和变温结实性的菇类。香菇原基在8℃~21℃分化,10℃~12℃分化最好,子实体在5℃~24℃发育,8℃~16℃最适,较低温度10℃~12℃下子实体发育慢,菌柄短,菌肉厚实质量好;20℃以上子实体发育快,菌柄长,菌肉薄质量差。在恒温条件下,香菇不形成子实体。按报纸上说的技术在岫岩地区可以搞,但要注意11~12月份自然气温已降得很低,最好在温室大棚里进行;若在露天场地出菇则需要覆盖棚膜保温才行。

【003】沈阳市新城子区财落堡乡联合村读者王玲问:到哪里能学到适合我们地区的香菇栽培技术?

答:现在各地民间举办食用菌学习班的较多,您可参加。另外,到新华书店走一走,到网上搜一搜,这方面的书籍和技术就会得到,本溪县、新宾县种植香菇的较多,到现场观摩学习,就可以了。

【004】桓仁县四平乡团总支读者李世村问:我乡每年加工木材的下脚料锯末子堆积如山,闲弃在一旁。我们想利用此物为共青团创点经费或增加经济效益,搞什么项目好?

答:锯末子是生产食用菌的良好基质,您可以充分利用“锯末子堆积如山”的资源优势,大力发展食用菌生产,既利用了资源,又为山区致富做出了样板。祝您成功!

【005】彰武县章古台镇新窝堡屯村杨宏问:我想培植香菇,不知市场行情咋样,能说一说吗?

答:香菇作为一种高档食用菌在市场上不可或缺,一直看好,沈阳市场每公斤干品60元以上,鲜品10元左右。我国市场对香菇有很大需求量，东南亚及日本、韩国也大量需求。从2010年市场来看，香菇行情平稳，价格变化不大，但培植香菇应先找好销路。

【006】宽甸县永甸镇广播站读者隋庆华问：我对玉米芯生料栽培香菇新技术很感兴趣，但不知其效益咋样？

答：玉米芯生料栽培香菇技术是沈阳农业大学林学院冯景刚教授主持完成的科研课题，生产原料由玉米芯取代了木屑，适合我国玉米产区进行香菇生产，解决了非林区香菇生产原料不足的问题，也间接起到了保护森林生态环境的作用。生料栽培的培养料不用高温处理，节省能源，降低了成本，每公斤玉米芯可产鲜品香菇1公斤，生物学转化率为100%。据试验，每亩地大棚投料1万公斤，产鲜菇1万公斤，产值6万元左右，利润5万元左右。投入与产出比约为1：6。该技术在抚顺、本溪地区推广应用，大面积栽培香菇取得较好的经济效益。

【007】沈阳市东陵区祝家镇读者彭晓军问：我有一片杨树林，想用其空间地来种植香菇是否能行，什么时候播种好？

答：专家认为，杨树的林间地种植香菇的效果好于玉米地。目前辽东地区种植香菇多采用玉米田间地，由于前期玉米苗较小遮荫效果不理想，对香菇发菌及产量有影响，而杨树在春季发叶早遮荫及时效果好。辽宁通常4月上中旬已经在玉米田间作畦铺料接香菇菌种完毕，过晚则自然温度升高，料坯易感染杂菌。因此，您须等明年再在杨树林间栽培香菇了。

6. 黄金菇

【001】黑龙江省讷河市长发镇中学读者于洪祥转曹利明问：湖北云梦地区有个单位免费赠送黄金蘑菇菌种和资料，每公斤产品回收价格2580元，并签订回收合同，为保证产品不外卖，需交220元保证金。这种合同是否有法律效应？

答：黄金菇也叫金顶蘑、榆黄蘑，野生在榆树、栎树等阔叶树的倒木上，人工栽培已有成功经验，技术并不复杂。湖北云梦的免费赠送菌种只是一种诱饵，回收合同则是一种道具，而骗你220元钱保证金才是真的。近几年以此骗术发家者有之，受骗者也不少，希望您能成为一个反诈骗的勇士！

7. 鸡腿菇

【001】清原县南山城镇黑石头村张宝英问：我制的鸡腿菇草腐菌不知怎么回事不长菌丝，能帮忙找一找原因吗？

答：鸡腿菇也叫鸡腿蘑，因其形如鸡腿，肉质似鸡丝而得名，为鬼伞科鬼伞属的毛头鬼伞真菌，是一种适应力较强的草腐生土生菌，子实体形成需要低温刺激，16℃～22℃子实体发生数量多，产量高。您的鸡腿菇不长菌丝应分析下列指标是否达到：①菌丝最适生长温度 22℃～27℃。②培养料含水量 70%～80%、pH7～7.5 为宜。③空气相对湿度 85%～95%。④菌丝生长阶段不需光照，而子实体生长需要微光照。⑤注意通风。达到上述指标，长菌丝是没啥问题的。

8. 白灵菇

【001】庄河市光明山镇前杨村读者刘长秀问：高档食用菌白灵菇适宜在哪个季节栽培，用什么原料及配方生产？

答：白灵菇也叫阿魏蘑、阿魏侧耳、阿魏菇，为担子菌亚门层菌纲伞菌目侧耳科侧耳属真菌，属中、低温型菌类，菌丝生长最适温度在 25℃～28℃，温室大棚栽培以秋季 9～10 月份播种，冬、春季出菇产质量好；也有在 8 月份就开始栽培的，或反季节栽培的。培养料配方：①玉米秸 50%，棉籽壳 30%，麸皮 12%，豆饼 4%，糖、过磷酸钙、石膏、石灰各 1%。②杂木屑 78%、麸皮 20%、红糖 1%、碳酸钙 1%，每 50 公斤干料另加酵母片 0.025 克、过磷酸钙 0.25 克。③杂木屑 68%、棉籽壳 10%、麸皮 20%、红糖 1%、碳酸钙 1%，每 50 公斤干料另加酵母片 0.025 克，过磷酸钙 0.25g。④棉籽壳 78%、麸皮 20%、糖 1%、石膏粉 1%，另加磷酸二氢钾 0.5%。⑤棉籽壳 77%、玉米粒 20%、糖 1%、石膏粉 1%、石灰粉 1%。以上配方的含水量均为 55%～65%，pH 值 7。任选一种配方，按要求称料、拌料、装瓶（袋）即可。

【002】清原县南山城镇黑石头村读者张宝英问：生产食用菌的配料里，经常提到过磷酸钙、硫酸钙、碳酸钙等名词，都是些啥东西，到哪里能买到？

答：这些都是些化肥、杀菌、补钙、调酸的东西，一般的农资商店均有销售。

9. 网兜蘑

【001】丹东市振安区汤山城镇寺院村读者乔希军问：看到一则有关网兜蘑的信息，许多同事说是蜂窝蘑，体上有密密坑眼，能人工种植吗？

答：网兜蘑也叫羊肚蘑、羊肝菜、编笠菌，为盘菌目羊肚菌科羊肚菌属真菌，目前人工栽培基本成功，但仅限于模仿羊肚菌野生环境接菌出菇，并未突破自然生态环境的限制。有广告说获得栽培专利，也未能在生产上好用。看来，此菌大面积人工栽培还有问题，尚需进一步研究探讨。

10. 竹荪

【001】法库县包家屯乡包家屯村张迎春、新民市张屯乡双程村刘大贤等读者问：有报道栽培食用菌竹荪是一条很好的致富门路，我想试试，不知是否可行。人工栽培是否成功？

答：竹荪也叫竹笙、竹参，是鬼笔科竹荪属的食用菌，野生于枯死竹子的根部，主要分布在福建、云南、贵州、四川等地，在辽宁东北部阔叶林间有少许野生。人工栽培已成功，您可引点菌种试试，能行。

【002】宽甸县古楼子乡古楼子村读者吕永增问：据悉发展北荪一号、北荪二号竹荪品种很有前途，您看咋样？

答：人工栽培的竹荪有短裙竹荪、长裙竹荪两种，近几年我国食用菌研究者驯化栽培成功了红托竹荪和刺托竹荪两个新品种，您说北荪一号等可能是引种者起的新名。专家认为，人工栽培竹荪技术已经成熟，市场销售较好，很有前途，您可少量栽培试试看。

11. 黑木耳

【001】庄河市塔岭镇宝后村读者李学农问：我地区的蚕场新砍下了一批柞木桩子，我想用其栽培黑木耳是否可以？

答：黑木耳也叫木耳、光木耳，为木耳科木耳属食用真菌，有毛木耳、皱木耳、毡盖木耳、角质木耳、盾形木耳等10多种，唯有光木耳质地肥嫩，味道鲜美，有山珍之称。适于培植黑木耳的树种很多，除含有松脂、精油、醇、醚等树种和经济林木外，常用的树种有栎树、槲树、棘皮桦、枫杨、枫香、榆树、刺槐、柳树、楸树、法桐、黄连木等，尤以栓皮栎、麻栎最好。用柞木生产黑木耳是可以的，以6厘米径级的为最好。将其截成1～1.2米长的木段，再置高燥处垛成井字形晾晒，常翻动。晒至木段截面变色，并出裂纹时即可置耳场中接菌培植木耳了。

【002】庄河市大营镇读者罗永义问：我想搞黑木耳生产，没有椴木用稻草栽培能行不？

答：据试验，稻草栽培黑木耳是可以的，变废为宝效果好。培养料配制比例为：稻草66％、米糠20％、麦麸10％、过磷酸钙1.5％、石膏粉1％、蔗糖1.5％，另加黑木耳增产剂、增殖剂150毫升；料水比例为1∶2，接菌后袋装或瓶装栽培均可。

【003】建昌县吴泽仁、庄河市高阳镇半拉山村张淑芝等读者问：《新农业》刊登的塑料袋地栽黑木耳技术较好，怎样与作者联系？

答：该文作者冯燕萍同志的联系地址是鞍山市科委情报所，邮政编码是114002。

【004】普兰店市兴泰镇苑岭村高成喜、昌图县下二台乡红家村李威等读者问：我们想发展黑木耳生产，到哪里能买到优质菌种？

答：沈阳农业大学食用菌研究所有20多个可供袋栽和木段栽培的黑木耳菌品种，您可联系购买，祝您成功！

12. 银耳

【001】清原县英额门镇新堡村读者季中英问：银耳在我们地区销售较好，我想利用空闲房屋发展银耳生产是否能行，省内哪里有售菌种的？

答：银耳也叫白木耳、雪耳、银耳子，为银耳科银耳属真菌，夏秋季生于阔叶树腐木上，天然分布于我国浙江、福建、江苏、江西、安徽等省份，人工栽培使用的树木有椴木、栓皮栎、麻栎、青刚栎、米槠等100多种。目前在辽宁地区基本没有生产银耳的，此菌种很难买到。业内人士说，福建省古田生产的银耳约占全国总量的90％并形成产业化，而辽宁零星发展此物投资会很大，经济效益也很难说，不如发展本地优势的黑木耳等食用菌好。

13. 松蘑

【001】阜新县佛寺镇北河兰村读者白太平问：东北林区常有一种松蘑，也叫红蘑，我们想搞人工栽培能成功不？

答：松蘑也叫松菇、红蘑、松蕈、松树伞、松口蘑等，为担子菌纲伞菌目伞菌科真菌，肉质肥厚，味道鲜美滑嫩，营养丰富，有食用菌之王的美称，是目前唯一不能人工培植的野生菌。松蘑除具备一般食用菌的生长条件外，还必须与松树生长在一起，与松树根共生才行，多生长在阴坡或半阴坡的松树林中。目前我国正在组织科研人员重点攻关松蘑人工栽培技术，相信未来一定会成功。

【002】新宾县下夹河乡支家村读者吴利权问：我地区松树下生出的一种雨伞状的蘑菇，当地人叫松树伞，价格很贵。我想搞人工栽培能行不？哪里出售菌种及栽培技术？

答：松树伞就是常说的松蘑，人工栽培尚未成功，有关人员正在日夜研究。栽培技术方面的资料还没有，而菌种倒可以在大自然中取得利用，您也可搞点栽培试验和研究。目前人工栽培成功的有香菇、平菇、白菇、金针菇、猴头、灵芝、黑木耳等食用菌，您可选其中一两种栽培，效益亦不错。

14. 红茶菌

【001】康平县康平镇前进村读者思阳问：饮用红茶菌对人的身体有好处，听说沈阳有位先生长期饮用红茶菌，后来发现胃越长越大，到医院手术才知道胃里长满了红茶菌种，有这事吗？

答：没有，也不可能发生此事！

（七）林木花卉

1. 刺槐

【001】海城市感王镇读者姜学升问：我家的果园在结果期经常有牲畜进入乱咬一阵，是否有一种植物能防止其侵害？怎样种植？

答：目前果园周围常用的防护树种有刺槐、沙棘子等。尤以沙棘子防犯效果好，枝条刺多而锐，树丛茂而密，且易栽植，抗逆性强。一般选其栽苗，春季按常规栽树法栽之即可。

【002】盖州市归州乡蓝西村读者唐德利问：我想在刺槐育苗田进行化学除草，用什么药剂好？

答：据试验，刺槐根段育苗芽前化学除草可用都尔、拉索、乙草胺，除草效果均在80%以上。在育苗前可用草甘膦、百草枯等杀灭空地杂草。

2. 沙棘子

【001】铁岭市清河区红旗街后马村马忠武、昌图县大四家子乡江石村佟云久等读者问：听说沙棘子速生快长，其刺尖锐，还结果，在我处能否栽培？

答：沙棘子在辽宁朝阳地区备受青睐，生长良好，在您处栽植没啥问题，作围树墙亦能行。种源可到朝阳的建平县一带寻访。

【002】昌图县宝力镇读者王凤岐问：我有一果园四周想种刺槐围护，以防畜禽进入，不知是否有比刺槐更理想的品种？哪里有种苗？

答：在朝阳建平地区多种植沙棘子做果园围护，效果比刺槐好，植株稠密带刺，畜禽很难进入，其果实还有一定经济价值，您可试栽一下。

【003】兴城市曹庄镇安相村读者苏广明问：我村在道路旁边建园的果树常被牲畜破坏，听说有一种带刺的树栽上能防止人畜进入，这是一种啥树？

答：在辽西，有些果园周围种植沙棘子，树枝上长有许多刺，可密植防止人畜进入。果实能食用，有防护及食用多种作用，您可以栽点试一试。

【004】法库县柏家沟镇夏堡村读者桂炳利问：哪里能找到沙棘子的种苗？能提供点线索吗？

答：辽宁朝阳地区栽植沙棘树较为普遍，尤以建平县为多，您可以到那里走一走，能找到种源。

【005】开原市城郊乡大山岗村读者李彦国问：到哪能买到刺多、树高在2米左右的耐寒宜密植围果园用的树种？

答：朝阳地区的沙棘子与您所要求的树种差不多，可引种一试。

3. 酸枣

【001】大连市奶牛场英歌石分场读者谭仁圣问：我们地区的梯田地埂上长满了酸枣刺和刺槐等木本植物，年年割不断，且越长越旺，用啥除草剂能将其彻底消灭掉？

答：酸枣也叫棘、野枣、山枣、葛针，鼠李科落叶灌木或小乔木，野生于辽宁、内蒙古、甘肃等地山坡旷野或路旁。消灭此类杂树大者可人工连根刨挖，小者可用灭生性除草剂农达（草甘膦、镇草宁）10％水剂200倍液进行涂抹或定向喷雾，防除效果较好。

4. 银杏

【001】庄河市明阳镇人民政府读者施广恩问：银杏的果、叶、枝、根都可入药，我处很多，什么时候采集、加工为好？

答：银杏也叫白果、公孙树、鸭脚树、蒲扇，为裸子植物门银杏科银杏属落叶大乔木，是现存种子植物中最古老的一种孑遗植物。银杏果实入药称白果，可治疗疮疥疽瘤、乳痈溃烂、牙齿虫龋、小儿腹泻、赤白带下、慢性淋浊、遗精遗尿等症，银杏叶具有降低胆固醇、扩张冠状动脉的作用，对于冠心病、高血压有一定辅助治疗作用。据测定，银杏树叶黄酮类化合物和萜内脂含量最高的时间在8月上旬至9月下旬，此时叶片浓绿厚大，为最佳采收期，叶片以1～5年生实生苗叶为最佳。果实以干果直接出售。银杏叶趁鲜销售，曾经有2元钱1公斤收购的。

【002】抚顺县哈达乡青石村读者韩文忠问：有资料介绍说种植银杏1亩地收入7～8万元，这是真的吗？

答：银杏树叶片的开发利用是个很热的话题，1亩收入7～8万元可能是个预言，而在生产实践中真正达到这个数字，还有叶片的采收时机、数量、质量等一系列因素制约，以及市场需求、销售价格等。这个数字只能用以后的实践来证实，但为农现在不会相信。

【003】彰武县后新邱镇平安地村读者戴玉才问：有资料介绍银杏的价值和用途且有发展前途，到哪能联系到树种？

答：辽宁省生态经济学会曾经设立银杏产业开发办公室，提供苗木及技术指导和收购产品。您可与之联系，地址在沈阳市黄河北大街46号省区划所内，邮编110031。

【004】建平县沙海镇新胜村读者梁志军问：银杏树在辽西能种植吗？

答：银杏树的自然适应性较强，在辽西、辽北均有种植成功者，您可放心引种。

【005】新宾县旺清门镇旺汉村读者李明问：我们这里大力推广种植银杏树，请问在我们这地区气候温度条件下能行吗？

答：专家认为，您处栽植银杏树由于气候温度问题具有一定的风险性，冬季严寒会使树体不同程度出现冻害。但在山区背风向阳小气候较好的地方也可以试栽，用于采集树叶。要想使其长成大树有一定的难度。

5. 红豆杉

【001】喀左县化工厂读者李志国问：有报道说种植红豆杉致富快，树的种子可提取抗癌药物。东北哪有这一树种，能栽植吗？

答：红豆杉主要生长在我国云南省的西北部海拔2000～3000米的地方，属国家一级保护植物。由于其皮、叶中能提取出治疗卵巢癌和子宫癌的昂贵药物紫杉醇（价是黄金的几十倍），大片红豆杉林木惨遭扒皮之苦。专家说，辽宁的紫杉（赤柏松）与红豆杉是同属不同种植物，亦含有紫杉醇，但主要用于绿化。红豆杉在辽宁不宜种植，而紫杉人工栽培的较多，生长缓慢，生长100年的紫杉，胸径只有10厘米。您可到辽东山区寻找种源。

【002】宽甸县八河川镇政府读者罗森问：紫衫、北国红豆、赤柏松是一个品种吗？有什么用途？他们和银杏哪个项目的发展前景好？

答：专家认为，含有紫杉醇的红豆杉属植物统称为紫衫，可见紫衫、紫杉叶、北国红豆、赤柏松实际是一种东西，该属共11种植物中在我国有云南红豆杉、西藏红豆杉、东北红豆杉、中国红豆杉和南方红豆杉（变种）。1971年美国国家肿瘤研究所首次从太平洋红豆杉的树皮中分离出紫杉醇，并发现有显著的抗癌作用机理，很快造成全球红豆杉树身价倍增，滥砍树扒皮之风盛行。1992年美国颁布法令砍伐1棵红豆杉树罚款1万美元；1995年我国颁布法令将红豆杉列为“国家一级保护植物”。银杏也是一种良好药用植物，银杏叶制剂有防治心脑血管疾病的作用。可以说红豆杉、银杏两种植物的发展前景均看好，尤以红豆杉为俏。

【003】阜新县知足山乡石头营子村王洋、海城市王石镇王石小学景文凯等读者问：东北红豆杉的药用价值很高，在我地区可否栽培，前景如何？

答：可以栽培，且前景看好。

6. 麻风树

【001】灯塔市铧子镇周达连沟村读者韩殿文问：听说有一种制造生物柴油的麻风树很好，在我们地区栽培能行吗？

答：麻风树也叫小桐子、柴油树、青桐木、假花生、臭油桐，为大戟科麻风树属落叶灌木或小乔木，原产于南美洲热带地区，现广泛分布于亚热带及干热河谷地区。我国引种有300多年历史，分布于广东、广西、海南、云南、贵州、四川等地，树籽含油量达60%，是制造生物柴油的理想材料，树叶和树籽残渣可用于制造有机农药，仅四川的麻风树资源量在26万亩以上。麻风树要求年平均温度17℃～25℃，最冷月份平均气温在10℃～15℃，平均极端最低温-1℃～-3℃，国家发改委表示重视并大力支持麻风树种植，只是不适宜在辽宁地区种植，自然气候温度不行，越冬会冻死的。

7. 浩浩巴

【001】普兰店市莲山轻工机械厂廉祥春、盘山县沙岭粮库夏喜生等读者问：有报刊介绍油料高级植物树“浩浩巴”，其油与鲸鱼的油脂相似，价值很高。我们想种植，不知是否能行。到哪里去引种？

答：据为农了解，浩浩巴是一种常绿灌木或小乔木，正式名称为加州希蒙得木，株高2～5米，原产于美国的加利福尼亚州、亚利桑那州及墨西哥。种子含油率45%～50%，是一种高级油料作物。目前在辽宁省还没有人引种栽培此物。作物生长的自然地域性很强，温光反应与其果实成熟关系很大。有专家说，浩浩巴在我国北纬 18～36 度的区间适宜引种，而辽宁地处北纬 40 度以北，引种成功的把握性不大。

8. 红叶椿

【001】东港市人大常委会读者徐胜春问：听说种植优质绿化落叶乔木红叶椿很好，此物在我地区能否栽植？到哪里能购买到种苗？

答：红叶椿也叫红叶臭椿，为苦木科苦木属落叶乔木叶观赏树种，是近几年育成的一个臭椿变种，基本特征与普通臭椿相同。在丹东、大连地区栽植没有问题。沈阳农业大学农村能源基地曾经有此种苗。

【002】凤城市凤山镇凤山村读者石真高问：我在高山上发现一种多年生宿根草长得很雅，根部有很浓的香味，不知是啥植物，有无驯化栽培价值？

答：为农对此草也颇感兴趣，您可将此物寄至沈阳农业大学林学院来鉴定一下。

9. 杨树

【001】沈阳市东陵区祝家镇下高士村读者关赞华问：我利用荒地培育杨树、柳树苗，用啥化学药剂除草不影响树苗生长？有害虫用啥杀虫剂？

答：林木田的化学除草与一般农田除草差别不大，因其杂草种类复杂，生长繁茂，故使用化学除草剂多采用灭生性的药剂，如草甘膦（农达、镇草宁）、百草枯（克芜踪）、茅草枯（达拉朋）等。施用方法以定向喷雾或涂抹为主，要严禁喷到树苗上。毛虫、刺蛾等虫害多用菊酯类农药进行防治，对水喷雾即可。

【002】盖州市卧龙泉镇腰堡村读者陈连刚问：十几年前我承包了一个果园，边上有一条小河，河边是一片杨树林包给别人了。当时树小对果园没啥影响，现在树长大了对果园影响较大。我是否可以要求对方削掉树杈以减轻影响？

答：此事首先要与杨树林的承包人协商，大树砍杈整枝是好事，有利于树木成材，树主人理应同意。其次，树的根系影响是大的，您可在园内挖一深沟断掉伸长过来的树根，以减少营养水分的损耗。最好每年断根1次。

【003】铁岭县会元乡横道村读者李贵问：我栽植的杨树苗长到1米高时叶背出现粉状物，叶片变黑死掉而树没死，影响生长。这是一种什么病害？怎么防治？

答：有关专家认为，您的杨树得的可能是灰斑病，主要危害叶片，对树干影响较小。防治方法是及时改善苗圃地的环境条件，增加通风透光；药剂防治可用甲基托布津、代森锰锌以及波尔多液等杀菌剂进行叶面喷雾。

【004】凤城市白旗镇水利水产站读者吴斌问：我栽的杨树生了虫子，在树干内嗑木质成锯末子一样，使部分树死亡。这是一种什么虫子？怎样防治？

答：专家分析，根据描述，您的杨树上钻蛀的虫子应是天牛一类害虫的幼虫，以光肩天牛、桑天牛、星天牛的可能性较大。幼虫在枝干蛀道内越冬，开春便可为害。防治方法是找到排粪孔用钢丝钩刺杀道内幼虫，或用注射器向内注射敌敌畏与柴油(1:20)混合液进行毒杀；也可用杀螟松、溴氰菊酯等涂树干。

【005】义县大榆树堡镇小牵马岭村王欢、绥中县马海波等读者问：速生杨哪几个品种较好？哪里有售？发展前景咋样？

答：专家认为，适合辽西地区栽培的速生杨树品种有欧美107杨、欧美108杨、荷兰杨等。您可与辽宁省杨树研究所（在盖州市）联系种苗。在农村发展速生杨是很有前途的，利国利民。

【006】东港市椅圈镇康家村读者黄学伟问：我承包了一条河坝想栽植速生杨树，黏质土地能行不？哪个品种好？到哪能买到正宗的树苗？

答：速生杨树适应性较强，在辽宁各地均有栽植，黏质土地正常生长没有问题。目前常见的品种有中林2001、2025，欧美107、108、109、110，84杨，中绥杨，中黑杨，转基因抗虫杨，创新杨等。辽宁省杨树研究所在盖州市红旗大街，选育出的沙兰杨、辽宁杨、辽河杨、盖杨、荷兰3930杨、107杨也很好，您也可联系购种苗。

【007】昌图县前双井子镇读者洪志问：听说新疆天演速生杨

非常好，适合昌图地区栽植吗？哪里有种苗？

答：新疆天演速生杨实际就是中林美荷杨（中顺1号），改个名称而已。1996年新疆老科技者协会建峰技工贸公司来中国林科院联系杨树新品种苗木，林科院林业所将中林美荷杨（中顺1号）等新品种苗木由京调入新疆。在呼图壁苗圃共栽植杨树条材造纸林105亩，其中84系列杨30亩，中顺1号等40亩，中林46号杨30亩，银×新10亩。1997年春将培育的104亩种条以170万元价格卖给美汤灵国际保健品有限公司，该公司便筹设天演公司进行杨树新品种商业操作，将中林美荷杨等均改名为天演速生杨，开始由新疆向全国进行推销宣传。天演速生杨在昌图地区可以栽培，但其变诈历程真是令人作呕。

【008】法库县柏家沟煤矿读者赵凤春问：我想种植几亩天演速生杨树，听说象鼻虫为害特别严重，在土里就能把树芽吃掉，是这样吗？

答：天演速生杨就是中林美荷杨（中顺1号），不如辽宁本地选育的杨树品种适应性强，生长好。象鼻虫是东北地区杨树主要的早春苗芽害虫，虫口密度大，危害严重。发现象鼻虫为害，可用丁烯氟虫腈、齐螨素、吡虫啉、溴氰菊酯等喷雾，效果较好。注意，象鼻虫再厉害，也不会在土里吃掉树芽的。

【009】内蒙古通辽市扎鲁特旗嘎亥图镇东南组读者郭春民问：平原黑土地及砂壤土地杨树幼林的行间能否种植中药材？小葱、大蒜田用什么除草剂好？芹菜高温季节发生病毒病怎么防治？

答：为农按您提问的顺序解答如下：①杨树幼树行间种植防风、地黄、桔梗等中药材没有问题，种子可与沈阳农业大学实验场天明中草药研究所联系。②小葱田化学除草常用的药剂有除草通、地乐胺、扑草净、杜尔等；大蒜田常用的除草剂有氟乐灵、除草通、地乐胺、扑草净、绿麦隆、恶草灵等；一定要按说明书仔细用药，以免出现药害。③芹菜高温季节干旱及蚜虫严重，经常发生芹菜花叶病毒病和黄瓜花叶病毒病，可选用抗病品种防治蚜虫和加强管理，也可用病毒A、植病灵、菌毒清、乙酸钠盐等进行防治。

【010】开原市城东乡孤家子村读者孙文波问：我们这里发展杨树，在杨树苗行间套种了大豆，由于地多除草费劲，有没有既能除草又不影响杨树、大豆生长的药剂呢？

答：用于大豆田、杨树田的化学除草剂很多，主要有氟乐灵、克芜踪等；注意，用药时最好请教技术人员，按要求操作，以免产生药害。

【011】桓仁县拐磨子镇东古城村读者崔恒哲问：我想走出去考察引进杨树新品种及学习栽培技术，到啥地方较权威并学得好？

答：您可到省内最权威的地方——辽宁省杨树研究所走一趟，地点在盖州市，会有收获的。据一些专家预测，近几年杨树种植育苗过多，有可能出现过剩降价销售困难，再要扩大发展，真得需要调研一下找好销路才行。

【012】东港市孤山镇新立村读者孙福堂问：农村退耕还林后，我承包一片山地栽了杨树。以后杨树长大了要砍伐时政府有什么规定？自己能随便砍伐吗？

答：据权威人士讲，虽然承包人在承包山上可以随便栽植树木，但成材采伐时就不能随便了，必须经过有关部门审批。各地每年都有采伐指标，这个指标是按省→市→县→乡→村程序下达的，指标数量的多少依据当地林木蓄积量而定，蓄积量多的采伐指标就多。承包人要采伐自栽的树木，先向村里申报，再报到乡，由县林业局根据年度指标数来批准。未经批准或未按审批指标数量采伐者均视为违法采伐。

10. 柳树

【001】开原市李家台乡李家台村读者郝立志问：我村种植的柳条到秋天长了许多黄丝，造成柳条大部分干枯死亡降低编织产品质量，这是一种什么病？怎么防治？

答：专家认为，柳条上出现的黄丝是寄生性种子植物菟丝子，也叫豆寄生、无根草、黄丝、黄鳝藤，为旋花科菟丝子属一年生寄生草本植物，常见寄生在大豆上的菟丝子有两种：一种是中国菟丝子；另一种是南方菟丝子，只寄生大豆而不寄生木本植物。您提到柳树上的菟丝子也有两种：一种叫啤酒花菟丝子；另一种叫日本菟丝子，主要寄生在柳灌木上，造成危害。上述四种菟丝子均为同科同属植物，只是寄主略有差别。可用除草剂进行防治，用48%地乐胺乳油混土，或用72%都尔乳油、48%拉索乳油喷雾处理均有效果。

11. 红松

【001】吉林省东丰县黄河镇双合村读者张亚东问：我想搞红松嫁接苗缩短结果年限，是用黑松还是樟子松做砧木？嫁接技术复杂吗？

答：红松也叫果松、海松、韩松、红果松、朝鲜松，属于松科松属植物，国家二级重点保护野生树种，分布在我国东北长白山到小兴安岭一带，木材珍贵，种子走俏。种籽脂肪含量78%，蛋白质含量14.8%，国内外市场供不应求，各地目前正在大力发展红松种植，嫁接技术并不是很复杂。红松嫁接生产上常用的砧木有红松、樟子松、赤松，而用黑松作砧木嫁接红松也有成功的。据辽宁桓仁县林业技术推广站经验，一般用40～50厘米高3～4年生的红松移植大苗做砧木，选择结实能力强而多的优良红松母树采接穗进行人工嫁接，5月下旬至6月上旬用刀削砧木接穗进行嫁接，接后包扎上塑料条，待接穗成活，管理7～8年后便可结果。

12. 樟子松

【001】锦州市太和区大薛乡三屯村读者张艳君问：我家菜田旁边新盖小房的屋顶是用新松木板皮铺盖的，开春的时候发现板皮内生出许多深褐色的甲壳虫，还往下掉木屑，如此下去屋顶木板被嗑空了出事就麻烦了，怎么治住这种虫子？

答：专家认为，您家屋顶松板内的虫子是鞘翅目小蠹科齿小蠹属害虫，在松木植物的树皮内或材质中活动为害。板皮最易带虫，在我国有纵坑切梢小蠹、八齿小蠹、六齿小蠹等7种害虫，辽宁地区以纵坑切梢小蠹对樟子松、黑松、赤松、油松为害严重。幼虫体长5～6毫米，乳白色，每年发生1代，以成虫越冬。害虫在板皮内很难防治，可用硫酰氟或磷化铝熏蒸72小时以上；也可在5～6月份成虫出现时用敌百虫、敌敌畏、吡虫啉等药剂喷杀，或药剂涂抹板皮，人员撤出、封闭门窗，能有一定效果。

13. 落叶松

【001】辽阳县下八会镇东榆村读者孙华问：前些年我处农民与村里签订合同，承包落叶松山林，乡村都盖了章。双方商定收费为村里三成，村民七成。可现在村里不按合同办事，非要村里六成。村民四成。此合同书是否有效？村里不按合同办事是否合理？

答：一般说来，双方一旦签订合同就产生法律效应，都必须按合同条款履行义务，在效益分配时也应按合同办，否则就违法了。在无任何理由的情况下，村里要单方面改变合同中规定的分成比例是不对的，您可通过乡、县有关部门调解或仲裁。

【002】建平县黑水镇读者毕宙军问：听说松针粉是粉碎的松针叶，在养鹅饲料中可加入8%松针粉能增重是真的吗？

答：是。松针粉是从落叶松、油松、樟子松、马尾松、黄山松、黑松、赤松、云杉和冷杉等树上修剪下来的幼嫩枝条和针叶经过干燥粉碎而成，是近年来正在开发的畜禽饲料添加剂，但注意加入比例不可过大。

【003】沈阳市新城子区马刚乡邱家村读者王勇问：听说松针粉是畜禽的好饲料，我想发展生产和应用能行吗？

答：有养猪专家说，松针粉绿色阴干做饲料喂畜禽是可以的，但用其喂猪问题较多，不宜推广应用。现在添加剂、预混料很多，配方合理，技术先进，用其饲养畜禽省钱省力增重快，应大力提倡。用松针粉做添加剂或饲料实际是废物利用，不能指望有太大的发展前途，而且大量采集青绿松树针叶会影响树木生长和植树造林。

【004】桓仁县铅锌矿机修厂读者宋建新问：桓仁县水泥厂在居民区中新建一座炼铅厂，仅一个月时间铅毒使山坡上生长的落叶松开始枯死，周围居民很多人出现头晕、恶心、咳嗽。长此下去，附近庄稼畜禽是否受害？找哪个部门能解决问题？

答：若按您说的那种情况，附近庄稼也会逐渐受害。此事有说理处，可到本县、市、省环保局一诉，甚至状告到法院，定会奏效有说法。

14. 油松

【001】西丰县柏榆乡双庙村读者陈甲宽问：我想利用油松在生长过程中树干创伤处流淌的松油资源炼制松香，是否能行？前景如何？

答：松香是天然松树脂经蒸馏提炼而成，随蒸汽出来的是松节油，剩下的就是松香。能够采集松脂的松属植物有马尾松、加勒比松、火炬松、湿地松和南亚松，我国松香产地集中在广西、广东、云南，产量占世界的60%以上，其中90%以上松脂来自马尾松，单株产脂率最高的是南亚松，每株年产14公斤左右，产量可观。目前很少有人用北方的油松的松脂加工松香的，主要是松树生长速度慢，产脂量太低，您可以搞点提取松香的试验但没有必要下力气做大文章了。

【002】东港市菩萨庙镇小岛村读者刘丰才问：听说有一种相当好的投资项目叫"活立木流转"，栽上杨树苗再与买林地的客户签订8～10年合同，活林木交易公司保证每立方米树木回收价600～700元。我算计两年生的投资3.6万元，10年后会盈利16.2万元，此事可信吗？

答：目前从事森林、树木和林地使用权流转经营的大造林公司、活立木公司等如雨后的蘑菇。有关专家认为，这是社会力量投资林业的一种尝试，但问题较多，主要是经营缺少相关的政策扶持、行业规范以及评估体系和标准。国家《森林法》《农村土地承包法》以及地方规定限制了流转过程中的某些近期利益的取得和分配，加上不同地区林业主管部门的制约，活立木交易经营具有很大的法定局限性。以此为诱饵高价倒卖树苗、签回收合同和非法经营骗钱的事时有发生，如万里大造林公司就是以销售活立木涉嫌非法集资诈骗而公司被封、董事长被抓的，您还是慎重为好。

15. 桧柏

【001】岫岩县岫岩镇西北营村果农徐凯杰问：我承包的果园周围桧柏很多，有为坟地栽的，有单位栽的，有啥办法将这些桧柏去掉或搬走？

答：据专家论证，桧柏是苹果、沙果、山定子、海棠、梨、山楂、木瓜、棠梨和贴梗海棠等果树的“克星”，因为这些果树锈病病菌的转生寄主主要是桧柏。生产上因桧柏转发锈病而造成果园严重减产、甚至毁园的事件屡有发生。1996年辽宁省农业厅根据沈阳农业大学著名专家吴友三等22名教授联合签名要求制止在果园5公里以内栽植、繁育桧柏的建议，向省政府呈交了《关于制止在果园周围5公里以内繁育、栽植桧柏类树种的报告》，经省长批示后，于1997年3月下发了“辽农字〔1997〕29号文件”，要求“将果园5公里以内繁育、栽植的桧柏移植到城区或荒山；今后禁止在果园周围5公里以内繁育和栽植桧柏（含伏地柏、塔柏、龙柏、圆柏、翠柏、杜松等桧柏）；今后如发现在果园5公里以内新植桧柏的，果树主管部门有权清除。如拒绝清除的，造成后果自负。”您可依据此文件，向有关部门反映，帮助解决问题。

16. 牡丹

【001】沈阳市于洪区大潘镇西古村读者刘娜问：采用牡丹田间种植大棚催花技术卖鲜切花，前景怎么样？

答：牡丹田间种植大棚催花是堵淡季鲜花市场卖个空挡，主要技术是冬季或早春在牡丹大田内选择适于催花的品种，架上塑料大棚和小型水暖式锅炉将这些坐地苗进行人工升温增加光照，使其在冬季或早春开花，生产上已有应用的，不过在辽宁搞的较少。为农觉得，此法在东北地区生产鲜花与生产大棚蔬菜效益相比其前景很难说。

17. 玫瑰

【001】开原市靠山岭镇靠山村读者刘成波问：我们这里的玫瑰较多，我想大干一场发展这个产业，产品销路怎样？怎样种植？

答：玫瑰也叫刺玫花、徘徊花、刺客、穿心玫瑰，为蔷薇科蔷薇属灌木，切花玫瑰实为月季。食用玫瑰是很有发展前途的，以花瓣、花蕾为原料开发的产品很多，其花可制成玫瑰酱、玫瑰茶、玫瑰油、玫瑰酒、玫瑰饮品、玫瑰化妆品等，但目前其生产及产品购销加工尚无规模或处于民间行为。如果玫瑰形成规模产业化，形成系列产品打开市场，会有很大经济效益的。

18. 唐菖蒲

【001】阜新市高级中学读者刘海臣问：我特别喜欢养花，想开个礼品花店，养什么品种好？

答：沈阳花卉市场比较流行的礼品花卉有唐菖蒲、文竹、康乃馨、满天星、大丽菊、马蹄莲、仙客来、水仙、百合、玫瑰等，您可选择栽培，批发和零售市场均较好。技术通过新华书店购书或网络搜索均可得到。

19. 蜀葵

【001】彰武县章古台镇南场屯村刘国、新宾县榆树乡戈布寨村范希忠等读者问：蜀葵是一种什么植物？是否有种植价值？

答：蜀葵也叫蜀季花、一丈红、熟季花、戎葵、胡葵，为锦葵科锦葵属多年生草本植物，较为常见的栽培观赏花卉，原产于中国四川，故名曰蜀葵，也是山西省朔州市市花。植株挺立，高2～3米，叶大花繁，颜色鲜艳丰富，抗寒力强，庭院种植给人以美感。目前其价值主要是庭院种植观赏，市场价值均属研究开发阶段，尚无定论。

【002】瓦房店市东岗镇西虎村宋道一、阜新市细河区水泉乡塔子沟村赵新等读者问：我们想创业，利用温室大棚种植鲜花，您看是否可行？

答：利用温室大棚生产鲜花在各地均有搞的，但在冬季出现很多问题，如保温增温、运输销售、市场销售价格等，实践证明投入和产出不太合适，不如生产蔬菜挣钱多，因为从南方空运来的花卉比当地生产的质量好还便宜。鲜花消费市场很大，生产大有前途，关键是在种植投资、品种、销售渠道和季节时间上要做好规划文章才能有高效益。

20. 百合

【001】彰武县兴隆堡乡常兴服饰店读者常远问：我很喜欢养花，想采用大温室棚种植百合等花卉，离我地区较近有没有可以学习参观的此类温室花卉大棚？到哪里能购到栽培技术资料？

答：百合也叫强瞿、番韭、山丹、倒仙，为百合科百合属多年生草本球根植物，辽宁百合花卉生产面积最大的在凌源市，3.5万亩花卉中百合约占70%，其中以凌北镇较多，您可前去参观学习。距离您处较近的沈阳市沈北新区新城子乡五五村及新城堡2村也有很多种植百合的大棚，您可联系参观学习，取得经验。技术资料到书店或互联网搜索均可得到。

【002】新宾县上夹河镇上夹河村读者张凤山问：听说凌源地区有搞亚洲百合间种玉米混芸豆种植的，每亩收入6000元，此技术项目可靠吗？在我地区搞此项目是否可行？效益能有那么好吗？

答：辽宁凌源地区的百合花卉生产已形成产业，技术和产、供、销服务体系较完善，此项目只是其中一点经验而已。您处种植百合及采用此技术项目没有问题，但要注意两点：一是要有水浇灌溉条件，因为百合生长需要保证一定湿度；二是销售渠道和市场，要保证种球或鲜花及时售出，卖上好价钱。鲜花生产要靠规模发展，以规模面积出效益，切忌单打独斗搞此类项目。

二、养殖篇

（一）禽类

1. 鸡

【001】法库县慈恩寺乡赵家村王立华、沈阳市于洪区林晶等读者问：什么叫祖代鸡、父母代鸡、商品代鸡？商品代鸡产的蛋能继续做种蛋繁殖吗？

答：举个例子，星杂288或星布罗品种均为4系杂交鸡。直接用于生产的鸡称为商品代鸡；产生商品代鸡的父、母本称为父母代鸡；专门用于产生父本鸡或母本鸡的称为祖代鸡；再往上的称为曾祖代鸡。商品代鸡产的蛋不宜做种蛋繁殖，因其后代杂种优势明显降低，蛋鸡的产蛋量或肉鸡的生长速度都会下降。

【002】建昌县建昌镇读者王超问：我家养了许多鸡，有只母鸡突然像公鸡一样打起鸣来，也不下蛋了，人们议论纷纷。这到底是怎么回事？

答：母鸡打鸣也叫“牝鸡司晨”，其原因是这只母鸡因患病或创伤致使卵巢退化或消失，而精巢发育并分泌出雄性激素。在雄性激素的作用下，这只母鸡表现出公鸡打鸣的现象。此种事常有发生，请您给议论的人解释一下吧。

【003】喀左县南公营子镇大三家村读者张鹤林问：我想搞点儿养殖业，但不知是养肉鸡好还是蛋鸡好，或养金定鸭。金定鸭是啥颜色的？能否拔毛卖钱？什么时候育雏好？

答：专家认为，根据喀左地区禽类产品市场销售情况，以养蛋鸡（鸭）为好。发展肉鸡国内销量基本稳定，由于饲料价格变化和上涨，利润空间不如以前了，产、销不协调会使其经济效益下降。金定鸭羽毛颜色不一，以灰色黑斑、褐色黑斑的较多，羽毛丰满，但不可拔毛卖钱，因其是蛋用鸭；孵化育雏以早春进行为好。

【004】辽阳县柳壕镇柳壕村读者刘盛世问：我急需养鸡和鸡病防治的技术书籍或杂志，到哪能买到？

答：这方面的书籍很多，您到新华书店走一走便可解决。而养鸡方面专门的杂志尚未出现，建议您订阅《新农业》等农业科普杂志，养鸡内容均有所载。

【005】宽甸县下露河镇连江村读者梁传目问：辽宁省内产红皮蛋的蛋鸡新品种都有哪些？

答：常见的新品种有海兰褐、伊沙褐、迪卡褐、星杂579、黄金褐、罗曼褐等品种都产红褐壳蛋，还有亚康鸡、海兰鸡、京白939等品种产粉壳蛋。

【007】盖州市陈屯乡政府读者隋心田问：我们这里养鸡户有的给鸡断喙，有的不断，是断喙好还是不断喙好？

答：鸡断喙的主要目的是预防啄癖，蛋鸡和种鸡容易出现啄癖，所以必须断喙。断喙还可节省饲料，少量饲养的不断喙也可以。断喙的时间以6～10日龄较好，可使用断喙器进行。

【008】盖州市九寨镇三道河村读者侯景宇问：我村有一些农

户想养殖肉食鸡，但不知市场的前景如何，能挣到钱吗？我们想和肉联加工厂联合能行不？

答：养殖肉食鸡算是一种常规的养殖项目，就是说在养殖品种、技术、销售等方面均已成熟，市场购销基本平稳，因此养殖是可行的，风险不会大。您可按自己的养殖规划，先与肉联加工厂联系好销路，再进雏养殖，科学饲养，定能有效益。

【009】朝阳县瓦房子镇三官村读者郦志远问：在一篇技术文章中提到鸡甘保罗病，我查了许多资料也未找到，这是一种啥病？

答：鸡甘保罗病也叫传染性法氏囊病、传染性腔上囊炎，因该病1962年在美国甘保罗地区首次发生而得名。此病是由病毒引起的一种高度接触性传染病，主要危害雏鸡。防治方法是加强防疫；环境消毒；饮水中加糖或盐；饲料中添加0.05%的土霉素；注射血清；也可用中草药进行治疗。

【010】大石桥市高坎镇卢家村读者王文生问：我花了2万多元建场养肉食鸡，连续8次卖鸡结账后都没挣着钱。我开始发现，以前都是蛮干，没重视科学。我并没有被击倒，决心继续养下去，你看行不？

答：养肉食鸡属于常规养殖项目，主要还是靠规模产生效益。就是说没有一定的养殖数量，想挣更多钱是很难的。在一定规模的基础上，要精打细算，饲料科学配方、科学饲养，降低成本，减少浪费，使投入的报酬递增。这就要多掌握市场信息和查阅有关资料，同时请教专家或到别人的养鸡场考察学习。您有8次养殖经验，无论是如何失败，都为以后的肉鸡养殖积累了宝贵经验，相信您在摸准市场脉搏、科学饲养的前提下一定会成功的。

【011】彰武县大冷乡读者张文双问：听说畜禽饲养采用草药添加剂好处多，我想养殖肉鸡用能行不？哪里有生产的？

答：化学药品饲料添加剂所带来的危害日益被认知，中草药饲料添加剂正以独特的作用、良好效果、无残留、无抗药性及无污染而受到青睐。养殖肉鸡用中草药添加剂能行，并有专门产品，辽宁铁岭市中草药饲料添加剂厂有生产。

【012】庄河市大营镇大营村读者张凤仙问：优良品种的肉鸡是不是商品肉鸡孵出来的后代？能不能做种鸡？

答：目前生产上应用的艾维因、AA、罗曼、塔特姆、海波罗、狄高、哈巴德等肉鸡均为杂交肉用鸡，多为四系配套鸡。一般说来，用于生产的叫商品代鸡，其后代是不能用来做种鸡的。商品代鸡来自于父母代鸡，父母代鸡来自于祖代鸡。建立种鸡场饲养种鸡售雏作为一般农户难度较大，技术、销售、市场信息均需掌握。如果这些方面的条件具备也可尝试一下，因为生产肉用种鸡和肉用商品鸡的效益差异是较大的。为农觉得，作为一般农户还是饲养商品肉鸡为好，投资、风险、效益均很理想。

【013】大洼县榆树农场拉拉村读者孙静一问：我想养殖个子大的庄河大骨鸡，哪里有纯正种鸡？这种鸡产的蛋可不可以做种鸡孵化？

答：庄河大骨鸡也叫庄河鸡，是我国著名的肉蛋兼用型地方良种，主产于大连庄河市境内，由山东寿光鸡和九斤黄鸡与当地土鸡杂交经老百姓200多年选育而成。成年公鸡羽毛火红色，尾羽黑而亮丽，体躯高大，雄壮有力，最大体重6.5公斤；成年母鸡羽毛麻黄或草黄色，最大体重4.5公斤，年产蛋最多240枚，蛋重65～75克。庄河大骨鸡已成为我国地理标志商标名称，由庄河市畜牧技术推广站注册。到庄河就能买到纯正、放心的正宗货。庄河大骨鸡是农家地方品种，所产的蛋是可以作为种鸡繁殖孵化的，但应注意进行群体选优和提纯复壮。

【014】宽甸县下露河镇张贵喜、海城市西柳镇李君等读者问：2005年8～9月份由于禽流感蛋鸡、肉鸡生产处于亏损状态，养殖户积极性下降。以后的市场价格变动趋势及发展前景怎样？

答：2005年11～12月份黑山地区开始发生的禽流感及其蔓延对辽宁禽蛋业的生产打击严重，并对存栏及市场供应产生影响。专家认为，病灾过后市场的禽蛋、肉价格将会有所上升，养殖户将得到很好的经济效益补偿。为农认为，鸡蛋、鸡肉是城乡人民不可缺少的生活副食品，作为一种常规养殖项目还是有利可图的，前景也会很好的。

【015】新宾县旺清门镇横山子村读者卢德龙问：我想利用本地的山区条件养殖笨公鸡，又怕销路不好，哪里有收购笨公鸡的？

答：从目前市场的需求来看，养殖笨公鸡比肉食鸡好销售，农贸市场零售及许多饭店均有需求，您可联系或订单养殖销售。

【016】新宾县永陵镇那家村读者刘雪峰问：我已经养殖了1000多只笨鸡，是否有专门收购的客商？笨鸡的发展前景怎样？

答：目前各地市场的笨鸡及笨鸡蛋较为畅销，主要原因是无污染、口感好、营养丰富；养殖成本低、市场价格高。至于专门的收购客商，主要是农村经纪人、专业收购贩运者、农贸市场或高级酒店和特色饭店，您可与之联系销售。养殖笨鸡是有很好发展前景的。

【017】宽甸县步达远乡胜利村读者朱其平问：我们山沟里的本地鸡品种很畅销，我准备自己搞孵化养殖，到哪里能买到孵化机？

答：据专家介绍，老式的孵化机市场已很少有生产和销售的，目前均是电脑控制的先进孵化机，每台配套下来得10多万元，孵蛋数量在几万枚。辽宁省内还没有生产厂家及销售。少量自繁自用鸡雏最好自制小型孵化机，购买控温仪、风扇、蛋架、翻蛋机等，控制温度37.8℃左右，最高不会超过38.5℃，最低不能低于36.5℃；孵化阶段的湿度前6天60%～55%，6天后到落盘保持在50%左右，可出雏时相对湿度不能低于60%，以保持在65%～70%之间为最佳，用水盘保湿即可。再就是到一些养鸡场购买旧的二手小型孵化机或可综合利用。

【018】凤城市土堡镇医院读者左贵友问：怎样用葡萄糖瓶子孵化小鸡雏？

答：葡萄糖瓶子孵化小鸡雏统称热水袋孵鸡法，就是选40厘米长、35厘米宽、30厘米高的普通纸箱，将纸箱下部开个口，里面放进暖被窝用的热水袋，或塑料壶、瓶子代替；在开口的上方放置比纸箱略小用竹片或铁丝做的蛋盘，用4条绳子系起来悬挂在箱上口的边沿，绳向上系或下垂，使蛋盘上升或下降，以此调节温度；蛋盘上垫一层棉絮，棉絮上面放40枚种蛋，中央垂直竖立一只温度表，水银球与蛋接触；种蛋上面覆盖棉絮，温度表露在外面，随时可以看到箱内的孵化温度。热水袋（瓶）注入45℃热水放在蛋盘下面提供热源。孵化前期每昼夜更换热水3～5次，孵化后期种蛋产生自温昼夜换水1～2次。孵化种蛋温度控制：1～5天40℃～39℃；6～15天39℃～38℃；16～21天38℃～37℃。孵化前期每隔6～8小时翻蛋一次，后期4～6天翻一次，21天孵出小鸡。

【019】吉林省梅河口市姜家街乡姜家街村读者吴军问：我们村有个养鸡户的鸡舍建在上风头，离农户最近20多米远，每到夏天臭气熏天，苍蝇乱飞，都落到饭碗里。我们应该怎样来维护合法权益？还有畜禽混养的，怎么办？

答：环保专家认为，农村这样的事情时有发生，如果养殖规模较小，最好还是与乡邻协商解决。若养殖规模较大，常年存栏猪500头以上、鸡3万羽以上、牛100头以上，根据国家《畜禽养殖污染防治管理办法》规定禁止在居民区建畜禽养殖场。10万只以上家禽养殖场必须办理环境影响报告书，如无此环境评价报告则属于违法。您可以向当地环保局举报，提出该单位有“难闻气味”污染空气，影响人们生活，请求依法处理。国家制定了一系列文件，如《环境保护法》、《水污染防治法》、《大气污染防治法》、《畜禽养殖场（小区）环境监察工作指南》、《畜禽养殖污染物排放标准》、《畜禽养殖业污染防治技术规范》、《畜禽养殖业污染治理工程技术规范》、《畜禽粪便无害化处理技术规范》等，可依法管住畜禽养殖场对环境的污染，维护农户居民合法权益。对于畜禽混合的养殖场，其养殖量可换算成猪的养殖量，即30只蛋鸡折算成1头猪，60只肉鸡折算成1头猪，1头奶牛折算成10头猪，1头肉牛折算成5头猪。

2. 乌鸡

【001】西丰县柏榆乡双庙村读者陈甲宽问：我在1998年冬买回40只黑丝毛乌骨鸡，现已繁殖过千只。听说这种鸡有滋肝补肾、强筋健骨及防癌防衰老的功效，此鸡有发展前途吗？

答：乌鸡也叫武山鸡、乌骨鸡、丝羽乌骨鸡，为雉科原鸡属乌骨鸡，是一种杂食家养鸡，正宗产地在我国江西省泰和县武山汪陂涂村。乌骨鸡喙、眼、脚、皮肤、肌肉、骨头和大部分内脏都是乌黑的，作为鸡中珍品具有保健、美容、防癌三大功效，很受市场消费者欢迎，尤其一些宾馆、高档餐馆需求较多，可见发展养殖是有前途的。

【002】庄河市光明山镇佟岭村读者房长栋问：黑羽绿壳鸡的蛋每枚能卖 1.8～2.0 元，这是真的吗？

答：黑羽绿壳蛋鸡特征是五黑一绿，即黑毛、黑皮、黑肉、黑骨、黑内脏，产绿壳蛋。您说的这个价格差不多少，因其目前市场占有量较少，物以稀为贵嘛。

【003】西丰县柏榆乡双庙村读者陈甲宽问：乌骨鸡滋补和药效无可非议，但其公鸡增膘太慢，能否通过阉割去势法来提高增重速度？怎样做？

答：公鸡去势是加快生长速度改善肉质的重要的措施，通常采用去势钳去势，效果好速度快，熟练掌握后每人每小时可阉鸡 30 只左右。具体操作方法是用小绳将鸡的双脚和翅膀固定在小方凳或木板上，在鸡最后一个肋间、距背中线 1 厘米左右将鸡毛拔去，用酒精棉球消毒；用手术刀沿肋骨方向将切口部位的皮肤、皮下组织一刀切开并扎破腹膜，切口长约 1.5 厘米，左手拿镊子轻轻把肋骨提起，右手将钳嘴伸入切口，扭转 90 度角，用钳嘴压迫肠子可见脊柱两旁的两粒米黄色睾丸，张开钳嘴夹住睾丸轻轻取出即可。

【004】岫岩县汤沟镇红塔村读者张泽辉问：离我家较近哪里有饲养乌鸡及出售种鸡的地方？

答：以前为农曾经收到东港市长山镇杨树村 3 组孙世伟的来信，说他在饲养乌鸡且有一定数量，您可以与之联系看是否能提供种鸡。

【005】东港市北井镇临海村读者孙良波问：我想搞黑凤乌鸡养殖，前景咋样？

答：据为农所知，黑凤乌鸡味道确实很美，且药用价值较高。虽然目前市场销售较为平淡，但是随着人们食用习惯的更新进步，此物定会备受青睐，前景应该是看好的。

【006】海城市耿庄镇山水村读者张冬梅问：饲养哪种乌鸡较

好？绿蛋乌鸡前景好吗？

答：近几年对养殖乌鸡感兴趣的人较多，但究竟养啥样的好却很少有人去琢磨。乌鸡常见的品种有白毛乌骨鸡、黑毛乌骨鸡、斑毛乌骨鸡、肉白骨黑乌骨鸡、骨肉全黑乌骨鸡，以白毛乌骨鸡为正宗和最佳，可入药，其他品种则很少入药。白毛乌鸡市场价格略高一些，其蛋壳以浅棕色或淡黄色为正宗。绿壳蛋前两年价格不错，目前价格下降，主要原因是养绿蛋乌鸡的多了。为农认为，发展乌鸡养殖还是以正宗的白毛乌鸡为好，到饭店点菜的时候人们常选白毛乌鸡“上桌”。

【007】云南省临沧地区图书馆读者袁庆平问：绿壳蛋鸡的养殖技术难吗？是否受地区气温环境限制？市场发展前景怎样？

答：绿壳蛋鸡只是乌鸡的一个品种而已，其主要优点还应集中在乌鸡特点之中，至于蛋壳绿色并不能说明啥问题。现在的普通鸡蛋有褐壳的、白壳的，壳色并不影响蛋内的营养成分。因此，为农觉得，乌鸡是可以养殖的，技术也不复杂，与养殖蛋鸡差别不大，受气候环境影响也不大。至于发展前景，还要看人们进补乌鸡的热情高低了。

【008】开原市曾家屯乡罗家堡村读者周玉章问：听说黑色食品在世界“热”起来，不知能“热”多久。乌骨鸡和黑色稻米均是黑色食品，发展的前景咋样？

答：正如您听说，黑色食品前些年“热”得厉害，可近年却降下温来，有点被人冷却淡忘之感。看来，黑色食品冷却的“小冰期”有可能到来，因为人们食用这些黑物后并未觉得有啥特别，而黑色反倒影响了食欲，所以黑稻米等有点不被看好。不过，啥事情都得经过几次反复验证，黑色食品也是这样，一旦真正发现其对人健康的独到之处时还会再次升温变“热”的。

【009】岫岩县新甸镇金矿村读者刘云波问：我想发展乌骨鸡，现在市场销路咋样？前景如何？

答：据为农到市场走访和了解，乌骨鸡现在的销路一般，不算太畅，因各饭店宾馆以及家庭个人消费需求量不是很高。如果通过开发引导消费，养殖乌鸡的前景应该是“亮”的！

【010】凌海市新庄子乡读者李军问：乌骨鸡现在的市场价格

行情咋样？

答：据为农走访，在高档饭店的餐桌上常有乌鸡登场，价格较贵，一般市场也常见。2011 年春节期间，沈阳超市、北京市场每公斤乌鸡价格在 20 元左右。销售较为平缓。

3. 火鸡

【001】葫芦岛市连山区锦郊乡团北村读者耿全峰问：农户养殖火鸡能行不？经济效益怎样？

答：火鸡也叫吐绶鸡、七面鸟，原产中美洲东部和墨西哥一带，为鸟纲鸡形目雉科吐绶鸡属体形较大的野生鸡种。我国养殖火鸡处于起步阶段，而西方却早已是仅次于肉鸡的禽肉生产品种。美国历届火鸡协会名誉主席均由总统本人担任，感恩节、圣诞节均需有火鸡食品才行。主要制成品有烤火鸡腿、翅、胸、火鸡泥肠、罐头、火腿等。国际市场每只 16 磅重的火鸡约 15.13 美元。看来，火鸡不仅可养，还有很好的经济效益。随着国人认识的提高，火鸡前景看好。

【002】阜新县于寺镇政府读者陈广海问：我想养殖火鸡、蜗牛，不知前景怎样，能说说吗？

答：火鸡、蜗牛养殖已经有成功的经验，且在某些特定市场很受欢迎。应该说，这两个养殖项目将逐步进入常规养殖状态，农户完全可以搞的。至于前景，不会大红大紫，也不会一落千丈，只能算养殖业中的“两朵小花”。

【003】义县罗家屯镇蟒牛屯村读者高福来问：肉用火鸡的市场前景怎样？种植牧草和笼养无菌蝇蛆是否有卖种或广告炒作之嫌？

答：火鸡从我国的动物园走上人们的餐桌是近些年的事，而在欧美等国家的餐桌上早已有之。从市场发展上看作为一道美食应占一席之地。这需要人们提高对其认识，中餐食用习惯也应来点“洋味”为好。生产火鸡应该有前途。种植牧草、卖点牧草籽应算是正常的商业经营。笼养蝇蛆已经从炒种回归到正常养殖状态，人工养殖动物如蝎子、林蛙等还真需要喂食此物，猪、鸡等喂食蝇蛆也有好效果，这主要取决于养殖的经济效益的高低，注意不能做高投入低产出的赔钱事。

【004】铁岭市清河区尹家村读者于德忠问：听说火鸡体形很大，有多重？是否可以养殖？销路如何？

答：火鸡体形比一般鸡大，成火鸡体重达 10 公斤，翼展 1.5～1.8 米。有两种，分布于北美的野生火鸡和中美洲的眼斑火鸡，现在人工养殖的火鸡是由墨西哥的原住民驯化当地的野生火鸡而来。火鸡在中国市场并不很受宠，但到了西方的圣诞节则是必不可少之物，没有火鸡圣诞节就缺少了美味和气氛了。看来国内人工养殖此物也应学习圣诞一样的市场开发运作，打开销路很重要。

4. 珍珠鸡

【001】绥中县沙河乡三台子村郭洪义、岫岩县三家子镇朱广林、昌图县大洼乡烟窝堡村李延贤、桓仁县五里甸镇于忠贤、凌海市大有乡南圈河村高文权等读者问：饲养珍珠鸡、乌骨鸡、山鸡等珍稀动物在我省是否有前途？销路是否能畅？

答：珍珠鸡也叫珠鸡、几内亚鸟，为鸟纲鸡形目珠鸡科野生禽类，原产非洲西部，耐热怕冷。这些动物在我国南北方均有养殖，价格较贵，销路良好，一般的高档饭店均能用其制作出菜肴。在辽宁养殖乌骨鸡、山鸡的较多，而在南方养殖珍珠鸡、牛蛙的较多。有关专家认为，这些珍稀动物多有保护条例伴随，需办养殖手续，如果从零星饲养到形成规模和商品量，组织出口或供城乡美食，形势就大不一样，前途肯定很“亮”的。

5. 山鸡

【001】凌海市新庄子乡北马村读者刘强问：我想养殖山鸡(野鸡)，不知现在行情怎样，发展前景如何？

答：山鸡也叫环颈雉、野鸡、雉鸡，为雉科雉属鸟类，根据雄鸟的羽色分成 30 多个亚种，栖于不同高度的开阔林地、灌木丛、半荒漠及农耕地，以各种植物的果实、种子、植物叶、芽、草籽和部分昆虫为食。以前在辽东山区人工养殖山鸡较多，自由市场及路旁多见，但没有专门的收购部门，都是自由交易，议定价格。自从 2000 年 8 月 1 日，国家林业局发布《国家保护的有益的或者有重要经济、科学研究价值的陆生野生动物名录》将山鸡列入后，人工养殖受到限制，看来靠饲养山鸡致富的前景变得不明朗了。

【002】凤城市沙里寨乡寺甸村读者达龙问：我想饲养野鸡以及野鸡与家鸡杂交鸡，您看行不？

答：人工饲养野鸡已有成功经验，以前的效益还不错，但由于野山鸡被列入国家保护的“三有”名录，发展养殖需要省级有关部门审批才行，增加了门槛高度，对饲养者不利。饲养用野山鸡与家鸡杂交的后代倒是没有法律规定，也很少有研究的，您可以试验选育出理想的品种开创发家致富的好门路。

【003】鞍山市旧堡区新堡村张静、铁岭县平顶堡镇建设村宋利强等读者问：我想养殖山鸡或七彩山鸡，目前行情咋样？

答：山鸡、七彩山鸡、野鸡，均是一个东西，以前养殖发展较快，有些养殖户发家致富了。但现在养殖需要省级有关部门审批，假如您的申请得到了批准，人工养殖还是可以的，至于行情则很难说，因为其销售会受到限制。

【004】桓仁县五里甸子镇夹皮沟村陈学章问：听说养殖山鸡能致富，我也想饲养，目前的形势咋样？前景如何？

答：前些年人工养殖山鸡确实很热，为看望亲友提供了上好“礼品”，也使养殖者发了小财。美味不可多得，当每对山鸡的市场价格从160元降至60元，乃至30元或更低的时候，叫苦不迭的是养殖的“后起之秀”们，连本钱都没收回来。冷热之后，正赶上国家颁布实施《国家保护的有益的或者有重要经济、科学研究价值的陆生野生动物名录》山鸡也在册，市场急剧变化，产销出现阻力，养殖前景不明朗。

【005】东港市龙王庙镇卧虎村单广军、绥中县网户乡大关村杨国祥等读者问：我们想饲养山鸡，从哪能引到种鸡种雏？

答：为农曾经收到抚顺市顺城区千金乡读者刘景顺的来信，说他们40多户联合先后引进120多组1600多只七彩种山鸡，繁殖出了近万只商品山鸡。现在该地区仍有养殖的，您可前往寻访考察购种。

【006】盖州市红旗乡八家子村读者姚洪忠问：饲养山鸡的市场销售价格情况咋样？

答：1994年春节的时候，有位读者给为农打电话，说他饲养的山鸡每对卖40元，比上年同期低了一点儿，每对差20元。2011年春节市场上每公斤山鸡价格在80元左右，就是说每只山鸡价格约在100元左右。

6. 鹧鸪

【001】法库县双台子乡新发堡村王所成、盖州市青石山乡大卧龙村燕欣、铁岭县新台子镇八里庄村门洪涛等读者问：听说养殖鹧鸪鸟很有发展前途，我们想搞，您觉得咋样？

答：鹧鸪也叫中华鹧鸪，为鸡形目雉科鹧鸪属鸟类，野生分布在我国南部各省，栖息低山丘陵地带的灌丛、草地、岩石荒坡等无林荒山地区，以蚱蜢、蝗虫、蟋蟀、蚂蚁等昆虫为食，也吃各种草本植物、灌木的嫩芽、叶、浆果、果实和种子。人工养殖生长速度快、饲料报酬高、繁殖快、抗病性强、易饲养，产品骨细肉厚，肉嫩味鲜，营养丰富，以前养殖致富者颇多。自从2000年中华鹧鸪被列入国家保护的"三有"名录，发展养殖需省级有关部门审批，人工养殖者迅速减少。看来，现在养殖鹧鸪只要手续齐全，也可成为发家致富的途径。

7. 鹌鹑

【001】海城市牛庄镇读者王冠南问：鹌鹑是否能人工饲养，哪有这方面的技术书？

答：鹌鹑也叫鹑鸟、宛鹑、奔鹑，为鸟纲今鸟亚纲鸡形目雉科鹌鹑属体形较小的鸟，分布东北、新疆、四川、河南、山东等地几遍全国，在平原、丘陵、沼泽、湖泊、溪流的草丛、灌木林中，以植物种子、幼芽、嫩枝为食，有时也吃昆虫及无脊椎动物。肉、蛋营养丰富，味美适口，适宜于营养不良、体虚乏力、贫血头晕、肾炎浮肿、泻痢、高血压、肥胖症、动脉硬化症等患者食用。鹌鹑在东北各地均有人工饲养，市场销售较好，自从被列入《国家保护的有益的或者有重要经济、科学研究价值的陆生野生动物名录》以后，养殖数量下降。看来，要想养殖鹌鹑，您应先申请，待批准后再研究饲养技术及销售等问题。

8. 鸵鸟

【001】庄河市步云山乡温泉村读者孙皎章问：我想养殖鸵鸟，此物在辽宁省养殖可行否？

答：鸵鸟为鸟纲鸵鸟目鸵鸟科鸵鸟属体形巨大、不会飞但跑得很快的鸟，雄鸟高1.75～2.75米，体重60～160公斤，蛋长15～20厘米，重达1400克，是鸟蛋中最大的。分布在萨哈拉沙漠以南及非洲低降雨量干燥地区，主食草、叶、种子、嫩枝、多汁植物、树根、带茎花果实等，也吃蜥、蛇、幼鸟、小哺乳动物及昆虫等小动物，属杂食性。鸵鸟在我国各地均可养殖，在辽宁鞍山、抚顺等地也曾经有养殖的。

【002】台安县桑林镇农机站读者张玉明问：听说养殖鸵鸟有前途，每只体重达200～250磅。我们饲养是否可以？

答：辽宁养殖鸵鸟曾经发热过，不惜重金购种，有的甚至花100万元买9只鸟，可谓赌注之大。专家们对此养殖项目多有分歧，有的认为此物食量过大，饲养需大面积草地，人工养殖不合国情，且繁殖率低，发展速度慢，肉质粗糙，蛋不细嫩，皮质不坚，毛质低劣，只能在动物园做一观赏，市场偶有发热均是炒卖种者所致；有的则认为此物毛皮上乘，肉在国际市场短缺，体大耐粗饲，蛋形巨大，应大力发展。若按为农之拙见，发展此物真不如实实在在搞点常规养殖业，赶潮弄热不好。

【003】长海县小长山乡读者马盛龙问：我看了一些养鸵鸟的信息，都说其发展前途广阔，您说到底咋样？

答：鸵鸟在辽宁正常人看来乃动物园笼中之物，养殖被吹炒得很厉害，为农对此略有异议，因此鸟肉质粗糙，长相丑陋，羽毛凌乱，食量过大。专家说，在自然条件下养殖1只鸵鸟应需10亩以上草地方可维持其生活。在中国之现状及国情不适宜，养鸵鸟应纳入“风”或“热”均属升急火、发高烧范畴，非泼以冷水则不足以使其降至常温常态。依为农所见，鸵鸟应继续置于北方动物园笼中供游人观赏，价值足矣，不可盲目发展。鸵鸟1973年已被列入《濒危野生动植物种国际贸易公约》的物种，我国也有专家上书国务院认为我国养殖的鸵鸟不属于此范围，看来难度很大。

9. 鸭

【001】台安县达牛镇大田村读者崔雅青问：有信息说狄高鸭年产蛋250个左右，抗病性强，我想养殖能行吗？

答：狄高鸭是澳大利亚狄高公司引入北京鸭选育而成的大型配套系肉鸭，20 世纪 80 年代引入我国，广东省华侨农场养有此鸭的父母代种鸭。辽宁省养殖狄高鸭的较少，清原县曾有人用飞机从广州运入一批狄高鸭养殖，因患鸭瘟而全部死亡。目前辽宁生产上养殖较多的有樱桃谷鸭、金定鸭等。

【002】黑龙江省林口县龙爪乡龙丰村于永利、凤城市汤山城镇太平村郭凤有等读者问：我们想发展养鸭业，在东北地区养什么品种较好？

答：东北地区养殖的鸭子，肉用型的有京白鸭、樱桃谷鸭等；蛋用型的有康贝尔鸭、金定鸭等，您可根据市场需求特点以及自己的兴趣和实际情况选择品种。1995 年辽宁养鸭业有点兴旺发热，尤以金定鸭雏俏销，供不应求。2010 年末沈阳市场每公斤鸭蛋 13 元左右，每公斤活鸭 18 元左右。

【003】庄河市赵玉海、开原市李冬、绥中县张玉福等读者问：我们想养殖金定鸭能行吗？猪用诱食剂有什么好处？

答：金定鸭属蛋鸭品种，为福建传统的家禽良种，是麻鸭的一种，原产龙海市紫泥镇金定村，因此得名；金定鸭产蛋多，适应性强，在辽宁地区养殖的较多。猪饲料诱食剂可改善饲料适口性，增强动物食欲，大多由刺激嗅觉的香气成分、刺激味觉成分和辅助制剂组成，能节省饲料 8%～10%，提高增重率15%～18%。

【004】法库县包家屯乡包家屯村读者王凤彦问：我从某养殖户购得 500 枚金定鸭种蛋，孵出母雏 190 只，并按 10:1 的比例选留种公鸭。有人说同代孵出的公鸭作种授精率低，这种说法对吗？

答：据为农了解，金定鸭是从农家品种中选出的，属常规品种，而不是杂交种，其种群内部相对稳定，可以说是个混合群体。从其后代包括同代孵出的鸭雏中留种问题不大，授精率、成活率也不会有大的变化。因为金定鸭这个群体本身就具有常规品种的遗传特性，种性是相对稳定的，是可以留种的，但要注意选择和提纯复壮。

【005】绥中县高甸子乡读者李洪禹问：在养殖金定鸭时，日

粮配方中没有鱼粉能行不?

答:鱼粉的主要成分是蛋白质。在金定鸭的日粮配方中鱼粉占有重要位置,在0～2周龄应占5%,3～8周龄、产蛋期应占4%。日粮中蛋白质或氨基酸不足时母鸭的产蛋率下降,蛋重减小,严重缺乏时影响健康,可见鱼粉在养鸭的日粮中不可缺少。那么,除了鱼粉之外,能否采用其他蛋白饲料来代替?经科学家试验研究,采用玉米蛋白和豆饼蛋白的氨基酸互补作用设计出无鱼粉日粮,也是可行的,但动物蛋白是不可缺少的。依为农所见,鱼粉虽价格较贵,养鸭还是用之进入日粮为上策。

【006】昌图县曲家店乡厂子村读者汪海平问:目前我国有几种肉鸭品系,听说有1个月能长3～3.5公斤体重的,是真的吗?

答:目前我国养殖较多的肉鸭品种是英系樱桃谷、狄高鸭以及法系瘤头鸭、番鸭等,在辽宁养殖的肉鸭主要是英系品种。采用最科学的饲料配方及养殖方法,肉鸭1个月最高增重2.5公斤就不错了,长3～3.5公斤的可能性很小。

10. 鸳鸯

【001】抚顺县拉古乡小甸村读者唐晓东问:去年4月我收养了1对鸳鸯,何处有养殖资料?养殖前景咋样?

答:鸳鸯也叫乌仁哈钦、官鸭、匹鸟、邓木鸟,属雁形目鸭科鸳鸯属鸭类,鸳指雄鸟,鸯指雌鸟,故鸳鸯是合成词。野生栖息于山地河谷、溪流、苇塘、湖泊、水田等处,以植物性食物为主,也食昆虫等小动物,多在东北北部、内蒙古繁殖,在东南各省及福建、广东越冬。我国古时即饲养鸳鸯,前些年养殖发家者不少。自从鸳鸯被列入国家二级保护动物以后,除了动物园以外在民间饲养者见少,至于发展前景则很难预测。

11. 鹅

【001】清原县甘井子乡东庙村读者李凤奎问:听说有活鹅拔毛技术,能说说技术要点吗?养鹅的销路咋样?

答:活拔鹅毛是从鹅胸部、腹部拔取绒毛的,拔毛时鹅腹朝上,用双腿夹住。每次拔100克左右,每隔40多天拔1次,每年拔3～5次。只是“白鹅”受点苦,要多补点营养吧。现在肉鹅的市场销路一般。

【002】朝阳县松岭门乡往户屯村读者田宝宏问：到哪里能够学到活鹅拔毛的技术？拔下的毛怎样处理才能出售？

答：活拔鹅毛算是个残忍的“技术”，实际上就是两腿夹住鹅往下活拔毛，且挑质量好的软毛拔下来，每次少许，日积月累，毛比鹅贵。拔下的毛无需特殊处理，干燥即可出售。

【003】西丰县成平乡新合屯读者关景富问：我打算发展养鹅致富，您看行不行？哪里收购？

答：养鹅致富在各地已有不少先例，但需要资金、技术、市场等因素科学运用配合，如去年秋鹅销售有点不畅，辽南有几个养鹅户的成鹅一时卖不出去，急得四处找销路，因此您最好先找好销路再大量养殖致富。

【004】新民市法哈牛镇荣胜村读者王胜平问：我想发展养殖业，在东北地区养什么品种的鹅好？

答：实践证明，在东北地区还是养殖昌图豁鹅为佳。

【005】阜新市细河区四合镇九营子村读者陈巨财问：到哪里能买到豁鹅种蛋？种蛋在火车、汽车上颠簸运输能不能影响孵化率？

答：目前养殖豁鹅的较多，而纯正的豁鹅种源在昌图县。种蛋运输要特别小心，直接剧烈颠簸运输不仅会使种蛋蛋白质变性降低孵化率，还会使种蛋破碎失去孵化的可能。因此，在长途运输过程中蛋与蛋之间一定要垫上减震物（如糠皮、碎软草等），防止种蛋颠簸破碎或变性以保证孵化率。

【005】盖州市安平乡偏坡子村邹银瑞、辽阳县甜水粮库邱忠利等读者问：听说昌图豁鹅生长快，产蛋多，好饲养。纯正的豁鹅是啥样的？哪里有纯种？

答：据为农所知，昌图豁鹅是20世纪30年代形成的一个农家品种，属中国白色鹅种的著名小型鹅，纯种鹅体形清秀，羽毛洁白，在上眼皮的后方有一豁口，故称豁鹅。因主产于辽宁昌图县，故又叫昌图豁鹅。公鹅体重4～5公斤，母鹅体重3.5～4公斤，具有产蛋多、生长快、肉质好、耐粗饲等特点，每年产蛋120枚左右，居世界鹅中之最。寻找豁鹅纯种，要到昌图去。

【006】岫岩县黄花甸镇西沟村读者张国军问：养鹅是个好项

目，购买正宗的昌图豁鹅找谁联系？

答：豁鹅的“故乡”在昌图县。该县各地原种基地（在各乡镇）甚多，均可视为纯种或正宗，其县政府设有“鹅办”，您可与之联系。

【007】清原县南山城乡黑石头村读者王大坤问：四川白鹅在抚顺地区能否养殖？辽宁省内哪里有养殖这种鹅的？

答：四川白鹅全身羽毛洁白紧密，喙、胫、蹼呈橘红色，成年公鹅平均体重4.3～5公斤，母鹅4.31～4.9公斤；年平均产蛋量为60～80个，平均蛋重为146.28克，蛋壳白色。四川白鹅在抚顺地区养殖没有问题。目前辽宁养殖此鹅主要用其做父本与当地鹅杂交产生杂种优势，后代长得快、抗逆性强。辽宁地区曾有养殖四川白鹅的，彰武县养大德乡等曾较多地养殖过此鹅。

【008】绥中县黄家乡双龙村读者张大勇问：我对养殖豁鹅很感兴趣，这种鹅好养吗？哪有纯正种源？其前景怎样？

答：养殖豁鹅的技术并不复杂，能养好鸡的便能养好鹅。其纯正的鹅种，可到昌图县境内选购。至于养鹅业的前景，应该说是好的，但重要的一条应是加工、综合开发利用要搞好，以拓宽销路。

【009】铁岭县李千户乡张晓林、宽甸县双山子镇四平村杨玉敏、辽阳县荷兰镇忠堡村王政科、新宾县新宾镇红旗沟村范明、抚顺县林俊、海城市西四镇李东等读者问：养鹅的发展前景怎样？目前鹅的市场价格如何？哪里有鹅雏及养殖基地？

答：据业内消息灵通人士分析，目前辽宁省内法库、阜新、朝阳及东大等几家大的鹅链条加工厂有原料不足吃不饱之苦，说明养鹅的销路没有问题。2005年市场上活鹅每公斤售价最低在8.4元，2010年活鹅每公斤最低价格在20元，可见养鹅业出现了新的生机。辽宁省农业科学院良种肉鹅繁育场曾经养殖过莱茵鹅、长绒鹅、豁鹅、长白鹅等优良品种。

【010】桓仁县沙尖子镇二道阳岔村读者林涛问：有没有饲养3个月就能长到4.5公斤以上的大鹅品种？在我们地区可以饲养吗？

答：生产上按体重可把鹅分为大、中、小3种类型。对于大、中型鹅通过科学饲养每天增长50克肉很容易，3个月就能达到您要求的4.5公斤以上的指标，如狮子头品种孵化后公鹅70～90天可长到6.18公斤，母鹅长到5.51公斤；朗德鹅最大长到7～8公斤；莱茵鹅最大长到5～6公斤；雁鹅最大长到6.02公斤，均有增重潜力可言。而对于昌图豁鹅等小型鹅来说，90天达到4.5公斤以上这一指标却很困难，因为此鹅成年最大体重才4.5公斤。可见，鹅品种的特性很重要，应根据养殖目标选择产肉特性还是产蛋特性鹅，上述几种鹅在辽宁均有养殖。

【011】台安县黄沙镇潘家村读者张玉德问：我想种草养鹅，用串叶松香草、菊苣、俄罗斯饲料菜等喂鹅能行吗？

答：能行，凡是能喂猪的饲草用来喂鹅均没问题。

【012】黑山县励家镇双岗子村读者刘伟问：我想在林地内种草养鹅，前景怎样？

答：前景大好！

【013】葫芦岛市南票区沙锅屯乡沙锅屯村读者吴殿阁问：南方的鹅种引到辽西养殖能行吗？冬季严寒是否能生存？

答：南鹅北养没有问题，生产上均已应用，冬季注意保温饲养，您也可引种一试。我国北方的鹅品种有多个，而且性能较好，南鹅北引搞杂交选育新品种也是个好办法。

【014】黑龙江省纳河市六合镇新安村读者刘义问：我想养殖肉鹅，听说狮头鹅体形大、生长快、耐粗饲，在我处自然条件下能养殖不？

答：狮头鹅是世界最大的肉用型鹅种，原产于广西和广东，额和脸侧有较大的肉瘤，从头的正面看如雄狮状，故称狮头鹅。成年公鹅体重10～12公斤，母鹅9～10公斤，食量大，极耐粗饲。产蛋量（20～30枚/年）较低、繁殖率低，耐寒性差，辽宁曾经从广东汕头引进过此鹅进行饲养不理想，寒冷的黑龙江地区大量养殖风险会很大。可试验用体形大的狮头鹅做父本、用产蛋量高的昌图豁鹅（120～180枚/年）做母本杂交的后代来养殖肉鹅。专家建议，用四川白鹅或扬州白鹅做父本、用昌图豁鹅做母本杂交的后代来饲养肉鹅效果较好。

12. 肉鸽

【001】营口市老边区柳树镇后山村读者王世永问：我想养殖肉鸽致富不知行不行，目前市场行情怎样？

答：肉鸽也叫鸽子，为鸟纲鸽形目鸠鸽科鸽属鸟类，祖先是野生原鸽，是经过长期选育而形成的品种，体型大，产肉多，肉质好，不善飞翔，人们饲养目的是肉用，故称肉鸽。肉鸽也叫乳鸽，是指 4 周龄内的幼鸽，是个很好的养殖项目，江、浙一带有美食肉鸽的习惯，辽宁各宾馆饭店也有熟制肉鸽的菜谱。您可以先少量试养，再逐渐扩大规模，并寻找销路。目前市场肉鸽价格每只 10～15 元，略有下降趋势。

13. 大雁

【001】昌图县大洼镇大洼村读者张忠强问：我得到一信息，说养殖大雁、火鸡前景广阔，此项目在我处能行不？

答：大雁也叫野鹅，为鸟纲鸭科雁亚科雁属大型候鸟，属国家二级保护动物。人工养殖已经成功，种源只能到野生处寻找；人工养殖是可以的，但若将大雁送到“饭馆”里食用，依《中华人民共和国野生动物保护法》需一定的审批手续才行。火鸡在动物园中常见，在民间养殖也有很多，您可寻找种源进行养殖，成功没有问题，前景也应看好。

【002】新宾县下夹河乡下夹河村读者安振国问：有报道说养殖大雁很挣钱，沈阳有个养殖户 1 年挣了 30 多万元，这种养殖业能行吗？

答：大雁与天鹅一样，均为国家二级野生保护动物，饲养者可到有关部门办理手续，经审批便可进行饲养；养成的产品未经批准也不得随意宰杀，不论其营养价值有多高，因为《中华人民共和国野生动物保护法》规定：“出售、收购、利用国家二级保护野生动物或者其产品的，必须经省、自治区、直辖市政府野生动物行政主管部门或者其授权的单位批准。”值得注意的是，目前有些炒种者将朗德鹅、雁鹅等冒充大雁出售。一般大雁的性成熟及繁殖得 3 年生以上，成年体重不超过 5 公斤，且严格“一夫一妻”制，因而引种饲养者应注意，切勿急功近利养鹅为雁。

（二）畜类

1. 猪

【001】岫岩县大房身乡大河北村读者高永波问：我是高中刚毕业的青年，想在农村大干一场。纵观当地条件想发展养猪，是否有前途？我处有时猪价太低，今后价格波动有多大？

答：辽宁近几年生猪价格的变化规律是每年5～8月份的生猪价格较低，而在9～12月份生猪价格较高，因此请您注意其出栏时间。养猪还是有发展前途的，要想效益高，必须有一定饲养数量，实行快速养猪法。还要注意发展一些廉价饲料，全靠商品料养猪成本过高且挣钱较少，还易赔钱。

【002】东港市安民乡读者任永林问：我用细绿萍喂猪过一段时间后，有10头猪相继出现咳嗽症状，经诊断是肺丝虫病，驱虫治疗果然打出虫体。有人认为是喂细绿萍造成的，这种水草还能喂猪吗？

答：专家说，肺丝虫病是猪肺线虫（后圆线虫）引起的一种线虫病，成虫寄生于支气管中，所产虫卵随气管的分泌物进入咽部，随吞咽再进入消化道，后随粪便排出体外。虫卵在泥土中孵化成幼虫被蚯蚓吞食，猪吞食这种蚯蚓在消化道内幼虫逸出，由肠壁进入肠系膜淋巴结，经淋巴管和肺循环到肺，最后到达支气管发育成成虫。看来，猪肺丝虫病与细绿萍没有必然联系，因为细绿萍上是不会有这种虫体的。您给猪驱虫打出的虫体如果是肺丝虫也应是从别的食物带入的。但也要注意，猪在饲喂细绿萍之前应进行驱虫；养萍的水源应保持清洁，细绿萍应洗净后喂猪。

【003】凌海市双羊镇久字村读者陈志国问：有报道四川省军区龙成祥养猪最高日增重2.5公斤，这是真的吗？

答：不可能。专家认为，用科学的方法测算，养猪的最高日增重不会超过1.5公斤。此事后来被有关养猪专家定为“虚假宣传”。

【004】盖州市梁屯乡跃进村读者陈剑问：我家里的一头母猪产仔已5天了，一直是早晚不吃食，只吃中午一遍，造成严重缺

奶，还不像有病的样子。有啥方法能使其多吃食多产奶？

答：产后不食症是母猪常见的疾病，造成泌乳机能下降，是母猪怀孕后期营养过剩躯体肥胖，或生产应激追捕、驱赶、噪音等以及胃肠疾病、产后感染引起消化吸收机能紊乱而造成产后不吃食，产后加料过早喂量过大、青粗饲料喂量不足以及营养不良、吞食胎衣等也可造成。母猪产仔像是“坐月子”，产后身体虚弱，因此就要加强营养并精心调制以增加其食欲，如做些熟面糊等，勤喂勤食，逐渐就能多食多产奶了。

【005】绥中县范家乡范家小学读者袁永胜问：我想发展养猪，不知什么品种最适宜我们地区，听说杜洛克较好？

答：杜洛克猪原产于美国东北部，适应性强，生长发育快，对饲料要求不严，喜食青绿饲料，耐低温不耐高温；缺点是繁殖率不高，母性差，胴体产肉量稍低，肌肉间脂肪含量偏高。由于这些特点，生产上通常用其作三元杂交猪的亲本来繁育商品仔猪以提高生长速度，增加肉质。专家说，本地黑猪适应性强，繁殖力高，是很好的杂交母本，选用当地黑母猪做母本，用长白或大约克夏公猪配种，得到的一代杂种做生产育肥猪的母猪（也可以直接做育肥猪），再与杜洛克公猪配种得到三品种杂种，即三元育肥猪，生产效果极佳。看来，您引进杜洛克作种公猪饲养，可以开展对外收费服务，如果单纯进行商品肉猪生产好像不太合适。

【006】铁岭县催阵堡乡西三道沟村读者孙维仁问：我想饲养瘦肉型肉猪，到哪能买到纯猪种？

答：沈阳农业大学牧医学院猪场曾经有长白、大约克夏等瘦肉型猪种，您可与之联系购买。

【007】庄河市大营镇读者于天吉问：邻居托我写信问一下，是否有治猪尿炕的药剂和办法？

答：专家认为，猪尿炕算病也不算病，关键在于培养和训练。就是从小猪开始养成好习惯，经常驱赶其下炕排尿，时间长了就治过来了。

【008】辽阳市弓长岭区安平乡贾木村读者杨金辉问：养猪、养鸡的市场形势如何？能否赚到钱？

答：猪、鸡是目前养殖业的两个大宗常项品种。在规模饲养的情况下，通常是有利可图的，能赚到钱。有时因养殖数量增减、饲料价格波动以及国内外市场需求变化价格有所变动，从而影响养殖者的效益，但总体发展形势是好的。

【009】大石桥市旗口镇孔屯村读者孔令淮问：我家养殖的育肥猪经常有相互咬尾巴和耳朵的现象，严重时把整个尾巴都咬没了。被咬的猪常流血，影响生长，这是什么原因所致？

答：猪群密度过大、体重相差悬殊、饲料不足以及缺乏维生素和微量元素都会发生猪互咬现象。专家认为，主要还是由于猪缺少维生素及微量元素所致，适当增加添加剂的饲喂量，过一段时间就好了；也可将烧过的煤球、黄泥巴或土砖块投在圈内让猪啃。对因互咬造成的损伤部位要及时用0.1%高锰酸钾液清洗消毒，并涂上碘酊，以防化脓感染。

【010】新民市柳河沟乡潘屯村读者徐敬福问：我们这里毛猪价格下跌得很厉害，养猪户已经无利可图，影响积极性。是什么原因造成猪价如此之低？

答：专家认为，我国目前的生猪生产的价格主要靠市场调节，就是说养殖数量多则贱，少则贵。例如在早春生猪价格上涨之际，会使许多人看到有利可图纷纷进行养殖；而到年终新粮上市时玉米价格上调造成饲料成本增加，猪价下滑，又造成了养猪赔钱局面。看来，养猪市场价格变化是一种正常的波动，有赚就有赔，还是赚的多赔的少。

【011】黑山县常树乡孟家村读者史万田问：据说用稻草喂猪不好，可我们这儿许多人都用稻草、高粱壳、玉米秸、豆荚皮等喂猪，还有的在夏秋之际打青草、野藤之类的草晒干、粉碎喂猪。这些都和稻草一样不适合喂猪吗？

答：您说的稻草、高粱壳、玉米秸、豆荚皮等都属于高纤维素的粗饲料，猪对其消化率极低，粉碎后喂猪只能充填胃口，想靠其长肉是不可能的，故育肥猪不宜饲用这些物料。而青草、野藤之类除割下直接饲喂外，晒干、粉碎喂猪也是可以的，但在日粮中要注意所占的比例，小猪小于10%，育肥猪小于20%，种母猪小于30%。

【012】瓦房店市瓦房店服务公司读者李成年问：看到有关糖化饲料养猪的报道，我很感兴趣，这个项目是否可行？前途咋样？

答：在饲喂前将饲料进行糖化处理就形成了糖化饲料，用于喂猪可改善适口性、提高利用率。具体处理方法是将粉碎的籽实类精料装在桶、盆内厚度 20～30 厘米，然后按 1 份精料对 2～2.5 份水比例将 80℃～90℃热水倒入桶盆内拌匀后糖化 3～4 小时即成，糖化精料与青粗饲料混合喂育肥猪效果好。此技术对于大规模养猪不太适用，因为糖化数量过大而麻烦，少量养猪可行。随之而来的应是科学配方专用饲料养猪新方法，前途大好。

【013】新宾县新宾镇民主村读者李连汇问：有报道“稻草加工猪饲料效益高”；我地区稻草资源丰富，也想用加工稻草饲料喂猪，到哪能买到稻草粉碎机？

答：养猪专家认为，猪是单胃动物，盲肠不发达，不能有效利用粗纤维，仔猪饲粮中粗纤维含量不宜超过 4%，生长育肥猪不宜超过 6%～8%，种猪宜控制在 10%～12%。“仿生稻草饲料”喂猪是 1990 年四川刘蒂信的所谓发明，从理论上讲是不行的，因猪的“胃口”与此高纤维饲料“不配套”。“仿生稻草饲料”喂猪的发明经专家考证认为是假的、伪科学，故农业部畜牧兽医司已明示不宜推广，您买加工机器也没意思了。

【014】昌图县长发乡西嘎村读者彭海燕问：我在报纸上看到用锯末发酵喂猪效果好的宣传，想尝试一下您看行不？

答：用锯末、秸秆粉、棉籽饼“三料”发酵处理再加少量玉米粉喂猪是不可取的，专家认为此法喂育肥猪，只能维持生命而不能快速长肉。因为锯末、秸秆的主要成分是木质素和纤维素，而猪的胃液里缺少分解这些木质素和纤维素的酶，吃入的食物消化不了，也就不能长肉了。

【015】沈阳市于洪区马三家镇读者赵明问：听说瘦肉精喂猪现在不允许了，这是为什么？

答：瘦肉精也叫盐酸克伦特罗、氨哮素，是一种很强的激动素，具有较强的松弛气管平滑肌的作用，可引起交感神经兴奋，是专门用来治疗呼吸道支气管痉挛、哮喘、老年支气管哮喘的药物。20 世纪 90 年代中期有关大专院校将其开发成了一种饲料添加剂，在东南沿海农村应用后猪长得快，增重明显，饲养周期缩短，瘦肉率增加。然而此药物对人产生严重不良影响，1999 年春，国际泳联查出我国上海队两名优秀运动员药检为阳性而取消其比赛成绩，就是食用了含瘦肉精的猪肝所致，这样的事件发生多例。医学研究证明，长期食用含此药物的猪肉积累到一定量时，就像兴奋剂一样对人体产生危害，引起人体心血管系统、精神系统疾病，出现肌肉震颤、心慌心悸、战凛头痛、恶心呕吐等症状；对于上年纪的老人，高血压、心脏病、甲亢、青光眼和前列腺肥大的病人危害更大。2000 年福建某市 132 人食用猪肉中毒，1999 年香港 17 人食用内地供应的猪肉中毒，都是瘦肉精在猪肉中含量较高所致。因此，国家明令禁止使用瘦肉精喂猪。

【016】北镇县吴家乡北湖村读者田广华问：有广告说广西博白兽药厂生产的“515 营养精”和“310 猪百乐添加剂”，能使猪吃 2 公斤粮食转化成 1 公斤肉，是真的吗？

答：515 畜禽营养精及 310 猪百乐添加剂是中国中医研究院研究员莫以贤 1995 年研制开发的复合饲料添加剂，但说能使 2 公斤粮食转化成 1 公斤肉是不可能的，除非饲喂特精制高蛋白高脂肪饲料，因为粮食的营养含量是有限的，通常生猪的料肉比在 3:1。

【017】沈阳市新城子区杨宝林、丹东市振安区蛤蟆塘镇王治鹏等读者问：我们家养了一些猪，很想得到有关养猪的技术资料和书籍，到哪里能买到？

答：到新华书店或图书城走一走，会有收获的；在网络上搜索也可得到相关信息，但需要甄别才行。

【018】凌海市读者林荣问：听说梅山猪很有特点，我想购买梅山种猪，这个猪到底有哪些优点？

答：梅山猪是我国优良地方品种太湖猪的一个品系，最大特点是繁殖力高，多者 15 仔以上，为世界产崽冠军。专家认为，梅山猪早已被淘汰，生产上单一饲养的意义不大，但可作为遗传资源杂交和培育新品种的优良亲本，梅山猪杂交优势明显，用其做母本与瘦肉型公猪杂交后胴体瘦肉多、生长速度快、抗病力强，其二元杂交母猪基本保持梅山猪产崽高的特性，达到14头；生产的三元杂交商品猪瘦肉率在56%以上。

【019】岫岩县汤沟乡读者刘俊丰问：在给猪打防瘟针的时候因故未打上，现在猪发病了，应该怎么办才能减少损失？

答：防瘟针预防的猪瘟也叫霍乱、烂肠瘟，是一种急性传染病，具有高度传染性和致死性，1903年美国兽医学家德希尼兹和多赛特鉴定其病源为猪瘟病毒。专家认为，对于猪瘟应以预防为主，要及时进行免疫接种，对于未打疫针而发病的目前尚无特效药剂来治疗。一旦发病出现疫情应立即报告并采取措施，及时诊断，封锁疫点疫区并处理病猪，做无害化处理以防止扩散漫延，并紧急预防接种，对疫区里的假定健康猪和受威胁地区的生猪接种猪瘟免弱毒疫苗；消毒被污染的场地、圈舍、用具等，粪便堆积发酵；对健猪加强营养，多饮水以提高抗病毒能力。

【020】湖北省武汉市黄陂泡桐乡前进村读者王文平问：我想投资发展养猪，但不知近3～5年猪价是否和往年一样大起大落，怎样看好行情？

答：据为农观察，我国猪及猪肉的价格与粮食的丰歉关系密切，粮多肉贱，养猪就会挣钱少甚至赔钱。粮食的丰歉使饲料价格波动就形成了养猪及肉价贵贱的波动，并滞后半年或1年。但随着国家对养猪业的政策扶持和调控以及产业结构调整，猪肉的价格不会出现较大的波动，只能逐渐上扬接近国际市场价格。

【021】沈阳市和平区南九马路47号读者周跃洋问：现在沈阳市场每公斤猪肉价格在25元左右，上涨了很多。猪肉的价格还能否大幅度降下来，回到每公斤12元左右的水平？

答：据专家预测，目前沈阳市场每公斤猪肉24～26元的价格还会维持一段时间，正常经济发展情况下猪肉市场价格会向国际市场靠拢，下降的趋势不会明显，恢复到2007年底价格水平已十分困难，因为其中有饲料涨价和养殖成本增加等因素。作为有中国“第二货币”之称的猪肉，价格的相对稳定对整个市场商品价格的升降具有重要标示作用。

【022】沈阳市于洪区杨士乡读者朴再春问：目前我们地区市场上每公斤猪肉价格已经超过30元，今后的猪肉价格是否会继

续上涨？

答：据为农观察，前些年的几次猪肉价格上涨，一直到现在的价格水平。这其中有得益的，也有埋怨的。养猪的农民确实增加了收入，2005 年农民养 1 头猪赔 100 多元钱，2007 年底养 1 头猪挣 300 多元钱；2010 年价格稳中略升。国家曾经阻止农民因赔钱宰杀母猪给农民补贴，现在看来市场经济通过有力的宏观调控和重点扶持效果明显。从美国、日本等发达国家现在的 1 公斤五花猪肉价格约合 40 元人民币来看，国内猪肉价格并没达到世界最高，只是国人的经济收入没有发达国家水平高而已。如此看来，国内猪肉价格应该与国人的经济收入和承受能力结合起来，猪肉价格上涨引发的其他产品涨价虽然有借题发挥、哄抬物价之嫌，但总的趋势是有限的。

【023】抚顺县上马乡树碑村读者冯德成问：我家养猪，为了预防无名高热病需要打疫苗，可要产仔的母猪就不能再打疫苗了。听说不打疫苗的猪就会得病死掉，愁的我睡不好吃不好，这事应该咋办？

答：农业部已将无名高热病定名为“高致病性蓝耳病”，是由猪繁殖与呼吸综合症病毒变异株引起的一种急性高致死性疫病，仔猪发病率 100%，死亡 50% 以上，母猪流产 30% 以上，育肥猪也可发病死亡，造成胸腺萎缩而影响猪的免疫系统，导致免疫力下降。有关防疫专家说，在发生疫情时对所有生猪注射高致病性蓝耳病灭活疫苗是一种紧急强化免疫，通常在母猪配种前进行，临产母猪注射可能会造成流产。目前预防此病的疫苗生产厂家很多，有的疫苗可在母猪产仔前打，有的就不能打，防疫注射时应仔细阅读说明书。预防方法是：加强饲养管理，控制好温湿度以及经常对环境清洁消毒，实行带体消毒，保持饲养用具清洁，降低饲养密度，通风降温改善猪舍环境，调整好日粮，每吨饲料添加蓝圆康泰 500 克加支原必净 500 克，连续饲喂。

【024】凤城市沙里寨镇蔡家村读者宋志祥问：最近我地区生猪得了一种怪病叫蓝耳病，什么药都治不好。没死的杀掉政府不让卖，连猪崽都不让上集卖。这到底是一种什么病？

答：猪蓝耳病也叫猪流行性流产和呼吸综合症、猪生殖与呼吸综合症、猪瘟疫、无名高热病等，是一种有囊膜的病毒PRRSV侵染所致，有时病猪耳朵会发绀变蓝，所以又叫猪蓝耳病，我国将其列为二类传染病。该病最早于1987年在美国北卡罗来纳州暴发，1991年欧盟将此病定名为猪繁殖与呼吸综合症。1996年在我国发现猪蓝耳病病毒。猪被病毒感染后，出现高烧不退、腹泻等，怀孕母猪染病易流产早产，产死胎。目前对于发生蓝耳病的病猪没有特效的治疗药剂，所以国家通常对其实行强制免疫制度。

【025】沈阳市和平区胜利大街175号读者郑茉问：进入2007年5月份农贸市场猪肉价格突然从每公斤10～12元至18～21元，这是什么原因造成的？什么时候猪肉价格能降下来？

答：专家认为，猪肉市场价格上升与饲料涨价、养殖成本提高以及全国生猪存栏量下降有关。以后随着生猪存栏数量增加肉价可能下降，但若降到原来价格水平则很难，因为其中的饲料价格、饲养成本等因素是不会降下来的。

【026】岫岩县黄花甸镇清河口村读者李平问：中国加入WTO以后对农业冲击不小，对生猪价格的冲击有多大？食用菌的价格会上涨吗？

答：中国加入世贸组织（WTO）的实践表明，对中国农民很有好处，农产品市场加大，有特色的农产品卖上了好价钱，促进中国农产品出口与国际市场接轨。对于生猪生产，虽然猪肉消费市场主要在国内，但也受国际市场影响，从饲料价格上看差异缩小，正在向国际价格靠拢。为农觉得，猪肉可以看作国人的“第二货币”，是度量中国市场的标尺，多不得，更少不得。2011年初国内市场每公斤猪肉价格22～24元，在猪肉价格上涨与国际市场接轨的同时，国人的收入水平也应相应提高与之相适应才行。至于食用菌，价格在逐渐上涨，出口销售平稳。

【027】黑龙江省伊兰县达连河镇西南村赖世元、新民市红旗乡王岗村崔丽等读者问：我去年养猪赔了钱，以后生猪市场形势怎样？现在猪崽价格较好，养母猪卖崽搞人工授精能挣钱吗？

答：据养猪专家分析，受多种因素影响，2006年北方地区农户养猪形势处在调整期，养猪保本微利，搞不好会赔钱。经过

2004～2005 年养猪数量大增之后，市场调节正在发挥明显功能，以后养猪也会出现市场波动，这是正常的。农户养母猪搞人工授精生产猪崽已在生产上应用，通常在规模养猪场采用，需要专业技术人员来操作，因公猪选择饲养及采精授精技术性较强，公母猪比例在 1:300 左右为宜。专家建议，农户小规模养母猪还是采用本交较为合适。

【028】绥中县宽邦镇观音村读者王守宝问：老母猪下崽后得了乳房炎，用什么药剂、在什么时候治疗效果好？

答：专家认为，母猪产后乳房炎是一种常发疾病，由多种原因造成，但治疗方法差不多少。可用 0.1%雷佛诺尔液清洗消毒患部，再涂上 1%鱼石脂；肿胀周围用 2.5%恩诺沙星 5 毫升混合 4 毫升地塞米松、或普鲁卡因 20 毫升混合青霉素 160 万单位分 4 点注射封闭。值得注意的是，对于此类猪病要请专业兽医来进行治疗为好。

【029】兴城市刘台子乡潘山村读者粟士新问：鱼粉、骨粉存放 7 年左右，受潮后是否还能用来喂猪？

答：存放 7 年并受潮的鱼粉、骨粉大多已经结块发粘变质，不能用来饲喂畜禽和鱼虾等动物。各地已有饲喂受潮变质鱼粉、骨粉而遭重大损失的实例，教训惨痛，看来此物只能做上好肥料了。

【030】朝阳县瓦房子镇读者邴志远问：市场上卖的各种兽药、添加剂包装新颖，我购买某厂生产的猪用鱼粉、生长素包装袋上未注明有效期几年，是否可以购买？

答：这是不行的。按照国家《饲料和饲料添加剂管理条例》规定："饲料、饲料添加剂的包装物上应当附具标签。标签应当以中文或者适用符号标明产品名称、原料组成、产品成分分析保证值、净重、生产日期、保质期、厂名、厂址和产品标准代号。饲料添加剂的标签，还应当标明使用方法和注意事项。"任何兽药、添加剂产品包装上不注明"有效期"字样的均为违规或有假，将失去消费者的信任。建议您对这样的产品不要购买。

【031】普兰店市乐甲乡乐甲村徐凤有、驻大洼县某部队周绪春、凌海市双羊镇久字小学薛桂秋等读者问：听说最新研制的添

加剂“长城牌”猪用生长素效果挺理想。此产品何处生产？销售价格是多少？

答：“长城牌”猪用生长素是沈阳农业大学研制的仔猪和生长肥育猪适用的高效含硒饲料添加剂，含有微量元素和抗菌促长药物，由沈阳长城饲料添加剂药品厂生产。厂址在沈阳市东陵区东大营街12号。该药出厂价每吨约4800元。

【032】兴城市南大乡北英村读者张世俊问：听说硫酸锌、硫酸亚铁等对猪的生长十分有利，是真的吗？这些制剂到哪儿能买到？

答：硫酸锌也叫皓矾、锌矾，锌是200种酶的组成成分，可促进猪对维生素A的吸收和增强细胞免疫功能，使有机体组织收缩、减少腺体的分泌，缺锌会导致味觉下降，出现厌食、偏食甚至异食；硫酸亚铁也叫绿矾、硫矾，铁是血红蛋白、肌红蛋白和许多酶和免疫系统化合物的成分，可促进β-胡萝卜素转化为维生素A、嘌呤与胶原的合成，缺铁会使细胞供氧不足、精神萎靡，引起异食癖，影响免疫系统容易被感染。可见，硫酸锌、硫酸亚铁对猪的生长有利，成为畜禽饲料的添加补充剂。饲料级硫酸亚铁、硫酸锌各地饲料公司有售。

【033】凤城市沙里寨镇蔡家村读者宋志祥问：我这里养猪买鱼粉困难，有时只能在市场上买小杂鱼自己加工，是熟喂好还是生喂好？营养含量有多少？能否赶上大豆饼？

答：鱼粉喂猪还是熟的好，熟后蛋白质发生变性容易被消化吸收，成品鱼粉也都是蒸煮熟后粉碎而成的。通常市场标准鱼粉含蛋白质60%～67%，肯定比大豆饼营养高。专家认为，大豆饼不能代替鱼粉，因为科学养猪讲究“全价”，饲料中既有动物蛋白又有植物蛋白，猪才增重快，出栏早。看来，不管目前国内外市场鱼粉的价格如何暴涨，养猪还应有动物蛋白好，鱼粉不足可增喂动物血粉、骨粉等，但要根据猪的不同月龄科学给饲。

【034】台安县新开河镇唐屯村读者张维问：我们这有几个养猪户用肉鸡浓缩饲料喂猪，这样做科学吗？行不行？

答：专家认为，用浓缩肉鸡饲料喂猪不科学。因为每种动物饲料的配方都是科研人员经过精心试验研究得出来的，从营养成分及配比到价格定位都是科学计算的。将肉鸡料喂猪，成本增大，营养也不一定合理，因为猪饲料比鸡饲料价格略低。依为农所见，进行猪、鸡生产，该喂啥料喂啥料，不可互相替代，应讲究点科学才是。

【035】台安县桑林镇马油房村读者刘峰问：我这里大豆价格与豆粕价格始终差不多，若用大豆代替豆粕喂猪怎样处理才理想？甘薯、马铃薯制粉后的渣子怎样处理才能喂猪、鸡等？

答：您说的大豆与豆粕的价格差不多是有道理的，因为豆粕是提油后的大豆产物，实际只差个油钱而已。至于处理，将大豆粉碎（豆粉）蒸熟即可混入料中饲喂。专家认为，用豆饼或豆粕比用大豆喂猪好。甘薯、马铃薯等漏粉渣子，要蒸熟后才能按比例喂猪，否则影响消化吸收。

【036】绥中县宽邦镇观音沟村读者王守宝问：我地区有过年过节自家杀猪的习惯，自从实行生猪定点屠宰以来不允许个人在家杀猪，必须把猪送到屠宰点去杀，每个乡只有1个屠宰点，这下可苦坏了百姓，交通不便、没有车辆，实在太难了。一旦被发现有在家杀猪的，猪肉没收后还要罚款500元。这样做是否合法？

答：专业人士认为，这好像是当地有关部门执行政策有误，《辽宁省生猪屠宰管理办法》早就有明确规定，实行定点屠宰是指从事生猪屠宰、加工、冷藏、运输、经营的单位或个人，而农村地区个人自宰自食的除外。可见，定点屠宰与民风民俗已得到充分尊重和重视，百姓过年过节杀口猪合理合法。

2. 野猪

【001】东港市合隆镇妈木林村读者解力问：野猪和家猪有什么区别？人工养殖野猪能挣钱吗？

答：野猪和家猪均为偶蹄目猪科猪属动物，不同种而已。人工养殖野猪在各地均有搞的，有的地方还专门成立了特种野猪研究所，研究野猪的繁殖饲养和产品开发。还有的利用野猪与家猪进行杂交繁育后代，育肥后销售，市场价格很好，可见养殖野猪应该是有前途的。但也应注意，一旦野猪养殖数量多了也会出问题的，因为野猪的肉确实不如家猪肉质细嫩品味好，建议您还是养家猪挣钱稳当。

【002】岫岩县兴隆镇河沿村读者张成普问：农村的养猪成本越来越高，我们想利用秸秆发酵饲料技术养猪，是否可行，哪里有此技术？

答：通过秸秆发酵来养猪是可以的，但有关专家却坚决反对用秸秆喂猪，认为不科学。因为从生理功能上讲，猪的体内缺少相应的纤维素酶来消化秸秆这种高纤维食物，发酵后的秸秆也不很理想，尤其对育肥猪的增重更是问题突出。而对于牛、羊等反刍家畜来说，秸秆发酵后却能够促进食物消化吸收，应大力提倡推广。

3. 香猪

【001】铁岭县腰堡镇石家沟村读者朱瑞成问：听说有一种叫金香猪的小猪，我想饲养，其发展前景咋样？

答：我国香猪品种很多，有藏香猪、环江香猪、丛江香猪、五指山猪、巴马香猪等，原产贵州地区，既可美食又可做宠物。金香猪由金华两头乌公猪与贵州香猪母猪杂交而成，据专家介绍，此猪种个头不大，每头 35 公斤左右，出肉率略低，在城市各大宾馆及饭店烧制乳猪，其原料非他莫属，皮嫩肉香。养此物在北方主要是供应高档饭店，贵州大学有香猪研究所，其发展前景只得看研究开发进展以及消费者的口味需求大小了。

【002】瓦房店市杨家乡新农村孙明春、铁岭县李千户乡腰未村居瑞等读者问：我想养殖香猪，现在市场行情怎样？前景如何？

答：据为农了解，目前沈阳花鸟市场宠物香猪每头在 500～600 元，销售不快。辽宁养殖此物的目前还很少，在市场上肉用的价格和销路还不明朗。至于发展前景，在东北地区还是个未知数。

【003】庄河市鞍子山食品站读者王力问：香猪、小香猪、微型香猪、微型小香猪、金香猪是不是一回事？

答：这些是香猪的不同品种而已，可以认为是同物异名。

【004】普兰店市泡子乡荒韩庄村读者韩公仁问：我想饲养香猪，哪有种源？前景如何？

答：据为农所知，沈阳市东陵区科委曾研究过此物，并扶持农民搞些饲养，现已没有动静了。实践证明，养殖香猪没有大的前途，因为香猪的消费市场太窄，小农户应以发展生长快、肉质好、市场稳定、效益好的优质大宗育肥猪为宜。

4. 牛

【001】宽甸县太平哨镇读者潘国前问：肉食牛是不是常见的笨牛？

答：笨牛多指耕牛，育肥后亦可屠宰肉食，肉食牛包括地方品种资源如复州牛、鲁西黄牛等，也就是所说的笨牛。目前生产上应用的肉食牛品种大多是从国外引进的品种，如原产法国的夏洛来牛、利木赞牛，原产瑞士的西门塔尔牛，原产英国的海福特牛、安格斯牛等。利用外引种公牛与本地笨牛杂交形成的三元杂交牛、辽宁白牛等生长速度快、产肉率高，肉质鲜美，也是常见的肉食牛品种。

【002】法库县登仕堡镇严千户村读者孟繁连问：有消息说用“生黄粉”培育牛黄很有前途。我地区养牛数量较大，搞此项目是否可以？

答：牛胆中的结石称为牛黄，前些年人工培植牛黄热了一阵子，有口服TAT生黄粉培育天然牛黄、牛口服牛黄素形成天然牛黄、快速培植牛黄和胆汁引流装置及方法等，实际效果并不很理想，假如您处有失去繁殖或役用能力的牛也可以尝试一下，但前途不会很好。当今，一些假技术、伪科学的东西时而冒出来骗人不足为奇，应注意，走此致富之路是很难的。

【003】山西省忻州市曹张乡北曹村读者刘俏双问：我们地区是多年的养奶牛基地，有许多黑白花奶牛。因本地三座奶粉厂相继倒闭，苦了养殖户，奶牛挤下的鲜奶无处卖，奶粉厂也把奶牛分给了下岗职工，众多养殖户都想卖牛。您能提供信息为我地奶牛找到新的主人吗？

答：据为农调查，辽宁省大城市集中，牛奶市场潜力较大，奶牛养殖正处于扩建发展阶段；一些市地还将发展奶牛业作为今后几年工作的重头戏，大多牛源尚未找定，是否可做您处奶牛之主人有待沟通，您可携牛到此出售之。值得注意的是，目前奶牛品种更新较快，如果单只奶牛产奶量达不到一定指标要求的话，就只能向肉牛市场寻找销路了。

【004】新民市张家屯乡农经站读者李东林问：听说养殖奶牛很挣钱，有哪些好奶牛品种适宜我们农户饲养？养奶牛真的有前途吗？

答：在世界牛奶生产中，年产奶量最大的是印度 9100 万吨、美国 8300 万吨，俄罗斯 3110 万吨、中国 3600 万吨。可见我国人均奶占有量明显偏低，发展奶牛业是个很有前途的产业。目前各国养殖的奶牛品种有荷兰的荷斯坦牛、英国的娟姗牛、更赛牛和爱尔夏牛等。荷斯坦奶牛具有产乳量高、饲料报酬高、生长快等特点，在美、日等国占饲养量的 90％以上。我国养殖的黑白花奶牛，是利用引进的荷斯坦奶牛与本地黄牛杂交选育而成的，年平均产奶量在 6500～7500 公斤，各地在发展奶牛生产中还经常从国外引进产奶量更高的新品种，使得我国奶牛产业接近世界水平。

【005】灯塔市邵二台乡小黄金村读者刘景庚问：我想养殖奶牛，今后牛奶的市场销售如何？效益咋样？能否介绍一下？

答：牛奶营养价值丰富。还具有补钙和防止糖尿病的功效。据有关资料介绍，亚洲国家每年人均喝奶量为 34 公斤，而欧洲国家每年人均消费量达 230 公斤，成为生活必需品，可见中国奶品消费的潜力是巨大的。从国内牛奶市场价格高于国际市场 30％～40％来看，大力发展奶牛养殖业是有前途的。为鼓励人们消费牛奶健身，将每年 5 月份的第三个星期二定为世界牛奶日，当中国人正式过起这个节日掀起喝牛奶热潮的时候，养殖奶牛者的经济效益会十分看好。

【006】盖州市双台镇东双台村读者吴明威问：中药材市场牛黄的价格如何？发展人工牛黄能行吗？前途怎样？

答：有关专家说，天然牛黄也叫丑宝，是牛的胆囊结石，一味名贵药材，主要成分是胆汁酸等成分，具有清心开窍、凉肝息风、解毒功能，主治高热神昏、惊厥抽搐、中风痰迷、癫痫发狂、咽喉肿痛、口舌生疮、臃肿疔疮等疾病。牛黄的自然发生率仅为 0.021％，全国年产总量不足 1000 公斤，因此价格昂贵，目前每克在230元左右。全国每年需牛黄200吨左右，缺口大，但由于技术等原因也存在很多问题。人工培植牛黄需剖腹切开胆囊植入异物，异物被钙盐包围形成胆结石，过2～3年后再剖腹取出，可见人工培植牛黄技术较复杂，一般农户很难施行，但只要投入人力物力和技术保证，使最终产品质量符合药用标准，就会有发展前景。

【007】清原县杨树崴乡黑瞎沟村读者袁存泉问：我是个高位截瘫的23岁青年，家境困苦，孩子刚出世不久。我想搞养牛、养蛇、养肉狗等养殖项目，靠自己的努力摆脱贫困，您看行不？

答：为农看了您的来信，深受感动，作为一位残疾人，靠自强不息的努力创造美好生活是值得敬佩的。目前养牛虽然利润不大，但是比较稳妥，风险小，可以搞一些；养蛇也可以，只是技术性较强，需要下力气寻找销路；养殖肉狗销路较好，也可以搞。您可以根据自己的实际情况有选择地搞养殖项目。

【008】本溪市南芬区南芬乡徐家村读者徐长忠问：牛喂尿素应注意哪些？牛需要的蛋白饲料是否只喂尿素就能满足？豆饼和尿素能否同时喂牛？

答：据专家说，尿素可经牛瘤胃中微生物消化合成菌体蛋白代替部分蛋白质饲料，是牛的优质蛋白补充饲料。牛喂尿素要注意用量不得超过总干草谷物日粮的1%，且要均匀混拌，日粮中要含足量的糖浆或谷物能源，并添加适量的食盐等。尿素不能代替牛所需的全部蛋白饲料，不得超过日粮中蛋白质需量的1/3，生长牛及怀孕牛、泌乳牛不得超过1/4，即每头成牛日喂量30～50克，育肥牛每日60～80克，犊牛不宜饲喂。生豆饼和尿素不能同时饲喂，因生豆饼中含有尿素酶会把尿素分解成氨和二氧化碳，游离氨味会使牛厌恶食料。

【009】辽阳县吉洞峪乡读者孔亮问：中国加入WTO以后，对我国牛的养殖有多大的冲击？目前我地区的山羊绒价格下跌，会不会影响小尾寒羊的养殖？

答：中国入世10年的实践证明，世界农业对中国农业的冲击很大，这种冲击有正向的，也有负向的，权衡利弊还是有益的方面多。就养牛业来说，新品种、新饲料及新饲养技术冲击国内传统的养牛方法，产品的加工销售更具现代化和国际化，这正是广大农民所期盼的，养牛的效益明显增加。养羊业与养牛业的形势相仿，羊绒价格的涨跌对小尾寒羊的影响不会太大，因为小尾寒羊是肉绒兼用型的，做肉用羊也是很好的。

5. 马

【001】黑山县芳山镇读者李志坚问：生产上使用骡子力量大省饲料，但马和驴交配生出的骡子为什么就不能再生育了呢？

答：马和驴均是哺乳纲兽亚纲奇蹄目马科马属动物，同科同属而不同种。骡子是马和驴种间杂交的产物，由于互作父母本还有驴骡或马骡之分。由于驴的染色体数 2n 为 31 对即 62 条，马的染色体数 2n 为 32 对即 64 条，配种产生的后代骡的染色体数 2n 为 31.5 对，即 63 条，只有染色体是偶数才有遗传繁殖能力，骡的单数染色体在减数分裂时会发生异常现象，因此造成不育。还有像虎和狮杂交生出的虎狮兽也是不能生育的。有专家说，有生育能力的骡子约为万分之一。

6. 驴

【001】内蒙古自治区通辽市余粮堡供销社读者孙宝德问：牧民在母驴下驹后 9～11 天就将其进行配种，称之配血驹，这种作法好不？能受精怀孕吗？

答：配血驹也叫产后热配，母驴产后 8～12 天发情，12～14 天排卵，此时配种容易受胎，异种相配也容易受胎，所以配血驹这种作法在民间广为采用。此法缩小了产驹的间隔期。注意：观察发情征状切勿配种过早，除直接本交外，也可利用鲜精或冻精进行人工授精，同时增加营养补给。

【002】兴城市旧门乡高家岭村读者王选荣问：我家养的驴和马，我们想搞一下人工配种授精，到哪能学到这种技术？

答：此项技术的应用推广通常是以县区畜牧技术推广站为主体普及、以农村各地乡镇兽医站或改良站为基点实行，您可与本地兽医站或县区一级畜牧技术推广站联系，农户个人自行操作没有设备也没有种源很难进行。

【002】庄河市烟草公司读者张维华问：在杂志上看到饲养肉驴市场看好的消息，请问肉驴种苗到哪能买到？

答：所谓肉驴并非专一品种，而是农家使役的地方品种驴经加料催肥而成。肉驴之种苗可到农村各地寻购，常见的地方良种有新疆驴、云南驴、华北驴、关中驴、德州驴、庆阳驴、陕西佳米驴等，均可育肥肉用。

【003】凤城市叆阳镇富家村读者郭振东问：我想养殖肉驴是否可行，发展前景怎样？

答：有关专家说，既然养殖菜用肉牛能行，养殖菜用肉驴就肯定能行，且大有前途。目前生产上专门养殖肉驴的农户很少，主要原因是没被人们重视，繁殖率低种源缺少，而且都是地方老品种，生长速度慢，产肉率不理想。如果科研人员对其进行深入研究杂交改良培育出生长速度快的新品种，菜用肉驴的饲养就可能形成产业，前途就会真的明亮了。让我们期待更多的美味驴肉走上百姓餐桌的那一天吧。

【004】桓仁县木盂子镇政府读者赵志彬问：听说养殖肉驴是一条致富新路，如进行饲养？市场价格怎样？

答：饲养肉驴已被认为是较好的致富项目，各地已有大发展之势。目前专门的肉驴品种尚未研究出来，多采用地方农家品种进行育肥饲养。养殖肉驴的方法与传统的圈养差异不大，只是管理更细心，饲料的草料配比更能促进生长。2011 年初沈阳市场上的驴肉价格每公斤为 40～44 元。

7. 羊

【001】绥中县叶家镇营盘山村读者赵建财问：我们地区养殖的羊身上起了很多疥癣，用了杀螨脒进行两次药浴效果不佳。请问除此之外还有啥药剂和方法效果更好？

答：羊疥癣是疥螨和痒螨寄生在体表而引起的慢性寄生性皮肤病，具有高度传染性，往往在短期内引起羊群严重感染，危害严重，主要发生在冬季和秋末、春初，始发于皮肤柔软且毛短的部位，头部像洒一层白灰，称为石灰头，造成掉毛，痒而不吃草，大批死亡。除了用杀螨脒外，还可用兽用 15%倍特（溴氰菊酯）药浴，口服和注射伊维菌素。关键是药的质量和浴的技术，羊头及全身要洗透洗匀，一次即可彻底消灭羊癣。据阜新地区试验，在没有 5%倍特的情况下，用农用 2.5%敌杀死（溴氰菊酯）50～70 毫升/公斤进行彻底药浴，效果很理想。

【002】建昌县巴什罕乡松树底下村李庆芳、清原县夏家堡镇袁家庙村胡玉成等几十位读者问：听说养殖小尾寒羊能致富，这个品种有何特点？

答：小尾寒羊是肉毛兼用型绵羊品种，主产于山东省的菏泽地区，起源于古代北方蒙古羊，优点是产仔率高，年产 2 胎，每窝产仔 2～6 个，辽宁曾经大量引进养殖。专家认为，该羊除产仔率高外，产肉、产毛量均属一般。省内有单位从法国引进的夏洛来肉用羊较好，产仔、产肉率均较高，也很有发展前途。

【003】新宾县大四平镇样尔沟村读者王庆久问：本人获最新消息，有一种特大肉用山羊夏洛来，到何处能买到？

答：据专家透露，夏洛来羊是短毛型肉用细毛羊品种，因原产于法国中部的夏洛来地区而得名，是用英国来斯特羊与当地摩尔万戴勒羊杂交后又导入南丘羊血缘经长期选育而成的。此肉用羊引进辽宁后表现确实不错，目前在朝阳地区饲养较多，其与当地绵羊杂交，杂种优势明显。

【004】大洼县西安镇洼边子村读者史连顺问：听说现在养羊挺挣钱，是这样吗？

答：目前养羊的“热”度正在上升，也确实有账可算。羊可谓全身都是宝，毛、皮可卖钱，肉也挺值钱的。1994 年春节期间沈阳市场的价格每公斤羊肉 12～16 元，2011 年每公斤羊肉价格 40 元左右。

【005】岫岩县兴隆乡二道河村读者吕振军问：目前小尾寒羊价格如何？发展前景咋样？

答：当年小尾寒羊从山东省引种到辽宁省每只由二三百元卖到上千元，着实让贩运者挣了一把。然而，它与草狸獭炒种不同。其本身确有特点，产仔率高，繁殖快，个大体肥，这对于发展辽宁养羊业帮助不小，对满足市场供应确有贡献。

【006】灯塔市王家镇尤户屯村读者李荣久问：肉羊都指的是啥品种的羊？养殖的前景咋样？

答：按经济用途来分有产毛的绵羊，产奶的山羊，同时也可以肉用，以产肉为主的羊称为肉用羊。全世界已形成绵羊品种群

600多个、山羊品种群200多个，其中纯属肉用的品种约占10％。肉用羊的主要特征是皮肤薄而疏松，头短而宽，颈呈圆筒形，背腰宽平，背部肌肉厚实，臀部肌肉丰满，胸腔圆而宽深，四肢短而细，成熟早，体重大，生长速度快，胴体品质好，繁殖力高。目前适宜我国养殖的肉用羊品种有产于山东的小尾寒羊、浙江北部的湖羊、四川的南江黄羊、广东的雷州山羊、广西的隆林山羊、贵州的白山羊等，国外引进的有法国的夏洛来羊、南非的波尔山羊、德国的美利奴羊、荷兰的特克赛尔羊、澳大利亚和新西兰的无角多赛特羊、英国的萨福克羊、瑞士的萨能奶山羊等。肉用羊市场俏销，很有发展前途。

【007】新宾县下夹河乡支家村读者孟小奇问：我处有许多养羊户，散放的羊给农林生产带来许多灾祸，天然幼树被羊啃光树皮的不计其数，村民辛辛苦苦栽的果树惨遭其害，此事咋办？

答：养羊所带来的如此公害，在各地时有发生，为农亦甚觉生气。被羊所害果树，应按损失情况由养羊户来赔偿，这是天经地义的事，没啥说的。因为此事的发生与牧羊主人对羊群管理不当有直接关系，这里有主观故意和羊群失控两种情况，可分情况论处。您可先与羊主人协商解决，或由村委会调解，如果不行，可诉至法庭裁决。值得注意的是，当地乡、村组织应加强宣传管理力度，明确此种公害之后果，并采取适当的经济惩罚措施，杜绝其发生，维护公、私财物的安全。

【008】抚顺市顺城区千金乡高家村读者何启林问：听说有一种理想的肉用羊叫夏洛来，哪里有种源？

答：夏洛来肉用羊体形明显，生长发育快，肉质好，瘦肉多脂肪少，公羊体重100～150公斤，母羊体重75～95公斤，屠宰率55％以上，是优良肉用羊。我国在20世纪80年代末90年代初引入，辽宁黑山县小东种畜场是最早从国外引进并养殖试验的，繁殖了一定的数量。目前在辽西地区养殖数量很多。

【009】岫岩县牧牛乡南马村读者王金山问：我们地区的荒山都分给个人了，我养殖山羊赚了不少钱。但别人家的山不让我放羊，我想实行圈养行不行？

答：山羊圈养是可以的，各地已有很多成功经验。可利用旧猪舍、空闲房屋改建羊栏，资金条件好的也可新建现代化羊圈。圈养密度以每平方米0.83只为宜，公母比例1:20～30较合适，羊只应进行去角、去势、修蹄、药浴、驱虫、防疫等。注意种植、贮存充足的饲草以满足山羊圈养饲料需求。

【010】庄河市高岭乡大朱村读者王胜珍问：养羊、养兔、养狗后的成品到哪去销售？前景如何？

答：羊、兔、狗肉均是目前消费佳品，且消费数量呈上升趋势。由于现在市场已放开，产品的销售地点主要是集贸市场，也可与饭店、宾馆、肉熟食加工厂点联系销售，就是说自己找市场去销售。至于发展前景可以说都不错，因为在人们的消费心理上此三种美味已占有一定的地位，市场是时刻存在的。

【011】瓦房店市交流岛乡北灰窑村读者刘英光问：有报道饲养小尾寒羊被列为国家重点扶贫项目，我想知道饲养小尾寒羊容易吗？是肉用还是剪羊毛用？

答：小尾寒羊是山东省的一个地方品种，养殖并无啥难的。前些年小尾寒羊曾大量引入辽宁省，被列为扶贫养殖项目，经过多年驯养主要还是肉用，其饲养方法与本地羊并没啥大的区别，您放心养就是了。

【012】沈阳市新城子区马刚乡下寺村读者秦宝全问：听说夏洛来肉用羊较好，哪里有种源？

答：夏洛来肉用羊原产法国，引入我国养殖已获成功，其特点是体型大、产仔率高、肉毛兼用。目前辽西的朝阳地区养殖数量较大，您可前去寻访种源。

【013】开原市中固镇长波果菜站苏长波、台安县达牛镇苏家村张旭、辽阳县首山镇前杠村关增华、西丰县柏榆乡双庙村陈甲宽、黑山县半拉门镇公安派出所张文军等读者问：贵刊介绍的“兴绿原羊”的优点很多，哪里有种源？

答：兴绿原羊是北京市兴绿原农牧发展有限责任公司用澳大利亚纯种无角多赛特羊与小尾寒羊杂交选育而成的优质肉用羊品种，主要特点是个体大，成年公羊每只达150公斤，生长快，肉质好，繁殖率高，1年两胎，每胎可产数只，圈养饲料以作物秸秆为主，料肉比高于鸡和猪。种源可与该公司联系，地址在北京市海淀区白石桥路。

【014】清原县南山城镇黑石头村读者张宝英问：在中央电视台农业节目中看到养殖中国美利奴细毛羊能获高效益，辽宁有养殖并提供种源的场家吗？怎样联系？

答：中国美利奴羊是由内蒙古、新疆、吉林等地以澳洲美利奴公羊与波尔华斯羊、新疆细毛羊和军垦细毛羊杂交选育而成的，是我国目前较好的细毛羊品种。公羊有螺旋型角，母羊无角，分为新疆型、新疆军垦型、科尔沁型、吉林型4种类型。新疆型成年公羊重91.8公斤，剪毛量16～18公斤、毛长11～12厘米，母羊43.1公斤，剪毛量6.41公斤、毛长9～10厘米。吉林型成年公羊重88公斤、剪毛量7.9公斤，母羊重42公斤，剪毛量3.7公斤。辽宁省动物卫生监督管理局种畜禽监督管理处的专家提供了下列养殖并可提供美利奴细毛羊的场家：①沈阳牧原畜业发展有限公司。②阜新细毛羊研究所。③朝阳三羊牧业发展有限公司。④阜瑶牧业有限公司。

【015】新宾县上夹河镇上夹河村读者付金钟问：听说波尔山羊很有发展前途，在辽宁养殖能行不？到哪能买到种羊？价格怎样？

答：有关专家说，波尔山羊原产于南非，体型大、生长速度快、产仔率高，成年公羊、母羊重120公斤和65公斤，被称为世界肉用山羊之王。1995年我国首批从德国引进波尔山羊，在南方山羊主产区用其改良当地品种羊，取得成效。辽宁目前养殖波尔山羊甚少。有农业部专家的建议说，在辽宁不提倡发展波尔山羊，并担心此羊一旦与辽宁绒山羊杂交会给“改良”弄杂了，因为辽宁绒山羊是国之名品，羊绒纯正价格很高。波尔山羊种苗目前的价格，每只在580～720元。

【016】辽中县冷子堡乡读者李彦国问：辽宁市场销售的小尾寒羊与山东鲁西地区纯种的小尾寒羊有什么区别吗？在哪里购买更划算？

答：两地的小尾寒羊没有区别。辽宁销售小尾寒羊的“籍贯”均为山东鲁西地区，原种引进而已。种羊购买通常在辽宁本地比较合适了，节省了一些运费支出。

【017】辽阳县甜水乡李家村读者邱金中问：据说用膨润土泡水后喂羊，能使羊爱长毛增重快，而且绒毛质量好，这是真的吗？膨润土是一种什么东西？

答：膨润土也叫白黏土、斑脱岩，是以蒙脱石为组分的一种黏土，主要成分为钙10%、钾6%、铝8%、镁4%、铁4%、钠0.01%、锌 2.5%、锰 0.3%、硅 30%、钴 0.004%、铜0.008%、氯0.3%，还有钼、钛等成分。研究表明，膨润土对畜禽生长很有好处，2～3 岁蒙古细毛羊阉羊在青草期 100 天放牧期内，每只每日用 30 克膨润土加 100 克水灌服，比对照组羊毛长度增加 0.48 厘米，每平方厘米剪毛量增加 0.0398 克；羊食用膨润土配制的复合添加剂，每月增加重量 2～6 公斤，毛增加0.3～0.4 公斤，比对照增高 1 倍。膨润土在我国的贮量很大，如黑山县就有膨润土矿在开发利用，您也可以用此物来试验喂羊。

【018】北票市南八家子乡木匠沟村读者王萍问：我养殖了许多山羊，用不用对其进行补钙？怎样补？

答：看来，现在人的补钙热已波及畜禽了。有关专家说，畜禽正常生长情况下没有补钙的必要，山羊补钙也就免了。目前人的补钙也有异说，认为外源钙能被身体吸收多少不取决于钙的进补浓度，而取决于吸收能力及流失数量，即提高钙的吸收能力和减少流失才是关键所在。若是一定要给羊补钙的话，种公羊每只每日补骨粉 10 克左右，母羊和育成羊每只每日需补 5～10 克，可混在精料中喂给。

【019】朝阳县孙家湾乡李杖子村读者李庆智问：每年一到冬天，我家养的羊就互相吃羊身上的羊毛，一口一口地往嘴里吃，这是怎么回事？能治吗？

答：专家认为，您的羊是得了一种叫“食毛症”的病，发病特征是互相啃咬股、腹、尾等处被粪便污染的被毛或舔食散落在地上的羊毛。病羊表现被毛焦黄、大片脱毛、食欲减退，常伴有腹泻、消瘦、贫血等症状。发病原因是饲料中缺乏矿物质、维生素和蛋白质，特别是含硫的氨基酸严重缺乏。防治方法是调整饲料，给羊饲喂全价饲料，供给富含蛋白质、维生素和矿物质的饲料，特别补给青绿饲料、胡萝卜、甜菜和麸皮等，每天补给骨粉5～10克，适量补给食盐；有腹泻症状的用樟脑磺酸钠或安钠咖5～10毫升肌注每天2次或用5%糖盐水500～1000毫升、25%葡萄糖200毫升进行静点每天1次，有酸中毒症状时可每次静点200～300毫升碳酸氢钠注射液，每天1次；取食盐40份、骨粉25份、碳酸钙35份混均匀后做成盐砖任羊自由舔食；患病羊用石蜡油200毫升、鸡蛋50克灌服连续5天；对病情严重发生肠胃阻塞或肠道阻塞的要及时请兽医进行手术取出毛球。

【020】辽阳县河栏镇詹家村读者刘艺问：国家提倡禁牧还林还草，可有一部分人照样上山放牧绒山羊，这样下去还能放几年？绒山羊还有发展前途吗？

答：公有林地是严禁放牧牛羊的。现在大多数山林草地已经承包给农户个人，放牧羊群会发生纠纷。可见，绒山羊放牧养殖问题很多，采取圈舍饲养大有好处。发展养殖绒山羊是很有前途的致富项目，尤其辽宁盖州的中国绒山羊质量好名气大，您可养点试一试。

【021】四川省宜宾县王场乡凤凰村读者陈千余问：我村有位村民养殖了100多只山羊就是爱生病，误吃了3次尿素死了几十只，现在进退两难。羊吃尿素中毒后有办法解救吗？

答：专家认为，山羊食用尿素过多饮水过急，均可使胃内发酵过程加剧，尿素在脲酶的作用下水解成的游离氨急剧增多，导致高氨血症中毒死亡。一般在采食后30～90分钟出现胃膨胀、腹疼不安，并出现兴奋狂躁等神经症状，并转向肌肉震颤、步态不稳、精神沉郁等。急救措施是灌服0.5～1公斤食醋或大量稀醋酸以抑制胃中脲酶的活性及中和胃中的氨，重者静脉注射10%～25%的葡萄糖100～200毫升可解氨毒，治疗很有效果。

【022】建平县太平庄乡郝家村读者李宗清问：2002年我投资养殖小尾寒羊，因市场不稳定而全都卖掉了；2004年我种植烤烟被天降冰雹子打没了；2005年我养殖蛋鸡又发生了禽流感；后来养猪又发生了蓝耳病损失惨重。几年折腾使我不知干些啥项目才好，您说我该咋办呢？

答：失败是成功之母，看来您的经历和积累的经验已经足够发展事业了。实际上养羊是个很好而稳妥可行的致富项目，种植烤烟的效益也很好，市场鸡蛋的价格也不错，养猪是个常规项目，有规模就有效益，只要您科学扎实地做好某件事，经济效益的“点子和手气”会上来的，钱一定会挣很多的。

【023】凌海市右卫镇大王村读者苏万平问：成年绒山羊每年的产绒量是多少？羊绒的价格如何？10 只羊 1 年卖绒加产仔能赚 5000 元吗？

答：我国是产绒大国，每年羊绒产量在 9000～10000 吨，约占世界羊绒总产量的 50%，全国绒山羊每只平均年产绒量为 154.5 克，辽宁平均在 200 克以上，最高达 400 克。2010 年国内市场羊绒销售价格每公斤 500 元左右，10 只绒山羊卖绒加产仔年赚 5000 元没有啥问题。

【024】开原市李家台乡崔家街村读者何岩、王华问：我们以前养过牛，现在看到邻居家养殖绒山羊卖绒很挣钱，收入较好，也想养殖绒山羊，能行不，前景怎样？

答：有业内权威人士说，养殖绒山羊是个较为稳定的致富项目，在辽宁还有技术和品种优势，肯定能行。只是养殖绒山羊的技术性较强，防疫病、管理及繁殖做好了，效益肯定很好。养殖绒山羊是很有发展前途的，因为国内外市场对羊绒的需求在不断增加，市场销路不用发愁。

【025】抚顺县哈达乡阿及村张继承、凌源市牛营子乡小北河村王永红等读者问：辽宁绒山羊原种场的详细地址在什么地方？

答：目前辽宁绒山羊在全省饲养量超过 700 万只，基地颇多。但主要基地和原种场还是在原产地营口盖州市，以大庙沟乡、榜式堡镇为中心向外扩展。

8. 驼羊

【001】清原县南山城镇黑石头村读者张宝英问：听说有一种叫驼羊的毛绒很值钱，而且比细毛羊的羊绒还好，在我们山区是否可以发展这种羊？哪里有种源？

答：驼羊也叫羊驼、美洲驼、无峰驼、原产南美洲秘鲁和智利的高原山区，为偶蹄目骆驼科动物，目前辽宁还没有养殖的，以后引进养殖问题不大。驼羊的绒毛质好价高，每公斤在 400～

500美元，但绒毛细度与辽宁绒山羊比略逊一筹。问题是其繁殖率太低，孕期近1年仅产1崽，而国内普通羊年产2～4崽，可见繁殖率低已成为发展养殖此物的制约因子，通过与本地羊杂交倒有可能提高其繁殖率。有国家级畜牧专家认为，辽宁不宜引进过多其他羊的种质资源，以避免外来不良基因破坏混杂辽宁绒山羊这一国宝级资源的种质纯度，此说法好像有点道理。为农认为，现在已经市场经济了，农户若要引进什么新品种种羊，只要是检疫合格，引种不会到受到任何限制。据说目前陕西、山东已有引种试养驼羊的。

9. 狗

【001】清原县大孤家镇罗圈沟村读者贺生问：我养了几只狗崽都半途而死了，后来买了一只大黑狗也因吃死老鼠被药死。我很喜欢狗，哪里有卖电子狗的？我要买。

答：看来您对养狗的兴趣和决心确实挺大。买电子狗您可到城市的玩具商店走一走，会使您满意的，只是没有效益可言。

【002】葫芦岛市连山区钢屯镇安屯村陈建国、铁岭县平顶堡镇建设村宋利强等读者问：听说有卖圣伯纳肉用犬的，价格贵不？多少钱1只？

答：前些年各地养殖圣伯纳犬的较多，每只幼犬（60日龄以上）价格在3000～4000元，成犬得1万元左右。现在已经很少有人养殖圣伯纳作肉用犬了。

【003】凌海市阎家镇月牙村读者孔鹏问：养殖肉用狗需要防疫注射疫苗，犬用五联疫苗到何处能买到？

答：原解放军农牧大学动物医学系现吉林大学畜牧兽医学院研制开发犬用五联疫苗产品，您可与之联系，地址在吉林省长春市。各地兽医站、防疫站以及动物医院、宠物医院等也均有犬用疫苗销售。

【004】沈阳市新城子区读者李一伟问：听说有一种肉用犬新品种叫青龙犬，很有发展前途，是这样吗？

答：青龙犬是吉林省肉用犬研究所采用藏獒犬为父本、蒙古犬为母本进行杂交选育而成的一种肉用犬，育成体重45～50公斤。青龙犬在各地盛传一时，其实就是农家笨犬与藏獒杂交的产物而已。为农觉得，适宜做肉用犬的应具有下列特征：一是性情温顺，便于管理育肥；二是体型较大，出肉率高；三是繁殖率高，每窝产仔 8 只以上；四是生长速度快。按此四条标准青龙犬在某些方面尚需继续改良，做犬养可以，而做肉用犬养尚有不足。

【005】彰武县大冷乡套力村读者曹荣弟问：有广告说用药物喂狗能产生人工“狗宝”，这是真的吗？

答：狗宝是狗体内的胃结石、肾结石及胆结石等，具有降风开郁、解毒功能，主治胸肋胀满、食道癌、胃癌、反胃、疔疮等，是一种名贵药材，但天然狗宝极其少见。人工培植狗宝在20 世纪末辽宁抚顺市农业特产学校曾搞过试验，选择体重在 10公斤以上活犬用外科手术在胆囊和膀胱内植核，并接种大肠杆菌，经1～2年饲养培育出狗宝。此事前些年忽悠了一阵子，并未见有发财者。

【006】内蒙古赤峰市喀喇沁旗王爷府镇下瓦房村读者张硕问：

我养了几只狗，想通过注射异戊醇培养狗宝，不知行不行，何处能买到此药？

答：狗宝是狗的胃、胆结石，主要成分是碳酸钙、碳酸镁、硫酸镁等，人工培植牛黄有人搞，但人工狗宝很少有人搞。人工牛黄主要采用埋植法，而用异戊醇沉淀法好像效果不佳。有专家说，用沉淀法搞狗宝可能是白费功夫，成功概率很小。

【007】盖州市太阳升镇政府读者门继科问：养殖肉用犬是否可行，什么叫肉用犬，用什么饲料养，发展前景怎样？

答：据为农考证，养犬具有很久的历史，约 1.2 万年前人类便开始驯化犬并作为六畜之首，不过当时只有两种用途：一是助猎，二是肉食。时至今日，并未出现真正的肉用犬品种，许多科研人员也正在积极研究探索和选育。人们常把目前的农家笨狗充作肉用犬，其实也不无道理。但为农觉得，作为肉用犬的育种目标应是：①生长速度快。②适应性强。③繁殖率高。④性情温顺。⑤体型较大。⑥饲料报酬高。长期以来，养犬的科学饲料配方很少有人研究，多采用传统经验饲养，即玉米面粥加适量动物性饲料（如猪肺、鸡鸭下货等）。西方人并不食用狗肉，因此狗肉的主要消费市场在东亚，即中国、朝鲜及南亚地区，不可能出口欧美等地。

【008】兴城市三道沟乡谢春福、风城市弟兄山乡草河岭村桑德明等读者问：我很想发展肉狗养殖项目，哪里能买到良种肉狗？

答：狗肉低脂肪、高蛋白，目前养殖多以地方品种为主，如太行犬、松狮犬、鞑子犬、沙皮犬、下司狗、藏獒以及德国牧羊犬、圣伯纳、日本狼青等。您可到民间寻访或网上搜索相关信息。

【009】辽阳市太子河区望水台乡农业科技服务部读者刘炳祥问：肉狗是不是常说的那种大秧狗或笨狗？

答：基本是这样，人工养殖以体型大的地方良犬为好。

【010】建平县向阳乡牌甸村初鸣国、辽阳市铁西路大林子刘宏江、抚顺市望花区八纬路街联社梁春梅、铁岭市清河区清河乡谢家屯村苗树成等百位读者问：听说养肉狗出口能挣大钱是真的吗？发展前途咋样？

答：1996年的时候，国内养殖肉狗“热”，各地纷纷投以重金扶持。有人说是中、韩建交后狗肉大出口所致，此说差矣！本刊总编辑曾经去韩国考察看到，韩国人虽酷爱吃狗肉，但在1988年举办汉城奥运会时，西方人强烈抗议杀狗吃肉，使韩国的狗肉馆变得冷落，侥幸剩下的几个也不得不更名为“四季汤馆”。看来向韩国销售狗肉已受阻，只能在国内市场寻求销路，这就要看国人吃狗肉的兴趣了。从与国际接轨的角度来讲，未来吃狗肉者将会受到西方文化制约，前景不容乐观。

【011】岫岩县兴隆乡二道村吕振生、西丰县柏榆乡双庙村丛世权等读者问：听说有麻醉养狗的技术，怎样施行？

答：麻醉养狗是针对其好动好斗过度消耗能量的特性而实行的方法，即采用巴比妥、氯丙嗪注射以及饲喂曼陀罗麻醉圈养肉狗。有专家对此持否定态度，认为麻醉养狗不可取。

【012】清原县大孤家子乡小荒沟村读者崔亮问：听说有一种圣伯纳犬长得快，雄犬体重达64～91公斤，雌犬54～77公斤，

是否属实？

答：此话不假。据为农亲眼所见，圣伯纳大者可超过110公斤，故被专家推举为肉用犬。

【013】庄河市荷花山镇马岭村王明玉、葫芦岛市连山区杨郊乡叶屯村朱雪佳等读者问：听说养肉狗很有前途，到哪能买到种狗？

答：养殖肉狗热潮好像已过，目前处于平缓期，很少有专门养殖者。肉狗品种大多为农家笨犬，您只能到民间寻找收集了。

（三）特用动物

1. 兔

【001】康平县北三家子乡兴隆洼道班读者陈启源问：养殖商品兔市场状况怎样？到哪能买到肉用型种兔？

答：养兔在近两年呈现大发展趋势，2010年国际市场兔肉需求升温，国内活兔每公斤价格在12～18元；国际市场獭兔皮价格狂涨，每张达70～120元，主要原因是饲养量锐减造成市场货源不足，可见养兔有利可图。目前辽宁锦州、辽阳、丹东等地多有养兔场点，您可查访种源，也可通过网络搜索获得信息。

【002】朝阳县松门岭乡往户屯村田宝洪、抚顺县上马乡苍石村周多、瓦房店市李官镇东阳台村于学生等读者问：养兔相对投资较少，我想发展养兔但心里没底，前景咋样？省内有大型商品兔加工厂吗？

答：养兔算是常规产业，一般农户养殖不会出现大挣钱或大赔钱现象，您可放心养殖。目前各地养殖较多的是獭兔，皮毛及兔肉均可利用；种兔价格有差异，一般在150元左右。辽宁省内目前还很少有大型的肉兔屠宰加工厂。

【003】本溪县偏岭镇西麻户村5组读者刘庆延来信问：我想养殖力克斯兔，但信心不足，怕赔钱掉进去。我们这里每只种兔150元，是否像以前草狸獭那样商家炒作骗钱？养殖此兔的前景如何？

答：力克斯兔也叫獭兔、天鹅绒兔、彩兔，原产法国科伦地区，1919 年从普通家兔变种中选育而成。我国从 20 世纪 50 年代开始先后从苏美德法等国引进多批种兔，现已有 64 个标准色型品系中的白、黑、红、黄、蓝等 14 个。该兔是典型的裘皮用兔，毛绒密而短，光泽好，平整不掉毛，保暖性好；同时也可肉用。养殖力克斯兔不会像养草狸獭那样出问题，其利润主要看国内外裘皮市场的好坏。至于前景，要依据销路及养殖数量、技术应用来定，正常情况下是有利可图的。

【004】康平县海州乡纪家村读者李迁问：我想养殖肉兔，都有哪些品种供选择？

答：我国目前养殖的肉兔品种较多，主要有本地中国白兔、塞北兔、虎皮黄兔、哈尔滨大白兔等，原产美国的新西兰兔、加利福尼亚兔以及比利时兔、德国齐卡肉兔、法国艾哥肉兔、青紫蓝兔、公羊兔等。此外，獭兔皮肉兼用，也可以考虑当肉用兔来养殖。

【005】阜新县哈达户稍乡前查台村读者张玉红问：中华彩兔是个什么兔品种？养殖发展这种兔有前途吗？

答：中华彩兔就是很早以前从法国引入我国的獭兔、也叫力克斯兔，有 20 多种颜色，其中以蓝色、白色、棕色为贵，将獭兔改称中华彩兔则是因此而来。有专家认为，养殖獭兔以白色最佳，现代染色技术的成熟及高超，白色可以染成各种颜色而自然天成，如果换成别的颜色倒有染色不方便之感。从目前国内市场兔皮的价格来看，不同颜色价格差距不大。养殖獭兔有前途，而养殖彩色獭兔不一定被看好。

【006】抚顺县哈达乡小寨子村读者王新问：养殖獭兔和肉兔哪个品种合适？前景咋样？防治兔病有疫苗吗？

答：从综合经济效益来看，目前应以养殖獭兔更为合适，因为单纯养殖肉用兔的效益潜力不大，而獭兔不仅有兔肉，其优质的皮毛价格比兔肉价格还好，肉、毛兼用应是养兔业发展增收的基本方向。养兔防病可用三联疫苗注射，一般兽医站均有售疫苗的。

【007】凤城市凤山乡良种村读者于时诚问：我养了许多兔子，可兔病一来（可能是巴氏杆菌病）几天时间就死光了，叫人

心痛，有啥特效药或疫苗能治住吗？

答：据专家介绍，兔病毒性出血症疫苗、多杀性巴氏杆菌病二联灭活疫苗市场有销售。兔患多杀性巴氏杆菌病会引起鼻塞、肺炎、中耳炎、结膜炎、皮下脓肿、子宫积脓、睾丸炎和败血症等，可用链霉素、磺胺嘧啶、土霉素、氯霉素、磺胺双甲嘧啶等药注射，效果还是可以的。人也会感染此病，要注意。

【008】凌源市松岭子镇岳杖子村读者张玉付问：我个人筹资建个养兔场，现有 120 多只 2 公斤多重的纯种母兔，到现在就是不发情，没法受孕，我们很着急，有啥办法能解决此问题？

答：专家认为，造成兔子不发情的原因较多，饲料营养不均衡使得过肥过瘦、维生素 E 不足以及未发育成熟，均可影响其发情。解决方法是加强种兔饲料营养的调节，多喂青绿饲料如绿豆芽、胡萝卜等，增加光照时间，补充维生素 A、E，让公兔追逐母兔爬跨等性刺激促其发情，适期配种使其受孕产仔定会解决。

【009】宽甸县古楼子乡古楼子村读者吕永增问：我地区养兔的较多，哪里有加工肉兔的厂家能供学习技术？

答：为农询问了有关的一些部门，目前尚未找到较大规模正式的加工厂家。据消息灵通人士讲，目前肉兔屠宰及加工大多由乡镇集体企业或个体业户搞，具有分散和季节性的特点。

【010】葫芦岛市连山区钢屯镇安屯村读者陈建国问：听说科技人员培育出彩色长毛兔有各种颜色。我给有关单位去了信，答复是有偿放养，重 4 公斤以上每对 310 元，先通过邮局交订金，此事可靠否？为什么汇款 1 个月后才通知前去领种？

答：兔毛颜色，以獭兔最为丰富，有黑色、蓝色、海狸色、猞猁色、紫貂色、海豹色、青紫蓝色、巧克力色、蛋白石色等，但从纺织品质上说白色是最理想的，因其可染成各种美丽颜色，而从观赏作宠物方面说倒是以颜色分优劣。有偿放养，一定要亲自见到种兔并详细了解论证后再做决定，不宜通过邮局先汇款交订金，以免上当受骗。

2. 野兔

【001】东港市孤山镇下岗职工读者王坤问：我想养殖野兔是

否能行，到哪里去引种兔？

答：野兔和家兔均为兔形目兔科兔属动物，不同种。野兔繁殖率高、抗病性强，容易饲养，母兔每年生育6～8胎，每胎产7～8仔，成年野兔重2～3公斤，人工饲养3个月即可上市。野兔曾经被联合国作为扶贫项目向各国政府推荐，目前我国人工养殖野兔的较少，引种只能到山林旷野中去捕捉了。值得注意的是，野兔为国家三级保护动物，养殖需申请、审批后方可进行。

【002】天津市蓟县白涧镇白涧村读者刘吉素、冯长林问：听说望月砂是兔子的干燥粪便，可以入药，怎样加工制作？

答：中药材望月砂并不是一般家养兔的粪便，而是蒙古兔、东北兔、孙河兔、雪兔等野兔的干燥粪便，秋季割除青草后收集干燥入药，主治痔疮、疳疾、目翳等症。家兔粪表面光滑，不显草质不能供药用，可与野兔粪区别。

【003】绥中县宽邦镇观音沟村读者王守宝问：我地区的野兔、山鸡成群结队祸害庄稼，实在严重，有人说打死危害庄稼的野兔会犯法，有什么办法既能保护野生动物又使庄稼不受害？

答：在辽宁地区危害的野兔多是东北兔和蒙古兔，虽不像雪兔、塔里木兔、海南兔被列为国家二级保护名录，但也列为野生动物保护对象，捕杀者会触犯相关法律的。对于其造成损失较大的农户可申请政府赔偿，若是损失较小，您就算为保护野生动物做贡献了。2008年东北兔和蒙古兔被列入世界自然保护联盟濒危物种红色名录（IUCN红色名录），低危（LC）级。

3. 梅花鹿

【001】宽甸县红石镇三岔子学校读者王崇高问：我很想养殖梅花鹿，听说现在鹿不能随便养，必须到有关部门的批准才行，是这样吗？

答：是的。梅花鹿是偶蹄目鹿科鹿属动物，为国家一级保护动物，个人养殖必须到林业部门的审查，获得批准有证书后方可饲养。据权威人士说，饲养国家一级保护动物须林业部批准；饲养国家二级保护动物须省林业厅批准；饲养其他野生保护动物须县级林业部门批准。但不管哪一级部门审批，需具备3个基本条件：①具备适宜的固定场所和必需设施。②具备与驯养繁殖野生动物种类、数量相适应的资金、人员和技术。③具备驯养繁殖野生动物的饲料来源保证。辽宁省林业厅野生动物保护处已得到国家林业部的授权，负责国家一二级保护动物的养殖许可审批，其申报程序是先到本市或县林业局领取野生动物驯养申请表，经市、县林业局核准签字后报省林业厅批准发证。无证驯养者均属违法。目前辽宁省内饲养梅花鹿、饲养经营中国林蛙的持证者约6000家，均为合法驯养和经营。

【002】抚顺县李家台乡王家村读者王永新问：看到新宾等地养鹿卖茸很挣钱，每两干茸收购价百元以上。我也想养几只鹿，但不知5年之内价格是否有大变化？到哪引种？

答：前些年，因鹿茸价格过低的宰鹿风过后，幸存者金贵。现在鹿茸价格上涨，二杠茸每公斤价格4000～5000元，看来养鹿者发家已成定局。据药材专家分析，因鹿的繁殖及产茸需要一定的时间，鹿茸价格在3～5年内不会有大的变化，是能够挣钱的。种源可到辽北辽东各地寻找。

【003】宽甸县步达远乡四林村读者任玉清问：农村养鹿的前景咋样？哪里有种源？

答：鹿，全身都是宝。角、茸、鞭、胎、肉、骨、皮等均可药可食。随着中国老龄人增多，健身进补将成时尚，鹿应有大的贡献，养鹿是大有前途的。目前养鹿的饲料及成本好像高了点，而主产鹿茸的价格又变化较大，这就需要在养殖过程中增加科技含量，做到科学饲养，低投入高产出。科研人员正在养鹿技术等方面深入研究，拿出成果以促进鹿业发展。辽宁素有养鹿传统，如西丰、新宾、桓仁等地均有养殖，您可前去寻访种源。

4. 马鹿

【001】开原市城郊乡大山岗村读者李彦国问：在饲养条件相同的情况下，马鹿与梅花鹿哪个所产生的价值和经济效益更高一些？

答：马鹿和梅花鹿均为偶蹄目鹿科鹿属动物，不同种而已。马鹿是国家二级保护动物，梅花鹿是一级，东北马鹿栖息于海拔不高的针阔混交林、林间草地或溪谷沿岸林地，以乔木、灌木和草本植物为食。养殖梅花鹿每年每只平均需精饲料350～400公斤、粗饲料 1750～2000 公斤；而马鹿需料量是梅花鹿的 2～3 倍，产茸量虽然高些但质量和价格略低。为农觉得，养殖梅花鹿的经济效益好像比马鹿高。

5. 麝

【001】西丰县平岗镇福榆村乔东岩、新宾县上夹河镇马尔墩村林童等读者问：听说麝香价格很贵，何谓麝香？用麝鼠提取麝香是否能行？

答：麝也叫原麝、香獐子、獐子、山驴、林獐，为偶蹄目麝科动物，是国家一级保护动物。麝香是雄麝的香囊分泌物的干燥物。麝鼠也有小香囊，但提取出来的不是麝香而是麝鼠香，不是地道货。

【002】清原县南口前镇读者李振武问：有广告说人造麝香成功，投资 300 元，两人每天能生产成品 1 公斤，可获利千元，原料各地均有，适合个人生产，是真的吗？

答：人造麝香是用化学方法合成的具有天然麝香气味的物质，在结构上与天然麝香毫无共同之处，天然麝香的主要发香成分为麝香酮为一大环酮，而合成麝香则为多硝基的芳香烃衍生物，化学名为 1,1-二甲基-5,7-二异丙基-6-羟基茚满，也叫 DDHI。这种人工合成麝香是一般投资很难完成的，挣钱那么多且简单容易，恐怕这样的好事儿世上没有。

6. 熊

【001】灯塔市邵二台乡邵二台村鲁全安、瓦房店市驼山乡大魏村隋玉才、昌图县老四平镇双树子村孟祥霖、昌图县大洼乡公安村徐国铎等读者问：我们手里有熊胆、大海龙、马宝、狗宝等药材急需卖出，哪里收购？

答：改革开放以前的中药材收购由各级药材公司的中药材收购站或其委托的农村供销社收购站进行，现在市场经济条件下多种收购渠道并存，以收购药材为职业的中间商、收购商，以及中成药生产厂家在产地建立的原料基地和收购站都在发挥作用。至于您手中的少量药材，可与本市县医药部门、药材公司联系出售，或通过网络发信息寻找买主。

【002】盖州市矿洞沟乡苏堡子村读者孙伟乙问：养熊不杀死

能取胆汁是真的吗？牛喂药以后能长牛黄吗？羊肚蘑菇（网兜蘑）目前有没有人工种植的？牛蛙是药材还是菜类？玉米倒伏咋治？

答：对于您连珠炮式的提问，为农只能按问号顺序解答：①真的。②不一定。③还没完全成功。④两者兼有之。⑤趁早扶起。

7. 狐狸

【001】内蒙古莫力达瓦旗汉古尔河镇朝阳村读者高金纯问：人工养殖狐狸、狍子、野猪，哪个项目的效益最好？哪个项目的前途最好？

答：从养殖的技术经验来看，这3种野生动物都是人工养殖的后起之秀，效益都不错。目前还看不出哪个优哪个劣，市场的形势并不明朗。如果非得将这3个项目排出个顺序的话，为农按照效益和前途的顺序排列是狐狸、狍子、野猪。

【002】岫岩县新甸镇新甸村读者付仕阁问：人工养殖狐狸哪个地方搞得较好？销路如何？

答：人工养狐狸各地已有成功经验，辽阳县首山镇养殖的规模较大，您可前往参观考察。目前自由市场狐皮还是在高价位运行。

【003】西丰县乐善乡林昌村读者高守军问：我想养殖狐狸、肉狗，经济效益和市场形势咋样？

答：狐狸皮是裘皮中的高档品。我国每年狐狸存栏数约200万只，主产黑龙江、山东、辽宁、河北、河南、江苏。据养狐成功者介绍，养殖银狐一般是每组1公2母，每只母银狐年产子3～7只，按4只计算每组年产子8只，皮张售价每张600元计算，可获毛收入4800元。每年每只银狐的饲料等费用按160元计算，小狐狸饲养半年后即可采皮，8只的饲料费为640元，共计1120元，每组银狐年可收益3600元。每人每年最多可养殖银狐30组。养殖肉狗的效益也是很好的，很有发展前途的，因目前市场狗肉价格上涨，且有紧缺迹象。北方人食狗肉特有独钟，缺了咋行。

【004】陕西省铜川市郊区科委读者康党信问：人工养殖蓝狐

的技术如何？看到《新农业》1995年第7期《经济动物养殖路在何方?》很受启发，能否再有续篇？

答：蓝狐也叫北极狐、白狐、银狐，野生于俄罗斯、格陵兰、挪威、芬兰、丹麦、冰岛、美国阿拉斯加和加拿大北部地区，以旅鼠、鱼、鸟和鸟蛋、浆果和北极兔为食。人工养殖技术较为精细，主要食物有肉、鱼、蛋、乳、动物下杂、鱼粉、谷物籽实和大豆膨化饲料等，需洗涤蒸煮消毒后搭配饲喂。与您略有同感，为农亦觉得《经济动物养殖路在何方?》文章颇好，但续篇一直未见发出，看来作者酝酿时间有点过长。

【005】庄河市桂云花乡二岭村读者吴军功问：蓝狐、银狐饲养很难吗？市场的前景咋样？

答：蓝狐、银狐饲养的技术性很强，但相比之下并不很难，普通人员即可进行养殖。狐皮在国际市场上属高档珍贵皮毛，具有很好的发展前景。如果国内饲养和出皮时机以及加工工艺使得毛皮质量大幅提高，在国际市场上站住脚，养狐效益和前景会更好。

【006】建平县马厂乡龙头村读者贾文忠问：有很多朋友正在搞皮毛动物狐狸的饲养，我也想养殖，其市场发展前景咋样？

答：狐狸是一种珍稀毛皮动物，其毛皮属高档皮毛，价值较高，人工养殖有利可图。2011年初东北市场每张蓝狐皮价格在500～800元，销售价格有所回升，前景看好。

【007】盘山县古城子镇七台子村读者王宪平问：我养了几组狐狸，有的患了自咬症，怎样防治？

答：专家认为，狐狸自咬的主要原因是外界环境改变引起的应激反应，肛门腺堵塞、病毒感染、营养代谢病、微量元素缺乏等均使其发病，可通过镇静、补充维生素和预防继发感染以及创面处理达到治疗目的，用5%盐酸氯丙嗪注射液0.5毫升、复合维生素B0.1毫升、烟酰胺0.5毫升、青霉素30万单位分别肌肉注射，每日1次，连用3日；同时患处用双氧水洗净后涂碘酊或用0.1%高锰酸钾水清洗后涂磺胺软膏。由螨虫引起的自咬，也叫长癞，可用痒可平药剂注射，或用0.5%敌百虫水溶液进行药浴。同时搞好狐舍卫生，干燥通风，对狐舍用20%石灰乳做杀螨虫处理，搞好灭鼠工作，加强动物性饲料供给。药剂可到当地兽医站寻购。

8. 貉子

【001】黑山县常兴镇两家子村读者赵铁军问：我地区养殖貉子的农户日渐增多，最近价格又有所上涨，养殖此物的市场前景到底怎样？

答：貉子也叫狸、土狗、土獾、毛狗，为食肉目犬科貉属东亚特有动物，野生于山林、河川和湖沼附近的荒地草原、灌木丛以及土堤或海岸，以鼠、鱼、蛙、鸟、蛇、虾、蟹以及昆虫为食，也吃植物果实、根、茎、叶和野果、野菜、瓜皮等，尤喜食山葡萄。人工养殖以乌苏里貉为最多，毛皮及肉兼用，应算一个很好的致富项目。养貉受市场需求变化的影响较大，但为农觉得，不管市场咋变，特种养殖必不可少，而人工养殖狐、貂、貉不可少，且前途不会暗淡的。只是 2 个月的小貉卖价 500 元好像贵了点儿。

9. 狍子

【001】宽甸县振江镇振江村读者门昌林问：人工养殖野狍子能行不，效益及发展前景怎样？哪里能有种源？

答：野狍子也叫傻狍子、矮鹿，为偶蹄目鹿科狍属动物，野生于我国北方林区及草原，为国家二级野生保护动物，养殖需要有《野生动物饲养许可证》才行。国家林业局《关于促进野生动植物可持续发展的意见》指出，国家将大力支持梅花鹿、狍子等可商业性经营利用的 54 种野生动物为人工繁殖驯养的野生动物进入市场提供相应的保障措施，因此您养殖狍子是没有问题的。狍子是草食性动物，容易饲养。据业内专家预测，几年内种狍子价格每对将在 3000 元左右，养殖的经济效益比一般家畜要好，前景不错。本溪县泉水镇腰堡村曾经养有此物。

10. 水貂

【001】新宾县下夹河乡下夹河村王振国、上夹河镇河西村郭华及王真贵、黑山县饶阳河乡二东村张铁军、清源县下家堡乡阮家庙村朱秀武等读者问：听说省外贸与俄罗斯签订了 5 年出口合同，大量出口水貂、狐狸、貉子，我们也想养殖能行不？是否有

前途？哪里有较大养殖场及种源？

答：为农用电话询问了外贸部门有关人士，均称未听说此事，看来“大量出口”一事尚需考证，订 5 年出口合同好像时间长了点。不过，养殖貂、狐、貉应是个好得很有发展前途的项目，只是目前的市场发育不太完善而已。据业内权威人士讲，现在养殖狐狸的数量较大，市场稍有滞销或销售困难，银狐销售好于蓝狐；养殖貉子比狐狸市场销售略好一点；水貂市场销售最好，其主要销售市场还是在国内。在大连市金州区龙王庙镇兴民村的华曦集团金州珍贵毛皮动物公司是原省外贸的养殖场点，养殖有金州黑貂、美国黑貂及各种彩貂、银狐、蓝狐、貉子等，种源及技术经验丰富，您可前去参观考察学习及购种。

【002】凤城市白旗乡莫家村莫喜武、边门医院张兰等读者问：米兰獭和草狸獭有啥区别？养殖前景咋样？

答：米兰獭和草狸獭并非一物。米兰獭为鼬科水獭属食鱼动物，毛皮，质轻而韧，底绒丰厚，保暖性强，可制成皮帽、皮领、皮袖等，国际市场畅销；而草狸獭为啮齿目仓鼠科田鼠亚科的大型水耗子，毛皮质量一般，销售困难。养殖前者前景看好，养殖后者前景不会有啥大“出息”。

11. 猫

【001】新宾县木奇镇水手村读者韩有问：猫误吃了鼠药怎样解救？尿素土壤追肥和叶面追肥哪个效果好？玉米东单 16 号和特选东单 16 号的生育期为什么不一样？

答：为农根据您提问的顺序进行回答：①猫误食鼠药可参照人中毒的方法来救治，敌鼠等抗凝血型杀鼠剂中毒用维生素 K_1 救治；磷化锌中毒用硫酸铜催吐再洗胃；毒鼠磷中毒用阿托品、氯磷定注射；甘氟等中毒用牛奶豆浆灌服后再用解氟灵、乙酰胺注射。②不同时期不同作物对供肥方式的要求不一样，土壤追肥的量大且肥效期比叶面追肥的肥效期长，作物需肥高峰期要用土壤追肥而不用叶面追肥，作物才能“吃饱解饿”；通常叶面追肥的效果双子叶好于单子叶作物，叶菜类尤好。③可能多了“特选”二字的缘故吧。

12. 褐家鼠

【001】沈阳市苏家屯区大淑堡乡王秀村读者路世龙问：有份卖鼠药的材料上说鼠皮 0.5 元/张、胡须 2 万元/公斤、尾巴 3000 元/公斤，是否真有厂家收购这些东西？

答：鼠皮、鼠尾及胡须均指鼠科动物褐家鼠、黑家鼠的体物，中药曾用其烧灰封痈疽追脓出但早已不用，唯一可利用的价值是鼓励灭鼠或兜售鼠药。此种说法纯属卖鼠药垂钓，瞪眼骗钱！

13. 大白鼠

【001】铁岭县凡河镇二台子村读者石光洁问：我想养殖供实验用的大白鼠和小白鼠，您看行不？

答：大白鼠和小白鼠均是褐家鼠和小家鼠被人工培养出的白化品种，主要是供医药实验和宠物饲养。大白鼠和小白鼠人工养殖简单易行，可自制饲料也可在花鸟市场买现成的，主要配方为带壳的麻子、小米、玉米片、麦片等，再配些原味瓜子。注意，养殖大白鼠和小白鼠先要找好需求单位和销路，否则卖不出去就会赔钱。据为农所知，医疗、兽药、农药等科研及鉴定部门都有不同数量的需求，有的教学单位也需此物，您可寻找好销路签好订单再饲养。

14. 麝鼠

【001】内蒙古鄂伦春旗大杨树镇桥东五委读者于程森问：我地区的水耗子（麝鼠）很多，也好饲养，但不知怎样提取麝香，取几次也没成功。前几年有电视台报道能取香，您能介绍点方法吗？

答：麝鼠也叫青根貂、麝香鼠、水老鼠、水耗子，为啮齿目鼠总科田鼠亚科麝鼠属水栖动物，麝鼠属中的唯一成员，原产北美洲，后传入欧洲和亚洲，以水生植物幼芽、嫩枝、绿叶、果实及块根、块茎为食。进入繁殖期香腺开始发育，分泌麝鼠香，通过香味传递兴奋信息引诱母鼠发情。人工养殖主要还是选取皮毛，而在活体和死体上取香利用价值并不很高。前些年养殖者很多，现在基本无人问津了。

【002】新宾县木奇镇二道沟村读者吴绍义问：我想养殖麝鼠

提取麝香，多少个麝鼠能提取1克麝香？听说山东有个地方办提取麝香的学习班，我想学习是否可行？

答：据为农了解，养麝鼠的主要目的是利用其毛皮，而用其提取麝香是不行的，因为从麝鼠香囊中提取出来的是麝鼠香，只是麝香的类同品而已，虽有香味但利用价值很低，至今也未被正名和应用。看来参加学习班也意义不大，因为办学习班者的主要目的是为了高价推销麝鼠。

【003】凤城市红旗镇烧锅村读者张日祥问：听说人工养麝香鼠能提取麝香是真的吗？是怎样养殖和提取的？

答：麝香是从鹿科动物麝的雄性香腺囊中提取的分泌物干燥而成，可制成香料，也可入药。麝在3岁以后产香多，8～9月为泌香盛期，活麝取香在人工饲养条件下进行，将麝固定在抓麝者的腿上，剪去覆盖香囊的毛，酒精消毒，用挖勺伸入囊内徐徐转动，再向外抽出挖取麝香，取后放生，以后还长。专家认为，除此之外，从麝鼠的香腺提取的香物并非正宗麝香，用途不大，养殖麝香鼠不会有啥前途。

15. 草狸獭

【001】凌海市上碾乡上碾村张红星、清原县土口子乡南土口子村伊民、庄河市石山乡元和村5位农民等读者问：有广告介绍养殖草狸獭可致富，我们想试试，又担心出现前几年养貂的那种局面。请您说说目前的情况好吗？

答：草狸獭也叫麝田鼠、水田鼠、海狸鼠，为啮齿目仓鼠科田鼠亚科动物，原产南美洲。前些年饲养草狸獭的很多，到后来没有销路，毛皮没人收，赔得很惨。放生野外的草狸獭甚至泛滥成害。现在已经很少有人养殖此物了。

【002】辽阳县河栏镇水利站读者石忠奇问：看到有资料介绍草狸獭和海狸鼠，这两者是不是一个东西？

答：正是一物。

【003】西丰县柏榆乡柏榆村读者时学一问：1993年我地区不少农户买草狸獭养殖，每对仔2500～3000元钱，我想搞又怕行情有变，您说咋办？

答：为农认为，如此大数目的投资，请您谨慎从事。实践证明，此物确实是一伙人在炒种大量骗取钱财，现在已烟消云散，草狸獭已无人问津了。

【004】内蒙古宁城县西泉乡政府郝兆杰、康平县沙金乡敖小村于启等读者问：草狸獭是否可以大量养殖？效益及销路到底咋样？

答：针对草狸獭带给养殖者的贫与富、喜与忧，前些年为农走访了一些专家学者，答案是这样的：其毛皮档次低于兔皮，肉不如兔肉鲜美。就是说，1对草狸獭的实际价值不如1对同等重量的兔子。在未被人们认清之前价格暴涨、炒买炒卖不足为奇，吃亏上当者定会有之。此物现在因无销路多被弃养山野现已无人养殖了。

【005】庄河市观架山乡高屯村刘富财、彰武县大冷乡曹家小学吴绍毅、西丰县平岗镇宝来村刘金伟等读者问：目前还有发养殖草狸獭广告的及推销者，效益到底咋样？

答：早些时候，草狸獭经过几年的折腾及实践已经臭不可闻，一落千丈，养殖搭工费力赔钱。而且，令人担心的严重问题随之而来，一些养殖户见无利可图，便将其弃之荒野，已经给农业生产造成危害。

16. 荷兰鼠

【001】沈阳市东陵区古城子乡麦子屯村李勇、开原市中固税务所苏长芹等读者问：近来听说饲养荷兰鼠、黑豚能挣钱的，并有高潮迹象，到底养殖的效益怎样？

答：荷兰鼠也叫黑豚、荷兰猪、豚鼠、天竺鼠、中华黑豚，为啮齿目豚鼠科豚鼠属草食动物，原产于南美洲秘鲁一带，药食两用，毛皮可加工利用，也可做实验动物。为农认为，荷兰猪长相与农田常见的耗子差不多，目前人工养殖虽然有之，但只作为一个养殖品种而已，其产品在市场上并未形成紧俏或优势。至于以后的发展前景，只能在其产品全面开发后再说了。

【002】开原市中固镇钟表店转读者赵振江问：我想养殖荷兰鼠，苦于没有技术和销路，也不知前景怎样，能给参谋一下吗？

答：据有关专家讲，目前市场上宣传推销的荷兰鼠是一种啮齿目豚鼠科名为黑豚的陆生小动物，也叫豚鼠、天竺鼠、荷兰猪，体重1～1.5公斤，全身黑毛无尾巴，四肢短小，草食性，易饲养，皮可加工，肉可食。目前云南、广西、浙江等地有养殖的，东北地区养殖的较少，销售市场很小。有专家说，养殖荷兰鼠的前景不被看好，养殖的效益很难保证，注意别上“炒种者”的当。

【003】凤城市鸡冠山乡沙岗子村读者姜飞问：有介绍说荷兰猪可肉食，加工裘皮大衣、制鞋等，我想了解一下养殖前景如何？

答：荷兰猪并不是猪，而是啮齿目豚鼠科豚鼠属的一种鼠，也叫荷兰鼠、天竺鼠、豚鼠、海猪、彩豚，原产南美洲，因其易致敏和体小而胖主要用做试验动物和宠物，制皮衣因其皮板过薄易损，不被看好；食用主要在南方各省较多，北方人好像对其肉味不太感兴趣。养殖此物要先找好销路，否则将成为“鸡肋”。为农认为，普通农户养殖此物的前景不太明亮。

【004】葫芦岛市南票区暖池塘镇曹屯村读者张恩吉问：有很多广告说养殖荷兰鼠可以致富，不知此鼠是否有发展前景，销路如何？

答：南方养殖者有致富、成名的，如今还有养殖的，此物在辽宁省民间自由交换及养殖发热的阶段已经过去很多年了。为农认为，东北地区将其作为消闲宠物饲养尚可，其发展前景基本暗淡。

17. 毛丝鼠

【001】瓦房店市闫店乡高粉房学校读者王更福问：听说养殖毛丝鼠能致富，能介绍一些这方面的情况及前景好吗？

答：毛丝鼠也叫金丝鼠、绒鼠、绒毛鼠、美洲栗鼠，为啮齿目毛丝鼠科毛丝鼠属动物的统称，体长25～26厘米，体型小而肥胖，尾端毛长而蓬松，全身披满均匀的致密柔软如丝绒毛而得名，原产于南美洲安第斯山脉地区，印第安人多用其制作裘皮。毛丝鼠是草食动物，人工饲养以颗粒饲料为主，加喂适量优质鲜干草，如紫花苜蓿、蒲公英、桑叶、杜仲叶、毛豆叶等，补充钙和磷可增大体重和提高生殖能力。我国引种毛丝鼠养殖成功，正在对其产品进行经济利用和开发研究，以后养殖的发展前景如何尚无定论。

18. 鼢鼠

【001】西丰县柏榆乡解放村读者王天俊问：我地区有一种叫瞎耗子的鼠类在地下到处挖洞乱窜，很多果树被咬死，这是种啥东西？用啥办法进行防治？

答：您说的瞎耗子也叫地羊、瞎老鼠、瞎摸鼠子、地排子、东北鼢鼠，为啮齿目仓鼠科鼢鼠属害鼠，野生于东北、山东、河南、安徽及河北等地灌木丛、森林、农田、草原及山地丘陵，以植物地下鲜嫩根、茎为食，对植物造成危害。防治方法有人工开洞捕杀、枪击等。药物毒杀可将大葱白破开，放入磷化锌后再合上，用葱叶缠绕后放入洞中，覆土封洞即可，用药比例为大葱、磷化锌、清油 1:1:0.2；还可用氯化苦每洞投 3 毫升，防治效果也较好。

【002】法库县登仕堡镇大辛屯村吴鲲、瓦房店市渤海动植物养殖场于忠梅等读者问：有广告出售中华地羊、中华岩鼠的，我们养殖能行不？

答：现在五花八门的养殖项目真让人有点眼花缭乱。中华地羊就是农村常见的瞎耗子，也叫东北鼢鼠，人工养殖简单易行，但产品没有销路，养殖真没啥大意思。

【003】台安县桑林镇经管站读者刘守中问：有种鼠类危害庄稼，当地人称其豆杵子，多年来弄不准其学名，能说说吗？

答：老百姓常说的豆杵子也叫大眼贼、豆鼠子，为松鼠科黄鼠属的草原黄鼠或达乌尔黄鼠，学名 Citellus dauricus 或 Citellus dauricus ramosus，以山坡土岗、砂土草地、河坝、坟地以及耕地附近条田沟旁、道路两侧较多。还有一种小眼睛的也叫瞎摸鼠子，是东北鼢鼠（Myospalaxosilurus）。

19. 珍珠熊

【001】绥中县前卫镇三道村读者杨印才问：我们从个体养殖场购进了珍珠熊，签订了回收合同和法律公证，现在其人走屋空，下落不明，我的钱也被骗了。现大量的珍珠熊在我们手里，其物像老鼠，尾巴短小，说是供药用，您能知道什么地方大量收购吗？

答：珍珠熊也叫黄金仓鼠、趴趴熊、金丝熊，为啮齿目仓鼠科毛足苍鼠属小动物，原产叙利亚，形态像熊，成年体重100克左右，主要当作宠物饲养。据为农所知，目前辽宁还没有大量收购、加工此物的地方。您在向有关部门报案、起诉的同时，还得积极想办法在民间或宠物市场找一找销路，以减少经济损失。

20. 蚕

【001】岫岩县三家子镇华山村读者赵恒连问：中国加入WTO以后，养蚕业的发展前景怎样？

答：专家认为，我国养蚕数量及产量在世界上还是居第1位的，每年产桑蚕茧、柞蚕茧、蓖麻蚕茧、木薯蚕茧、马桑蚕茧、惠利蚕茧、天蚕茧、琥珀蚕茧、樟蚕茧、柘蚕茧、樗蚕茧、栗蚕茧、乌桕蚕茧、柳蚕茧等60万吨左右，蚕丝出口量占产量的一多半，产品优势和市场形势均看好，且呈上升趋势。可以说，我国养蚕业在加入WTO以后前景看好。另一方面，日本、巴西、泰国、印度等国也在积极发展养蚕业，但优势并没有中国明显。从辽宁来看，由于林业生态保护使柞蚕基本处于稳定状态，面积和数量不会有较大发展，而桑蚕等家蚕养殖数量会呈上升趋势。如果日、美等国对中国纺织品出口减小限制，国内蚕丝质量进一步提高，蚕业大国地位是不可动摇的，养蚕业的发展前景十分乐观。

【002】庄河市步云山乡崔店村读者姚学海问：听说饲养天蚕效益好，我也想养点儿，到哪里能购买到蚕种？

答：天蚕也叫柞蚕、山蚕、神蛾、神蚕，为鳞翅目蚕蛾科吐丝昆虫，丝为高级纺织原料。天蚕最大的优点是吐出的蚕丝有不同颜色，色彩天然无饰，备受欢迎，价格自然高了。辽宁省蚕业科学研究所繁育饲养和研究天蚕很有成效，您可与之联系购种，地址在凤城市。

【003】葫芦岛市连山区台集屯镇果树站读者许忠祥问：能告诉辽宁省蚕业科学研究所的地址吗？

答：辽宁省蚕业科学研究所的地址在凤城满族自治县四台子镇，邮政编码118101。

【004】北票市青年路31号1－202读者刘宝成问：到哪里能

买到好的蚕种？能告诉我几个养蚕基地的地址吗？向编辑部投稿一定要盖公章并贴邮票吗？

答：①辽宁省蚕业科学研究所是我国著名的蚕业科学研究机构，培育的抗大、大三元、黑翅等新蚕品种几十个，有适宜不同地区养殖的好品种，还有科研养蚕基地，您可以联系购种及到基地参观学习，地址在凤城市四台子。②向编辑部投稿如果署个人名字，盖公章的意义不大，通过邮局寄出则一定要贴足邮票，因为大部分编辑部早已取消“邮资总付”了；现在向所有编辑部投稿均已通过网络电子邮件了，纸质稿件已很少有人受理。

【005】开原市下肥地乡新立村李印春、黄旗寨乡吕家村吕祥久等读者问：我承包了村里的一片荒山，想种植桑树养殖家蚕，我地区适合种植桑树吗？发展前景怎样？

答：栽桑养蚕是个传统项目，您的地区种植桑树是没有问题的。此事眼前投资可能大些，效益不太好，但从长远看，桑大蚕丰会年年有效益的。目前市场上蚕茧效益只是一部分，而蚕蛹的效益也是很好的，所以说，栽桑养蚕很有前途。

【006】辽阳县甜水乡杨木村读者朱成凤问：听说有一种沈黄1号柞蚕新品种很好，哪里有种源？市场上蚕蛹的外皮有黄色、黑色的，而黄色的好卖，黑、黄外皮的蚕蛹是不同的品种吗？

答：沈黄1号是沈阳农业大学生物科学技术学院秦利教授选育出的东北地区首个大型茧优良黄柞蚕新品种，具有抗高温、抗干旱特性，2003年通过辽宁省科技厅组织的专家鉴定，其成果达到国际领先水平，还用其杂交选育出多个新品种，您可与之联系种源。市场上销售的蚕茧蛹外皮有黑色、黄色的并不是品种的差异，而是蚕在化蛹时温度不同所致。柞蚕幼虫化蛹时的温度在24℃以上多为黄色蛹；在20℃以下多为黑色蛹。由于市场上的黄色蛹价格比黑色蛹贵些，所以蚕农常常将柞蚕幼虫放在热炕上进行化蛹，能多出黄色蛹，卖个好价钱。不过，从营养成分上看两种颜色的蛹没有差别，只是黄色蛹的皮厚些，黑色蛹的皮薄些，从甲壳质素的含量上看，黄皮蛹比黑皮蛹要多。

【007】铁岭市清河区闫家村村委会问：我村想大力发展栽桑养蚕能行不？效益和前景怎样？

答：近些年全国各地桑蚕养殖发展较快，外贸内销均呈好势头。桑蚕丝用途广，印染效果好，是蚕中上品，蚕丝的质量次序为：桑蚕好于柞蚕、柞蚕好于蓖麻蚕。栽桑养蚕在辽北地区可以搞，要注意选较耐寒的桑树品种、选肥水好的地块栽植。提倡小园或房前屋后灵活机动栽桑树，每1000株桑树可生产50公斤蚕茧，每公斤20元，能收入1000元。可见，养桑蚕的经济效益和前景是好的。在凤城市的辽宁省蚕业科学研究所和宽甸县蚕业工作站有桑树苗；绥中县前所也有桑蚕种场，您可前往引树苗和蚕种。沈阳农业大学有专门的蚕学教授，可提供技术服务。注意，不要到南方引桑树苗，以免品种不适产生冻害。

21. 蜜蜂

【001】宽甸县太平哨镇南吊幌子村三组读者李玉军问：多年来我一直对养殖蜜蜂感兴趣，经济效益及市场怎样？

答：蜜蜂为昆虫纲膜翅目细腰亚目蜜蜂科群居昆虫，采食花粉和花蜜并酿造蜂蜜。养蜂可以说是个传统的养殖业，各地均有养殖者。蜜蜂种类的地理分布取决于蜜源植物的分布。市场白糖价格高低，往往影响养蜂者的效益好坏。养蜂酿蜜、出王浆是一个最基本的挣钱之道；近几年人们又开发了养蜂的另一个来钱道，就是用蜜蜂给大棚温室中的瓜果类蔬菜传粉增加结实率和产量，除了在流蜜期产蜜外利用空闲期给作物传粉收费增加效益，这在国外早已实行。设施农业中的黄瓜、西红柿、棚桃等都要蜜蜂授粉，养蜂者可向其提供授粉蜂群或代为蔬菜、果树授粉，收取一定费用。据报道，海南省琼海市大路镇王秀山养蜂，荔枝种植户纷纷租用他的蜜蜂传粉，每箱蜜蜂每月租金70元，自己还收获蜂蜜，年收入达几万元。

【002】辽阳县黄泥洼镇读者李武名问：我养了些蜜蜂，哪里有利用蜜蜂进行授粉的？能帮助联系一下吗？

答：用蜜蜂进行传粉的作物很多，需求者也很多，如冬季大棚中的各种果树、瓜果开花期都需要，这些大棚各家各户生产者现在已连接成片，您可以前去联系服务，也可登一个小广告让需要者与您联系。随着设施农业的大发展，租用蜜蜂为棚室内作物授粉的需求将大幅增加，很有发展前途。

22. 蝴蝶

【001】沈阳市新城子区石佛寺乡读者甘永春问：有报纸介绍养蝴蝶技术，其目前市场销路咋样？

答：蝴蝶是一种特殊用途的商品，有商业价值的大多是鳞翅目凤蝶总科的昆虫的成虫。蝴蝶大多用于制作昆虫标本和科学研究，人工养殖普通的蝴蝶可以，但销路一般很难挣到钱。很多蝴蝶已经列入国家保护名单，如金斑喙凤蝶、二尾凤蝶、三尾褐凤蝶、中华虎凤蝶、阿波罗绢蝶等十分珍贵，种源稀少，人工养殖十分困难。

【002】辽阳县下达河乡大牛村读者张永红问：听说养殖蝴蝶是个致富项目，真能挣到钱吗？

答：养殖蝴蝶是个技术性很强的工作，目前除有关大专院校及科研单位有少量饲养作标本研究外，社会上很少有人搞，且技术资料贫乏。南方有的省份养殖蝴蝶主要是制作标本出售给技术部门，大多也是野外采集而来。在北方很少有人工养殖蝴蝶的，其销路确实有点问题。

23. 蝇蛆

【001】凤城市红旗镇团结村读者邵立新问：有资料介绍无菌蝇蛆饲喂猪、鸡能增产，是真的吗？

答：双翅目昆虫苍蝇的幼虫称为蝇蛆，其中粗蛋白质含量高达60%、脂肪13%、糖类3.1%，营养丰富，是最好的蛋白质饲料和活饵料，可直接饲喂猪、鸡、鸭、鱼、虾、蟹、鳗、黄鳝、林蛙、龟、蝎子等。养殖蝇蛆技术已经成熟，各地用其饲喂应用得较多，您也可发展养殖一举多得。

【002】西丰县柏榆乡淑景村读者董方财问：听说牛粪和人粪尿放在一起，粪堆里就可连续不断地生蛆，供鸡自由取食，具体怎么操作？

答：牛粪和人粪堆放一起连续不断地生蛆要有蝇卵才行。可先将粪肥发酵堆成条状，用麦麸、鱼粉等加水制成集卵物放在粪堆上让苍蝇云集上面产卵，用塑料布盖好很快就有蝇蛆产生。人工繁殖蝇蛆有笼箱、空屋、大棚温室以及坑窖等方法，用砖砌成边高20厘米、面积1～3平方米的养蛆池，也可用竹木搭架、用塑料盘养蛆，培养料可用麦皮、豆渣、酒糟、鸡粪等，人畜粪便须杀菌后方可使用。

【003】黑山县四家子镇大兴堡村读者王久付问：无菌蝇蛆和生活中的蝇蛆有何区别？

答：并无啥大区别，都是家蝇的幼虫，只是人工饲养的无菌蝇蛆通过灭菌消毒，而自然条件下生长的蝇蛆确实带菌。

【004】盖州市高屯镇落水寨村 7 组读者金献永问：我想通过繁殖蝇蛆来养鸡，此事能行不？

答：繁殖蝇蛆来喂鸡，可增加鸡的蛋白质的摄入量，可行而有效，但要进行成本核算科学配方用量。

【005】铁岭市清河区张相村读者宋志林问：我在许多资料上看到养殖蝇蛆能致富，很想搞此项目，有发展前途吗？

答：蝇蛆，苍蝇之幼虫也，以畜禽粪便为食，生长繁殖快，人工养殖简单易行，室内室外、城市农村均可，近几年各地养殖较多。此物已走出研究室进入商品市场，国人对其认识程度逐渐提高。有报道山东省有靠养此物年收入 10 万元者，喂鸡多产蛋等，为农觉得很有可能。您可试养并找好销路用途，有把握时再“大打出手”为宜。

24. 黄粉虫

【001】东港市合隆镇妈木林村读者岳胜利问：黄粉虫是什么虫子？养殖技术难不？用此虫喂养珍禽可以吗？

答：黄粉虫也叫面包虫，为鞘翅目拟步行虫科粉虫甲属昆虫，原产北美洲，20 世纪 50 年代从原苏联引进我国饲养。黄粉虫含蛋白质 50%、脂肪 30%，还含有磷、钾、铁、钠等。养殖黄粉虫技术比较简单，许多农民搞过，还没有失败的，方法是将内壁光滑的瓷盆刷洗干净，加入 10 厘米厚的麸皮，放入黄粉虫，上面再撒一层面粉或玉米粉，盖上菜叶或瓜片，保持温度在 22℃～25℃，湿度为 50%～60%，便开始由幼虫→蛹→成虫→卵→幼虫的生长发育过程。至于用黄粉虫喂珍禽确实提高了其“生活水平”，效果大好，但要进行成本核算找到最佳用量，看投入和产出是否有赚头。一般养黄粉虫是喂养一些只吃虫、不吃其他杂粮的林蛙、牛蛙、蝎子、龟、鸟等。

【002】抚顺县上马乡树碑村读者冯德成问：我想养殖黄粉虫喂鸡能行不？哪里有黄粉虫的种源？

答：养殖黄粉虫喂鸡能行，喂猪、林蛙、蝎子以及制作美食也都可以，生产上已有实验和应用者。新民市辽东电脑培训中心建有基地，曾经养殖过黄粉虫，可提供种源，也可通过网络搜索获得种源信息。

【003】大石桥市沟沿镇读者王丽华问：在介绍害虫时，经常会看到“若虫”的字样，什么是“若虫”？怎样识别和区分？

答：昆虫在整个生命生长发育过程中，有卵、幼虫、蛹、成虫 4 个发育时期的叫完全变态昆虫；有卵、若虫、成虫 3 个发育时期的叫不完全变态昆虫。在不完全变态的昆虫中，幼虫和成虫的生活环境、取食食物相同而形态变化上较小，这一类昆虫的幼虫又称作若虫，如蝗虫、蝼蛄、蟋蟀、叶蝉、稻飞虱、蚜虫等都有若虫阶段；幼虫和成虫不生活在同一环境、取食习性差异较大，这一类昆虫的幼虫又称作稚虫，如蜻蜓、蜉蝣等昆虫的幼虫生活在水中，并有能在水中呼吸的气管鳃，而到成虫期才在陆地上生活。

25. 土鳖虫

【001】建昌县建昌镇镇南村读者陈国财问：土鳖虫、土元、地鳖虫是不是一回事？目前销路和发展前景咋样？

答：这三个词儿说的是一个东西。土鳖虫也叫土元、地鳖虫、地乌龟、簸箕虫、土鳖、蛰虫等，为蜚蠊目鳖蠊科昆虫，以干燥雌虫体入药，有化淤止血、消肿止痛、通络理伤、接筋续骨等功效，主治关节炎、腰腿跌打损伤、闭经等症，对白血病、癌症等也有一定疗效。经过前几年市场低潮后，2011 年土鳖虫价格平稳回升每公斤约 35 元，养殖市场 15 年经历了高→低→高的轮回。值得注意的是，欲养殖土鳖虫的还是要谨慎，先找好销路再养，以免赔钱。

【002】盖州市大庙沟乡读者李德军问：我想购买土鳖虫及药材种子，哪里有售？

答：新宾县药源昆虫养殖场曾经有土鳖虫种卵，价格较便宜，您可与之联系。

【003】朝阳县农业技术推广中心读者于丽雅问：我有个亲戚听说养殖土元能挣钱，就想试试，可心里还没底，养殖土元有没有发展前途？

答：土元也叫地鳖虫、土鳖虫，以干燥虫体入药，系大宗常用药材，在1995年的时候，市场每公斤售价在27～35元，至今并无大涨大落现象，因此养殖者也不会出现大富大贵之兆，其发展前途只能认定为平缓。产品多了价格就便宜，少了就贵，没有还不行，这就是中药材的生产特点。

【004】抚顺市望花区光明街14委1组读者田志刚问：土元是否适合家庭室内养殖？销路咋样？

答：土元也叫土鳖虫，是一味常规中药材，很适合家庭室内养殖，销路一般，您若养殖要先找好销路才行。

26. 蜈蚣

【001】桓仁县雅河乡船营村读者林绪忠问：养殖蜈蚣、蝎子现在很火，在我地区养殖能行不？

答：蜈蚣也叫天龙、百脚、百足虫、天虫，为多足纲蜈蚣科陆生节肢动物，喜栖于潮湿阴暗地方，昼伏夜出，以蚯蚓、昆虫等为食。蜈蚣与蛇、蝎、壁虎、蟾蜍并称五毒，并位居五毒之首。以全体入药，有息风镇痉、攻毒散结、通络止痛功效，可治小儿惊风、抽搐痉挛、中风口眼歪斜、半身不遂、破伤风、风湿顽痹、骨结核、疮伤、毒蛇咬伤等症；近年用于治疗消化系统肿瘤疗效较好。常用入药的蜈蚣有少棘蜈蚣、多棘蜈蚣、墨江蜈蚣3种，均野生于江南。东北的地产蜈蚣是很少入药的，而从南方引种养殖的蜈蚣在北方自然条件下越冬会被冻死，因此，在辽宁养殖药用蜈蚣存在一定问题。蝎子在东北野生较多，人工养殖已有成功经验，可以搞，但要注意找好市场销路。

【002】铁岭县蔡牛乡读者方明问：我家住的是土平房，室内常有蜈蚣、蚰蜒等短腿多足的虫子出现，很烦人，有啥办法能消灭他们？

答：蜈蚣也叫天龙、千足虫，为节肢动物门多足纲蜈蚣科药用动物，有息风镇痉、攻毒散结、通络止痛、败毒抗癌功效，蚰蜒也叫钱串子、草鞋虫、香油虫、玉精，为节肢动物门多足纲唇足亚纲蚰蜒科药用动物，有破积解毒功效，能治痈肿噎膈、口吐涎沫、食管癌等症。一般说来，蜈蚣和蚰蜒喜欢栖息活动在室内外阴暗潮湿处以捕食小虫、蜘蛛为生，对人类生活不会有啥危害，咬人很痛却没有生命危险。若是非将其消灭不可，可选用90%晶体敌百虫或80%敌敌畏乳油、25%西维因可湿性粉剂、10%二氯苯醚菊酯、5%吡虫啉乳油进行喷杀，注意喷杀时搬出室内食物，避免人畜中毒。以后保持室内清洁干燥。

27. 蛇

【001】开原市黄旗寨乡黄旗寨村读者戴启民问：我地区蛇类资源丰富，人工饲养此物的经济效益咋样？

答：养蛇是很有前途的项目，食用蛇、药用蛇、宠物蛇的价格连年提升，市场销售看好，如1条母蛇每年可繁殖12～19条，卖小蛇苗每条价约10元，若把繁殖的小蛇养1年，可获蛇肉2～5公斤，市场销售可获利100～250元以上，效益可观。蛇肉在我国南方广州等地可加工成高档菜肴，多有食者，而在北方如沈阳等地受到青睐程度明显欠佳，故养蛇亦应先搞好市场调查，找好销路。

【002】开原市曾家屯乡罗家堡村周玉章问：我地区野生蛇资源较丰富，听说人工养蛇能致富是真的吗？饲养的前景如何？

答：人工养蛇是个新兴的养殖业，在技术方面基本成熟。为农以为，养蛇业应该有发展前途，因为蛇可作为治病、滋补之药被广泛利用，蛇毒、蛇胆、蛇蜕等均是中成药常用之物；蛇肉亦登上高档消费餐桌。虽然北方人食用此肉略有心理压力和不适，但南方还是大有消费人群的。可见，蛇全身都是宝，如果在市场开发上稍加努力，定会有很好的经济效益和前景。

【003】凤城市叆阳镇龙道村读者李明科问：我是村委会主任，现在农村产业结构调整，我们想把我村发展成一个养蛇基地。但对这方面的信息很不了解，哪里有养蛇场以及养蛇基地？我们将进行项目考察论证，看看是否可行。

答：各地养蛇业已悄然兴起，看来是个不错的养殖项目。国内比较有名的是黄山市科委所属的黄山市蛇类科学研究所，对许多种蛇类的人工养殖进行试验研究，您可联系参观考察。还有，在网络上可搜索到很多养蛇场家，可电话咨询联系考察学习。

28. 蛤蚧

【001】东港市龙王庙镇卧虎村读者田刚信问：听说人工养殖蛤蚧前景可观，我很想试试，您看能行不？

答：蛤蚧也叫大壁虎、大守宫，为爬行纲有鳞目壁虎科壁虎属动物，野生于亚洲北回归线附近亚热带地区的广东、广西、云南、贵州、江西、福建和台湾等地，以捕食蝗虫、蟑螂、土鳖、蜻蜓、蛾、蟋蟀及其他蜥蜴和小鸟等为食，对毛虫、虾、斗鱼、推车虫和大型金龟子均不吃，栖息在悬岩峭壁的洞缝、树洞里，喜欢干燥，遇敌或捕获猎物时会对其紧咬不放。以干燥全体入药，可治疗肺虚咳嗽、虚喘气促、咳血、阳痿、遗精等症。20世纪五六十年代广西药材公司等进行人工饲养试验，辽宁省药材公司也试养过，均未获得完全成功，因其食谱过窄。由此可见，人工养殖蛤蚧问题较多，尤其在北方自然条件下并没有野生的，蛤蚧因此您还是别再尝试已经失败的事情，搞点适宜当地的养殖业为好。

29. 蝎子

【001】桓仁县雅河乡弯弯川村高树生、法库县五台子乡彭海文等读者问：听说养殖蝎子很挣钱，其市场前景如何？

答：蝎子也叫东亚钳蝎、马氏钳蝎，为节肢动物门蛛形纲蝎目钳蝎科冷血动物，全身表面为高度几丁质化的硬皮，以全体入药，具有息风止痉、通经活络、消肿止痛、攻毒散结功效，蝎毒有很强的镇痛和抗癫痫、抗惊厥作用。世界上约有800余种蝎子，我国有10余种，野生分布在辽宁、山东、河北、河南、陕西、湖北等省，以软体多汁昆虫为食，中药材市场的价格较高，养殖者有利可图，关内诸省发展较快。蝎子不仅可入药，还经常出现在高档饭店餐桌上，每盘拼菜15～20个油炸蝎子，售价60多元；商品蝎市场每公斤售价约550元；每克干蝎毒国际市场售价约1000美元。如此看来，养殖蝎子倒有点发展前景。但此物毕竟是药材，养殖要找好销售渠道。

【002】盖州市双台镇松树沟村韩国君、宽甸县下露河林业站郝椿明、凌海市三台子乡大二台子村韩斌、大洼县榆树乡郑家村

李洪庆等读者问：听说养蝎子是一条致富路，沈阳有个公司每200条蝎种卖1300多元，1只蝎子价格高达6元，这事可信不？怎么养？有前途吗？

答：人工养蝎子早已成功，技术并不复杂。10多年前为农曾采访考察过新民等地的养蝎户，是在小房中四周围起，用土坯搭成花洞，放入蝎子进行饲养的，上面四周用光玻璃贴壁以防逃逸。饲料主要是昆虫、麦麸等蛋白质较高食品。后来养蝎热潮过去就无人再问津了。如今养蝎再度热起，为农觉得此事虽然可行，但蝎种太贵了，若养殖者过多，还会出现以前突然降温滞销的现象。因此，要在销路、开辟新用途方面做文章，如“油炸蝎子”走上餐桌一样，就不愁卖不动了。

【003】大连市金州区香水路读者高爽问：听说蝎子价格很高是真的吗？我想发展此物，销路如何？

答：蝎子以全体入药，常用于治疗惊痫、风湿、半身不遂、口眼歪斜、耳聋语涩、手足抽掣等症。1997年全国中药材市场蝎子货源紧缺，供不应求，价格一涨再涨，养殖蝎子的销路没有问题。2011年销售转平稳。

【004】义县稍户营子镇王沟村读者何学问：我在许多资料上看到人工养蝎子可获利，便从家乡的山上捉了一些野生蝎子来养，但饲料问题解决不了，此事咋办？

答：蝎子是肉食性动物，喜欢食取高蛋白、低脂肪、体软多汁的昆虫幼虫。尤以活食为好，如蜘蛛、蚰蜒、蟋蟀、蝇蛆、蚯蚓、蝗虫、土元、蜈蚣、黄粉虫等，夏季可到野外捕捉或用黑光灯诱捕；青蛙肉、麻雀肉、鸡肉、猪肉等也可直接投喂；自繁黄粉虫养蝎子较为普遍。自制配合饲料有：①炒麸皮30%、蛋汁40%、肉30%混合。②炒麸皮30%、肉泥30%、炒面粉30%、青菜泥10%拌成颗粒状。③麸皮200克、食糖200克、乳汁150克，配合后可投喂各龄蝎子。

【005】灯塔市铧子乡周达村读者徐世涛问：蝎子、蚂蚁、土元能入药吗？养水蛭能行吗？田鸡油是林蛙炼出的油吗？蟾酥液怎样提取？

答：蝎子、蚂蚁、土元是中药材，均能入药。养水蛭已有人在搞，人工养殖是成功的；田鸡油不是林蛙炼出的油，而是田鸡的卵巢及输卵管；蟾酥液的提取方法是将许多蟾蜍（癞蛤蟆）放入缸中，用木棍搅动刺激其分泌耳腺液，静置沉淀的底物即是。

【006】桓仁县五里甸子镇腰营村读者于德江问：听说人工养殖全蝎前景看好，我想养殖是否可行？其市场销售行情怎样？

答：蝎子人工养殖技术是成熟的。2011 年初药材市场每公斤盐水全蝎价格 280～400 元，清水全蝎价格 650 元左右，全蝎活品市场收购价格 310～330 元，每只活蝎 0.8～1 元，所有蝎产品价格转稳。现在此物除了药用外，综合开发利用的产品较少，餐桌上仅有的油炸蝎也很少登场，所以其养殖前景只能按中药材市场价格波动的忽高忽低来测算了。

30. 蚯蚓

【001】山东省胶州市小麻湾镇赵辉、喀左县水泉乡西地村钱文昌等读者问：我们这里家庭养殖蚯蚓还没人搞，我想搞点养殖，是否能挣钱？到哪引种？

答：蚯蚓也叫地龙、曲蟮、坚蚕、地虫，为环节动物门寡毛纲单向蚓目陆生动物，几乎世界各地所有湿度合适并含足够有机质的土壤均有生长，我国以陆正蚓为常见，亦称钓鱼虫。以参环毛蚓全体入药又叫广地龙，有清热平肝、止喘通络功能，主治高热狂躁、惊风抽搐、风热头痛、目赤、半身不遂等症；还可做畜禽饲料和钓鱼饵料。人工养殖已有成功经验，目前市场每公斤鲜蚯蚓价格 20 元左右，好像养殖热潮已经过去。养蚯蚓到底有什么用途？卖给谁？这是关键！建议您先找好销路，待有人要了再养也不迟！

【002】抚顺市顺城区塔峪镇后古村读者周建问：有资料介绍说蚯蚓食品会热起来的，我想养殖你看行不？

答：蚯蚓营养丰富，制作食品受人青睐，常将其精细加工后作为食品的营养添加剂，但目前餐桌上尚少见其物。我国将蚯蚓入药治病食用几百年了，一些发达国家如美、日等食用蚯蚓也很普遍，蚯蚓罐头、饼干、蛋糕、面包行销各国。随着科学研究的深入，此类食品开发得看国人对其认识程度。人工养殖蚯蚓能行，但要先找好销路再养。

【003】昌图县后窑乡船房村读者彦青问：我想搞庭院生态农业，以蚯蚓为饲料喂鸡猪，采取沼气—蚯蚓—鸡—猪—肥料循环生产方式，是否能行？

答：为农觉得您的这种想法及实施方案很好，应该提倡。蚯蚓喂鸡、鸡粪喂猪、猪粪作肥料的生态循环链条不错，但要注意蚯蚓喂鸡将会“食不果腹”，要配以其他饲料使其“吃饱吃好”。

31. 蚂蚁

【001】凌海市谢屯乡南三家子村侯敏、沈阳市新城子区虎石台镇大桥村刘增林等读者问：听说养殖蚂蚁经济效益高，能挣钱，是真的吗？

答：蚂蚁可入中药治病强身，当年颇受推崇，养殖者及倒卖种者亦随着出现。2006 年公安部曾经通报辽宁营口某经贸（集团）公司以发展养殖蚂蚁为名、以承诺高额回报为诱饵集资诈骗、非法吸收公众存款案，该公司通过签订《蚂蚁购销合同代办授权委托书》、《蚂蚁购销合同书》、《奖励蚁种投养人补充协议》等，非法集资近 30 亿元。

【002】兴城市城东区地号村读者王晓军问：蚁力神集团委托养蚂蚁为何不给返钱呢？

答：蚁力神集团下属辽宁煦焱蚁力神蚂蚁养殖有限公司“委托养殖”模式是，养殖户交纳蚁种保证金 1 万元在家养蚂蚁，投资 14.5 个月后公司回收蚂蚁养殖户可获返利 3250 元，投资报酬率高达 32.5%，在册养殖户达 27 万。以每户 4.2 万元按三成比例返款，蚁力神每年返款额会高达 40 多亿元，蚁力神全部家当都不够，其真正目的不是蚂蚁，而是用后加盟蚁民缴纳的抵押金给先加盟的养户，以拆东墙补西墙的方式经营，这种骗局的本质是非法集资。2007 年蚁力神集团因资金链断裂爆发大规模抗议，受影响的投资者达数十万人，返钱已成泡影。

【003】大洼县荣兴乡前进村读者徐冬梅问：在中央电视台黑土地节目里看到一种药用蚂蚁介绍，很感兴趣，北方是否可以养殖？前景如何？

答：药用蚂蚁北京冠成公司董事长许官成一手策划轰动全国的诈骗大案，通过养殖蚂蚁非法集资 3300 多万元，使很多农民被骗得倾家荡产。可见，养蚂蚁要谨防上当受骗。

【004】凤城市白旗乡后营村读者朴日善问：听说蚁力神集团出事了，现在养殖蚂蚁还能行不？

答：2007 年蚁力神集团涉嫌非法集资已经被公安部门查处。随着蚁力神骗局的破灭，这种蚂蚁也将成为百万“委托养殖”户损金折银深刻教训的标记。蚁力神集团的蚂蚁代养快速致富神话是，蚂蚁分为 1 万、2 万和 4 万 1 箱由养殖户买回家养殖，公司 2～3 个月回收 1 次死蚂蚁（蚁干），并给养殖户投资回报，如投资 4 万元买 1 箱蚂蚁的养殖 2 个多月返回 1 万，过 2 个多月再返回 1 万，过 2 个多月再返回 1 万，过 2 个多月再返回 1 万，即 10 个月返还所有本金。其实，这种称为拟黑多翅蚁的东西并没啥确切药效，而是其保健品的附料，竟然被当作骗取百姓钱财的诱饵鼓噪风行一时。以后，不会有养殖此物的了，因为人们对这种骗术的免疫力会持续相当长的一段时间。2005～2007 年全国有以蚂蚁作为生产原料的保健品厂家近 300 家，现在已寥寥无几，烟消云散了。

（四）水产两栖类

1. 鲢鱼

【001】岫岩县黄花甸镇陈家村读者卢久春问：我处有一池塘，我想利用其养鲢鱼、草鱼，水面上养鸭。这样做是否可以？有没有技术问题？

答：鲢鱼、草鱼、青鱼、鳙鱼被称为四大家鱼，养殖很有前途。水中养鱼，水面养鸭在各地均有成功的，但要注意鱼和鸭的效益关系调整。鸭吃鱼，是鱼的天敌，水面上放鸭肯定对鱼的安全产生威胁，扰乱鱼群“治安”则影响其生长；鸭在塘中除吃鱼外还消费其他食物和饵料与鱼争食，相对增加了养鱼的费用成本。如果以养鸭收入为主则可实行鱼鸭混养；如果以养鱼收入为主，依为农所见还是鱼鸭莫混养为好。

2. 泥鳅

【001】开原市庆云镇西古城子村姬国山、清原县大孤家乡王

大堡村吕应侠等读者问：听说武汉地区养殖巨型泥鳅，繁殖力强，长得快，大的有六七两重。我地区能否养此物？

答：泥鳅也叫鱼鳅，为鲤形目鳅科花鳅亚科泥鳅属底栖鱼类，我国各地河川、沟渠、水田、池塘、湖泊及水库等天然淡水水域均有分布，尤其在长江和珠江流域中下游分布极广，以浮游动物、蚊子幼虫、蚯蚓、藻类以及植物根、茎、叶及腐殖质等为食，水温10℃以下、30℃以上停止摄食。全世界有10多种，有泥鳅、大鳞泥鳅、内蒙古泥鳅（埃氏泥鳅）、青色泥鳅、拟泥鳅、二色中泥鳅等，而人工养殖的主要是泥鳅，近些年又发展养大鳞泥鳅和日本川崎泥鳅。我国各地养殖泥鳅较为盛行，利用池塘、沟岔及自制池、缸均可，病害少，简单易行。种源可在当地河塘捞取或市场购买。武汉的泥鳅引到辽宁，要先试验一下看自然条件下生长是否适应，南鱼北养也有成功的先例。不过，省内也有较大的泥鳅，在新民、台安、黑山交界的饶阳河下游芦苇荡中很多，您也可弄点试养一下。2011年初沈阳市场每公斤活泥鳅价格在35～40元。

【002】盖州市熊岳镇读者邢邦治转吴天问：前些天有朋友劝我养殖泥鳅，此事能行不，哪里有种源？

答：人工养殖泥鳅能行，适合与鲢鱼、鳙鱼、鲤鱼、草鱼、鳊鱼等混养，好处是不需专门给泥鳅投喂饵料，只需给其他鱼类投饵；稻田也可养殖泥鳅，既节约水面，又能收获粮食。泥鳅市场价格看涨，养殖者增多，效益较好。种源可到农贸市场寻购。

【003】凤城市鸡冠山镇瑷阳村读者赫荣光问：我想养殖泥鳅和林蛙，两者能否在一起养殖？

答：蛙类吃泥鳅，若在一起养有点危险。两者的生活习性大有不同，林蛙全封闭饲养影响其生长繁殖，目前各地主要采取半人工自然放养的方式。林蛙只有繁殖和越冬期才大量返回水塘中，其他时间则散生于山林之中，捕食昆虫等，而泥鳅则生活于水中或泥下。可见林蛙与泥鳅混养虽然表面看共生期较短，但还是不可兼得同养，因为小泥鳅及卵很容易被林蛙吃掉。

【004】东港市前阳镇石佛村读者赫英东问：现在人工养殖泥鳅的很多，这项养殖业销售及发展前途如何？

答：人工养殖泥鳅作为一个新兴的养殖业越来越受到消费市场的青睐，具有很好的发展前景。泥鳅具有补肾壮阳、利水解毒功效，主治脾虚泻痢、热病口渴、盗汗水肿、小便不利、阳事不举、痔疮疔疮、皮肤瘙痒等症，已成为滋补美味佳品，符合现代人美食进补的需求。目前市场上泥鳅的销售价格很高，登上各类饭店餐桌，消费人群在逐渐扩大。

3. 鲶鱼

【001】瓦房店市土城乡石染房村读者陈厚波问：有资料介绍人工养殖鲇鱼的技术，我想试养3～5千尾，您看行不?

答：人工养殖鲶鱼能行，各地已有成功经验，且市场上鲇鱼比鲤鱼价格还好，很有发展前途。鲇鱼也叫鲶鱼、胡子鲢、黏鱼、塘虱鱼，为硬骨鱼纲鲶形目鲶科鲶属水生底栖肉食性鱼类，分布我国东部各水系，以小型鱼类、虾为食。有补中益阳、利小便、疗水肿等功效。人工养殖多为革胡子鲶鱼，分单养和混养两种，池塘面积以600～2000平方米、水深1～1.5米为宜，每平方米放养密度10厘米左右长的鱼种5～10尾。

【002】沈阳市苏家屯区读者杨枫问：我很喜欢钓鱼，且对钓具鱼钩颇有研究兴趣，目前有何新鱼钩动态?

答：辽宁省草原工作站肇恒哲先生根据现代垂钓理论研制出一种新型钩具叫平卧集团钩，并获得中国专利申请号，是海杆、手甩钩垂钓底层淡水鱼类的理想钓具，优于爆炸钩、葡萄钩、串钩等。此项目适合小型乡镇企业及个体户接产，您可与之联系或探讨。

4. 黄鳝

【001】葫芦岛市连山区钢屯镇龙王庙村杨立丰、庄河市栗子房镇冯堡村许传乙等读者问：看到有关养殖黄鳝的介绍说效益挺好，投资不大，我们这里养殖行不行?销路咋样?

答：黄鳝也叫鳝鱼、鲤鱼、罗鳝、蛇鱼、长鱼，为合鳃鱼目合鳃鱼科黄鳝属底栖肉食性鱼类，野生于河道、湖泊、沟渠及稻田中，以各种小动物为食。我国有常见的有黄鳝和山黄鳝两种。人工养殖没有问题，可选用深黄大斑鳝、土红黑斑鳝等品种，采用网箱、塑料大棚无土流水、稻田等方式进行养殖。黄鳝早已是人们餐桌上的美味，人工养殖也早有人在搞，可到宾馆、饭店及农贸市场销售，2011年初市场每公斤黄鳝价格36～58元，销售较好。

【002】岫岩县哈达碑镇汤沟村读者汪玉增问：人工养殖黄鳝技术复杂吗？到哪能买到养殖的技术资料？

答：养殖黄鳝方法简单，成本低，经济效益高，是个可行的生产项目。养殖鳝鱼的技术跟常规养鱼差不多，目前有利用大棚、流水及无土等方式进行养殖的。中国黄鳝养殖网站有很多这方面的技术信息，您可登陆网站搜索到相关技术、市场以及种源信息。

【003】庄河市步云山乡腰岭村读者乔希良问：人工养殖黄鳝、泥鳅市场前景如何？我想采集野生荠菜种子在大棚里冬季种植前景如何？还想在大棚中扦插培植刺嫩芽能行不？技术如何？

答：为农依据您来信提出的问题顺序逐项解答：①鳝鱼市场需求量较大，价格看涨，前景看好。②采集野生荠菜种子在大棚里种植可以但前景不一定看好，因为人工繁殖种子比野外采集用起来方便、及时、足量，尤其在冬季多茬上市时种子就会出问题。③大棚扦插刺嫩芽能行，此法在辽东山区已有成功经验，技术简单，只要配好营养液、保持适宜生长温度，春节前后上市则会供不应求，挣把好钱。

【004】海城市感王镇西庙村读者李佳旺问：我地区出产黄鳝、泥鳅、螃蟹，我想养殖黄鳝你看能行不？

答：黄鳝、泥鳅、螃蟹这三种水产品均为目前市场的畅销货，人工养殖发展前景看好。黄鳝具有补气养血、温阳健脾、滋肝补肾、祛风通络、消炎祛毒等功效，可治疗虚劳咳嗽、湿热身痒、肠风痔漏、口眼歪斜、鼻衄耳聋等症，很受消费者欢迎。

5. 河蟹

【001】宽甸县牛毛坞镇经管站读者白德祥问：我有位朋友承包了河沟养殖林蛙，水源较丰富，为充分利用水源想人工养殖河蟹，是否可行？到哪能买到蟹种？

答：辽东山区养殖河蟹应该没有问题。河蟹也叫中华绒螯蟹、螃蟹、毛蟹，为节肢动物门甲壳纲绒螯蟹属动物，人工养河蟹已在营口、盘锦、大连等地广泛搞了多年，经验丰富，效益显著。您可前去参观考察和学习技术并引种试养一下。

【002】普兰店市杨树房镇于和庙村姜殿福、庄河市南尖镇鞠家沟村张仁久等读者问：我们想养殖河蟹，不知到哪里能引到种苗，能提供点信息吗？

答：河蟹肉质鲜嫩，营养丰富，是深受人们喜爱的美味食品。辽宁人工养殖河蟹在营口、盘锦、大连地区搞得早，面积较大，且有成熟经验。您可到那里考察学习及引种。

【003】东港市十字街镇经营管理站读者王茂银问：我地区养殖河蟹已达轰轰烈烈的地步，面积猛增，不知市场供需情况如何？

答：自从《红楼梦》中薛宝钗吃完螃蟹吟诗一首后，如今吃蟹者风起云涌，且为时尚，蟹价倍增，其中市场需求以海蟹受青睐，河蟹次之。但河蟹有物美价廉之优势，故养殖者大兴，市场需求旺盛。

【004】绥中县小庄子乡二河口小学读者刘景辉问：我想养殖河蟹，到哪里能买到螃蟹苗？

答：目前辽宁省的盘锦、营口、大连等沿海地区养殖河螃蟹的较多，繁殖河蟹苗的也较多，您可前去寻购。

【005】台安县桑林镇农机站读者张玉明问：我当年养殖的河蟹个头较小不能上市，秋冬季捞出来再养一年行吗？

答：幼蟹未长成需越冬，第二年再养出成蟹在生产上已有成功经验；越冬的水面要充足，水的深度在 3 米以上为宜，一般将其用流水排出，放入深水越冬池内即可越冬。也有用大棚温室进行小蟹冬养增重的，建 0.5～1 米水深池塘，保持水温在 15℃以上饲喂，及时清理吃剩的饲料和排泄物，换气增氧，每隔 3 天缓慢换水 1/5。饲料以植物性饵料、小杂鱼虾、蚕蛹、血胴、螺蚌肉、蚯蚓、鱼粉鱼骨制品、配合饲料等为好。

【006】盖州市青石岭镇赵家村读者朱萍问：听商贩们说，他们经常把幼河蟹苗卖到南方，养成后出口，这是真的吗？

答：南方的河蟹出口是真的，主要销往韩国、日本、新加坡、马来西亚、香港、澳门、台湾等国家和地区。河蟹养殖在辽南已有成功经验，南方稻田养殖河蟹的技术主要来自辽宁，甚至从营口地区高薪聘请技术人员，可见南方出口河蟹亦有辽宁人的贡献。

【007】瓦房店市老虎屯镇大老虎屯村读者石作财问：辽宁省哪里养殖河蟹多而好？效益咋样？

答：目前辽南地区养殖河蟹较多而且好，尤以营口、盘锦地区为最。河蟹在该地区较受消费者欢迎，口味不错，只是为农吃起来觉得肉量少点。

6. 甲鱼

【001】彰武县二道河子乡万宝城村读者李树岐问：听说养殖甲鱼经济效益好，我们想养殖能行不？技术复杂吗？

答：甲鱼也叫鳖、团鱼、潭鱼、嘉鱼，为爬行纲龟鳖目水鳖科鳖属卵生两栖变温动物，野生于江河、湖泊、水库、池塘等水域，当温度降至15℃以下时开始停食，潜伏在水底泥沙中冬眠，冬眠期长达半年之久。因此在自然条件下养鳖生长缓慢，一般1年只长100克左右。以全体入药，有滋补养阴、平肝熄风、软坚散结功效，对肝硬化、肝脾肿大、小儿惊痫等有疗效。甲鱼味道鲜美，营养价值高，是上等筵席餐桌上的优质美味材料。人工养殖甲鱼技术并不复杂，先加温打破其冬眠，加快生长速度，一般每亩甲鱼池投放福寿螺100～200公斤，每天向池中投喂适量的菜叶、青草等青饲料使福寿螺繁殖，每100公斤福寿螺可繁殖小螺300公斤。当小螺长到一定阶段回到水底时，就成了甲鱼的美餐。

【002】瓦房店市土城乡土城村宋德城、绥中县叶家乡营盘村赵建财等读者问：有资料介绍养甲鱼的，其效益、销路及发展前景如何？

答：甲鱼是名贵滋阴大补中药材，如今在高档饭店的餐桌上经常出现，每道甲鱼汤150～200元之多。在沈阳农贸市场每公斤鲜活甲鱼可卖110～160元，可见其价格较贵，人工养殖效益可观。随着人民生活水平的提高，甲鱼的市场销路及发展前景十分看好。

【003】凤城市赛马镇武胜村于泽波、抚顺县解红和解飞等读

者问：我们想人工养殖甲鱼能行不？效益咋样？

答：人工养殖甲鱼能行，效益不错。

【004】大石桥市虎庄镇腰林村读者李连栋问：听说有卖甲鱼种苗一公二母 2400 元，其发展前景咋样？是否像草狸獭那样糟糕？

答：人工养殖甲鱼正在发展，销路还可以，只是您说的甲鱼种儿的价格好像高了点儿，希望再砍砍价格。一些超市有售，高档饭店多有甲鱼菜肴，价格较贵，发展养殖是可以的。养殖甲鱼不会像养殖草狸獭那样糟糕。

【005】西丰县柏榆乡鹿鸣村田战友、东港市前阳镇佳峰纺织厂王永久等读者问：甲鱼、狐狸、兔等的养殖技术及花生、红薯、马铃薯、中药材等种植技术资料到哪里能找到？

答：各地新华书店、图书城、乡村农家书屋均可寻到相关资料，也可通过网络电子书店购得。

【006】东港市马家店镇双山东村周韵问：我从南方购进一批幼鳖，到家后大部分死亡，有人说南方人在卖苗时给其打了一种针剂，是这样吗？

答：从南方购进幼鳖，卖者将其打针没有必要，可能性较小。运输过程出问题，如鳖体之间相互挤压、撕咬和挣扎，水使幼鳖呼吸困难甚至窒息，严重应激反应和机械损伤，是导致幼鳖大量死亡的主要原因。防止幼鳖死亡的方法，运输前 2～3 天可在幼鳖饲料中添加中草药和维生素 C 拌饵投喂，起捕前停食 1 天，当天起捕一次性运输完毕缩短幼鳖起捕至下塘的时间，严格控制运输密度，幼鳖之间加入适量的碎叶等减少摩擦损伤；用漂白粉或福尔马林、高锰酸钾溶液浸泡消毒；到达后用塘水淋水 3～5次让幼鳖适应新的水温环境；下塘后拌饵投喂中草药和维生素 C 持续 5～7 天，并给水体消毒。

7. 对虾

【001】清原县大孤家镇兴隆台村读者赵尚涛问：我想利用淡水池塘养殖对虾，能否成功？如果在池塘里放上几袋盐淡水变海水能行不？

答：对虾也叫东方对虾、中国对虾、斑节虾、长毛对虾，为甲壳纲十足目对虾科对虾属节肢动物，肉质松软，营养丰富，适宜老年缺钙、肾虚阳痿、男性不育、腰脚无力、心血管病患者食用。高盐水对淡水封闭式池塘养殖对虾有人搞过，主要是调配好养池盐度不高于25%不低于20%，单纯用淡水养殖对虾是不行的。至于放几袋盐调水养少量对虾试验一下可以，真正大规模养殖则很难进行，因为其中有技术管理以及投入产出比的效益问题。为农觉得人造海水养殖对虾投资成本过大，很难有好的效益，也很难跟真海水一样使对虾健康体胖，倒不如去大海边承包浅水滩涂开塘引水养对虾经济实惠省工省力。只要按照农业部发布的无公害食品对虾养殖技术规范（NY/5059－2001）和无公害食品海水养殖用水水质标准（NY/5052－2001）以及中华人民共和国渔业水质标准（GB11607－89）的规定来养殖对虾，获益是没问题的。

8. 林蛙

【001】绥中县李家乡石牌坊村读者马立中问：很多资料介绍的林蛙指的是不是蟾蜍癞蛤蟆？

答：不是一回事。林蛙也叫田鸡、油蛤蟆、蛤士蟆、雪蛤，为无尾目蛙科蛙属两栖动物，东北的林蛙主要有中国林蛙、黑龙江林蛙、桓仁林蛙等，蟾蜍也叫癞蛤蟆、蛤蟆、疥蛤蟆，为无尾目蟾蜍科蟾蜍属两栖动物，两者是同目不同科属，差别很大。

【002】凤城市青城镇林家村读者吴明问：我想养殖林蛙，技术是否成熟？前景如何？

答：林蛙人工养殖技术现在基本成熟，以半野生半家养的方法为主，也是发展方向，只是生产中林蛙的回捕率很低，病害有明显上升趋势。人工圈养或温室大棚养殖还不十分成功，投资大、成本高，死亡率高，林蛙身体变态明显。林蛙价格一直在上涨，人工养殖林蛙的前景是很好的。

【003】宽甸县太平哨镇石榴沟村读者潘国前问：林蛙在十几年内养殖前景怎样？柞蚕近几年国内外市场价格是上涨还是下降？家庭养殖商品猫是否可行？

答：您提出的问题，为农请教了有关专家，现按顺序解答如下：①前景看好。②蛹升，茧平。③新兴养殖业，可行。

【004】海城市红光居民委员会读者付海波问：林蛙、兔、甲鱼、火鸡、鸵鸟、鹿等，哪些动物养殖起来有发展前途？

答：林蛙、甲鱼、鹿较有前途，可以发展养殖；兔、火鸡可养，前途也不错；只是养殖鸵鸟前景有点不佳。

【005】凤城市东汤镇山河村刘文典问：我想在庭院养殖蛙类，您看养哪种蛙能行？

答：从以往养殖经验来看，庭院人工养蛙选美国牛蛙较适宜，但其在东北市场需求及销售不好，很难挣到钱。庭院养殖林蛙有试验的，但到目前还没有十分成功，还不能在生产上应用。如此看来，庭院养蛙行不通，您最好改养其他动物吧。

【006】彰武县满堂红乡二道村读者梅叶问：听说人工养殖林蛙前景和效益都很好，想养一些，我处能养殖不？哪里有种源？

答：目前养殖林蛙主要采取人工自然放养，以山高林密为佳。山洼处要有天然水域以供繁殖，在春季放种产卵，孵化后进入山林中自然野生，待秋冬季林蛙返回水中越冬时，人工捕捉。您处若有这样的自然条件便可尝试一下，否则难度较大。种源可到辽东山区采购。

【007】开原市中固镇王广福村读者朱庆阳问：能介绍一下蛤什蟆的养殖情况吗？种源哪有？谁回收？10 年内前景如何？

答：蛤什蟆也叫中国林蛙，在辽东山区广泛分布。由于价格不断攀升已出现养殖热，主要利用自然山林沟塘人工放养，效益大好。您可到辽东引进种源。因其市场销售看好，回收者当然是广大消费者了。10 年之内养蛤什蟆挣钱是没问题的。

【008】黑山县姜屯镇会巨村读者贾忠越问：我想利用温室大棚人工养殖林蛙，能行不？种源以及销售市场如何？

答：近几年林蛙的市场销售较好，价格也不错。但业内人士认为，目前利用温室大棚人工养殖林蛙的技术还是处于试验阶段，并不十分成熟，失败的多成功的少，一些关键的技术问题还需要进一步试验研究和探讨。不过，辽东山区半野生山林放养及回收林蛙技术已在生产中普遍应用，产值和效益较好。

【009】内蒙古宁城县邮政 416 号信箱读者马玉亭问：我想养殖中国林蛙，辽宁有没有具体供种单位？我好前去购种。

答：林蛙养殖在辽东山区较多，产品购销两旺，但并无专门供种的单位和部门。您可直接在辽东市场上采购鲜活雌雄蛙入蒙饲养繁殖，看其生境适应如何，再大量引进养殖。

【010】兴城市药王庙乡杜屯村读者孙洪文问：我收到一份人工养殖林蛙的资料，说可采用室内外立体箱笼养的办法，并能人为控制繁殖。这个信息可靠不？

答：为农不知此信息出于何处。但有一点可以肯定，全人工大棚温室以及立体箱笼养林蛙技术尚不完全成熟，在生产上应用还有很多问题，如病害、死亡严重等。现在最佳方式还是人工繁殖，山林放养，只要在秋冬季节控制好回收地点，林蛙养殖还是以自然沟坡为好。您的笼养信息若可信则暂时不可行也。

【011】新宾县响水河乡响水河村读者周慧鑫问：我想学习全人工饲养林蛙，哪里有驯化好的蛙种种源基地和成功技术？

答：目前各地进行的全人工饲养林蛙技术并不十分成熟，主要是幼蛙病害死亡成活率低的问题。至于经过人工驯化的蛙种还没有出现，生产上通常的做法还是用当地野生林蛙繁殖进行自然放养，修建水塘秋冬季回收。

【012】沈阳市苏家屯区大沟乡大沟村王吉仁、新宾县上夹河乡徐家村李景芳等读者问：听说中国林蛙可以用笼箱养殖，能达到室内高密度快速精养的效果，此法是否实用？

答：目前生产上多采用半封闭式养殖，即室内或笼网孵化，再将幼蛙放入山林中，秋冬季节成蛙返回水源地时捕获。采用大棚封闭饲养可综合利用，一边生产瓜菜，下面放养林蛙，这在个别农户做过试验，但效果不很理想。关键是食物供应问题，因此蛙主要以采食活虫为主，需另外饲养黄粉虫、蝇蛆等，这需进一步进行试验研究方可在生产上应用。

【013】东港市黑沟镇朝阳小学读者曹雨问：我想购买养殖林蛙的书或资料，到哪能买到？

答：新华书店或图书城均可购到此方面的书籍资料，也可通过网络搜索获取各地经验和资料。

【014】阜新县国华乡娘娘庙村读者张志勇问：林蛙在我地区能否养殖？市场行情咋样？

答：林蛙也叫中国林蛙、蛤什蟆，自然条件下在辽东山区生长较多。近几年农民养殖发家者不少。养殖的基本条件是要有山林加水塘，您处如果有此相似条件，可以少量引种放养，看适应性如何。目前林蛙的市场价格较好，每只大母蛙可卖16～18元，最高可达20元，且销得很快。

【015】山东省鱼台县阀门厂读者展宏图问：林蛙是东北特产，在我地区养殖能行不？

答：中国林蛙野生分布在辽、吉、黑、内蒙、四川、甘肃等地，山东省野生的多是昆仑林蛙。您可引种中国林蛙入鲁试一试，看适应性如何。

【016】内蒙古阿荣旗音河乡和平村读者姜忠问：我地区林蛙较多，我想人工养殖，从外地引种每对要花20～30元。捕捉当地林蛙进行养殖能行不？

答：这是较理想的方法。从外地引种的林蛙有可能“水土不服”，价格还贵，就地取材可谓上策。祝您成功。

【017】营口市经济技术开发区盐场学校读者韩金玲问：林蛙、蟾蜍的养殖前景如何？我省有正规的养殖供种场家吗？

答：养殖林蛙，在辽东山区已全面展开，大山小山均有野外养殖的，效益不错，前景也看好。至于养殖蟾蜍，省内却很少见，均靠自然生长。您可到辽东走一走，正规的场家虽然不多，但许多农民已成养林蛙的专家，能协助解决技术和种源问题。

【018】清原县南山城镇二道河村读者马刚满问：有报纸说北镇市有人在大棚内养殖林蛙成功，我也想试一试，能行吗？

答：随着近几年林蛙养殖热的兴起，人工池养蛙、大棚温室养蛙、笼箱养蛙等也在试行，虽有希望，但问题较多，暂时不能用于大规模生产。目前辽东自然条件下封山放养回收，回收率也较低，可谓成功。看来，林蛙人工大棚养殖技术尚待完善，还是谨慎点儿为好；如有兴趣可到辽东承包山林养殖林蛙也是可行的。

【019】沈阳市沈河区东滨河路滨河小区读者卜宏问：我是一名大龄下岗职工，准备人工饲养林蛙，用黄粉虫做饲料能行不？

答：有业内专家说，黄粉虫是很好的林蛙饲料，还可养殖蝇蛆做林蛙饲料。请您注意，目前人工全封闭养殖林蛙还处在试验阶段，上此项目应仔细考察论证慎重为好。

9. 青蛙

【001】凤城市边门镇胜利村读者那业东问：我想人工养殖青蛙，除饲喂昆虫外还可喂啥东西？

答：青蛙也叫蛤蟆、蛙，为无尾目蛙亚目两栖动物，自然条件下植物性食物占食谱7%左右，动物性食物占93%，说明青蛙吃虫才能生存，且以吃活虫为主。因此，您要想养殖青蛙，非得喂活虫不可。目前人工大量养殖青蛙的还很少，主要是因为具体用途不清楚造成销路困惑，建议您放弃养殖青蛙，而改养其他有市场销路的项目为好。

【002】宽甸县长甸镇碑碣子村读者张俊山问：青蛙和林蛙是不是同一种动物？根除果园或蚕场里的葛条用什么除草剂？

答：青蛙和林蛙均属蛙科两栖动物，但不是一个种。青蛙是平原或山区常见的，背中央有宽窄不一的浅色脊线，有黑斑，腹面白色；而林蛙只在山地森林才有，也叫中国林蛙或蛤什蟆，雌性腹部红黄色。用药剂根除果园或蚕场里葛条的试验较少，您可试用草甘膦、百草枯等灭生性除草剂进行定向涂抹防除，能有效果。

10. 牛蛙

【001】开原市黄旗寨邮局潘建华、盖州市什字街乡邵堡村邵杰升等读者问：美国牛蛙到底有没有用处？哪里有种蛙？

答：牛蛙也叫美国青蛙、猪蛙、猪鸣蛙，为无尾目蛙科两栖动物，原产美国东部，最大个体500克左右，主要供肉食及蛙皮制革。我国1959年引进牛蛙人工养殖成功，目前主要分布在湖南、江西、四川、湖北等地，放生田野的牛蛙已对当地农业生产造成危害，已被列入我国首批外来入侵物种。外国的洋蛤蟆在我国炒种火了一把后，现已经平静下来，在沈阳的农贸市场售价一般，销路不畅。

【002】瓦房店市阎店乡高粉房村读者王更福问：牛蛙在我地养殖能不能成功？如何饲养？销路如何？

答：牛蛙原产美国东部地区，我国大陆1959年引入并在全国十几个省市养殖，后来仅厦门市水产所继续养殖。湖南等地牛蛙已成为一道美味常菜，味道尚可。人工饲养牛蛙可投放小鱼小虾，蛙池上置诱虫灯诱虫或人工捕虫、培育蚯蚓等投喂，还可配制些膨化颗粒饲料以及混些水果、瓜类、马铃薯等饲喂。目前国内养殖者锐减，尤其东北地区食用牛蛙者尚不普遍，市场销路差养殖者更少。

【003】东港市安民乡读者时可厚问：我想为广大群众寻找致富门路，饲养牛蛙的前景咋样？销路如何？

答：人工饲养牛蛙的技术成熟，没有问题。但目前在北方市场牛蛙销售不畅，主要是消费人群食用牛蛙的习惯尚未形成。因此想通过养殖此物致富者要慎重

【004】新宾县大四平镇马吉库、平顶山镇栾云峰、木奇镇吴绍义等读者问：有出售美国青蛙的，一雄二雌卖 900 多元。我想买种蛙养殖，销路和效益咋样？跟养殖中国林蛙比哪个更好？

答：美国青蛙、牛蛙及古巴牛蛙等都是一种东西，国内炒种期已过，国人对此洋物的认识程度已明确。北方市场销路不好，消费需求不旺，养殖的效益不好。为农认为，养殖林蛙（蛤什蟆）从营养价值到市场消费需求都很好，在辽东秋季每只母蛙市价可达 20 元，可见养殖中国林蛙比养殖美国青蛙效益好。

【005】黑山县胜利乡李家村读者宋必成问：来自湖北武汉的信息说，乔石委员长曾经参观过养殖美国青蛙的专业户，并给予很好的评价。我们搞此项目行不？前景咋样？

答：目前美国青蛙在南方一些省区已占居餐桌的一席之地，而在北方养殖者很少。您若养殖需先联系好销路（主要是饭店），再搞也不迟。美国青蛙在北方虽可养殖，但以目前东北人的口味习惯，其发展前景不会很好。

【006】开原市杨林子乡养马村刘爱民、彰武县满堂红乡东升村王静、阜新县大板乡衙门村廖永胜等读者问：最近收到武汉某研究所寄来养殖美国青蛙的宣传材料，我们很想养殖，但心里没有底，此蛙的市场形势到底咋样？

答：目前美国青蛙在我国各地人工养殖没有问题，但产品的市场销售不很畅，说明饲养数量多少与销售有很大关系。主要在

于消费习惯，南方人已品味多年了，而东北人不大得意这种口味，尚需继续深入开发。辽中县冷子堡镇业兴村冯宏刚曾经养殖过美国青蛙，也感觉市场形势不理想。

【007】盖州市红旗镇馒首山村杨永洪、凤城市弟兄山镇向阳村郭成杰、北镇市大屯镇蔬菜研究会刘福强等读者问：看了许多养殖美蛙的信息资料，我地区养殖能行不？

答：美蛙也叫牛蛙、美国青蛙，在辽西地区养殖能行。前些天有位辽中县的读者给为农来电话，称其以每对280元的价格从武汉买了4对牛蛙。回家一看有7公1母，一气之下弃管，很快蛙儿们便逃得不知去向，白搭了许多钱。为农当即建议，没有必要花大价钱去远方进种，目前市场上有卖商品蛙的，以每公斤40元价格买下便可回家养之繁之。值得注意的是美蛙的市场销路需要下大力气寻找开发，否则会赔钱的。

【008】铁岭县平顶堡镇农业站读者金亮问：人工养蛙，你说是养殖美国牛蛙好，还是养殖中国林蛙好？

答：美国的蛤蟆来到中国尤其在东北地区往往不被看好，很少登上餐桌，市场销售平淡；而中国林蛙颇受青睐，尤其在东部山区成为高档珍贵菜肴，市场价格攀升。可见，养殖中国林蛙比养殖美国牛蛙的市场销售和经济效益好。

11. 蟾蜍

【001】岫岩县偏岭镇包家堡村读者李久微问：蟾蜍（癞蛤蟆）可不可以人工养殖来提取蟾酥液？发展前景咋样？

答：蟾蜍（癞蛤蟆）在我国有中华大蟾蜍、花背蟾蜍和黑眶蟾蜍，体表有许多疙瘩，内有毒腺，提取的蟾酥以及剥下的蟾衣是常用药材。据为农所知，目前辽宁还没有人工养殖蟾蜍用来提取蟾酥的。蟾蜍适宜于野外天然环境条件中饲养，可建蟾蜍养殖场，周围设围栏，内设养殖池、产卵孵化池等，场中安灯诱杀昆虫作为饵料，还可人工养殖蝇蛆、黄粉虫、蚯蚓等高蛋白鲜活动物饲料喂养。看来人工养殖有一定困难，因其食物主要是活体昆虫，饲料来源问题很大，而投入产出的最终经济效益如何可能不太乐观，故人工养殖蟾蜍的前景“不太光明”。

【002】清原县苍石乡沿水沟村读者赵杰问：听说养殖蟾蜍不

行，饲料难以解决，但我很想知道提取中药蟾酥的技术，能介绍一下吗？

答：《新农业》1986年第14期曾介绍过蟾酥液的提取方法，即将蟾蜍收集起来放在缸中，盖上有孔的盖。自孔中插入细木棍拨动蟾蜍使之分泌耳浆液，浆液经过滤、去杂、晒干即成蟾酥。

【003】黑山县棉织厂金鑫、开原市侯振山、河北省乐亭县胡坨镇傅玉全等读者问：蟾酥药材哪个部门收购？价格怎样？

答：此药材各地药材公司、药贩以及经纪人均有收购，目前的销路不快。铁岭、锦州地区每年产量10～20公斤。1989年末郑州药市上蟾酥价格是每公斤400～500元；2010年每公斤价格850～1000元。

【004】北镇市罗罗堡乡小三块石村读者王占和问：听说养殖蟾蜍（癞蛤蟆）能挣钱，用一种脱衣剂能使其脱皮是真的吗？哪里收购脱下来的皮？

答：人工养殖癞蛤蟆的很少，因为从经济效益上讲投入产出肯定不合算。目前用其提取蟾酥多是捕捉野生的。为农觉得，野生癞蛤蟆已列入《国家保护的有益的或者有重要经济、科学研究价值的陆生野生动物名录》，应予以大力保护，防虫灭虫离不开此物。许多人用癞蛤蟆提取蟾酥液方法不科学，造成其大量死亡，实在是不应该。至于药物使其脱皮，则杀生更甚也。

【005】黑山县四家子镇四家子村读者杨明问：蟾蜍皮有啥用途，每公斤能卖6000～10000元吗？

答：蟾蜍皮也叫蟾衣、癞蛤蟆皮、蟾宝，除去内脏的商品或脱下的角质衣膜，对慢性肝炎、多种癌症、慢性气管炎、腹水疮痈等有疗效。为农对此有点疑问，蟾蜍已经列入“三有”名录，取皮入药的确有违规之嫌。

【006】东港市前阳镇读者刘玉峰问：蟾酥是一种什么东西？如何提取？

答：蟾酥也叫蛤蟆酥、蛤蟆浆、癞蛤蟆酥，是蟾蜍（癞蛤蟆）耳后腺体的白色分泌物，其中含有甙元、甾族化合物、吲哚系碱类以及肾上腺素、γ-氨基丁酸、辛二酸、吗啡等大量蟾蜍毒素类物质，有强心镇痛、局部麻醉和诱发惊厥等作用。提取方法是将一定数量蟾蜍放在缸或罐中，用棍棒搅动促其腺体分泌，取出分泌液晾干即可。蟾蜍是有益生物，不宜过量捕捉，要注意生态保护。

【007】葫芦岛市联营公司康忠文问：我想养殖蟾蜍提取蟾酥液，能否成功？其前景咋样？

答：蟾蜍就是癞蛤蟆，用于提取中药材的多为中华大蟾蜍、黑框蟾蜍和花背蟾蜍。蟾酥液是蟾蜍耳后腺及皮肤腺的分泌物，提取后经加工干燥而成，具有解热消痈、辟恶通窍的功效。蟾蜍食物多为活虫，人工养殖者很少且研究者不多，多靠自然生长，经人工捕捉后再提取蟾酥液。您可搞点自然野生放养试验，再捕捉回收进行提取。目前蟾酥液市场销路基本持平。

【008】凤城市鸡冠山镇暖河村崔显武问：我想咨询一下蟾酥的提取技术，怎么提取？

答：此技术很简单，将蟾蜍装在缸内，用木棍轻轻搅动，刺激耳后腺分泌即可取得液体，沉淀晾干即成。

【009】铁岭市清河区清河乡孔台村读者谭文湖问：蟾酥这一中药材到哪个部门去卖？能否找到销路？

答：蟾酥在中成药中及中药配伍中是常用药材。目前中药材市场已放开，您可与药材公司、药材站以及中药厂、中药店、中医院等单位联系销售，也可通过网络发信息销售。

【010】昌图县四面城镇米河口村读者邹世祥问：听说癞蛤蟆皮很值钱，谁收购？养殖癞蛤蟆有前途吗？

答：癞蛤蟆多在自然条件下野生，取皮销售治病受国家立法保护和限制。人工封闭养殖癞蛤蟆好像不行，因其食物主要以活虫为主，成本效益不合算。野生或半野生养殖可以尝试，但单纯供药用而进行养殖生产的前景不会太乐观。

12. 水蛭

【001】昌图县七家子乡工商所读者张雷问：中药材水蛭是不是水田中常见的吸人血的蚂蟥？

答：是一个东西。水蛭也叫蚂蟥，为环节动物门蛭纲吻蛭目医蛭科及舌蛭科动物蚂蟥水蛭、宽体金线蛭或柳叶蚂蟥，以干燥全体入药，具有治疗中风、高血压、清瘀、闭经、跌打损伤等功效，近年新发现在防治心脑血管疾病和抗癌方面有特效。一般在捕获后用滑石粉烫干后药用，其中含多肽类水蛭素。

【002】台安县高力房特区榆树坨子村读者孙长福问：听说人工养殖蚂蟥是个新兴的致富项目，其药用价值如何？怎样养殖？

答：蚂蟥是水蛭科动物，有蚂蟥、水蛇及柳叶蚂蟥3种，均属药材。以干燥全体入药，为活血祛淤类药物，主治血滞经闭、跌打损伤、中风等淤血阻滞之症。人工养殖通常利用稻田进行，投放有机肥以及水藻等水生植物、河蚌等，泼洒猪、牛血，具体方法可买书一读或网络搜索获得，注意养殖前找好销路，否则会赔钱的。

【003】台安县桑林镇马油房村读者刘峰问：我们这里野生水蛭、蟾蜍很多，加工后的干水蛭和蟾酥卖给谁？

答：这些产品可与本地药材公司、药材采购供应站联系出售，或通过网络发帖销售。

【004】山西省平顺县实会乡实会村靳鸿芳、陕西省宝鸡县硖石乡兽医站卢宝生等读者问：有文章介绍养殖水蛭是个致富项目，怎样与作者联系？水蛭市场价格怎样？

答：水蛭在各地均有人工养殖，在有条件的地方是可以搞的。介绍水蛭的养殖情况的李志坚在中国农业科学院开发中心特种养殖开发部，地址在北京市海淀区白石桥路30号，邮编是100081。2011年初水蛭矾水干货每公斤市场售价580～600元，清水干货售价720～780元，因野生资源越来越少，短期内坚挺的行情恐难逆转。

【005】庄河市大营镇苗家村读者刘元海问：我地区的稻田、河渠中有很多蚂蟥，人工捕捉后养殖能行不？

答：目前还没有人进行研究和选育蚂蟥品种，人工养殖的均为自然野生捕捉后繁殖的，您也可以抓点野生蚂蟥进行养殖。

【006】黑山县四家子镇读者张明奎问：听说养殖水蛭前景看好，是真的吗？产品谁收购？

答：水蛭系指常用中药材水蛭科的蚂蟥，以干燥全体入药，用于治疗跌打损伤和内有淤肿、蓄血等病症，其中含有的水蛭素具有抗凝血作用。目前人工养殖初兴，具体技术已基本成熟，至于前景只能跟着药材行情走，因为此物毕竟是一味中药材，多了肯定会有问题。您可以养殖，但要先找好销路，各地药材公司、药材站以及中药店、中医院有收购。

13. 蜗牛

【001】昌图县头道沟乡凤凰村王国军、瓦房店市杨家乡佟山村傅明厚等读者问：有广告说饲养每只白玉蜗牛年可获利2500元，我想养殖，哪个部门收购？蜗牛的销路到底好不好？

答：白玉蜗牛也叫玛瑙螺、露螺、东风螺、菜螺、花螺，为腹足纲柄眼目大蜗牛科软体动物，喜欢在阴暗潮湿疏松多腐殖土的环境生活，可人工养殖。每只蜗牛年获利2500元仅是理论设想，真正养起来是达不到这个收入的。关键是产品的销路，卖不出去就会赔钱。为农用电话问了许多部门，目前看来是没有哪个部门收购此物，只能到菜市场、饭店等处寻找销路，如果没找到销路，养殖蜗牛还是谨慎为好。以往的市场规律是，倒卖种螺者易挣钱，生产食用商品螺者易赔钱。

【002】彰武县哈尔套镇东岗村读者周宏问：辽宁省有白玉蜗牛和蝎子吗？人工饲养哪个较方便？销路咋样？

答：白玉蜗牛原产非洲，目前已分布世界各湿热地区，辽宁自然条件下还没有生存的，而野生蝎子却有很多。在辽宁白玉蜗牛和蝎子均有人工养殖的，两者饲养起来都不很难。好像白玉蜗牛比蝎子好养一点，两者效益差不多少，销路平缓。

【003】东港市长山镇大坝村读者王德兴问：看到有关养殖南美螺的信息很感兴趣，我地区养殖能行不？市场前景怎样？

答：南美螺也叫萍螺、大瓶螺，为腹足纲中腹足目瓶螺科瓶螺属软体动物，原产南美亚马逊河流域，成螺每只重100～150克，繁殖率高，生长快，可人工养殖。南美螺喜食蔬菜、杂草、米糠、豆粕，在辽宁养殖6月投放稻田，10月收捕。大洼县唐家乡水产站曾经养殖过此物，经验较多，且有螺苗，您可参观学习和购种。注意，南美螺是否适应当地消费口味习惯还需实践来检验，因此要先找好市场销路再养殖。

【004】庄河市鞍子山镇花园村读者刘波问：我想引种福寿螺，在辽南自然条件下养殖用其饲喂河蟹等能行不？哪里有

种源？

答：福寿螺也叫大瓶螺、苹果螺、南美螺，原产于南美洲亚马逊河流域。在我国分布于东南沿海等地。20世纪70年代引入台湾，1981年引入广东并广为养殖，释放野外迅速扩散到河湖田野，危害农作物，已成江南地区一大有害生物。此物在辽宁地区自然条件下越冬困难。看来，您引种此物要慎重，越冬成活有问题；同时也要注意防止引外来生物之狼入辽而成为农业祸害。

【005】庄河市栗子房镇张炉村读者赵忠泽问：蜗牛在我地区能养殖吗？养殖的技术好掌握不？销路怎样？

答：蜗牛养殖已有成功经验，在您地区能养殖。蜗牛属于雌雄同体，每年产卵4～6次，每次排卵100～300粒，幼牛经4～5个月长成。一般在温度20℃、湿度80%左右有弱光条件下饲养，可利用闲房、阳台、地下室、塑料大棚及温室，也可利用木箱、塑料盒、砖池、水泥池等养殖。饲料有各种绿叶菜、山野菜、瓜果、牧草等，每日黄昏喂1次即可。至于销路需要自己寻找，自由市场、各式饭店等处均可联系销售。

【006】东港市菩萨庙镇观海山村读者赵言文问：听朋友说山东有养蜗牛发家的，每只种螺卖15元，我想投资7万元试一试，这个项目能行吗？

答：养殖蜗牛是一个新兴的特种养殖业，各地市场起伏变化较大，销售价格差异较大。此项目可以搞，但您说的种螺价格好像高了点，现在的白玉蜗牛种螺很少以只论价，一般都按公斤来称量，每公斤15元左右；法国散大蜗牛每只4～8元。

【007】丹东市振安区蛤蟆塘镇石桥村读者邹克臣问：最近我收到武汉一家公司销售白玉蜗牛种苗的信息，此项目是否真实可行？现在市场咋样？

答：前些年人工养殖白玉蜗牛在全国乃至辽宁曾热了一阵子，且养殖很成功，卖种者大挣了一把。目前北方养殖者较少，原因可能是市场销售不佳、较受冷落所致。

三、农资篇

（一）农药

1. 敌百虫

【001】台安县桓洞镇桓洞村读者张连武问：用敌百虫防治地老虎的毒饵怎样配制？

答：用90%晶体敌百虫1公斤或2.5%敌百虫粉3公斤，加5～10公斤水，喷拌在铡碎的60～70公斤鲜草中，或拌入炒香碾碎的棉籽饼或油渣100公斤中即成毒饵。在傍晚于行间苗眼附近隔一定距离撒一小堆，每亩撒鲜草毒饵15～20公斤或棉籽饼毒饵4～5公斤。

【002】新宾县朝阳林场读者王庆丰问：我地区人参地里的金针虫为害严重。以前用六六六粉防治效果好，但目前此药禁用，有没有取代的好药剂？

答：防治金针虫可取代六六六的药剂有2.5%敌百虫粉剂，每平方米施1.5～2克；苗期用90%晶体敌百虫700～800倍液浇灌土壤；或用50%辛硫磷0.1公斤对水0.6公斤，混过筛的细土20公斤制成毒土撒于行间。此外，甲基异柳磷乳油也可使用。

2. 辛硫磷

【001】新宾县下营子镇上堡村读者姚国新问：我们山区的地下害虫发生严重。请您给想个办法，不用拌种还有啥方法能治住地下害虫？

答：用辛硫磷等农药进行药剂拌种是防治地下害虫较理想的方法，不仅能杀死害虫，还有驱避作用。若不拌种，可采用苗期灌根、毒土、毒饵等方法。灌根法是在小苗出土后，用辛硫磷、乐果、甲基异柳磷等对水稀释后逐株浇灌根部，效果最佳；毒土法是将上述药剂用少许水稀释，再混过筛的细土20公斤施入根际土中或播种时施入沟内；毒饵法是炒麦麸、豆饼、玉米碎粒等，将乐果、敌百虫等药剂拌入其中，撒布在田间。

【002】盖州市太阳升办事处张大寨村读者曲年绪问：经常听说某某农药不能与碱性或酸性及铜制剂混用，市场上哪些农药属于酸性的？哪些属于碱性的？哪些属于铜制剂？混用后对作物是产生药害还是不起作用？

答：农药的化学性质十分复杂，不同的农药有不同的化学特性，对酸碱的反应也很难进行统一归类，因而在使用农药时只有详细阅读使用说明书才能知道。如乙酰甲胺磷遇碱易分解，胺菊酯遇酸易分解，马拉硫磷遇酸遇碱都易分解失效，敌百虫遇碱会迅速脱去氯化氢而转化成毒性更大的敌敌畏，辛硫磷遇光分解更快等，因此农药通常不按酸碱性进行分类；生产上使用的农药中铜制剂很少，常用的有硫酸铜、波尔多液、琥胶肥酸铜等。大部分农药发生酸碱反应后都会变性失效不起作用了，但也有例外的农药品种如敌百虫。

【003】大石桥市高坎镇高坎村读者曹建卫问：有许多农药商品瓶上不贴商标，说明书文字简单，农民使用不方便，遇碱分解的也不注明，这事怨谁？

答：您提出的许多问题很好。关于农药产品上无标签的问题，应引起注意，首先应查一下是否是假冒产品或是劣质产品，往往这类产品卖者不愿贴标签；其次应到较正规的农药经营部门去买药，切勿随便购得，以免上当受骗。现在农药市场已很规范，真的农药销售都不太畅，假的就更没有市场了。遇碱分解的农药主要是有机磷类等药剂，可以说除了石硫合剂呈强碱性外，大多数农药遇碱均会有反应，因而应尽量避免农药与碱性物质混合或接触。

3. 乐果

【001】盖州市陈屯乡政府读者隋心田问：我采用乐果喷雾方法消灭果树上的蚜虫，有人说先用开水将原药稀释后再对到

1000倍液中使用效果好，是这样吗?

答：多此一举没有必要，药剂用清洁凉水稀释即可。

【002】阜新县大五家子乡哈尔套村读者姜永春问：我想在防虫治病的同时，在乐果、敌百虫、速灭杀丁等农药里加入适量的锌、锰、硼等微肥以及增产菌、尿素、磷酸二氢钾等肥料混喷。是否能行?

答：专家认为，农业技术综合运用省工省力好处多。您说的这几种农药、肥料现混现用没有问题。能否混用主要是看混后是否发生化学反应失效或对作物产生药害。一般说来，药、肥混喷虽然省工，但增强了植物表面细胞的透性，药害危险性增大了，要注意浓度控制。因此，喷用前最好做点小试验。

4. 对硫磷

【001】桓仁县拐磨子镇双岭子村读者孙德仁问：我用乐果毒砂防治一代玉米螟虫之后，二代螟虫仍然发生严重，每株都有，多者1株10几条。听说杀螟灵1号一次用药兼治两代螟虫是真的吗?

答：用乐果毒砂防治玉米螟效果不好。您地区的二代玉米螟虫发生严重，主要是防治一代螟虫的药剂乐果毒砂没起作用，一代螟虫杀不死，二代螟虫自然就多了。杀螟灵1号颗粒剂防治玉米螟效果好，其主要成分对硫磷也叫1605属国家明令停产禁用的5种高毒农药之一，现已停产。目前各地提倡生物防治玉米螟，主要推广释放赤眼蜂。国家发改委、农业部、国家工商总局、国家质检总局、国家环保总局、国家安监总局联合发布公告，已从2008年1月9日起在国内全面停止甲胺磷、对硫磷、甲基对硫磷、久效磷、磷胺等5种高毒农药的生产、流通、使用，废止农药产品登记证、生产许可证和生产批准证书。

【002】朝阳县瓦房子镇三官村读者邴志远问：我们这里玉米螟较重，沈阳农业大学研制的杀螟灵1号颗粒剂对玉米螟、粘虫、蚜虫都能防治，现在还能买到吗?

答：杀螟灵1号颗粒剂由北镇市农药厂生产，在防治玉米螟中立下功劳。但由于其主要杀虫成分对硫磷是停产禁用的5种高毒农药之一，杀螟灵1号也就彻底寿终正寝了。

5. 甲拌磷

【001】兴城市南大乡北英村读者张士奇问：甲拌磷颗粒剂防治花生蚜虫效果好，但我不知怎么使用才好，是撒施还是稀释后喷雾呢？每亩地用量多少？

答：甲拌磷也叫西梅脱，是有机磷类高毒杀虫剂，颗粒剂是不可对水稀释后喷雾的，只能掺沙子后撒施。随种撒施可防治地下害虫及苗期害虫。防治花生蚜虫最好在植株封垄郁闭时使用，一般每亩用量2.5%甲拌磷颗粒剂不超过500克，掺沙子10公斤，拌匀后撒在株间。封垄前期最好用乐果毒砂防治蚜虫，每亩50克对沙子10公斤撒施。

【002】锦州市关凤端和菲尔丁、法库县李忠成、新宾县刘德文、桓仁县卢君发、本溪县杨增贵、黑山县戴忠、彰武县李秀凤、内蒙古李宗尧及宁城县彭小峰、黑龙江省海林县梁家宝、辽阳县黄恩礼、河北省艾广宇等读者问：到哪能买到所需农药？

答：现在，农药紧缺时代已经过去，各地农药公司、农资商店等经销各种农药，服务周到，您均能购到所需农药。

6. 溴氰菊酯

【001】凌海市松山乡读者李广清问：听说凯素灵这种农药杀虫效果较好，属于哪类农药？哪家农药厂生产的？

答：凯素灵就是常见的菊酯类农药溴氰菊酯，同物异名耳。还有叫敌杀死、凯安保、右旋顺溴腈苯醚菊酯、凯安保倍特等名的，因不同厂家生产的商品注册登记的药名不同而称呼有所不同。凯素灵2.5%可湿性粉剂为进口药剂，是法国罗素优克福公司生产并注册的。

【002】凤城市弟兄山乡西东村读者康兆华问：听说加工长效灭蚊帘的方法简单赚钱快，每人每天加工20～30幅，成本1元可收加工费5～8元，花200多元买技术资料后效益可观好处很多，这是真的吗？

答：加工长效灭蚊帘的方法虽然简单，但对于一些商业思想过重的人来说是不会放过赚钱机会的，出售药剂配方、转让加工技术、高价卖资料等广告声特浓，不过这张窗户纸真是有点“太薄了”，劝做此技术销售生意的人快“歇菜”吧！为农在此免费披露点儿简易技术：①药剂配方，溴氰菊酯2克、二氯苯醚菊酯100克加入400毫升纯净水搅拌均匀，浸泡帘子30分钟可制成100平方米灭蚊帘。②灭蚊蚊帐，溴氰菊酯80%、樟脑和蔓荆子适量粉碎，每10克原液加1.5公斤清水浸泡蚊帐，晾干即成。

【003】吉林省东辽县卫津镇陈家村姜静、凤城市大堡镇包家村赵荣毅、东港市前阳镇石门村崔春等读者问：我们想搞灭蚊帘生产，是否有销售市场和发展前途？

答：为农认为，在北方生产灭蚊帘的销售市场不会太好，好像蚊子发生的时期较短且没有南方的多而大。此外，这种用药剂浸泡而成的所谓灭蚊帘，药效期不会很久，药剂失效很快，灭蚊效果不会理想。因此，在北方生产灭蚊帘没有太大前途。

7. 氰戊菊酯

【001】葫芦岛市连山区钢屯镇富有村读者郭忠江问：我打农药在水塘边灌水配药时不小心将氰戊菊酯的药瓶碰碎，并随手将瓶片扔进池塘里。突然发现塘中的虾成群向池边游来任我捕捉。约过了半天时间，水中的虾又机灵起来不好捉了。这是咋回事？这里的虾还能食用吗？

答：氰戊菊酯也叫速灭杀丁、中西杀灭菊酯、敌虫菊酯、来福灵，为中等毒性菊酯类杀虫剂，原药大白鼠急性经口LD_{50}为451毫克/公斤、急性经皮$LD_{50}>5000$毫克/公斤、急性吸入$LC_{50}>101$毫克/立方米。但此药对鱼虾、蜜蜂及家禽毒性甚高，使用时则严禁污染池塘、河流、桑园及养蜂场等，您将此药投入塘中，虾对其敏感必受其害。但后来虾又灵活起来说明药量不大，中毒较轻，不会造成大的损失，但会有一段时间影响生长。当时捞上的虾是不宜食用的，以防中毒；以后捕虾食之会无事的。此种教训应大大吸取。

8. 甲醛

【001】开原市八棵树镇读者韩若冰问：甲醛是一种什么物质？主要做什么用？到哪去买？

答：甲醛分子式为CH_2O，是一种无色有强烈刺激性气味的强力熏蒸性杀菌剂，其35%～40%的水溶液通称福尔马林。用其浸种、闷种可防治水稻恶苗病、稻瘟病、茄子褐纹病、辣椒及瓜类炭疽病和细菌性角斑病等。可到当地农业生产资料公司购买。

9. 乙磷铝

【001】北镇市大屯乡车西村陈颖、法库县孙玉明等读者问：经常遇到把农药稀释成多少倍液或多少 ppm 的说法，都是怎么回事？怎么稀释？

答：举个例子，配制 40％乙磷铝可湿性粉剂 300 倍液，取 1 公斤药剂再加 299 公斤水即可。但为了计算方便，在稀释浓度超过 100 倍液时，可将药剂所占的重量忽略不计，即配制上述的药剂浓度可取 1 公斤药加 300 公斤水配制。ppm 是百万分之一浓度的意思，如 20ppm 赤霉素，就是 100 万份稀释液中含赤霉素 20 份，相当于百分比浓度 0.002％，例如，将 1％赤霉素（相当于 10000ppm）稀释成 20ppm，则取 1％赤霉素 2 克加水 1000 克即可，以此类推。注意，在国家标准 GB310－93《量和单位》中，ppm 是非法定计量单位，已被禁止使用。

10. 波尔多液

【001】喀左县平房子乡宋杖子村读者张殿学问：什么叫等量式、少量式、多量式、半量式波尔多液？

答：波尔多液是一种保护性杀菌剂，有效成分为碱式硫酸铜，可有效地阻止孢子发芽病菌侵染，并能促使叶色浓绿、生长健壮，提高抗病能力。波尔多液是用硫酸铜、生石灰和水配制成的。石灰等量式波尔多液的硫酸铜与生石灰比例为 1∶1；倍量式比例为 1∶2；半量式比例为 1∶0.5；多量式比例为 1∶3～5。配制时石灰的用量等于硫酸铜称为等量式波尔多液；少于硫酸铜的称为少量式波尔多液，如等量式表示用硫酸铜 1 公斤、生石灰 1 公斤、水 200 公斤；半量式则为 2∶1∶200，石灰半量式波尔多液，也属少量式。

【002】绥中县范家乡平川村读者刘殿奎问：波尔多液与有机磷杀虫剂能否混合使用？

答：新配制的波尔多液一般呈碱性，与有机磷农药只可临时混合使用，就是说混合后必须立即施用，现用现配合，否则会发生反应而失效。

11. 生石灰

【001】辽阳县吉洞峪乡大安口村读者王文丰问：生石灰、熟石灰、石灰、石膏都有啥区别？生产上用生石灰好还是熟石灰好？

答：天然的石灰石是碳酸钙（$CaCO_3$）；碳酸钙经过煅烧形成生石灰，也叫氧化钙（CaO）；生石灰吸水后形成熟石灰，也叫氢氧化钙[$Ca(OH)_2$]、消石灰；石灰通常是指生石灰和熟石灰的复合物。石膏则是硫酸钙（$CaSO_4$），硫酸钙在焦炭的还原下能生成二氧化硫（SO_2）和氧化钙（CaO）。生石灰是一种强碱性物质，农业生产中经常用其施入土壤中杀死病菌和虫卵，中和土壤酸度；熟石灰的杀菌、调酸能力弱于生石灰，但两者过量施用都会改变土壤的理化性状，从而造成某些营养元素缺乏。作物补钙，通常用石灰石研成的粉末，特点是大量施用不会造成土壤碱性过高。

12. 代森锌

【001】抚顺县马圈子乡金斗村读者田识问：常见到使用农药“65%代森锌可湿性粉剂600倍液”的字样，其真正含义是什么？

答：农药命名法则包括浓度、药名及剂型三部分，其中65%为浓度、代森锌为药名、可湿性粉剂为剂型。“65%代森锌”，指这种农药制剂每100份中含代森锌65份，即农药商品的有效成分；“600倍液”，是指在使用时的稀释浓度，即用1份65%代森锌对600份的水配制成的溶液。

13. 托布津

【001】新民市柳河沟乡小赵屯村读者郝志辉问：经常见到防治作物病害的农药中有甲基托布津以及托布津字样，这两者是不是一种东西？

答：托布津也叫乙基托布津、硫菌灵、土布散，化学名称1，2-二-（3-乙氧羰基-2-硫代脲基）苯；甲基托布津也叫甲基硫菌灵、甲基统扑净，化学名称1，2-二（3-甲氧羧基-2-硫代脲基）苯，可见这是两种不同的杀菌剂。托布津分子结构在3位上连接的是乙基，而甲基托布津连的是甲基，其他结构均相同，都属苯并咪唑类内吸杀菌剂，具有内吸预防和治疗作用，可防治多种作物病害。两种杀菌剂在生产中的防治对象基本一样，均可防治稻、麦、甘薯、果树、蔬菜及棉花等多种作物上的白粉病、菌核病、灰霉病、炭疽病等。甲基托布津降解为多菌灵。

14. 多菌灵

【001】法库县叶茂台镇西头台子村读者侯德岩问：经常使用多菌灵、甲基托布津、百菌清、代森锰锌、乐果等杀菌剂和杀虫剂，这些药剂能否与磷酸二氢钾混合在一起使用？

答：磷酸二氢钾的水溶液呈碱性，您列出的这些杀菌杀虫剂均不能与碱性制剂混合使用，会降低药效或失效。

【002】盘山县古城子镇古城子村读者王利彪问：我们这里经常将农药混合使用，混配后产生气泡或发生沉淀是否还能继续使用？

答：如果几种农药在混配时出现气泡或混配后产生沉淀，很可能是发生了化学反应。这种化学反应将使农药变性，影响防治效果，不宜再进行混配使用了。

【003】法库县叶茂台镇西头台子村读者侯德岩问：生产上经常遇到药剂混用问题，如杀菌剂能否与杀虫剂混用？尿素能否与磷酸二氢钾混用？硼砂、钼酸胺、硫酸亚铁与赤霉素能否混用？复合生物菌剂能否与植物生长调节剂混用？请给予解答。

答：药剂混用是生产上经常采用的，省工省力，增效增产。一般说来，可以混用的药剂应是混合后不发生化学反应、不降低药效而对人畜及作物安全，主要原则是酸性与碱性制剂不能混用，有拮抗作用的制剂不能混用。依照您提出问题的顺序来解答如下：①酸性与酸性制剂或碱性与碱性制剂、中性制剂可混用，否则不可。②尿素与磷酸二氢钾可以混用，生产上常采用叶面喷洒。③硼砂、钼酸胺、硫酸亚铁与赤霉素可以混用。④复合生物菌剂与植物生长调节剂可以混用。注意，杀菌剂不能与生物菌剂混用；药剂混用时应现用现配，不宜放置过久，以免影响药效。

15. 霜霉威

【001】庄河市城山镇农业技术推广站读者于同仁问：我地区急需杀菌剂普立克，到哪里能够批发到此种农药？

答：普立克也叫霜霉威、普力克、丙酰胺、免劳露、霜敏、扑霉特，为脂肪族类低毒广谱杀菌剂，具有内吸作用，处理土壤后能很快被根系吸收并向上输送至整株植物，茎叶喷雾处理后能被叶片迅速吸收起到保护作用，作用机理是抑制病菌细胞膜磷酸和脂肪酸的合成，抑制菌丝生长蔓延和孢子囊的形成萌发。对藻菌纲真菌有特效，对丝束霉、盘梗霉、霜霉、疫霉、腐霉等真菌都有良好的杀灭作用，亦可作浸渍处理和种子保护剂，适用于黄瓜、番茄、甜椒、莴苣、马铃薯等蔬菜以及烟草、草莓、花卉、果树等多种作物防治霜霉病、猝倒病、疫病、晚疫病、黑胫病等。常用剂型有 30％高渗水剂，35％、66.5％、72.2％水剂，50％热雾剂。商品普立克是德国拜尔（安万特）公司研制并生产注册的杀菌剂，辽宁植保有限责任公司批发零售 100 毫升和 20 毫升包装的 72.2％普立克水剂，地址在沈阳市黄河北大街。

16. 甲霜灵

【001】喀左县南公营子镇大三家村读者张鹤林问：硫菌霉威这种农药有什么特点？有哪些剂型？哪里生产？

答：硫菌霉威也叫阿普隆、保种灵、瑞毒霉、瑞毒霜、甲霜安、雷多米尔、氨丙灵、甲霜灵，为酰胺类内吸性低毒杀菌剂。核糖体 RNA Ⅰ的合成抑制剂，可被植物的根茎叶吸收并运输转移到植物的各器官，对霜霉病菌、疫霉病菌和腐病菌引起的多种作物霜霉病、瓜果蔬菜类的疫霉病、谷子白发病有效。常用剂型有 5％颗粒剂、25％可湿性粉剂、35％拌种剂、50％瑞毒霉加铜可湿性粉剂、58％瑞毒霉锰锌粉剂等，沈阳化工研究院实验厂生产。

17. 立枯灵

【001】内蒙古宁城县西泉乡农科站读者郝兆杰问：我们这里水稻苗青枯和立枯病发生严重，听说用土菌消药剂防治效果较好，怎么用？

答：土菌消也叫立枯灵、恶霉灵、土菌克，化学名称 3-羟基-5-甲基异恶唑，是一种内吸性杀菌剂，与土壤中的铁、铝离子结合可抑制孢子发芽而起到杀菌作用，对腐霉菌、镰刀菌引起的猝倒病有较好防治效果，由日本三共株式会社开发研制。防治水稻立枯病处理土壤，可用 30％土菌消 500 倍液在播种前、1 叶

1心期以及3叶1心期施用，与敌克松、利克菌等药剂相比防效较好，且对稻苗有促进生长作用。

18. 植病灵

【001】庄河市栗子房镇大十间房村读者张晓诗问：有介绍说植病灵可防治西红柿病毒病，此药能否在苹果树上应用？效果如何？

答：植病灵为复配杀菌剂，是由0.1%三十烷醇、0.4%硫酸铜、1%十二烷基硫酸钠组成的混剂，其中三十烷醇是植物生长调节剂，能促进作物生长发育，防止早衰，增强作物抗病毒侵染和复制；十二烷基硫酸钠为表面活性剂，能从宿主细胞中脱落病毒和钝化病毒；硫酸铜中的铜离子有强杀菌作用，消灭毒源及其他病原真菌、细菌。常用剂型有1.5%水乳剂、2.5%可湿性粉剂。可防治烟草花叶病、番茄病毒病以及十字花科、豆科、葫芦科等蔬菜病毒病，也可防治麦类、玉米、谷子、棉花、花生、大豆、葡萄等作物的病毒病。苹果树喷1.5%植病灵乳剂1000倍液可防治苹果果实粗皮病毒病、苹果鳞皮病毒病。

【002】昌图县金家乡孟家村张凯、瓦房店市岭卜拖拉机配件厂于成福、开原市松山乡英城子村倪兴权等读者问：听说有一种防治植物病毒病的植泰乐药剂，谁研制的？哪里生产？

答：植泰乐是20世纪90年代中期沈阳农业大学植保学院研制开发的抗病毒活体制剂，后来并未正式投入生产。

【003】瓦房店市许屯镇北瓦房店村读者王克敏问：国内有哪些厂家生产防治植物病毒病的药剂植病灵？

答：1.5%植病灵乳剂主要用于防治作物病毒病，国内主要的生产厂有山东大学泰星化工厂、大连农药厂天虹联营分厂、云南星耀生物制品厂、新疆石河子农八师一三五团农药厂等。

19. 扑海因

【001】新宾县朝阳林场读者王庆丰问：我想了解农药扑海因的特性及防病范围等，查了好几本书都没找到，能介绍一下吗？

答：扑海因也叫异菌脲、异菌胼、异丙定，为安万特公司开发生产的有机杂环类广谱触杀型杀菌剂，纯品无色结晶，熔点136℃，不易燃，通过抑制蛋白激酶控制细胞碳水化合物结合而杀死病菌。制剂有50%可湿性粉剂（浅黄色粉末）和25%悬浮剂（奶油色浆糊状物）。可防治果树、蔬菜、瓜果类作物病害，对葡萄灰霉病、玉米大小斑病、核果类果树菌核病、苹果斑点落叶病、梨黑星病、马铃薯立枯病、草莓和蔬菜灰霉病等效果好。

20. 抗菌剂402

【001】辽宁省金城原种场林果科读者韩本荣问：我们想了解抗菌剂402，都能在哪些作物上应用？能告诉一下吗？

答：抗菌剂402化学名称为乙基硫代磺酸乙酯，也叫乙蒜素、402、四〇二、抗生素402、抗菌剂401，为大蒜素的乙基同系物，中国科学院上海有机化学研究所独创的农用抗菌剂，有强腐蚀性，可燃，对人畜有毒，是一种有蒜臭味的无色或微黄色油状液体。对作物病原菌有很强的抑制作用，主要用于种子处理，可防治水稻烂秧、稻瘟病、棉花枯萎病、油菜霜霉病、甘薯黑斑病、大豆紫斑病、马铃薯晚疫病、家蚕白僵病等。常用剂型为80%乳油，由江苏省射阳农药厂生产。

21. 梧宁霉素

【001】庄河市栗子房镇冯堡村读者沈希军问：听说梧宁霉素防治果树腐烂病很好，药剂有何特点？怎样使用？谁生产的？

答：梧宁霉素也叫四霉素、11371抗生素，为不吸水链霉菌梧宁亚种诺尔斯链霉菌11371的发酵代谢产物，内含大环内酯类四烯抗生素，组合成广谱微生物源杀菌剂，通过抑制蛋白质合成而杀菌，对大多数革兰氏阳性和阴性细菌有效。常用剂型0.15%梧宁霉素水剂。对鞭毛菌、子囊菌和半知菌亚门真菌等病原真菌有极强的杀灭作用，适用防治各种作物多种真菌病害，尤其对果树腐烂病、斑点落叶病、葡萄白腐病、棉花黄（枯）萎病、大豆根腐病、水稻纹枯病、苗期立枯病、人参和三七黑斑病、茶叶茶饼病特效。同时能明显促进愈伤组织愈合，防治苹果树、梨树腐烂病治愈后不易复发，稀释5～10倍均匀涂于病疤处即可。辽宁省微生物研究所研制生产，地址在朝阳市文化路，邮政编码为122000。

22. 福美胂

【001】盖州市徐屯乡许堡村读者陈永生问：我们在果树上使

用腐烂敌，一弄就是一大瓶，剩了许多。用水稀释好的农药长期保存，来年再用行不行？

答：农药最好需要多少用水稀释多少，一次用完，当年用完。用水稀释后的药剂不宜长期保存，来年再用药效肯定会受影响降低的。腐烂敌是福美胂的缓释剂，是20世纪80年代瓦房店市无机化工厂研制生产专门防治果树腐烂病涂抹树干的药剂，目前已改型或退出生产。

23. 氯化苦

【001】开原市中固镇读者苏长波问：听说用氯化苦防治大棚重茬病害效果不错，是真的吗？哪里有这种药剂？

答：氯化苦也叫三氯硝基甲烷，是一种高毒熏蒸杀虫、杀菌剂，可用于温室大棚土壤处理杀灭各种害虫、线虫以及土传病害的病菌，对防治作物重茬的土壤病害有特效。但应注意，此药在杀死土壤中有害病虫的同时也杀死有益生物，如土壤中的蚯蚓、有益天敌等，因此弊端也不小，长期使用亦不好。目前生产上多用溴甲烷熏蒸土壤防治病虫，效果较好，但由于溴甲烷能破坏大气臭氧层，有的国家已明令禁用，看来氯化苦已成为孤独的良药了。氯化苦可到农药公司、商店等地购买，目前国内大连化工厂生产此药。

24. 垄鑫

【001】新宾县北四平乡北旺清村读者郎中义问：听说垄鑫颗粒剂处理土壤效果很好，是谁生产的？价格如何？

答：垄鑫也叫棉隆、必速灭，化学名称为四氢化-3，5-二甲基-2H-1，3，5-噻二嗪-2-硫酮，是一种高效、低毒、无残留的新型优良土壤消毒剂，施于土壤中能分解成有毒的异硫氰酸甲酯、甲醛和硫化氢等，迅速扩散有效杀灭各种线虫、病原菌、地下害虫及萌发的杂草种子。德国巴斯夫公司生产的叫必速灭，加拿大龙灯集团生产的叫垄鑫，国内南通施壮化工有限公司生产的叫棉隆，剂型有98%～100%微粒剂，每亩用量20～30公斤。垄鑫现在市场每吨零售价大约5万元左右。

25. 二甲四氯

【001】东港市小甸子镇房身村读者丛才秋问：在稻瘟病发生

阶段，有许多人买杀草剂二甲四氯进行防治，该药说明书上没有提到可防治稻瘟病。那么，二甲四氯到底能不能防治稻瘟病？已经发生的怎么治好？

答：据为农所知，二甲四氯是苯氧乙酸类选择性内吸传导型除草剂，化学名称为 2-甲基-4-氯苯氧乙酸，目前还没有防治稻瘟病的报道，农药使用说明书是对的。该药能防除水旱田的阔叶杂草，如果有人用其防治稻瘟病，请您提醒他注意别用错了药剂！防治稻瘟病的常用农药有稻瘟净、异稻瘟净、克瘟散、稻瘟灵、比艳、富士 1 号等农药。

【002】东港市小甸子镇房身村读者丛才秋问：我们村民对使用二甲四氯议论不一，用其在稻田除草有说有壮秆作用，有说不能壮秆，您说呢？

答：二甲四氯也叫 2-甲基-4-氯苯氧乙酸、二甲四氯钠盐，为苯氧乙酸类选择性内吸传导激素型除草剂，可以破坏双子叶植物的输导组织，使生长发育受到干扰，茎叶扭曲，茎基部膨大变粗或者开裂而死亡。常用剂型有 72%钠盐、20%水剂。二甲四氯防除稻田双子叶杂草是没问题的，但由于是生长素类，高浓度时对植物有抑制和矮壮作用甚至除草，而低浓度时却刺激生长，用量低微时杂草及水稻会长得更好，因为它是激素型的除草剂。

26. 2，4-D 丁酯

【001】吉林省敦化市黄泥河镇坨腰子村读者管培金问：我今年在玉米田里喷洒了 2，4-D 丁酯，明年种大豆行不行？

答：一般是没啥问题。因为玉米田除草所用的 2，4-D 丁酯药量很少，且经过了一个生长季的自然降解以及土壤的耕翻作业，残留在土壤中的药剂残效已经没啥大劲儿了，故可放心种植大豆。

【002】新宾县汤图乡鲍家小学读者林春兴问：2，4-D 丁酯是麦田、玉米田除草剂，说明书没有说能防除稻田杂草，水稻田可不可以用此药除草？

答：水稻田可以用 2，4-D 丁酯除草。一般在水稻分蘖末期至拔节前期每亩用 72%2，4-D 丁酯 50 克加水 50 公斤喷雾处理，可防除阔叶草及三棱草。喷药前要排净田内水，药后翌日灌水正常管理即可；在水稻分蘖前期和拔节中后期用此药易出现药害。由于2，4-D丁酯对水稻安全性较差，稻田很少用，通常用苄嘧磺隆、丁草胺等除草剂。

【003】西丰县更刻乡忠信村读者王铁铮问：我去年的玉米地用了2，4-D丁酯进行化学除草，今年想在这块地上种植大豆、花生，能否有药害？

答：2，4-D丁酯化学除草对下茬作物不会有药害的，因其残效期较短，且经过了一个生长季的自然降解和土壤耕翻，残效期已过，您只管放心种下茬。

【004】西丰县安民镇育才村读者周海明问：常说的除草剂2，4-D与2，4-D丁酯是否是一个东西？

答：两者不是一个东西，2，4-D化学名称为2，4-二氯苯氧乙酸，而2，4-D丁酯为2，4-二氯苯氧乙酸正丁酯，但两者的化学除草机理和性能是一致的。2，4-D分子在苯环的D位上接链的基团不同而形成不同的除草药剂，如2，4-D钠盐、2，4-D胺盐等等。

【005】昌图县老四平镇丰产村王守森问：我的农田里近几年有一种开蓝花的野草危害较重，现寄去标本请鉴定是啥植物，用啥除草剂防除？

答：经过专家鉴定，您寄来的标本系鸭跖草科鸭跖草属的一年生草本植物鸭跖草，也叫兰花草、竹叶草、鸭趾草，野生于湿地、苗圃、果园、菜地及小麦、大豆、玉米等作物田的顽固性杂草，造成危害。在谷子田可用2，4-D丁酯、扑灭津防除；大豆、花生田可用赛克津、速收、广灭灵、虎威、克阔乐等防除；玉米、高粱、糜子田可用阿特拉津、西玛津、氟草定、玉嘧磺隆等进行防除。

27. 虎威

【001】驻新民县市某部队农场读者杨绪领问：虎威可防除大豆田阔叶杂草而对作物无害，能否杀死苘麻？是否可用于红麻田除草？

答：据为农查考，虎威也叫氟磺胺草醚，为大豆田苗后高效除草剂，在杂草萌发后施药可有效防除苘麻、铁苋菜、反枝苋、豚草、鬼针草、田旋花、荠菜、藜等阔叶杂草，至于红麻田用虎威除草还未见报道，您可搞几平方米试验。目前红麻常用的除草剂有氟乐灵（播前混土）、杀草丹（播后苗前）、灭草特（播后苗前）、都耳（播前或播后苗前）、拉索（播后苗前）、盖草能和稳杀得（禾本科杂草 3～5 叶期）。

28. 二甲戊乐灵

【001】昌图县四面城镇支援村高贵问：施田补除草剂适用哪些蔬菜田施用，怎么使用？

答：施田补也叫二甲戊乐灵、除草通、胺硝草，化学名称 N-1-（乙基丙基）-2，6-二硝基-3，4-二甲基苯胺，是美国氰胺公司研制开发的注册产品。作用机制是抑制分生组织细胞分裂。适用于玉米田、大豆田、花生田、棉田、烟田、果园及蔬菜田防除稗草、马唐、狗尾草、早熟禾、藜、苋等单双子叶杂草。蔬菜田，可用于韭菜、小葱、甘蓝、菜花、小白菜、莴苣、茄子、西红柿、青椒等田除草，直播田每亩用 33％乳油 100～150 毫升播种后对水喷雾处理土表；移栽田在移栽前或缓苗后施药，每亩用 33％乳油 100～200 毫升对水喷雾杂草。

【002】内蒙古科左后旗双胜镇新街基村读者沈军问：杀虫剂与除草剂可否混合使用？

答：通常情况下，杀虫剂与除草剂混合后没有发生化学反应如气体、沉淀产生均可混合使用，省工省力。但生产上这两种药剂混合应用的较少，还是存在一定的弊端，主要是杀虫剂针对的害虫发生时期要与除草剂使用时间吻合准确，如土壤封闭的除草剂与防治地下害虫的杀虫剂混合才能收效良好。但对于茎叶处理的除草剂就不宜与杀虫剂混合，因为苗后除草剂主要喷雾杂草茎叶而不喷雾作物上，混合后会浪费杀虫剂的。

29. 乙氧氟草醚

【001】西丰县乐善乡读者王洪新问：我是搞落叶松、樟子松育苗的专业户，以前苗田化学除草都用除草醚，现在除草醚停产禁用，还有什么新型除草剂对树苗较为安全？用量如何？

答：有关科研人员通过试验研究，找到了替代除草醚的一些新型除草剂均可用于落叶松、樟子松育苗田化学除草，乙氧氟草醚（美割、果尔、割地草）、盖草能、拿捕净、精喹禾灵、西草净、环嗪酮、杀草胺以及精稳杀得等除草剂均可选用，除草效果较为理想。

【002】瓦房店市三台乡政府读者赵世成问：割地草是一种什么样的除草剂，本地很多农药商店都没有货，哪里能有割地草？

答：割地草是美国罗门哈斯公司 1975 年研制开发成功的联苯醚类除草剂，也叫乙氧氟草醚、果尔，可用于水稻、棉花、玉米、大豆、花生、甘蔗、果园、林地及蔬菜田芽前或苗后防除杂草，包括禾本科杂草、莎草和阔叶杂草，尤其对许多阔叶杂草的苗后活性效果好。国内上海惠光化学有限公司生产，辽宁植保有限责任公司有售。

30. 拿捕净

【001】凌海市大中乡赵官村读者董政志问：我在山坡地上用过拿捕净进行化学除草。听说此药对下茬作物有影响，我明年该种什么作物好？

答：拿捕净也叫稀禾啶、硫乙草丁、硫乙草灭、西杀草、乙草丁、禾莠净，为选择性内吸输导型除草剂，能被禾本科杂草茎叶迅速吸收并传导到顶端和节间分生组织，使细胞分裂遭到破坏，由生长点和节间分生组织开始坏死。受药植株 3 天后停止生长，7 天后新叶褪色或出现花青素色，2～3 周全株枯死。药剂在禾本科与双子叶植物间选择性很高，对阔叶作物安 全，在禾本科杂草 2 叶至 2 个分蘖期间均可施药，用于大豆、棉花、油菜、花生、甜菜、亚麻、阔叶蔬菜、马铃薯和果园苗圃除草。在土壤中持效期较短，药后 2～3 天残留量小于 0.1 毫克/公斤，在土壤中半衰期为 12～26 天，施药后当天可播种阔叶作物，但播种禾谷类作物时需在用药后 4 周，因此下茬可种植任何一种阔叶作物如大豆、瓜类等，对下茬作物没有影响，您可放心播种想种植的作物，不会产生药害。

31. 盖草能

【001】北票市蒙古营邮局孙玉海问：我承包了几亩荒地，长了许多芦草，其根系特别发达，把根刨出后放在干燥地方再埋地里还能生长。用什么办法、什么药剂能治住这种草？

答：经过鉴定您随信寄来的植物标本，确认为多年生禾本科芦苇草，生长在沼泽、河堤灌溉沟渠旁等低洼生荒地上。刨出其根晒干会死亡，再埋在地里肯定不能生长。因此采用伏翻、秋翻地灭草较为理想，切断根系，曝于地面。再就是出苗后快速除草，多铲多趟，可防再生。化学防除可用高效氟吡甲禾灵（高效盖草能）、甲嘧磺隆等除草剂，但用药后的地块年内就不宜种植禾本科等单子叶作物了。

32. 草甘膦

【001】大洼县新兴农场坨子里分场姜岩、开原市金沟子镇二道房村肖军、盘锦市石山种畜场农业科等读者问：草甘膦防除稻田池埂杂草效果很好，我们也想用此药除草可以吗？

答：草甘膦也叫镇草宁、农达、草干膦、膦甘酸，化学名称N-（膦酰基甲基）甘氨酸，是美国孟山都公司开发的内吸传导型灭生性除草剂，主要通过抑制植物体丙烯醇丙酮基莽草素磷酸合成酶使蛋白质的合成受到干扰导致植物死亡。草甘膦通过茎叶吸收传导到植物各部位，可防除单双子叶一年生和多年生、草本和灌木等。用草甘膦防除稻田池埂杂草各地已广泛采用，您的地区应用效果一定不错。

【002】黑龙江省宝清县跃进山钢厂窦式斌、昌图县宝力镇王凤皎等读者问：我们想购买草甘膦、氟乐灵、高效盖草能、精稳杀得、达克尔等除草剂，到哪里能买到？

答：这些农药各地农业生产资料公司、农药公司及农资商店和经销部均有销售，可以购买到。

【003】抚顺市新抚区戈布新村读者毛开成问：我在夏播前先用除草剂农达处理田间杂草，半月后再播种萝卜，胡萝卜会不会产生药害？玉米出苗前能用此药吗？

答：农达是灭生性除草剂草甘膦，对所有杂草都有效果，但只有接触植物绿色部位输导才能起作用，因此生产上常用定向喷雾或涂抹的方法施用。用药后 15 天通过整地、耕翻等作业，药剂多被土壤吸附，已经失去杀草活力，种植萝卜没有问题。春播玉米在苗前应用此药意义不大，因农达是以涂抹在植物活体绿色部位通过输导杀死杂草的，不能作土壤处理和封闭。东北地区玉米播后苗前杂草不多，用此药实属浪费，效果亦不好。

【004】新宾县下营子镇大房子村读者单义发问：我地区的果园里多年生杂草较多，听说农达这种除草剂效果好，此药到哪能买到？

答：农达系灭生性除草剂，实际上就是我们常说的草甘膦，美国孟山都公司研制生产的商品注册登记为农达，在一般的农药商店都能买到。

【005】吉林省桦甸市常山镇太平庄村读者李海臣问：我的亲属承包了一块山地，因树根太多无法耕种，有啥好农药能使树根草根烂得快？

答：草本植物的根茬留在土壤里自然条件下隔年就会完全腐烂。而木本植物的树根粗者非得人工或机械挖出拣净不可，别无良药。

33. 二氯喹啉酸

【001】新宾县新宾镇民主村读者李连汇问：我村许多农民让我向您问一下除草剂快杀稗的除草效果如何，哪个厂家生产的？

答：快杀稗化学名称3，7-二氯喹啉-8-羧酸，也叫二氯喹啉酸、稗草亡，为德国巴斯夫公司生产的激素型喹啉羧酸类选择性除草剂。用于移植水稻田和直播水稻田，可有效防除稗草、田皂角、田菁及其他杂草，对稗草的防效尤为突出。沈阳化工研究院试验厂、江苏省淮阳电化厂、昆山化工厂有生产。

【002】新宾县汤图供电所吴占元、兴城市曹庄乡农经站刘长发、清原县土口子乡农技校李长福等读者问：水田除草剂二氯喹啉酸及稻田王两种农药有何区别，哪里生产的？

答：两种除草剂主要区别，二氯喹啉酸也叫快杀稗，只杀稗草等单子叶杂草，而不杀阔叶草；稻田王是由二氯喹啉酸与苄嘧黄隆复配而成的混剂，既杀稗草又杀阔叶草。沈阳化工研究院试验厂（在沈阳市铁西区）曾生产这两种除草剂。

34. 丁草胺

【001】盘山县古城子乡夹信子村读者李永宽问：我处有户农民在水稻苗床打了丁草胺除草剂，每床60克，有人说他不懂技术，在苗床打错了药。这件事怎么补救才行？

答：他并没有用错药，也不用补救。丁草胺为美国孟山都公司开发的稻田除草剂，对稗草等多种一年生杂草有良好的防效，是可以在水稻育苗床上应用的。水稻苗田用丁草胺除草安全性较差，易产生药害，要严格掌握用药量，每床 60 克好像用量稍大了点。

【002】台安县新台乡读者周荣华问：我地区水稻田中有一种杂草？不知啥草，今寄去请鉴别。用什么除草剂能治住此草？

答：经专家鉴定，你寄来的一束干草系牛筋草，也叫蟋蟀草、路边草、鸭脚草、牛顿草、千人踏等，是禾本科蟋蟀草属一年生草本植物；全草可入药，有清热解毒、祛风利湿、散瘀止血功效，能防治流行性乙型脑炎、流行性脑脊髓膜炎、风湿性关节炎、黄疸型肝炎、小儿消化不良、肠炎痢疾、尿道炎等症。常与马唐等混生于水稻田埂、畦边沿湿润地带，是一种顽固性杂草。牛筋草在水田一般不会严重发生，人工较易拔除。药剂防除，一般在 3 叶期以前施用杀禾本科杂草的药剂如丁草胺、恶草灵等，保持水层便可治住。

35. 嗪草酮

【001】盖州市榜式堡镇榜式堡村读者李光伟问：赛克津是不是旱田除草剂？可否用于甜瓜田化学除草？

答：赛克津也叫嗪草酮、赛克、立克除，是德国拜耳公司 20 世纪 70 年代初开发的内吸选择性除草剂，对人畜低毒，通过根、茎、叶吸收对一年生阔叶杂草和部分禾本科杂草有良好防除效果，对多年生杂草无效，适用于大豆、马铃薯、番茄、苜蓿、芦笋、甘蔗等作物田防除蓼、苋、藜、芥菜、苦荬菜、繁缕、荞麦蔓、香薷、黄花蒿、鬼针草、狗尾草、鸭跖草、苍耳、龙葵、马唐、野燕麦等杂草。赛克津是正宗的旱田除草剂，但在甜瓜田应用尚缺少经验，您可搞点小试验。不过要注意，此药安全性较差，对土壤质地反应敏感，有机质含量在 2%以下（砂土地）的土壤、pH 值等于或大于 7.5 以及前茬种玉米用过阿特拉津的地块不宜使用。赛克津一般最好与氟乐灵、卫农、都尔、拉索、乙草胺、广灭灵等混用。不论单用或混用均需严格掌握用量，以免在低洼地遇大雨淋溶造成药害。

【002】新宾县农业技术推广中心孙井波、清原县北三家乡农业站张凤喜等读者问：《除草新药剂—赛克津》的作者是哪个单位的？此药是哪产的？

答：《除草新药剂—赛克津》作者韩远征是黑龙江省鸡东县8510农场农业科的。此药剂系德国拜耳公司的产品，美国杜邦公司也生产。国内应用的均为进口药剂。

36. 阿特拉津

【001】沈阳市于洪区马三家镇读者任国利问：我有块玉米田，去年用过莠去津进行除草，今年想栽植果树，不知能否有药害？

答：莠去津也叫阿特拉津。有关专家认为，果树属深根系作物，对莠去津有一定的耐药性，定植1年以上的可用莠去津喷洒树下土壤进行除草。但有的新栽果树对莠去津较为敏感，如葡萄苗、五味子苗、苹果苗、苹果梨苗等，移栽树龄小根系有伤容易受药害死亡，不过在每亩用量200克以下药害较轻。

【002】开原市八棵树镇东路村读者韩若冰问：有人说玉米地用过除草剂后，下茬种植西瓜会有影响。我想种西瓜心里又没底儿，残留的药剂会杀死西瓜苗吗？

答：此种情况为农心里也没底儿。玉米田除草通常用的是阿特拉津或西玛津，药剂残效期较长，对下茬瓜类等敏感作物生长肯定会有影响，但不至于杀死小苗。您最好是隔一两年深翻细耙后，再种植瓜类。

【003】黑山县半拉门镇小鄢家村读者郭峰问：用于玉米播后苗前的除草剂用哪个品种好？用于甜菜田的除草剂有哪些？

答：用于玉米田播后苗前的除草剂阿特拉津和西玛津效果虽好，但正常用量下残效期过长，影响下茬作物生长。因此生产上经常采用混剂的形式施用，阿特拉津、乙草胺、2，4-D丁酯混剂是较受欢迎的配方。甜菜田化学除草的药剂有甜菜宁、都尔、环草特、新燕灵、高效盖草能、精稳杀得、精禾草克、拿捕净等。

【004】开原市黄旗寨乡吕家村杜希林、海城市英落镇农业站李成庚等读者问：在连续使用阿特拉津进行化学除草的玉米田栽

植的五味子发生了药害，有什么办法挽救？准备改种大豆是否能行？

答：除草剂阿特拉津的土壤淋溶性强、残效期长，对下茬作物根系影响较大，五味子尤其敏感，各地发生药害的较多，目前对阿特拉津产生的药害还没有好的挽救办法，多采用叶面喷肥等补救措施，但效果不是很理想。大豆、花生等豆科作物对阿特拉津的敏感性虽然差点，但种植前最好先试验一下，即秋季取少量耕层土壤装在箱盘里播下种子，仔细观察发芽生长情况和有无药害发生，再做决定。

37. 氟乙酰胺

【001】吉林省公主岭市毛城子乡读者王俭问：我家的老鼠非常猖狂，听说有个叫邱满囤的人研究出的邱氏鼠药灭鼠非常好使。能告诉一下药厂的联系地址吗？

答：邱氏鼠药因含有国家禁用药剂氟乙酰胺引起一场官司风波。1992 年的时候，河北省农民邱满囤发明了一种鼠药，声称不管老鼠藏在何处都可将其引诱出来并在半小时之内毒死，被称为灭鼠大王，还在全国各地建起多家工厂生产邱氏鼠药，摇身一变成为农民企业家。当时负责全国灭鼠科技咨询和协调工作的汪诚信等 5 位科学家站了出来，呼吁停止对邱氏鼠药的吹捧，理由是邱氏鼠药含有国家禁用的氟乙酰胺，这种剧毒物质不仅杀死老鼠，而且二次中毒会杀死老鼠的天敌，对人畜和生态环境危害很大。邱满囤以侵犯他名誉权为由反告了科学家们，1994 年初法院一审判决 5 位科学家败诉。5 位科学家不服，向北京市中级人民法院提出上诉，邱氏鼠药案得到重新审理，1995 年初法院判决 5 位科学家胜诉。随后国爱卫办通报了 4 家生产含有氟乙酰胺邱氏鼠药的厂家：江苏泗阳县鼠药厂、沈空新型鼠药厂、北京生物化学研究所、福州市消毒站，同时推荐了两批高效安全的慢性鼠药包括氰胺（中国）有限公司的杀它仗（蜡块毒饵）、上海农药研究所泰和实验厂的溴敌隆和敌鼠隆、张家口市鼠药厂的杀鼠迷原药等。至此，沈空新型鼠药厂原来叫沈阳新型邱氏鼠药厂生产的好猫牌鼠药停产。

【002】铁岭县大甸子乡房申村读者刘殿祥问：我们这里老鼠

成灾，晚上睡觉老鼠上床钻被窝的事时有发生。有的农户用了好猫牌鼠药结果猫也死了，您能说说用什么药好吗？

答：好猫鼠药因含氟乙酰胺而被停产，属于剧毒鼠药，已经禁止使用。现在推荐使用的灭鼠药剂有杀鼠迷（立克命）、杀鼠灵（灭鼠灵）、大隆（溴鼠灵、溴鼠隆）、杀它仗（氟鼠酮）、敌鼠钠盐、溴敌隆等，制成毒饵撒于老鼠出没处，杀鼠效果好。

【003】吉林省东辽县金岗镇光明村宋志勇问：为了防止别人的家畜家禽祸害庄稼，我们这里都往庄稼上面撒杀鼠剂，毒死不少家畜家禽，这种做法是否允许？

答：专家认为，您反映的这种情况在农村并不少见，目前国家对此并无明确的法律规定。为农觉得，可以从几个方面分析此事的原因：一是撒药户以杀灭田鼠为目标用药，理所当然；二是性质不同，将杀鼠剂用于农田与私设电网及投毒等有明显的本质区别，杀鼠剂是撒入农田中针对有害动物的，而私设电网是针对人的故意犯法；三是用药户用药的隐性目标并未明确出来。因此，在国家未明确杀鼠剂使用规范之前，农户要看管好自己饲养的家畜家禽，不要进入别人家的苗田，避免发生畜禽中毒，造成不应有的经济损失。

38. 多效唑

【001】新民市大民屯镇方巾牛村读者佟国清问：我买了一袋多效唑可没有说明书，是不是像叶面宝一样对所有作物都有作用，正宗的剂型包装啥样？

答：多效唑也叫 PP_{333}、氯丁唑，是三唑类植物生长调节剂，主要通过抑制赤霉素合成而起作用，具有延缓生长、抑制茎秆伸长、缩短节间、促进分蘖、增加植物抗逆性能、提高产量等效果。适用于水稻、麦类、花生、果树、烟草、油菜、大豆、花卉、草坪等植物，常用剂型有 95％多效唑原药、10％多效唑可湿性粉剂、15％多效唑可湿性粉剂等，包装规格有 13 克/袋、18 克/袋、100 克/袋、200 克/袋等。

【002】绥中县农业高中读者吕文学问：听说 PP_{333} 在果树上应用效果很好，我却对此药了解甚少。PP_{333} 是何种药剂？怎样使用？

答：PP_{333}也叫多效唑，是一种植物生长调节剂，原药为白色固体，在水中溶解度为35毫克/升，溶于甲醇、丙酮等有机溶剂，可与一般农药混用。有抑制植物体内赤霉素合成、降低IAA水平等作用。常用剂型有25%乳油，原产品为英国卜内门化学工业有限公司生产，对水喷雾常用浓度100～300毫克/升，对果树有促花保果、矮化树型等作用

【003】绥中县沙河乡南山村读者张国政问：PP_{333}在苹果幼树上涂干要和几种农药混用为好，比例是多少？

答：用PP_{333}对苹果幼树环剥后主干涂环可减缓延长枝生长，缩短节间长度，增加短枝量，控制副梢生长，使幼树提早结果，促进花芽形成。PP_{333}与农药混用要视果园病虫情况而定，防虫可混杀虫剂，治病可混杀菌剂，但不宜混的品种太多。混合农药的比例可根据两药各自的最佳药效而定。

【004】开原市八棵树镇石场村读者雷动问：在温室大棚里使用多效唑及其他杀菌剂，经常遇到ppm的对药方法，怎样对出此浓度药液？

答：ppm，就是百万分之一浓度的一种表示方法，如果100万份水溶液中含有1份多效唑药剂就称为1ppm，含10份药剂就称为10ppm，以此类推。我国已明确规定百万分率不用ppm表示，大多数科技期刊已统一用微克/毫升、毫克/升、克/立方米来表示。

39. 赤霉素

【001】盖州市九寨镇郑屯供销社读者郑家声问：我最近买了些美国产的“920”片剂，回家一用毫无效果，看来是假药。哪里能买到真正的“920”药剂？

答：“920”也叫赤霉素，为双萜化合物，广泛存在的一类植物激素，是1926年日本黑泽英一在水稻感染赤霉菌疯长后发现的。赤霉素可刺激植物营养生长、加速细胞的伸长、促进细胞分裂以及防止器官脱落和打破休眠等，常见剂型有4%赤霉酸乳油、6%赤霉素水剂、40%赤霉酸颗粒剂、20%可溶性片剂、75%结晶粉、85%结晶粉等，主要生产厂家有青岛百禾源生物工程有限公司、浙江钱江生物化学股份有限公司、江苏瑞德邦化工

科技有限公司、上海同瑞生物科技有限公司等。赤霉素在各基层农资、农药公司及商店均有销售，您不一定非买“920”不可。

【002】桓仁县沙尖子镇闹枝沟村读者周尊江问：喷施“920”和“481”哪种效果最好？追施尿素的多少影不影响绿色食品生产的质量要求？

答：第一个问题，“920”的主要活性成分是促进植物生长的赤霉素，“481”的主要活性成分是新型高效植物生长调节剂油菜素内酯，也叫芸苔素内酯、油菜素甾醇，这两种数字代表的药物均为植物生长调节剂，属于刺激生长的赤霉素类，至于哪种效果好就要看增产目标和有效含量使用技术的科学性了，老百姓好像对“920”偏爱一点。第二个问题，生产绿色食品对化肥的使用有严格限制，即生产AA级绿色食品（有机食品）禁止使用任何化学合成肥料；生产A级绿色食品允许使用“掺合肥”，有机氮与无机氮之比不得超过1∶1，如施全氮含量为0.38%的优质厩肥1000公斤可加含氮46%的尿素10公斤，与有机肥复合微生物肥配合施用厩肥1000公斤可加5～10公斤尿素或20公斤磷酸二铵、60公斤复合微生物肥料。总之，绿色食品生产以农家肥、有机肥为主。

40. 生长素

【001】新宾县苇子峪乡付家村读者王学云问：我想购买吲哚乙酸、激动素、联二苯脲等药剂，哪里能有？

答：生长素也叫吲哚乙酸、IAA，可促进生长、愈伤组织形成和诱导生根，但高浓度时则会抑制生长，甚至使植物死亡。激动素也叫动力精、细胞分裂素、N6-呋喃甲氨基嘌呤，为植物激素的一种，可促进细胞分化、分裂、生长，诱导愈伤组织，促进种子发芽、打破侧芽休眠。联二苯脲（DPU）为细胞分裂素类植物生长调节剂，可促进坐果、侧芽萌发及细胞分裂。这些均为植物激素或植物生长调节剂，在一般的农药公司及商店均有售。

【002】法库县慈恩寺镇章强、西丰县和隆乡李鸣等读者问：到哪能买到植物催根剂？

答：催根剂也叫生根粉、萘乙酸、生根剂、NAA，为广谱植物生长调节剂，常用剂型为80%可湿性粉剂，配以植物细胞分裂素等效果更好，能刺激植物生根，常用于浸泡葡萄插条或新栽果树幼苗蘸根。常见的产品有 ABT 生根粉、高效催根素、植物生根剂等，各地农资公司或农药商店有售。

【003】凌海市八千乡读者孙序元问：在农药说明书中经常看到同样名称的除草剂在介绍使用剂量时有用毫升表示的，还有用克表示的，1 毫升是否等于 1 克？

答：比重为 1 的液体（如水）1 毫升应该等于 1 克。大多数除草剂的比重大于 1，所以 1 毫升就大于 1 克了，液体农药多数用毫升表示用药剂量。但是，对于用克表示用药剂量的，也不能算错，使用时就必须按要求准确掌握用药量，否则会出事的。

【004】黑山县半拉门镇小鄢家村张希俊等读者问：植物生长调节剂 ABT 生根粉用在玉米上拌种，能否与杀虫剂、杀菌剂或种衣剂混在一起用？他们之间有没有化学反应？

答：ABT 生根粉可以在拌种时与杀虫剂、杀菌剂及种衣剂混合拌种使用，不会发生化学反应，拌后立即播种问题不大。

41. 抑芽敏

【001】喀左县种子公司繁育股读者马俊杰问：化学药剂抑制烟草长腋芽效果好，都有哪些种类的药剂？使用方法如何？

答：我国从 20 世纪 80 年代开始在烟草上应用抑芽药剂，目前生产上常用的有抑芽敏（12.5％氟节胺乳油）、灭芽清（25％抑芽丹水剂）、奇净（30.2％抑芽丹水剂）、除芽通（33％二甲戊灵乳油）、菜草通（33％二甲戊灵乳油）、芽畏（37.3％仲丁灵乳油）、烟净（36％仲丁灵乳油）、止芽素（36％仲丁灵乳油）、灭芽灵（25％氟节胺乳油）等；使用方法有用毛笔或其他工具将药液直接涂抹到烟株叶腋部位的涂抹法、用杯子或瓶子等容器将药液从烟株顶部向下淋药液的杯淋法、用喷雾器将药液喷施到烟株的喷雾法等。

【002】陕西省旬邑县科协师东林、昌图县金家地区医院沈明倬、辽阳市甜水乡农科站等读者问：烟草生长中后期打顶抹杈很费事，使用抑芽敏、In-D 抑芽效果好，且省工省力。此药何处生产？何处有售？

答：抑芽敏也叫氟节胺、灭芽灵，是一种内吸性烟草抑芽剂，最早由瑞士汽巴—嘉基有限公司研制并生产，我国每年都有进口，您可到本地农业生产资料公司或农药商店购买。In-D 也叫正癸醇，为触杀型抑芽剂，由黑龙江省石油化工研究所研制、牡丹江市西桥化工厂生产，由于该制剂有难闻的气味，在使用上受到一定的限制，现在已研制出无毒无味的 In-D 替代品。

【003】四川省绵竹县广济乡读者叶祥明问：烟草抑芽剂 In-D 对未施药的腋芽有没有影响？例如烟株只留上部 1～2 个腋芽不抹药，其余的都抹药，未抹药的腋芽生长是否受阻？

答：In-D 系触杀性抑芽剂而不能内吸输导，只有药剂抹到腋芽处才起作用。抹上药的烟草植株腋芽生长都会受阻，而未抹上药的腋芽营养充足、长得更快了！

【004】彰武县大冷乡套力村读者曹茉第问：用抑芽敏控制烟杈每株需要涂抹几次才能见效？

答：用抑芽敏药剂控制烟杈，必须在叶腋内未见芽时进行涂抹，每个叶腋都仔细抹，只需一次即能见效。

【005】朝阳县长在营子乡茂榛沟村读者于加启问：有一种抑制烟长杈的药物叫抑芽敏，具体的使用时间和方法如何？

答：抑芽敏的施用时期应掌握在烟株上部花蕾伸长期至始花期进行人工打顶时，即在烟株打顶后马上进行施药，抑制烟草腋芽效果好。可采用喷雾法、杯淋法或涂抹法施药，用毛笔往侧芽上涂抹通常用 25%抑芽敏乳油 250 倍液。

42. 保鲜剂

【001】葫芦岛市连山区大兴乡二道河子村读者段宝元问：最近看到广告说山西省生产一种叫“PSLT 生物活性保鲜剂”是纳米技术，保鲜果蔬粮米效果神奇是真的吗？我想用能行不？

答：为农按照您提供的线索打电话并在网上查询，该保鲜剂产品的有效成分是什么、是否属农药类，均未得到厂家明确解释和热情答复；另有读者来电反映购买此保鲜剂应用连续失败，损失很大。看来果蔬保鲜剂应该归入农药类，看农药登记证、生产许可证、产品标准证“三证”全不全，若“三证”不全就应属于非法之列，使用此类药物来保鲜果品蔬菜，请您慎重。

43. 秋水仙素

【001】昌图县八面城镇公祥村读者靳凤春问：听说育种上经常用秋水仙素处理作物种子、苗木及其他部位，能产生多倍体增加产量和质量，这是为什么？我想买点药试验能行吗？

答：秋水仙素是从百合科植物秋水仙中提取出来的一种生物碱，能与细胞微管蛋白结合使有丝分裂前期不能形成纺锤丝，结果造成只有染色体分裂而细胞不分裂现象，最终形成多倍体细胞或植物。自 1937 年美国学者布莱克斯利等用其加倍曼陀罗获得成功以后，此药被广泛用于多倍体育种。您也可以试一试，但此事技术性很强，用药剂处理很容易，检查鉴定则需要仪器设备，投资不小。还要注意，诱变的多倍体不一定都好，也有不好的、不育不遗传的，建议先买本书了解或找专家指点一下，得其要领后再行动为好。

44. 洗衣粉

【001】朝阳县瓦房子镇三官村读者邴志远问：有报刊介绍用洗衣粉和尿素 1:3～5 混合后对水 400～500 倍喷施，可防治果树、蔬菜上的各种红蜘蛛、蚜虫和菜青虫。此配方能不能用于高粱、谷子、玉米及豆类？在作物花期用此药对授粉有无影响？

答：洗衣粉是一种碱性的合成洗涤剂，是德国汉高在 1907 年以硼酸盐和硅酸盐为原料合成发明的，主要成分是阴离子表面活性剂。洗衣粉杀螨效果好，而对蚜虫、菜青虫的触杀效果不如杀虫剂，加入尿素混喷相当于叶面追肥。洗衣粉加尿素可防治果树红蜘蛛、大豆红蜘蛛等，玉米、高粱、谷子等及蔬菜若是发生了蚜虫、菜青虫还是使用杀虫剂效果好。在作物的花期喷用洗衣粉、尿素混合液，一般对授粉不会有影响。洗衣粉与轻柴油混合而成的乳剂是高效杀螨、杀虫剂，对蚧类、粉虱有效。

【002】盖州市太平庄乡钓鱼台村读者徐美香问：在喷洒农药有机磷杀菌剂时，可不可以加入洗衣粉作湿润剂？有无药害？

答：常用的有机磷杀菌剂，如可湿性粉剂和乳剂等，在工厂加工成品时已经加入了适量的湿润剂，因此没有必要再加入湿润剂。合成洗衣粉虽有湿润作用，但绝不可与有机磷农药混用，因大部分有机磷农药遇碱分解，洗衣粉是不可与遇碱分解的农药混用的。

【003】黑山县半拉门镇小鄢村读者张希俊问：有材料介绍喷洒农药时加洗衣粉作展着剂，防治作物病虫的效果更好是真的吗？

答：专家认为，对于某些表面蜡质层较厚的作物，在喷洒的农药中加入洗衣粉（一般千分之几）可以增加农药的展着性、渗透性，增加杀虫、杀菌效果。洗衣粉呈碱性，因此常在喷药时加入。注意，洗衣粉对有机磷等农药有分解降效作用。

（二）肥料

1. 尿素

【001】兴城市南大山乡后五村读者陈忠远问：长效尿素与普通尿素有什么不同？为什么比普通尿素肥效期长？

答：长效尿素是一种新型实用肥料，其中加入了缓释剂，可以在整个作物有效生长期发挥肥效，故称之为长效尿素，从营养含量上看与普通尿素基本没有区别。目前我国已研制并生产出了多种长效尿素肥。

【002】河南省西峡县桑坪镇岭岗村读者余泽山问：我地区许多农民把尿素与过磷酸钙混合使用做底肥。这样混合对不？会不会出问题？

答：尿素与过磷酸钙混合施肥是可以的，集氮磷肥于一体施用好处颇多。此法的模祖在辽宁多年前曾大面积应用被称为“头顶火”（种肥）或“坐火盆”（口肥），只是采用的是碳酸氢铵与过磷酸钙混合，而不是尿素，当时的混合比例是1:5。值得注意的是，尿素与过磷酸钙混合后既不能“头顶火”，也不能“坐火盆”了，因为尿素不宜做种肥或口肥，会烧种影响出苗。正如您所说的，用其做底肥为好，混合比例一般在1:2为宜。

【003】宽甸县步达远镇四林村读者王贵福问：我们这里今年的化肥价格都比往年贵了点儿，国家对今后的化肥价格还能不能采取措施继续控制稳定呢？

答：自2005年以后化肥价格调控机制变化以来，国家对化肥不再限价而是指导价加补贴，同时取消化肥行业目前享受的与肥价有关的各种优惠政策，如果出现波动就直接给予农民补贴。这样国家有关部门不必为化肥产销环节没完没了出台一大堆优惠政策而烦心，更不必耗费人财物大规模组织监督检查这些优惠政策及限价政策执行情况，只需“心中装着农民利益和农业丰收”就行了。

2. 磷酸二铵

【001】盖州市九寨镇福利村读者李继庆问：请您参谋一下，美国二铵每百斤 90 元，纯羊粪 8 元，豆饼 72 元，以上三种肥料选用哪种对苹果树既经济又有效？

答：纯羊粪营养全面，从营养含量看，相比之下贵了点儿；豆饼直接做肥料施用实乃浪费，最好先做牲畜饲料，过腹转化肥料后再用也不迟。上述三种肥料从价格及营养含量上比较，还是用磷酸二铵便宜。但其中没有钾，氮太少，磷太多，需按苹果树需肥特点配制后施用。常见配方为：2 公斤尿素加 1 公斤磷酸二铵加 2 公斤硫酸钾；或 2 公斤尿素加 1 公斤磷酸二铵，另追施 12 公斤草木灰，这是单株产果 100 公斤树的用量。根据产量的增加，用量则相应增加。请您注意，草木灰不可与之混施，要单独施用；还要注意增加土壤的有机质，可通过割青草埋压绿肥来解决。

【002】岫岩县汤沟镇汤沟村读者杨永丰问：我想搞玉米一次深施肥药剂除草免中耕。肥料到底是一次深施好还是分期追施好？用什么肥既便宜增产效果又好？

答：一次深施肥和多次施肥各有利弊。玉米免中耕栽培最好是一次性深施肥，肥劲长，肥料利用率高，减少了多次追肥田间作业的麻烦。使用肥料一般每亩用磷酸二铵 13～15 公斤、尿素 13～17 公斤。化学除草每亩再用阿特拉津 150～170 克、乙草胺 150～200 克和 2，4-D 丁酯 50～75 克，兑水喷雾土表。

3. 磷酸二氢钾

【001】东港市龙王庙镇三道洼储蓄所读者李延成问：磷酸二氢钾在有的书上说是酸性，有的书上却说是碱性，到底哪本书说得对？

答：严格地说，磷酸二氢钾的水溶液应该是呈酸性，而磷酸氢二钾的水溶液呈微碱性。不过，若是磷酸二氢钾与磷酸氢二钾混在一起，则是一种缓冲溶液了。

【002】大连市金州区向应中学读者刘洪财问：磷酸二氢钾开包后很长时间没使用，暴露在空气中形成白色粉末，是否失效？还能当肥料用吗？

答：磷酸二氢钾属于高浓度磷钾二元素复合肥料，其中含五氧化二磷52%左右，含氧化二钾34%左右。易吸湿潮解成白色粉末，但在空气中稳定，在生产上还能用。

4. 硫酸钾

【001】灯塔市柳条镇三台子村读者聂晓东问：我想购买硫酸钾、硫酸锌、复合微肥及喷雾器，到哪能买到？

答：您说的这些农资产品在各地农业生产资料公司或农资商店、化肥店、农药店有经销，您可前去购买。

【002】西丰县房木乡志学村读者王奎武问：硫酸钾、锌肥、碳酸氢铵三种肥料配合在一起一次性深施肥是否可以？有没有化学反应？

答：硫酸钾、锌肥、碳酸氢铵三种肥料混合在一起施用是可以的，不会发生化学反应，但要现混配现施用，混合后不宜放置过久。

5. 硝酸钾

【001】开原市庆云镇两家子村读者张建强问：听说湖北有人整理出猪圈取硝技术，此事可行吗？

答：从农村猪圈、厕所里面提取硝就是硝酸钾，一种白色粉末。硝是含氮有机化合物在细菌作用下分解氧化形成硝酸后与钾化合而成，所以每当秋高气爽便析出覆盖于地表墙角成为所谓地霜，刮扫起来叫硝土，此物在我国北方各省广泛产出，但不同地区的硝含量不同。这种原始的取硝方法可以获得硝，但作为商品生产不大可行，收率低、费工费力不经济，不合算，没啥大意思。

6. 氯化钾

【001】黑龙江省海拉尔市海拉尔电厂读者李军问：我购买了

1袋钾肥不知是真是假，寄上样品请您鉴定一下。

答：根据您寄来的样品，经专家鉴定系氯化钾肥料。产品呈白色或粉红色结晶，易溶于水，为生理酸性肥料。

7. 硫酸锌

【001】黑龙江省海拉尔市奋斗乡王明、黑山县胡家镇小荒村李广海等读者问：我想购买分析纯硫酸锌、硼砂、硫酸锰、硫酸铜、硫酸镁、三氯化铁等化学制剂配制营养液搞无土栽培，到哪里能买到这些产品？

答：这些制剂在化学试剂商店或农资商店、肥料店有售，网络销售厂家很多，可搜索联系。

8. 硫酸钙

【001】鞍山市旧堡区宁远镇新堡村读者石利民问：我们这里土壤缺钙较严重，想用硫酸钙来补充土壤钙素，能行不？

答：硫酸钙也叫石膏，用其给土壤补钙能行，但要注意科学施用才行。由于硫酸钙呈酸性，通常将其施用在碱性土壤上进行补钙，能同时消除土壤的碱性。对于酸性土壤则不宜施用硫酸钙来补钙，以免加大土壤酸度，通常选用石灰来进行补钙。值得注意的是，土壤中的钙素多了往往影响作物对氮、磷营养元素的吸收，因此应科学合理对土壤补钙才行。近几年各地土壤缺钙问题日渐突出，有关部门应重视土壤补钙知识的宣传普及。

9. 钼酸铵

【001】河北省抚宁县双岭乡读者马瑞昌问：我想买钼酸铵、硝酸钙、整形素等微肥，哪里能有？

答：这几种微肥和植物生长调节剂您可先到本地的农业生产资料公司和药肥商店购买；也可通过网络搜索得到产品销售信息。

【002】义县稍户营子镇药王庙村读者高澍昆问：我们农家怎样能测定田间土壤的酸碱度（pH值）？

答：农家测定土壤酸碱度比较简易的方法是用pH值试纸进行测定。先取田间少量土壤置于盆或桶内，加清水浸泡一昼夜，再用试纸轻蘸浸出液看其颜色变化，对照比色卡颜色就可大致断定其酸碱度了。此外，目前已有便携土壤pH仪、土壤酸碱度仪以及土壤 pH 计等简便快捷仪器，可以用于土壤酸碱度的测定。

【003】新宾县上夹河镇大堡村读者李鹏问：我们这里来个售货车卖铁岭军保化工厂生产的“丰产宝”，说喷后作物就不用上肥料了，这是真的吗？

答：为农仔细看了您寄来的产品包装袋，可以判定不是合法产品。说明书上写的是“广谱固体高效植物生长剂”，应算农药类，其准产证号、登记证号、批号等一系列证件标记都没有，怎能让人相信！其施后不用再施肥更是无理之说，因为植物吸收营养主要是靠根系，就像人用嘴吃饭一样，其他的营养摄取方式都属于辅助的，请您切勿上当，以免作物损失减产。

10. 复合肥

【001】凌海市温滴楼供销社读者姜廷武问：我地区干旱少雨，作物经常缺肥，我想把尿素对入复合肥里在生长后期作追肥施用，是否可以？

答：目前生产上应用的复合肥多是含有氮、磷、钾养分的复混肥料，其中的氮肥主要是尿素。复合肥做基肥效果好，有利于肥效的充分发挥。但如果土壤严重缺肥乃至影响作物产量，基肥不足追肥补就显得重要了，通常是分别追施，先深追施尿素，后深追施复合肥。因复合肥多是按测土和作物特性所研制的，将尿素与复合肥混在一起追施目前生产上不多见，您可以尝试摸索点经验，看看是否既经济又有效。

【002】瓦房店市赵屯乡赵屯村读者潘连文问：化肥、农药使用后剩下的第二年再用，肥效药效能否降低？

答：化肥、农药使用剩下后，在保质期内只要放在阴凉干燥处妥善保管，下年是可以继续用的，一般不会失效。但保管不善，或出现沉淀、打团等现象，肥效、药效降低不说，用后还会对作物产生肥害或药害。

【003】黑山县小东镇南窑村读者周越问：购买使用复合肥时，经常有售货商提到喷浆造粒、氨化造粒等说法，这两种方法生产的复合肥有什么不同？对肥效有影响吗？

答：业内专家说，很多颗粒状的复合肥定型产品都有造粒的过程，造粒的方法也较多。喷浆造粒是将部分混酸溶液用氨气进行中和反应制出一定中和度的复合肥料浆，再经喷浆泵在烘干造粒机内进行喷浆涂布造粒；氨化造粒则是将部分混酸溶液经混酸泵输送并与氨气进行中和反应，利用其反应热产生的背热直接喷入转鼓造粒机内与配送的干物料混合滚动造粒。这两种方法生产出的复合肥基本相同，成分含量及肥效可以保证，所不同的是喷浆造粒法生产的复合肥外观颗粒光滑、圆润、强度高，不易结块，而氨化造粒法生产的复合肥外观颗粒不规则、含氮高，易溶于水。从运输质量上看喷浆造粒法生产的复合肥应好于氨化造粒法生产的复合肥，不易分层。

【004】朝阳市第十一中学读者王彦问：生产上经常提到的专用肥都有哪些？怎样使用专用肥料？

答：专用肥是在测土配方基础上根据土壤及作物特性配制的肥料，具有专用性。按作物需求有玉米专用肥、水稻专用肥、大豆专用肥、果树专用肥、蔬菜专用肥、中草药专用肥等，以及水产养殖肥、鱼花专用肥、珍珠蚌专用肥等。专用肥在使用时一定要对准作物不能用错，否则会影响产质量。

11. 人粪尿

【001】新民市周坨子乡东炮台子村读者王连信问：人粪尿与鸡粪能不能混合使用？为什么？

答：可以混用，但要掺适量的土进行充分发酵腐熟。鸡粪属中性肥料，人粪尿属酸性肥料，二者均为上好农肥，混用后肥劲大增，如虎添翼也！

【002】辽中县沈阳第十七建筑工程公司读者李振田问：城市排出的人粪便及污水是否可直接浇灌农田？废酒糟是否可当农家肥施用？

答：城市排出的人粪便及污水一般不宜直接浇灌农田，因其并未充分发酵腐熟，需要在粪坑池中沤制发酵一段时间后，方可对水稀释浇灌农田，效果较好。废酒糟在不能做牲畜饲料的情况下可以做农家肥，但不能直接施用，需要掺入一定量的田土并充分发酵腐熟后方可做农家肥施用，以做基肥较适宜。

12. 鸡粪

【001】盖州市陈屯乡黄哨村读者隋洪林问：我想用鸡粪喂葡

萄树，邻居们说能烧坏树，是这样吗？

答：鸡粪营养全面，施在葡萄树下是很好的有机肥料。但要注意使其充分腐熟发酵和每株施用适量，否则有可能发生您说的那种烧坏树现象。

【002】宽甸县太平哨乡大牛沟村读者王玉龙问：我准备用鸡鸭粪混合碳酸氢铵做玉米底肥施用，您看能行不？

答：专家认为，鸡粪是上好的农肥，营养丰富，生产上常做底肥和追肥；碳酸氢铵适用于各种土壤及作物以做基肥或追肥为宜，不宜做种肥施用，两者混合肥效将大增。鸡鸭粪与碳酸氢铵可按 2:1 或 1:1 的比例混合在一起作玉米底肥，但混合之前的鸡鸭粪必须充分发酵腐熟以免烧苗有害。施用这种混合肥料以基肥深施为好，也可追施。在土壤墒情不好的情况下以基肥效果好；在土壤墒情较好时作追肥深施效果更佳，要注意追肥后覆土以免肥分散失。

【003】法库县三面船镇小桑林子村读者李学军问：经常看到“国际平衡施肥”的说法，具体是怎么回事？

答：世界各地在农业生产中都在提倡平衡施肥，就是配方施肥，依据作物需肥规律、土壤供肥特性与肥料效应在施有机肥的基础上合理确定氮、磷、钾和中、微量元素的适宜用量和比例配以科学施用方法，获得最大的增产效能。否则木桶理论最小养分律、报酬递减等就会起作用。注意，可将“国际平衡施肥”提法前面的“国际”二字去掉。

【004】开原市中固镇沙河子村读者杨再实问：我想用鸡粪喂猪，怎样饲喂好并能使其爱吃？

答：据有关畜牧部门试验研究，鸡粪喂猪来源充足、价格低廉，可降低成本，增加收入，以在育肥猪的饲粮中加 10%～20%的干鸡粪为宜，不宜超过 30%。通常将新鲜鸡粪在阳光下晒干杀菌消毒，再用人工或机械将其粉碎，按比例掺入猪的日粮中，猪可爱吃；也可用再生饲料发酵机将鸡粪烘干消毒发酵后，按比例配制，猪亦爱吃。

【005】台安县黄沙坨镇小龙村读者李春香问：新鲜鸡粪可不可以喂猪？把鸡笼吊在猪圈上方猪鸡同养能行不？

答：鸡粪喂猪是可以的，喂法有晒干法、鲜喂法和常规发酵法等，但由于营养及适口性原因，还是采用发酵法饲喂为宜，即先将鸡粪晒至 7 成干，每百公斤中掺入适量的乳酸菌和 10 公斤麦麸或米糠，密闭发酵 10 天能闻到酒香味时即可饲喂。一般喂量不超过主料的 40%，母猪尤其是怀孕母猪不超过 20%。猪鸡立体养殖有尝试过的，但不如单养好，因为此种养殖形式容易使猪生长环境变劣而患病。

13. 喷施宝

【001】兴城市药王庙乡丁家村读者白金敏和丁俭问：在大田作物玉米、高粱上用喷施宝、858 强力叶面肥叶面喷施效果到底咋样？

答：目前可喷施的植物叶面肥很多，在玉米、高粱等作物上喷施这些叶面肥能行，有一定增产效果，但并不像广告宣传的那样显著；叶面肥喷施在阔叶作物上的效果好于单子叶作物，因此在不同的作物应用叶面肥之前，应根据成本费用和增产效果分析一下是否合算，再决定是否应用。喷施宝是广西北海喷施宝有限责任公司的产品；858 强力叶面肥是沈阳大通科技发展有限公司的产品。

14. 甲壳素

【001】辽阳县老科协读者张志仁问：我们从大连某生产厂引进壳聚糖，也叫寡糖素、甲壳素，厂家称用这种产品喂鸡能增加抗病性，降低鸡蛋中胆固醇的含量；正常鸡蛋中的胆固醇含量是多少？

答：有专家说，正常鸡蛋的胆固醇主要集中在蛋黄里，约占蛋黄重的 4%左右，每枚鸡蛋含胆固醇在 200～250 毫克，平均约 213 毫克。正常人每天允许摄入胆固醇 300 毫克以下才算安全。有研究者在蛋鸡日粮中添加 2%壳聚糖，发现壳聚糖在鸡胃中能与胃酸作用形成凝胶，吸附胆汁酸和胆固醇并通过粪便排泄出来，从而降低了血液和蛋黄中胆固醇含量。在肉鸡日粮中添加壳聚糖，其血清中胆固醇含量降低，而且腿肌和胸肌胆固醇含量明显降低；也有的研究者认为，北京红鸡日粮中每公斤体重添加 50 毫克壳聚糖对蛋中胆固醇含量没有影响。看来，壳聚糖降低鸡蛋胆固醇含量问题还存在不同说法和争论，有待学者进一步去研究验证。

15. 木酢液

【001】灯塔市邵二台乡小黄金村读者刘景赓问：听说有一种新型生物有机肥木酢液效果很好，哪个单位生产？怎样联系购买？

答：木酢液也叫木醋液，是大连龙达科贸有限公司大连蕙康科技有限公司科技人员在沈阳农业大学、吉林农业大学、大连理工大学、辽宁省长城博士工作站和大连市土肥站等单位专家协助下从生物质材料中提取出的一种新型生物有机植物营养肥料。主要利用农林废弃物稻壳、稻草、秸秆、树枝、木材边角料等加工成具有腐殖酸特性的有机液体，在农业上应用可减少农药化肥用量保护环境，提高农产品质量和产量。国外日本、美国、韩国等已在农业上广泛应用木酢液。

16. 二氧化碳气肥

【001】铁岭县平顶堡镇北工业园区读者李常贵问：温室大棚蔬菜常用二氧化碳气肥，这种肥是气体还是液体的？使用技术烦琐不？

答：二氧化碳气肥已广泛应用于温室大棚的蔬菜生产，增产显著。目前生产上常用的气肥有气肥棒、颗粒气肥以及气肥发生机器等。气肥棒是木炭和添加剂混合掺加黏合剂成型的空心圆柱体，点燃后可产气；颗粒气肥为直径10厘米扁形或扁圆形褐色颗粒，施入土壤后可产气并含有氮磷肥；气肥机则是通过机器来生产的直接使用就可产生二氧化碳。气肥产品的特点是使用简单容易，一点儿也不烦琐。

17. EM 菌

【001】陕西省宝鸡县硖石乡兽医站读者卢宝生问：关于EM原露神奇功能的报道很多，是真的吗？哪家单位生产的产品较好？

答：EM是有效微生物 Effective Micoorganisms 的英文缩写，为日本硫球大学比嘉照夫教授发明的由光合细菌、乳酸菌和放线菌群等10个种类80多种微生物通过特殊发酵技术整合在一起的有效微生物活菌群，能在局部环境中形成优势菌群，抑制腐败菌、病源菌的增殖，从而起到改善环境、改良土壤、净化水质、消除臭味、抑制腐败的作用。EM 的基本产品通称 EM 原液，在种植业、养殖业、环境净化等方面都有着显著作用。沈阳农业大学农学院戴俊英教授是我国较早从事研究开发 EM 技术及产品的，并在多种动植物上应用证实有增产增质作用，此事是真的，但说其功能用“神奇”二字好像有点夸张。我国各地生产 EM 原菌种的很多，已形成不同效果的菌群，您可根据需要引菌种自行发酵生产，也可购入定型产品，网络搜索很容易得到信息。

【002】凤城市边门玉龙镇那家村孙福龙问：听说南昌等地引进日本硫球大学教授发明的 EM 原露，在种植、养殖上效果都明显，是否属实？

答：此 EM 引入中国应以沈阳农业大学教授为先，南昌过晚矣。据试验，EM 确实在种植业、养殖业方面有良好效果。

18. 秸秆发酵剂

【001】庄河市新华街道王屯村读者姜成有问：沈农牌秸秆发酵剂一套多少公斤，能发酵多少饲料，喂多少头猪？

答：沈农牌秸秆饲料生物处理发酵剂是沈阳农业大学生物技术学院研制的，含有纤维分解菌、乳酸菌和酵母菌等多种有利于秸秆降解的微生物以及促进剂含多种水解酶和微量元素，可加速秸秆分解和转化。每套沈农牌秸秆发酵剂和促进剂各为 1 公斤，可发酵 1000 公斤干秸秆饲料，能饲喂 10 头仔猪到出栏，但实际适用于养鹅。

【002】东港市北井镇临海村读者孙良波问：许多报刊介绍秸秆生物发酵剂及生产的饲料，用此法制作的饲料养牛、养猪是否可行？真能节省大量精饲料吗？

答：用发酵剂处理秸秆生产的饲料能增加适口性，节省精饲料，使牛、养、鹅等草食性畜禽增重明显，您可试用一下，但用于喂猪好像增重缓慢。

19. 保水剂

【001】北票市冀永春、张国军，绥中县张惠民、杨忠于，开

原市刘玉江，新宾县林春兴，内蒙古赤峰市李国瑞，内蒙古宁城县崔久存，河北省抚宁县周志民，吉林省集安市宋天波等读者问：看到介绍《降旱高手—保水剂》很感兴趣，目前生产上应用及价格情况如何？都有哪些种类？能提供些信息吗？

答：抗旱保水剂在春旱严重地区保水节水、保墒保苗、保肥省肥、改良土壤、防风固沙等方面已得到广泛应用，在全国25个省、市、自治区40多种作物上表现出不同程度的增产效果。但目前其产品的价格较高，一般作物应用每亩价格超过地膜费用，故有关专家认为只有其价格降低以后才有可能进一步推广应用。农用保水剂包括淀粉接枝丙烯酸盐共聚交联物、丙烯酸盐共聚交联物高吸水性树脂，使用方法有拌种、包衣、蘸根、拌土和喷施等，因原料工艺不同产品的价格差异较大，每公斤价格在20～30元。国内产品有旱露植宝、旱地龙等，进口的有比利时、法国、德国的保水剂品种。

【002】吉林省四平市孤家子镇读者高钦亮问：有资料介绍说免中耕土壤调理剂使用后，能疏松土壤深度达80～120厘米，且透气性好、盐碱化降低、植物根系发达增产增质，请问效果真这样吗？

答：专家认为，此说过也！一般作物生长的土壤耕作层深度在25厘米左右，超过这个深度的作用则意义不大。能把土壤80～120厘米深度改良的调理剂不可能也是不会存在的，言过其实就会使人产生“骗”的感觉，望您能提高警惕为好。

【003】庄河市南尖镇南尖村读者岳长俊问：旱地龙在我们地区使用效果很好，厂家在哪里？

答：旱地龙也叫FA，是以黄腐殖酸为主要成分的作物抗旱剂，可缩小作物叶片气孔开张度，降低叶片蒸腾强度，提高作物抗旱能力，用于喷施、拌种或浸种。该抗旱节水剂是新疆汇通旱地龙腐殖酸有限责任公司研制生产的，由于大量新产品的质量及价格冲击，旱地龙基本退出辽宁市场，很少有经销者。

（三）农机

1. 旋耕机

【001】海城市东四方台镇夏堡村读者夏群问：我省享有国家补贴能与小四轮拖拉机配套的水田旋耕机械有哪些？

答：辽宁省确定享有国家农机补贴的产品很多，其中适用水田旋耕的有江苏省灌云县黄海机械有限公司制造的1GSP—200P旋耕复合作业水田平整机、江苏省连云港市圣山机械有限公司制造的SGTN—200型水田联合整地机、北京银华春翔农机有限公司制造的1GNQ—150型旋耕机和1GN—150型旋耕机等。

【002】铁岭市81921部队冷学勤、葫芦岛市连山区钢屯镇仁义屯村张青春等读者问：我地区需要一些与小四轮拖拉机配套的灭茬、旋耕、播种、脱粒等联合整地机械，到哪里能买到？

答：目前与小四轮拖拉机相配套的农用机械较多，经营的单位也较多，主要有辽宁省瓦房店市春玉农机厂制造的1GA—125型联合整地机、江苏省连云港市圣山机械有限公司制造的1GMD—140联合整地机和SGTN—200联合整地机等。您可到市、县农业机械供应公司联系购买。

【003】北京市金韬略经济技术发展公司读者陈祥林问：听说有一种浙江生产的多功能微型旋耕机可在大棚里使用，各地有售吗？

答：浙江工业大学研制的SF5型旋耕机适合蔬菜大棚应用，在北京地区可以买到；此外，北京农业职业学院研制的微型电动旋耕机、沈阳农业大学研制的1GD—900型电动旋耕机、辽宁省义县农机推广站研制的PX—Ⅲ型电动微型多功能旋耕机等都很不错，可联系购买。

2. 播种机

【001】沈阳市苏家屯区大沟乡宁官屯村读者于晓锋问：有介绍农乐—1型施肥播种机很好，怎样能买到施肥播种机械？

答：农乐—1型施肥播种机是康平县农业机械化研究所李贵在20世纪90年代研制并生产的机械。目前新型施肥播种机很多，您可向本地农机局或农机推广站咨询产品信息，或许能得到农机补贴，再行购买。

【002】吉林省辉南县样子哨镇冷家沟村读者叶成海问：2BZ—2A型综合播种机能播种玉米吗？怎样联系购买？

答：能。辽宁省北镇市农机研究所生产的2BZ—2A型综合播种机，适用于玉米、花生、大豆、高粱等作物的平播和垄上播种，可与中小型拖拉机及畜力配套使用，一次完成开沟、施肥、播种和镇压作业。您可与该厂联系购买。

【003】康平县海州乡农业站读者吴宪国问：我地区要购买花生播种覆膜机，能推荐几个吗？山东省平度市花生科研开发中心研制生产的KJMYF—2型花生播种覆膜机在辽宁有销售的吗？

答：农机人士说，青岛万农达花生机械有限公司制造的2BQ—4型花生覆膜播种机可一次完成起垄、施肥、播种、洒药、覆膜、培土等作业，每台售价3100元并有农机补贴，可考虑购买。该机目前在辽宁尚无销售，原研制生产单位地址在山东省平度市常州路208号；山东省平度市花生科研开发中心研制并生产的KJMYF—2型花生播种覆膜机在辽宁没有销售，每台售价约2600元。

【004】建平县马场乡龙头村读者赵国新问：我想购买农业机械，听说政府对购机户有资金补贴，怎么补？到什么地方领这个补贴？

答：各地对购买农业机械实行政府补贴已多年，品种及种类繁多，具体补贴情况辽宁省有详细补贴产品目录及补贴金额，国家、省、市、县各级均需拿出份额，政策性很强。购机户可在购买农机之前到本县（市）的农机局或农机推广站或乡镇农机站咨询具体的补贴比例和办法，填表排号。也可以在网上查询每年辽宁省政府发布的农机补贴目录，其中有具体的农机补贴品种和补贴比例，然后再与本地农机部门联系申报补贴。

3. 插秧机

【001】内蒙古赤峰市松山区哈拉道口镇波罗和硕村3组读者王瑞问：我想购买水稻插秧机，不知哪种好，到哪里能买到，能提供信息吗？

答：各地实践表明，久保田农业机械（苏州）有限公司制造的SPW－48C手扶式插秧机、SPW－68C手扶式插秧机、SPU－68C乘坐式插秧机、2ZGQ－6（NSPU－68C）乘坐式插秧机以及井关农机（常州）有限公司制造的2ZS－6A（PC6－80）手扶式插秧机，质量好，受农民欢迎；吉林延吉插秧机制造有限公司也生产各式水稻插秧机。此外，您可上网搜索一下，生产销售水稻插秧机的厂家很多。

4. 田园管理机

【001】建平县小塘镇苏子沟村刘学、铁岭县大甸子镇大甸子村康庆文等读者问：大连恒丰农机制造有限公司制造的新型多功能田园管理机价格是多少？到哪里能买到？

答：该机主机每台3700元左右，另配有水泵架、挂图、铁轮、翻地犁、斗、开沟机、覆膜机等，价格3500元左右。您可与辽宁省农业机械化研究所科技开发公司联系购买，或直接与大连恒丰农机制造有限公司联系。

【002】抚顺县汤图乡新立屯村孙成富、盘锦大洼县赵圈河乡园林村高亮、庄河市栗子房镇地窨河村董学恩、新宾县上夹河镇南加禾村何福太等读者问：有介绍多功能环轮作业机的很适合我们坡地多、平地少的地区使用，此机器哪里生产？多少钱1台？

答：本溪市农业机械化技术推广站研制的1DH－1型多功能环轮作业机，配置两个可仿形导向轮，能够较好地完成平地和坡地作业，每台价格在7000元左右。

【003】吉林省长春市双阳区新安镇大屯村读者邱中明问：普兰店市万能犁农机制造厂生产的1LD－115型农用机动犁有几种型号？价格怎样？

答：有关人士介绍，普兰店市万能犁农机制造厂生产的1LD－115型农用机动犁有两种型号，8.22千瓦（6马力）的2200元左右、12.33千瓦（9马力）的3000元左右，现在生产的4800元左右，可翻地、平地、起垄、中耕、锄草、起茬子、起花生、起土豆、还可一次完成开沟、播种、施肥、培土作业，配上相应机具能完成打药、抽水等，适用于大块地、小块地、坡地、凸凹地、圆弧地、果园、大棚、苗圃、甘蔗地、棉花地、玉米地等应用。

【004】铁岭调兵山市文源书店转后峪村读者杨少丹问：有3种耕作机械，1DY－1型整地机、1DH－1环轮作业机、ZBD－1D背负式播种机很适合小地块上使用，到什么地方能买到？

答：1DY－1型整地机、1DH－1环轮作业机到本溪市农业工程技术推广中心能买到；ZBD－1D背负式播种机到东港市农机化技术推广站能买到。

【005】西丰县西丰镇永丰村读者张永华问：我有50多亩山坡地，每年春耕都很困难，不能用拖拉机耕，只能靠畜力，养牛马得天天喂太麻烦，听说有一种WY－41型多功能田园管理机很适合坡地及小块地应用，到哪里能买到？

答：在为农看来，毛主席说的“农业的根本出路在于机械化”很在理儿。养牛养马耕地种田饲料成本、人工成本很高，365天每日多餐不算，还要喂吃夜草，实在劳民费钱。机械化的好处是忙时喂汽油、柴油，闲时就不用喂了，省工省钱。WY－41型多功能田园管理机是沈阳市农业机械化研究所研制生产的，地址在沈阳市沈河区万莲路6号。

【006】内蒙古库伦旗畜牧机械林场读者宝音优格尔问：听说黑龙江省有人研制出松土除草机很好，哪里有这种机械？

答：黑龙江省双鸭山市尖山区顺和农用机械铸造研究所研制的3ZS－15型松土除草机已投产，可用于起垄或平播大豆、玉米、谷子和高粱等旱田作物松土除草；华南热带作物机械化研究所研制的3Z－0.6型自动避让松土除草机可用于树木、果园、橡胶园松土除草；山东省泰山晨涛农林器械厂生产的小型旋耕机可用于小麦田松土除草；黑龙江省农业机械化研究所也制造小型松土除草机。

【007】宽甸县步达远乡水利站张福云、东港市北井镇徐坨村王玉香等读者问：听说有一种多功能追肥镐，我想买；遇到有石头的地块这种镐能正常使用吗？

答：全国各地发明追肥镐的很多，以辽宁清原县英额门镇丁家街村农民林英清发明的追肥镐获得实用新型农具专利为近。该镐追肥是使尖端扎入土中施放肥料，有大石头的地块使用起来好像费点劲儿，还是平原砂壤土地用起来较好。

【008】抚顺县哈达乡河清村读者孙贺林问：告诉一下辽宁省农业机械鉴定站的通信地址好吗？

答：沈阳市黄河北大街 88—12 号，辽宁省农业机械鉴定站，邮政编码为 110034。

5. 起苗机

【001】黑龙江省铁力市朗乡林业局长远林场读者刘维庆问：有介绍辽宁清原产的适宜山区的小机具的制造厂家，怎样联系？

答：为农了解到，4QYS－600C 型液压翻转双侧起苗机可起杨柳树苗及马铃薯、胡萝卜、中药材苗；2BS－3 型播种机、新兴旱田播种机、床式起获机、垄式起获机、MS－B 型木材饲料多功能粉碎机、埯播施肥镐等适宜山区应用的各式农机具，均为辽宁清原县农机推广站以及农民研制的，您可与该县农机推广站联系，邮政编码为 113300。

6. 收获机

【001】开原市城东乡秀水村读者张福南问：我地区的农家肥很少，造成地力下降。我想设计个小型收割切碎机，使玉米秆等随收随铡碎施到地里，有没有价值？

答：此事很有价值，种地养地是农业的百年大计，为农是举双手赞成的，并希望您早日研制成功。

【002】瓦房店市复州城镇八里村读者于福治问：辽宁省哪里有生产小型玉米收获机的？国家对个人购买玉米收获机有补贴政策吗？

答：据农机权威人士讲，辽宁省农业机械化研究所研制的 4YD－2 型玉米收获机以 17.5 千瓦以上拖拉机为动力，适合中小农户实现玉米摘穗、秸秆还田、剥皮和集箱等操作，此外，省内就没有生产玉米收获机的了；现有的玉米收获机大多是从山东、河南等外省购进的。农户个人购买玉米收获机国家、省里及地方均有资金补贴，但各地补贴标准不尽相同，多数地方补贴标准为玉米收获机价格的 40％～60％。得到购机补贴需要履行一定的程序，即先到当地农机局或农机推广站申请登记排号，签订机械作业服务协议后才能按要求实施购买并得到补贴，具体情况可到本地农机局或农机推广站咨询。

7. 拖拉机

【001】西丰县房木镇双城村读者王奎生问：农用手扶拖拉机和把式小三轮摩托车是否要交养路费？秋天收地的时候在村口拦截强收养路费合理吗？

答：有关专家说，以前的拖拉机、农用三轮车、摩托车、手扶拖拉机要按规定缴纳费用，无缴费凭证或无免征标志的车辆不让上路行驶；各地收费数额略有差异，通常拖拉机收费标准为每吨每月 165 元，手扶拖拉机按 3 个月或半吨 3 个月计征；摩托车每吨每月 190 元，其中侧三轮和正三轮摩托车每年按 1 吨 1 个月的计征；车辆交纳养路费是符合国家规定的，否则上路行驶时有可能被抓住。这些收费已成为历史，我国已于 2009 年 1 月 1 日起在全国范围内统一取消公路养路费等 6 项收费。

8. 喷雾机

【001】开原市老城镇黄龙岗村读者刘海涛问：防治病虫草害常用的泰山牌喷雾机是哪里生产的？到哪里能够买到？

答：泰山牌喷雾机、喷粉机是山东华盛农业药械股份有限公司（原山东临沂农业药械厂）研制生产的，具体型号有 3WF—3 型、3WF—2.6A 型、3WF—2 型、WFB—18A 型背负式喷雾喷粉机以及 3WW—8 动力喷雾机等，辽宁植保有限责任公司有售。

【002】普兰店市泡子乡马家村读者李志山问：我经多次试验，研制出一种装置能使电动机和摇动喷雾器连接起来带动喷雾器操作，许多人仿造制作在生产上应用。我可否申请专利？

答：此种小发明创造可以申请专利，获得专利权后既可保护自己的发明成果又可获取专门利润，也有利于科技进步和经济发展；可申请实用新型专利，也叫小发明、小专利，特点是对发明要求较低，申请和审批手续比较简单，费用较少。值得注意的是，专利所保护的是具体的商标、品牌及产品，并不是不允许别人用电动机带动喷雾器。因此建议您尽快将其转化为定型产品，再通过科学技术审查鉴定来申请专利。祝您早日成功，也希望您在生产实践中有更多的发明创造。

【003】营口市鲅鱼圈区芦屯镇赵屯村孙凤阁、岫岩县新店镇和顺村刘景臣、康平县两家子镇两家子村周丽、凌海市植保有限公司张学忠、北票市冠山街东山社区九九发屋樊智刚等读者问：有介绍北京儒智农林技术有限责任公司制造多功能电动喷雾机的，到哪里能够买到？

答：北京儒智农林技术有限责任公司生产的多功能电动喷雾机，有适于家庭灭蚊蝇的和田间使用的，要仔细询问后再选择购买，以免买后不适用。目前辽宁地区尚无经销，只得向该公司购买。

9. 铡草机

【001】沈阳市于洪区读者赵林问：我很想购买铡草机，摆脱手工铡草的繁重劳动，哪里能有这种铡草机？

答：各地生产铡草机的较多。据为农所知，瓦房店市畅通机械厂制造的93ZP—0.9型风送式铡草机、瓦房店市鑫盛机械厂制造的93ZP—1.6型风送式铡草机、凤城市大成机械制造有限公司制造的93ZP—2.0型铡草机、凤城市草河管理区机械配件厂制造的9ZP—1.2型铡草机、大连黎明泵业有限公司制造的ZCJ—250型铡草机等均通过辽宁省农机质量监督管理站的推广鉴定，您可联系购买；也可通过网络搜索得到相关信息。

10. 粉碎机

【001】新宾县新宾镇黄旗村读者关海峰问：我想购买多功能粉碎机，能推荐几个产品吗？听说9FQ—40型多功能高效粉碎机是沈阳地成农机厂生产的，地址在哪？

答：瓦房店市畅通机械厂制造的CFJ—400A型锤片式粉碎机、凤城市草和管理区机械配件厂制造的9FQ—35×24型粉碎机、大连黎明泵业有限公司制造的9FQ—370型锤片式饲料粉碎机均可选用；沈阳市地成农机厂在沈阳市皇姑区昆山西路二环桥南100米处。

【002】义县大榆树堡乡小千村读者吴昊问：颗粒饲料加工机、灭茬整地机等农用机械哪里生产，到哪能买到？

答：阜新市颗粒饲料机械厂生产的9KYH—407型颗粒饲料压制机、阜新市华兴农牧机械有限公司生产的9HXY—350型颗粒机、阜新市隆昌制粒机厂生产的SGH—407型颗粒压制机均适用于压制各种配合饲料颗粒；天津市振兴机械制造有限公司生产的1GMN—160型旋耕灭茬起垄机、辽宁现代农机装备有限公司生产的1GXT—210型通轴高效联合整地机、辽宁省农业机械化研究所研制的SGT—180型联合整地机都是很好的灭茬整地机械，您可与之联系购买。

【003】大石桥市周家镇三道岭村徐志维、清原县清原镇长山堡村刘玉成等读者问：丹东市金福农机制造厂生产的9FZ—400型高效多功能粉碎机和SJP—260型干湿料搅拌机到哪能买到？怎样联系？

答：该厂生产的9FZ—380型高效多功能粉碎机曾经因锤片硬度不合格在2009年被国家质检总局曝光；如今9FZ—400型高效多功能粉碎机和SJP—260型干湿料搅拌机问题已解决，您可直接与丹东市振安区金福农机制造厂联系购买。

【004】建平县白山乡王占国和王贵、抚顺县马圈子乡孤家子村王子华等读者问：有介绍9WJS—20型多功能微型秸秆丝化机的，我们农民很感兴趣很需要，如何联系购买此机器？

答：9WJS—20型多功能微型秸秆丝化机是沈阳农业大学农学院徐金香教授根据我国北方农村利用秸秆饲喂牛、羊而研制的一种加工机械。该机用220伏照明电为动力将玉米秸、豆秸、高粱秸、稻草等加工成丝状，也可将玉米、豆粕等加工成适合反刍动物生理特点的破碎状，使农民不出家门就完成小型饲草、饲料加工。您可直接与徐教授联系，也可与沈阳农业大学科研处联系。

【005】凌源市牛营子乡小北沟村王永江、铁岭县李千户乡小屯村李泽陆等读者问：看了《秸秆微贮草技术与设备配套》的信息很好，很想购买YJR—4型玉米秸秆挤丝揉搓机和YD—85型电动液压卧式打包机两种设备，到哪里能买到？

答：这两种新型设备是沈阳市农业机械化研究所与法库县农机推广站联合研制开发并批量生产的，被沈阳市列为重点推广项目。您可与法库县农机推广站联系并了解相关信息。

11. 榨油机

【001】建昌县新开岭乡政府杨斌、清原县南山城镇甘井子村盖松文、岫岩县岭沟乡塘岭村邱奎武、昌图县四面城镇郭家梁村王建国等读者问：我地区农民迫切需要小型的或微型的使用照明电就能生产的榨油机，如榨芝麻、大豆、花生、菜籽油等，到哪能买到榨油机器？

答：业内人士说，生产榨油机的厂家以河南、山东两省居多，如河南郑州企鹅粮油机械有限公司、能达动力机械制造有限公司、郑州市鼎盛机械制造有限公司、钰兴机械制造有限公司、嵩鼎机械有限公司、郑州市华昌机械制造有限公司、晨光榨油机机械制造厂、真弘榨油机设备厂以及山东省济南榨油机设备厂、华德机械制造厂、德州市鲁昌食品机械有限公司、乐陵市道行食品机械有限公司生产的大中小自动、手动螺旋型榨油机可对花生、大豆、菜籽、棉籽、芝麻、橄榄、向日葵、椰子、可可豆、草籽等进行压榨提油；长春长白山榨油机厂、吉林市金鼎机械公司、吉林省四平市三宝农机厂、黑龙江北海粮油机械公司、广州国研机械设备制造有限公司、北京益加益食品机械研究所也生产榨油机，适用于各类型油脂加工厂及个体专业户，均可选购。

【002】阜新市细河区四合镇下洼子村读者张宏志问：我想办一个家庭榨油坊，学技术买榨油机等设备是否可行？前景如何？

答：目前在农村搞产品加工服务业的较多，如铡草、脱粒、磨米面等专项服务等都有需求，也能挣到钱。利用小型榨油机搞榨油服务收取加工费的也有，您可以尝试一下，尤其在农户自用油以及交通不便的偏远地区很有市场需求。至于其前景可能与现代规模化生产趋势有点小矛盾。小型榨油机服务很实用，湖北青年唐亮宝投资 1.2 万元买了台小型榨油机走街串巷搞加工，每年能挣加工费 5 万多元。

12. 草袋机

【001】内蒙古宁城县三座店乡西窝堡分销店读者王正问：我想购买草袋机、草帘机，利用稻草发展草编副业，哪里有生产此机器的厂家？价格咋样？

答：据为农了解，沈阳市皇姑区向工街有一家工厂，专门生产上述机械，叫沈阳市草袋机厂。草袋机每台3668元，草帘机8500元，您可与之联系购买。

13. 抽水机

【001】西丰县乐善乡和厚村读者许东海问：引水上山，有没有用220伏电压达到50～100米扬程的水泵？到哪里能买到？

答：流量和扬程有关，一般说来流量大则扬程小，扬程大则流量小，220伏电压的水泵要达到50～100米扬程流量要非常小才行。生产上用220伏电压达到这么大扬程的水泵目前尚未研制出来，因为多采用的是380伏电压。

【002】辽阳县穆家镇东穆家村读者闻芝仑问：我是个农民，爱动脑筋钻研。经过几年试验搞出了个“手压井自动送水器”，水井装上它能把水送到10米高左右。这算不算发明？哪个单位管这个事儿？

答：为农认为这应该算发明创造，但最终还得看有关专家的鉴定结论；可找本市、县的科学技术局（简称科委）联系确认。也可申请发明或实用新型专利，直接提交或寄交国家知识产权局专利局受理处，或向辽宁受理单位国家知识产权局专利局沈阳代办处申请发明专利。

14. 磁化器

【001】吉林省德惠县菜园子乡读者马维新问：听说用磁化水浇地可以使作物增产，是真的吗？还听说给植物施电肥也能增产，是这样吗？

答：我国曾经有人研究磁化水对作物有增产作用，但因设备、条件限制没有推广开来。至于给植物施电肥，可能有人做过这方面试验，效果怎样尚需实践验证。生产上磁化水、磁化犁、磁化种子等技术推销的很多，为农认为，这假使是一项增产措施，也还处在试验研究阶段，因为磁化处理并没有方向性，如磁化处理种子有可能变好，也可能变坏，磁化器多大适合，在这方面一直存在着争论。磁化技术在农业上应用，不像化肥、农药那样方向和效果明确，效果不明确的东西农民是很难接受的。

【002】大连市金州区三十里堡镇读者国丽丽问：我们地区大力推广作物种子磁化技术，采用的种子一定要经过磁化，说磁化

后能促进早熟增产，您能说说看法吗？

答：作物种子磁化技术在您地区推广应用算是科学技术转化为生产力的典型事例，通过磁化能激活种子中多种酶的活性，促进作物早出苗和早熟增产。但也有专家对这项来自俄罗斯的技术“并不感冒”，认为磁化作用具有不定向性，就是说磁化过程有可能使种子向有益的方向转化，也有可能向不利的方向转化；有可能激活有益酶的活性，也有可能激活不良酶的活性，而这种转化的方向性并不在人或磁化设备的控制之下。此外，磁化促进某作物早出苗早熟在无霜期较短的地区应用效果较好，而在无霜期较长的地区促进作物早熟收获后，如果出现土地空闲却有浪费光热资源之嫌。

15. 豆腐机

【001】台安县高力房镇后黑坨子村读者林万锋问：宏丰豆业研制生产干豆腐的系列机器很好，我想购买，怎样联系？

答：研制该机器的朝阳宏丰豆业有限公司的地址，在朝阳市柳城路五段51号。

16. 土壤速测仪

【001】凌源市宋杖子镇农业站一读者问：我地区温室大棚缺肥情况严重，由于不知其土壤中到底缺什么肥、缺多少肥而发愁。有没有测肥的专用仪器？哪里生产？

答：土壤养分速测仪已在生产上广泛应用，并有很多厂家专门生产。早前由团中央中国青年科技发展中心和中国农科院合作研制的TFC—1型数字式直读浓度光电比色仪，也叫土壤化肥速测仪，可测土壤中氮、磷、钾及有机质含量，还可测定各种化肥的养分含量，每台1700元左右。通过网络搜索，可查找到适合的型号及价格。

【002】内蒙古通辽市建国乡大兴村袁凤军、新宾县木奇镇乱碴石屯村吴绍义等读者问：我们对当地土壤的养分含量不清楚，听说有一种随身带土壤速测仪很实用，到哪能买到？价格多少？

答：这种土壤速测仪是由共青团中央中青农村科技四部北京强盛分析仪器制造中心生产的，共有7种规格。其中有4种较适合农民个人使用，这4种仪器的价格分别是1960元、2300元、

3500 元和 3980 元。据厂家讲，3500 元的仪器测试快速准确，个人使用的同时还可对外服务，购者较多。

17. 模具

【001】庄河市青堆镇团结村读者李洪元问：沈阳市内有没有出售制作石膏像模具的？

答：据为农调查了解，现在沈阳还没有专门制造石膏模具的。但城郊却有生产石膏像的，多为观音、文神、武神等，后来消失了。好像武汉地区有卖此类模具的，网络搜索有这类信息。

【001】桓仁县四平乡四平村读者纪春瑜问：湖北等地有邮购石膏像模具的，我想引进此项目，又怕上当，此事该咋办？

答：一般说来，花钱买东西不能隔山打鸟，看样订货、拿货付钱是老规矩，否则钱去无声，说理的人都找不到，岂不白白扔钱予他人耶！不过，随着社会文明和诚信度提高，现在网络购物、货到付款等购销形式已经流行，您也可试试新潮。

18. 地膜

【001】盖州市太平庄乡钓鱼台村读者徐香美问：听说塑料薄膜有聚乙烯和聚丙烯膜，这两种膜有什么区别？各有什么用途？能说说吗？

答：聚乙烯膜有高压低密度膜和低压高密度膜两种，是应用最广泛的一种塑料薄膜，产品透明，多用于地膜覆盖、大棚封盖及包装袋等。而聚丙烯很少能成膜，质硬，不透明，大多用于制作各种塑料编织袋等，亦有用作地毯的。

【002】阜新县王府镇西灰同村李景宽、台安县桑林镇大岗小学李桂莲等读者问：听说多功能纸质地膜覆盖效果好，哪里生产？到哪能买到？

答：塑料地膜污染促使人们研究可降解的光降解地膜、生物降解地膜、双解地膜和植物纤维地膜。纸地膜就是在植物纸浆内添加助剂造纸后用乙酰几丁质涂布使纸张具有地膜所要求的特性功能，湖北省枝城市第一造纸厂造出的多功能农用纸地膜，能在 2～3 个月内自行分解变成肥料；丹江口市第一造纸厂、牡丹江造纸研究所、天津科技大学等也先后研制出纸地膜，但合格的纸地膜制造成本和原料成本比塑料膜高很多，如日本产的纸地膜价格为塑料地膜的2～3倍，生产上很难推广，效果也不及塑料膜。纸地膜还处于研制试验阶段，市场上很少有经营销售的。

【003】黑龙江省七台河市茄子河区岚峰乡河东村读者林世喜问：我家的蔬菜大棚的塑料布上结有很多露珠（水珠），对蔬菜受光很不利，湿度大增加病害，有啥办法能解决？

答：在棚膜中添加各类非离子表面活性剂和消雾助剂，可使膜具有好的无滴性，选用这类无滴消雾膜、长寿无滴消雾膜可以解决棚膜结露问题。也可在发现结露时，人工用笤帚除去，或放风祛湿。

【004】阜新市细河区四合镇九营子村读者李宏杰问：听说有色地膜很好，我们在生产上是否能应用？

答：据了解，有色地膜已在生产上广泛应用，如黑色地膜、绿色地膜、银灰色反光地膜、双色地膜、双面地膜等，达到除草灭虫、增光增温、降光降温等目的。此外，还有特制地膜如杀草地膜、有孔地膜及切口地膜、红外地膜、保温地膜、光解地膜、杀菌地膜等也很常用。

【005】锦州市太和区大薛乡三屯村读者张艳君问：听说有一种降解除草膜已经问世，我们可以应用吗？

答：业内人士说，将光降解地膜、生物降解地膜、双解地膜和植物纤维地膜添加上除草剂就成了降解除草地膜，在降解过程中有控制杂草作用，克服了一般降解地膜由于降解而失去对杂草控制的缺点，既有地膜作用，又有除草功能，还能降解。沈阳化工研究院和冀县农药厂曾经联合研制并进行生产试验降解除草地膜，最终由于成本及产品价格过高而未能进入市场。

【006】黑龙江省依兰县达连河镇西南村读者赖世元问：听说可降解的液态地膜、多功能地膜很好，我想使用能行吗？

答：据说，山东科技大学研制的可降解液态地膜是以褐煤、风化煤或泥炭对造纸黑液、海藻废液、酿酒废液或淀粉废液进行改性，通过木质素、纤维素和多糖在交联剂作用下形成高分子再与添加剂、微肥、农药混合配制而成的，在生产上试验应用有一定效果，但与塑料膜相比问题不少，还需进一步研究改进才行。可降解多功能地膜试验研究取得进展，但主要问题是成本价格偏高，比正常地膜价格高几倍，农民较难接受；再就是降解受环境温度影响较大，有的到该降解的时候不降解，不该降解的时候却降解了，因此很多人不愿意经销，以避免打官司闹纠纷。专家认为，最好是根据不同作物、不同气候环境条件生产不同的可降解地膜，只有大幅度降低产品价格才能用于生产。

【007】庄河市小孤山镇榆树房村读者蔡拥春问：我对液态地膜很感兴趣，能否介绍一下。

答：所谓液态地膜就是一种液体成膜剂，一般是在精细整地播种后，将其喷在土壤表面即可成膜，起到地膜覆盖的作用。辽宁省2010年曾经在阜新地区花生田试用液态地膜并召开现场会，其使用成本及效果尚待分析。为农觉得，液态地膜还处于研制试验阶段，实际应用还有一些问题，需要进一步改进完善才行。

（四）能源

1. 沼气池

【001】海城市西柳镇盖家村王湘虹、新民市柳河沟乡潘屯村徐敬福、抚顺县哈达乡长岭子村金秀峰等读者问：沼气事业已在农村兴起，我想建个沼气池，但不知怎么制作、安装和使用，能指点一下吗？

答：在各市、县的农委或农业局均设有“农村能源办公室”，主管此项技术的推广应用。您可与之进行联系，索取技术资料及获得支持。

【002】康平县郝官屯乡齐家屯村读者甘德利问：打听一下，辽宁省农村能源办公室的地址在哪里？

答：辽宁省农村能源办公室是辽宁省农村经济委员会的下属机构，地址在沈阳市太原北街2号，邮政编码110001。

【003】凤城市叆阳镇潘家村读者夏增和问：我想修建沼气池，国家对这个项目有没有补贴？怎样办理有关手续？

答：肯定地说，农村修建沼气池国家是有补贴的，且是个3位数。但这个由国家发改委和农业部投资25亿元实施的项目是个有组织的行为，就是说要按照组织程序来进行，通过乡、县、市、省、国家等6个必经申报审批程序，最后才能拍板。主要通过政府的能源办和发改委逐级申报审批，多数以县为单位来落实。如果未经此程序个人修建沼气池，补贴是得不到的。

【004】黑龙江省甘南县双河农场徐志国、大石桥市官屯镇顾山屯村丛锡德等读者问：我们这里买一罐液化气得花很多钱，每年花费太大。我想建沼气池找谁联系？怎样建？

答：各市、县的农业局（农委）都有一个专门的机构叫农村能源办公室，您可以与之取得联系并提供技术、政策支持。同时，辽南地区“四位一体”大棚很多，可参观学习其中沼气池的建造，一看一问便学会七八分了。《新农业》曾在1997～1998年刊登过《北方农村能源生态模式建造技术》的连载文章，也可以查阅参考。

【005】内蒙古兴安盟科右中旗烟草公司读者张文学问：我想修建沼气池，缺少技术资料，到哪里能找到？

答：辽宁省农村能源办公室唐春福主编《新农村生态家园建设500问》很有实用价值，您可到当地新华书店去看一看或直接与之联系购书和资料；网络上此类资料也很多，也可选择参考，定有收获。

2. 秸秆气化炉

【001】新宾县新宾镇刘鲜村许润生、抚顺县章党镇门进村罗桂玺等读者问：听说小型秸秆气化炉可利用农作物秸秆、乱草等烧出液化气一样的火来做饭取暖，我家想上此项目能行吗？如果投资，上大型的气化炉搞集中供气来经营创收，能挣到钱吗？

答：能源专家认为，农村各家各户不推荐建造秸秆气化炉，因为目前户用型秸秆气化炉及其技术还不成熟不过关，问题较多效果也不好。现在各种媒体广告中所推销的户用型秸秆气化炉产品也有问题，请注意别上当受骗。对于村落型的成百上千户集中供气的，辽宁省科研、企业等投资建造的有90多处，基本成功，但大多数还处于“公益性”阶段，如辽宁省能源研究所（在营口市）、广州贝龙公司（在沈阳市于洪区沙岭镇1800户供气）均有建成项目。看来您投资此项目，想挣钱很难，如果建造给200～300户供气的秸秆气化炉一般得投资70～90万元，基本通过收费能维持运转或微利持平，收回成本则很难。不过，在能源日趋紧张的未来，此技术项目完善后还是大有发展前途的。

【002】瓦房店市万家岭镇经营管理站读者于世川问：看到一则广告介绍第二代超导液暖气配方，有传热快寿命长、－40℃不结冻的神奇效果，并收费培训制作技术，这是真的和可行的吗？

答：为农对此技术并不感冒！目前国家对能源及其节能技术和设备十分重视，不惜大量投资和补贴，如果真的是有效技术和设备国家肯定花大力气全面推广，不可能让少数个人来用其办班收费做发财梦，这在沼气、吊炕、太阳灶等研发应用方面已经得到认证。可见，一些个人或公司的节能技术收费培训实际上是为了兜售其他产品，骗取金钱。现在各省、市、县级政府都设有能源办公室，具有权威性和指导服务功能，有关信息可前去咨询辨别真伪。请您注意，客户在报刊登载广告按国家规定要求的基本证件和手续齐全时，媒体是没有理由不给发布的；但有些广告是在打擦边球，读者一定要擦亮眼睛辨别真伪。

【003】建平县小塘乡苏子沟村读者刘学问：有介绍“真空超导采暖”技术并举办收费培训班的，我想学习此技术能行不？

答：已经有很多读者反映参加此收费培训班有不实之嫌，学习后有上当感觉。

【004】开原市城东乡后马市堡村聂永新、海城市耿庄镇山水村金鸿伟等读者问：有介绍秸秆气化炉及其生产技术并办培训班的，用秸秆、柴草、锯末、稻草、玉米芯、籽粒外壳及藤条等原料均可产气，农户自家用此炉产气利用能行吗？

答：国家非常重视农村能源问题，并拨专项资金扶持发展，但小型秸秆气化炉目前并未推广应用，因为技术设备等并未十分成熟。国家提倡“一人烧火，全村做饭”的秸秆气化方式，即以村、屯为单位集中气化分户受益，事半功倍。一家一户搞秸秆气化没有意义，倒不如把柴草直接送入灶坑点燃来得实惠快速，不费二遍事。可见，户用小型秸秆气化炉无论是设备还是技术，前途都很渺茫。

3. 沼气发酵罐

【001】甘肃省西河县西峪乡下城村读者李朝辉问：《新农业》

登载的《新式沼气发酵罐好处多》的文章很好，此技术是否可以转让或进行技术培训，怎样联系？

答：电话咨询结果表明，该文作者目前尚无转让技术及培训的想法，但如有学习者可进行解答。据说由于目前钢材涨价，此罐成本增加，已造成推广困难。因为加工用的焊机等基本设备投入得 2 万多元；每生产 1 个发酵罐，需钢材约 500 多公斤，加上零配件等约需 3000 元，农民接受较费劲儿。如果钢材价格降下来，进行批量化生产还是有前途的，毕竟此技术是产能节能的好项目。

【002】绥中县宽邦镇观音沟村读者王守宝问：有介绍新式沼气发酵罐的，此罐已经批量生产投放市场了吗？哪里有售？

答：沼气发酵罐虽然很好，但目前由于价格过高，每个罐需要花费成本 3000 多元钱，市场销售不畅，消费者很难承受，已暂时停止生产了。

【003】朝阳县根德营子乡初级中学读者郭祥华问：我对岫岩县农村能源办公室研制的新式沼气发酵罐很感兴趣，怎样能买到此罐？

答：据消息灵通人士透露，由于此罐成本价格较高，销售不畅，目前已经停止生产了。

4. 太阳灶

【001】凤城市白旗乡雕窝村读者关兴达问：太阳灶，有人说其火力能达到 800℃～1000℃，这是真的吗？我们这里能安装吗？

答：有关专家说，太阳灶分为闷晒式（箱式）、热管传导式和聚光式三种，前两种的火力温度很难达到 1000℃。聚光式太阳灶直径在 2 米的一般能达 800℃，3.6 米的在光照充足时达到 1000℃火力没有问题，而在阴天就不好说了。安装太阳灶是获得清洁能源的好项目，投资小（每台 200～300 元）、见效快、受益长，各地应大力推广。太阳灶在辽宁各地均可安装。

【002】灯塔市农业局读者刘景赓问：《新农业》刊登《太阳能采暖房》文章，我想更多了解一些有关问题，该文作者是哪个单位的？

答：《太阳能采暖房》作者曹玉瑞同志，系沈阳农业大学农业工程学院教授，通讯地址是沈阳市东陵路120号，邮政编码110161。

5. 吊炕

【001】大石桥市石佛镇石佛村韩福利、彰武县福兴地乡福兴地村张建等读者问：到哪里能找到农村吊炕砌筑的图纸及制造技术方法？

答：农家吊炕砌筑的技术和图纸，可到本市县农业局的农村能源办公室查找，此类资料能有；《新农村生态家园建设500问》中也有此类内容，可与辽宁省农村能源办公室联系；《新农业》2001年1、6、7、8、9期刊登郭继业撰写的一组文章曾经重点介绍过吊炕砌筑技术，也可以查阅。

6. 蜂窝煤

【001】海城市八里镇罗家堡村读者贾广茂问：听说用秸秆、锯末、稻草、玉米芯等柴草为原料能制作新型秸秆蜂窝煤，火力旺效果好，清洁无烟环保，我也想制作此物能行吗？

答：能源专家说，用秸秆、锯末、稻草、玉米芯等柴草为原料制作新型秸秆蜂窝煤是可以的，也是未来农村能源生产利用的发展方向。该技术主要是运用秸秆成型机将植物性原料高温软化后挤轧成型为蜂窝煤状，用作农村新型燃料，此秸秆成型机器每台价格在10万或几十万不等，加工的产品以供应多农户乃至整村整屯农户灶炊燃用，仅供一家一户使用的并不合算，有关部门正在考虑如何支持这个项目的发展。据说，目前由于此类机器的主要部件易损坏和不太稳定，影响该技术项目的普及和推广。

7. 原油

【001】大连市金州区三十里堡镇山嘴村读者国立文问：最近经常在广播电视上经常看到世界原油价格上涨的新闻报道，并且多以桶为单位，到底1桶是多少？能解答一下吗？

答：国际市场的每桶原油价格经常发生变化，且上涨趋势明显。桶和吨是两个常见的原油数量单位。欧佩克组织和美英等西方国家原油数量单位常用桶来表示，中国和俄罗斯等国则常用吨来表示。1吨原油约等于7桶，如果油质较轻则1吨等于7.2～

7.3桶。美国及欧洲等国的加油站常用加仑做单位计价，我国则用升来计价。1桶＝158.98升＝42加仑；美制1加仑＝3.785升；英制1加仑＝4.546升。如果把体积换算成重量则与原油的密度比重有关，假设某地产的原油密度为0.99公斤/升，则1桶原油的重量就是158.98×0.99＝157.3902公斤。

四、农村生活篇

（一）农民

1. 承包田

【001】清原县斗虎屯镇东沟村读者刘新农问：我地区农田承包是从1988年1月至1992年12月31日止，共5年承包期，可在春季发包方强行将土地另行分配，不信守合同，这样做对吗？

答：按有关条文规定，如果承包方在承包期内信守合同、履行义务、依法经营，发包方不得擅自变更或解除承包合同，否则是违法的。此事可先让村农业承包合同调解小组调解，调解不成，可向所在乡、县农业承包合同仲裁委员会申请调解或仲裁。

【002】铁法市铁法镇锁龙沟村读者王宝魁问：农村土地承包中纯农业人口平均分给“三田”，居住在农村半农户的农业人口是否能给责任田？

答：据权威人士讲，按有关规定，凡具备劳动能力的农业人口，若本人提出要求，都应该给承包责任田。

【003】台安县桓洞镇三岔子村读者王力兵问：我村1994年春在承包田中拿出25％做机动招标田，每亩交款30元，秋天乡里向村摊派12万元负担款本应是其余75％田块所承担，结果招标田也随之一样每亩又摊到27.7元，使机动田的费用增到每亩

57.70元。我们找村主任，他说是上边有“文件”，有这回事吗？

答：为农将此事向有关权威人士咨询，答复是省里从未有这方面收费的“文件”规定。而是明文规定村里的机动承包田不得超过5%。您村拿出25%的责任田搞招标机动显然违反了这一规定，应及时改正。至于5%招标田的收费好像没有具体规定，只得“招标”了。

【004】灯塔市王家镇辉宁堡村一农民问：我处原先每人分得2.31亩土地，现在村上要抽出重分，我们每人只剩1.5亩地，其中1亩地还要上打租，余出的土地高价包出，对于这种做法上头有文件规定吗？

答：村上的机动地省里有明文规定不得超过5%这个比例。超过了就是错了。省政府1996年16号文件关于这类问题有明确规定。关于上打租问题，一般不提倡。

【005】瓦房店市杨家乡读者付扬问：我承包了一片荒山，由于多年取土使石质裸露，种草栽树都不行，现在想在石山上建猪舍鸡舍搞养殖业，需要办哪些手续？

答：有关专家说，先要看当初签订合同时所规定的土地使用范围是否限于种植业。如果合同上写明土地仅用于种植业，建舍养猪鸡就属于改变了土地的用途，您应再与签发承包合同的部门协商。如果此荒山属于林业用地，还须经过县级林业、土地部门审批，才能建舍。

【006】内蒙古开鲁县辽河农场读者陈利问：我与辽河农场签订荒地承包合同20年，在合同没到期、未与我商量的情况下场方擅自在原承包价格基础上每亩上涨20元钱，这种做法合理吗？

答：权威人士认为，解决此问题适用于合同法，而不适用于家庭土地承包法，因为农场土地属于国有土地。但有一点可以明确，双方合同约定的荒地承包价格场方要上涨应与承包人协商才行，并说明理由，否则应按合同约定承担违约责任。如果双方协商未果，还可以通过法院来解决。

【007】沈阳市郊区读者张威问：我们村已进行了3次土地调整，第一次每人分0.7亩、第二次0.4亩、第三次调整只剩0.25亩了，越来越少，这样调是否合理？村上预留“机动地”

多少国家有没有明确规定？

答：依据《农村土地承包法》中有“耕地的承包期为30年、草地的承包期为30～50年、林地的承包期为30～70年”的规定，签订合同以后承包期内发包方不得收回承包土地，也不得调整承包土地。特殊情形应本着“大稳定，小调整”的原则进行。这就得看，您村的情况是否有点“特殊情形”，如无“特殊情形”而随意更改承包期调整承包土地则属于明显“犯规犯法”了。对于村预留机动地问题此法中也有明确规定，2003年3月1日前已经预留机动地的，机动地面积不得超过本集体经济组织耕地总面积的5%；不足5%的，不得再增加机动地。3月1日前未留机动地的今后不得再留机动地；机动地不得搞高价招标承包，不得成为村干部的小金库。

【008】建平县小塘镇苏子沟村读者刘学问：我家3口人只1个人有地，孩子10多岁了至今没有地，原因是国家规定土地承包30年不变。如果机动地再次调整，我家能否分到土地，辽宁省对土地和人口相关事宜有文件规定吗？

答：有。根据2005年4月1日生效实施的《辽宁省实施〈中华人民共和国农村土地承包法〉办法》规定，您孩子可以分得土地，集体经济依法预留的机动地、依法开垦的地、承包方依法自愿交回的地及发包方依法收回的地均应用于新增人口承包。对于预留机动地超过5%的，应当将超过部分的土地分包给按照规定统一组织承包时具有土地承包经营权的农户；已经流转的应当收回，短期内难以收回的，发包方应当将其超过部分的流转收益分配给按照规定统一组织承包时具有土地承包经营权的农户，待土地收回后再分包给上述农户。具体条款及办理手续程序请您认真学习上述法规文件，土地会有的。

【009】昌图县亮中桥镇大房申村读者李仁波问：经常提到包产到户，土地到底是承包到人还是到户，女儿出嫁后土地还能不能继续包下去？

答：专家认为，目前农村土地承包到户是很明确的，就是以家庭为单位进行。对于农户女儿出嫁问题从公平角度讲，当其婆家所在地按新增人口分给了承包地，那么原住所的村屯就允许抽回土地；如果新住所没有分给土地，任何人都不得抽回原有土地，目的是保证每位农村妇女有地可耕而又不重复得地。

【010】铁岭县凡河镇药王庙村读者隋兴英问：我与村里签了协议，用了几年时间花了很多钱将自家的承包地中深1～2米、约1000平方米的大水坑填平后种上了水稻。我的承包田快到期了，村里如收回承包田，我自己开垦的这块地也一起收回是否合理？

答：权威人士认为，通过您的努力此坑已变成农田，应包含在承包地中，承包到期后可与这块地一起收回或再次承包。在再次承包给他人时，您可向村及其承包人申请填平此坑时所花的费用补偿，一般通过协商是能够得到合理解决的。因为“承包方对其在承包地上投入而提高土地生产能力的，有权获得相应的补偿。”

【011】岫岩县新甸镇中合屯村读者张月华问：土地承包到户后，在自家承包田里盖楼房或建一般农村住房是否能行？

答：《中华人民共和国农村土地承包法》明确规定“未经依法批准不得将承包地用于非农建设”，承包者必须“维持土地的农业用途，不得用于非农建设；依法保护和合理利用土地，不得给土地造成永久性损害”。看来，擅自在承包田里盖居民住房是不行的，也是违法的。

2. 宅基地

【001】庄河市政府读者红心问：农村宅基地收费后由乡哪个部门管理和使用？请给一个权威的答案。

答：按辽政办发〔1992〕37号文件规定：宅基地收费及使用本着“取之于户，收费适度，用之于村，使用得当”的原则，实行村收、村有、乡管，并纳入农村合作经济经营管理部门的统管资金范围之内。文件规定：此项资金主要用于土地垦复开发、村内基础设施建设和公益事业，不得挪作他用。

【002】建昌县毛家店镇侯家村读者钟立民问：我地区进行供电线路改造，由于重新设计线路需要在我家院里埋设电线杆，占了我的土地，需不需要给些补偿？

答：为农以为，一根农家照明用电线杆所占土地能有几何，不足道哉，为了大家的事，放弃点儿个人的利益是高尚的。这样的事在农村是经常发生的，只要埋设线杆时注意尽量减小占地面积就可以啦，而其他较大的线杆则另当别论了。

【003】朝阳县尚志乡二车户村读者田井元问：我在 1995 年翻建住房，比原房超了 12 平方米，需不需交超占费？都需哪些手续？

答：根据您的几封来信，为农向辽宁省土地管理局的有关专家进行了咨询，答复如下：农村农民住房翻建或扩建，一般由本人申请，所在乡镇土地管理部门审核列入计划后，报县以上土地管理部门审批，履行审批手续后方可施工翻（扩）建，否则应视为非法建筑。一般不允许超建筑面积。若未经任何部门审批擅自翻建，应拆除或处以罚款。如您 1995 年翻建，1996 年办理手续，应按 1996 年办理手续时的有关规定来执行。有关收费标准省里未作统一规定，各地情况不同略有差异。

【004】宽甸县太平哨镇大茧沟村读者王耀堂问：我的亲属在别的村民组买了一套房子，房照手续齐全。可那组的村民说买的是房子，宅基地必须用本组的地来换，不拿地换就不让住房子，这样做合法吗？

答：笑话！房子是建在地上的，否则岂不成了空中楼阁。《中华人民共和国土地管理法》第六条规定："宅基地和自留地、自留山，属于集体所有"，第三十八条又规定："农村居民建住宅使用土地，不得超过省、自治区、直辖市规定的标准。出卖、出租住房后再申请宅基地的，不予批准。"可见，出卖住房的同时是连同宅基地一起转让的且有土地证，在办理合法更名转让手续后购买者便有权使用。但这里涉及到卖房者再申请宅基地不批之事，还需协商解决。

3. 承包合同

【001】昌图县毛家店镇侯家村读者钟立民问：1992 年春我与村里签订了承包合同，由村上提供树苗，我培育保证成活率 85%，秋后按每株 0.8 元付给我报酬；因村领导调换，在下年 7 月份拖后验收，致使成活率低，这事该怎么办？

答：此事应具体分析，从合同上规定的 85% 树苗成活率来看，这个硬指标如果达不到，每株 0.8 元的劳务费就很难兑现；假如在合同规定期间内您负责培育树苗的成活率保证在 85%，就应按合同来办。如果发生了拖期验收的情况，村上除了按原合同规定的钱数付给您费用外，还应支付拖期养护树苗的一切费用及工钱。

【002】凌源市三十家子镇读者曹景丰问：我与某村口头协议开辟荒地 20 亩作为试验田，每年交 1000 元租金。可该村在 1993 年 5 月份突然将此地占用 16 亩卖给其他单位办厂，给我造成较大的经济损失。这种“口头合同条约”有没有法律效力？

答：按理说，这种“口头合同条约”在土地承包问题上是没有法律效力的，说了是可以不算数的，因法律只按书面合同办事。但有一点可以从情理上说得通，假如您的农田已播种出苗而被毁，对方则应予赔偿地上青苗部分的一切经济损失。

【003】开原市杨木林子乡泉眼沟村读者李强问：我处 1985 年进行土地承包，到 1999 年 15 年到期，有人说土地政策明年还会变，是这样吗？

答：据权威人士说，在土地承包合同不到期的情况下，正常履行合同期间一般是不会变的，应按合同办事，因此可放心大胆地种地不必担心土地政策会变。

【004】铁岭市清河区聂家乡罗家堡村读者周玉章问：我在第二轮承包田里建了一片果园，用什么手续能在承包期内不受土地调整的干扰？我害怕将来果园盛果时再分了，因此想采取措施固定下来。

答：专家建议，最好的办法是签订合同，且在承包合同中详细注明承包年限、权限及有关承包者担心发生的一些问题。这样的合同，实际上是以法律的形式将承包关系固定下来，将来以此为据依法行事，就不会出现您现在所担心的“变”的问题了。

【005】本溪县碱场镇碱场村读者王宝富问：1995 年我与村里签了承包荒山 20 年的承包协议，并在山上栽了各种果树，我想现在就续签延长承包期的合同是否能行？

答：一般说来，正常情况下上一个承包合同没到期之前是不得随便改动承包内容的。因此您的要求很难实现。

【006】清原县杨树崴乡黑石头村读者张宝英问：经常听到或看到“四荒”这个词，指的是什么？

答：在农村，常说的“四荒”指的是：荒山、荒水、荒沟、荒地；也有称“五荒”的，即荒山、荒水、荒沟、荒坡、荒地；均指目前尚未开发利用的土地、水面和山坡等。

4. 征地补偿费

【001】吉林省和龙市龙城镇黎明村读者孟繁刚问：我有4.1亩承包地，后来我将地里的大坑等填起来面积有所扩大。经过两次修公路征地应剩0.8亩，但实际上剩的地还能有3亩多，村上不给征地补偿了，这事合理不？

答：征用耕地补偿费是指国家建设征用土地时支付的补偿费用，包括土地补偿费、安置补助费及地上附着物和青苗补偿费。国家鼓励土地开发利用，您增加的土地属于新开发土地，一般说来，农民开垦的荒山、荒地归村农民集体所有。若经村民委员会批准并办理手续，所开垦的荒山、荒地被国家征用时视同承包耕地享受补偿费。若新开发土地没有办理相应手续，在国家征地时情况就复杂了，但起码应得到地上附着物和青苗补偿费，还应得到开发过程中所投入人工、材料及其他费用补偿，这些补偿费需要与村集体协商解决。

【002】新宾县上夹河镇上夹河村读者宋玉东问：我有0.6亩土质肥沃每年都种菜的园田地，现在距园田地南面13米处新建了一栋5层楼房，遮光影响蔬菜的生长。国家对此事有无规定以及补偿办法？

答：有关专家说，目前对于城市建筑楼房间距遮光问题国家有规定和测算办法，而对于农村楼房遮光农田作物而影响生长减产的事好像还没有规定及补偿办法。不过，5层楼房距菜田13米肯定会影响作物生长而减产，按理说施工方应该给予补偿，双方最好协商解决。可参照城市楼房规定间距测算损失面积，或以冬至遮挡田间面积大小为标准，参照征地地上覆盖物补偿标准来补偿。您可咨询有关建筑设计人员有关楼间距规定及测算方法。

【003】辽阳县水泉乡人民政府读者冯有佩问：在村集体所有的土地上开发矿业资源，由乡政府直接承包给外市县的人，村里

在未得补偿费的情况下是否有权禁止开矿？补偿费有何规定？

答：为农询问了辽宁省土地管理局有关同志，答复是依照有关法律规定，占用村集体所有的土地，必须支付补偿费，具体事宜需村与占用者两方面协商。补偿费标准一般耕地需支付给村的资金为地上附着物年产值的3～6倍，森林地为2～5倍，并一次性付清。如果占用者未支付补偿费，村里有权通过县级以上土地管理部门依法解决。

【004】铁法市小南镇锁龙沟村读者周成远问：我在2000年转包土地并签订合同，建了个葡萄园，2004年由于国家征地建设公路，我的承包期还没到，我是否能得到征地补偿费？

答：专家认为，国家征地补偿费包括3部分，即土地补偿费、安置补助费以及地上附着物和青苗的补偿费。由于您的土地是转包过来的，所以国家给的前两部分补偿原则上应付给原承包者，而您得到的应是第三部分，即地上附着物和青苗补偿费。有关政策解释是，对被征地农民和农村集体经济组织失地的补偿，国务院《关于深化改革严格土地管理的决定》要求，“使被征地农民生活水平不因征地而降低”“使被征地农民的长远生计有保障”“在征地过程中，要维护农民集体土地所有权和农民土地承包经营权的权益”。

【005】辽中县老大房乡树林子村读者冯春刚问：乡里修公路给征地补偿金，我家自己开荒的耕地和养鱼池没有签订合同能否得到补偿金？

答：在没有签订合同的情况下，地上覆盖物及鱼池投入可得到一些补偿，而其他征地补偿则很难得到。

【006】宽甸县步达远乡四林村读者王贵福问：经过我们村里的这条国道要加宽扩建，我家的耕地就在道边上，占了地国家按什么标准进行补偿，如玉米、板栗、细辛等都怎么来补？

答：土地专家说，《土地法》明确青苗补贴是按“实际情况”来补的，且只补当年的损失。就是说政府在征地时按地上不同作物支付不同的青苗补偿金额，并通过协商进行。如果发生纠纷，可请专家进行青苗价值评估，但费用也不少。有的地方是按前3年地上作物产值的平均值来补的，也值得借鉴。

5. 户口

【001】东港市龙王庙镇高家堡村读者孙文友问：我妻子是城市户口，结婚后户口也来到农村，正赶上村上调整土地。可乡、村都说没我妻子的份，农村人靠土地吃饭，没地能行吗？

答：为农用电话咨询了有关专家，认为乡、村的做法符合当前国家有关政策，具有城市户口的人嫁到农村去肯定没有分得田地的份。目前的“非”转“农”，难矣！

【002】庄河市太平岭乡读者孙德成问：农村非农业人口大学生在外读书应不应该分配土地承包责任田？请给个权威的答复好吗？

答：据辽宁省有关专家权威解释，农村非农业人口不能同农业人口一样分得土地承包责任田。这里有两种情况：本人是非农业人口，而父母在土地承包以前是本地农业人口的，应分配给土地承包田；如果父母均是非农业人口，而自己也是非农业人口，则不能分配给土地承包田。此外，也有的地方农村不论户口性质与否，均分配给土地承包责任田，这主要看当地自然条件而定，政策也是有灵活性的嘛！

【003】彰武县冯家镇国有农场老待业青年李子荣问：1984年我作为待业青年分得农场土地13亩；1985年我结婚到农村和女儿都落户在农场，当年农场抽回土地，理由是我已嫁到农村。我和女儿的户口一直在农场，要不回土地又得不到经济补偿，生活艰难，农场的这种做法符合政策吗？

答：根据您所说的情况，有关权威专家十分肯定地说，农村户口在哪里，哪里就必须分给土地，否则就是违反政策了。

【004】黑山县四家子镇庞坨子村读者刘国林问：我家3口人都是农业户口，最初土地承包时由于我们都在县城里打工村上没有分给承包地。最近村里有一部分机动地承包期已到，我想再要承包地是否能行？

答：根据2002年新颁布的《中华人民共和国农村土地承包法》“农村集体经济组织成员有权依法承包由本集体经济组织发包的农村土地。任何组织和个人不得剥夺和非法限制农村集体经济组织成员承包土地的权利”的规定，您想重新获得承包地是可以的，村里如果还有预留的机动地，您可通过与村里沟通协商取得到承包地。

【005】凤城市蓝旗镇红土地村读者姜永奇问：我们这里在原生产队时不管农业人口还是非农业人口都分得一份自留山，我哥哥原是教师，是农村非农业人口也分得了一份，后来他因病休去外地，现村民组要抽回自留山，这种做法符合有关政策吗？

答：一般说来，农村非农业人口是没有首轮土地承包权的，只能接受转包，但不同地区的政策有所不同。像您所说的这种情况在农村较为普遍，问题的关键是当时您哥哥是否与村里签有承包合同，如有则需等合同到期后才能进行调整，或进行补偿。若没有承包合同，问题就复杂了。

6. 五保户

【001】绥中县荒地镇西李村读者于永泽问：农村的“五保户”都应有什么条件？怎样申请和报批？

答：为农打电话询问了有关部门，根据 2006 年 1 月 21 日国务院新发布的《农村五保供养工作条例》，“五保户”是农村村民中经确认符合下列条件的人：①无法定赡养、扶养、抚养义务人，或虽有法定赡养、扶养、抚养义务人但义务人无赡养、扶养、抚养能力的。②无劳动能力的。③无生活来源的。五保对象既要具备“三无”条件，又必须是老年人、残疾人或未满 16 岁的人。审批的程序是：①本人申请或村民小组提名。② 村民代表会议评议。③张榜公布。④乡镇人民政府审批。⑤报县民政局备案。⑥填发《五保供养证》。五保是指：①供给粮油、副食品和生活用燃料。②供给服装、被褥等生活用品和零用钱。③提供符合基本居住条件的住房。④提供疾病治疗，对生活不能自理的给予照料。⑤办理丧葬事宜。

7. 村民

【001】铁岭县凡河镇药王庙村读者隋兴英问：村民代表，这个词在农村人人皆知。可有的代表却扬言说：什么村委会、党支部不在话下，只要我不举手啥事都别想过关；这个法、那个法，我们是村民自治法。这种言论有道理吗？

答：此言差矣，也有点吹大了！村民代表是全体村民意愿和利益的代表，其行为并不是单纯个人意愿的表达释放，因此说“村民自治是团体自治的一种形式”，是国家与社会分离走向法制的结果，是当前我国农村社区的基本制度。可见，当上了村民代表更要守法为民，不能忘乎所以，更不能离经叛道，说这话的狂人小心变成“热锅炒鱿鱼”。

【002】庄河市桂云花乡岭东村读者徐有昌问：大连市修建碧流河水库，我于1978年从新金县（现普兰店市）搬出至今，听说国家有文件对大中型水库移民再扶持，都是怎么规定的？

答：《国务院关于完善大中型水库移民后期扶持政策的实施意见》（国发〔2006〕17号）规定，对2006年6月30日前搬迁的纳入扶持范围的水库移民自2006年7月1日起再扶持20年，每人每年补助600元，转为非农业户口的农村移民不再纳入后期扶持范围；对2006年7月1日以后搬迁纳入扶持范围的移民从搬迁之日起扶持20年。省已发了《辽宁省人民政府关于完善大中型水库移民后期扶持政策的实施意见》（辽政发〔2006〕44号）、《辽宁省大中型水库农村移民后期扶持人口核定登记管理办法》（辽移领发〔2006〕1号）等文件。目前，全省正处于水库移民人口核定登记、编制的600元以内和600元以外两个规划阶段。看来，具体实施方式和兑现时间尚需时日，您得耐心等待。

【003】开原市八棵树镇向阳村读者陈连巨问：我是一名经过考试晋升职称的农民技术人员，现已2年未被录用或招聘，国家对此有何规定？

答：您说的问题属于职称与聘用的关系问题。按国家有关规定，职称和聘用应是两回事，即有了职称不一定就被聘用为相应岗位，也就是评、聘分开。目前农村的技术力量还是不足的，相信领导是能够合理利用人才的。对于您也不要干等着，要自己寻求发挥才干和技术本领的用武之地，如搞些有偿的农业技术服务等，有真才实学的人是不能被埋没的。

【004】铁岭县凡河镇药王庙村读者隋兴英问：我种植水稻40多年，已掌握各种技术，想考取农艺师，找哪个部门联系？有什么要求？

答：为农电话咨询了辽宁省人事厅，答案是以前通过科协系统给农民评过技术职称，现在全部归口到人事部门进行评定了，即农民评审技术职称需要与本市县的人事局职称处（科）联系。有关人士讲，具体的学历要求是：中专毕业1年为技术员，4年后可评助理农艺师；大专毕业3年可评助理农艺师，4年后可评农艺师；本科毕业1年为助理农艺师，4年后可评农艺师，再5年后可评高级农艺师，再5年后可评教授级高级农艺师。有的地市如沈阳市也可与农委的人事处（科）联系。

【005】瓦房店市西杨乡东家村读者吴玉选问：我高考落榜，成为地道的农民。几经挫折，便觉得脚下无路，但我很想做一名农民秀才，不想做“锈材”。我怎样才能干起来？干得红红火火？

答：从辩证思维和哲学的角度看，高考上榜与落榜对于人生之奋斗并无本质差异，只是在社会分工上从业条件不同而已。常言说，行行出状元. 而农业方面的“状元”却响当当地林立于各地。从社会经济所分割给事农者的比例来看亦不算小，万元户俱往矣，十几万元户、百万元户乃至千万元户，众也！可见，务农已冲破世俗的困扰。如何才能干得红火，却是个值得探讨的问题。集各地致富典型的经验，可得如下着法：一是信息灵，脑子活，千方百计抓信息，多看科技报刊书籍，长知识、长学问。二是走出去，秀才不出门充其量是个“穷”秀才，先要逛农贸市场，对比各农产品货值优劣；再到各种植、养殖等专业村屯上门参观考察，眼见为实，长技术本领。三是胆子大，肯吃苦，看准了、论证清楚了就干，以“滚雪球”之势发展。古语讲，“失败是成功之母，需要是发明之父”，还应记住，市场需要是你成功的条件。为农真心希望所有立志于农的年轻朋友传来成功的喜讯。

【006】吉林省东辽县石驿乡李趟村读者李金有问：据报道，天津的大邱庄是全国首富村，我想与禹作敏联系谈谈，怎样通信？

答：禹作敏是天津市静海县大邱庄原党支部书记，于1993年4月15日被公安机关依法执行刑事拘留，因犯包庇、窝藏罪、妨害公务罪、行贿罪等被判处有期徒刑20年，已在1999年10月去世了。

8. 村民小组

【001】辽阳县吉洞峪乡读者魏民清问：我们村是1984年由5个生产小队与大队账目合并为一个经济核算单位的。如今原生产小队的耕地、果树、山场、荒滩等产权归村所有还是归村民小组所有？

答：按有关政策，农村撤队建村以后，原生产小队作为村民小组虽然不作独立核算的经济组织，但在组织形式上还应相对独立管理，原来的耕地、果树、山场、荒滩以及生产小队的固定资产等还应归村民小组内使用，不得随意打乱或调配到其他村民小组去。有关权威人士说，这是一个大的政策性问题，谁也不许违反乱来。

【002】抚顺县上马乡塔二丈村读者张群来问：农村实行承包责任制后，原生产队（现村民小组）营造的树林子是归原生产队所有？还是归村委会集体所有？

答：国家对于此事早已有明确规定，原生产队的财产应归现在的村民小组所有，不得归村委会所有，也不能打乱重分进行一平二调。

9. 村委会

【001】建昌县汤神庙乡大三家子村读者周贵问：我村民组按上级精神把一部分山场卖给本组人了，又栽了3000棵果树，分户分人栽的。因各户管理不便，小组统一管理按面积株数收看山费是否合理？

答：可以肯定，统一管理果树是件好事，有利于集约经营，节省人力物力。但此事必须以各家各户自愿为原则，不得强迫进行统一管理。否则，好事没办好，也就变味了。

【002】铁岭县新台子镇西小河村读者朱华林问：我村在2000年推广蔬菜大棚生产时，建造的大棚给承包者使用是没收任何费用的。现在改选后的新村委会决定每个大棚收取400～500元费用，这种收费是否合理？

答：大棚的所有权若是归村里所有，使用大棚收不收费就由村里说得算了。村里免费给村民使用大棚是对的，但收费也不能算错。至于收多少合理，可以通过多种方法来确定，还是以协商定价为宜。村里大棚有偿使用，有点像土地出租，所收的费用应该用于本村村民及事业发展上面。

10. 农民专业合作社

【001】台安县西佛镇西佛村读者窦亚强问：我对“辽宁万村农业专业合作社”很感兴趣，想加入该社，都需要哪些条件和手续？

答：该合作社是2007年9月在工商局注册成立的第一个省级农民专业合作社，以农民社员为主，入社免费，登记发社员证便可享受社员待遇。入社方法，通过网络搜索到该社网页，下载登记表填好寄出即可；如果下载不到登记表，写明简历、通信地址和联系电话寄出也行。邮寄地址：沈阳市皇姑区柴河街8号213室，左志收，邮政编码1100032。

【002】锦州市太和区大薛乡流水堡村读者张文武问：辽宁省中药材协会对种植中草药的农民有好处，是怎样的一个组织？

答：辽宁省中药材协会是辽宁省药材公司下属的一个组织，主要是将农民组织起来，并向农民提供药材信息、种源及技术，并定期刊出信息简报。您可与之联系，地址在沈阳市太原北街，协会秘书长曾是邢士国先生。目前该协会现已很少活动。

11. 农民负担

【001】营口市老边区读者吴胜国问：中央规定农民负担不超过当年纯收入的5%。这纯收入究竟怎么计算，我们很想知道。农民负担不按监督卡落实怎么办？

答：首先肯定，中央规定农民负担不超过当年纯收入的5%不是指当年纯收入，而是指上一年的纯收入。一般说来，农民纯收入的计算是以乡镇为基本单位的，即该乡镇农业人口农林牧副渔等各项收入的总和，折算成全乡农业人口的人均收入。再按全乡人均收入的5%决定下一年的农民负担，这个5%任何地区不得突破。为了防止农民负担突破5%或乱收费现象再次出现，各地发放了监督卡，不按此卡落实岂不失去其作用，农民负担失控上涨或乱收费就会发生。这是值得警惕的大的原则性问题，您可向当地县、市政府或农业部门的经管站反映，定能解决。

【002】葫芦岛市连山区石灰窑乡三台子村读者王天国问：我

村只给农民留口粮田，其余耕地村里承包，但收取的承包费却没有纳入村提留和乡统筹中去。这种做法是不是违反有关政策，变相增加了村民的负担？

答：国务院《农民承担费用和劳务管理条例》第十二条规定："承包耕地的农民按其承包的耕地面积或者劳动力向其所属的集体经济组织缴纳村提留和乡统筹"，谁都不能例外。您村的这种做法显然是违反有关政策在私自设"小金库"，从大局上讲是变相增加了本村农民的负担，应该立即纠正。

【003】铁岭县鸡冠山乡长寨子村读者陈尊成问：2002 年我村在绝大多数人不欠乡村"三提五统"款的情况下，又按每个村民 320 元收款，这种做法合理合法不？

答："三提五统"是从农民生产收入中提取村级三项提留和五项乡统筹费用的总称。村提留是指公积金、公益金和管理费；乡统筹费是指农村教育事业费附加、计划生育、优抚、民兵训练、修建乡村道路等民办公助事业的款项。专家认为，一般说来在"三提五统"之外是不允许再收款的，除非一些法律法规之内的如河道整治等，但数量并不很大。您可以先搞清楚这笔收款到底是咋回事，然后再寻讨个说法。

【004】台安县新开河镇唐屯村读者张唯问：去年我们送公粮时当年的各项负担费全给扣了，还把今年的负担费全扣了，我家三口人扣了 660 元，这种做法合理不？

答：中办发〔1993〕10 号文件《中共中央办公厅、国务院办公厅关于涉及农民负担项目审核处理意见的通知》中《关于农民承担费用收取与管理中的问题》有 10 种情况最突出，其中第一项便是"提前预收村提留和乡统筹费（或上打租）"，这是应坚决纠正的。你处的做法显然是与中央文件不符，且早已明令禁止的。您可向本县"减负办"或"减负领导小组"反映。具体单位应是县农业局经营管理站，定会得到解决。注意：我国从 2001 年开始的税费改革已使"三提五统"消亡，而农业税的取消彻底减轻了农民负担。我国市场经济的发展已使"交公粮"成为历史。

【005】盖州市罗屯乡兴隆屯村读者孙朝辉问：2000 年我们

乡规定去年各村都按人均收入1800元的标准上缴提留统筹，这样做合理不？

答：依据辽宁省九届人大常委会第十二次会议审定通过的《辽宁省农民负担费用和劳务管理条例》的规定，农民负担计提办法将“以乡为单位”改为“以村为单位”。之所以这样修改就是要避免乡内各村因收入不同而导致收入低村的农民负担重，而收入高的村农民负担相对较轻的现象发生。同时还规定，对擅自提高提取比例的、扩大使用范围的责任人处以1000～3000元的罚款。另据消息灵通人士讲，从2000年起部分地区正在着手农民负担费改税工作，这样将会改变农村乱收费问题，依法、科学、合理地收取农民所负担的各项费用。我国已于2001年费改税取消了村提留和乡统筹；2006年取消了农业税。

【006】凌海市安屯乡安屯村读者吴明问：我村青年结婚登记都得过妇联主任这一关，必须交给她300元的押金以防提前生育的费用。这是不是乱收费及不合理负担？

答：这种做法实为下策，应在法定结婚年龄以上提倡晚育而不应该强制晚育。生孩子交押金只能算是奇闻，不能算是农民负担，因为这笔钱必须返还给您，否则就得上纲上线了。

12. 义务工

【001】宽甸县杨木川镇政府读者门吉生问：农村人口承担劳动积累工、义务工的劳动力年龄有何规定？以资代劳及每个工日多少钱为合理？

答：为农询问了省权威人士，答复如下：农村承担劳动积累工、义务工的劳动力年龄下限不得低于18周岁；上限女劳力不超过55周岁，男劳力不超过60周岁。但各地的实际情况有差异，例如，有的地区在分配承包土地时并未按上述年龄进行，而是不论年龄大小按人口分配，而且同时其他待遇也有，对于这种情况则另当别论。以资代劳，原则上是不允许的，但考虑到特殊情况，需要以资代劳则必须经过本人申请，经村委会研究批准。每个工日所付金额标准应比照当地工资标准。值得注意的是，以资代劳所收的资金，不得挪作他用，必须用在所在集体劳动积累工、义务工的分配上。

【002】义县张家堡乡谷家屯村读者苏敬利问：我们村民每口人拉沙子修国道5米长，如不拉沙子每米需交8元钱，这项费用是否合理？

答：此事属于农村义务工和积累工以资代劳问题。国家规定“用于植树造林、防汛、公路建勤、修缮校舍等，按标准工计算，每个农村劳动力每年承担5～10个农村义务工”；“10～20个劳动积累工”。因各地情况不同，也有按人口折算的。不出工则交钱是以资代劳，本人要求经村集体经济组织批准即可。既不出工，又不拿钱，恐怕是不行。

【003】清原县土口子镇读者韩鸣声问：我乡2004年各村集资修公路已完成路基桥涵等工程，可现在说钱不够还应收缴和上次差不多的集资款，以后修路费再不够怎么办？

答：根据您提出的问题，为农咨询了有关专家，认为修路本来是件好事，但应在村民愿意并经村民或村民代表会议讨论通过的情况下才能集资。如果大部分村民不同意修路或经济上承受不了，则路就不能修。看来您处首次集资时农民是愿意的，只是预算有出入，再集资还应按程序通过，而且乡里及有关部门应向农民说清楚账目。

【004】昌图县七家子镇七家子村读者付发问：我是70岁的人了，村里还按每亩承包地16元收我的劳动义务工费，这事合理不？我到什么时候能不出义务工呢？

答：辽宁省在2003年取消了农民劳动积累工；2006年1月1日起全面取消义务工，这在辽政办发〔2006〕29号文件《辽宁省人民政府办公厅转发省农委等部门关于2005年全省减轻农民负担工作情况及2006年工作意见报告的通知》中已经明确，可见您再被村里收取劳动义务工费是不对的。至于劳动义务工按地亩折算进行收费更是错误的，通常60岁以上的农民是免除劳动义务工的。对于村内农田水利基本建设、修路架桥、植树造林等集体生产公益事业所需资金和劳务则实行一事一议，由村民会议或村民代表会议讨论决定，酬劳应按标准工日计算，每个劳动力每年承担的劳务数量不得超过10个，不得按地亩折算成钱进行收费。

13. 农业税

【001】瓦房店市祝华办事处岭下村于成福、普兰店市花儿山乡张家沟村席新宝等读者问：交了农业税以后。是否还要交农林特产税？

答：根据1995年省长令第52号《辽宁省农业特产税实施办法》，其中规定“对在农业税计税土地上生产农业特产品的，在计算征收农林特产税时，应当将农业税扣除。”就是说一块土地不能重复征收农业税和农林特产税。如果两项都收了，应按此政策给以退还。我国已于2006年1月1日起全面废止农业税。

【002】瓦房店市祝华街道办事处外岭下砟窑村几位读者问：我处1999年对蔬菜温室大棚征收大棚税，每亩160元左右。我们已交纳了农业税，这一新税种是不是违反中央农业税收政策稳定不变的规定？是不是重复征税？

答：按省政府有关文件规定，农业税和特产税不得重复征收。大棚税，为农倒是第一次听说。这一新税种国家定无文字记载，很可能是当地“土政策”。有些“土政策”往往堂而皇之地压给农民，并有种种理由。不过，不管有啥理由，都不应违犯国家三令五申的有关政策规定而变相增加农民负担。省、市、县均有减轻农民负担领导小组或委员会，您可讨个说法。如今，大棚税已成当年笑谈，我国已取消农业税。

【003】沈阳市新城子区尹家乡读者刘智威问：2006年国家取消农业税，农民心里乐开花。有人说我国的农业税是从秦始皇时开始收的，还有人说是从汉武帝时开始收的，我国到底是从什么时候开始征收农业税的？

答：农业税与国家是相伴而生的，公元前2200年左右中国历史上就开始“远近赋入贡”了。据史料记载，真正确立巩固征收农业税应始于公元前594年，即东周鲁宣公15年实行的“初税亩”成为法律条文，规定对公田私田一律按亩缴税，并正式称为田赋，亩10取1。所以，通常说法是我国的农业税征收2600年而到2006年就废止了。

【004】鞍山市千山区大孤山镇下石桥村读者黄振友问：农村实行税费改革以后，原来的村提留及乡统筹等农民还要不要

缴纳？

答：村提留乡统筹从2003年起辽宁省地区就不缴了；农业税从2005年开始全省也免了，若再以此两种名义向农民收钱，那就犯大毛病了。

【005】大连市金州区向应镇读者柳春阳问：全国人大通过取消农业税法案，2006年1月1日起施行，我们这里2005年就已经取消了此税是否讨论晚了，以后农民什么税都不用缴纳了吗？

答：国家取消某一税种是全国人大及其常委会的专属立法权，而国务院只能依照法律授权减征或免征某一税种。尽管此前国务院已决定减征或免征了农业税，但只有全国人大及其常委会才有权彻底取消农业税，因此程序是对的。取消农业税的好处是能增加农民收入、促进农村经济发展和有利于统筹城乡发展。废止农业税条例并不意味着农民从此做什么都不用缴税了，如果农民经商、开办企业，还需要缴纳相应税种的。

（二）生产

1. 产业结构调整

【001】海城市新台子镇有线电视台读者于申伟问：我国农业产业结构调整已成为各级农业部门及广大农民议论的主要话题，您能否谈谈对结构调整的看法？

答：农村“产业结构调整”已进行很多年了，主要指农业和农村经济结构调整，这在各级政府及广大农民中已有较高的认知。农村产业包括种植业、养殖业、工业、服务业等，此种调整有各产业之间及产业内部质的联系和量的比例调整，就是将各产业及其内部进行重新选择优化，使效率和效益达到最佳，这已是大势所趋。每年的中央1号文件都对农村工作作出部署，农业生产的调整就是提高农产品的质和量，这是未来竞争、取胜的关键。为农觉得，优品、优质才有优势，才有竞争力，农民朋友应在这方面做更多的努力才行。

【002】黑龙江省依兰县愚公乡雄伟村吕秀、西丰县房木镇潭清村陈福林问：听说中国加入世贸组织以后许多农产品受到冲

击，到底是怎么个影响法？

答：中国加入世贸组织后，将按照入世承诺从 2002 年 1 月 1 日起，农产品进口关税由 21.2%减少到 15.8%。同时，实行关税配额管理的小麦、玉米、水稻、大豆、棉花等 10 种农产品的市场准入量将由 1610 万吨逐渐增加到 2180 万吨。由于我国主要农产品生产成本高于国际水平，因此价格约高于国际市场 30%，这就失去了竞争优势。一般来说，国内外价格差别越大的农产品，受到的影响越大；关税配额越高、关税越低的农产品受到影响越大；商品率越高（经济作物）的农产品受到的影响越大；地域上越集中、专业化程度越高的农产品受到的影响越大。总趋势是土地密集型的农产品如玉米、小麦、大豆、棉花、糖料等将丧失国际竞争优势；劳动密集型产品如蔬菜、果树、畜产品、水产品具有竞争优势。此外，东北粳稻具有一定市场份额。

【003】沈阳市东陵区东陵乡读者李晓同问：听说面对我国加入世贸组织组织辽宁省农业厅曾经实施八大计划，都包括哪几个方面？

答：这是 2001 年的时候，辽宁省农业厅针对农业产业结构调整及加入世贸组织后的挑战组织专家论证制定的。这八大行动计划有：①特色农业发展行动计划。②保护地发展行动计划。③种子产业发展行动计划。④优质稻米发展行动计划。⑤果业发展行动计划。⑥高油大豆发展行动计划。⑦专用、特用玉米发展行动计划。⑧花卉产业发展行动计划。实践证明，这八大产业发展行动计划涵盖了辽宁农业的全局和未来发展方向，基本实现了计划目标，在具体实施过程中使农民得到了更多的实惠和利益。

2. 西部大开发

【001】沈阳市新城子区道义镇读者王雨问：经常听到西部大开发的说法，西部大开发都包括哪些地区？

答：西部大开发是我国整体经济发展的重大战略决策，目的是把东部沿海地区的剩余经济发展能力，用以提高西部地区的经济和社会发展水平、巩固国防。2000 年 1 月，国务院成立西部地区开发领导小组，国务院总理朱镕基任组长、副总理温家宝任副组长，2000 年 3 月正式开始运作。西部地区特指陕西、甘肃、宁夏、青海、新疆、四川、重庆、云南、贵州、西藏、广西、内蒙古 12 个省、自治区和直辖市。

【002】沈阳市于洪区马三家镇读者施晓丽问：听说中央为加强公民道德建设制定了 20 字方针，这 20 个字都是啥？

答：我国改革开放走向世界，在国际、国内的经济、文化活动中不仅需要建立健全法律法规及规则，更重要的需要加强道德规范建设。2001 年中共中央颁发了《公民道德建设实施纲要》，其中用 20 个字来作为公民的基本道德规范："爱国守法，明礼诚信，团结友善，勤俭自强，敬业奉献"。

3. 水利

【001】建昌县汤神庙镇酒局杖子村读者汤三众问：我镇连搞几年"大禹杯"，年出上万工日，治理耕地 2000 多亩。因义务工不足只好花 10 元一天雇工挖坑，可挖了 8 年坑树没栽上，农民一肚子苦水，这样的"大禹杯"是否合理？

答：搞花架子、劳民伤财的事在改革开放的今天应止息了。"大禹杯"竞赛活动确实为全国乃至辽宁的农田基本建设起到重要作用，在保障农村饮水安全、提高防洪抗旱标准和农业综合生产能力、改善生态环境等方面取得了显著成效，为农业稳定发展和农民持续增收提供了有力支撑和保障，也取得了巨大的成果。但各地应该因地制宜，这种只挖坑不栽树的做法与其说是一种浪费，不如说是一种严重的生态破坏，没有栽树的经济财力就先别挖坑。至于挖沟拦水蓄墒则另当别论了。

【002】东港市东尖山镇孤家子村读者吕强问：今年七八月间我地区连降暴雨造成洪涝；又因上游水库连续放水使本可以排涝的地块又连续在泥水中泡了几天，造成 300 亩地绝收，1000 多亩减产。请问，水利部门造成的这种后果，群众是否可以不交水利费？

答：按理说，洪涝造成农田绝收再交这费那费的，农民支付确实有困难，但洪涝之灾是完全可以避免的，这就需要加强农田水利建设，增强抗灾能力。农田水利建设需要大量人力物力和资金，在国家财力不能全部将其承担下来的情况下，需要依靠和动员农民群众参与。如果不交水利费或不出人力，农田基本建设搞不了，洪涝灾害将会更加严重，损失会更大。近几年个别地方的农田水利失修弃建造成的灾害已警告人们，必须大力加强农田水利的基本建设，否则农业高产稳产岂不难哉！

【003】盘山县棠树林子乡孟家村读者史万田问：1995年辽宁发生特大洪灾，能透露一些灾情及损失的情况吗？

答：据有关部门初步统计，那年的7月28日以后的两次大的降水过程，辽宁境内有10个市42个县452个乡镇受害，农作物受灾面积1200多万亩，冲毁耕地37万亩；减产粮食近70亿斤，损失果树830万株，种植业直接损失近100亿元。工业及其他方面损失近300亿元。可见，此次损失十分惨重。

【004】昌图县老四平镇陈家油坊村读者花开落问：我们屯有座水库，我想用高楼给水原理把水引到高岗地块实现灌溉，能行不？

答：用高楼提水原理引水灌田是可以的，也是可行的。值得注意的是，水库里的水是一种资源，如果大量引水则须征得有关部门及水库管理者的同意，花钱购买才行。

【005】宽甸县振江乡万宝村读者朱维明问：我在一次偶然事件中发现一个新的水力发电方法，道理简单，却没有人用。我经过多次验证此法确实可行，建厂快又省钱，不用淹没耕地和移民，百米落差达到2米就行，这一发现是否可以申请专利？

答：为农通过电话向专利局的有关专家了解，得到的答案是，您发现的水力发电方法、方案、思路及点子等是不能直接申请个人专利的，属于“智力活动规则”，不属于专利保护范畴。因为专利保护的是特殊产品，就是说您的发现一定要与仪器设备结合在一起实施后，才可以申请专利。看来申请专利还是有明确规则和界限的，必须与“产品”二字联姻才行。不过，申请专利的手续倒是简单方便，向专利局递交《请求书》并填写有关文件等即可完成。

【006】辽河油田大洼县红村退休办读者万本彩问：听说有一种不用油的土滴灌，用水桶、滴灌带等就可进行，是用家里常用的水桶吗？

答：此物与家用水桶差不多少，装上水便可通过管道慢慢细流滴到作物根部。不过，生产此物的是一家在北京的美国农机制品公司，地址在北京市中关村南大街 12 号大楼 A307 常青树农机制品有限公司。

【007】昌图县邮政局老城支局读者江彤问：据有关专家预测，未来 10～15 年我国北方干旱半干旱地区的旱情将非常严重，这是真的吗？

答：预测和现实肯定会有差距。不过这种预测应该在一定的条件下才成立，那就是水土流失继续加重，生态继续恶化等。如果人们重视起来，加快植树种草、全力保护生态环境，这种预测的准确程度会降低。

4. 积温

【001】桓仁县沙尖子镇双水洞村读者周尊海问：经常在农业书上见到生育期、积温、苗龄等词儿，都是咋回事，从哪算起？

答：为农按您提出的问题详细地查阅了《中国农业百科全书》等有关词条，简答如下：生育期指一年生或二年生作物从播种到籽实成熟的总天数，如禾谷类、麻类、牧草等；水稻、甘薯、烟草等则为育苗期加上大田生育期。积温分活动积温和有效积温，活动积温是指作物生育期内大于或等于生物学零度的日平均温度的总和，因不同作物生物学零度不一样，通常用大于或等于 10℃以上活动积温来估算；有效积温则指生物学零度以上部分的活动积温，即日平均温度与生物学零度之差。苗龄是叶龄的俗称，是用特定时期植株主茎上可见的叶片数目来表示植株年龄的方法，未展叶者可用小数点表示，从植株的第一片真叶算起，称为 1 叶龄、2 叶龄、3 叶龄……。

【002】黑山县白厂门镇石家沟村读者蹇晶晶问：在农业生产中经常提到“有效积温”一词，是怎么个概念？

答：温度影响作物的生长发育，在生产实践中往往把某地区一年中大于 10℃以上的温度累加起来，称为某地有效积温，如锦州地区的有效积温为 3512.2℃。

5. 温室

【001】盖州市熊岳镇玉版书店读者吴忠德问：辽沈 I 型日光温室的价钱是多少？我自己能不能建造？

答：据专家介绍，辽沈Ⅰ型日光温室属于“豪华型”，通常需5万元即可建成，其钢筋骨架是镀锌的，不生锈。若单买钢筋骨架需1.5万元。您自己建是可以的，但要搞出正宗的辽沈Ⅰ型日光温室还需请发明者沈阳农业大学孟少春教授技术指点为好。

【002】瓦房店市邓屯乡政府读者马克新问：我建了一个温室大棚，效益不太好，因为现在农村大棚太多，您说发展点什么好？

答：现在的农民本事很大，只要您看到、想到的农产品都有人在干，可以说市场上的农产品品种已无空白。温室大棚如何产生经济效益，一是抓品种，二是堵淡季，避开旺季生产，价高畅销。关键是搞好市场调查和分析判断，准确把握产品上市时间，定会成功。

【003】河北省平泉县榆树林子镇喇嘛店村读者董春生问：鞍山市著名日光温室设计专家亢树华先生是哪个单位的，我准备前去参观学习。2BD－1D背负式电子播种机是谁研制的？

答：据为农了解，亢树华先生的工作单位是鞍山市园艺科学研究所，现已退休。2BD－1D背负式电子播种机是东港市农业机械化推广站研制的。

【004】岫岩县兴隆镇向阳村读者张起凡问：辽宁省1月份平均气温在-10℃线的分界应该在哪里？

答：辽宁地区同纬度从东至西1月份气温在-10℃线以内的地区应为丹东市→东港市（岫岩是-11.4℃）→庄河市→盖州市→营口市→锦州市→绥中县一线。

6. 节气

【001】凌源市牛营子乡小北沟村读者王小红问：在农村，经常听到老年人数叨24节气与农事的歌谣，还有数九的歌谣，但都说得不全或不准，您能把这两篇给全文说下来吗？

答：据为农所知，24节气与农事的歌谣起源于我国黄河流域，流传甚广，至今各地不同版本很多。在辽宁地区较为盛传的24节气歌谣是：“打春阳气转，雨水沿河边；惊蛰乌鸦叫，春分沥水干；清明忙种麦，谷雨种大田；立夏鹅毛住，小满鸟来全；芒种开了铲，夏至不纳棉；小暑不算热，大暑三伏天；立秋忙打甸，处暑动刀镰；白露忙割地，秋分无增田；寒露不算冷，霜降变了天；立冬交十月，小雪地封严；大雪河插上，冬至不行船；小寒又大寒，转眼过了年。”至于数九歌，是从冬至开始向后每9天为1个九，共9个九，81天，各地流传的版本更多，辽宁较为盛传的原始版本是：“一九二九不出手，三九四九河上走；五九六九沿河看柳，七九河开，八九雁来，九九牛马遍地走。”其中后几句被改为“七九河开河不开，八九雁来雁不来，九九加一九牛马遍地走。”这两首古老的歌谣，随着当今科技的发展也有发生例外的，如温室大棚作物的反季节种植、抗寒作物品种的育出等使人们大为惊叹农业生产不受农时季节气候的限制了，只是新的歌谣尚未出现而已。

7. 林木管护

【001】义县大榆树堡镇小粒籽屯西村读者石国青问：在林权改革过程中，有商品林、公益林等说法，什么是公益林？我个人经营的防护林是否有补偿费？

答：有关专家说，公益林也称生态公益林，是以保护和改善人类生存环境、维持生态平衡、保存种质资源、科学实验、森林旅游、国土保安等需要为主要经营目的的森林、林木、林地，包括防护林和特种用途林都可成为公益林。根据《财政部、国家林业局〈中央财政森林生态效益补偿基金管理办法〉的通知》（财农〔2007〕7号）精神，辽宁省财政厅和林业厅制定的《辽宁省森林生态效益补偿基金管理实施细则》指出，个人经营的国家重点公益林享受国家生态效益补偿基金政策。补偿标准是每年每亩5元，其中补偿性支出4.5元，公共管护支出0.5元，补偿性支出中管护费用不低于3元，经营费用不高于1.5元。林农个人所有或经营的重点公益林，补偿性支出全部拨付给林农个人，并由林农个人承担营造、抚育、保护和管理的全部责任；在征得林农个人同意后也可由乡镇林业站统一选聘专职护林员和监管员，管护补助不低于每年每亩3元，其中监管费不高于0.5元，但补植苗木费、整地和林木抚育费必须补助给林农个人。看来，您应该得到一定的公益林补偿费。

【002】本溪市明山区中心台办事处红脸村读者李小轩来信

问：我当年在荒山上是随便植树的，可在树长成时却不许随便采伐，这是为什么？

答：您说的确实是这么回事。栽植树木的权利是自由的，而砍伐树木就不是自由的了，要按树木生长量计划砍伐，就是说砍树要请示报批。未经林业部门审批而擅自砍伐的，不管是不是自己承包荒山荒坡栽植的树木，均属违法。

8. 作物

【001】鞍山市旧堡区唐家房镇读者李玉锋问：有许多种栽培作物的名称带有"番"、"海"、"胡"、"洋"等字样，很有意思，能说说这是为什么吗？

答：这些字样主要是标明作物传入我国的时期和来历的。经过后人总结，大致是：两汉到两晋从陆路引入我国的作物多带"胡"字，如胡瓜、胡葱、胡麻、胡桃、胡椒、胡豆、胡荽等。南北朝以后从海外引入的作物多带"海"字，如海芋、海桐花、海松、海红豆等。宋、元、明从番舶（外国海船）带入的作物多带"番"字，如番荔枝、番石榴、番椒（辣椒）、番茄、番薯、番木鳖等。清代传入的作物多带"洋"字，如洋葱、洋芋（马铃薯）、洋白菜、洋槐、洋姜（菊芋）等。也有些作物是例外的，如海带虽有海字，却是本地所产。

【002】凌源市万元店镇朱明、辽阳县刘二堡镇郝玉明等读者问：能说说自花授粉作物、异花授粉作物、常异花授粉作物是怎样划分的吗？生产上常见的作物各是什么授粉作物？

答：一般开花期自然异交率在4%以下的为自花授粉作物，在50%以上的为异花授粉作物，大于5%和小于50%的为常异花授粉作物。生产上常见的小麦、大麦、水稻、花生、大豆、烟草、谷子、甜菜等作物自然异交率在4%以下，故为自花授粉作物；玉米自然异交率在95%左右，为异花授粉作物；高粱、棉花的自然异交率在5%～50%之间，为常异花授粉作物。

9. 植物检疫

【001】沈阳市于洪区解放乡尚义村读者于春茂问：我有些植物种子调运需要检疫，哪个单位办理这项业务？收费吗？

答：植物检疫就是以立法手段防止植物及其产品在流通过程

中传播有害生物的措施，各市县区植物保护站依照《中华人民共和国进出境动植物检疫法》均可办理此项业务手续，签发植物检疫证书。省间调运的植物检疫证书还应当盖有省级植物检疫机构的植物检疫专用章。植物检疫证书由农业部统一制定，一式四份，正本一份，副本三份；正本交货主随货单寄运，副本一份由货主交收寄、托运单位留存，一份交收货单位或个人所在地（县）植物检疫机构，一份留签证的植物检疫机构。办理植物检疫手续要按规定收取很少的检疫费。

10. 经营

【001】台安县洪家乡贾台村读者王桂琴问：我们这里有的妇女搞化妆品生意在露天市场零售，我也想搞，到哪里去上货？

答：为农对化妆品营销很少研究，但接触过搞化妆品的业内人士。据说上货的渠道较多，最常见的是从沈阳五爱市场批发，其他的还有从厂家进货及直销店进货等。

【002】西丰县柏榆乡世昌村读者郭志源问：找想跑集市销售服装，但苦于没有地方上货，上货时要不要证件？

答：据为农所知，辽宁地区服装批发较为有名的市场有沈阳市五爱服装批发市场、海城市西柳镇服装批发市场、大连市大杨服装批发市场（普兰店市杨树房镇）等您可去那里上货。上货的价格面议，不要证件。此外，各地某些批发站、商场鞋城也有搞批发的。

【003】瓦房店市泡崖乡杨屯村读者陈飞问：我想购买套果实的塑料袋，哪里有售？

答：您可通过网络搜索购得此物。

【004】岫岩县兴隆乡二道河村读者兰振生问：我们这里农民栽树搞大棚致富，可就是农药、农具得跑 50 多里地去买，有时买的还是假药，到哪能买到真药？

答：一般说来，您本市、县的农业生产资料公司销售的农药没有假货，您可到那里去寻购批发；常用的农业机具在那里也可以买到。

【005】康平县张强镇读者张小阳问：我想个人经营农业物资如农药、地膜、微肥等，还有水田用架条等，不知政策上是不是

允许？到哪里办手续和营业执照？

答：1993 年以前，根据国务院 1989 年 68 号文件和 1989 年 75 号文件规定，农药、农膜、化肥等农用物资均由各地农业生产资料公司实行专营，县以下农业技术推广部门可经营部分新品种。个人一律不得经营上述品种。但对于偏远地区农资公司的委托代卖则是另一回事。有关专家认为，某些农用物资在紧缺的时候实行专营保障供给是有必要的；而物资多了大量积压的时候再实行专营也就失去了意义，可见专营只是一个临时性措施，不能解决供不应求问题。对于其他农用物资如水田架条等个人经营好像没啥问题。办理经营执照可到当地工商部门。目前该制度已宣告寿终正寝，农资经营已放开。

【006】阜新县大五家子中学读者姜连甫问：我校想建个植物医院，专门从事作物病虫害的对症下药防治工作，不知是否可以，如何进药？

答：为农专为此事走访了有关部门，答案是建植物医院一要有专业技术人员做植物医生并能及时准确地诊病开方；二是要有充足的农药。技物结合是植物医院的运行方式，但经营农药则需要有工商局的许可证才行。

【007】义县前阳乡前泥村读者张建问：我家在农村，想办一个农业信息服务站，是否需要办理手续，哪个部门管此事？

答：如果您的这种农业信息服务是收取费用的，就属于营业性质，要办理相关的营业执照。营业执照由县级以上工商行政管理部门负责审批发放，您可以向其详细咨询并办理相关手续。

【008】岫岩县大营子镇石头岭村读者沈永春问：我是位农村的残疾人，想到外市地做生意，持残疾证是否能享受到残疾人的优惠待遇？

答：为农用电话咨询了省残联有关人士，认为从国家制定的残疾人保障法来看，只是宏观提出减免（税等），并没有统一的具体规定。从省内各市县的情况来看，各地的具体规定也是不太一样。因此，建议您到某地做生意时，先与该地的残疾人联合会取得联系询问具体的政策，寻求理解和帮助。祝您成功！

【009】绥中县宽帮镇观音沟村王守宝、庄河市步云山乡谦泰

村徐忠海等读者问：现在，纳米技术、纳米产品很火很热，究竟什么是纳米技术，目前市场上的一些纳米产品是真的吗？可信程度有多大？

答：据为农了解，纳米，其实是一个长度单位，1纳米等于10亿分之1米，约相当45个原子串起来那么长，或一个乒乓球与地球的大小相比。1959年美国科学家费曼提出纳米技术概念，而真正热起来却是近几年的事情。此技术实际上是通过在原子分子或0.1～100纳米的长度水平上进行操作改变物质的本来特性以形成新的材料，即纳米材料并用于电子、物理、化学、生物、加工及计量等学科。中科院纳米研究首席科学家白春礼院士说，纳米科技要像信息技术一样产生广泛而深远影响，那将是二三十年以后的事情。可见目前纳米热还处在理论探索及研究阶段，真正的产品少得可怜。市场上一些企业借机用“纳米”概念推销名不副实的产品，出现假冒现象误导消费者时有发生，应引起有关部门及消费者注意。

11. 地址

【001】北镇市廖屯乡小祖村读者庞冰问：能提供辽宁省农科院园艺所的通信地址吗？

答：沈阳市东陵马官桥，邮政编码110161。

【002】瓦房店市杨家乡付家村读者付义问：能告诉一下辽宁省药材公司的通信地址吗？

答：沈阳市和平区太原北街20号，邮政编码110001。

【003】庄河市荣花山镇大岭村读者孙玉龙问：能否告知沈阳市农科所的地址及邮编吗？

答：沈阳市农业科学研究所已改称沈阳市农业科学院，地址在沈阳市皇姑区黄河北大街96号，邮政编码110034。

【004】黑山县八道壕镇八家子村李澍、庄河市石山乡磨石房村郑志伟等读者问：辽宁省农业管理干部学院的通讯地址怎样写？

答：沈阳市东陵区东大营街11号，辽宁农业管理干部学院，邮政编码110161。

【005】新民市法哈牛镇荣胜堡村读者王胜平问：辽宁省农村

经济委员会、省农科院土肥所、省土肥站、沈阳农业大学的通讯地址咋写？邮编是多少？

答：辽宁省农村经济委员会在沈阳市太原北街 2 号，邮编是 110001；辽宁省土壤肥料工作总站地址在沈阳市皇姑区香炉山路 5 号，邮编是 110034；辽宁省农科院土肥所、沈阳农业大学地址在沈阳市东陵区马官桥，邮编是 110161。

【006】西丰县安民镇志城村读者韩崇明问：辽宁省风沙地改良利用研究所的地址在哪里？

答：辽宁省风沙地改良利用研究所的地址在阜新市细河区中华路东段 55 号，邮政编码是 123000。

【007】台安县高力房镇马坨子村读者孙雅夫问：辽宁省植物保护站的办公地址在哪里？

答：辽宁省植物保护站办公地址在沈阳市皇姑区长江北街 39 号，邮政编码 110034。

【008】陕西省咸阳市秦都区津东镇石家村读者石永明问：看到中国航天科技集团公司在新民市建立分公司，具体地址在什么地方？

答：在辽宁省新民市金五台子乡，邮编是 110300。

【009】建昌县碱厂乡什家子村读者贾振玉问：辽宁省中药材协会的地址在什么地方？

答：辽宁省中药材协会也叫辽宁省药材公司中药信息中心，地址在沈阳市和平区太原北街 20 号，邮编 110001。

【010】宽甸县双山子镇平坨村读者高德胜问：沈阳市园林科学院树木研究所地址在哪里？邮编是多少？

答：沈阳市园林科学院林木研究所地址在沈阳市青年大街 199 号，邮编 110016。

【011】凤城市白旗镇雕窝村读者鲍庚久问：看了锦州市林业科学研究所李希乔写的林木文章以及黑山县农业技术推广中心白铁军写的花生等文章，我想与之联系，能否告知联系电话？

答：为农找到了写文章两位作者的工作单位电话，供您可联系。黑山县农业技术推广中心电话 0416－5505824；锦州市林业科学研究所的电话：0416－2362553。

【012】黑山县八道壕镇韦城子小学读者张树华问：中国农业科学院花卉研究所的地址在哪里？怎样联系？

答：中国农业科学院没有单一的花卉研究所，而是与蔬菜合在一起称为中国农业科学院蔬菜花卉研究所，地址在北京市海淀区中关村南大街12号，邮政编码100081。

【013】阜新市细河区长营子镇七家子村读者秦晓亮问：能告诉沈阳天明中草药研究所的地址吗？

答：为农了解到，沈阳天明中草药研究所的地址在沈阳市东陵路139号。

【014】岫岩县黄花甸镇关门山村读者智波问：沈阳市的种子批发市场都在什么地方？

答：沈阳市规模较大的种子市场有：沈北新区种子批发市场，地址在沈北新区道义镇弓匠村；沈阳农业大学科技一条街种子批发市场，地址在沈阳市东陵路120号临街。

【015】沈阳市苏家屯区大沟乡大沟村王克仁、宽甸县牛毛坞镇泉山村倪传家等读者问：我想搞食用菌栽培，怎样能与沈阳农业大学食用菌研究所联系？

答：沈阳农业大学食用菌研究所位于沈阳农业大学科学实验基地内，地址在沈阳市东陵路120号，邮编110161。

（三）食品

1. 转基因食品

【001】大连市金州区华家镇胜利村读者刘明问：经常有转基因食品方面的报道，到底什么是转基因食品？这种食品好不好？我国转基因动植物有多少？有发展前途吗？

答：据有关专家讲，转基因食品是由转基因的动植物生产出来的。通过基因工程方法将一种动物或植物的基因导入另一种动物或植物的遗传物质中并在生产中应用，就形成了转基因的动物或植物，如转基因玉米、转基因大豆、转基因牛和羊等。转基因食品的安全性引起世界各国的关注是正常的，因为人们还不十分清楚转基因作物或动物对人类健康和自然环境的影响有多大，是否有严重后果。

欧盟、日本、英国等国均对转基因食品加以限制；法国有些人将国家转基因实验田作物连根拔起毁坏以示抗议；英国消费者对转基因食品的安全性担心程度远远超过对疯牛病的恐惧；欧盟规定转基因食品上市必须向消费者说明；日本制定法律规定转基因食品生产和销售必须标明产品身份。我国对转基因食品也出台了相关法规，生产销售也有明显标识。转基因作物或动物具有高产、廉价的诱惑力，但只有人们弄清楚转基因食品的安全性以后，才有可能去大规模生产和消费。到现在，转基因食品好坏的争论还没有停止。

【002】葫芦岛市连山区虹螺岘镇虹东村读者董金全问：目前市场上的食品经常有转基因字样，有人说有害，有人说无害，请您说说转基因食品对人类到底有没有害？

答：对动植物进行转基因改良朝着有利于人类的方向发展，是所有生物工作者的良好愿望。但是转基因后的动植物有很多不确定因素，甚至有害，就应引起高度重视了。1998 年，英国罗维特研究所的阿帕德·普斯泽泰博士最早提出转基因食品的有害性，他使用盖特豪斯培育的世界第一例转雪花莲凝集素的转基因马铃薯饲喂大鼠，结果发现吃了转基因马铃薯的大鼠有不正常变化，有早期癌症迹象，他随后在英国《柳叶刀》杂志发表了《转基因马铃薯对大鼠的损害》文章，别国科学家重复这一试验也得到了相同的结果。此事立即引起世界科学家们的重视，虽然这是个例，但也说明某些转基因生物也有不安全因素。世界各国的转基因动植物有水稻、玉米、大豆、棉花、牛、羊等很多，其产品大多数已进入消费市场销售，并进行了安全性检验鉴定，从理论上讲人类食用是没问题的。目前我国农业生产上的转基因动植物只有棉花等少数几种，水稻、玉米、大豆等还未全面放开，所以国人暂时不要担心。

2. 绿色食品

【001】盖州市陈屯乡杨店村读者朴景仁问：生产上经常遇到“绿色食品”的字样，但不知道绿色食品的标准是什么，怎样生产出绿色动、植物食品？

答：有关专家说，生产绿色食品可以说是个系统工程，就是按特定方式生产经国家有关专门机构认定的无污染、无公害、安全优质食品，在其他国家称为有机食品、生态食品或自然食品。1990 年 5 月，农业部规定了我国绿色食品的名称、标准及标志，由国家绿色食品发展中心负责制定，绿色食品标准分为 AA 级绿色食品标准和 A 级绿色食品标准两个技术等级。辽宁省也设有绿色食品发展中心，因不同动物、植物产品而制定不同标准，即一品一标。制定标准包括生产、贮藏、加工、包装等各环节，还包括生产过程中农药、化肥及有关成分的含量指标限制，通常按绿色食品产地环境标准《绿色食品 产地环境技术条件》（NY/T 391）、绿色食品生产技术标准、绿色食品产品标准、绿色食品包装贮藏运输标准来做，就能生产出绿色食品。

3. 五香花生米

【001】黑山县常兴镇张岗子村读者吕志领问：我想加工五香花生米，苦于没有技术资料，能提供点线索吗？

答：五香花生米制作技术较为简单，有干炒、油酥、水煮等方法，以干炒较为适于商品生产，又因调料不同形成各种风味。传统做法是选大小均匀、颜色一致的花生米，清除杂质、霉粒及破损粒，按花生米 10 公斤、食盐 1 公斤、蒜 50 克、大料和花椒各 5 克的比例备好原料；蒜去皮拍碎与花椒、大料、盐等放入容器中加开水浸泡花生米 2～3 小时捞出晾干；将锅中干净砂粒炒热后倒入泡好的花生米炒至香脆即成。

4. 豆腐

【001】铁岭市清河区清河乡读者马利问：我很喜欢吃大豆腐，您能告知我国是在什么时候开始利用大豆制作豆腐的吗？

答：据考证，用大豆制作豆腐是从汉朝刘安开始的。刘安是汉高祖刘邦的孙子、淮南厉王刘长的儿子，袭父封为淮南王，他经常在寿春城北山上炼丹，偶然将石膏点入炼丹的母液豆浆之中，经化学变化成了豆腐。从此他研究豆腐制作技术并传授给当地农民，逐渐向其他地区扩散。

5. 玉米面

【001】河南省中牟县大孟镇岗头桥村读者吴恩强问：听说一

种新技术是在普通玉米面中加入少量食品添加剂，可做成玉米水饺、包子、馒头、面条、油条、元宵、豆腐等，这些技术是否真实可靠？

答：市场上出售的玉米面粉，可制作出各种带馅的和其他形状的食品没问题，粗粮细作，口味及特点定会与众不同，但添加剂最好少放。这种新式玉米食品与传统制作的食品的优劣与否，要看市场消费者的“胃口”更得意哪种了。

6. 玉米皮

【001】普兰店市双塔镇唐屯村读者吴文泉问：听说用玉米穗皮加工制成工艺品可以出口，我是一名美术爱好者，可否组织当地能工巧匠走这条富路？

答：用玉米穗皮加工制成工艺品出口是变废为宝的致富门路，辽西地区很早就有搞的。您的这个想法很好，只有组织起来搞农产品加工，形成规模才能产生优势和效益。此类产品出口，应先与外贸部门联系好销路，以销定产。

7. 淀粉

【001】河北省辛集市新城镇读者贾松问：最近我从报纸上看到一些关于制粉丝、粉条致富的信息，此事是否可行？效益咋样？什么淀粉加工出来的产品质量好？

答：淀粉加工粉丝、粉条属于常规的加工项目，一般个人、集体均可上马，河北地区粉条加工搞得好，学习考察并论证一下经济效益如何，便可动手。至于何种淀粉加工粉丝好，据为农感觉应该是下列顺序，最好的是绿豆淀粉，依次是甘薯淀粉、马铃薯淀粉、玉米淀粉。

【002】建昌县黑山科乡杨树底下村读者赵国武问：有资料介绍每百公斤玉米能出50公斤左右淀粉，这是真的吗？怎样提取？

答：这个数字差不多少，玉米的淀粉含量在69%～73%，不同的加工技术和方法收率不一样，高者可达95%。加工方法简单易行，选料去杂，将玉米水洗水泡72小时加入亚硫酸钠软化，装入立磨提出胚。再粉碎、净置，去掉上清液，下面白色沉淀即为玉米淀粉。

【003】昌图县双庙子镇桥口村读者解振民问：玉米深加工有

哪些方法？哪种适宜农村个体经营？经济效益如何？

答：玉米深加工是个综合的复杂概念，为农觉得应分成几个层面：一是原料初加工，如生产玉米淀粉、玉米胚提油、玉米糖浆等；二是制成品加工，如以玉米为主的各种畜禽饲料加工、玉米制酒等；三是食品加工，如玉米饴糖、玉米膨化爆花、玉米香酥片、玉米羹等。在市场上，玉米熟食品如大饼子、玉米面菜团子在各大城市销路也较好。至于选哪个项目适宜个体经营，就要看技术实力和投资状况了，投资少见效快的应在食品与熟食品方面做文章。

【004】昌图县泉头镇桥口东村读者杨洪林问：听说中国加入WTO以后，国内玉米价格会下跌，我想搞玉米深加工制淀粉等，能增值吗？

答：2001年11月10日，世界贸易组织第四届部长级会议在卡塔尔首都多哈审议并通过了中国加入世贸组织的决定，30天后中国正式成为世贸组织成员。有人预测我国加入WTO后首先遇到冲击的是玉米，当时国内市场玉米每公斤0.82元，而美国玉米口岸保护价每公斤0.62元，每公斤价格相差0.20元，主要原因是国内玉米的生产成本较高，技术含量较低。实践证明，我国入世加入国际农产品市场竞争，玉米价格不但没有下降，反而在逐渐上升，农民利益得到维护，2011年初国内市场每公斤玉米价格在1.95～2.38元，按此价位进行玉米深加工制淀粉虽能增值，但盈利不会很多。

8. 血红素

【001】东港市前阳镇读者鄢继波问：有广告说用动物血提取血红素利润惊人，600公斤动物血可提取1公斤血红素，销价1万元。我很想去学技术，心里没底，此事是否真实可靠？

答：血红素也叫卟啉铁、血卟啉、氯化高铁血红素，是由铁离子镶嵌在原卟啉环而构成的称为铁卟啉的化合物，在医药、食品、化工、保健品、化妆品等方面有应用，广泛存在于动物血中。很多年前用猪血提取胆红素热时，有许多人学习，最后空有技术而不能搞，白花了学费。提取血红素可能也是一种游戏，想挣钱恐怕不太容易，试想那么多的肉联厂宰杀生猪，动物血原料丰富，为何没去提取血红素而都灌血肠或加工血粉了呢？为农觉得这个学费咱不能拿，因为提取血红素在原料供应、产品销路等方面都存在问题。

【002】盘山县吴家乡团结村读者洪元赞问：有信息说猪血能提取蛋白胨，100公斤血可提取价值300元的胨，此事是否属实可行？

答：蛋白胨是一种外观呈淡黄色的粉剂，具有肉香的特殊气味，可作为微生物的培养基原料，能从猪血中提取，工序繁杂。为农可以算个经济账，猪血难寻且价格也不低，去掉原料成本和加工费用，想挣到钱是不容易的，况且用其灌制的血肠市场销售价格很高。可见，猪血提取蛋白胨不能作为普通百姓的一条致富门路来搞，不大可行。

9. 胆红素

【001】法库县卧牛石乡拉马荒村读者冯国利问：有资料介绍动物胆汁中提取胆红素技术，此技术是否可信？有无前途？

答：胆红素是人工合成牛黄的原料，可从猪、牛等动物胆汁中提取，技术路线是制备胆红素钙盐→盐酸酸化→三氯甲烷提取。若让为农给出结论，此技术虽然可信但不可行也！因为原料胆汁很难收集到，且技术工艺要求很高，设备、仪器、技术人员等要配备，不是一般农户可以进行的项目。前几年沈阳办此种技术培训班的不少，每天到屠宰场收集猪胆，数量很少还谈什么规模效益、挣钱呢？学了这种技术没有原料、仪器、设备，不能投产又有啥用。提血红素之技术亦属此类“货色”。

10. SOD

【001】北镇市广宁镇望虎村读者白玉庆问：有出售用动物血生产SOD技术的，其产品销路咋样？技术是否可靠？

答：SOD也叫超氧化物歧化酶、过氧化物歧化酶，是一种从动物血中提取的酶制剂，能清除人体自由基，延缓衰老的一种天然活性分子，对构成人类健康严重威胁的肿瘤、心脑血管病、免疫系统病、糖尿病、病毒感染病包括艾滋病等有很好预防和治疗功效，在医疗保健方面用途广泛。可采用离心机分离法、萃取法制得。沈阳农业大学等单位的专家们曾经进行过此项课题的研究，原料设备投资较大，后因产品质量很难达到检验标准而放弃，并不是千八百元钱就能形成生产规模的，故请您慎重。

【002】开原市中固镇读者苏长波问：从猪、牛、羊等动物血液中提取SOD，此技术适合农民家庭小规模生产吗？

答：农民家庭小规模从猪、牛、羊等动物血液中提取SOD难度很大，原料来源、产品质量很难保证，还是不搞为好。

11. 肝素钠

【001】葫芦岛市寺儿堡镇碾盘沟村读者张东升问：肝素钠、植酸、胆红素、SOD、平菇、灵芝、养蝎、蚂蟥，这些项目都能可以生产吗？有发展前景吗？

答：肝素钠是从猪或牛的肠黏膜中提取的硫酸氨基葡聚糖钠盐，为粘多糖硫酸酯类抗凝血、降血脂药物。前四种项目一般的农户不宜搞，投资大，技术和产品质量要求高很难成功，没有啥前途；后四种项目一般农户均可以搞，但要看准市场行情，注意以销定产为好。

12. 核苷酸

【001】抚顺市望花区塔峪镇山城子村读者李元周问：核糖核酸是一种什么产品？农户自己能提取吗？

答：核糖核酸也叫核苷酸、RNA，是一种生命源活性遗传信息载体物质，一般从酵母中提取。由于提取核苷酸的技术要求较高，一般农户是不能进行生产的。

13. 胱氨酸

【001】灯塔市西马峰镇西马峰村读者黄丽芝问：我想用猪毛、人发、鸡鸭毛及羊毛等搞胱氨酸提取这个项目，您看能行不？

答：胱氨酸也叫双巯丙氨酸、3，3′-二硫代二丙氨酸，白色结晶或结晶性粉末，最早是从膀胱结石中发现的，多含于毛发、指爪等角蛋白中。工业上从毛发中提取，收率7%左右，也可人工合成。据为农了解，提取胱氨酸技术路线复杂、设备投资较大不说，其原料资源零散收集费用大，且提取率及纯度难保证。可见，提取胱氨酸项目很难施行，不如搞常规的养殖及种植业稳妥。

【002】东港市合隆镇栋梁林村读者何厚仁问：听说用人发能提取胱氨酸，价格也不错，辽宁省有这样的生产厂家吗？

答：利用人发、猪毛、鸡鸭毛及羊毛等是可以提取胱氨酸的，据说辽宁省的阜新市已有建厂生产者。但最大的问题是毛发原料供应及其收集很难，大规模建厂单纯搞此项目会成为“无米之炊”的企业，不能挣到钱，作为制药企业多项产品中的一项是可行的。

【003】东港市新立乡兴隆村读者罗振军问：听说有办班收费学习利用人发、猪毛等提取胱氨酸技术的，找谁能联系上此事？

答：胱氨酸也叫双-β硫代-α氨基丙酸，用于治疗脱发、痢疾、伤寒、流感及气喘、湿疹等病症。理发店收集的头发可以提取胱氨酸，基本流程是将头发洗净晒干→盐酸水解→中和沉淀→纯化洗涤→烘干即可制得，花钱学习技术原理方法很容易，但实际投入生产很难。因为此事不是家庭作坊能搞的，投资较大，劳民伤财，各地办班学习搞提取有点当年大跃进“大炼钢铁”的味道。我国胱氨酸工业发展较快，农户不宜为此花费心思参与，学此技术没有太大实际意义。

14. 叶绿素

【001】开原市中固镇读者苏长波问：用青草、树叶提取叶绿素能行吗？成本多少？市场销售情况如何？

答：用青草、绿树叶提取叶绿素是没问题的，轧榨分离即可得到，成本不会太高。但是，提取出来的叶绿素卖给谁、做什么用途还是个未知数，目前市场上确实没有交易买卖叶绿素的。

15. 琼脂

【001】内蒙古喀喇沁旗西桥乡姜家店村读者贾志问：到哪里能买到琼脂粉和甲醇？

答：琼脂粉是从石花菜及红藻类植物提取出来的藻胶，用于生物科研、食品、医药、化工、纺织等领域；甲醇是结构简单的饱和一元醇，也叫木醇或木精，主要用作溶剂和燃料。这两种产品化学试剂商店有售，也可网络搜索得到信息。

【002】阜新县于寺镇政府读者陈广海问：在一篇文章中看到“PDA 培养基”字样，指的是什么？

答：PDA是马铃薯、葡萄糖、琼脂三种原料的缩写（Potato Dextrose Agar），一种常用的培养基，适宜培养酵母菌、霉菌、蘑菇等真菌；具体配方为马铃薯200克、葡萄糖20克、琼脂15～20克、蒸馏水1000毫升。

16. 白酒

【001】义县白庙子乡下堡子村读者李坤问：看到许多出售酿酒设备的广告，是用玉米还是玉米面酿酒？酿出酒的质量真像说的那样好吗？

答：小型酿酒设备轻便灵活，适合于农户家庭应用。其工艺多采用液体发酵法，主要是以玉米面为原料。值得注意的是，1998年山西假酒案的出现，给大大小小酿酒行业敲响了警钟，酒的质量一定要过关，否则严惩不贷。为农最近走访了有关食品专家，认为目前小型酿酒设备存在的主要问题是质量不达标，尤其以镀锌板为酿酒设备的铅含量容易超标。因此，最好到正式生产厂家购买国家认定的合格酿酒设备产品，以保证酒的质量。

17. 红糖

【001】绥中县西甸子镇安马堡村读者张文学问：有提供制作红糖和白砂糖技术资料的广告，我们个人搞到底行不行？

答：红糖和白糖的加工制作工序复杂，建厂投资较大，技术要求高，一般个人搞此项目是很难成功的。辽宁省有近10家甜菜制糖厂，经济效益均一般，故您还是搞点别的致富项目为宜。

18. 木糖醇

【001】阜新县于寺镇政府读者陈广海问：听说用秸秆、稻壳、玉米芯等农副产品可以生产提取木糖醇，是否能行？前景怎样？

答：据业内人士讲，木糖醇广泛存在于农产品的废弃部分如玉米的穗轴、秸秆、木材、稻草、棉桃的外皮中，是一种具有营养价值的甜味物质，通常多用玉米芯来生产木糖醇，而秸秆和稻壳用得少。上此项目，一定要认真进行多方考察论证，除设备等固定投资在千万元左右外，技术要求是很高的，建厂必须有专业的化工技术人员才行，否则很难生产出合格的木糖醇产品。看来一般农户以及资金不足够多的是不宜涉足此项目的。

19. 肌醇

【001】新宾县平顶山镇平顶山村读者孟庆春问：我想用农村特有的米糠、麦麸等提取肌醇和菲叮，提取的技术和工艺复杂不？效益如何？

答：肌醇是一种水溶性维生素B族中的一种，可促进细胞新陈代谢、助长发育、增进食欲，用于治疗肝脂肪过多症、肝硬化症；菲叮也叫植酸钙，是植酸与钙、镁等结合形成的一种复合盐，可促进新陈代谢滋补健脑。用米糠、麦麸提取菲叮和肌醇工艺流程或技术路线并不复杂，但设备投资较大，产品质量标准要求较高，多为工业化生产，普通农户是不宜搞此类项目的。

20. 海蜇皮

【001】东港市菩萨庙镇政府读者于天安问：我很想知道海蜇皮的加工技术方法及工序，能介绍一下吗？

答：有专家说，加工海蜇的技术方法较为简单，工序不复杂，一矾、二矾、三矾即成。主要用食盐和明矾混合腌渍，明矾对蛋白质有凝固作用并加速鲜海蜇脱水。将海蜇鲜品摆一层放一层明矾，入池内按0.4%～0.6%加明矾腌渍4～6小时为头矾；取出再摆一层蜇皮放一层盐矾混合粉，用盐量是头矾后蜇皮的20%～30%、用明矾量为0.4%～0.6%，腌渍5～8天；取出再摆一层蜇皮放一层盐矾混合粉，用盐量是二矾蜇皮的20%～30%、用明矾量为0.1%～0.2%，腌渍6～10天即成。明矾是海蜇三矾加工过程中必须使用的脱水剂，但太多的明矾会造成铝残留量过高，食品标准要求腌渍海蜇明矾含量为1.2%～2.2%，比率合适的明矾能较好地保证产品口味、提高质量、延长保质期。有些生产者将没有完全处理好的二矾海蜇产品作为成品销售，这种海蜇皮外观呈半透明胨胶样、软酥的白色麻腐状，用手轻压挤便有液体溢出；这种海蜇头外观呈棕红色，中心有软而白色的冻胶样物质，味涩滑，不可食用。

21. 人造鸡蛋

【001】康平县二牛乡二牛村读者李伟问：听说有提供人造鸡蛋、人造鸭蛋技术的，是真的吗？

答：人造鸡蛋的主要原料是海藻酸钠、氯化钙、石蜡、石膏、氢粉、凝固剂、色素等化学物质，造出的鸡蛋可以乱真。为农觉得，人造牛肉、人造海参、人造鸡蛋、人造木耳等在食品短缺时代搞点花色调剂会有需求，如今真食品多得很难卖，这些人造假货是不行的，从人造鸡蛋混入真鸡蛋卖便可看出假货没市场，只能是一种欺骗消费者的东西，因为每只人造鸡蛋成本5～8分钱，而真鸡蛋每个5角钱，差10倍。研究发现，人造鸡蛋毫无鸡蛋味，长期食用会造成大脑记忆力衰退、痴呆等。

【002】庄河市徐岭镇依屯村读者高波问：听说江苏省有一科技开发中心生产硬壳人造鸡蛋，是真的吗？市场需求怎样？

答：人造鸡蛋广告宣传得很厉害，其实市场销路并不好，基本没有市场。因为正宗的鸡、鸭、鹅蛋并不紧缺，价格也很正常，人造鸡蛋并没有需求。正宗的蛋能否给人造蛋让出一部分市场，需要营销者花大力气去攻占，但假的东西早晚会退出的。可见，搞人造鸡蛋没有出路，还是正常养鸡产蛋为好。

【003】义县城内下岗职工读者姚富问：在报纸上看到转让鸡蛋提取溶胞酶的工艺技术，投资200元、民房15平方米，2人3天可产1公斤产品，回收2800元1公斤，不知此技术是否真实，您说呢？

答：若让为农说，此事对于普通农户不可行也！历史的经验值得注意，以前从猪胆中提胆红素、猪血中提血红素、米糠中提植酸、墙土中提硝等办班促学的很多，而到今天都没有踪迹了。可见，在科学技术高度发达的今天，用土法生产高技术产品是很难成功的，质量没有保证，更没有市场。从鸡蛋里提取胞酶，应属于此类，因为酶的生产若用“三间房子一盘磨”进行，其质量可想而知，质量没有保证且不合标准的酶产品又卖给谁呢？

【004】葫芦岛市连山区塔山乡东孟家屯村刘文立问：从鸡蛋中提取溶菌酶、从稻草中提取植酸，这些项目可行吗？发展前景如何？

答：这两个项目对于农户来说没有可行性，即使提取出来产品也是没有销路的，因为多年来还没有因此而获利的；只是搞培训办班的人挣点儿培训费而已。

【005】大石桥市沟沿镇碾坊村读者陈金财问：我想学习从鸡

蛋中提取溶菌酶、蛋黄油及动物血中提取SOD技术，这些产品的销路咋样？技术复杂不？

答：为农认为，从鸡蛋中提取溶菌酶、蛋黄油技术并不很难，但提取出的产品纯度质量如何，能否达到标准确实是个问题。前些年各地举办收费的技术培训班很多，并以回收产品为名招揽学员，到后来也都销声匿迹了。至于SOD确实是个好产品，但农户搞生产难度较大，目前国内某些专门研究加工的专家都洗手不干了，几百万投资的厂房设备亦闲置起来，主要原因是生产的产品质量不合格，可见做此事并不简单。学习此类技术应慎重，许多好学者交了大笔学费参班学技术后不了了之，建议您免交此学费为好。

【006】建昌县石佛乡石佛村读者沈慧娟问：听说用鸡蛋壳制取生物活性钙制剂能致富，我想搞这个项目，是否能行？

答：活性钙在营养学上应统称为钙制剂，鸡蛋壳是可以制取钙制剂的，但目前还处于实验室研究阶段，规模化中试投产的还没有。农民自己搞活性钙生产好像费点劲儿，除设备、工艺技术外，大量的蛋壳原料各家各户分布零散如何收集满足生产能力的需求是关键，一般农村千八百个蛋壳是达不到建厂要求的。看来，您先得解决大量生产的原料来源问题，然后才能研究投资建厂提取活性钙的事。

【007】葫芦岛市连山区塔山乡读者周明问：有报道蛋壳生物活性钙制剂已开发成功，我想上此项目能行不？

答：鸡蛋壳主要成分是碳酸钙，变废为宝给人供钙好像不太现实。此项目只能处于“开发成功”阶段，真正用于生产很有困难，原料来源、市场销售、资金成本等在实际工厂化生产中尚需进一步论证。因此，上此项目还是慢行为好。

22. 苏丹红

【001】大连市金州区向应乡读者王贵成问：现在经常听到看到有关“苏丹红Ⅰ号”等色素违法用在食品染色上，各地查禁苏丹红的案例很多，此物到底是个什么东西，为啥宣传得这么厉害？

答：苏丹红是一种红色的工业合成的化工染料，普遍用于纺织品染色以及溶解剂、机油、蜡和鞋油等产品染色上，根本不是用于食品上的，各国从未把苏丹红作为食品添加剂。国内某些食品如辣椒面、油、粉中以及香肠、比萨、熟食、色拉酱等中却广泛使用，严重危害人们的健康。苏丹红是偶氮苯类化合物，包括Ⅰ、Ⅱ、Ⅲ、Ⅳ号，如偶氮苯、对甲氧基偶氮苯、对氨基偶氮苯、苏丹黄、苏丹红，等等。1994 年拜耳公司在分析德国纺织品市场上所涉及禁用可还原裂解出致癌芳胺的偶氮染料在德国化工协会第二版《染料索引》中就有 146 种，就是说苏丹红等偶氮苯染料因有致癌性在纺织品上都是禁止使用的。在纺织品上禁止使用的东西却被用在食品加工上，真是令人毛骨悚然。现在世界各国严厉打击铲除此物，可谓一件人人称快的大好事。

（四）生活

1. 小康

【001】东港市小甸子镇小甸子村读者孙连柱问："奔小康"是我国农村工作的总目标和总任务，请问小康的含义及标准是什么？

答：据为农查考，较早的国家统计局提出的农村小康标准是人均年纯收入达到 1100 元；基尼系数在 0.3～0.4；恩格尔系数低于 50%；蛋白质日摄入量超过 75 克，人均衣着支出超过 70 元；砖木结构和钢筋混凝土结构住房面积比重高于 80%；电视机普及率超过 70%；文化生活服务支出比重高于 10%；平均预期寿命达到 70 岁；劳动力平均受教育年限 8 年；安全卫生饮用水普及率超过 90%；用电户比重高于 95%，已通公路行政村比重 85%以上；已通电话行政村比重超过 70%；森林覆盖率 15%；享受五保人口比例上升为 90%；万人刑事案件发案件数为 5 件以下。以后国家统计局曾经多次修改小康生活标准，其中 2004 年拟定的到 2020 年实现目标的农村小康生活标准是人均年纯收入 6000 元；第一产业劳动力比重低于 35%；小城镇人口比重 35%；合作医疗覆盖率达 90%；养老保险覆盖率达 60%；万人农业科技人员数 4 人；居民收入的基尼系数 0.3～0.4；人口平均受教育年限9年；平均预期寿命75岁；恩格尔系数0.4以下；居住质量指数75%；文化娱乐消费支出比重7%；生活信息化程度60%；对村政务公开的满意度为85%；社会安全满意度85%；常用耕地面积动态平衡；森林覆盖率23%；万元农业GDP用水量1500立方米等。

【002】辽中县城郊乡肖家崴子村读者马代云问：江泽民同志在“十六大”报告中提出要“全面建设小康社会”，请问建成小康社会要达到哪些标准？

答：20世纪90年代国家统计局会同国家计委和农业部制订了《全国人民小康生活水平的基本标准》《全国农村小康生活水平的基本标准》《全国城镇小康生活水平的基本标准》三套，作为衡量全国人民小康生活水平实现程度的尺度。如《全国人民小康生活水平的基本标准》包括16项指标：①人均国内生产总值2500元（按1980年的价格和汇率计算相当于900美元）。②城镇人均可支配收入2400元。③农民人均纯收入1200元。④城镇住房人均使用面积12平方米。⑤农村钢木结构住房人均使用面积15平方米。⑥人均蛋白质日摄入量75克。⑦城市每人拥有铺路面积8平方米。⑧农村通公路行政村比重85%。⑨恩格尔系数50%。⑩成人识字率85%。⑪人均预期寿命70岁。⑫婴儿死亡率3.1%。⑬教育娱乐支出比重11%。⑭电视机普及率100%。⑮森林覆盖率15%。⑯农村初级卫生保健基本合格县比重100%。为农觉得这第一个标准很好，但由于历史原因，如电脑及上网率、家庭小汽车占有率等没有，现在看来亦应给列入才好。

【003】大连市金州区向应乡读者李丽丽问：在奔小康的热潮中，经常看到恩格尔系数、基尼系数等提法，都是什么意思？

答：1857年德国统计学家恩思特、恩格尔阐明了一个定律：随着家庭和个人收入的增加，收入中用于食品方面的支出将逐渐减少，其系数被称为恩格尔系数，即吃饭的支出占收入的比例，按联合国粮农组织提出的标准，恩格尔系数在59%以上为贫困、50%～59%为温饱、40%～50%为小康、30%～40%为富裕、低于30%为最富裕；2000年我国恩格尔系数首次低于50%。基尼系数是1922年意大利经济学家提出定量测定收入分配差异程度的指标，其含意是在全部居民收入中用于不平均分配的百分比。基尼系数最小等于0，表示收入分配绝对平均，最大等于1，表示绝对不平均；大于0.6为高度不平均；国际上通常将0.4作为警戒线。

2. 保险

【001】凤城市弟兄山镇陈家村读者李振成问：社保养老保险与生命人寿保险之间有什么区别？哪个更可靠？

答：一般说来，社会保险属于政府立法强制实施的保险，是一种福利行为，具有非盈利性质；而人寿保险属于商业行为，保险人与被保险人之间是契约关系，具有商业盈利性质。社会保险由国家、集体或单位和个人三者出资投险；人寿保险完全由投保个人出资。不过，两种保险都应该是可靠的。

3. 学校

【001】辽中县六间房中学读者马宝宏问：我想参加辽宁农业广播电视学校学习，什么时候报名，什么手续，什么学习方式，学制几年？请您帮忙问一下好吗？

答：为农专为此事走访了“农广校”，该校学制2～3年，以自学为主，由辽宁人民广播电台和中央人民广播电台广播以及电视、录音、录像等形式授课。招生对象是初中以上文化程度的农民。每年7～8月份招新生，可携带身份证和户口本到本县区农业广播电视学校（大连地区在教育局）报名，并参加由辽宁省教委组织的全省农民统一招生考试，中考的应届初中毕业生凭中招成绩，考分在录取线以上就可入学了。毕业后发给毕业证，省教委承认中专学历。

【002】大连市金州区登沙河镇棋杆村读者姚立碧问：我想系统学习农药使用的具体技术方法和病虫害防治方面的知识，哪里有专门针对农民的学校或学习班？

答：您的想法和需求很现实也很紧迫，但在实践中却往往遭遇到尴尬，因为目前辽宁省内针对农民的这方面的专业技术学校还没有，只是到农业院校才有此专业。一些短期的培训班正在组织实行，大部分针对农村专业大户及合作社带头人，有关农药专业方面的内容也很少。看来，目前您只能单独拜师求学或网络自学或购买一些书籍和教材自学了。

【003】凌海市班吉塔镇班吉塔村读者杨晓平问：2006年我的学校在3年级的下半年收学生学费和书费85元、微机费25元、班费3元、本费10元、作业本费20元等累计得143元。我认为学校收学生的班费、本费、微机费不合理，上边有没有这方面的规定？

答：有关教育专家认为，您所指出的3个收费项目各地有所不同，但上边没有明确规定。此3项应该属于学生“自愿”的范畴，如果收费过高或强制施行则有“犯规”之嫌，可以向当地教育行政主管部门反映，能够得到满意答复的。

【004】凤城市四门子乡陈小岭村读者陈永利问：从电视上看到有个“希望工程”能帮助失学儿童，怎样能联系上？

答：“希望工程”是我国教育事业的一大工程，专门救助因贫困失学的儿童重返校园。辽宁省及各市、县的教育部门都设有希望工程办公室，您可与本市、县的希望工程办公室联系。

【005】吉林省龙井市龙门街民声居7组读者黄志海问：7月份刚参加完高考，我和其他考生一样都有远大理想，伟大抱负，圆个大学梦，有志投身于农业。能介绍一下沈阳农业大学的情况吗？

答：沈阳农业大学1985年10月5日前叫沈阳农学院。1952年全国高等学校院系调整，中央决定原上海复旦大学农学院（除茶叶专科外）全部迁到沈阳与从哈尔滨迁回的原沈阳农学院合并组成新的沈阳农学院，即现在的沈阳农业大学，校址在沈阳市东郊。2002年学校有36个本科专业，31个硕士学位授予权专业，13个博士学位授予权专业，5个博士后流动站，2个国家级重点学科，3个农业部重点学科，10个辽宁省重点学科。有农学、经贸、林学、牧医、农工、水利、土环、生物技术、植保、园艺、食品、应用技术、高职、科技和成教等15个学院，28个研究所、室和中心，29个基础实验室。教职工1702人，其中专任教师736人，教授120人，副教授377人。在校各类学生15312人，其中留学生3人，博士生199人，硕士生621人，本专科生

10165人，函授生等4324人。欢迎您到沈阳农业大学来深造并献身祖国的农业科教事业。每年的校庆日为10月11日。

4. 培训

【001】法库县双台子乡双台子村读者韩杰问：听说针对农村劳动力转移培训的阳光工程已经启动，沈阳市及我们当地是否有办公机构？怎样联系？

答：农业部、财政部、劳动和社会保障部、教育部、科技部和建设部等6部委按照“政府推动、学校主办、部门监管、农民受益”的原则从2005年开始组织实施“农村劳动力转移培训阳光工程”，以提高农民素质和就业技能。此工程主要围绕用工量大的餐饮、酒店、保健、建筑、制造、家政服务等行业分三个阶段进行，2004～2005年重点支持粮产区、劳动力主要输出区、贫困地区及革命老区等地并探索经验，2年培训500万人；2006～2010年在全国大规模开展培训3000万人；2010年后进一步扩大培训规模，提高层次。6部委还成立领导小组，各地成立相应机构，并制定了《农村劳动力转移培训转移阳光工程项目管理办法》、《农村劳动力转移培训基地认定原则意见》、《农村劳动力转移培训资金管理办法》、《农村劳动力转移培训项目检查验收办法》等。辽宁省及各地的办公机构均设在农委的科教处，如沈阳市设在农委的科教处，您处具体培训的地点在法库县就业训练中心、法库县农业广播学校、沈阳市职业技术学校。

【002】吉林省蛟河市南岗子乡青顶子村读者郭爱文问：我是一个养殖户，对兽医很感兴趣，想到沈阳农业大学畜牧学院进行系统学习，有可能吗？

答：沈阳农业大学有成人教育学院，您可与之联系进行函授学习，也可直接与畜牧学院联系，参加大专班学习。

【003】台安县肉禽有限公司读者窦亚强问：经常听到“绿色证书”的说法，怎样才能获得此证书？需要哪些手续？

答：关于“绿色证书”工程农业部有专门文件发至各地。经与有关专家咨询，“绿色证书”工程具体指标是学习3～5门农业课程，学时数超过300学时，考试合格，经过一定实践即可拿到此证书。证书由村级推荐，乡级审查，县级验印。学员要求具有初中以上文化程度的各级农民。一般由乡里组织培训班报名学习。取得此证书的人员在承包、参军、提干、贷款等方面将优先考虑。各地情况略有差异，目前许多农村学校在初中三年级开设绿色证书课程，学习3门以上农业实用技术课程的学生，毕业时两证齐发，即初中毕业证书和绿色证书。您要学习可与乡有关部门联系。

【004】新民市新农乡照星台村读者李晓宇问：我是个农家女，很想趁年轻多学些科学技术，得到绿色证书，怎样联系？沈阳有函授班吗？

答：您的想法很好，说出了当代农村青年的理想和追求。"绿色证书"是由辽宁省农委主办，由各市县农业部门实施的一种技术培训项目。持有此证书者，说明具有一定的理论知识和实践技能，做现代农民才合格。您可与本市县的农业技术推广中心联系学习。另，沈阳农业大学每年都招收大专或本科函授生，通过考试合格即可被录取，您可与该校的"成人教育学院"联系。祝您成功。

【005】西丰县农业高中读者李继飞问：我将从校门走向社会，因经济条件限制，我想读函授，怎样进行联系？

答：一般的高等学校均设有函授部、函授学院或成人教育学院、继续教育学院，专为有志青年提供深造的机会。您想学农的话可与沈阳农业大学成人教育学院联系，并参加考试。地址是沈阳市东陵区东陵路120号，邮政编码是110161。

【006】新民市大红旗镇乔家村读者刘凤伍问：我没参加上辽宁农民教育师资培训中心和新农业杂志社联办的第一期中草药栽培技术培训班，下期啥时候再办？

答：这个培训中心已多年未招生办培训班了。

【007】庄河市桂云花乡二道岭村读者刘廷杰问：我是村畜牧员，想学习提高一下，短期的最好，能帮助参谋一下吗？

答：据为农了解，辽宁省科技厅、辽宁省委组织部、团省委、省委宣传部、省农村经济委员会、辽宁省人社厅、辽宁省财政厅、辽宁省教育厅与沈阳农业大学联合举办的辽宁省农民技术员培养工程培训班到2011年已办了8期，有畜牧方面的内容，每期培训时间 2～4 个月。学员条件：①具有 2 年以上的实践经验。②具有中学以上的学历。③年龄在 18～50 岁。④有一定种植、养殖的产业。可到所在县（市）科技局报名，由县（市）科技局向辽宁省科技厅推荐，经批准即可到沈阳农业大学参加培训。

【008】盖州市旺仁乡半拉庙村陈显禄问：我是村里的畜牧防疫员，很想进一步学习，还想办个黄牛改良站，到哪能学到此方面的技术知识？

答：您可先向本市县的畜牧业专家请教并给予支持，亦可到沈阳农业大学等处请教专家给予参谋指点或参加培训学习事宜，祝您成功。

【009】昌图县太平乡兴龙村读者王喜才问：我想参加中国农科院农技函授学习，学员学成后国家对其待遇有哪些明文规定？能否被乡、村聘用及录用？

答：此种学习肯定会增加您的农技才干，学后的待遇国家好像没有明文规定。是否被聘用关键要看学后对农业理论、技术的掌握运用及才干的发挥如何了。人生总是要追求的，金子总是会发光的。

【010】新宾县朝阳林场读者王庆丰问：我是一名学农的中专毕业生，想继续深造本科，如何联系？

答：您可与沈阳农业大学成人教育学院联系，通过函授来完成专科至本科的学业，地址在沈阳市东陵路 120 号，邮政编码 110161。

【011】彰武县哈尔套镇柳树林村读者齐艳霞问：我想考农业大学的函授生，多学点农业知识，如何办理手续？

答：沈阳农业大学有成人教育学院，专门负责函授等成人教育的招生、学习等，您可与之联系。函授要经过报名、考试、录取、学习、毕业等一系列正规程序，国家承认正式学历。

5. 电视

【001】阜新县于寺镇虎掌沟村读者石振东问：我处正在安装有线电视，有人说有线过时了，将来安装数字电视就与其重复了是这么回事吗？我们有线电视费每月每户 8 元多不？

答：有线与数字虽然是两码事，但电视的数字信号或模拟信号都得需要通过“有线”来完成。有线电视频道节目较多，用户花点费用是值得的。目前，沈阳市内有线电视每月每户费用12元。

6. 自行车

【001】铁岭县李千户乡上未台冲村读者修俊胜问：有资料介绍转让自行车翻新技术，我想学又怕上当，您看咋样？

答：依为农所见，此技术没啥实用价值。若只是在自行车表面涂漆抹彩，则坏车还是坏车；若是在零件上更新，一般人都会自已购件安装维修；若是赃物改造，则是犯法之举。可见，此技术没啥意思。

7. 收藏

【001】新宾县大四平镇样尔沟村读者崔兆财问：我前几年收藏了一张1990年版的100元面值的人民币，其背面图案上方多印了一条长线和一条短线，有人说有收藏价值，是真的吗？

答：据收藏专家讲，此类人民币虽然少见，收藏可以，但并不会因此而增值，因为并没有多大实际意义。与集邮一样，单独一张并不代表原版有误，其价值就可想而知了。

【002】开原市杨木林子乡九社村读者陈玉山问：我新得到一条信息说，在农行每月存30元，保证得月息24元，此事是真的吗？

答：不可能。如此下去，什么银行都得破产倒闭。

【003】东港市马家店镇双山东村读者宋官运问：最近我地区流传说中国××出版社出版的油画有艾滋病毒，当真有此事吗？怎么处理？

答：不可能有此事！为农目前还没有听说艾滋病病毒能通过“出版物”等媒介传播进入人体的事例。

【004】抚顺市顺城区千金乡偏坎子村读者白克林问：听说中国人民银行以前出的面值1分、2分的硬币能兑换更多的人民币，谁收？有此事吗？

答：此乃民间收藏行为，查无证处，少有此码子事，勿信。

【005】盖州市杨运乡奋英村读者陈艳玲问：有广告说提供办

"自助美容屋"美容品以及收旧币历史古铜钱的，我写信联系几次，古铜钱处回信上均写"此人收审"，这是什么意思？

答：为农仔细阅读了您寄来的材料，完全是卖"江湖"化妆品广告，请注意这些化妆品用起来容易出毛病。另外，收古铜钱处的回信上写的几个字，"收审"好像是公安机关使用的词儿。

8. 邮票

【001】建平县富山乡涝泥塘子村读者孙晓林问：我发现并举报某单位10多年寄出信件贴的邮票采取去"印"法，即用"万次使用法"处理邮票重复贴用，为邮政部门挽回巨大损失。这么大的经济案件邮政局是否得支付我几万元钱的举报作证费？

答：发现并举报不法行为是每个公民的社会责任和义务，照理说有关部门对有功人员应该给以奖赏，但也不是必须给的，因为目前还没有法律规定和依据；至于举报作证也是公民的义务，也不会有啥经济效益。看来您做的这些确实是对社会有益的好事，但没得到"钱"确实有点上火，希望您能想开些。

9. 地图

【001】开原市金沟子镇蚂螂屯村读者薛宏问：普兰店市归辽宁管不？为什么地图上查不着？

答：买一张新地图上面就有了。近些年不少县改市使原来的县名称变了，旧地图当然查不到啦。如原新金县改为普兰店市、营口县改为大石桥市、东沟县改为东港市、锦县改为凌海市、盖县改为盖州市、北镇县改为北宁市再改为北镇市、复县改为瓦房店市、锦西市改为葫芦岛市，等等。请及时更换购买新版地图，以适应新变化。

10. 8080

【001】台安县达牛镇岳家村读者王付刚问：辽宁省邮电管理局开设的"8080"信箱是否开通？怎样拨打，是否收费？

答："8080"信箱实际上是利用电话咨询农业科学技术、知识的农家热线电话服务系统，在辽宁省各县区均设有分台，1998年4月8日开通。拨打方法是利用家中、单位或身边任意一部程控直拨电话机，拨通"16008080"后向话务员询问您要了解的农业内容。话务员将根据咨询的内容把电话转到"8080"农家热线指定的信箱；若事先知道“8080”信箱号码，可以直接拨打“8080××××”，然后按键选择收听；也可以拨打“16008080”通过话务员直接向专家咨询。每打一次“8080”农家热线，按市内电话费计收；每打一次“8080”专家热线，除正常收取市内电话费外，另加收专家热线服务费每分钟 0.6 元。

【002】新民市梁山镇顾屯村读者薛忠宇问：听说有个为农民服务的网络农家热线电话，号码是多少？

答：这个网络服务热线电话叫“8080”。有两种拨法，一种是拨通“16008080”后向话务员询问您要了解的农业内容，由话务员将咨询的内容转接到信箱系统，即人工转接；另一种是自动拨号，即通过查阅电话信箱相关条目的分类号码，直接拨打“8080××××”接通后按键收听。每打一次“8080”农家热线，按市内电话计费。但如果打专家咨询热线，每分钟则加收 0.6 元。

11. 环境

【001】吉林省梅河口市姜家街邮局读者吴亚军、刘杰问：有个老板在我村附近建了一个选矿厂，矿石粉碎后用水库的水清洗后，再将水放回水库里面。村民们担心用这样的水灌溉农田会有污染，对人的健康有害，这种担心对吗？

答：为农觉得，这种担心是有道理的，也是十分必要的！选矿水不仅污染环境，还会对人畜产生危害，各地由于选矿水直接排放而污染环境造成人畜慢性中毒患病的事件屡见不鲜。建议您及时向当地环境保护部门反映情况，立即纠正或制止这种污染环境行为，还给农民一个清洁绿色的生产和生活环境。

【002】凤城市汤山城镇汤山城村读者杨生林问：我们村附近有一家生产氢氟酸的化工厂，污染严重，厂外 300 米农作物不能生长，去年村上有 6 人死于癌症，此事到哪里去说理？

答：此事理应由环保部门管，而您村已状告到市环保局至今无消息，这就得拿出点儿人证物证之类的东西上诉到法院去说理了，通过法律途径令其停产并赔偿损失。污染环境危害农业生产、坑害百姓、不管百姓死活的工厂绝对不应该让其存在下去，否则就对不起子孙后代。

【003】兴城市城东区新地号村读者李哲问：前年自来水公司在我村附近打了一口深水井，造成村内地下水位下降，村民浇菜及吃水困难。我们是否有权向自来水公司索取补偿？

答：为农觉得，造成您村地下水位下降的原因需经过有关专家进行实地考察及科学论证，确属深水井原因所致，可通过县、乡政府给予协调或调解，亦可诉诸法律。

（五）书刊

1.《新农业》

【001】盖州市太平庄乡钓鱼台村读者陈默问：我是《新农业》的热心读者，每期都一字不漏地看。我发现每期封面“新农业”的“业”字右上角都有个“®”的标志，这是个啥意思？

答：这是杂志商标注册的标志，意即享有此称谓的商标使用专有权，其他同类出版物不得再使用这个名称，否则违法。

【002】内蒙古林西县老房身乡西南沟村读者武庆江问：我很喜欢看《新农业》杂志，怎样订阅1991年的《新农业》杂志？

答：1991年《新农业》杂志不通过邮局订阅了，即“自办发行”。外省市的读者可直接向杂志社汇款订阅；本省的读者可向当地县、乡的经管站订阅，也可直接向杂志社订阅。2011年该杂志恢复了邮局订阅，也可到杂志社订阅、经管站订阅，即多种订阅方式并存。

【003】彰武县大冷乡大庙村读者李太问：《新农业》这个刊物非常好，1993年如何订阅？年价多少？

答：1993年订阅《新农业》杂志请不要到邮局去，因为不经过邮局征订。可到县、乡的经管站订阅，也可直接汇款给《新农业》杂志社发行科订阅，全年12期定价为9.60元。

【004】盖州市平安乡贺店村读者孙占武问：我想订阅1994年的《新农业》杂志，价格如何？

答：1994年，《新农业》杂志在邮局是订不到的，必须到本乡的经管站或县农业局经管站订阅，或通过邮局寄款给新农业杂志社发行科订阅，地址在沈阳市东陵路120号，全年12期定价

15元。

【005】铁岭县平顶堡镇建设村宋力强、新民市法哈牛镇前沙河子村刘贵章等读者问:《新农业》创刊于哪年?谁主办?全年价格多少?

答:《新农业》杂志创刊于1971年,目前由辽宁省农牧业厅与沈阳农业大学联合主办。每月出一期,1996年全年定价19.20元,可直接邮局汇款到杂志社发行科订阅。

【006】绥中县黄家乡东道岭村读者张永勤问:我很想订一份《新农业》杂志,到邮局问说到村委会订,到村委会问说到乡里订,到乡里问说订晚了,这事咋办?

答:此事好办。收订《新农业》杂志的时间大约在每年的11月份进行,如果错过此期再订确实晚矣。可直接寄款到杂志社发行科,每月便可按时收到杂志了。1998年杂志的全年12期定价为21.60元。

【007】葫芦岛市连山区钢屯镇贾沟村赵连立、岫岩县雅河乡巴家堡村曹传海等读者问:1999年《新农业》杂志到邮局是否可以订到?1998年合订本有吗?

答:1999年《新农业》杂志全年价格21.60元,可以随时订阅。但还不能直接到邮局订阅,因为此杂志自办发行,可到当地经管站订阅。1998年合订本已售完。

【008】本溪市南芬区下马塘镇深沟村读者张吉德问:我想购买《新农业》1993年合订本及《中草药高效益栽培》,是否有货?

答:两者均已售罄。

【009】彰武县大冷乡蛤蟆屯村刘景祥、喀左县铁矿曹国新等读者问:1994年《新农业》合订本是否还有?价格如何?

答:1994年《新农业》杂志合订本价格20元,已经售罄。

【010】开原市李家台乡西南沟村读者许荣禄问:1996年《新农业》合订本还有没有?价格多少?

答:《新农业》杂志每年都出少量的合订本,1996年的每本25元,已售完无货。

【011】瓦房店市三台乡孙家村李永乐、清原县杨树崴工区刘

玉权等读者问：我想购买1999、2000年《新农业》合订本，价格多少？

答：1999、2000年《新农业》合订本每本28元，现已售完。

【012】新宾县永陵镇读者黄桂文问：《新农业》杂志［编读对话］栏目针对读者提问无事不答，唯缺征婚一项服务，能否开设此栏目？

答：编辑部收到很多此类建议，拟开设征婚广告栏目为广大农村青年提供鹊桥寻找意中人。此事目前正在研究筹备之中。

【013】沈阳市于洪区杨士乡宁官村读者刘淑芬问：我是《新农业》的新读者，很想咨询一些问题，不知交多少咨询费？

答：《新农业》［编读对话］栏目是免费为读者解难释疑的，您有啥技术疑难及问题只管来信询问，不需支付任何费用。

【014】朝阳县读者美珍、法库县读者立华、海城市读者梁绍柱等读者问：《新农业》［编读对话］专栏每期回答许多农民读者提出的问题，是否收费？

答：边为农也想学习雷锋，免费解答。您有啥不解之难题，只管来信好了。

【015】昌图县前双井子乡烧饼子村读者费石成问：我是个农民，有些问题想请边为农详细解答，不知需要什么手续？多少费用？

答：为农解答读者来信均系免费无偿服务。您只要将所要问的事写在纸上装入信封，贴好邮票寄到本刊即可，很快就会在《新农业》上得到满意的答案。

【016】东港市黑沟乡王店村关长春、沈阳市东陵区汪家乡养竹学校王红军等几十位读者问：我错过了征订《新农业》杂志的机会，到哪里能补订到杂志？

答：杂志社全年都可办理订阅手续，可从邮局直接寄款到新农业杂志社，并附详细邮寄地址，就能按月接收到杂志了。

【017】新民市兴隆镇六道岗村肖文、康平县山东屯乡辽阳窝堡村李建国等读者问：我有个小建议，就是在《新农业》发表文章的作者通讯地址能否加上邮政编码？

答：您的这个建议很好，许多学术期刊都是这样做的。《新农业》正在研究您的建议，在部分文章作者的地址后面加上邮政编码。希望您对本刊多提宝贵意见和建议。

【018】辽宁省林业学校读者王凤泽问：《新农业》在农业技术和知识方面可以说是全面实用，能否增加信息专栏的信息量？

答：为满足广大读者的要求，《新农业》编辑部决定将［市场信息］专栏的版面增加一块，您看这回是否满意？

【019】葫芦岛市连山区金星镇政府读者沈家奕问：《新农业》开设的［沈阳农业大学科研成果简介］内容很好，产品和技术很实用，我很想引用这些产品和新技术，找谁联系？

答：沈阳农业大学的科研成果较多，《新农业》辟此专栏意在使之尽快转变成生产力，使农民早日富起来。学校的科研管理职能部门为沈阳农业大学科研推广处，如果对哪些科研成果感兴趣，可以直接与之联系。

【020】抚顺市望花区工农街道办事处读者刘全问：我想到邮局订阅《新农业》杂志是否可以？

答：从 2000 年开始，《新农业》可以从邮局直接订阅了（邮发代号 8－181），就是说您既可到当地经管站、邮局订阅，也可直接汇款到杂志社发行部订阅，方法较多。

【021】新疆石河子 121 团 13 连邱正军、建昌县汤神庙乡大三家子村宋利新等读者问：以前我看的《新农业》杂志都是集体给订的，我想自己订阅，怎样办理？

答：2003 年可从邮局汇款 24 元到新农业杂志社，写清您的地址、邮编、姓名等，每月便可按时收到一本杂志了。

【022】铁岭市青河区聂家乡东老谷峪村读者吕洪、盖州市高屯镇高屯村任洪桥、昌图县昌图镇太阳山村常望等读者问：《新农业》杂志全年多少期，定价多少？咋订阅？

答：2005 年《新农业》杂志每月 1 期，全年 12 期定价 26.4 元。可到当地邮局、经管站订阅杂志；也可直接汇款到杂志发行科订阅。最好联系几户同时订阅，统一邮寄杂志较好，欢迎广大农民朋友积极订阅《新农业》杂志。

【023】普兰店市星台镇元岭村高承喜、沈阳市新城子区兴隆

台镇小黑台子村张宝森、鞍山市千山区宁远屯镇宁远屯村胡晓梅等读者问：我想购买2005年《新农业》杂志的合订本，每套多少钱？

答：2005年《新农业》合订本工本费每套32.00元，现已售完。

【024】东港市黑沟乡王家岭村读者李洪义问：我想购买了《新农业》精华本一书，价格多少？

答：编辑部曾经出版过《新农业》精华本，早已售罄；新版的精华本还未制订出版计划。

【025】喀左县公营子镇沟门村读者高亚林问：我是《新农业》的忠实订户和读者。贵刊内容丰富，技术新颖，用了有效，我把贵刊推荐给了周围的乡亲们订阅。

答：谢谢！

【026】盘山县羊圈子乡读者杨宗羽问：我订了几年《新农业》，杂志登载的稿件很多只有作者没有邮政编码。能否加上？以便于联系。

答：编辑部尽量使每篇文章都带作者、地址、邮编，但有些小幅文章就免了。

【027】昌图县老城镇读者王晓丽问：《新农业》杂志2002年搞了一次"读者问卷调查"，说凡是参加者都送上纪念品，这个纪念品是什么？

答：凡是参加"读者问卷调查"回信给编辑部的均赠阅2003年全年《新农业》，并在每月出刊后按地址寄出，此活动已经结束。

2.《多种经营报》

【001】甘肃省榆中县定远镇东村读者刘生科问：多种经营报编辑部地址在什么地方？怎样订阅？

答：该报办了十几载后，几年前已停办，您只有订阅别的报刊了。

3.《中药科技报》

【001】黑山县姜屯镇许国柱、饶阳河镇韩家村张胜纯等读者问：《中药科技报》是辽宁省办的吗？怎样与该报联系？

答：《中药科技报》由辽宁省中药研究所主办，后来归辽宁省医药局主办，现已停办。

4.《辽宁农民报》

【001】法库县五台子乡罗泉沟村读者彭龙问：我想订阅《辽宁农民报》，找谁联系？

答：2009 年 7 月 30 日，新闻出版总署下达《关于辽宁省报刊退出机制试点工作退出报刊的请示》批复后，《辽宁农民报》正式停办了。

5.《农业知识》

【001】北票市姜家窝铺乡读者王巨龙问：《新农业》、《农业知识》、《农民文摘》是农民最喜欢的杂志，后两者是哪主办的？

答：《农业知识》是山东省农业厅主办的，地址在山东济南市闵子骞路 21 号，邮政编码 250100；《农民文摘》是北京中国农村杂志社主办的，地址在北京市复兴路 61 号，邮政编码 100036。

6. 投稿

【001】海城市孤山镇瓦沟子村读者马国文问：许多刊物的封面都刊登各类照片，这些照片是否都是专业人员拍的？我们寄照片能刊登吗？

答：杂志的封面及其他照片有一部分是专业人员拍的，大多是自然投稿。您如果有兴趣的话可以试试，封面彩照最好反映新技术经验和典型事件。摄影技术是一方面，所用的相机档次要高一些，否则拍出的照片效果差，很难被选中。

【002】法库县卧牛石乡大屯村读者崔利民问：我对摄影有着浓厚兴趣，在闲暇之余很想向各报刊投点照片稿件，有啥规矩和要求吗？

答：您的这一兴趣值得称赞和发扬。各报刊社很欢迎来自农村生活气息浓的新人新事报道，尤其是照片就更好了。您可用心去捕捉新闻、美好风光和生活中美好的瞬间，拍摄下来，把照片配上文字说明寄给编辑部；一般以像素较高的数码照片为宜。

【003】沈阳市于洪区马三家子镇读者路林问：我在科研和实践过程中有许多经验和体会，也很喜欢写文章。可听说向编辑部

投稿发文章要交“版面费”，《新农业》也收费吗？

答：在《新农业》杂志上发表文章是不收版面费的，并欢迎将生产实践中的新技术经验写成稿件投给编辑部。在刊发稿件以后，还要按国家规定的稿酬标准向作者支付稿酬。

【004】盘山县甜水乡农业站读者谭长仁问：我评职称需要在省级以上刊物发表文章，联系某些农业刊物发表每篇文章要1000多元钱，太贵了，在《新农业》杂志上发表文章要多少钱呢？

答：虽然国家新闻出版总署从来没有把期刊划分为国家级、省级、市级等，但《新农业》杂志在职称评定时通常被作为省级以上科技刊物。在《新农业》杂志刊登文章不需花钱，文章发表后还要按国家规定支付给作者适当的稿酬，同时赠阅样刊。欢迎根据自己生产、科研及工作成果和经验撰写成文章，及时投稿。

【005】沈阳市于洪区大潘镇读者李明立问：我想向《新农业》杂志投稿，对于稿件写作有什么具体规范标准吗？怎样才能方便快捷？

答：给《新农业》杂志写稿的体例标准符合国家计量、文字等法规条例要求就可以了。编辑部目前已实行电子化办公，所有稿件均采用计算机进行编辑修改加工、输出。因此投稿最好使用U盘投送或通过网络发送到电子信箱，既方便又快捷。编辑部的观念随着计算机的介入而发生转变，以前选用稿件以手写稿受青睐，现在则以电子稿为好。

【006】清原县土口子乡拐磨子村读者马俊山问：我写了许多诗歌，许多村民看了以后都说好并建议发表，怎么发？发给谁？请您指点。

答：国内能够发表诗歌的报刊较多，如《诗刊》、《词刊》、《北方文学》等杂志均可投稿。另外，您可与本市县群众艺术馆联系帮助推荐发表。如果有关农业的佳作，本刊也可一发。

7. 广告

【001】北票市北塔中学读者张杰问：我是报刊广告的受害者，为什么各级各类报刊都有不属实的广告信息？这不是帮助骗子坑害人吗？

答：各地利用报刊广告骗人的现象时有发生，可谓防不胜防。对于报刊编辑部来说，按照国家规定，只要刊登广告的客户出具的手续和证件齐全、合法，就可以刊登。问题的关键在于个别人利用登广告兜售假冒伪劣商品，事实与广告内容不相符，凡由此引发的问题应由广告客户承担一切法律责任，报刊社也难逃其责。因此，读者在选用报刊广告信息时要提高鉴别能力，不明白的地方要先弄清楚，再看是否可行。不要急于汇款，尤其是较远的外省区广告，可先用信联系或打电话，以免上当受骗。

【002】普兰店市泡子乡大荒村韩公仁、新宾县下夹河乡支家村吴利全等读者问：我有产品及技术想在《新农业》杂志刊登广告，需要哪些手续？

答：农村专业户等来《新农业》杂志刊登产品广告，持乡以上介绍信及产品说明即可；企业刊登广告需持营业执照、介绍信及产品说明等方可刊登，手续一定要全才行。

【003】大连经济技术开发区沈阳路东山小区读者刘军问：我想在报刊上刊登产品广告，由于营业执照在年检，不出示营业执照能不能给刊登？

答：按广告法及有关部门规定，企业在报刊上登载产品广告的手续必须齐全，其中包括出示营业执照，无此执照就没有商量的余地了。

【004】庄河市城山镇洼子村读者李清泉问：国家正式报刊发表虚假广告，给读者造成经济损失，应由谁赔偿？

答：报刊社负主要责任，理应先行赔偿；虚假骗人者罪责难逃；而审查机关证件把关不严，也有责任。

8. 书籍

【001】凤城市宝山镇周家村读者陈明关问：获悉汇集 1978 年以来国家和辽宁省先后出台的 120 部农业政策法规的集子《农业政策法规汇编》与读者见面，此书到哪能买到？多少钱？

答：此书分上、下两册，辽宁省农业厅办公室定购，书的工本费 22 元，现已售完。

【002】东港市长安镇杨家村读者徐钟倾问：我是一位农民，想在有生之年编写一本家乡的《树木志》、《中草药志》、《野菜

志》，但手头缺少资料，编写此类书有没有价值？

答：您的想法很好，《东北植物志》早已出版，您可以参考。还要注意，这么浩大的书编出来需要许多人一起工作，一个人的时间及知识能力是有限的，很难完成；再就是目的，如果编出来不能出版印刷也是一种遗憾，印刷则需要许多人民币。

9. 竞赛活动

【001】新宾县木奇镇二道村读者吴绍义问：1996 年新农业杂志社搞的“垦易杯”有奖读刊竞赛很好，只是奖品价值不高、数量太少，什么时候还搞这样的竞赛？

答：是的，由于新农业杂志社第一次搞这样的知识竞赛，经验不足，且很仓促，奖品数量不多也欠丰厚。为检验农民学习农业科学知识的水平，1997 年的竞赛奖品会加厚，一等奖是价值 3000 元左右的彩电。

【002】葫芦岛市南票区沙锅屯乡沙锅屯村读者吴殿阁问：新农业杂志社、辽宁电视台黑土地和辽宁省信息中心联合举办的“禾丰杯”社会主义新农村建设知识大奖赛出的 25 道题我答对了 99%，附加题也没错别字，完全可以拿到 2 等奖，可出乎意料却得到优秀奖。我认为这次大奖赛存有舞弊现象，能给个解释吗？

答：建议您仔细阅读大奖赛的竞赛规则，“抽奖”的意思是每位答题者都有获奖的机会，而不是答题者必须并一定获奖。这种抽奖的随机性在现场是很难作弊的，请了 10 位农民作者现场见证，各奖项由省内各厅局领导嘉宾当场抽取，对主办者而言，参赛即是对大赛活动的支持，每位中奖者都是幸运的。在众多答题者中您被抽中并获得优秀奖已经很幸运啦。

【003】沈阳市苏家屯区大沟乡读者赵丽梅问：2006 年新农业杂志社、辽宁电视台黑土地栏目和辽宁省农委信息中心金农网联合举办的社会主义新农村建设知识大奖赛在刊发大赛试题时的冠名是“富友杯”，后来为啥改成“禾丰杯”了呢？

答：此事说来很有戏剧性，在大奖赛策划初期辽宁东亚种业有限公司口头同意为大赛出资赞助奖品，并冠名为“富友杯”，一切进行得很顺利。由于该公司在后期出资时发生困难，在距离原定的 2007 年 1 月 16 日抽奖时间只剩 5 天时，大奖赛组委会讨论决定，请经济实力雄厚的禾丰牧业有限公司出资赞助大奖赛奖品，并得到热情响应，因此“富友杯”就变成“禾丰杯”了。

【004】宽甸县永甸镇磙子沟村读者丛奇峰问：看到《“青年星火带头人”活动与农民技术职称评定接轨工作的实施意见》文章很好，我也想参加此项活动，找哪个部门联系？

答：这是1995年2月10日，辽宁团省委联合省科委、省农业厅、省水产局、省畜牧局、省农机局共同发起的活动，现已结束。

【005】灯塔市农电局读者刘景赓问：辽宁省妇联推荐的“百万农家女推广百项新技术活动”，这100项新技术是否有详细的技术资料？到哪索取？

答：这100项新技术是指1996年度辽宁省推广的新技术和新品种，详细资料虽有，但尚未集中印在一起，还分散于各种杂志、书报中，因此您只好耐心去搜集查找了。

10. 条形码

【001】瓦房店市复州城镇古井村读者张志明问：许多刊物的封面上印着有粗有细的一排条纹图案，这是什么意思？

答：此图案名称叫“条形码”，系公开出版的期刊计算机管理的数字编码识别标志，每种刊物有一组15位数字编号，便于国际化管理和检索。这是出版部门的要求。依据新闻出版总署2007年4月12日印发的《期刊出版形式规范》和《出版物条码管理办法》及GB/T16827－1997《中国标准刊号（ISSN部分）条码》印制，由主代码的13位数字前缀码（3位）、数据码（ISSN前7位）、年份码（2位）、校验码（1位）以及附加码的2位数字组成。

后 记

这本书，是一名农大毕业生在工作岗位上写了20余年交出的一份答卷。

1977年恢复高考，一个当了3.5年农民的22岁青年，放下手中的农活，花了0.5元人民币完成整个高考过程，走进了沈阳农学院（现沈阳农业大学）接受4年的高等农业教育，体会求知如饥似渴的含义。从此，身份发生了转变：农民—大学生—编辑；称呼也发生了转变：朱德军（因家庭成分较高参军未成）—朱四光—边为农（编辑为农民服务）。

《新农业》是沈阳农业大学创办的科普杂志，是大学服务“三农”的窗口，连接农业、农村和农民的桥梁和纽带。创刊40年来，普及新知识、推广新技术、传递新信息，成为农村改革的好参谋、农业生产的好向导、农民致富的好帮手，多次受到国家和省部奖励。作者从1982年1月起就工作在这个全国鲜有的“全国百种重点期刊”、“全国优秀科技期刊”、“辽宁省一级期刊”科普杂志编辑部里。

一个人，能把工作当成事业、把事业当成生命，他就会全身心投入和奋斗，这恰如孔子曰的“曲肱而枕”之乐。来自农村、农业、农民的农业大学毕业生，用所学的知识回报社会，为农村、农业、农民服务是理所当然的，不可忘却的，生命之本源，无论他在哪里……思无邪。

现代农业生产包含百业，项目复杂，技术各异，问题繁多。农民在生产过程中随时遇到技术难题、知识困惑、信息需求。找专家困难，查资料很少，问邻里解不开，这是广大农村的状况。问题急如火，节气不等人，不马上解决就会影响生产、造成损失，农民急需立竿见影解决难题的平台，《新农业》杂志［编读对话］栏目面对农民的迫切需求应运而生。1990 年首期的编者按是这样写的："［编读对话］栏目与您见面了，负责本栏目的边为农首先向各位读者问好。编辑部每天收到来自各地的无所不问的信件，辟此一席，将解答信中提出的各类农业技术和知识。读者朋友，您在生产中遇到难题或不解之谜，或想钻钻'牛角尖儿'、'叫叫真儿'什么的，请写信给我，为农愿意做你的好朋友，解难释疑。"

大量的读者提问随之而来：种植养殖什么品种好？除草剂产生药害怎么办？甘薯覆膜栽培能增产不？大棚黄瓜得疫病咋治？公鸡打鸣是怎么回事？夏洛莱羊到哪里能买到？养鸵鸟能挣钱不？大豆下茬种植花生能行不？商纣王吃西瓜可能吗？岳云在山中用筷子插土豆练锤法是真的吗？我国什么时候开始种植玉米的？猕猴桃在辽宁能栽培不？吃转基因食品有害吗？苹果卖不出去咋办？发展中药材生产有前途吗？新生儿没有承包地找谁说理？人参果到底是什么水果？骡子为什么不能生育？大棚收取特产税合理不？高考被别人告下来咋办？……

边为农，千百万农民熟悉的名字，可信赖的朋友，认真阅读来信，热情接待来访，办公室经常挤满农民，带队而来的乡长、村长。大量的疑难问题每时每刻充盈着脑海，解决了一批，新的一批迅速涌入，20 年间没有空闲过，坚持和迎刃而解确实是很难的事。疑难问题解决了就是释放，未解决就有压力，释放和压力、压力和释放在循环交替地进行，由此产生一个个科学答案。如今，所有问答均已在《新农业》刊登发表过，一些问答散落在各网站里成为经典"三农"问题，很容易搜索到。这些来自生产第一线的疑难问题可作为科研项目或课题，写成论文，编成书籍……然而，时不我待，用百字解答对农民来说真的很速效、解渴、给力。

一个人的知识和能力显然不能完全解答来自全国各地所涉"三农"所有技术和知识难题。在图书馆、资料室、网络上寻找答案同时，依靠大学教授、科研专家、业内人士、政府各部门权威以及各地经验丰富的专业学者来解决，答案更科学准确。作者常常手持信件找到教授的家、打电话占用专家学者的工作和休息时间，悉心请教写录，再转化成科普语言。电话里，很多素不相识的专家听说是农民提出的生产急需解决问题，立即热情认真起来，详细具体讲解，无论是在北京、上海、沈阳，还是在市县、乡村，急农民之所急是他们的共同特点。这里，凝聚更多的是大学教授、农业专家、各涉农单位权威的智慧和无私奉献，没有稿费，没有咨询费，也没有劳务费，只有“三农”挂念在心中。

畇畇原隰，汗水和心血必将换来丰收和喜悦。作者将［编读对话］栏目 1992 年 1～8 期文章的标题，按顺序集合起来形成一首诗：

科技鸿桥叙往来，信息万道分真戮。
排忧解难千丝语，晓澍春风百姓宅。
神农有路筹经纬，蓓暖源头富花开。
同川励耜出金果，浩野泥书赞英侪。

诗中表达出作者为农民服务的真诚之心，为农民解答生产生活疑难问题、分析发家致富项目的无限乐趣。

在本书即将付梓之际，作者深深地感动：感谢沈阳农业大学老师的教导和关怀，感谢《新农业》杂志社领导和同事们 30 多年来的帮助和支持，感谢农口各单位及各涉农单位专家权威的帮助和支持，感谢全国各地农民把生产中遇到的问题向边为农提出和咨询，感谢辽宁省出版协会和辽宁大学出版社领导的帮助和支持，感谢家人及亲属的理解支持和鼓励，感谢所有给予支持和帮助的人们。

“三农”，永远离不开的衣食之源，人们为你奉献智慧和力量是光荣而神圣的责任和义务！

朱四光

2011 年 5 月